Anthropologie und Ökonomie

Europäische Hochschulschriften

Publications Universitaires Européennes
European University Studies

Reihe V
Volks- und Betriebswirtschaft

Série V Series V
Sciences économiques, gestion d'entreprise
Economics and Management

Bd./Vol. 2061

PETER LANG
Frankfurt am Main · Berlin · Bern · New York · Paris · Wien

Thieß Petersen

Anthropologie und Ökonomie

Das Menschenbild bei Marx und dessen Bedeutung für seine Kritik an der politischen Ökonomie

PETER LANG
Europäischer Verlag der Wissenschaften

Die Deutsche Bibliothek - CIP-Einheitsaufnahme

Petersen, Thieß:

Anthropologie und Ökonomie : das Menschenbild bei Marx und dessen Bedeutung für seine Kritik an der politischen Ökonomie / Thieß Petersen. - Frankfurt am Main ; Berlin ; Bern ; New York ; Paris ; Wien : Lang, 1997
(Europäische Hochschulschriften : Reihe 5, Volks- und Betriebswirtschaft ; Bd. 2061)
Zugl.: Kiel, Univ., Diss., 1996
ISBN 3-631-31197-4

NE: Europäische Hochschulschriften / 05

D 8
ISSN 0531-7339
ISBN 3-631-31197-4

Meinen Eltern

Die aber unten sind, werden unten gehalten
Damit die oben sind, oben bleiben.
Und der Oberen Niedrigkeit ist ohne Maß
Und auch wenn sie besser werden, so hülfe es
Doch nichts, denn ohnegleichen ist
Das System, das sie gemacht haben:
Ausbeutung und Unordnung, tierisch und also
Unverständlich.

Bertolt Brecht
Die heilige Johanna der Schlachthöfe

Inhaltsverzeichnis

Einleitung

Marx, das Menschenbild und die Ökonomie - eine so umrissene Themenstellung wird bei manchen Lesern wohl Unverständnis oder gar Ablehnung hervorrufen. Unverständnis, weil scheinbar alles, was über Marx und seine Theorien gesagt werden kann, bereits bekannt und niedergeschrieben ist. Und Ablehnung, weil spätestens durch das Scheitern des real existierenden Sozialismus die Fehlerhaftigkeit der Marxschen Vorstellungen belegt und somit jede weitere Auseinandersetzung mit seinen Ideen überflüssig zu sein scheint. Die Zahl derer, die so oder ähnlich argumentieren, ist groß und läßt vermuten, daß eine Beschäftigung mit Marx vorschnell als Zeitverschwendung angesehen wird. Derartige Vorurteile treffen jedoch keinesfalls zu. Das intensive Studium Marxscher Texte zeigt vielmehr, daß der real existierende Sozialismus außerordentlich wenig mit Marx' Vorstellungen gemeinsam hat. Der Umstand, daß dennoch immer wieder Stimmen laut werden, die im Realsozialismus die Verwirklichung Marxscher Ideen sehen und Marx zudem für den stalinistischen Totalitarismus verantwortlich machen, wirft die Frage auf, wie es zu derartigen Fehleinschätzungen kommen kann.

Die Hauptursache solcher Urteile dürfte in der Tatsache liegen, daß Marx und seine Leser, vor allem die ihn nur oberflächlich studierenden, häufig über unterschiedliche theoretische Felder verfügen. Nach Heinrich besteht ein theoretisches Feld "aus einer Reihe von Annahmen .., die meistens gar nicht expliziert, sondern als selbstverständlich angesehen werden" (Heinrich (1991), S. 18f.). Wenn jedoch das theoretische Feld von Marx häufig nicht mit dem seiner Leser übereinstimmt, so ergeben sich aus dieser Inkongruenz zwangsläufig Fehldeutungen des Marxschen Gesamtwerkes. Dadurch, daß solche Leser die von Marx nicht ausdrücklich erwähnten Annahmen durch eigene, zum Teil nicht explizit dargestellte Prämissen ersetzen, werden Marx' Aussagen vielfach abgelehnt oder falsch verstanden. Ähnliche Konsequenzen zieht es nach sich, wenn von Marx erwähnte Grundanahmen verkehrt aufgefaßt werden oder in die von ihm verwendeten Begrifflichkeiten etwas hineingelegt wird, das mehr den eigenen als den Marxschen Vorstellungen entspricht.

Vor diesem Hintergrund ist es dringend erforderlich, das von Marx zugrunde gelegte theoretische Feld genauer zu analysieren. Die vorliegende Arbeit konzentriert sich dabei mit den anthropologischen Vorstellungen von Marx auf einen Teilaspekt, der von Ökonomen in der Regel eher stiefmütterlich behandelt wird. Weil die Existenz derartiger Vorstellungen häufig nicht zur Kenntnis genommen wird, wird Marx' Auseinandersetzung mit der kapitalistischen Produktionsweise vielfach so interpretiert, als ob es ausschließlich um eine bessere Form der Organisation der wissenschaftlich-technischen Unformung der Natur, also der materiellen Produktion geht. Dies stellt jedoch eine unzulässige Verkürzung der Marxschen Zielsetzung dar. Das wirkliche Bestreben von Marx erweist sich vielmehr als ein im westlichen Humanismus verwurzeltes und damit "durchaus philosophisches" (Landshut (1971), S. XIV) Ziel. Es besteht aus der Vervollkommnung des menschlichen Individuums, d. h. aus der Entwicklung der menschlichen Einzelpersönlichkeit und der Verwirklichung potentiell vorhandener Möglichkeiten des Individuums bzw. aus der Realisierung einer bestimmten Normvorstellung bezüglich des Menschen.[1] Die folgende Aussage Fischers trifft daher zwar den Kern der Marxschen Auseinandersetzung mit dem System der kapitalistischen Produktion, aber die Beschreibung des neuen Menschen stellt - soweit sie sich auf Marx bezieht - eine unzutreffende Verkürzung und damit eine verzerrte Wiedergabe Marxscher Vorstellungen dar:

> "... die sozialistische Linke hat mit dem Kapitalismus keineswegs nur um ökonomische Organisationsgrundsätze konkurriert, sondern da standen anthropologisch begründete, sich gegenseitig ausschließende Menschenbilder gegeneinander - der egoistische, eigentumsorientierte, »alte« Mensch versus den kollektiven, gemeinwohlorientierten Neuen Menschen." (Fischer (1993), S. 175).

Eine Beschäftigung mit dem Menschenbild von Marx wird somit notwendig, denn nur vor dem Hintergrund dieses Menschenbildes wird die Kritik Marx' am Kapitalismus verständlich. Dabei ist nachdrücklich auf den normativen Charakter dieser Thematik hinzuweisen. Die Marxsche Anthropologie - also die von Marx als charakteristisch für den wahren Menschen angesehenen Eigenschaften - basiert auf ethisch-humanistischen Motiven, allgemeiner formuliert auf Werturteilen.[2] Diese Werturteile legt Marx in seinen bis zum Jahre 1846/47 geschriebenen Frühwerken offen.[3] Selbst wenn diese normativen Aussagen in den späteren Werken nicht mehr explizit erwähnt werden, so liegen sie den Spätwerken - wie sich zeigen wird - dennoch zugrunde. Etwaige Vorwürfe, Marx habe gegen das Prinzip der Werturteilsfreiheit verstoßen, werden dadurch zweifellos entkräftet, denn dieses Prinzip verbietet nicht die Bewertung von gesellschaftlichen Zuständen durch einen Wissenschaftler, sondern verlangt lediglich die Offenlegung der eigenen Werturteile.[4] Diesem Gebot leistet Marx aber gerade dadurch Folge, daß er in seinen Frühschriften die eigenen Wertmaßstäbe bzw. Werturteile darlegt. Darüber hinaus werden sich diese Wertmaßstäbe der Frühschriften als hilfreich für die Interpretation der ökonomischen Schriften von Marx erweisen. Ohne Übertreibung kann deshalb die Marxsche Anthropologie als Schlüssel für das Verständnis seines Gesamtwerkes angesehen werden, denn auch die Marxsche Kritik an der kapitalistischen Gesellschaft basiert "auf einem *normativen* Fundament,

[1] Vgl. dazu Fromm (1981), S. 17, 29, 38, Fromm (1963), S. 5-9, 15, Gollwitzer (1957), S. 184f., 201.

[2] Dies ist bei jeder Verwendung eines Menschenbildes unumgänglich, weil das Konzept des Menschenbildes "sowohl die jeweiligen Anschauungen über das, was der Mensch seinem Wesen, seiner Natur, seiner Beschaffenheit nach *ist*, als auch die Forderung nach dem, was er *sein kann und soll*" enthält, vgl. Wilms (1993), S. 137. Generell werden Hervorhebungen im Original dadurch kenntlich gemacht, daß die *kursiv* wiedergegeben werden.

[3] Nicht verschwiegen werden soll allerdings die Veränderung der Marxschen Anthropologie aufgrund seiner ethnologischen Studien ab dem Jahr 1879. Die so gewonnenen Erkenntnisse verwandeln die anfangs rein philosophische Anthropologie von Marx in eine auch empirische Anthropologie, vgl. dazu Abschnitt 1.4. dieser Arbeit.

[4] Vgl. Külp (1982), S. 470, Röhrich (1989), S. 121f.

einer bestimmten Auffassung vom »wirklichen« menschlichen Wesen" (Heinrich (1991), S. 244). Ebenso ist die Gesamtkonzeption der angestrebten Zukunftsgesellschaft letztlich nur die logische Konsequenz einer ganz bestimmten anthropologischen Theorie samt der mit ihr verknüpften spezifischen Theorie des menschlichen Glücks.[5] Die außerordentlich große Relevanz der Marxschen Anthropologie für das Verständnis des Marxschen Gesamtwerkes sowie deren häufige Nichtbeachtung durch die Leser seiner Schriften rechtfertigen deshalb die ausführliche Auseinandersetzung mit dieser 'unökonomischen' Thematik.

Die Bedeutung der anthropologischen Vorstellungen von Marx wird ebenso deutlich bei den von ihm diagnostizierten Mißständen, die aus dem Auseinanderfallen von Wirklichkeit und Normvorstellung bestehen. Bei Marx wird die "Wirklichkeit .. mit einem idealen menschlichen Wesen konfrontiert, wobei eine Nichtübereinstimmung, ... eine Entfremdung[6] vom wirklichen Wesen festgestellt wird" (Heinrich (1991), S. 106). Die Entfremdung ist auch für den 'späten' Marx das wichtigste Konfliktproblem jeder Gesellschaft, selbst wenn der Entfremdungs-Begriff in seinen Spätwerken nur noch sporadisch auftaucht. Im Verlauf seiner ausführlichen Erörterungen ökonomischer Themen, wie etwa der Ausbeutung oder der Krisen, scheint das mit der Entfremdung verbundene Konzept sogar vollkommen zu verschwinden. Wie sich jedoch zeigen wird, stellt die Entfremdung in den Spätwerken weiterhin das Hauptübel dar, das es zu überwinden gilt.

Die Marxsche Konzeption der Entfremdung erklärt dann auch Marx' Hinwendung zu einer Auseinandersetzung mit der Ökonomie und zu gesamtgesellschaftlichen Phänomenen. Durch diesen Schritt scheint Marx sich vordergründig vom menschlichen Individuum und dessen Problemen abgewandt zu haben. Tatsächlich aber ist diese Umorientierung nur die logische Konsequenz seiner anthropologischen Interessen. Wenn es weiterhin Marx' Ziel ist, die Probleme der individuellen Menschen und damit die Entfremdung zu überwinden, so erfordert dies die Suche nach den für die erkannten Mißstände verantwortlichen Faktoren. Da Marx diese Faktoren in den gesellschaftlichen sowie ökonomischen Kräften und Gesetzmäßigkeiten vermutet, nimmt er eine notwendige Akzentverschiebung vor. Er orientiert sich vom Individuum weg, um sich verstärkt gesellschaftlichen Erscheinungen zu widmen, ohne dabei allerdings die Probleme der Individuen aus den Augen zu verlieren.

Marx' dauerhafte Beschäftigung mit Entfremdungsphänomenen und deren Überwindung verleiht seinen ökonomischen Bemühungen letztendlich auch einen spezifischen Stellenwert. Die Ökonomie erweist sich vor diesem Hintergrund als ein Mittel zur Aufdeckung der Ursachen der Entfremdung sowie zur Darlegung jener Kräfte, die eine Lösung entfremdungsbedingter Probleme herbeiführen können. Zudem zeigt sich erneut, daß die Bedeutung der ökonomischen Theorien von Marx ohne die Berücksichtigung seiner anthropologischen Überzeugungen un-

[5] Vgl. statt vieler Schaff (1965a), S. 26-49, Landshut (1971), S. X und Gollwitzer (1957), S. 189.

[6] Zur Verdeutlichung werden eigene Hervorhebungen eingeführt und dadurch kenntlich gemacht, daß sie unterstrichen werden.

klar bleibt oder sogar verloren geht. Dies gilt gleichermaßen für die Kritik am kapitalistischen System wie für die Gestaltung der zukünftigen gesellschaftlichen Organisation. Gerade der letztgenannte Themenkomplex bleibt vielfach nebulös, wenn die Marxschen Ideen hinsichtlich der wahren menschlichen Natur vernachlässigt werden. Ohne Kenntnis dieser Konzeptionen können Begriffe oder Ideen wie z. B. der Widerspruch zwischen dem "Reich der Freiheit" und dem "Reich der Notwendigkeit" (MEW 25, S. 828, MEW 19, S. 226) oder das kommunistische Verteilungsprinzip - "jedem nach seinen Bedürfnissen" (MEW 19, S. 21) - nur mißverstanden werden.
Zur Vermeidung von Mißverständnissen muß nochmals auf den metaphysischen Charakter des Marxschen Ansatzes eingegangen werden. Mit der Klärung dessen, was den Grundcharakter bzw. die Grundeigenschaften des wahren Menschen ausmacht, begibt sich Marx unmißverständlich in den Bereich der Metaphysik. In dieser Sphäre der "Empfindungen .., die eine Richtschnur für das Verhalten sind" (Robinson (1965), S. 9), ist eine Prüfung hinsichtlich der Richtigkeit derartiger Leitbilder nicht mehr möglich. Die fehlende Nachprüfbarkeit ist gerade das "Charakteristische einer metaphysischen Behauptung", so daß konsequenterweise metaphysische Überzeugungen nicht falsch sein können (vgl. Robinson (1965), S. 9, 50). Die Leserschaft kann entsprechende Aussagen also akzeptieren oder ablehnen, beweisen oder widerlegen kann sie sie hingegen nicht. Damit hat die Wissenschaft jedoch "von der Nichtentscheidbarkeit des Richtigen auszugehen", so daß es auch "keinen Anspruch auf Absolutsetzung irgendwelcher Werte und daraus abgeleiteter konkreter Wertverwirklichungsprogramme durch eine Gruppe ... geben darf" (Hepp (1989), S. 18). Weil "in der Wahl und in dem Gebrauch des zu Maximierenden ... reichlich Raum für die ideologischen Eingriffe" (Dobb (1977), S. 23) geboten wird, läßt sich über die Richtigkeit einer bestimmten Zielfunktion keine Aussage fällen. Auch die von Marx ausgewählte Zielfunktion, d. h. die Realisation seiner anthropologischen Idealvorstellungen, kann somit unmöglich als falsche Zielvorstellung abgetan werden. Statt dessen müssen die von ihm gewählten Zielvorstellungen als Referenzpunkt zur Beurteilung tatsächlicher gesellschaftlicher Zustände akzeptiert werden. Es ist folglich unzulässig, Konklusionen von Marx abzulehnen, nur weil die ihnen zugrundeliegenden Prämissen und Zielvorstellungen - vor allem die anthropologischen Grundannahmen - abgelehnt werden. Es ist vielmehr erforderlich, seine Kritik an den gesellschaftlichen Zuständen vor dem Hintergrund des speziellen Marxschen Referenzpunktes zu verstehen, womit die Notwendigkeit einer intensiven Auseinandersetzung mit dem Menschenbild von Marx ein letztes Mal hervorgehoben werden soll.

Da das Ziel der Bestrebungen Marx' in der Realisation seiner anthropologischen Idealvorstellungen liegt, und dieses Ideal gleichzeitig als Referenzpunkt zur Bewertung aktueller gesellschaftlicher Zustände herangezogen wird, muß zunächst geklärt werden, wie dieses Ideal im Einzelnen aussieht. Marx' Vorstellungen hierzu umfassen einen Komplex von Fähigkeiten und

Eigenschaften, der den Menschen als solchen ausmacht und ihn von anderen Lebewesen unterscheidet. Die Aufgabe des ersten Kapitels dieser Arbeit wird es daher sein, den genauen Inhalt der 'wahren Bestimmung' des Menschen zu klären und sämtliche Eigenschaften herauszuarbeiten, die Marx als notwendig für ein humanes Dasein ansieht. Im Rahmen dieser Klärung wird sich unter anderem zeigen, daß Marx hinsichtlich seines Menschenbildes zu Unrecht eine Extremposition unterstellt wird. Die Behauptungen, Marx' anthropologische Idealvorstellungen würden sich auf "Übermenschen" (Künzli (1966), S. 783), "Universalgenies" (Peters (1980), S. 96) oder einen "zu Göttern erhobenen Menschen" (Fischer (1993), S. 108) beziehen, werden sich bei näherer Betrachtung allesamt als unzutreffend erweisen. Marx vertritt keine dieser Extrempositionen; seine Ansichten stellen vielmehr eine Synthese solcher extremer Standpunkte dar. So strebt der Mensch der Marxschen Idealvorstellungen zwar primär den eigenen Genuß an, gleichzeitig jedoch ist er zur Einordnung in die Gesellschaft fähig und somit zwischen den Extremen von Egoismus und Altruismus anzusiedeln.

Nach der Bestimmung dessen, was nach Marx unter einem menschengerechten Dasein zu verstehen ist, wird das zweiten Kapitel dieser Arbeit den Maßstab des wahren menschlichen Wesens heranziehen, um mit ihm gesellschaftliche Zustände zu beurteilen. Der Vergleich der Realität mit den anthropologischen Idealvorstellungen von Marx als Referenzpunkt wird sehr schnell zu der Erkenntnis führen, daß die vorherrschende Wirklichkeit als mangelhaft gelten muß. Die detaillierte Behandlung der so festgestellten Mißstände, also der Entfremdungsphänomene, wird daher das Thema des zweiten Kapitels sein. Erneut offenbart sich dadurch die enorme Bedeutung der Marxschen Anthropologie für das Verständnis seiner Kritik an der herrschenden Nationalökonomie.

Marx bemängelt dabei nicht nur die Fehlerhaftigkeit der von den Nationalökonomen getroffenen Aussagen über die ökonomischen Gesetzmäßigkeiten und Wirkungszusammenhänge in einer kapitalistischen Gesellschaft. Seine Kritik wendet sich darüber hinaus gegen den Umstand, daß es die wirklichen wirtschaftlichen Gesetzmäßigkeiten der kapitalistischen Gesellschaft sind, die ein dem wahren Wesen des Menschen gemäßes Leben nicht zulassen. Das dritte Kapitel dieser Arbeit wird sich deshalb mit der Suche nach denjenigen Faktoren beschäftigen, die für die festgestellten Entfremdungsphänomene verantwortlich sind.

Im Mittelpunkt des vierten Kapitel steht die skizzenhafte Beschreibung jener gesellschaftlichen Organisationsform, die ein entfremdungsfreies Leben ermöglicht. Selbst ein intensives Studium Marxscher Texte gibt nur wenig Auskunft über konkrete Maßnahmen zur Regelung des zukünftigen menschlichen Zusammenlebens, so daß sich Marx, ebenso wie Engels, hinsichtlich seiner Aussagen über die Organisationsform der Zukunftsgesellschaft als äußerst zurückhaltend erweist. Dennoch ist es möglich, aus Marx' anthropologischen Vorstellungen diesbezügliche Schlußfolgerungen zu ziehen. Darüber hinaus wird sich herausstellen, daß die angestrebte Gesellschaft der Zukunft - entgegen immer wieder anzutreffenden Behauptungen - keinesfalls mit

dem 'Reich der Freiheit' identisch ist. Ebensowenig ist unter dieser Zukunftsgesellschaft "die Herrschaft von Überfluß, Reichtum und Freiheit für alle" zu verstehen, bei der "die Menschheit ... in das Reich der Freiheit namens Sozialismus/Kommunismus eintritt"[7], wie dies beispielsweise Fischer unzutreffend darstellt.
Im fünften Kapitel sollen zunächst die Realitätsnähe des Marxschen Menschenbildes sowie die Möglichkeiten, seine anthropologischen Idealvorstellungen zu realisieren, untersucht werden. Abschließend werden wir zeigen, daß Marx' Kritik an der kapitalistischen Produktionsweise durchaus noch aktuell ist, und daß es möglich und sogar sinnvoll ist, seine anthropologischen Vorstellungen in die ökonomischen Theorien der Gegenwart zu integrieren. So wird sich beispielsweise herausstellen, daß die Berücksichtigung menschlicher Eigenschaften gemäß der Marxschen Überlegungen in der Lage ist, empirisch belegte Phänomene zu erklären, die die traditionelle Standardökonomie mit ihrem Menschenbild nicht begründen kann.

Zum Abschluß noch zwei erläuternde Bemerkungen: Die Marxsche Terminologie wird als bekannt vorausgesetzt, geläufige Ausdrücke der Marxschen Werke werden deshalb im folgenden nicht weiter erklärt.[8] Was die hier zitierten Schriften von Marx betrifft, so wird grundsätzlich aus den Karl Marx/Friedrich Engels Werken (MEW) des Dietz Verlages Berlin zitiert. Abweichungen von diesem Grundsatz betreffen die "Ökonomisch-Philosophischen Manuskripte" des Jahres 1844 (ÖPM), die "Grundrisse der Kritik der politischen Ökonomie" aus dem Jahre 1857/58 (Grundrisse) sowie einige nicht in der MEW-Ausgabe enthaltene Schriften. Für die ÖPM verwenden wir die Edition Höppners aus dem Jahre 1988, weil diese Ausgabe dem dreispaltigen Format der Manuskripte, auf dessen Relevanz für das Verständnis der ÖPM Fay eindrucksvoll hinweist,[9] am nächsten kommt. Zusätzlich wird stets auf die MEW-Ausgabe der ÖPM verwiesen. Bei den Grundrissen wird auf die gängigere Ausgabe der Europäischen Verlagsanstalt Frankfurt Bezug genommen. Bei den in den MEW nicht abgedruckten Schriften von Marx handelt es sich schließlich um die "Resultate des unmittelbaren Produktionsprozesses", die von Hans-Peter Harstick herausgegebenen Exzerpte Marx' aus M. M. Kovalovskij von 1879 und die ethnologischen Exzerpthefte der Jahre 1880 bis 1882 in der Ausgabe von Lawrence Krader.

---

7 Fischer (1993), S. 93, 99. Die gleiche Interpretation findet sich beispielsweise auch bei Reich (1991), S. 246.
8 Vgl. zur terminologischen Klarstellung z. B. Hofmann (1971a), S. 83-105, Hofmann (1971b), S. 127-134, 147-151, Dobb (1977), S. 163-183, Robinson (1987), S. 29f., Reiß (1990), S. 164-172.
9 Vgl. Fay (1983), S. 137-144 und Fay (1986), vor allem Kapitel 1 bis 3 sowie Anhang I.

1. Kapitel: Die Marxsche Anthropologie

Die enorme Wichtigkeit der anthropologischen Theorie Marx' für das Verständnis seines Gesamtwerkes wurde in der Einleitung bereits mehrfach hervorgehoben. Es stellt sich vorab die Frage, warum Marx seine Theorie über den Menschen trotz deren großer Bedeutung nicht publiziert hat. Die fehlende Veröffentlichung könnte als Indiz dafür gewertet werden, daß die anthropologischen Ideen für Marx selbst letztlich nicht den Stellenwert einnehmen, den sie gemäß der hier vertretenen Position besitzen. Allerdings gibt es gute Gründe, die trotz der fehlenden Publikation - und der damit verbundenen fehlenden ausgearbeiteten Theorie der menschlichen Natur durch Marx - dennoch für die große Relevanz dieser Ideen sprechen.
Zunächst einmal ist darauf hinzuweisen, daß die anthropologischen Thesen, die in der "Deutschen Ideologie" aufgestellt sind, ursprünglich publiziert werden sollten, aber aufgrund der politischen Verhältnisse in Deutschland von Marx nicht veröffentlicht werden können.[1] Bedeutsamer für die fehlende Veröffentlichung einer Theorie des Menschen durch Marx ist allerdings die Zielgruppe, die er mit seinen Werken ansprechen will. Es ist Marx' "wirklicher Lebensberuf" - so Engels anläßlich des Begräbnisses von Marx - dem modernen Proletariat "das Bewußtsein seiner eigenen Lage und seiner Bedürfnisse, das Bewußtsein der Bedingungen seiner Emanzipation" zu vermitteln (vgl. MEW 19, S. 336). Bei dieser Zielgruppe stoßen Begriffe wie 'menschliche Natur' oder 'Wesen des Menschen' auf Ablehnung. Die Verwendung philosophischer Ausdrücke würde die Zuhörerschaft verschrecken, so daß Marx eine genaue Formulierung seiner Theorie des Menschen, die unweigerlich mit derartigen Termini verbunden wäre, unterläßt.[2] Hinzu kommt, daß die erwähnten Begriffe von den Autoren, mit denen sich Marx kritisch auseinandersetzt, verwendet werden. Um sich von ihnen abzusetzen, unterbleibt die Übernahme derartiger Ausdrücke in den Marxschen Werken, die zur Publikation bestimmt sind. In den zur Veröffentlichung anstehenden Schriften wird folglich absichtlich auf eine philosophische Sprache verzichtet.[3] Deutlich wird dieses Vorgehen bereits in der "Deutschen Ideologie", in der eine spöttische und ironische Benutzung des Ausdrucks 'Entfremdung' anzutreffen ist: "Diese »*Entfremdung*«, um den Philosophen verständlich zu bleiben ..."[4]. Darüber hinaus finden sich in der "Deutschen Ideologie" zahlreiche Beispiele für die ablehnende Haltung Marx' gegenüber philosophischen Termini, z. B. gegenüber den Ausdrücken "Wesen des Menschen", "wahrer Mensch" oder "menschliches Wesen".[5] Das abschließende Urteil zur Philoso-

[1] Vgl. MEW 3, S. vi, MEW 4, S. 38, MEW 21, S. 263.
[2] Vgl. Ollman (1971), S. xi und Dobias (1994), S. 56. In den frühsten Werken hingegen verwendet Marx noch die Begriffe "Wesen des Menschen" oder den der "*menschlichen Natur*", z. B. MEW 1, S. 33, 47, 51.
[3] Vgl. Ollman (1971), S. xi, Elliott (1979), S. 321f., Schmidt (1993), S. 131.
[4] MEW 3, S. 34, ähnlich auch MEW 3, S. 262. Diese ironische Verwendung des Begriffs der Entfremdung ist in den ÖPM noch nicht anzutreffen. Gleiches gilt auch für die Schrift "Zur Judenfrage", in der Marx von der "menschlichen Selbstentfremdung" spricht, vgl. MEW 1, S. 372 oder für "Die Heilige Familie", in der ebenfalls mehrfach von der "Selbstentfremdung" die Rede ist, vgl. z. B. MEW 2, S. 37, 44, 55.
[5] Vgl. statt vieler MEW 3, S. 38, 42, 78, 85, 143, 167, 216, 218, 415, 447, 449, 476, 499, 502.

phie fällt bei Marx daher äußerst negativ aus: "Philosophie und Studium der wirklichen Welt verhalten sich zueinander wie Onanie und Geschlechtsliebe."[6] Die fehlende Veröffentlichung einer ausformulierten Theorie des Menschen von Marx hat daher keine inhaltlichen Gründe, so daß die eingangs aufgestellte These von der großen Bedeutung der anthropologischen Theorien Marx' für dessen Werke durch die unterbliebene Publikation keinesfalls widerlegt wird.

Zum Einstieg in die Analyse der Marxschen Anthropologie sollen zwei vereinfachende Kurzbeschreibungen des Menschenbilds von Marx vorgestellt werden. Nach Fetscher ist der Mensch für Marx ein schöpferisches, naturbeherrschendes, allseitiges, reiches Wesen (vgl. Fetscher (1984), S. 89). Und nach Ansicht Fromms vertritt Marx die These, daß der Mensch frei, vernünftig, tätig und unabhängig ist, seine Kräfte schöpferisch nutzt und zudem seine wahren menschlichen Bedürfnisse erkennt und verwirklicht (vgl. Fromm (1963), S. 64f.). Die genaue Bedeutung dieser Adjektive wird im weiteren Verlauf präzisiert werden. Sinn der vorliegenden Definitionen ist es lediglich, eine grobe Orientierungshilfe zu bieten. Bevor eine vertiefende Darstellung der in den Kurzbeschreibungen angedeuteten Wesensmerkmale des Menschen erfolgt, ist es allerdings erforderlich, einige Begriffe zu erläutern.

1.1. Begriffsklärungen

Das Begriffspaar 'Wesen des Menschen' und 'wahrer Mensch' bedarf dabei zuerst einer Erläuterung. Mit dem ersten Ausdruck umschreibt Marx seine Vorstellungen vom Idealtyp des Menschen. Das Wesen des Menschen besteht dabei aus den Eigenschaften, die den Menschen von anderen Lebewesen unterscheiden und die in jedem menschlichen Individuum vorhanden sind. Der wahre Mensch ist dann der Mensch, der diesen anthropologischen Idealvorstellungen entspricht.[7] Marx nennt den wahren Menschen an einer anderen Stelle auch den "*eigentlichen* Menschen" (MEW 1, S. 366, 370).

Eng zusammenhängend mit diesen beiden Termini ist die Idee der 'menschlichen Natur', d. h. eines Komplexes von Eigenschaften, der in allen Angehörigen der Gattung 'Mensch' vorhanden ist. Bezüglich dieser Idee existieren in der Literatur zwei extreme Standpunkte. Das eine Extrem besteht aus der Annahme einer im Zeitablauf unveränderlichen Natur des Menschen, das

[6] MEW 3, S. 218, ähnlich negative Beurteilungen finden sich z. B. in MEW 3, S. 342, 432-435, 518. Dieses Verhalten ändert Marx erst im "Kapital", d. h. zu einer Zeit, in der "das verdrießliche, anmaßliche und mittelmäßige Epigonentum ... Hegel ... als »toten Hund«" behandelt. Unter diesen Umständen bekennt sich Marx "offen als Schüler jenes großen Denkers und kokketierte sogar ... mit der ihm eigentümlichen Ausdrucksweise", MEW 23, S. 27. Dort spricht er dann auch wieder ironielos von der Natur des Menschen, wenn er beispielsweise im Zusammenhang mit dem Wert der Arbeitskraft den "normalen, der Menschennatur angemessenen Umsatz von Lebenssubstanz" erwähnt, vgl. MEW 23, S. 549.

[7] Vgl. Schaff (1965a), S. 110f. Schließlich ist in diesem Zusammenhang noch der Terminus "wirklicher Mensch" vorhanden. Bei ihm handelt es sich um den tatsächlich existierenden Menschen, vgl. dazu Schaff (1965a), S. 118-120.

andere aus dem extremen Relativismus, dem zufolge der Mensch das Produkt seiner Umweltbedingungen ist und aufgrund dort stattfindender Veränderungen selbst vollständig veränderlich ist. Konstante, unveränderliche Eigenschaften besitzt der Mensch nach dieser zweiten Position nicht.[8] In Anbetracht des von Marx vertretenen historischen Materialismus wird die Position der unveränderlichen menschlichen Natur von ihm verworfen. Aber auch die dem historischen Materialismus eher entsprechende Version des extremen Relativismus lehnt Marx ab, indem er im ersten Band des "Kapitals" den folgenden Standpunkt vertritt:

> "Auf den Menschen angewandt ... handelt es sich erst um die menschliche Natur im allgemeinen und dann um die in jeder Epoche historisch modifizierte Menschennatur." (MEW 23, S. 637, Fußnote 63).[9]

Marx verwirft somit die angesprochenen Extrempositionen und integriert statt dessen Elemente beider Standpunkte in seine Konzeption der menschlichen Natur. Das Vorliegen einer "menschlichen Natur im allgemeinen" zeigt, daß der Mensch für Marx anatomisch, physiologisch und auch psychologisch definierbar ist und somit "kein leeres Blatt Papier" darstellt, "auf das die Kultur ihren Text schreibt".[10] Damit wird die extrem relativistische Position, die dem Menschen gar keine invarianten Eigenschaften zuschreibt, sondern ihn lediglich als eine Widerspiegelung der gesellschaftlichen Zustände ansieht, von Marx explizit verworfen. Und die "modifizierte Menschennatur" dokumentiert die Marxsche Ablehnung eines ahistorischen Standpunktes, der die Unveränderbarkeit der Natur des Menschen propagiert.

Damit kann zur Idee der menschlichen Natur bei Marx folgendes festgehalten werden: Die Vorstellung, der zufolge es Eigenschaften gibt, die allen normalen menschlichen Individuen zu eigen sind, ist in der Marxschen Konzeption des Menschenbilds vorhanden.[11] Für Marx ist der Mensch bei seiner Geburt durch bestimmte anatomische, psychologische und psychische Eigenschaften definiert, die das 'Rohmaterial' für seine zukünftige Entwicklung bilden. Dieses Rohmaterial ist als unveränderlich, als die allgemeine menschliche Natur, anzusehen. Erst im Zeitablauf entwickelt und verändert sich der Mensch, so daß es zu einer Modifikation der menschlichen Natur kommt. Auch die Tatsache, daß aufgrund der historischen Modifikationen "die menschliche Natur im allgemeinen" (MEW 23, S. 637, Fußnote 63) nicht mehr erkennbar ist, ändert nichts an deren Existenz. Es gibt daher für Marx allgemeine Fähigkeiten und Be-

---

[8] Vgl. zu diesen beiden extremen Positionen z. B. Schaff (1965a), S. 111f. und Geras (1983), S. 23.

[9] In der "Deutschen Ideologie" findet sich der gleiche Gedankengang, wenn hinsichtlich der physischen Beschaffenheit des Menschen konstatiert wird: "Alle Geschichtsschreibung muß von diesen natürlichen Grundlagen und ihrer Modifikation im Lauf der Geschichte ... ausgehen", MEW 3, S. 21.

[10] Fromm (1981), S. 76, vgl. ebenso Fromm (1965a), S. 410 und Fromm/Xirau (1968), S. 375.

[11] Vgl. dazu beispielsweise Geras (1983), vor allem S. 11-16, 89-116. Dort stellt Geras fest: "Marx did not reject the idea of a human nature", Geras (1983), S. 89, 116.

dürfnisse, die für alle Menschen konstitutiv sind, so daß von einer Marxschen Konzeption der menschlichen Natur ausgegangen werden kann.[12]
Die anschließenden Begriffsbestimmungen folgen im wesentlichen den Vorschlägen Ollmans.[13]
Zu den weiterhin klärungsbedürftigen Ausdrücken gehört zunächst einmal das Begriffspaar 'natürlich' und 'gattungsspezifisch'. Unter dem Terminus 'natürlich' versteht Marx sämtliche Eigenschaften, die der Mensch mit allen anderen Lebewesen gemeinsam hat. Gattungsspezifisch sind hingegen die Charakteristika, die den Menschen von anderen Lebewesen unterscheiden.[14]
Ferner ist eine Unterscheidung zwischen den Ausdrücken 'Kraft' und 'Bedürfnis' zu treffen. Der zuerst genannte Begriff ist ein Synonym für Fähigkeiten, Potentiale oder Möglichkeiten und betrifft entwicklungsfähige menschliche Anlagen, die ihre endgültige Ausprägung noch nicht angenommen haben. Marx stellt in diesem Zusammenhang bezüglich des Menschen fest: "... diese Kräfte existiren in ihm als Anlagen und Fähigkeiten, als *Triebe*" (ÖPM, S. 195 [MEW 40, S. 578]) bzw. als ein im Menschen "existierendes Vermögen", welches erst noch eine "wirkliche Macht" wird (vgl. MEW 3, S. 287). 'Bedürfnisse' schließlich beschreiben die von einem Lebewesen gefühlten Empfindungen des Mangels.[15]
Hieran anschließend erfolgt die Trennung zwischen dem 'natürlichen Menschen' und dem 'Menschen als Gattungswesen'. Der natürliche Mensch zeichnet sich durch die natürlichen Kräfte und die natürlichen Bedürfnisse aus. Am deutlichsten wird die menschliche Natürlichkeit bei der Betrachtung des Menschen im Zustand des Urmenschen, in dem er sich nur unwesentlich von einem tierischen Lebewesen unterscheidet. In einem solchen Zustand reduzieren sich seine Fähigkeiten auf das bloße physische Überleben, seine wenigen Bedürfnisse sind kaum entwickelt, intellektuelle Fähigkeiten existieren fast nicht, und die Handlungen des Menschen sind spontaner, instinktiver Art, ohne etwas mit einer bewußt geplanten Tätigkeit gemeinsam zu haben. Der Mensch als Gattungswesen zeichnet sich hingegen durch die Kräfte und Bedürfnisse aus, die andere Lebewesen nicht besitzen. Erst durch diese Eigenschaften unterscheidet sich der Mensch von tierischen Lebewesen. Dabei kann sich jede natürliche Kraft zu einer Gattungskraft entwickeln. So ist beispielsweise die menschliche Sexualität ursprünglich eine natürliche Kraft, die sich nicht von der tierischen Sexualität unterscheidet. Im Laufe der menschlichen Entwicklung wird aus ihr allerdings eine Gattungskraft, so daß sie sich schließlich von der tierischen Sexualität abgrenzt.[16] Gleiches gilt für viele Sinne, die zwar beim Tier

---

[12] Vgl. dazu Fromm (1981), S. 30-32, Fromm (1963), S. 32-34, Schaff (1965a), S. 111-117, Lichtman (1990), S. 76f., 112f., Arnold (1990), S. 48-51.
[13] Vgl. dazu Ollman (1971), S. 76-86.
[14] Dieser Interpretation stimmen z. B. Lichtman (1990), S. 89 und Khan (1992), S. 199f. zu. Müller-Herlitz identifiziert in Übereinstimmung mit dieser Interpretation den "Menschen im Urzustand" als den 'natürlichen Menschen', vgl. dazu Müller-Herlitz (1972), S. 21-23. Ähnlich ist die Ansicht von Meszaros (1970), S. 168-171.
[15] Die Intensität des Empfindens eines nicht befriedigten Bedürfnisses ist stärker als die Intensität der Empfindung bei einem nicht erfüllten Wunsch. Der Begriff des Bedürfnisses ist daher zu trennen von den Konzepten der Präferenzen oder des Wunsches, vgl. Abschnitt 1.2.4. dieser Arbeit.
[16] Vgl. dazu Ollman (1971), S. 86 und ÖPM, S. 158 [MEW 40, S. 535].

ebenso vorhanden sind wie beim Menschen, aber erst vom Menschen als Gattungswesen ausgebildet und menschlich genutzt werden:

> "Es versteht sich, daß das *menschliche* Auge anders genießt, als das rohe, unmenschliche Auge, das menschliche *Ohr* anders als das rohe Ohr etc." (ÖPM, S. 164 [MEW 40, S. 541]).

In der Schrift "Zur Judenfrage" beschreibt Marx das Gattungsleben umfassend als ein Leben, bei dem der Mensch seine Individualität auslebt und ein "*souveränes*", also selbstbestimmtes Wesen ist. Gleichzeitig stellt Marx fest, daß "der Mensch in seiner unkultivierten, unsozialen Erscheinung ... noch kein *wirkliches* Gattungswesen ist" (MEW 1, S. 360). Auch damit zeigt sich, daß das menschliche Gattungsleben ein vom tierischen, also natürlichen, Leben zu trennendes Dasein darstellt.[17] Zusammenfassend lassen sich der natürliche und der gattungsspezifische Mensch wie folgt von einander abgrenzen:

> "If natural powers can be viewed as establishing the framework in which life itself goes on, then man's species powers express the kind of life which man, as distinct from all other beings, carries on inside this framework." (Ollman (1971), S. 85).

Wenden wir uns nun den in den Kurzbeschreibungen angedeuteten Wesensmerkmalen des Menschen zu.

1.2. Die Wesensmerkmale des Menschen

1.2.1. Motivation und Bewußtsein des Menschen

Entscheidend für das Verständnis der Marxschen Anthropologie ist die materialistische Grundanschauung von Marx. Ihr Kern besteht aus der Überzeugung, daß das Denken und Fühlen des Menschen bestimmt wird durch die grundlegenden Bedingungen der menschlichen Existenz, d. h. vor allem durch die Art und Weise der Herstellung der zum Lebensunterhalt erforderlichen Gegenstände. Die objektiven Produktionsbedingungen samt der mit ihnen verknüpften gesellschaftlichen Organisationsformen sind es, die die Ideen, Wünsche und Interessen der Menschen determinieren. Die ökonomischen Bedingungen bestimmen sowohl die psychologischen Motivationen als auch das Denken der Menschen, d. h. deren Vorstellungen über die gesellschaftliche Realität. Diese Vorstellungen äußern sich als "Empfindungen, Illusionen, Denkweisen und Lebensanschauungen" (MEW 8, S. 139) bzw. als "politische, juristische, philosophische Theorien, religiöse Anschauungen" (Engels an Bloch am 21./22.09.1890, MEW 37, S. 463) und werden unter den Oberbegriff des Bewußtseins subsumiert. Die materialistische Grundanschau-

---

[17] Zur vielfältigen Bedeutung des Begriffs 'Gattungswesen' bei Marx vgl. Schaff (1965a), S. 102-111, der dort vier Bedeutungen identifiziert, die dieser Terminus bei Marx besitzt.

ung stellt zusammenfassend als Kernaussage die These auf, daß "der Mensch von den Umständen gebildet wird" (MEW 2, S. 138). Die bestehenden Lebensbedingungen formen folglich den Menschen, so daß gilt:

> "Es ist nicht das Bewußtsein der Menschen, das ihr Sein, sondern umgekehrt ihr gesellschaftliches Sein, das ihr Bewußtsein bestimmt." (MEW 13, S. 9).[18]
> "Was die Individuen also sind, das hängt ab von den materiellen Bedingungen ihrer Produktion." (MEW 3, S. 21).

Und etwas detaillierter finden wir bei Engels folgende Darstellungen:

> "Fragt man aber weiter, was denn Denken und Bewußtsein sind und woher sie stammen, so findet man, daß es Produkte des menschlichen Hirns und daß der Mensch selbst ein Naturprodukt, das sich in und mit seiner Umgebung entwickelt hat; wobei es sich dann von selbst versteht, daß die Erzeugnisse des menschlichen Hirns, die in letzter Instanz ja auch Naturprodukte sind, dem übrigen Naturzusammenhang nicht widersprechen, sondern entsprechen." (MEW 20, S. 33).
> "Die Einwirkungen der Außenwelt auf den Menschen drücken sich in seinem Kopf aus, spiegeln sich darin ab als Gefühle, Gedanken, Triebe, Willensbestimmungen ... Alles, was die Menschen in Bewegung setzt, muß durch ihren Kopf hindurch; aber welche Gestalt es in diesem Kopf annimmt, hängt sehr von den Umständen ab." (MEW 21, S. 282, 298).

"Unter den ökonomischen Verhältnissen", die Denken, Einstellungen und Motivation formen, versteht Engels "die Art und Weise, worin die Menschen einer bestimmten Gesellschaft ihren Lebensunterhalt produzieren und die Produkte untereinander austauschen (soweit Teilung der Arbeit besteht)."[19]
Von dieser Überlegung ausgehend, ergibt sich als Konsequenz, daß unterschiedliche ökonomische Bedingungen auch unterschiedliche psychologische Motivationen hervorbringen. Abgesehen von den Motivationen, die als "quasi-psychologische Prämisse" (Fromm (1981), S. 41) stets bei allen Menschen vorhanden sind, können alle denkbaren Motivationen bei entsprechenden ökonomischen Umweltbedingungen vorliegen. Die erwähnte quasi-psychologische Prämisse ist die, "daß die Menschen vor allen Dingen zuerst essen, trinken, wohnen und sich kleiden müssen, ehe sie Politik, Wissenschaft, Kunst, Religion usw. treiben können" (MEW 19, S. 335).[20] Abgesehen von dieser, unter allen gesellschaftlichen Zuständen gültigen Motivation, ist ansonsten jedes Streben möglich. In Abhängigkeit von den vorliegenden ökonomischen Rahmenbedingungen sind beispielsweise asketische Tendenzen, wie im Frühkapitalismus, oder

---

[18] Ähnlich auch MEW 3, S. 26f.
[19] Engels an Borgius am 25.01.1894, MEW 39, S. 205, ähnlich auch Marx an Annenkow am 28.12.1846, MEW 27, S. 453.
[20] Den Umfang der Bedürfnisse, die den Menschen als quasi-psychologische Prämisse unter allen Umständen begleiten, schränkt Marx in seinen "Randglossen zu Adolph Wagners 'Lehrbuch der politischen Ökonomie'" auf sehr wenige ein, vgl. MEW 19, S. 375 und Abschnitt 1.2.4. dieser Arbeit.

die gegenwärtig existierenden konsummaximierenden Motivationen denkbar.[21] Menschliches Handeln zeichnet sich für Marx dementsprechend durch zwei wesentliche Eigenschaften aus. Erstens erfolgt keine Handlung ohne bewußte und gewollte Ziele, Absichten und Zwecke. Zweitens, und dies macht die materialistische Komponente aus, stehen hinter diesen individuellen Beweggründen jedoch noch 'andere bewegende Mächte', andere 'treibende Kräfte' bzw. Ursachen, die in den ökonomischen Verhältnissen zu finden sind (vgl. MEW 21, S. 296-300).

Die ökonomischen Bedingungen prägen neben der Motivation noch die Vorstellungen der Menschen bezüglich der sie umgebenden gesellschaftlichen Wirklichkeit, also das Bewußtsein der Menschen. Daß die ökonomischen Produktionsbedingungen die Vorstellungen des Menschen bestimmen dürfte eine der bekanntesten Behauptungen Marx' sein. Allerdings geht Marx in seinen Schriften nicht über diese Behauptung hinaus, so daß der konkrete Mechanismus, der die beiden Aspekte verbindet, bei ihm fehlt. Die Beantwortung der Frage nach diesen Mechanismen, die die "Umsetzung des Materiellen in den Menschenkopf" (Fromm (1932), S. 31) vollziehen, erfolgt durch Marx, und für Engels gilt das gleiche, nicht. Zur Schließung dieser Lücke bietet sich eine Kombination der Gedanken Lowes und Fromms bezüglich dieser Problematik an.

Fromm schließt die bestehende Lücke mit Hilfe der Psychoanalyse, die unter anderem die vermittelnden Faktoren zwischen der ökonomischen Basis und der Bildung von Ideen, Ideologien und des Bewußtseins untersucht. Sie zeigt z. B., wie sich der biologisch gegebene Triebapparat des Menschen an die sozio-ökonomischen Lebensbedingungen anpaßt und wie letztere zur Ideologie- und Ideenbildung beitragen (vgl. Fromm (1932), S. 23, 30-32, 40). Der in diesem Zusammenhang erste Mechanismus besteht aus dem von Fromm entwickelten "Gesellschafts-Charakter". Dabei versteht Fromm unter einem Charakter das System von Strebungen und Motivationen, welches dem Verhalten eines Menschen zugrunde liegt und welches das Denken, Fühlen und Handeln des Menschen bestimmt. Der Gesellschafts-Charakter ist dann der Kern jener Charakterstruktur, den die meisten Menschen einer bestimmten Kultur gemeinsam haben. Der konkrete Inhalt des Gesellschafts-Charakters besteht schließlich aus den Motivationen, die erforderlich sind, um Verhaltensformen hervorzurufen, die die Aufrechterhaltung des bestehenden Gesellschaftssystems dieser Kultur sichern und den reibungslosen Ablauf des gesellschaftlichen Lebens garantieren. So unterscheidet sich beispielsweise der Kapitalismus des 19. Jahrhunderts hinsichtlich seiner Erfordernisse an die individuellen Verhaltensweisen von denen des gegenwärtigen kapitalistischen Systems. Im kapitalistischen Europa des 19. Jahrhunderts war primär die Akkumulation von Kapital notwendig, so daß eine auf Sparen und Konsumverzicht gerichtete Orientierung vonnöten war. Im Kapitalismus der Gegenwart sind hingegen Absatzprobleme für den reibungslosen Verlauf des wirtschaftlichen und gesell-

[21] Vgl. statt vieler Fromm (1947), S. 40-43, Fromm (1963), S. 20-32, Fromm (1981), S. 41, 67-81.

schaftlichen Lebens relevanter, was eine auf den größtmöglichen Konsum gerichtete Verhaltensweise des Verbrauchens erfordert. Verschiedene ökonomische Bedingungen benötigen somit unterschiedliche Gesellschafts-Charaktere, deren Funktion es ist, die Handlungen und Verhaltensweisen der individuellen Entscheider so zu formen, daß die betrachtete Gesellschaft weiterhin funktionieren kann. Dabei besitzt der individuelle Charakter - und damit der Gesellschafts-Charakter, sofern er mit dem individuellen Charakter übereinstimmt - zwei Anreize, die das Individuum zu dem gesellschaftlich erforderlichen Verhalten bewegen. Neben dem materiellen Erfolg ist das Handeln gemäß des (individuellen oder Gesellschafts-) Charakters außerdem noch vom psychologischen Standpunkt her befriedigend, da dieses Handeln eine tiefe psychologische Befriedigung hervorruft. Das Medium, welches die notwendigen Vorstellungen über das Verhalten im individuellen Menschen entstehen läßt, ist primär die Familie. Sie wird bei ihrer Aufgabe unterstützt von großen Teilen des Kulturapparats, die ebenfalls die gesellschaftlich geforderten Haltungen vermitteln und herstellen.[22]
In der Terminologie Lowes im Rahmen seiner 'instrumentellen Analyse' beschreibt der Gesellschafts-Charakter die Handlungsmaximen, die ein zielgerechtes Verhalten der Mikroeinheiten hervorrufen. Zielgerecht ist deren Verhalten dann, wenn es im Zusammenspiel mit anderen Einflußgrößen, die hier nicht interessieren sollen, ein bestimmtes gesellschaftliches Makroziel erreicht.[23] Von den konkreten Inhalten des Gesellschafts-Charakters bzw. der Handlungsmaximen zu trennen sind dabei die Methoden zur Formung dieses Charakters bzw. dieser Maximen. Die Einübung der jeweiligen Motivationen und Einstellungen erfolgt nach Meinung Lowes - und in Übereinstimmung mit Fromm - durch die Erziehung im Rahmen der Familie und Schule sowie durch Bücher, Zeitungen, Kunst, Poesie, Filme, Kirche sowie ähnliche Medien und Institutionen.[24] Neben diesen - auf der Erziehung und der kulturellen Wertordnung einer Gesellschaft aufbauenden - Faktoren gibt es zusätzlich noch ökonomische 'Druckfaktoren', die bei der Beeinflussung der Motivationen eine entscheidende Rolle spielen. Zu ihnen gehören zunächst einmal die rein ökonomischen Faktoren, beispielsweise die Ressourcenknappheit und das technisches Niveau. Hinzu kommen institutionellen Einflußgrößen, die aus gesetzlichen und administrativen Faktoren bestehen. Welcher dieser Faktoren die größere Bedeutung er-

---

[22] Vgl. Fromm (1932), S. 37, Fromm (1941), S. 379-385, Fromm (1947), S. 47-51, Fromm (1965a), S. 401-403, Fromm (1981), S. 67-82, Fromm (1993), S. 129-134, 141-147. Der zweite von Fromm in diesem Zusammenhang genannte Mechanismus ist das "»gesellschaftliche Unbewußte«". Das Verbindungsglied zwischen Gesellschaftsstruktur und Ideen besteht dabei aus dem Umstand, "daß eine jede Gesellschaft bestimmt, welche Gedanken und Gefühle ins Bewußtsein gelangen dürfen und welche unbewußt bleiben müssen", Fromm (1981), S. 82. Dieser Mechanismus basiert auf der Angst der Menschen vor Isolation und sozialer Ächtung, denn beide Ängste sorgen dafür, daß der Mensch Dinge verdrängt, die ihm bewußt werden könnten. Vgl. zu diesem hier nicht weiter verfolgten Gedanken Fromm (1965a), S. 408f. und Fromm (1981), S. 67, 82-122.

[23] Lowe selbst konzentriert sich in seiner Analyse weniger auf die Handlungsmaximen als vielmehr auf die erforderlichen "stabilisierenden Erwartungen". Erst die Kombination aus zielgerechter Handlungsmaxime und stabilisierenden Erwartungen führt zu einer zielgerechten Motivation, die ihrerseits das zielgerechte Verhalten auslöst. Vgl. dazu Lowe (1984), vor allem Kapitel 2, 3, 5 und 10.

[24] Vgl. Fromm (1932), S. 37, Fromm (1941), S. 384f., Fromm (1947), S. 49, Fromm (1981), S. 77, Lowe (1990), S. 18f.

langt, hängt ab von den jeweiligen ökonomischen Rahmenbedingungen. Im Frühkapitalismus beispielsweise zeichnen sich die wirtschaftlichen Bedingungen aus durch die Knappheit der Ressourcen, ein niedriges technisches Niveau, eine persönliche Isolation innerhalb einer wettbewerblich organisierten Klassenstruktur mit einer ungezügelten Konkurrenz sowie durch die mit allen diesen Phänomenen zusammenhängende Massenarmut und Arbeitsplatzunsicherheit. Zudem herrscht ein kulturelles Klima, das den wirtschaftlichen Erfolg als Hauptquelle von Macht und Prestige sowie als Zeichen der göttlichen Auserwähltheit einstuft und damit den festen Glauben an den moralischen Wert der unbegrenzten Akkumulation hervorruft (vgl. Lowe (1984), S. 82-92, 149, Lowe (1990), S. 32f.). Bei dem Vorliegen dieser Kombination äußerer Druckfaktoren kann sich nur eine Handlungsmaxime etablieren, nämlich diejenige, die die Einnahmenmaximierung und die Ausgabenminimierung gebietet und von Lowe als "Extremalprinzip" definiert wird (vgl. Lowe (1984), S. 54). Lowe begründet dies wie folgt:
Die beschriebenen exogenen Faktoren führen auf seiten der Produzenten zu einer Situation, in der die Annahmen der vollständigen Konkurrenz auch faktisch erfüllt sind. Bekanntlich kommt es bei derartigen ökonomischen Umweltbedingungen zu einer langfristig gleichgewichtigen Lösung, in der die Preise der Güter deren langfristigen minimalen Stückkosten entsprechen, so daß eine gewinn- und verlustfreie Produktion erfolgt. Bedeutsam ist, daß die Preise aller Güter und Faktoren für den individuellen Anbieter exogene Größen darstellen, so daß er gezwungen wird, seine Kosten und Ausgaben zu minimieren und damit das Extremalprinzip anwenden muß.[25] Ohne diese Ausgabenminimierung treten individuelle Verluste auf, die langfristig das Ausscheiden des betroffenen Anbieters aus dem Markt nach sich ziehen. In ähnlicher Weise schreiben die wirtschaftlichen Bedingungen auch den Arbeitern deren Motivation vor. Massenarmut, Arbeitsplatzunsicherheit, individuelle Isolation und eine wettbewerbliche Gesellschaftsordnung sorgen für einen Lohn, der lediglich ein Leben am Existenzminimum erlaubt. Unter diesen Umständen kann das Überleben des Arbeiterhaushalts nur dadurch gesichert werden, daß die maximal mögliche Arbeitszeit faktisch realisiert wird, was zur Einnahmenmaximierung seitens des Arbeiterhaushalts führt. Zusätzlich können die Konsumausgaben lediglich für die zum Überleben notwendigen Güter verwendet werden, so daß das Prinzip der Ausgabenminimierung eingehalten werden muß. Jede andere Handlungsmaxime, die z. B. auf einen prahlerischen Konsum gerichtet ist oder im Rahmen eines Routinekaufs nicht den Anbieter mit dem geringsten Preis auswählt, gefährdet langfristig das Überleben aller Haushaltsmitglieder. Damit ist verdeutlicht worden, daß im Falle der beschriebenen wirtschaftlichen Ausgangslage ein anderes Motivationssystem als das des Extremalprinzips nicht möglich ist, so daß das Vorliegen der genannten ökonomischen Druckfaktoren den Mechanismus zwischen ökonomischer

---

[25] Vgl. statt vieler z. B. Herberg (1994), S. 252-255, 281, Schumann (1992), S. 235-239 und Varian (1991), S. 354-369.

Basis und Motivationsausprägung der Menschen ersichtlich gemacht hat. Das Wirken der kulturellen Faktoren ist bei diesen sozio-ökonomischen Rahmenbedingungen relativ unwichtig. Komplizierter wird der Mechanismus, der die Produktionsbedingungen mit der menschlichen Motivation verbindet, für den Fall, daß die ökonomischen Faktoren weniger restriktiv wirken. Die aufgrund der gestiegenen Produktivität reduzierte bzw. eliminierte Massenarmut und die vermehrten Wettbewerbsbeschränkungen lassen es zu, daß auch andere Motivationssysteme etabliert werden können. Aufgrund der veränderten ökonomischen Umwelt basiert das wirtschaftliche und physische Überleben der Mikroeinheiten nicht mehr auf der Einhaltung des Extremalprinzips. Handlungsweisen, die diesem ehemals überlebensnotwendigen Prinzip widersprechen, führen nun nicht mehr zum Verschwinden der betroffenen Akteure vom Markt. Damit ist es möglich, neue Ziele anzustreben, zu denen auf seiten der Produzenten z. B. die Erhöhung oder Sicherung der Marktanteile oder des Firmenwertes, das Erlangen von Macht und Prestige oder die Rücksichtnahme auf soziale Belange gehören. Und für die arbeitenden Konsumenten eröffnet sich die Möglichkeit eines prahlerischen Konsums, die Durchführung routinemäßiger Käufe oder die Verfolgung eines auf die Nächstenliebe gerichteten Verhaltens. In einer derartigen Situation, die vielfältige motivationale Ausprägungen bei allen Gesellschaftsmitgliedern zuläßt, erfolgt der Einfluß der ökonomischen Basis auf die menschliche Motivation in einem stärkeren Maß über die Familie und die Erziehung. Weil die ökonomischen Druckfaktoren geringer werden, nimmt ihre Bedeutung ab, ohne allerdings vollkommen irrelevant zu werden. In derartigen Situationen gewinnen die Mechanismen des Gesellschafts-Charakters und des gesellschaftlichen Unbewußten ein stärkeres Gewicht bei der Herstellung der Verbindung zwischen der ökonomischen Basis und der Bewußtseinssphäre.[26]

Nach diesen ausführlichen Erörterungen des Zusammenhangs von wirtschaftlichen Bedingungen und menschlicher Motivation, welche die im Marxschen System bestehende Lücke des fehlenden Mechanismus zwischen beiden Elementen schließen, erfolgen abschließend einige Bemerkungen über die Relation von ökonomischer Basis und Bewußtsein, wie sie von Marx und Engels gesehen werden. Die in diesem Zusammenhang sicherlich bekannteste Textstelle dürfte jene aus dem Vorwort zur "Kritik der politischen Ökonomie" sein:

> "Die Gesamtheit dieser Produktionsverhältnisse bildet die ökonomische Struktur der Gesellschaft, die reale Basis, worauf sich ein juristischer und politischer Überbau erhebt und welcher bestimmte gesellschaftliche Bewußtseinsformen entsprechen. Die Produktionsweise des materiellen Lebens bedingt den sozialen, politischen und geistigen Lebensprozeß überhaupt. ... Mit der Veränderung der ökonomischen Grundlage wälzt sich der ganze ungeheure Überbau langsamer oder rascher um." (MEW 13, S. 8f.).

[26] Zum Mechanismus, der in den beiden oben geschilderten sozio-ökonomischen Situationen wirksam ist, vgl. Lowe (1984), S. 49-67, 100-113 und Lowe (1990), S. 31-48.

Was hier primär für die politische und juristische Sphäre des Überbaus gilt, findet sich an anderer Stelle nochmals speziell für die Sphäre des Bewußtseins:

> "Auf den verschiedenen Formen des Eigentums, auf den sozialen Existenzbedingungen erhebt sich ein ganzer Überbau verschiedener und eigentümlich gestalteter Empfindungen, Illusionen, Denkweisen und Lebensanschauungen." (MEW 8, S. 139).

Was im folgenden interessieren soll, ist die häufig vernachlässigte Rückwirkung des Überbaus, speziell der Sphäre des Bewußtseins, auf die ökonomische Basis einer Gesellschaft. In der Regel wird der Primat des Ökonomischen dahingehend interpretiert, daß eine einseitige Determinierung vorliegt. Dieser Interpretation folgend, bestimmt das ökonomische Sein das Bewußtsein, ohne daß letzteres seinerseits Einflüsse auf die ökonomische Struktur besitzt. Tatsächlich aber haben Marx und Engels trotz ihrer Betonung der ökonomischen Elemente den Einfluß des Überbaus auf die Basis, also auch des Bewußtseins auf die ökonomischen Verhältnisse, niemals geleugnet. Daß aus dem Hauptprinzip der Verursachung im Zeitablauf ein Prinzip wurde, welches einen ausschließlichen Erklärungsanspruch besitzt, wird von Engels mit Bedauern zur Kenntnis genommen:

> "Daß von den Jüngeren zuweilen mehr Gewicht auf die ökonomische Seite gelegt wird, als ihr zukommt, haben Marx und ich teilweise selbst verschulden müssen. Wir hatten, den Gegnern gegenüber, das von diesen geleugnete Hauptprinzip zu betonen, und da war nicht immer Zeit, Ort und Gelegenheit, die übrigen an der Wechselwirkung beteiligten Momente zu ihrem Recht kommen zu lassen." (Engels an Bloch am 21./22.09.1890, MEW 37, S. 465).

Und im gleichen Brief schreibt Engels ebenfalls:

> "Nach materialistischer Geschichtsauffassung ist das *in letzter Instanz* bestimmende Moment in der Geschichte die Produktion und Reproduktion des wirklichen Lebens. Mehr hat weder Marx noch ich je behauptet. Wenn nun jemand das dahin verdreht, das ökonomische Moment sei das *einzig* bestimmende, so verwandelt er jenen Satz in eine nichtssagende, abstrakte, absurde Phrase."[27]

So wird beispielsweise der Einfluß des Bewußtseins auf das individuelle Verhalten explizit in der "Deutschen Ideologie" erwähnt:

> "... da Du ... Deine Bedürfnisse nur durch eine Tätigkeit befriedigen kannst, bei der Du *auch* Dein Bewußtsein anwenden mußt." (MEW 3, S. 272).[28]

---

[27] Engels an Bloch am 21./22.09.1890, MEW 37, S. 463, ähnlich auch Engels an Schmidt am 27.10.1890, MEW 37, S. 493f. sowie Engels an Borgius am 25.01.1894, MEW 39, S. 206.

[28] Ähnlich auch in MEW 20, S. 451, wo Engels feststellt, daß das menschliche Handeln aus den Bedürfnissen heraus erklärt werden muß, daß sich diese Bedürfnisse "dabei allerdings im Kopf .. widerspiegeln, zum Bewußtsein kommen" und somit das menschliche Handeln beeinflussen.

Ähnliches gilt für die Relevanz des Willens hinsichtlich der menschlichen Handlungen. Bekanntlich lehnt Marx es ab, "alles aus dem *Willen* der handelnden Person zu erklären", weil es gesellschaftliche Verhältnisse gibt, "welche .. die Handlungen der Privatleute ... bestimmen" (MEW 1, S. 177). Die Ablehnung, "alles aus dem *Willen* der handelnden Person zu erklären", ist allerdings nicht gleichbedeutend mit der Behauptung, gar nichts aus dem Willen der agierenden Individuen erklären zu können. Die gesellschaftlichen Verhältnisse strukturieren und begrenzen zwar die individuellen Handlungsmöglichkeiten, aber sie lassen noch Freiräume für individuelle Handlungen und determinieren das menschliche Handeln deshalb nicht vollständig.[29]

Marx und Engels gestehen also unzweifelhaft den Elementen des Überbaus einen bestimmenden Einfluß auf die ökonomische Struktur zu. Daß dies der Fall ist, kann schon aus methodischen Erwägungen nicht überraschen. Ein wesentliches Element der von Marx und Engels vertretenen dialektischen Methode ist gerade die Totalität bzw. "Einheit der Welt" (MEW 20, S. 41). Und die Dialektik als "die Wissenschaft von den allgemeinen Bewegungs- und Entwicklungsgesetzen der Natur, der Menschengesellschaft und des Denkens" erfaßt dabei stets Wechselwirkungen, "wo Ursachen und Wirkungen fortwährend ihre Stelle wechseln, das was jetzt oder hier Wirkung, dort oder dann Ursache wird und umgekehrt". Auch eine bestimmte Produktionsweise ist "das Bild einer unendlichen Verschlingung von Zusammenhängen und Wechselwirkungen" (MEW 20, S. 20, 22, 131f.). Dies stellt Engels ebenfalls in einem Brief an Franz Mehring fest, indem er dort konstatiert, daß "den verschiednen ideologischen Sphären" eine "*historische Wirksamkeit*" nicht abgesprochen wird, da im dialektischen Denken jedes Element "auf seine Umgebung und selbst seine eignen Ursachen zurückwirken kann" (Engels an Mehring am 14.07.1893, MEW 39, S. 98). Der methodisch geforderte zwingende Einfluß der Bewußtseinssphäre auf die materielle Basis zeigt sich also explizit bei Marx und Engels. Beide erwähnen die "Allmacht der Erfahrung, Gewohnheit, Erziehung", die bei der Formung des Menschen eine Rolle spielen (vgl. MEW 2, S. 138). Die "Empfindungen, Illusionen, Denkweisen und Lebensanschauungen" fließen jedem Individuum "durch Tradition und Erziehung" zu (vgl. MEW 8, S. 139), und die dem einzelnen Menschen so anerzogenen Wertvorstellungen und Ansichten beeinflussen wiederum sein Handeln, auch jenes der ökonomischen Lebensbereiche, und wirken damit auf die ökonomische Basis ein.[30] Diese Idee findet sich auch im "Kapital" wieder:

---

[29] Innerhalb des von den "unentrinnbaren materiellen und gesellschaftlichen Zwängen ... gezogenen Rahmens" können die Menschen ihr Schicksal selbst bestimmen, vgl. Mandel (1988), S. 201.

[30] Unter dieser Problematik leidet auch die zukünftige, von Marx angestrebte kommunistische Gesellschaftsform, denn sie besteht an ihrem Beginn aus einer Gemeinschaft von Menschen, die "in jeder Beziehung, ökonomisch, sittlich, geistig, noch behaftet ist mit den Muttermalen der alten Gesellschaft, aus deren Schoß sie kommt." Deshalb kann es in der ersten Phase der kommunistischen Gesellschaft noch nicht gelingen, all jene Elemente des gesellschaftlichen Lebens zu verwirklichen, die für ein entfremdungsfreies Dasein der Menschen erforderlich sind, vgl. MEW 19, S. 20f.

> "Im Fortgang der kapitalistischen Produktion entwickelt sich eine Arbeiterklasse, die aus Erziehung, Tradition, Gewohnheit die Anforderungen jener Produktionsweise als selbstverständliche Naturgesetze anerkennt." (MEW 23, S. 765).

So sorgt beispielsweise der "Hauptlehrsatz" der Nationalökonomie, d. h. die "Selbstentsagung, die Entsagung des Lebens, aller menschlichen Bedürfnisse" (ÖPM, S. 179 [MEW 40, S. 549]), dafür, daß die Menschen eine asketische Lebensweise annehmen und ihr entsprechend handeln. Diesem Lehrsatz folgend, richten die Menschen ihr Leben so ein, daß sie nur die lebensnotwendigsten Dinge konsumieren und ansonsten, sofern aufgrund der Einkommenshöhe überhaupt noch möglich, den Rest sparen.[31] Die ursprünglich aus den materiellen Lebensbedingungen entspringende Notwendigkeit zu dieser asketischen, sparsamen Lebensführung hat also zu den dargestellten Wertvorstellungen geführt, die diese Lebensweise verfestigen. Selbst wenn es aufgrund materieller Verbesserungen möglich wird, dieses Verhalten zu ändern und ein weniger asketisches Leben zu führen, so sorgen die vorliegenden Wertvorstellungen dafür, daß die potentiellen Änderungen faktisch nicht realisiert werden. Ein weiteres Beispiel für die Rückwirkung des Bewußtseins auf die materiellen Strukturen findet sich im ersten Band des "Kapitals". Dort stellt Marx fest, daß eine "zu verschwenderische Natur" die menschliche Entwicklung nicht zu "einer Naturnotwendigkeit" macht (MEW 23, S. 536). Wenn das menschliche Überleben aufgrund einer ressourcenhaltigen Umwelt relativ problemlos gesichert wird, ist eine Entwicklung menschlicher Fähigkeiten ebenso wie ein Fortschritt im technischen Bereich nicht unbedingt erforderlich. Damit wird zugleich eine zurückhaltende bis ablehnende Einstellung zu derartigen Weiterentwicklungen hervorgerufen. Obwohl diese Entwicklungen das Leben vereinfachen und erleichtern könnten, unterbleiben sie letztlich aufgrund der herrschenden Wertvorstellungen.

Während in den bisher genannten Beispielen jeweils nur Teilaspekte der kapitalistischen Produktionsweise angesprochen wurden, zeigt sich in einer Textpassage aus den "Theorien über den Mehrwert", daß Einstellungen und Überzeugungen für die gesamte Funktionsfähigkeit des kapitalistischen Systems erforderlich sind:

> "Alle Völker haben nicht gleiche Anlage zur kapitalistischen Produktion. Einige Urvölker, wie Türken, haben weder Temperament noch Disposition dazu. Aber dies Ausnahmen. Mit der Entwicklung der kapitalistischen Produktion wird ein average Niveau der bürgerlichen Gesellschaft und damit der Temperamente und dispositions in den verschiedensten Völkern geschaffen. Wesentlich kosmopolitisch wie das Christentum. Christentum daher auch spezielle Religion des Kapitals." (MEW 26.3, S. 441f.).

---

[31] Vgl. ÖPM, S. 179 [MEW 40, S. 549]. Daß der Arbeiter des wirklichen Leben sparen kann, anerkennt Marx, indem er beispielsweise bezüglich des "englischen städtischen Arbeiters" feststellt: "Er kann etwas sparen, schatzbildnern. Er kann auch seinen Lohn vergeuden für Schnaps etc.", Marx (1863/64), S. 137.

Auch nach dem Marxschen Verständnis kommt die kapitalistische Produktionsweise somit nicht ohne entsprechende Dispositionen und Einstellungen der beteiligten Personen aus. Die Bedeutung dieser Elemente aus der Sphäre des Bewußtseins, und daher des Überbaus, für die materielle Basis wird damit erneut unterstrichen. Allerdings bleibt Marx dem Primat der Ökonomie treu. Auch wenn die Bewußtseinssphäre als verursachender Faktor einen Einfluß auf die ökonomische Struktur nimmt, so ist die historisch und logisch erste Ursache stets im Bereich der materiellen Basis zu suchen. Damit liegen die Wurzeln der Einstellungen und Anschauungen immer im ökonomischen Bereich. Schließlich sind nach Ansicht von Marx die Vor- und Einstellungen der Menschen auch für etwaige Modifikationen des ökonomischen und gesellschaftlichen System erforderlich. Dieser Aspekt wird bei der Auseinandersetzung mit der Bedeutung des Klassenbewußtseins für gesellschaftliche Veränderungen hervorgehoben. Erst wenn die Arbeiter sich ihrer gemeinsamen Interessen bewußt sind ist es möglich, daß die Arbeiterklasse zu politischen Handlungen befähigt wird und eine Veränderung der ökonomischen Strukturen hervorbringt. Und erst wenn bei den arbeitenden Menschen "das Bewußtsein der Gemeinsamkeit ihrer Interessen" (Fetscher (1979), S. 58) besteht, die Arbeiter eine "Klasse ... für sich" (MEW 4, S. 181) geworden sind, können politische Aktionen der Arbeiter samt der daraus resultierenden ökonomischen Veränderungen erwartet werden.[32]

Die bisherigen Ausführungen dürften hinreichend deutlich gemacht haben, daß nach dem Marxschen Verständnis Ideen und Vorstellungen einen Einfluß auf die sozio-ökonomische Struktur besitzen und dort stabilisierende oder modifizierende Wirkungen hervorrufen. Marx anerkennt damit sowohl die Relevanz der Einstellungen und Wertvorstellungen der Menschen für die ökonomische Sphäre einer Gesellschaft als auch die Tatsache, daß das Bewußtsein eine verursachende Einflußgröße hinsichtlich der ökonomischen Struktur darstellt.

Nachdem die Bedeutung des Bewußtseins für die Marxsche Anthropologie geklärt ist, können wir uns nun den weiteren entscheidenden Elementen der anthropologischen Vorstellungen Marx' zuwenden.

1.2.2. Die produktive Lebenstätigkeit des Menschen

In diesem Zusammenhang nimmt die produktive Tätigkeit, primär verstanden als freie und bewußte Tätigkeit, eine zentrale Position ein. Bei diesem Aspekt der menschlichen Betätigung geht es im Kern um die freie Ziel- und Zwecksetzung der Tätigkeit durch das handelnde Subjekt. Diese Form der Betätigung ist es, die den wesentlichen Unterschied zwischen dem Menschen und dem Tier ausmacht und deshalb den Gattungscharakter des Menschen darstellt.

---

[32] Zur Bedeutung des Klassenbewußtseins für Veränderungen der ökonomischen Struktur durch Aktionen des Klassenkampfes vgl. z. B. Fetscher (1979), S. 58f., Elster (1982), S. 467, Elster (1985), S. 345-358, Anderson/Thompson (1988), S. 222-227. Die Relevanz des Bewußtseins für radikale gesellschaftliche Veränderungen durch die Arbeiter wird in Abschnitt 4.6. dieser Arbeit erneut und ausführlicher aufgegriffen.

> "Das produktive Leben ist aber das Gattungsleben. ... In der Art der Lebensthätigkeit liegt der ganze Charakter einer species, ihr Gattungscharakter, und die freie bewußte Thätigkeit ist der Gattungscharakter d[es] Menschen. ... Die bewußte Lebensthätigkeit unterscheidet d[en] Menschen unmittelbar von der thierischen Lebensthätigkeit." (ÖPM, S. 136f. [MEW 40, S. 516]).

Wichtig ist in diesem Zusammenhang, daß der Ausdruck 'produktiv' nicht im Sinne des heutigen Sprachgebrauchs gebraucht wird. Die gegenwärtige Verwendung dieses Terminus versteht unter einer produktiven Handlung das auf ein bestimmtes Resultat abzielende Verhalten. Marx hingegen geht es bei diesem Begriff gerade nicht um das Resultat, sondern vielmehr um die Qualität der betreffenden Aktivität. Die Aktivität ist, sofern sie produktiv ist, eine freie, bewußte und selbständige Tätigkeit eines Individuums.[33] Deshalb ist auch eine Betätigung ohne ein materielles Resultat als eine produktive Tätigkeit einzustufen, z. B. ein Spaziergang. Entscheidend ist weiterhin, daß das eventuell anfallende Ergebnis der Tätigkeit ein nützlicher Gegenstand ist, also ein Gebrauchswert, der als solcher mit "bestimmten nützlichen Eigenschaften" ausgestattet ist und damit "bestimmte Bedürfnisse ... befriedigt" (Marx (1863/64), S. 38). Dabei kann dieses Ergebnis ein immaterielles sein, also aus einer Dienstleistung bestehen. Voraussetzung ist lediglich, daß dieser "*Dienst* ... Ausdruck für den *besondren Gebrauchswert* der Arbeit" ist und somit "als Tätigkeit nützlich ist" (Marx (1863/64), S. 156).[34] Darüber hinaus hat der Begriff der produktiven Tätigkeit auch nichts mit der Einteilung der Arbeit in produktive und unproduktive Arbeit zu tun, denn diese Zweiteilung bezieht sich lediglich auf die im ökonomischen Sinn produktive Arbeit, also auf die mit der Akkumulation und Kapitalisierung verbundene Arbeit.[35] Ein Klavierspieler beispielsweise produziert Musik und befriedigt damit den menschlichen Tonsinn, d. h. "seine Arbeit produziert etwas", aber dennoch

> "... ist sie nicht *produktive Arbeit* im *ökonomischen* Sinn; sowenig als die Arbeit des Narren produktiv ist, der Hirngespinste produziert. *Produktiv ist die Arbeit nur, indem sie ihr eignes Gegenteil produziert.*" (Grundrisse, S. 212).

Ausführlich beschreibt Marx im ersten Band des "Kapitals" den Begriff der Arbeit, der - wie sich im weiteren Verlauf dieser Arbeit noch zeigen wird - in dem hier verwendeten Sinn mit dem Begriff der produktiven schöpferischen Tätigkeit des Menschen identisch ist:

> "Die Arbeit ist zunächst ein Prozeß zwischen Mensch und Natur, ein Prozeß, worin der Mensch seinen Stoffwechsel mit der Natur durch seine eigne Tat vermittelt, re-

---

[33] Aufgrund dieser Individualität der produktiven Tätigkeit ist es auch für eine außenstehende Person unmöglich, den Wert einer Handlung sowie des Handlungsergebnisses zu schätzen, denn der schätzende Mensch wird dabei stets "den Wert seiner eigenen Tätigkeit" heranziehen, vgl. dazu MEW 1, S. 123.

[34] Vgl. dazu beispielsweise MEW 13, S. 15-37, 42 und MEW 23, S. 49-61, 76, 85, 192-198, 203, 531, wo von der 'zweckmäßig produktiven Tätigkeit' und der 'wirklich nützlichen Arbeit' die Rede ist.

[35] Vgl. zur Unterscheidung zwischen der produktiven und der unproduktiven Arbeit bei Marx z. B. Schmiede (1973), S. 30-51, Napoleoni (1974), S. 137-147, Fetscher (1979), S. 148-153, Kalmbach (1991a), S. 143-145, Laibman (1992), S. 71-78, 85-87.

gelt und kontrolliert. Er tritt dem Naturstoff selbst als eine Naturmacht gegenüber. Die seiner Leiblichkeit angehörigen Naturkräfte, Arme und Beine, Kopf und Hand, setzt er in Bewegung, um sich den Naturstoff in einer für sein eignes Leben brauchbaren Form anzueignen. Indem er durch diese Bewegung auf die Natur außer ihm wirkt und sie verändert, verändert er zugleich seine eigne Natur. Er entwickelt die in ihr schlummernden Potenzen und unterwirft das Spiel ihrer Kräfte seiner eignen Botmäßigkeit. Wir haben es hier nicht mit den ersten tierartig instinktmäßigen Formen der Arbeit zu tun. Dem Zustand, worin der Arbeiter als Verkäufer seiner eignen Arbeitskraft auf dem Warenmarkt auftritt, ist in urzeitlichen Hintergrund der Zustand entrückt, worin die menschliche Arbeit ihre erste instinktartige Form noch nicht abgestreift hatte. Wir unterstellen die Arbeit in einer Form, worin sie dem Menschen ausschließlich angehört. Eine Spinne verrichtet Operationen, die denen des Webers ähneln, und eine Biene beschämt durch den Bau ihrer Wachszellen manchen menschlichen Baumeister. Was aber von vornherein den schlechtesten Baumeister vor der besten Biene auszeichnet, ist, daß er die Zelle in seinem Kopf gebaut hat, bevor er sie in Wachs baut. Am Ende des Arbeitsprozesses kommt ein Resultat heraus, das beim Beginn desselben schon in der Vorstellung des Arbeiters, also schon ideell vorhanden war. Nicht daß er nur eine Formveränderung des Natürlichen bewirkt; er verwirklicht im Natürlichen zugleich seinen Zweck, den er weiß, der die Art und Weise seines Tuns als Gesetz bestimmt und dem er seinen Willen unterordnen muß. Und diese Unterordnung ist kein vereinzelter Akt. Außer der Anstrengung der Organe, die arbeiten, ist der zweckmäßige Wille, der sich als Aufmerksamkeit äußert, für die ganze Dauer der Arbeit erheischt, und um so mehr, je weniger sie durch den eignen Inhalt und die Art und Weise ihrer Ausführung den Arbeiter mit sich fortreißt, je weniger er sie daher als Spiel seiner eignen körperlichen und geistigen Kräfte genießt. Die einfachen Momente des Arbeitsprozesses sind die zweckmäßige Tätigkeit oder die Arbeit selbst, ihr Gegenstand und ihr Mittel." (MEW 23, S. 192f.).[36]

Diese lange, aber nichtsdestotrotz sehr lesenswerte Passage enthält wesentliche Elemente, die zu dem Konzept der produktiven menschlichen Tätigkeit gehören. Auffällig ist zunächst einmal die wiederholte Hervorhebung der Zweckmäßigkeit. Von entscheidender Bedeutung für die wahrhaft menschliche Tätigkeit ist die Aufstellung von eigenen Handlungszielen und nicht die Übernahme fremder Ziele, die von anderen Menschen oder den ökonomischen Sachzwängen aufoktroyiert werden. Gleiches gilt für die Realisation der aufgestellten Handlungspläne, die ebenfalls von dem betreffenden Individuum selbständig geregelt und kontrolliert werden muß.[37] Mit dem freien Setzen von Handlungszielen zeigt sich zugleich die Selbstbestimmung des Menschen. Der wahre Mensch ist nicht das Produkt der Verhältnisse, sondern er kann vielmehr sein Leben gemäß seines eigenen Willens äußern.[38]

---

[36] Auch im dritten Band des "Kapitals" wird die Arbeit von Marx als vermittelnde Tätigkeit im Rahmen des Stoffwechsels zwischen Mensch und Natur beschrieben. Und im Gegensatz zur zitierten Textstelle benutzt Marx dort auch explizit den Ausdruck "produktive Tätigkeit des Menschen", MEW 25, S. 823.

[37] Den Anspruch, "nicht als knechtische Werkzeuge" zu leben, sondern selbständig zu handeln und dabei an bedeutsamen Dingen mitzuwirken, äußert Marx schon in seinem Abitur-Aufsatz aus dem Jahre 1835, vgl. MEW 40, S. 593f.

[38] Vgl. dazu z. B. Landshut (1971), S. XXXVIIf., XLIIIf., Heller (1980a), S. 38f., 45, Fleischer (1980), S. 48.

> "Der Mensch macht seine Lebensthätigkeit selbst zum Gegenstand seines Wollens und seines Bewußtseins. ... Die bewußte Lebensthätigkeit unterscheidet d[en] Menschen unmittelbar von der thierischen Lebensthätigkeit." (ÖPM, S. 137 [MEW 40, S. 516]).

Ebenso weist Marx auf das Fehlen von äußeren Einflüssen bei der Zielauswahl der produktiven Tätigkeit hin, wenn er in den "Theorien über den Mehrwert" feststellt, daß "free activity .. nicht wie die labour durch den Zwang eines äußren Zwecks bestimmt ist" (MEW 26.3, S. 253). Die "freie bewußte Thätigkeit", die "bewußte Lebensthätigkeit" liegt beispielsweise nicht vor, wenn die menschliche Betätigung der "Befriedigung ... des Bedürfnisses der Erhaltung der physischen Existenz" dient, denn bei dieser Art der Tätigkeit ist der Zweck der Handlung ein vorgegebener.[39] Insgesamt betrifft diese Freiheit der Tätigkeit die Organisation der Arbeitsprozesse, die Beziehung zu dem herzustellenden Produkt und die konkreten Arbeitsinhalte, also unter anderem die Arbeitsziele, die Arbeitsintensität, die Arbeitsdauer, die Arbeitsqualität und die Arbeitsorganisation (vgl. Gorz (1994), S. 29, 116, 168). Im Vorgriff auf das gesellschaftliche Wesen des Menschen ist schließlich darauf hinzuweisen, daß die Freiheit des Menschen für Marx stets an die menschliche Vernunft und Einsicht gekoppelt ist. Marx geht es immer um die "Verwirklichung der vernünftigen Freiheit", so daß die von ihm angestrebte Freiheit den Gegensatz zur "Willkür des Einzelnen" darstellt (vgl. MEW 1, S. 54, 58, 103).

Die wiederholte Erwähnung des Begriffs 'Individuum' deutet an, daß die schöpferische Tätigkeit des Menschen stets Freiräume für die Individualität der tätigen Person zulassen muß. Weil die Tätigkeit eines Menschen immer die "Verausgabung seiner Lebenskraft" darstellt, ist sie "die persönliche Tätigkeit" des Handelnden und damit die Nutzung von einem "*spezifischen Arbeitsvermögen*". Bedeutsam für die schöpferische Tätigkeit des Menschen ist folglich, daß sie ein Ergebnis liefert, welches "bestimmte nützliche, konkrete Arbeiten ... *verkörpert*", also einen Gebrauchswert darstellt.[40]

Somit ist der Mensch seinem gattungsspezifischen Wesen nach ein bestimmendes Subjekt, ein bestimmender Akteur, weil "die Willensfreiheit zum Wesen des Menschen" gehört und die "Freiheit ... das Wesen des Menschen" ist (vgl. MEW 1, S. 33, 51). Die Selbstbestimmung erfaßt dabei zunächst einmal den Arbeitsprozeß, also Planung, Ablauf und Ergebnis der Arbeit. Nur diese "*Selbständigkeit* im Produktionsprozeß" erlaubt auch die "selbständige persönliche Arbeit" (Marx (1863/64), S. 131f.), die zum wahren Wesen des Menschen gehört. Da die Selbstbestimmung eine alle menschlichen Lebensbereiche umfassende Eigenschaft ist, gilt sie

---

[39] Vgl. ÖPM, S. 136f. [MEW 40, S. 516f.]. Es zeigt sich, daß die zur Reproduktion des menschlichen Lebens erforderliche Tätigkeit des Menschen - unabhängig davon, wie anregend, angenehm oder selbstorganisiert sie auch sein mag - nicht vollständig mit dem Ideal der produktiven menschlichen Tätigkeit übereinstimmt. Damit deutet sich an, daß die vollständige Verwirklichung der anthropologischen Idealvorstellungen Marx' nicht möglich ist, vgl. dazu Abschnitt 4.3. dieser Arbeit.

[40] Vgl. Marx (1863/64), S. 73-75, 83, 89, 132-136. Der Aspekt der Individualität im Marxschen Denken wird hier nur angedeutet und im Abschnitt 1.2.3. dieser Arbeit ausführlicher behandelt.

auch für die Politik, Kultur und ähnliche Bereiche. Es geht Marx daher um die "Selbstbestimmung auf allen Ebenen des gesellschaftlichen Seins" (Metscher (1991), S. 33), denn es gehört zum Wesen des Menschen als handelndes, aktives Subjekt selbst zu planen und zu regieren und nicht verplant und regiert zu werden. Die gesellschaftliche Selbstverwaltung ist deshalb integraler Bestandteil der produktiven Tätigkeit des menschlichen Daseins (vgl. Vranicki (1968), S. 98).

Voraussetzung für die freie Zielauswahl und Selbstverwirklichung ist die Beherrschung der Mächte, denen der Mensch gegenwärtig noch unterworfen ist. Betroffen sind damit die "Natur, die den Menschen anfangs als eine durchaus fremde, allmächtige und unangreifbare Macht gegenübertritt" (MEW 3, S. 31) und "die Herrschaft der sachlichen Verhältnisse" (MEW 3, S. 424), welche die Produktionsvorgänge betrifft und sich z. B. in der "Macht des Verhältnisses von Nachfrage und Zufuhr" (MEW 3, S. 35) äußert. Solange diese 'fremden Mächte' noch über den Menschen herrschen, ist eine freie bewußte menschliche Tätigkeit nicht möglich. Selbstbestimmung und Handlungen gemäß des eigenen Willens erfordern demnach die vorherige Beherrschung der Naturkräfte. Zudem müssen die von den Menschen hergestellten Gegenstände von ihnen kontrolliert werden. Beide Aspekte, die Naturbeherrschung und die Beherrschung der Produktionsprozesse, sind näher zu erläutern. Die Beherrschung der Natur durch den Menschen bezieht sich auf die Tatsache, daß die Menschen nicht hilflos der Natur und den Naturgewalten ausgeliefert sind, sondern beide - zumindest teilweise - kontrolliert formen und verändern können. Diese Beherrschung beginnt bereits dadurch, daß beispielsweise durch den gezielten Anbau von Nutzpflanzen deren Standort vom Menschen, und nicht mehr ausschließlich von der Natur, festgelegt wird. Die Menschen lockern dadurch ihre Abhängigkeit von der Natur, reduzieren die "Unsicherheit der Nahrungsquellen" (MEW 21, S. 31) und gewinnen eine gewisse Kontrolle über die Natur. Weitere Formen der Naturbeherrschung sind andere planmäßige Veränderungen der Natur, z. B. die Rodung von Wäldern zur Anlegung von Feldern, die künstliche Bewässerung oder auch die Maßnahmen zur Wasserregelung, um damit die Naturkraft 'Wasser' zu kontrollieren.[41] Die menschliche Naturbeherrschung äußert sich zusammenfassend darin, daß die Menschen in der Lage sind, "der Erde den Stempel ihres Willens aufzudrücken" (MEW 20, S. 452).

Die Beherrschung der Natur durch den Menschen darf allerdings nicht als Aufruf zur rücksichtslosen Ausnutzung der Natur mißverstanden werden. Von Beherrschung sprechend, könnte sich der Verdacht aufdrängen, daß nach Ansicht Marx' die Natur nur zum Wohle des Menschen existiert und von ihm beliebig genutzt werden darf. Eine ausschließlich am menschlichen Wohl orientierte Inanspruchnahme der Natur ohne eine gleichzeitige Beachtung ökologischer Belange ist allerdings keinesfalls ein Element des Marxschen Ideals der menschlichen

---

[41] Als Beispiel für diese Art der Kontrolle nennt Marx die Wasserregelung des Nils, vgl. MEW 23, S. 537, vgl. ebenso MEW 20, S. 452f.

produktiven Tätigkeit.[42] Zur produktiven Lebenstätigkeit des Menschen gehört vielmehr auch die Rücksichtnahme auf die Natur. Wenn davon die Rede ist, daß "der Mensch, der Beherrscher der Natur" (MEW 9, S. 133) ist, so darf dies nur als eine naturerhaltende und umweltschonende Inanspruchnahme der natürlichen Ressourcen verstanden werden. Eine rücksichtslose Ausbeutung der Natur zur Befriedigung menschlicher Bedürfnisse ist mit dem Ideal der produktiven Tätigkeit des Menschen unvereinbar.[43] Dies wird von Marx und Engels wiederholt hervorgehoben. So weist Marx explizit auf die bewahrende Funktion des Menschen bezüglich der Natur hin und macht in diesem Zusammenhang deutlich, daß der Mensch die Pflicht zum sorgsamen Umgang mit der Umwelt hat:

> "Selbst eine ganze Gesellschaft, eine Nation, ja alle gleichzeitigen Gesellschaften zusammengenommen, sind nicht Eigentümer der Erde. Sie sind nur ihre Besitzer, ihre Nutznießer, und haben sie als boni patres familias den nachfolgenden Generationen verbessert zu hinterlassen." (MEW 25, S. 784).

Wenn natürliche Ressourcen vom Menschen genutzt werden, dürfen sie nur ihrer "Natur gemäß exploitiert .. werden" (MEW 26.3, S. 295). Darüber hinaus ist stets darauf zu achten, diese Naturbasis des menschlichen Lebens zu erhalten und zu verbessern:

> "Die Entwicklung der Kultur und Industrie überhaupt hat sich von jeher so tätig in der Zerstörung der Waldungen gezeigt, daß dagegen alles, was sie umgekehrt zu deren Erhaltung und Produktion getan hat, eine vollständig verschwindende Größe ist." (MEW 24, S. 247).
> "*Antizipation* der Zukunft - wirkliche Antizipation - findet überhaupt in der Produktion des Reichtums nur statt mit Bezug auf den Arbeiter und die Erde. Bei beiden kann durch vorzeitige Überanstrengung und Erschöpfung, durch Störung des Gleichgewichts zwischen Ausgabe und Einnahme, die Zukunft *realiter* antizipiert und verwüstet werden. Bei beiden geschieht es in der kapitalistischen Produktion." (MEW 26.3, S. 303).[44]

Es zeigt sich daher eindeutig, daß zum wahren menschlichen Dasein ein naturbewahrender und -verbessernder Umgang gehört. Diese Rücksichtnahme ist nur im Rahmen einer Güterherstellung durch assoziierte Produzenten möglich,[45] was Marx und Engels deutlich aussprechen:

---

[42] Vgl. zum umweltbewahrenden Wesen der Naturbeherrschung bei Marx Fetscher (1983), S. 123-128 und Schmidt (1993), vor allem S. v-ix.

[43] Die Destruktivität der kapitalistischen Produktionsweise gegenüber der Natur zeigt sich unter anderem darin, daß sie die Natur als reine "Sache der Nützlichkeit", als "Gegenstand für den Menschen" gebraucht, vgl. Grundrisse, S. 313.

[44] Ähnlich auch MEW 23, S. 529f.

[45] Bei der kapitalistischen Produktionsweise kümmern sich die individuellen Kapitalisten "nur um den unmittelbarsten Nutzeffekt ihrer Handlungen", so daß sie die "entfernteren gesellschaftlichen Wirkungen" ihrer Tätigkeiten nicht berücksichtigen, vgl. MEW 20, S. 454f. Im Kern geht es hier um die Internalisierung negativer externer Effekte.

> "Schmeicheln wir uns indes nicht zu sehr mit unsern menschlichen Siegen über die Natur. Für jeden solchen Sieg rächt sie sich an uns. Jeder hat in erster Linie zwar die Folgen, auf die wir gerechnet, aber in zweiter und dritter Linie hat er ganz andre, unvorhergesehene Wirkungen, die nur zu oft jene ersten Folgen wieder aufheben. Die Leute, die in Mesopotamien, Griechenland, Kleinasien und anderswo die Wälder ausrotteten, um urbares Land zu gewinnen, träumten nicht, daß sie damit den Grund zur jetzigen Verödung jener Länder legten, ... Gegenüber der Natur wie der Gesellschaft kommt bei der heutigen Produktionsweise vorwiegend nur der erste, handgreiflichste Erfolg in Betracht; und dann wundert man sich noch, daß die entfernteren Nachwirkungen der hierauf gerichteten Handlungen ganz andre, meist ganz entgegengesetzte sind, ..." (MEW 20, S. 452f., 455).[46]

Was unter der Beherrschung des Produktionsprozesses und der damit hergestellten Produkte zu verstehen ist, wird von Engels in "Der Ursprung der Familie, des Privateigentums und des Staats" beschrieben. Bezüglich der "barbarischen Produktion", die eine Vorstufe zur Zivilisation darstellt, konstatiert er:

> "Die Produktion ... war wesentlich eine gemeinsame, ... Diese Gemeinsamkeit der Produktion fand statt innerhalb der engsten Schranken; aber sie führte mit sich die Herrschaft der Produzenten über ihren Produktionsprozeß und ihr Produkt. Sie wissen, was aus dem Produkt wird: Sie verzehren es, es verläßt ihre Hände nicht; und solange die Produktion auf dieser Grundlage betrieben wird, kann sie den Produzenten nicht über den Kopf wachsen, ..." (MEW 21, S. 168f.).

Entscheidend ist, daß die direkten Produzenten die von ihnen produzierten Gegenstände nicht "im Austausch aus der Hand gaben", weil sie nur so die Benutzung der Produkte kontrollieren und beherrschen können. Wenn hingegen das eigene Produkt abgeben wird, entscheidet nicht mehr der direkte Produzent über dessen Nutzung und verliert deshalb die Herrschaft über sein Produkt. Dabei ist diese Form der Herrschaft lösgelöst von der Naturbeherrschung zu betrachten. Tatsächlich liegt in der von Engels beschriebenen Epoche die Beherrschung der Natur durch den Menschen gerade nicht vor. Und erst diese fehlende Naturbeherrschung stellt durch die mit ihr verbundene Beschränkung der materiellen Produktion die Grundlage für die Beherrschung der Produktionsprozesse dar:

> "Die Irokesen waren noch weit entfernt davon, die Natur zu beherrschen, aber innerhalb der für sie geltenden Naturgrenzen beherrschten sie ihre eigne Produktion. ... Die Produktion bewegte sich in den engsten Schranken; aber - die Produzenten beherrschten ihr eignes Produkt." (MEW 21, S. 110).

Ursache für die Beherrschung der Produktionsprozesse ist der geringe Grad der Naturbeherrschung, der über eine geringe materielle Produktion und fehlende Teilung der Arbeit zur Selbstversorgung der Individuen führt. Ein Austausch - und damit der Verlust der Kontrolle

---

[46] Vgl. ebenso Marx an Engels am 25.03.1868, MEW 32, S. 53.

über die selbst erstellten Produkte - erfolgt nicht. Solange der Produzent seine produzierten Gegenstände selbst konsumiert, weiß er stets, was mit ihnen geschieht und behält somit die Kontrolle über diese Gegenstände.

Abschießend sind zwei Formen der Beherrschung der Produktionsprozesse und der daraus resultierenden Produkte zu unterscheiden. Einerseits kann diese Beherrschung durch den individuellen Hersteller selbst erfolgen. Dies scheint in der 'barbarischen Produktion' der Fall zu sein. Allerdings ist aufgrund der Gemeinsamkeit der Produktion und Konsumtion[47] nicht auszuschließen, daß schon in diesem frühen Stadium der Menschheitsgeschichte diese Beherrschung gemeinsam erfolgt. Andererseits kann die Kontrolle über Produktionsprozeß und -ergebnis in einer entwickelten Gesellschaft nur durch die zweite Form der Produktionsbeherrschung, die kollektive Form, erfolgen. Wenn aufgrund der Entwicklung von Produktivität, technischem Wissen und Produktion die Selbstversorgung der individuellen Produzenten nicht mehr sinnvoll ist, muß es zu einer - wie auch immer gearteten - Form des Austausches kommen. Weil aber in jeder Gesellschaft, die den Güteraustausch zwischen einzelnen Individuen zuläßt, aufgrund des Verlustes der Gegenstände auch der Verlust der Herrschaft über diese Gegenstände eintritt, muß ein Austausch, der mit der Kontrolle der Produktionsergebnisse durch die direkten Produzenten vereinbar ist, planmäßig durch die Gemeinschaft erfolgen. Deshalb geht es in der zukünftigen Gesellschaft darum, den ungeheuren "Vorzug der barbarischen Produktion ... wiederzuerobern, aber auf der Grundlage der jetzt errungenen gewaltigen Naturbeherrschung durch den Menschen und der jetzt möglichen freien Assoziation" (MEW 21, S. 110). Die Problematik der Beherrschung des Produktionsprozesses durch den Menschen wird also vor allem in den entwickelten Ökonomien relevant, in denen der Fundus produzierter Produktionsmittel zunimmt. Auch diese von den arbeitenden Menschen geschaffenen Dinge müssen von ihnen kontrolliert werden. Für die "workmen" ist es daher wichtig, daß nicht die "Produktionsmittel *sie* beschäftigen", sondern daß sie "als Subjekte, die Produktionsmittel - im Akkusativ - anwenden, um Reichtum für sich selbst zu erzeugen" (MEW 26.2, S. 583). Die Kontrolle und bewußte Beherrschung verlangen dann die freie Vereinigung der Individuen, die einen Gesamtplan erstellen und realisieren. Die zwecksetzende Tätigkeit des Menschen äußert sich dann in einer kollektiven Zielsetzung samt kollektiver Realisierung dieser Ziele.[48] Dabei kann aber nicht einmal diese Assoziation der freien Produzenten eine vollkommen freie Zielwahl ermöglichen. Aufgrund der physischen Bedürfnisse des Menschen zum Zwecke des reinen Überlebens

47 Der Aspekt der Produktion in der Urgesellschaft wird in Abschnitt 1.4. dieser Arbeit genauer beschrieben.
48 Vgl. Marcuse (1962), S. 253-259, Landshut (1971), S. XLIIIf. und Heller (1980a), S. 38f.; die Realisation der Naturbeherrschung durch den Menschen in entwickelten Gesellschaften wird im Abschnitt 4.3.1. dieser Arbeit behandelt. Damit deutet sich bereits an dieser Stelle an, daß die einzelnen Wesensmerkmale des Menschen nicht isoliert betrachtet werden dürfen. Sie bilden vielmehr eine dialektische Einheit, in der sich alle Wesensmerkmale gegenseitig beeinflussen. Bei dem hier betrachteten Themenkomplex geht es um das Zusammenspiel von produktiver Lebenstätigkeit und dem sozialen Charakter des Menschen als gesellschaftlichem Beziehungswesen.

ist der Mensch immer auf ein bestimmtes Minimum an materiellen Gütern angewiesen, und die Produktion dieser Güter wird ihm als Zweck seiner Tätigkeit aufgedrängt. Die wahrhaft produktive Tätigkeit des Menschen beginnt also erst außerhalb der zum physischen Überleben erforderlichen Produktion materieller Güter bzw. dann, wenn unabhängig von unmittelbaren Bedürfnissen produziert wird.[49]

Kehren wir zurück zu der Interpretation des Begriffs der produktiven menschlichen Tätigkeit aufgrund der zitierten Passage aus dem ersten Band des "Kapitals". Die nächste, dieser Textstelle zu entnehmende Eigenschaft der menschlichen produktiven Betätigung besteht darin, daß das eventuell anfallende Resultat der menschlichen Aktivität dem ausführenden Individuum zufällt, so daß sich der Akteur das Handlungsergebnis "für sein eignes Leben" (MEW 23, S. 192) aneignet. Wenn materielle Güter die Folge des menschlichen Handelns sind, dann müssen sie für ihren jeweiligen Produzenten unmittelbar einen Genuß bereiten, also seine eigenen Bedürfnisse befriedigen. Damit ist aber keinesfalls nur die Eigenproduktion eine Produktionsweise, die dem wahren Menschen gerecht wird. Ebenfalls zur unentfremdeten Tätigkeit gehören die Handlungen, die zwar einer anderen Person einen Gegenstand für deren Bedürfnisbefriedigung verschaffen, die aber zugleich dem Produzierenden selbst eine Freude bereiten. Nehmen wir beispielsweise einen Komponisten an, der eine Arie für eine Sängerin komponiert. Erst indem der Komponist einer anderen Person, hier der Sängerin, den von ihm generierten Gegenstand verschafft, kann er selbst eine Freude erlangen in Form des Anhörens ihres Gesangs. Seine eigene Tätigkeit wird ihm also keinen, oder nur einen geringen, Genuß bereiten, wenn er den von ihm produzierten Gegenstand nicht einer anderen Person verschafft.[50] Ein Austausch von Tätigkeiten kann daher grundsätzlich auch im Rahmen der unentfremdeten Tätigkeit erfolgen, er muß dann aber die Form eines "gegenseitigen Schenkens" annehmen, bei dem das Geben nicht an eine Gegenleistung gebunden ist (vgl. Gorz (1994), S. 239f.). Zur produktiven Lebenstätigkeit gehören folglich auch die Tätigkeiten, mit denen die handelnde Person die Bedürfnisse eines anderen Menschen befriedigt und daran selbst Freude empfindet. Derartige Handlungen zum Wohle anderer sind dann nicht mehr als Selbstaufopferung anzusehen, sondern bilden vielmehr "ein Moment der Selbstverwirklichung der Persönlichkeit" (Heller

---

[49] Vgl. ÖPM, S. 137 [MEW 40, S. 517] und Israel (1985), S. 118f. Es geht hier um die später zu behandelnde Problematik des 'Reichs der Freiheit' und des 'Reichs der Notwendigkeit', die ein Grundproblem hinsichtlich der Realisierung des vollkommen entfremdungsfreien Daseins anspricht: Da der Mensch biologischen Lebensnotwendigkeiten unterworfen ist, die zum Erhalt des Lebens bestimmte Tätigkeiten im Rahmen des Stoffwechsels zwischen Mensch und Natur verlangen, wird es immer menschliche Tätigkeiten geben, die diesem Druck der Notwendigkeit unterliegen. Die Vorgabe der Ziele menschlicher Betätigung durch die Erfordernisse des biologischen Überlebens ist aber unvereinbar mit der produktiven Lebenstätigkeit des Menschen, so daß die vollständige Eliminierung aller Entfremdungsphänomene schon aus diesem Grund äußerst fragwürdig erscheint, vgl. dazu die Ausführungen in Abschnitt 4.3. dieser Arbeit.

[50] Vgl. hierzu MEW 40, S. 462 und Fetscher (1979), S. 87, dem das dargestellte Beispiel entnommen wurde.

(1980a), S. 45).[51] Entscheidend für eine Herstellung von Gütern im Rahmen einer unentfremdeten Tätigkeit ist deshalb, daß die Tätigkeit "von seiten des Produzenten auf Befriedigung seines Selbstbedürfnisses oder bei etwas weitrer Entwicklung der Teilung der Arbeit, auf Befriedigung ihm bekannter Bedürfnisse seiner Co-Produzenten gerichtet" (MEW 26.2, S. 509) ist. Zum menschlichen Leben gehört somit, daß die Menschen "ihr Lebensmaterial ... im Verkehr mit der Gesellschaft" (MEW 8, S. 198) gewinnen, so daß gilt:

> "Sie produzieren nur, indem sie auf eine bestimmte Weise zusammenwirken und ihre Tätigkeiten gegeneinander austauschen." (MEW 6, S. 407).[52]

Durch die eingangs zitierte Passage und die dort angesprochenen Gegenüberstellung von menschlicher und tierischer Produktion wird außerdem der Unterschied zwischen dem natürlichen Menschen und dem Gattungswesen Mensch veranschaulicht. Die gattungsspezifische Tätigkeit des Menschen zeichnet sich durch eine geplante, gewollte, ziel- und zweckgerichtete sowie bewußte Handlung aus, durch die der Mensch aktiv zu seiner gegenständlichen Umwelt in Beziehung tritt. Kennzeichnend für die menschliche Tätigkeit ist, daß die menschliche "Einwirkung auf die Natur den Charakter vorbedachter, planmäßiger, auf bestimmte, vorher bekannte Ziele gerichteter Handlung" (MEW 20, S. 451) annimmt. Dies setzt unter anderem ein gewisses Maß an physischer und mentaler Flexibilität sowie eine Konzentrationsfähigkeit voraus, also Eigenschaften und Fähigkeiten, die beim tierischen Lebewesen, ebenso wie beim natürlichen Menschen, nicht anzutreffen sind.[53] Und selbst wenn die Fähigkeit zur planmäßigen und auf bestimmte Ziele gerichteten Handlung beim Tier gegeben ist, so hat doch "alle planmäßige Aktion aller Tiere .. es nicht fertiggebracht, der Erde den Stempel ihres Willens aufzudrücken. Dazu gehörte der Mensch" (MEW 20, S. 452). Resümierend konstatiert Engels daher:

> "Kurz, das Tier *benutzt* die äußere Natur bloß und bringt Änderungen in ihr einfach durch seine Anwesenheit zustande; der Mensch macht sie durch seine Änderungen seinen Zwecken dienstbar, *beherrscht* sie." (MEW 20, S. 452).

Entscheidend für eine dem menschlichen Wesen angemessene Tätigkeit ist daher der die Natur planmäßig verändernde Charakter dieser Betätigung. Hinsichtlich des physischen Überlebens äußert sich dies darin, daß der Mensch die dafür erforderlichen Gegenstände nicht bloß einsammelt, sondern durch eine aktive Auseinandersetzung mit der Natur gewinnt, indem er diese

---

[51] Vgl. dazu ebenfalls Osterkamp (1993), S. 22. Dieser Aspekt wird im Abschnitt über das gesellschaftliche Wesen des Menschen erneut aufgegriffen und dort ausführlicher erörtert, vgl. Abschnitt 1.2.5. dieser Arbeit. Die Verwendung des Ausdrucks 'Selbstverwirklichung' weist darauf hin, daß selbst das unentfremdete Handeln auf die eigene Person bezogen und nicht als ein altruistisch motiviertes Verhalten einzustufen ist.

[52] Daß der Tausch eine andere Form als unter dem Regime der kapitalistischen Produktionsweise einnehmen muß, wurde bereits erwähnt. Die genaue Form der dem Menschen angemessenen Art des Tausches wird in den Anschnitten 4.3.1. und 4.3.2. beschrieben.

[53] Vgl. dazu Ollman (1971), S. 111-116 und Fromm (1963), S. 37-41.

verändert. Der Mensch modifiziert die Natur, bevor er sie für sein Leben gebraucht. Dieser Gedanke findet sich in der "Deutschen Ideologie", in der hinsichtlich der Menschen folgende Behauptung aufgestellt wird:

> "Sie selbst fangen an, sich von den Tieren zu unterscheiden, sobald sie anfangen, ihre Lebensmittel *zu produzieren*, ein Schritt, der durch ihre körperliche Organisation bedingt ist." (MEW 3, S. 21).[54]

Darüber hinaus ist nur der Mensch in der Lage, "universell" zu produzieren, d. h. über die "unmittelbaren physischen" Bedürfnisse hinaus zu produzieren. Dies schließt die Fähigkeit ein, die Natur nicht nur nach dem Kriterium der Bedürftigkeit zu verändern, sondern die Naturumformung "auch nach den Gesetzen der Schönheit", also gemäß ästhetischer Kriterien, vorzunehmen (vgl. ÖPM, S. 137 [MEW 40, S. 517]). Weiterhin hängen die Produkte des Menschen nicht nur von dessen Anatomie und Physiologie ab, weil der Einsatz komplizierter Produktionsmittel möglich ist und damit anatomische und biologische Beschränkungen überwindbar werden. Der Mensch zeichnet sich demzufolge dadurch aus, daß er Werkzeuge bewußt herstellt und benutzt, sich also als ein "toolmaking animal" (MEW 23, S. 194) erweist.[55] Schließlich stellt noch die bewußte Zusammenarbeit eine rein menschliche Eigenschaft dar. Adam Smith wiedergebend stellt Marx fest, daß Tiere nicht in der Lage sind, "die unterschiednen Eigenschaften ihrer species zusammenzulegen" und "nichts zum *gemeinschaftlichen* Vortheil und Bequemlichkeit ihrer species beizutragen" haben. Menschen hingegen können mit Hilfe des Austausches von Gegenständen dafür sorgen, daß ihre verschiedenen Fähigkeiten und Talente "sich wechselseitig nützen".[56] Daß hingegen "Tiere für andre Tiere produzieren" ist ein nicht feststellbares Phänomen (vgl. Grundrisse, S. 154f.). Ausschlaggebend für eine mit der wahren menschlichen Natur korrespondierende Betätigung - im Gegensatz zur tierischen - sind demnach die kreative, schöpferische, kooperative und zweckgerichtete Tätigkeit inklusive einer bewußten Kontrolle der jeweiligen Handlungsabläufe sowie des Einsatzes von selbst produzierten Werkzeugen.[57] Allerdings ist dieser Unterschied zum Tier zu Beginn der Menschheitsgeschichte noch nicht gegeben, d. h. die Tätigkeit des Menschen ist in dieser Phase noch identisch mit der des Tieres und somit 'natürlich'. Menschlich, sprich gattungsspezifisch, ist sie erst, wenn "sie sich aus dem rein tierischen Charakter herausgearbeitet hat" (Marx (1863/64), S. 122).

---

[54] Ebenso Engels in einem Brief, in dem er bezüglich des Unterschieds zwischen Mensch und Tier folgendes festhält: "Der wesentliche Unterschied der menschlichen von der tierischen Gesellschaft ist der, daß die Tiere höchstens *sammeln*, während die Menschen *produzieren*", Engels an Lawrow am 12./17. 11. 1875, MEW 34, S. 170.

[55] Nach Meinung Engels beginnt die menschliche Tätigkeit erst ab dem Zeitpunkt, ab dem eine "Verfertigung von Werkzeugen" vorliegt, vgl. MEW 20, S. 449.

[56] ÖPM, S. 213, ähnlich S. 210 [MEW 40, S. 558f., 560f.].

[57] Vgl. z. B. Schaff (1965a), S. 99-101, Elliott (1979), S. 322, Elster (1985), S. 62-68 und Israel (1985), S. 60-66, 115-123.

Weiterhin beinhaltet die gattungsspezifische menschliche Tätigkeit neben den körperlichen die künstlerischen und intellektuellen Tätigkeiten, was die vollständige "intellektuelle Beherrschung" der betreffenden Handlungsabläufe einschließt (vgl. Fromm (1963), S. 52f., Fetscher (1985a), S. 225f.). In den "Grundrissen" zählt Marx zum Bereich menschlicher Tätigkeiten die "Experimentalwissenschaft, materiell schöpferische und sich vergegenständlichende Wissenschaft" und fordert zudem für den unentfremdeten Menschen, daß "in dessen Kopf das akkumulierte Wissen der Gesellschaft existiert" (Grundrisse, S. 599f.).[58] Daß die geistige Tätigkeit zur produktiven Lebenstätigkeit des Menschen gehört, ist ebenso den Ausführungen der ÖPM zu entnehmen. Dort stellt Marx bezüglich des Menschen als "*Gattungswesen*" fest, daß dieser "sich sowohl in seinem Sein als in seinem Wissen bestätigen und bethätigen muß" (ÖPM, S. 196 [MEW 40, S. 579]). Daher ist "auch das Denken .. als Wesensäusserung des Menschen" (ÖPM, S. 205 [MEW 40, S. 586]) zu verstehen. Engels spricht in den "Grundsätzen des Kommunismus" davon, daß der zukünftige Mensch in der Lage ist, "das gesamte System der Produktion zu überschauen" (MEW 4, S. 376).[59] Ein weiteres Element menschlicher Tätigkeiten besteht aus dem Umstand, daß der Mensch alle seine Kräfte benutzt, was einseitige Handlungsabläufe ausschließt. Die produktive menschliche Tätigkeit verlangt die Anwendung aller körperlicher und geistiger Fähigkeiten, wobei diese Anwendung wiederum frei und bewußt selbstbestimmt wird. Kopf- und Handarbeit bilden somit eine Einheit, die nicht auseinandergerissen werden darf (vgl. MEW 23, S. 531). Weiterhin ist es ein charakteristisches Element der produktiven Tätigkeit, daß sie die menschlichen Fähigkeiten weiterentwickelt.[60]

Schließlich gehört zur produktiven Lebenstätigkeit des Menschen die Einheit von Produktion, Distribution, Austausch und Konsumtion. Von den vielen Beispielen, die Marx zur Untermauerung dieses Aspektes vorbringt, werden hier nur einige vorgestellt. Dazu gehört zunächst einmal die Feststellung, daß die Produktion ohne die Konsumtion nicht denkbar ist, da die Produktion in diesem Fall zwecklos wäre. Erst durch den Akt der Konsumtion wird das jeweilige Produkt zu einem wirklichen Produkt, und erst dann ist der Produktionsakt vollendet. So wird beispielsweise "ein Kleid .. erst wirklich Kleid durch den Akt des Tragens" und "ein Haus, das nicht bewohnt wird, ist in fact kein wirkliches Haus" (Grundrisse, S. 13).[61] Darüber hinaus ist

---

[58] Auch in den "Resultaten des unmittelbaren Produktionsprozesses" erwähnt Marx die "bewußte *Anwendung* der Naturwissenschaft, Mechanik, Chemie etc. für bestimmte Zwecke" als Element menschlicher Tätigkeit, vgl. Marx (1863/64), S. 125. Ebenso beschreibt er bei einer zustimmenden Wiedergabe Smithscher Gedanken "alle intellektuellen Arbeiten" als Element der produktiven Lebenstätigkeit des Menschen, vgl. MEW 26.1, S. 134.

[59] In der "Deutschen Ideologie" wird schließlich moniert, daß bei "den durch die Zivilisation geschaffenen Produktionsinstrumenten" der "durchschnittliche Menschenverstand" nicht mehr ausreicht, um diese Instrumente benutzen und verstehen zu können, was ebenfalls die Notwendigkeit der intellektuellen Beherrschung des Produktionsprozesses unterstreicht, vgl. MEW 3, S. 65.

[60] Vgl. Heller (1980a), S. 34, 42. Dieser Gedanke wird in Abschnitt 1.2.3. dieser Arbeit erneut aufgegriffen.

[61] Zur menschlichen Produktion gehört folglich, daß das Ergebnis dieser Tätigkeit als Gebrauchsgegenstand benutzt wird und nicht als Tauschobjekt hergestellt wird. Dieser Aspekt geht bereits auf Aristoteles zurück, den Marx dazu wie folgt zitiert: "»Denn zweifach ist der Gebrauch jedes Guts ... Der eine ist dem Ding als solchen eigen, der andre nicht, wie einer Sandale, zur Beschuhung zu dienen und austauschbar zu sein. Beides sind

die Produktion die Voraussetzung für die Konsumtion, denn erst aufgrund der Existenz eines produzierten Gegenstandes wird dieser wahrgenommen, was zu einem Bedürfnis nach diesem Gegenstand führt (vgl. Grundrisse, S. 14f.).[62] Somit ist also die "Konsumtion als Notdurft, als Bedürfnis .. selbst ein innres Moment der produktiven Tätigkeit" (Grundrisse, S. 15).[63] Um produktiv tätig zu sein, muß der handelnde Produzent daher genau wissen, auf welche spezifischen Bedürfnisse eines individuellen Konsumenten sich seine Aktivität bezieht.[64]

In einem nächsten Schritt geht Marx von der menschlichen Fähigkeit zur produktiven Tätigkeit über zum menschlichen Bedürfnis nach dieser Art der Tätigkeit. In den "Grundrissen" konstatiert er, daß "das Individuum »in seinem normalen Zustand von Gesundheit, Kraft, Tätigkeit, Geschicklichkeit, Gewandtheit« auch das Bedürfnis einer normalen Portion von Arbeit hat" (Grundrisse, S. 505).[65] Arbeit, verstanden als die produktive Lebenstätigkeit des Menschen, ist folglich notwendig für den menschlichen Körper.[66] In seiner "Kritik des Gothaer Programms" geht Marx sogar soweit, daß in der kommunistischen Gesellschaft "die Arbeit ... selbst das erste Lebensbedürfnis geworden" (MEW 19, S. 21) ist. Dieses Lebensbedürfnis umfaßt unter anderem das bereits erwähnte Bedürfnis, sich für andere Menschen zu betätigen (vgl. Heller (1980a), S. 45). Darüber hinaus beinhaltet es das Bedürfnis nach abwechslungsreichen und völlig neuen Tätigkeiten, denn, "*prinzipiell* ist der freie Arbeiter zu jeder Variation seines Arbeitsvermögens und seiner Arbeitstätigkeit empfänglich und bereit" (Marx (1863/64), S. 138). Ebenso gibt es das Bedürfnis, daß "der individuellen Verschiedenheit" der Tätigen Spielräume eröffnet werden, so daß die Individualiät jeder Person berücksichtigt wird und eine "Entwicklung des eignen Arbeitsvermögens" ermöglicht wird. Auch ein Bedürfnis nach "der Selbstbestimmung" sowie nach der Übernahme von Verantwortung gehört zu dem Lebensbedürfnis 'Arbeit' (vgl. Marx (1863/64), S. 135f.).[67]
Allerdings, und darauf muß mit Nachdruck hingewiesen werden, bezieht sich das Bedürfnis nach Arbeit nur auf die 'normale Lebensbetätigung', also auf die Tätigkeit des Gattungswesen

Gebrauchswerte der Sandale, denn auch wer die Sandale mit dem ihm Mangelnden, z. B. der Nahrung austauscht, benutzt die Sandale als Sandale. Aber nicht in ihrer natürlichen Gebrauchsweise. Denn sie ist nicht da des Austausches wegen. Dieselbe Bewandtnis hat es auch um die andern Güter.«", MEW 13, S. 15, Fußnote; vgl. dazu ebenfalls Arendt (1994), S. 363, Anmerkung 4.

62 Dieser Aspekt, der die Sphäre der menschlichen Bedürfnisse betrifft, wird in Abschnitt 1.2.4. dieser Arbeit ausführlich erörtert.

63 Zur Zusammengehörigkeit aller vier Elemente, die die genannte Einheit bilden, vgl. Grundrisse, S. 10-21.

64 Wiederum zeigt sich, daß das eventuell anfallende Ergebnis der produktiven Tätigkeit ein Gebrauchswert sein muß.

65 Denselben, in beiden Fällen gegen Smith gerichteten Gedanken, fügt Marx in einer Note der zweiten Ausgabe des ersten Bandes des "Kapitals" hinzu, vgl. MEW 23, S. 61f., Fußnote 16.

66 Vgl. die lobende Erwähnung dieses Gedankens von John Bellers durch Marx in MEW 23, S. 513, Fußnote 309.

67 Marx weist in diesem Zusammenhang darauf hin, daß unter der Erfüllung dieser Bedürfnisse "die Tätigkeit des freien Arbeiters intensiver, kontinuierlicher, beweglicher und geschickter als die des Sklaven" ist, vgl. Marx (1863/64), S. 137. Dies ist ein Hinweis dafür, daß die Erfüllung dieser menschlichen Bedürfnisse eine motivierende Kraft besitzt.

Mensch. Das subjektive Bedürfnis nach einer 'normalen Portion Arbeit' betrifft ausschließlich die schöpferische, produktive und deshalb auch sinnvolle und befriedigende Tätigkeit. Nur wenn die menschliche Betätigung die genannten Eigenschaften aufweist, wird sie zur Tätigkeit als Selbstzweck und kann zu einer inneren Befriedigung führen, d. h. freude- und lustschaffend sein.[68] Ausdrücklich weist Marx darauf hin, daß es nach einer Arbeit, die die aufgeführten Eigenschaften nicht besitzt, kein Bedürfnis gibt. Somit ist die Vernachlässigung des subjektiven menschlichen Bedürfnisses nach Arbeit durch die klassische politische Ökonomie verständlich, da deren Autoren lediglich den modernen Lohnarbeiter vor Augen haben, dessen Arbeit die erwähnten Kriterien gerade nicht erfüllt. Folgerichtig erweist sich die Arbeit für diese Personen nicht als eine mit innerer Befriedigung vollbrachte Tätigkeit, sondern lediglich als ein "Opfer von Ruhe, Freiheit und Glück"[69].

Der Umstand, daß die produktive Tätigkeit des Menschen auch als ein Selbstzweck aufgefaßt werden kann, deutet auf ein weiteres Element der produktiven Tätigkeit hin, nämlich auf das Ineinanderfließen von Mitteln und Zwecken bzw. Zielen der menschlichen Betätigung. Die Tatsache, daß Handlungen, die in der Regel als Kosten angesehen werden, unter bestimmten Bedingungen als Selbstzweck nutzenstiftend sein können, ist in der Literatur für den Bereich des politischen, gemeinwohlorientierten Handelns analysiert worden.[70] Wenn die Beteiligung am öffentlichen Leben über immaterielle Vorteile verfügt - z. B. ein wachsendes Selbstbewußtsein, die Befriedigung der Suche nach Gemeinschaft oder das Gefühl, etwas Gutes zu tun - dann stellt die aktive Teilnahme am politischen Leben eine lustvolle Erfahrung dar. Damit ist der Nutzen, der aus der Teilnahme am politischen Leben gezogen wird, nicht mehr die Differenz aus Handlungsergebnis und aufzuwendenden Anstrengungen, sondern die Summe aus beiden Elementen. Dies bedeutet wiederum, daß zum Zwecke der eigenen Nutzensteigerung die eigenen Anstrengungen im Rahmen dieser Aktivitäten gesteigert werden müssen, so daß sich ein 'Trittbrettfahrer' in diesem Kontext selbst schädigen würde (vgl. Hirschman (1988), S. 94-99). Diese Argumentation läßt sich auf die unentfremdete menschliche Betätigung übertragen. Wenn die gesellschaftlichen Rahmenbedingungen eine produktive menschliche Tätigkeit zulassen, werden die im Rahmen der materiellen Produktion erbrachten Handlungen nicht mehr ausschließlich als Kosten angesehen, die für den Genuß der damit erarbeiteten Güter aufgewendet werden müssen. Statt dessen stellt die produktive Betätigung einen Wert an sich dar. Eine individuelle Genußsteigerung verlangt deshalb die Ausweitung der eigenen Tätigkeiten, so daß sich beispielsweise eine Person, die innerhalb eines derartigen gesellschaftlichen Rahmens gegen das Prinzip "Jeder nach seinen Fähigkeiten" (MEW 19, S. 21) verstößt, selbst schaden würde. Dabei können wir bereits in der Gegenwart Beispiele dafür finden, daß diverse Tätigkeiten, die in

[68] Vgl. dazu Elliott (1979), S. 322, Fetscher (1979), S. 83, 88f., Fetscher (1985a), S. 208f., 213, 225f. sowie Heller (1980a), S. 34, 42.
[69] MEW 23, S. 61f., Fußnote 16, ähnlich auch Grundrisse, S. 505.
[70] Vgl. dazu Hirschman (1988), S. 92-99, 113, 138 und die dort angegebene Literatur.

der Regel als Kosten bzw. Last angesehen werden, unter bestimmten Umständen als angenehm und genußbringend eingestuft werden. Dazu gehört beispielsweise der Bereich der Garten- und Heimarbeit. Die bloße Ausübung dieser Tätigkeiten stellt, unabhängig von den dadurch erzielten materiellen Ergebnissen, im Rahmen der selbstbestimmten Eigenarbeit einen Genuß dar. Wird die gleiche Betätigung innerhalb eines Arbeitsverhältnisses ausgeführt, so werden die erbrachten Arbeiten lediglich als Kosten eingestuft. Entscheidendes Merkmal der unentfremdeten menschlichen Tätigkeit ist folglich das Ineinanderfließen von Kosten und Nutzen derartiger Betätigungen, deren Ausübung an sich schon genußvoll sein kann.[71]

Nachdem die Wesensmerkmale einer Betätigung, die die Marxschen Vorstellungen hinsichtlich einer dem wahren menschlichen Dasein entsprechenden Tätigkeit erfüllt, genannt sind, müssen wir nun nach konkreten Handlungen suchen, die alle diese Merkmale beinhalten. Auf der Suche nach einer solchen schöpferischen Tätigkeit bietet sich die handwerkliche Tätigkeit der vorindustriellen Gesellschaft an, weil bei den Handwerkern dieser Epoche ein "geradezu liebevolles Interesse an ihrer Arbeit" sowie ein Fachkönnen, welches sich "bisweilen zu echter Künstlerschaft steigerte" anzutreffen sind. Bis zu einem gewissen Grad entspricht diese Art der Betätigung daher der Marxschen Beschreibung der menschlichen Gattungstätigkeit (vgl. Israel (1985), S. 75). Tatsächlich finden sich bei Marx und Engels eine Vielzahl von Passagen, in denen beide die Arbeit der Handwerker, vor allem im Vergleich zu der Tätigkeit der Lohnarbeiter, positiv bewerten. So stellen beide in der "Deutschen Ideologie" fest, daß die Arbeiter der Zünfte noch mit eigenen Werkzeugen produzieren und dabei sämtliche Tätigkeiten ihres Handwerks ausüben können (vgl. MEW 3, S. 52). Außerdem ist ihre Tätigkeit mehr als nur ein Mittel zur Sicherstellung des Überlebens, d. h. auch eine "Selbstbetätigung", also eine Tätigkeit, die um ihrer selbst willen ausgeführt wird (vgl. MEW 3, S. 67). In den "Grundrissen" erwähnt Marx den Kunstcharakter der Handwerksarbeit sowie die mit diesen Tätigkeiten verbundenen individuellen Fertigkeiten. Damit erweist sich diese Arbeit als "halb künstlerisch, halb Selbstzweck" und dient darüber hinaus der Entwicklung der individuellen Fähigkeiten (vgl. Grundrisse, S. 204, 397, 410f.). In den "Resultaten des unmittelbaren Produktionsprozesses" wird zudem die "*Selbständigkeit* im Produktionsprozeß, wie z. B. bei allen selfsustaining peasants, farmers, ... ländlich-häuslicher Nebenindustrie oder *selbständigen Handwerks*" (Marx (1863/64), S. 131) positiv hervorgehoben. Auch das "Kapital" nennt mehrfach die Selbständigkeit des Handwerkers sowie die "Mannigfaltigkeit seiner Beschäftigungen", die dann in einem individuellen Produkt versachlicht werden (vgl. MEW 23, S. 357f., 509, 533, 777). Schließlich

---

71 Mit diesem Ineinanderfließen deutet sich ein möglicher Grund für die fehlende Berücksichtigung von Handlungen, die einen Selbstzweck darstellen, in der traditionellen ökonomischen Theorie an: Wenn Kosten und Nutzen einer Handlung nicht mehr säuberlich trennbar sind, versagt die auf dem Ausgleich von Grenznutzen und Grenzleid basierende mikroökonomische Marginalanalyse, vgl. dazu Kirchgässner (1988), S. 127, Zintl (1986), S. 228-235, Zintl (1989), S. 54-61.

weist Engels auf die Vorteile einer - vor der Einführung von Maschinen noch möglichen - selbständigen Arbeit hin, bei der die Arbeit selbst schon Erholung ist und zudem Muße für gesunde Tätigkeiten vorliegt (vgl. MEW 2, S. 238f.).
Allerdings enthalten die genannten Passagen neben den lobenden Erwähnungen auch Hinweise auf Eigenschaften, die diesen Tätigkeiten angehören und die nicht mit der menschlichen Gattungstätigkeit vereinbar sind. Beispielsweise arbeiten die Handwerker der angesprochenen Epochen noch nach "überlieferter, urväterlicher Betriebsweise" und können den mit ihren Tätigkeiten verbundenen künstlerischen Charakter lediglich "bis zu einem gewissen bornierten Kunstsinn" entwickeln. Auch die Entwicklung der individuellen Fähigkeiten durch diese handwerklichen Tätigkeiten ist nur eine einseitige,[72] so daß es sich bei dieser Tätigkeit um eine "bornierte Selbstbetätigung" (MEW 3, S. 68) handelt. Und Engels zufolge sind die Menschen dieser Epochen geistig "tot" und verfolgen außerdem nur ihre Privatinteressen, ohne auf menschliche Interessen zu achten (vgl. MEW 2, S. 239). Diesen Ausführungen ist zu entnehmen, daß die handwerkliche Tätigkeit der vorindustriellen Gesellschaft lediglich partiell dem Marxschen Arbeitsideal entspricht. Selbst wenn diese Art der Arbeit höher zu bewerten ist als die Tätigkeit der Arbeiter im Rahmen der kapitalistischen Produktionsweise, so erfüllt sie nicht sämtliche Kriterien einer dem wahren Menschen entsprechenden Tätigkeit. Wenn der materielle Produktionsprozeß nun in zwei Aspekte eingeteilt wird, nämlich einerseits in die technische Seite des Reproduktionsprozesses und andererseits in die soziale Seite, die die organisatorische Lösung der mit der materiellen Produktion verbundenen Probleme umfaßt, können beide Aspekte separat bewertet werden.[73] Hinsichtlich des sozialen Aspektes erfüllt die handwerkliche Tätigkeit die wesentlichen Charakteristika der unentfremdeten Betätigung und ist daher als Leitbild akzeptabel. Bezüglich der technischen Komponente liegt allerdings ein suboptimales Niveau der Produktionstechnologie vor, so daß die Arbeit der Handwerker aufgrund dieses Defizits nicht mit dem Marxschen Tätigkeitsideal übereinstimmt. Sofern die Aufhebung der Entfremdung aus einer Rückkehr zur Tätigkeit der Handwerker besteht, kann sich diese Rückkehr nur auf den organisatorischen Aspekt beziehen.[74]
Suchen wir daher weiter nach einem konkreten Beispiel für die freie schöpferische Tätigkeit, so ist an die künstlerische und wissenschaftliche Betätigung zu denken. Feuerbach folgend gilt bei Marx die schriftstellerische Tätigkeit als die Gattungstätigkeit par excellence.[75] Dieses Parade-

---

[72] Vgl. Grundrisse, S. 397, MEW 3, S. 52, MEW 23, S. 533.
[73] Diese Einteilung basiert auf Bahro (1977), S. 193, eine ähnliche Zweiteilung findet sich bei Elster (1985), S. 75, der dort zwischen dem "suboptimal development" und dem "suboptimal or inhuman use of the productive forces" unterscheidet.
[74] Von einer "romantischen, antitechnischen Utopie des frühen Marx" oder der Einschätzung: "Bemerkenswert an dieser Zukunftsidylle Marx' ist der ihr eigene rückwärts gewandte, romantisch-antitechnische Zug", Oberndörfer/Jäger (1974), S. 17, 21, kann daher nicht die Rede sein.
[75] Vgl. dazu ÖPM, S. 161 [MEW 40, S. 538] oder MEW 1, S. 71, wo Marx schreibt: "Der Schriftsteller betrachtet keineswegs seine Arbeiten als *Mittel*. Sie sind *Selbstzwecke* ...". Vgl. ebenso Höppner (1988), S. 285, Anmerkung 156 und Ollman (1971), S. 118f.

beispiel von Marx könnte zu der These verleiten, daß die produktive Tätigkeit des Menschen unvereinbar mit der Herstellung materieller Gegenstände sei. Tatsächlich aber bezieht sich diese Unvereinbarkeit nur auf die Produktion der Gegenstände, die zum physischen Überleben erforderlich sind. Deren Herstellung ist als äußere Notwendigkeit dem Menschen als Ziel von außen aufgezwungen und verstößt damit gegen die Souveränität des Individuums hinsichtlich der freien Zwecksetzung. Sobald allerdings die Bereitstellung der lebensnotwendigen Güter gesichert ist, steht die Fabrikation weiterer materieller Produkte nicht mehr unter dem Einfluß der äußeren Notwendigkeit. Unter diesen Umständen kann sogar die Herstellung materieller Gegenstände ein Selbstzweck sein, d. h. eine Tätigkeit, die um ihrer selbst willen verrichtet wird und bei der sowohl das Handlungsziel als auch die Handlung eine Quelle der Befriedigung bilden.

Ein Beispiel dafür findet sich bei Gorz. Bei diesem Beispiel beschließt eine Gruppe von Menschen in einem selbst hergestellten Ofen Brot zu backen. Entscheidend ist dabei, daß die Versorgung mit lebensnotwendigen Gütern bereits gesichert ist. Unter diesen Umständen können die Personen frei entscheiden, welches Produkt sie herstellen, unter welchen selbst definierten Herstellungsnormen dies geschieht und wie das Ergebnis des Arbeitsprozesses verwendet wird. Keine dieser zu fällenden Entscheidungen wird im Rahmen der Beispielsprämissen unter dem Druck äußerer Sachzwänge getroffen. Daher spielt der Aspekt der reinen Ernährung nur eine untergeordnete Rolle und wird überwogen durch die Freude am Lernen, am erkennbaren Fortschritt der individuellen Backkunst sowie durch die Freude an der Zusammenarbeit. Diese Tätigkeit, die sich auf ein frei gewähltes Produkt und einen ebenso frei gestalteten Arbeitsprozeß bezieht, trägt deshalb "ihre Belohnung in sich selbst, ebenso durch ihr Ergebnis wie durch die Fähigkeiten", die während der Tätigkeit erlernt werden (vgl. Gorz (1994), S. 241). Ein ähnliches Beispiel nennt Marx im zweiten Band des "Kapitals", in dem er die produktive Tätigkeit eines Mitglieds der Urgesellschaft darstellt. Der dort behandelte "Wilde", der seine erforderlichen Konsumtionsmittel bereits hergestellt hat, kann sich in der verbleibenden Zeit der schöpferischen und produktiven Tätigkeit widmen. Frei vom Diktat der zum Überleben notwendigen Konsumbedürfnisse, zählt er die mit produktiven Betätigungen verbrachten Momente nicht als Zeitaufwand. Die in diesem Bereich der Tätigkeiten anzutreffende "völlige Gleichgültigkeit gegen Zeitaufwand" äußert sich beispielsweise darin, daß "der Wilde ... manchmal, wie Tyler erzählt, einen ganzen Monat zur Verfertigung eines Pfeils" benötigt (vgl. MEW 24, S. 436f.). Damit ist gezeigt, daß unter bestimmten Bedingungen selbst die Produktion materieller Gegenstände eine unentfremdete Tätigkeit sein kann. Weil ein wesentliches Kriterium der unentfremdeten Tätigkeit aus der Unabhängigkeit von der Notdurft des biologischen Lebensprozesses besteht, nennt z. B. Arendt das Hobby als die nicht-entfremdete Tätigkeit des Menschen im

Sinne der Marxschen Vorstellungen. Das Hobby stellt als Tätigkeit, die nicht unter dem Zwang der Lebensnotwendigkeit steht, den Gegensatz zur entfremdeten Tätigkeit dar.[76]

Erforderlich ist abschließend eine Klärung der mehrschichtigen Bedeutung des Begriffs 'Arbeit' in den Werken Marx'. Die nicht immer gleichbleibende Bedeutung dieses Wortes bei Marx muß bei der Interpretation seiner Schriften stets berücksichtigt werden, da ansonsten Fehleinschätzungen entstehen und Marx z. B. unterstellt wird, seine Ausführungen zur Notwendigkeit und zu den Folgen der Arbeit seien "kraß widersprüchlich" (Löw (1985), S. 31).[77]
Tatsächlich erweist sich die Einstellung Marx' zur Arbeit auf den ersten Blick als ambivalent. In den Frühwerken äußert er sich extrem negativ über die Arbeit und fordert deren Abschaffung, weil die Arbeit den Gegensatz zur produktiven Tätigkeit verkörpert. Exemplarisch zeigt sich dieser Gegensatz in der "Deutschen Ideologie", in der bemerkt wird, daß "die kommunistische Revolution sich gegen die bisherige *Art* der Tätigkeit richtet, die *Arbeit* beseitigt" (MEW 3, S. 69f.). Arbeit wird hier als entfremdete Form der produktiven menschlichen Tätigkeit verstanden,[78] so daß "die Arbeit erst »eine genußreiche pp. freie Tätigkeit« werden *soll* und *muß*, es also noch nicht *ist*" (MEW 3, S. 472). Ganz allgemein gilt für die frühen Schriften Marx', daß in ihnen die Arbeit als Gegenteil zur freien, schöpferischen Betätigung eingestuft wird und deshalb Synonym für die entfremdete Tätigkeit ist.[79] In den späteren Werken hingegen wird der Ausdruck 'Arbeit' auch für eine entfremdungsfreie Betätigung verwendet. So beschreibt beispielsweise der in der bereits zitierten Passage über den Arbeitsprozeß (vgl. MEW 23, S. 192f.) verwendete Ausdruck 'Arbeit' die schöpferische Tätigkeit samt einer freien, selbständigen und bewußten Zwecksetzung und ist deshalb eindeutig als eine dem wahren menschlichen Wesen entsprechende Tätigkeit zu verstehen. Zudem benutzt Marx im "Kapital" den Begriff der "zweckmäßigen produktiven Tätigkeit", wenn er von der Herstellung von Gebrauchswerten spricht (vgl. MEW 23, S. 56-61). Es ist also stets "eine spezielle, zweckmäßig produktive Tätigkeit, die besondere Naturstoffe besondren menschlichen Bedürfnissen assimiliert" (MEW 23, S. 57).[80]

---

[76] Vgl. Arendt (1994), S. 106, 116f. sowie die dort zu findenden Anmerkungen 65, 75, 76 auf S. 343f.
[77] Vgl. ebenso statt vieler Oberndörfer/Jäger (1974), S. 18, wo Marx unterstellt wird, er gehe bei der Problematik der Arbeitsteilung und deren Lösung "von unterschiedlichen und zum Teil widersprüchlichen Denkansätzen aus".
[78] Ähnlich negative Beurteilungen der Arbeit finden sich unter anderem in MEW 3, S. 54, 67- 70, 77, 186, 200, Grundrisse, S. 231 und MEW 17, S. 546.
[79] Marx folgt damit einer bis in die Antike zurückreichenden Tradition, der gemäß Arbeit stets etwas mit Elend, Leid, Schmerz, Unlust, Plage und Armut zu tun hat, so daß sich ein arbeitendes Wesen als "Animal laborans" nur unwesentlich von einem Tier unterscheidet. Vgl. zum Begriff der Arbeit - vor allem in Abgrenzung zu den Termini "Herstellen" und "Handeln" - Arendt (1994), vor allem S. 14-16, 27, 48, 69, 86, 300 und Anmerkung 40 auf S. 327.
[80] Gleiches gilt für den dritten Band des "Kapitals", in dem Marx die "Arbeit als solche ... als zweckmäßige produktive Tätigkeit", MEW 25, S. 833, beschreibt bzw. für die "Resultate des unmittelbaren Produktionsprozesses", in denen Marx ebenfalls von der "schöpferischen Tätigkeit", Marx (1863/64), S. 95, spricht.

Während der Begriff der Arbeit damit sowohl die entfremdete menschliche Tätigkeit als auch die produktive Tätigkeit des Menschen umschreibt, ist die Verwendung des Begriffs der Tätigkeit in allen Werken eindeutig auf die kreative, schöpferische, folglich dem Gattungswesen Mensch entsprechende Tätigkeit bezogen. Daher muß das Ziel der Frühschriften, "die Arbeit ... aufzuheben" (MEW 3, S. 186) gleichgesetzt werden mit der Forderung aus den Spätwerken, die "Befreiung der Arbeit"[81] zu erreichen. Beide Forderungen müssen interpretiert werden als die Bestrebung nach der Umwandlung der entfremdeten Arbeit in nicht fremdbestimmte, nicht entfremdete Betätigungen und damit in die freie, produktive Selbstbetätigung.[82]

Der ambivalente Gebrauch des Begriffs der Arbeit in den Spätwerken ist unserer Meinung nach das Resultat der ebenfalls erst in den Spätwerken anzutreffenden Verwendung des Begriffs 'Arbeitskraft'. Weil "die Arbeit selbst .. dingliche Äußerung jener Kraft" (MEW 23, S. 217) ist, wird auch jede Ausübung dieser im Menschen existierenden Arbeitskraft als Arbeit bezeichnet. Abhängig von den konkreten Umständen dieser Ausübung erweist sich die Arbeit dann entweder als entfremdete oder als entfremdungsfreie Tätigkeit. Sofern daher in den Spätwerken von 'Arbeit' die Rede ist, muß stets untersucht werden, um welche Art der Tätigkeit es sich dabei handelt.[83] Zur Auseinanderhaltung dieser beiden Lesarten des Begriffs der Arbeit ist es sinnvoll, auf die im Englischen anzutreffende Unterscheidung zwischen 'work' und 'labour' hinzuweisen, auf die Engels in einer Anmerkung zum ersten Band des "Kapitals" aufmerksam macht (vgl. MEW 23, S. 61f., Fußnote 16). Dabei beschreibt der Ausdruck 'work' die Herstellung von Gebrauchswerten und deutet auf eine produktive Tätigkeit im dargestellten Marxschen Sinne hin. Der Begriff 'labour' hingegen betrifft die Schaffung von Tauschwerten und impliziert eine entfremdete Tätigkeit.[84] In den Spätwerken ist deshalb stets zu prüfen, ob der dort verwendete Ausdruck 'Arbeit' im Sinne von 'work' oder im Sinne von 'labour' gebraucht wird.

Trotz großer Übereinstimmungen der Termini Tätigkeit und Arbeit im Sinne von 'work' sind beide dennoch nicht vollständig deckungsgleich. So ist beispielsweise die mit einem Spaziergang verbundene Aktivität zwar eine Tätigkeit, da sie aber keine Gebrauchswerte herstellt, kann sie nicht als Arbeit im Sinne von 'work' angesehen werden. Trotz dieser geringfügigen Abweichungen zwischen dem exakten Inhalt beider Ausdrücke kann die folgende These aufgestellt werden: Der in den Frühwerken verwendete Begriff der produktiven Tätigkeit ist Synonym für den in den späteren Werken benutzten Ausdruck der Arbeit im Sinne von 'work',

---

[81] MEW 17, S. 342. 545f.; zu beachten ist, daß es in dieser Passage nicht um die Befreiung von der Arbeit geht. Der Begriff der Arbeit wird in diesem späteren Werk als ein positiv beurteilter Ausdruck verwendet und bezieht sich nicht mehr ausschließlich auf eine entfremdete menschliche Betätigung.

[82] Vgl. Negt (1989), S. 33f., Strasser (1990), S. 535, Gorz (1991), S. 116-120.

[83] Vgl. für eine Sichtweise, die den "Positionswandel" und "Einschätzungswandel der Arbeit" durch Marx im Laufe der Zeit anders beurteilt z. B. Müller (1994), vor allem S. 163-170.

[84] Daß eine tauschwert-produzierende Tätigkeit als Entfremdungsphänomen anzusehen ist, wird hier lediglich behauptet und erst im Abschnitt 2.2.1. dieser Arbeit erläutert.

während der Begriff der Arbeit in den Frühschriften Synonym für die entfremdete Tätigkeit, also Arbeit im Sinne von 'labour', ist.[85]

Resümierend kann bezüglich der Tätigkeit als gattungsspezifischer Eigenschaft des Menschen folgendes Fazit gezogen werden: Wenn die menschliche Betätigung sämtliche hier aufgezählte Eigenschaften enthält, kann der tätige Mensch aus der geleisteten Tätigkeit eine innere Befriedigung ziehen. Damit ist es möglich, diese Aktivität als Freude zu empfinden, wodurch der Gegensatz zwischen Arbeit und Freizeit verloren geht. Da die eigene Tätigkeit unter diesen Umständen als Genuß erfahren wird, können wir "sogar annehmen, daß Marx den Inbegriff des Glücks in der Tätigkeit, in der Aktivität, nicht im passiven Konsum erblickt"[86]. Mit anderen Worten: Die Arbeit, sofern sie sich als produktive Tätigkeit im oben beschriebene Sinn erweist, ist ein Selbstzweck, ein "wesentliches Element der menschlichen Freiheit, der Bestätigung und Entfaltung aller Anlagen und Fähigkeiten und der Befriedigung der physischen, geistigen und sittlichen Bedürfnisse des Menschen" (Höppner (1988), S. 38). Sie wird dann als anregend empfunden, so daß sie aus eigenem Antrieb unternommen wird, ohne daß dabei "Zeit und Mühe" zählen (vgl. Gorz (1994), S. 27-29, 218, 236-238, 311f.).

1.2.3. Die Entwicklung der menschlichen Kräfte

Ausgangspunkt dieses Aspektes der wahren menschlichen Natur ist die Annahme, daß der Mensch über entwicklungsfähige Anlagen, Fähigkeiten und Potentiale verfügt, d. h. über Kräfte im oben definierten Sinn. Zum gattungsspezifischen Wesen des Menschen gehört die Realisation der Möglichkeiten, also die Entfaltung und Entwicklung dieser dem Menschen innewohnenden Fähigkeiten und Anlagen. Das Wesen des Menschen ist die "Bestimmung, Aufgabe jedes Menschen, sich vielseitig, alle seine Anlagen zu entwickeln", so daß die "originelle und freie Entwicklung der Individuen" stattfindet (vgl. MEW 3, S. 273, 424). Letztlich geht es damit um die Umwandlung der natürlichen Kräfte und der potentiellen Möglichkeiten in die entsprechenden Gattungskräfte.[87] Da es sich darüber hinaus stets um die individuellen Anlagen und Potentiale handelt, ist das Ziel die Entwicklung der individuellen Persönlichkeit.[88] In die-

[85] Vgl. dazu, und zu der hier nicht weiter ausgeführten Unterscheidung zwischen diesen Begriffen und dem Begriff der Kreativität, Ollman (1971), S. 99-105. Eine ähnliche Zweiteilung findet sich bei Kofler. Er sieht bei Marx eine Unterscheidung zwischen der freien Tätigkeit bzw. der frei-schöpferischen Arbeit einerseits und der entfremdeten Tätigkeit bzw. der entfremdeten Arbeit andererseits. Weil seiner Meinung nach zudem "die frei-schöpferische Arbeit .. im Gegensatz zur entfremdeten besser *Spiel* genannt wird", gelangt er zu der Überzeugung, daß "*der Mensch .. seiner ursprünglichen anthropologischen Wesenheit nach ein spielendes (!) Wesen*" sei, vgl. dazu Kofler (1958), S. 80-85.

[86] Fetscher (1979), S. 86, vgl. ebenso Fromm (1963), S. 47.

[87] Dem humanistischen Menschenbild und der Leitlinie des Humanismus folgend, sind somit das "Nicht-Festgelegtsein auf einen natürlichen Kreis von Bedürfnissen und Tätigkeiten", Fleischer (1980), S. 48, und die menschliche "Variabilität", Krader (1976), S. 16, angesprochen.

[88] Vgl. dazu Ollman (1971), S. 76-86 und Fromm (1963), S. 5f., 44, 71.

sem Zusammenhang ist zu beachten, daß die Entwicklung der menschlichen Fähigkeiten - so wie bereits die produktive Tätigkeit - Selbstzweck ist und nicht bloß ein Mittel zur Erhöhung der materiellen Produktion oder anderer Ziele. Darüber hinaus äußert sich dieser Selbstzweck darin, daß ein Bedürfnis nach der Entwicklung und Ausübung dieser Fähigkeiten besteht. Weil der Mensch beispielsweise über Augen und ein Gehirn verfügt, besitzt er auch das Bedürfnis zu sehen und zu denken.[89] Schließlich gehört es zum Wesen der menschlichen Entwicklung, daß jedes Individuum die Fähigkeiten, die es entwickeln möchte, frei und bewußt selbst auswählt.[90] Eng verbunden mit der Entwicklung menschlicher Anlagen ist der Begriff der Selbstverwirklichung. Dieser Ausdruck umschreibt die Verwirklichung der Möglichkeiten eines Individuums, also die Möglichkeit, den individuellen Fähigkeiten und Talenten Ausdruck zu verleihen.[91] Bei Marx wird das menschliche Bedürfnis nach Selbstverwirklichung durch folgende Passage aus den ÖPM beschrieben: "Der Mensch, in dem seine eigne Verwirklichung, als innere Nothwendigkeit, als *Noth* existirt" (ÖPM, S. 169 [MEW 40, S. 544]). Erreicht wird die Selbstverwirklichung schließlich im Rahmen der menschlichen Tätigkeit. Dies setzt wiederum voraus, daß die Arbeit des Menschen einen produktiven und schöpferischen Charakter annimmt, "damit die Arbeit travail attractif, Selbstverwirklichung des Individuums sei" (Grundrisse, S. 505). Dabei ist die konkrete Zielausprägung der Selbstverwirklichung gegenwärtig nicht bekannt, d. h. es ist lediglich bekannt, daß sich die Fähigkeiten und Bedürfnisse des Menschen im Zeitablauf zum besseren entwickeln, ohne daß der konkrete Inhalt dieser entwickelten Fähigkeiten und Bedürfnisse heute bereits feststeht. Über diese Inhalte sind lediglich Tendenzaussagen möglich.

In diesem Zusammenhang ist mit äußerstem Nachdruck auf die von Marx vertretene Idee des Individuums hinzuweisen. Wenn Marx von der vollen Entfaltung des Individuums spricht, dann meint er damit stets die Entfaltung der jeweiligen individuellen Anlagen eines bestimmten Menschen. Damit geht es Marx gerade nicht um die Entwicklung der Fähigkeiten eines kollektiven Subjektes, also um die Gesamtheit der Fähigkeiten einer Klasse oder der Gesellschaft, sondern immer um den einzelnen Menschen.[92] Das Interesse Marx' am Individuum durchläuft als Kerngedanke sämtliche seiner Werke:

---

[89] Vgl. ÖPM, S. 163-166 [MEW 40, S. 539-542] und Fromm (1968), S. 149.

[90] Engels stellt daher die Forderung auf, daß den Menschen "die vollständige freie Ausbildung und Betätigung ihrer körperlichen und geistigen Anlagen garantiert" wird, vgl. MEW 20, S. 264.

[91] Bei Kofler findet sich dazu die folgende Charakterisierung: "Diese Selbstverwirklichung besteht also in der Verwirklichung, d. h. Aktivierung und Weiterentwicklung aller menschlichen Anlagen mit Hilfe der freien Tätigkeit, des *Arbeits-Spiels* zum Zwecke der ständigen Annäherung an das Ideal der harmonisch ausgebildeten Persönlichkeit", Kofler (1958), S. 85.

[92] Vgl. dazu Schaff (1965a), S. 128-130. Der Vorwurf, der Marxismus lasse aufgrund seiner Vorstellung vom gesellschaftlichen Wesen des Menschen "der Subjektivität und der Individualität keinen Raum", Zamaleev (1992), S. 273, kann daher nicht die Ansichten Marx' betreffen.

"Der Mensch - so sehr er daher ein *besondres* Individuum ist und grade seine Besonderheit macht ihn zu einem Individuum ..." (ÖPM, S. 162 [MEW 40, S. 539]).[93]
"Freie Individualität, gegründet auf die universelle Entwicklung der Individuen und die Unterordnung ihrer gemeinschaftlichen, gesellschaftlichen Produktivität ..." (Grundrisse, S. 75).
"... Entwicklung des einzelnen Individuums, .. also die höhere Entwicklung der Individualität ..." (MEW 26.2, S. 111).
"... zur Schöpfung von materiellen Produktionsbedingungen, welche allein die reale Basis einer höheren Gesellschaftsform bilden können, deren Grundprinzip die volle und freie Entwicklung jedes Individuums ist." (MEW 23, S. 618).
"... die volle Entwicklung der Individualität erheischt ..." (MEW 25, S. 883).
"... Entwicklung der Persönlichkeit ..." (MEW 19, S. 388, 404).

Dreh- und Angelpunkt des Marxschen Denkens, so zeigen die vorgestellten Zitate, die sich auf den Zeitraum von 1844 bis 1881 beziehen, ist das Ziel der reichen Individualität der Persönlichkeitsentwicklung.[94] Damit sind Nivellierungstendenzen bezüglich der Einzelmenschen bei Marx nicht anzutreffen. Gegen derartige Nivellierungen gerichtet, kritisiert er vielmehr die Verwischung der individuellen Eigenarten, die sich im Rahmen der kapitalistischen Produktionsweise ergibt. Dort geht die "individuelle Besonderheit" der produzierenden Subjekte ebenso verloren wie die "natürliche Verschiedenheit" der von ihnen produzierten Gegenstände (vgl. Grundrisse, S. 913f.). Marx wendet sich daher gegen egalitäre Entwicklungen. Dies zeigt unter anderem das von ihm angestrebte System der Produktion und Distribution in einer entfremdungsfreien Gesellschaft, welches sich bekanntlich umschreiben läßt mit den Worten: "Jeder nach seinen Fähigkeiten, jedem nach seinen Bedürfnissen!" (MEW 19, S. 21). Weil dadurch die Verschiedenheit der Fähigkeiten und Bedürfnisse anerkannt wird, handelt es sich hier keinesfalls um einen egalitären Leitspruch (vgl. Wood (1981), S. 283, 296).[95]
Betrachten wir nun genauer die zahlreichen Anlagen und Fähigkeiten, so geht es dabei zunächst einmal um die Entwicklung der körperlichen und intellektuellen Anlagen. Neben der Entfaltung der Fähigkeiten und Fertigkeiten entwickeln sich schließlich noch die Bedürfnisse des Menschen. Auch dabei ist das wahre menschliche Wesen erst verwirklicht, wenn sich die natürlichen Bedürfnisse in die gattungsspezifischen verwandelt haben (vgl. Fetscher (1983), S. 115-132).[96] Die wahre menschliche Natur ist mithin die eines vielseitig entwickelten, ausgebildeten und befähigten Wesens, welches seine Fertigkeiten sowie Kompetenzen ständig erweitert (vgl. Fleischer (1980), S. 53, 57, Fetscher (1985a), S. 211f.). Allerdings geht es im Rahmen dieser Entwicklung nicht darum, daß jede Person alle nur denkbaren menschlichen Fähigkeiten

---

[93] Weitere Stellen in den ÖPM sind z. B. S. 157, 160f., 162, 222 [MEW 40, S. 534, 537, 539, 567].
[94] Vgl. dazu Fromm (1963), S. 15f., 69-71, Marcuse (1962), S. 250, 259f. und Metscher (1991), S. 33f.
[95] Engels wendet sich daher gegen gesellschaftliche Veränderungen, die zu einer "rohen Gleichmacherei" führen, vgl. MEW 20, S. 280.
[96] Dieser Aspekt wird bei der später durchzuführenden Diskussion der Bedürfnisse des Menschen noch ausführlicher behandelt, vgl. dazu Abschnitt 1.2.4. dieser Arbeit.

bis zur perfekten Ausprägung entwickelt. Weder die von Peters unterstellte "Entwicklung von lauter Universalgenies" (Peters (1980), S. 96) noch die von Künzli genannte Schaffung von "Übermenschen"[97] stellen das Ideal von Marx dar. Auch Schröder irrt, wenn er Marx als Ziel der technischen Entwicklung die Regel "jeder kann alles" unterstellt (vgl. Schröder (1992), S. 6). Tatsächlich geht es lediglich um die Entfaltung der individuellen Fähigkeiten, die in einem bestimmten Menschen potentiell vorhanden sind. Dieser Standpunkt wird in der Auseinandersetzung mit Max Stirner verdeutlicht, in der Marx und Engels das Ziel der gesellschaftlichen Entwicklung wie folgt beschreiben: Es soll

> "... nicht, wie Sancho sich einbildet, Jeder an Raffaels Statt arbeiten, sondern Jeder, in dem ein Raffael steckt, sich ungehindert ausbilden können." (MEW 3, S. 377).

Dementsprechend wird keine Ausbildung in allen existierenden Tätigkeitsbereichen angestrebt, sondern lediglich die "in jedem beliebigen Zweige" (MEW 3, S. 33). Nicht jeder soll also z. B. jagen, aber wenn eine Person aufgrund ihrer Fähigkeiten und Bedürfnisse jagen kann und will, dann soll sie auch in die Lage versetzt werden, diese Tätigkeit auszuüben. Ebenfalls in diesem Sinne ist die Beschreibung der kommunistischen Gesellschaft zu interpretieren, in der es jedem Menschen ermöglicht wird, "heute dies, morgen jenes zu tun, morgens zu jagen, nachmittags zu fischen, abends Viehzucht zu treiben, nach dem Essen zu kritisieren" (MEW 3, S. 33). Bei allen diesen Forderungen geht es nur um die reale Möglichkeit des Zugangs zu den verschiedenen Tätigkeiten, nicht aber darum, daß jeder Mensch alle Möglichkeiten tatsächlich ausnutzt (vgl. Bahro (1977), S. 321-333). Damit liegt auch dem Bereich der Entwicklung von individuellen Fähigkeiten das Ideal der Freiheit zugrunde. Jedes Individuum soll die Freiheit besitzen, seine Persönlichkeit nach seinen Wünschen entfalten zu können, also die Anlagen zu entwikkeln, die es ausbauen möchte (vgl. Fleischer (1980), S. 48). Entscheidend ist, daß die Individuen ihre eigene Entwicklung selbst bestimmen und daß nicht mehr die Lebensumstände vorschreiben, in welcher Weise die individuelle Entwicklung erfolgt (vgl. MEW 3, S. 424).[98]

Nachdem die breite Palette menschlicher Anlagen dargestellt wurde, könnte auf den ersten Blick der Eindruck entstanden sein, daß der Mensch für Marx über keine negativen Verhaltenstendenzen verfügt. Derartige Tendenzen, die dem wahren menschlichen Wesen auf das Krasseste widersprechen, werden allerdings keinesfalls von Marx geleugnet. Aggressive, egoisti-

[97] Künzli (1966), S. 783, vgl. ebenso Künzli (1966), S. 747, 750. Gleichfalls unzutreffend ist die Einschätzung von Solov'ev, der Mensch sei nach Ansicht Marx' "gottgleich" bzw. "ein titanisches Wesen", Solov'ev (1992), S. 49.

[98] Dieser Aspekt der menschlichen Entwicklung wird am besten verdeutlicht unter Zuhilfenahme eines provisorischen Vorgriffs auf die Bedeutung der Entfremdung von der Entwicklung der menschlichen Fähigkeiten. Zu dieser Form der Entfremdung kommt es, wenn im Rahmen der kapitalistischen Produktionsweise die Zufuhr und die effektive Nachfrage darüber entscheiden, welche Talente und Fähigkeiten eines Individuums entwickelt werden, vgl. dazu MEW 3, S. 417f. Die freie Entfaltung menschlicher Fertigkeiten setzt daher die Befreiung des Menschen von derartigen Lebensumständen voraus.

sche, gegen die Gemeinschaft gerichtete Verhaltensweise übersieht Marx nicht. Tatsächlich sind neben den positiven menschlichen Eigenschaften auch die diesen Eigenschaften widersprechenden negativen Tendenzen vorhanden. Dieser Umstand ist aufgrund der dialektischen Grundanschauung von Marx geboten, weil die Dialektik der Bewegung unter anderem auf der gleichzeitigen Existenz widersprüchlicher Elemente beruht, so daß sämtliche negativen Elemente als Negation der wahren menschlichen Anlagen mit diesen koexistieren.[99] Entscheidend ist aber nicht die Existenz widersprüchlicher Tendenzen, sondern die tatsächliche Durchsetzung bzw. Realisierung einer dieser Tendenzen. Die Realisierung hängt wiederum von den gegebenen sozio-ökonomischen Rahmenbedingungen ab. Unter gesellschaftlichen Bedingungen, die der Durchsetzung der positiven menschlichen Tendenzen entgegenstehen, sind das Vorliegen von Habgier, Egoismus und Aggressivität weder überraschend noch mit der Existenz der positiven menschlichen Anlagen unvereinbar. In der menschlichen Natur liegen also auch für Marx gute und schlechte Tendenzen vor. Welche sich schließlich durchsetzt, ist abhängig von der sozio-ökonomischen Struktur der Gesellschaft (vgl. Fromm (1993), S. 105f.). Das Marxsche Ideal des wahren Menschen bezieht sich deshalb auf die Durchsetzung der Verhaltensdispositionen und ist als solches mit dem Vorliegen negativer, diesem Ideal widersprechenden Verhaltenstendenzen kompatibel.

Zusammenfassend kann das Wesen der Entwicklung menschlicher Kräfte und Fähigkeiten mit dem Begriff der Selbstverwirklichung gleichgesetzt werden, sofern die Selbstverwirklichung verstanden wird als die freie, befriedigende Entwicklung und Anwendung aller im Menschen existierenden individuellen Fähigkeiten, wobei die Entfaltung der menschlichen Kräfte einen Selbstzweck darstellt.[100]

1.2.4. Die menschlichen Bedürfnisse

In den "Bemerkungen zu James Mill" definiert Marx die Bedürfnisse nach Gegenständen als die "Sehnsucht nach diesen .. Gegenständen" (MEW 40, S. 452).[101,102] Das Bedürfnis nach einem

---

[99] Vgl. dazu Mandel (1988), S. 178f., 189f.

[100] Elster beispielsweise versteht das Marxsche Konzept der Selbstverwirklichung in diesem Sinne, vgl. Elster (1986), S. 130-133.

[101] Hellers Ansicht, nach der Marx den Begriff des Bedürfnisses nicht definiert, vgl. Heller (1980b), S. 23f., kann daher nicht gefolgt werden.

[102] Neben den Bedürfnissen, die sich auf einen konkreten Gegenstand beziehen, sind die Triebe zu beachten. Sie beziehen sich auf globale Ziele, nicht aber auf konkrete Gegenstände. In Anlehnung an Marx unterscheidet Fromm dabei zwischen den konstanten bzw. fixierten Trieben und den relativen Trieben. Die erstgenannten bestehen in allen Gesellschaftsformen, so daß die gesellschaftlichen Rahmenbedingungen nur auf die "Form und Richtung", also auf die exakten Inhalte der Triebe, einwirken. Beispiele dafür sind der Hunger oder der Fortpflanzungstrieb. Die relativen Triebe hingegen haben "ihren Ursprung nur einer bestimm[ten] Gesellschaftsform", MEW 3, S. 238f., zu verdanken und sind daher nicht unter allen gesellschaftlichen Umständen anzutreffen, vgl. dazu Fromm (1963), S. 22-24. Fromm stützt sich hier auf eine von Marx im Manuskript gestrichene Passage, die aber trotz ihrer Streichung als Marxscher Standpunkt angesehen werden kann und deshalb für die

Gegenstand zeichnet sich folglich dadurch aus, daß dieses Objekt ein Gegenstand des "Willens" ist (vgl. MEW 40, S. 460). Aufgrund dieser Begriffsbestimmung deutet sich an, daß Bedürfnisse nach der Ansicht von Marx ihre Grundlage in den sozio-ökonomischen Rahmenbedingungen der Gesellschaft haben.[103] Wenn sich ein Bedürfnis als die Sehnsucht nach einem bestimmten Gegenstand darstellt, kann das Bedürfnis erst entstehen, wenn dieser Gegenstand bereits existent und dem Menschen bekannt ist.[104] In den "Grundrissen" schreibt Marx deshalb über das Verhältnis von einem Bedürfnis zu dem damit verknüpften Gegenstand: "Das Bedürfnis ... ist durch die Wahrnehmung desselben geschaffen" (Grundrisse, S. 14). Der Begriff des Gegenstands ist dabei sehr weit gefaßt. Er enthält neben den materiellen Dingen auch gesellschaftliche Verhältnisse und andere immaterielle Dinge (vgl. Heller (1980b), S. 44). So gibt es für den Menschen z. B. den "Gegenstand für sein Bedürfnis des Ausruhens" (MEW 3, S. 268). Dabei deuten die Begriffe '<u>sein</u> Gefühl' bzw. '<u>seine</u> Vorstellungen' zugleich auf die Individualität der menschlichen Bedürfnisse hin. Weil die Bedürfnisse des Menschen mit dessen Gefühlen und Vorstellungen verknüpft sind und diese individuell sehr verschieden sind, weisen auch die Bedürfnisse der Menschen individuelle Besonderheiten auf (vgl. Grundrisse, S. 154f.).[105] Bei Engels finden sich schließlich Ausführungen zum "Glückseligkeitstrieb". Dessen Befriedigung verlangt "Beschäftigung mit der Außenwelt, Mittel der Befriedigung, also Nahrung, ein Individuum des andern Geschlechts, Bücher, Unterhaltung, Debatte, Tätigkeit, Gegenstände der Vernutzung und Verarbeitung". Selbst wenn Engels hinzufügend bemerkt, daß dieser Trieb "zum geringsten Teil von ideellen Rechten und zum allergrößten von materiellen Mitteln" lebt, so weist seine Eingangsfeststellung dennoch darauf hin, daß sich menschliche Bedürfnisse auch auf immaterielle Dinge beziehen (vgl. MEW 21, S. 288).[106]

Schließlich ist ausführlicher auf die im Rahmen der Begriffserklärungen bereits erwähnte Unterscheidung zwischen <u>Bedürfnissen</u> und <u>Wünschen</u> einzugehen. Wenn Menschen ein Bedürfnis nach etwas verspüren, dann benötigen sie - entsprechend dem englischen Begriff 'need' - diesen Gegenstand, so daß die nicht stattfindende Befriedigung eines Bedürfnisses als schwerwiegender Mangel empfunden wird. Der Terminus des Bedürfnisses hat für Marx demnach etwas mit

---

hier unternommenen Betrachtungen relevant ist. Vgl. dazu auch Heller (1980b). S. 46f., die bezüglich der Streichung die gleiche Meinung vertritt.

103 Vgl. z. B. MEW 4, S. 76, MEW 6, S. 412.

104 Denkbar ist auch der Fall, daß aufgrund des Vorliegens bestimmter, ablehnend beurteilter Gegenstände (z. B. minderwertige Nahrungsmittel oder Autos mit hohem Benzinverbrauch) ähnlich geartete, aber positiv beurteilte Gegenstände gewünscht werden (z. B. hochwertiges Fleisch oder Autos mit geringem Benzinverbrauch). In diesem Fall können Gegenstände das Objekt der Bedürfnisse sein, die noch nicht existent sind. Dennoch entstehen diese Bedürfnisse aufgrund des Vorliegens eines ablehnend eingestuften Produktes.

105 Die Individualität bzw. Verschiedenheit menschlicher Bedürfnisse ist als Element des wahren menschlichen Wesens nur im unentfremdeten Zustand anzutreffen. Zumindest in der kapitalistischen Gesellschaft - soweit sei ein Vorgriff auf die entfremdeten Bedürfnisse erlaubt - führt z. B. die Standardisierung der produzierten Güter zu einer Standardisierung der menschlichen Bedürfnisse, so daß dort die Verschiedenheit der menschlichen Bedürfnisse nicht vorliegt.

106 Der Hinweis auf die 'Tätigkeit' unterstreicht nochmals die Bedeutung der aktiven und produktiven Tätigkeit für das menschliche Dasein.

Benötigen und Not zu tun. Dieser Zusammenhang wird bei Marx sichtbar, wenn er für den Menschen feststellt: "... jeder seiner Lebenstriebe wird zum *Bedürfnis*, zur *Not*" (MEW 2, S. 127).[107] Die Intensität eines nicht befriedigten Bedürfnisses nimmt dann im Zeitablauf zu, so daß schließlich dieses Bedürfnis das gesamte Verhalten des davon betroffenen Menschen beherrscht. Deshalb kann beispielsweise bezüglich des Bedürfnisses nach Nahrung beim Menschen folgendes festgestellt werden:

> "Hindern ihn die weltlichen Verhältnisse daran, seinen Magen zu befriedigen, so wird dieser sein Magen zum Herrn über ihn, die Begierde des Essens zur fixen Begierde und der Gedanke ans Essen zur fixen Idee ..." (MEW 3, S. 238).

Ein nicht erfüllter Wunsch wird hingegen niemals diese Macht über das Verhalten des Menschen erreichen, was selbstverständlich nicht ausschließt, daß auch der unerfüllte Wunsch unangenehme Empfindungen hervorruft. Ein Beispiel kann dieses Verhältnis verdeutlichen. Unterstellen wir einen bundesrepublikanischen Bürger mit mittlerem Einkommen, der den Wunsch nach einem Porsche besitzt. Seine Bedürfnisse nach Nahrung, Kleidung und Wohnraum halten ihn allerdings von der Erfüllung dieses Wunsches ab. Weil Bedürfnisse als dringender empfunden werden als Wünsche, ist der umgekehrte Fall, d. h. der Verzicht auf die Bedürfnisbefriedigung zugunsten der Erfüllung eines Wunsches, nicht denkbar.[108] Von Bedürfnissen sprechend, meint Marx also das intensive Verlangen nach Gegenständen, im Gegensatz zu einem Wunsch, so daß die Bedürfnisse für ihn "eng mit dem Begriff der Notwendigkeit verbunden" sind (vgl. Kusnezow (1988), S. 41).[109]

---

[107] Ähnlich stellt Marx im Zusammenhang mit der Pressefreiheit bzw. dem Begriff der "Freiheit der Presse .. als *Bedürfnis*" fest: "Was ich wahrhaft liebe, dessen Existenz empfinde ich als eine notwendige, als eine, deren ich bedürftig bin, ohne die mein Wesen nicht erfülltes, nicht befriedigtes, nicht vollständiges Dasein haben kann", MEW 1, S. 33. Vgl. dazu ebenfalls Grundrisse, S. 15, wo die "Konsumtion als Notdurft, als Bedürfnis" bezeichnet wird. Krech und Crutchfield weisen auf den Umstand hin, daß Bedürfnisse unlustvermeidend sind - es geht bei einem Bedürfnis um die Notwendigkeit, einen als unangenehm empfundenen Mangel zu beseitigen oder zu mildern -, während Wünsche bzw. "Strebungen" lustgerichtet sind, vgl. Krech/Crutchfield (1976), S. 201-203. Ignatieff trennt schließlich das Bedürfnis vom Begehren bzw. vom Wunsch wie folgt: Die "Idee der Bedürftigkeit ... unterscheidet das Bedürfnis vom Wunsch. Bedürftigkeit ist durch eine Vorstellung vom Notwendigen und Unverzichtbaren umgrenzt", Ignatieff (1993), S. 25, vgl. dazu weiterhin Ignatieff (1993), S. 10, 29, 49, 54, 71.

[108] Zur Unterscheidung zwischen Bedürfnissen und Wünschen bzw. zu deren Gleichsetzung in der herrschenden Ökonomik vgl. Lutz/Lux (1988), Kapitel 2, Reiß (1990), S. 222f. sowie Levine (1988), S. 4f., der "needs" von "desires" dadurch unterscheidet, daß nur erstere eine "force of necessity" implizieren, die den "desires" fehlt. Für die bei Marx stattfindende Unterscheidung zwischen 'needs' und 'wants' bzw. 'Bedürfnissen' und 'Begehren' vgl. Kitching (1988), S. 143f. und Lichtman (1990), S. 10f. Eine andere Unterteilung findet sich bei Gorz, der zwischen den tatsächlich bzw. konkret empfundenen Bedürfnissen, die begrenzt sind, und den unbegrenzten Begierden oder Gelüsten unterscheidet, vgl. Gorz (1994), S. 164f., 173. Schließlich weist Carter darauf hin, daß ein "need" nur für den Fall, daß es als "want" interpretiert wird, als unersättlich und unbegrenzt anzusehen ist, vgl. Carter (1988), S. 138.

[109] Die unentfremdeten Bedürfnisse beziehen sich sowohl auf das zum menschlichen Überleben erforderliche als auch auf jene Dinge, die für die volle Entfaltung der Persönlichkeit notwendig sind, vgl. Ignatieff (1993), S. 9, 15.

Das bloße Vorliegen von Gegenständen ist allerdings noch keine hinreichende Bedingung dafür, daß es zu einem Bedürfnis nach diesem Gegenstand kommt. Vielmehr muß das Bedürfnis nach diesem Objekt erst noch geweckt werden. Dies erfolgt durch die konkreten Lebensbedingungen, denen der Mensch ausgeliefert ist, wobei die im Arbeitsprozeß vorgefundenen Bedingungen von primärer Bedeutung sind. Die Bedürfnisse der Individuen hängen in letzter Instanz von den Dingen ab, die von der Produktion angeboten werden, und von den Lebensbedingungen der Menschen. Beide Elemente sind näher zu untersuchen.

Da sich die Bedürfnisse auf Gegenstände beziehen, ist es zutreffend, daß erst das Vorliegen und Wahrnehmen eines Gegenstandes zu dem Bedürfnis nach diesem Gegenstand führen kann. So gesehen ist der Marxschen Aussage, daß "die Bedürfnisse aus der Produktion oder aus einem auf die Produktion begründeten allgemeinen Zustand" (MEW 4, S. 76) entspringen, zumindest in den meisten Fällen, zuzustimmen.[110] Die Produktion als materielle Basis liefert das Material für die Konsumtion und gibt damit der Konsumtion und den Bedürfnissen einen bestimmten Charakter. Allerdings ist das Verhältnis zwischen den Bedürfnissen und dem Produktionsprozeß entsprechend der dialektischen Auffassung ein mit Wechselbeziehungen versehenes Verhältnis, bei dem sich das Bedürfnis und der Produktionsprozeß wechselseitig beeinflussen. Zusätzlich zu der bereits beschriebenen Kausalität, die der materialistischen Auffassung Marx' entspricht, gibt es noch eine zweite. Nach ihr schafft ein befriedigtes Bedürfnis ein erneutes Bedürfnis nach dem damit verknüpften Gegenstand und dadurch das Bedürfnis nach dessen erneuter Produktion (vgl. MEW 3, S. 28, 71, Grundrisse, S. 13-15). Somit wird die dialektische Methode samt deren materialistischer Basis bezüglich der menschlichen Bedürfnisse erkennbar: Einerseits formt der Produktionsprozeß die menschlichen Bedürfnisse durch die Bereitstellung von Gegenständen, andererseits beeinflussen die Bedürfnisse, vor allem die bereits befriedigten, auch die Produktion und damit wiederum die Bildung neuer Bedürfnisse.[111]

Wie bereits erwähnt, reicht die pure Existenz bestimmter Gegenstände noch nicht aus, um entsprechende Bedürfnisse nach ihnen zu erwecken. Maßgeblichen Einfluß auf den genauen Umfang und Inhalt der individuellen Bedürfnisse haben zusätzlich noch die Lebensbedingungen, denen das betreffende Individuum ausgesetzt ist. Verdeutlich werden soll der Mechanismus zur Beeinflussung menschlicher Bedürfnisse mit Hilfe des orts- und zeitabhängigen Güterbündels, das die Reproduktion der Arbeitskraft sicherstellt und für den betrachteten Ort sowie Zeitpunkt als normal angesehen wird. Der konkrete Inhalt dieses Warenkorbes hängt zunächst von den Gebrauchswerten ab, die in dem betrachteten Raum-Zeit-Punkt vorhanden sind. Darüber hinaus besitzen auch die existierenden Arbeitsbedingungen einen erheblichen Einfluß auf die Determinierung dieses Güterbündels. In einer Gesellschaft, in der an sieben Tagen in der Wo-

---

110 In den "Grundrissen" umschreibt Marx die "durch die Produktion selbst erzeugten Bedürfnisse" als "die gesellschaftlichen Bedürfnisse", um damit den Ursprung dieser Bedürfnisse deutlich zu machen, vgl. Grundrisse, S. 426.

111 Vgl. dazu Lichtman (1990), S. 108-111 und Fromm (1963), S. 20f.

che täglich 16 Stunden harte körperliche Arbeit unter unangenehmen Arbeitsbedingungen ausgeübt werden muß, wird ein bestimmtes Bündel von Gebrauchsartikeln als normal angesehen, da es die Wiederherstellung der Arbeitskraft ermöglicht. Das als normal und genügend angesehene Bündel wird in einer anderen Gesellschaft, in der die tägliche Arbeitszeit 8 Stunden beträgt, wahrscheinlich einen geringeren Umfang annehmen als in der ersten.[112] Gleiches gilt für die Gesamtheit der individuellen Lebensbedingungen. Ein in miserablen Wohnverhältnissen hausender Mensch wird zur Kompensation seiner Wohnbedingungen vermehrt andere materielle Güter nachfragen, z. B. in Form von Kneipenbesuchen. Die von Marx vertretene Position, der zufolge die menschlichen Bedürfnisse "aus der Gesellschaft" entspringen (vgl. MEW 6, S. 412), bezieht sich somit auf die in einer bestimmten Gesellschaft existierenden Gegenstände und auf die konkreten Lebensbedingungen der dort lebenden Personen.

Neben den materiellen menschlichen Bedürfnissen gibt es noch die Bedürfnisse, die sich aus den menschlichen Wesenskräften und Fähigkeiten ergeben. Wie bereits in den Abschnitten über die produktive Tätigkeit und die Entwicklung der menschlichen Fähigkeiten dargestellt wurde, verfügt der Mensch auch über das Bedürfnis, die in ihm vorhandenen Fertigkeiten und Fähigkeiten zu entwickeln und auszuüben. Das Bedürfnis "zur Bethätigung und Bestätigung seiner Wesenskräfte" (ÖPM, S. 195 [MEW 40, S. 578]) beschreibt dieses Verlangen. Für den Menschen gilt daher folgende Feststellung: "Jede seiner Wesenstätigkeiten und Eigenschaften, jeder seiner Lebenstriebe wird zum *Bedürfnis*" (MEW 2, S. 127). Nur exemplarisch seien dafür das menschliche Bedürfnis nach Arbeit als Ausfluß der menschlichen Kraft zur produktiven Tätigkeit[113] sowie "das Bedürfnis nach Universalität, das Bestreben nach einer allseitigen Entwicklung des Individuums" (MEW 4, S. 157) aufgezählt. Gleichzeitig, und dies dokumentiert die dialektische Sichtweise Marx', sorgt das Bedürfnis der Ausübung einer bestimmten Fähigkeit dafür, daß diese Fähigkeit durch die Ausübung der damit verbundenen Kräfte weiter entwickelt wird.

Für die damit angesprochene exakte Verbindung, die die Fähigkeiten mit den Bedürfnissen verknüpft, gibt Marx zwei Arten von Mechanismen an. Der erste Mechanismus hängt mit der Entwicklung der Produktivkräfte und deshalb mit der materiellen Produktion zusammen. Weil zunehmende individuelle Fähigkeiten die Produktivkäfte erhöhen, vermehren sie die Quantität, Qualität und Verschiedenartigkeit der materiellen Produktionsergebnisse. Die damit vorliegenden neuartigen Gegenstände sorgen dafür, daß deren Existenz ein Bedürfnis nach ihnen hervorruft. Die Wirkungsweise der Fähigkeitsentwicklung verläuft daher indirekt über die Produk-

---

112 Eine Ausweitung der Bedürfnisse als Reaktion auf den "*Zwang zur Surplusarbeit*" findet sich beispielsweise bei Marx (1863/64), S. 128.

113 Die Existenz der "Arbeitskraft", die Marx als "den Inbegriff der physischen und geistigen Fähigkeiten, die in der Leiblichkeit, der lebendigen Persönlichkeit eines Menschen existieren" ansieht, führt - zumindest unter den in Abschnitt 1.2.2. dieser Arbeit genannten sozio-ökonomischen Rahmenbedingungen - zu dem Bedürfnis der "Äußerung jener Kraft", MEW 23, S. 181, 217.

tivkräfte und die Produktion. Der zweite Mechanismus ist ein direkter. Bei ihm sorgt die Anwendung bestimmter Fähigkeiten als Mittel zur Erreichung anderer Ziele dafür, daß durch die Ausübung dieser Fähigkeiten die Fähigkeitsanwendung zu einem Selbstzweck wird. So ist beispielsweise die Vereinigung der kommunistischen Handwerker zuerst nur ein Mittel, das "die Lehre, Propaganda etc als Zweck" besitzt. Gleichzeitig aber eignen sich die Handwerker "dadurch ein neues Bedürfniß, das Bedürfniß der Gesellschaft an und was als Mittel erscheint, ist zum Zweck geworden" (ÖPM, S. 187 [MEW 40, S. 553]).[114] Es liegt folglich auch in diesem Bereich des menschlichen Lebens eine wechselseitige Determinierung von Bedürfnissen und Fähigkeiten vor: Einerseits ruft eine bestimmte Fähigkeit ein Bedürfnis nach der Ausübung dieser Fähigkeit hervor, so daß die Fähigkeit Ursache für die Entstehung des damit verknüpften Bedürfnisses anzusehen ist. Andererseits ist das Bedürfnis die Ursache dafür, daß die entsprechende Fähigkeit ihrerseits entwickelt wird und sich somit zu einer dem Gattungswesen Mensch adäquaten Fertigkeit fortentwickelt. Marx geht damit über die bloße Behauptung eines Zusammenhangs zwischen Fähigkeiten und Bedürfnissen hinaus und zeigt, wie beide Elemente miteinander verknüpft sind. Alles in allem wird die Entstehung und Entwicklung der menschlichen Bedürfnisse sowohl von den "gegenständlichen Bedingungen" des Daseins des Menschen als auch vom "Charakter und Niveau seiner Tätigkeit" bestimmt.[115]

Auch bei dem Themenkomplex der Bedürfnisse ist erneut zwischen den natürlichen und den gattungsspezifischen Bedürfnissen zu unterscheiden. Zudem ist die wahre menschliche Natur in diesem Bereich erst realisiert, wenn die vollständige Entfaltung aller gattungsspezifischen Bedürfnisse hervorgebracht worden ist. Entscheidend ist in diesem Zusammenhang die Feststellung, daß die Bedürfnisses des Menschen nicht von Natur aus festgelegt sind, sondern sich erst im Zeitablauf entwickeln, so daß Marx beispielsweise von der "Befriedigung natürlicher oder geschichtlicher Bedürfnisse" (Grundrisse, S. 736) spricht.[116] Dies impliziert die Überzeugung, daß eine Veränderung der menschlichen Bedürfnisstruktur möglich ist (vgl. Heller (1980b), S. 27, 43-48, Lichtman (1990), S. 104-111).

Die natürlichen Bedürfnisse sind, wie bereits erwähnt, die Art von Bedürfnissen, die der Mensch mit allen Lebewesen teilt, die sich also primär auf das Angewiesensein auf Nahrung

---

114 Ein weiterer Unterschied zwischen beiden Mechanismen liegt darin, daß nur der zweite von ihnen direkt bei den beteiligten Personen wirksam wird. Bei dem zuerst genannten Mechanismus hingegen partizipieren auch Personen, die nicht an der Fähigkeitsentwicklung beteiligt sind, an der Entwicklung der Fähigkeiten in Form neuer und entwickelter Bedürfnisse, vgl. dazu Elster (1985), S. 73.

115 Vgl. Kusnezow (1988), S. 46, der dort den zweiten Kausalzusammenhang zur Entstehung der Bedürfnisse als den wichtigeren ansieht.

116 Diese Unterscheidung findet sich ebenso im "Kapital", in dem Marx im Rahmen des Wertes der Arbeitskraft vom "Umfang der natürlichen und historisch entwickelten ersten Lebensbedürfnisse" spricht, vgl. MEW 23, S. 583.

beziehen.[117] Zusätzlich gibt es Bedürfnisse, die der Aufrechterhaltung des biologischen Lebens des Menschen dienen, also Bedürfnisse, die beim Menschen aufgrund seiner anatomischen Ausstattung stets vorhanden sind. Diese Bedürfnisse dienen der Selbsterhaltung des Lebens und stellen die "existenzielle Grenze der Bedürfnisbefriedigung" dar, jenseits derer das menschliche Leben nicht mehr reproduzierbar ist. In Anlehnung an Marx nennt Heller diese Art der Bedürfnisse "physische Bedürfnisse".[118] Die physischen Bedürfnisse beziehen sich also auf jene Gegenstände, welche erforderlich sind, um die "physische Existenz auf die Dauer sicherzustellen", d. h. auf "die zum Leben und zur Fortpflanzung absolut unentbehrlichen Lebensmittel" (MEW 16, S. 147).[119] Marx selbst reduziert in seinen "Randglossen zu Adolph Wagners 'Lehrbuch der politischen Ökonomie'" den Kreis der Bedürfnisse, die in allen gesellschaftlichen Formen vorliegend sind, auf sehr wenige:

> "... ist einfach die unsterbliche Entdeckung, daß der Mensch in allen Zuständen essen, trinken etc. muß {man kann nicht einmal fortfahren: sich kleiden oder Messer und Gabel oder Betten und Wohnungen haben muß, da dies nicht *unter allen Zuständen* der Fall}..." (MEW 19, S. 375).

Diese Vorstellung findet sich ebenso bei Engels. Er stellt fest, daß die menschlichen Bedürfnisse nach "Wohnung und Kleidung zum Schutz gegen Kälte und Nässe" erst auftreten, wenn der Mensch seine "Urheimat", d. h. die Zonen mit "gleichmäßig heißen Klima" verläßt und in Gegenden mit kälteren klimatischen Verhältnissen wandert (vgl. MEW 20, S. 450). Folglich sind die Bedürfnisse nach Wohnung und Kleidung nicht zu den natürlichen Bedürfnissen des Menschen zu zählen. Daher ist zwischen den natürlichen und den physischen Bedürfnissen zu trennen. Gemeinsam ist beiden Bedürfnissen, daß sie das bloße Überleben des Menschen sichern. Der Unterschied zwischen beiden Bedürfnisarten besteht aus dem Umstand, daß der Mensch zum physischen Überleben teilweise Gegenstände benötigt, die ein Tier dafür nicht braucht.

---

[117] Eine hiervon abweichende Meinung vertritt z. B. Kusnezow, nach dessen Ansicht es "völlig falsch" wäre, "die natürlichen Bedürfnisse des Menschen mit den tierischen zu vergleichen", vgl. zur Begründung dieser Auffassung Kusnezow (1988), S. 52-54.

[118] Vgl. Heller (1980b), S. 29-34, ÖPM, S. 137 [MEW 40, S. 517] und MEW 23, S. 246.

[119] Im "Kapital" nennt Marx diese Bedürfnisse auch "die absoluten Bedürfnisse", MEW 23, S. 755. Er stiftet in diesem Zusammenhang Verwirrung, indem er im ersten Band des "Kapitals" die Bedürfnisse "wie Nahrung, Kleidung, Heizung, Wohnung usw." als 'natürliche Bedürfnisse' bezeichnet. Gleichzeitig aber stellt er fest, daß diese Bedürfnisse "je nach den klimatischen und andren natürlichen Eigentümlichkeiten eines Landes" verschieden sind, vgl. MEW 23, S. 185. Was Marx hier beschreibt, sind demnach die in einer bestimmten Region zu einem bestimmten Zeitpunkt zum Überleben erforderlichen Gegenstände, nach denen ein Bedürfnis besteht. Die hier von Marx als natürlich eingestuften Bedürfnisse sind folglich notwendige Bedürfnisse, also Bedürfnisse, die gewohnheitsgemäß zum Lebensstandard einer bestimmten Region zu einem bestimmten Zeitpunkt gehören. Ebenso ist die Aufzählung der Bedürfnisse in der "Deutschen Ideologie" zu verstehen, in der es heißt: "Zum Leben aber gehört vor Allem Essen und Trinken, Wohnung, Kleidung und noch einiges Andere", MEW 3, S. 28. Gleiches gilt für die in den ÖPM anzutreffende Passage: "Physisch lebt der Mensch nur von diesen Naturprodukten, mögen sie nun in der Form der Nahrung, Heizung, Kleidung, Wohnung etc. erscheinen", ÖPM, S. 136 [MEW 40, S. 515].

Die anthropologische Klassifizierung der Bedürfnisse[120] kennt damit drei Arten von Bedürfnissen: die natürlichen, die physischen und die gattungsspezifischen.[121]

Von besonderer Bedeutung für das wahre Wesen des Menschen ist, wie schon bei den menschlichen Anlagen und Fähigkeiten, die Entwicklung dieser Bedürfnisse. Die natürlichen Bedürfnisse beschreiben noch nicht den Menschen als Gattungswesen. Statt zahlreich und entfaltet zu sein, stellen sie sich lediglich als wenige, kaum entwickelte Bedürfnisse dar. Der Grund für diese mangelnde Ausprägung besteht auch aus der fehlenden Entfaltung der menschlichen Wesenskräfte. Da die Bedürfnisse im allgemeinen die menschlichen Wesenskräfte reflektieren, können voll entwickelte Bedürfnisse erst vorliegen, wenn die ihnen entsprechenden menschlichen Anlagen und Kräfte ihre voll entwickelte Form angenommen haben. Weil dies aber im Zustand des natürlichen Menschen nicht der Fall ist, können die natürlichen Bedürfnisse nicht die gattungsspezifischen Bedürfnisse sein. In diesem Zustand, in dem nur der "rohe, unmenschliche" Sinn existiert (vgl. ÖPM, S. 164 [MEW 40, S. 541]), können auch die diese Sinne reflektierenden Bedürfnisse nur rohe, unmenschliche Bedürfnisse sein. Deshalb kann in diesem gesellschaftlichen Zustand lediglich von einer "bornierten Entwicklung" der Bedürfnisse sowie von einer "Borniertheit des ... Genießens" (MEW 3, S. 246f., 403) gesprochen werden.[122]

Aber selbst das Vorliegen von vielfältigen Bedürfnissen sowie das Bewußtsein für diese Bedürfnisse seitens der betroffenen Individuen reicht nicht aus, um einen unentfremdeten Zustand bezüglich dieses Teils des wahren menschlichen Wesens zu realisieren. Wenn diese Bedürfnisse nämlich nicht durch die entsprechenden Gegenstände befriedigt werden können, stellen sich Enttäuschungen, Frustrationen und Gefühle des Unwohlseins ein. Diese vom Individuum als unangenehm empfundenen Erfahrungen sind mit dem Ideal des wahren Menschen nicht vereinbar. Folglich liegt ein dem menschlichen Ideal entsprechender Zustand in diesem Bereich erst

120 Für weitere Einteilungen, z. B. die ökonomische Klassifikation der Bedürfnisse in notwendige und Luxusgüter, vgl. Heller (1980b), S. 30f. sowie beispielsweise Grundrisse, S. 426: "*Luxus* ist Gegensatz zum *Naturnotwendigen*." Notwendige Bedürfnisse sind Element der ökonomischen Gliederung der Bedürfnisse und bestehen aus den Bedürfnissen nach jenen Gegenständen, die gewohnheitsgemäß zum Lebensstandard einer bestimmten Region gehören. Zu diesen Gegenständen gehören nicht nur die zum physiologischen Überleben erforderlichen Güter, sondern auch die Güter, die aufgrund der herrschenden Kultur, Traditionen usw. als zum gewöhnlichen Lebensstandard gehörend angesehen werden, vgl. statt vieler MEW 16, S. 148, MEW 23, S. 185, 583 und MEW 24, S. 402. Das Bedürfnis nach kulturellen Dingen, z. B. das Bedürfnis nach Aus- und Weiterbildung, kann an einem bestimmten Ort zu einem bestimmten Zeitpunkt Teil der Güter sein, die zum gewohnheitsmäßigen Lebensstandard gehören. Da diese Dinge zum puren Überleben des Menschen nicht erforderlich sind, wird ein derartiges Bedürfnis als notwendiges, nicht aber als physisches Bedürfnis eingestuft. Eine aus fünf Aspekten bestehende Klassifikation der Bedürfnisse im Sinne Marx' findet sich schließlich bei Kusnezow (1988), S. 51-65.

121 Es deutet sich aufgrund dieser Klassifizierung der - im wesentlichen materiellen - Bedüfnisse an, daß der Umfang der zum Leben wirklich benötigten Gegenstände dehnbar und vor allem reduzierbar ist. Wir greifen diesen Aspekt bei der Behandlung der Begrenztheit menschlicher materieller Bedürfnisse in diesem Abschnitt erneut auf.

122 Vgl. zur mangelnden Entwicklung der menschlichen Bedürfnisse in vorkapitalistischen Gesellschaften Abschnitt 2.3. dieser Arbeit.

vor, wenn die Befriedigung der entwickelten Bedürfnisse sichergestellt ist (vgl. Elster (1985), S. 54, 68). Zu der richtigen Befriedigung menschlicher Bedürfnisse gehört neben der - quantitativ und qualitativ - umfangreichen Produktion schließlich noch eine angemessene Form der Konsumtion. Es ist daher erforderlich, daß "die Genußfähigkeit für diese allseitige Produktion"[123] vorliegt. Sie besteht gemäß des aktiven und schöpferischen Charakters der menschlichen produktiven Lebenstätigkeit aus einem aktiven, tätigen Konsum der betreffenden materiellen Gegenstände.

In diesem Zusammenhang ist mit Nachdruck darauf hinzuweisen, daß es Marx, so wie allen "großen Meistern des Lebens", stets um die objektiv gültigen Bedürfnisse geht, d. h. um die Bedürfnisse, die zu einem wahrhaft guten Leben mit einem wirklichen 'Wohl-Sein'[124] führen. Dies kann die rein subjektiv empfundenen Bedürfnisse ausschließen, da diese lediglich dem Luststreben dienen und nicht die der wahren menschlichen Natur entsprechenden Bedürfnisse sein müssen (vgl. Fromm (1993), S. 15-19). Weil subjektiv empfundene Bedürfnisse entfremdete Bedürfnisse sein können, die nicht den wahren Interessen des Menschen entsprechen, stellen sie nicht den Referenzpunkt dar, anhand dessen der Tatbestand der Entfremdung festgestellt wird. Marx geht es deshalb nur um die wirklichen Bedürfnisse des Menschen, nicht aber die "synthetischen, *künstlich* hervorgerufenen" (Fromm (1963), S. 64). Deutlich wird dies an dem gegen den Bourgeois gerichteten Vorwurf, daß dieser "seine Neigungen und Begierden immer einem bestimmten *wirklichen* Interesse opfert" (MEW 3, S. 241).[125]
Damit stellt sich die Frage nach den konkreten Inhalten der wirklichen menschlichen Bedürfnisse. Diese sind allerdings unter den gegenwärtig herrschenden sozio-ökonomischen Rahmenbedingungen unbekannt. Da Bedürfnisse "aus der Gesellschaft" entspringen (vgl. MEW 6, S. 412), also stets das Ergebnis der vorliegenden Umweltbedingungen sind, können die in einer dem menschlichen Wesen entfremdeten Welt resultierenden Bedürfnisse - soweit sei ein Vorgriff auf die Analyse der Ursachen von Entfremdungsphänomene erlaubt - ebenfalls nur eingebildete, entfremdete und somit unmenschliche Bedürfnisse sein. Unter den vorherrschenden Rahmenbedingungen gibt es keine Person, die ihre wahren Bedürfnisse kennt. Der genaue Inhalt der Bedürfnisse kann erst innerhalb der neuen gesellschaftlichen Rahmenbedingungen herausgearbeitet werden (vgl. Bahro (1977), S. 508), was Marx und Engels durch eine im Manuskript gestrichene Passage der "Deutschen Ideologie" dokumentieren:

> "Welche [Begierden] nun unter der kommunisti[schen Organ]isation bloß verändert und [welche aufgelöst] werden, läßt [sich nur auf prakt]ische Weise, durch [Veränderung der wirk]lichen, praktischen [»Begierden«, nicht durch] Ver-

---

123 MEW 3, S. 37, vgl. ebenso Grundrisse, S. 312f.
124 Vgl. zum Begriff 'Wohl-Sein' bzw. 'well-being' Fromm (1993), S. 14-17, 92-94.
125 Die Bedeutung des Begriffs 'Interesse' in den Schriften von Marx wird im Abschnitt 1.2.5. dieser Arbeit erläutert.

> glei[chungen mit früheren g]eschichtlichen [Verhältnissen, entscheiden.]" (MEW 3, S. 239).[126]

Nicht bekannt sind gegenwärtig also die konkreten Inhalte der entwickelten Bedürfnisse, wohl aber ihre Entwicklungsrichtung. So ist davon auszugehen, daß innerhalb des individuellen Bedürfnissystems des wahren Menschen die materiellen Bedürfnisse nur noch eine untergeordnete Rolle spielen. Dies hängt primär damit zusammen, daß der Umfang der Gegenstände, die zur Kompensation des Arbeitsleids erforderlich sind, abnimmt, wenn mit der Ausdehnung des Bereichs der unentfremdeten menschlichen Tätigkeiten dieses Arbeitsleid reduziert wird. Eine gewichtigere Rolle werden dann die immateriellen Bedürfnisse einnehmen, d. h. unter anderem das Bedürfnis nach Freizeit und freier Betätigung, das Entwicklungsbedürfnis der Persönlichkeit sowie das Gemeinschaftsbedürfnis.[127]
Neben der These vom Rückgang der materiellen Bedürfnisse beim unentfremdeten Menschen vertritt Marx zusätzlich die Ansicht, daß der unentfremdete Mensch nur eine begrenzte Menge von materiellen Gebrauchsgütern benötigt.[128] Über dieses Quantum hinaus bedeutet ein Mehr an Gütern keinerlei Verbesserung für den betroffenen Menschen. Anstatt mehr materielle Güter zu konsumieren, ist es sinnvoller, die vorhandene Zeit dafür zu nutzen, Tätigkeiten zur eigenen Entwicklung und Entfaltung auszuüben. In diesem Zusammenhang verweist Marx auf den Kern dessen, was seiner Meinung nach das Wesen des menschlichen Reichtums ausmacht. Galiani zitierend konstatiert er: "Der wahre Reichtum ... ist der Mensch" (MEW 26.3, S. 263).[129] Und einem anonymem Pamphlet aus dem Jahre 1821 zustimmend, erfahren wir: "Reichtum ist *verfügbare Zeit*, und sonst nichts", d. h. der wahre Reichtum ist "*disposable time*, freie Zeit für ihre Entwicklung", wobei mit 'ihre' die Arbeiter gemeint sind (vgl. MEW 26.3, S. 251f.). Der Begriff der 'freien Zeit' wird von Marx definiert als jene Zeit, die nicht für die Produktion der unmittelbaren Subsistenzgüter erforderlich ist und statt dessen für die Entwicklung der individuellen Fähigkeiten genutzt wird,[130] so daß gilt:

> "Aber free time, *disposable time*, ist der Reichtum selbst - teils zum Genuß der Produkte, teils zur free activity, die nicht wie die labour durch den Zwang eines äußren Zwecks bestimmt ist, ..." (MEW 26.3, S. 253).

---

126 Nach Ansicht von Fromm ist daher das "wichtigste Ziel des Sozialismus .. für Marx die Erkenntnis und die Verwirklichung der wahren menschlichen Bedürfnisse", Fromm (1963), S. 65.

127 Vgl. dazu Heller (1980b), S. 102-107, 120f., ÖPM, S. 158-169, 176-182 [MEW 40, S. 535-544, 547-552], MEW 40, S. 462f., 146f., MEW 4, S. 157, MEW 26.3, S. 253.

128 Heller spricht deshalb im Zusammenhang mit den Bedürfnissen nach materiellen Gütern bei Marx von einem "Saturiertheitsmodell", vgl. Heller (1980b), S. 117, 140f.

129 Auch in den ÖPM umschreibt Marx seine Konzeption vom menschlichen Reichtum ähnlich: "Der *reiche* Mensch ist zugleich der einer Totalität der menschlichen Lebensäusserung *bedürftige* Mensch", ÖPM, S. 169 [MEW 40, S. 544].

130 In den "Grundrissen" findet sich folgende Umschreibung: "... *freie Zeit*, nicht für die unmittelbare Subsistenz erheischte Zeit. Da alle *freie Zeit* Zeit für die freie Entwicklung ist, ...", Grundrisse, S. 527.

Noch deutlicher wird das Prinzip der begrenzten materiellen Bedürfnisse in einer Passage, in der Marx eine hypothetische Verdoppelung der "Produktivität der Industrie" behandelt:

> "{Gesetzt, durch die Produktivität der Industrie sei es so weit, daß, wenn früher 2/3, jetzt nur 1/3 der Bevölkerung unmittelbar in der materiellen Produktion beteiligt. ... Vom [Klassen]gegensatz abgesehn, würde die Nation jetzt 1/3 ihrer Zeit zur unmittelbaren Produktion brauchen, wo sie früher 2/3 brauchte. Gleichmäßig verteilt, hätten alle 2/3 mehr Zeit für unproduktive Arbeit und Muße." (MEW 26.1, S. 189).[131]

Es wird deutlich, daß die Produktivitätserhöhung nach Ansicht von Marx nicht für den Mehrkonsum von materiellen Dingen verwendet werden sollte. Dem menschlichen Dasein angemessen ist vielmehr eine Nutzung der dadurch gewonnenen Zeit für die freie Betätigung bei einer Konstanthaltung des Konsumquantums materieller Gegenstände.[132] Was der Mensch braucht, ist mithin "Zeit zur Befriedigung geistiger und sozialer Bedürfnisse" (MEW 23, S. 246). Darüber hinaus hat der unentfremdete Mensch auch ein ausgeprägtes Interesse an der Entwicklung und Ausbildung seiner individuellen Anlagen sowie an der Ausübung genußvoller Aktivitäten. Der zeitverbrauchende Konsum materieller Güter verringert die Möglichkeiten dafür, so daß er aus diesem Grunde eingeschränkt wird.[133] Zur Maximierung der Zeit, die der individuellen Entwicklung und befriedigenden Tätigkeiten dient, ist es erforderlich, den zeitverbrauchenden Konsum materieller Güter zu reduzieren, wobei sich diese Reduktion primär auf die Genußmittel und weniger auf die reinen Existenzmittel richten wird.[134] Diesen trade-off zwischen dem

---

[131] Auch in den "Grundrissen" wird das Ziel der Ausdehnung der disponiblen Zeit, die dann der Weiterentwicklung der Menschen dient, hervorgehoben: "*Die Schöpfung von viel disposable time* außer der notwendigen Arbeitszeit für die Gesellschaft ... die Reduktion der notwendigen Arbeit der Gesellschaft zu einem Minimum, der dann die künstlerische, wissenschaftliche etc. Ausbildung der Individuen durch die für sie alle freigewordne Zeit und geschaffnen Mittel entspricht". Grundrisse, S. 595, 593. Vgl. dazu weiterhin Grundrisse, S. 89, 301, 593-600. Die gleiche Idee findet sich in der "Kritik zur Politischen Ökonomie", in der Marx die Folgen einer hypothetischen Verringerung der "Produktivkraft aller Arbeiten" wie folgt kennzeichnet: "der wirkliche Reichtum der Gesellschaft hätte abgenommen, da sie mehr Arbeitszeit brauchte, um dieselbe Masse von Gebrauchswerten zu schaffen", vgl. MEW 13, S. 27f.

[132] Allerdings können nicht alle begrenzten materiellen Bedürfnisse automatisch als entfremdungsfreie Bedürfnisse eingestuft werden. Es ist durchaus denkbar, daß der Umfang der benötigten materiellen Gegenstände zwar fixiert ist, dieses Volumen aber qualitativ oder quantitativ noch nicht die nicht entfremdeten Bedürfnisse widerspiegelt, vgl. dazu Abschnitt 2.2.3. dieser Arbeit.

[133] Das kommunistische Verteilungsprinzip "jedem nach seinen Bedürfnissen", MEW 19, S. 21, bzw. "*Jedem nach Bedürfnis*", MEW 3, S. 528, erhält damit eine neue Sichtweise, welche die Realisierung dieses Prinzips nicht mehr völlig utopisch erscheinen läßt. Standardeinwand gegen diese Verteilungskonzeption ist deren praktische Unmöglichkeit aufgrund des Vorliegens unbegrenzter menschlicher Bedürfnisse nach materiellen Gegenständen. Gehen wir allerdings mit Marx von der Idee begrenzter materieller Bedürfnisse aus, erweist sich ein Mehr an materiellen Artikeln nicht unbedingt als eine Verbesserung. Ein Individuum, das dennoch mehr Gebrauchsgegenstände als erforderlich beansprucht, schadet sich selbst und wird folglich nicht mehr Güter als notwendig fordern. Unter Verwendung dieser anthropologischen Annahme funktioniert das dargestellte Verteilungsprinzip deshalb problemloser als unter der Annahme unbegrenzter materieller Bedürfnisse.

[134] Die Bedeutung der Zeit für die menschliche Entwicklung wird in der "Heiligen Familie" als Begründung dafür angegeben, daß die Arbeitszeit entscheidend für den Wert eines Gegenstandes ist. Daher wird "die Entscheidung über den *Wert* des Gegenstandes, wesentlich von der Arbeitszeit abhängen, die seine Produktion ko-

passiven Konsum, dem Besitz und 'Haben' einerseits sowie dem aktiven, produktiven Leben, also dem 'Sein' andererseits spricht Marx in den ÖPM explizit an. Die "Selbstentsagung ... des Lebens" anklagend stellt er fest, daß unter der kapitalistischen Produktionsweise die Zeit für die passive Konsumtion bzw. die Akkumulation von materiellem Reichtum verwendet wird, was die Möglichkeiten für ein aktives Leben schmälert:

> "Je weniger du ißt, trinkst, Bücher kaufst, in das Theater, auf den Ball, zum Wirtshaus gehst, denkst, liebst, theoretisirst, singst, mahlst, fechtest etc um so [mehr] *sparst* du, um so *grösser* wird dein Schatz, den weder Motten, noch Raub fressen, dein *Capital*. Je weniger du *bist*, ... , um so mehr *hast* du, ..." (ÖPM, S. 179 [MEW 40, S. 549]).

Erst unter einer neuen gesellschaftlichen Organisationsform wird es zu einer Umkehrung dieser Zeitaufteilung kommen, ohne daß allerdings der bestehende trade-off beseitigt werden kann. Festzuhalten bleibt damit, daß es ausgehend von dieser Argumentation zu einer Reduktion des materiellen Verbrauchs und der materiellen Bedürfnisse kommen wird, wenn der Mensch über unentfremdete Bedürfnisse verfügt.[135] Abschließend sind zwei Einwände zu diskutieren, die gegen eine Reduktion der materiellen Bedürfnisse des nicht entfremdeten Menschen sprechen. Der erste Einwand betrifft die Bedeutung der materiellen Gegenstände für die Ausübung produktiver Tätigkeiten, der zweite die von Marx erwähnte Ausweitung des 'Reichs der Notwendigkeit'.

Erstens ist an den Umstand zu erinnern, daß die Entwicklung der Individuen erst im Rahmen der menschlichen produktiven Tätigkeit erfolgt, die ihrerseits materielle Objekte benötigt, auf die sich diese Tätigkeit beziehen kann. Das Ziel der entwickelten Individualität benötigt daher in ausreichender Qualität und Quantität materielle Gegenstände, die beispielsweise von Bahro - in Anlehnung an Engels - "Entwicklungsmittel" genannt werden.[136] Vor diesem Hintergrund kann es zu einer Zunahme der Bedürfnisse nach materiellen Gegenständen kommen. Wie umfangreich diese Art der Bedürfnisse nach materiellen Objekten sein wird, hängt von den Tätigkeiten ab, die zum Zweck der Entwicklung der individuellen Fähigkeiten und Fertigkeiten durchgeführt werden. Erfolgt die persönliche Entfaltung beispielsweise im Rahmen einer schriftstellerischen Betätigung, so ist die Menge der dafür notwendigen materiellen Gebrauchswerte sehr gering - Papier und Bleistift können zur Ausführung dieser produktiven Lebenstätigkeit bereits ausreichend sein. Werden allerdings andere Arten der Tätigkeit ausgeübt,

---

stet. Denn von der Zeit hängt es ab, ob die Gesellschaft die Zeit hat, sich menschlich auszubilden", MEW 2, S. 52.

[135] Vgl. zum Aspekt der Reduktion der Bedürfnisse nach materiellen Gütern Bahro (1977), S. 480f., 494-499, 508-512 und Seve (1977), S. 308-395. Das Ziel von Marx ist somit "nicht der *maximale*, sondern der *optimale* Konsum, die Befriedigung jener echten menschlichen Bedürfnisse, die zu einem volleren und reicheren Leben führen", Fromm (1965a), S. 406.

[136] Vgl. Bahro (1977), S. 510-512, MEW 20, S. 565 und Engels an Lawrow am 12./17.11.1875, MEW 34, S. 171.

z. B. das Heißluftballonfahren oder das Züchten von Pferden, so ist ein wesentlich größerer Fundus an 'Entwicklungsmitteln' erforderlich. Die These, daß die Bedürfnisse nach materiellen Gütern in einer dem wahren Menschen entsprechenden Gesellschaft zurückgehen werden, ist aufgrund dieser Zusammenhänge nicht mehr uneingeschränkt haltbar. Vielmehr ist es auch möglich, daß die Reduktion der Bedürfnisse nach reinen Konsumgütern überkompensiert wird durch die Expansion der Bedürfnisse nach Entwicklungsmitteln.[137] Diese Möglichkeit deutet sich bereits bei Engels an, der im Rahmen der Auseinandersetzung mit Darwins Thesen folgendes feststellt:

> "Der Kampf ums Dasein - wenn wir diese Kategorie für einen Augenblick hier gelten lassen wollen, verwandelt sich also in einen Kampf um Genüsse, um nicht mehr bloße *Existenz*mittel, sondern um *Entwicklungs*mittel, *gesellschaftlich produzierte* Entwickungsmittel ..." (Engels an Lawrow am 12./17.11.1875, MEW 34, S. 171).

Allerdings ist gleichfalls zu beachten, daß bei den Entwicklungsmitteln eine vollkommen andere Form des Verbrauchs vorliegt als bei den bloßen Konsumtionsgütern. Mit dem passiven Konsum verbunden ist das Bedürfnis nach Fertigerzeugnissen. Bei dem Verbrauch von Entwicklungsmitteln ist es hingegen wahrscheinlich, daß das sie verbrauchende Individuum diese durch seine unentfremdete Tätigkeit selbst herstellt. So ist beispielsweise anzunehmen, daß der erwähnte Heißluftballonfahrer die erforderlichen Gegenstände in nicht entfremdeter Eigenarbeit herstellt. Seine Bedürfnisse beziehen sich zwar auch auf Endprodukte, diese aber stellt er selbst her, so daß sich der auf andere Personen richtende Bedarf primär auf Zwischenprodukte oder Rohstoffe bezieht. Die aufgestellte These der Reduktion der materiellen Bedürfnisse kann folglich dahin gehend modifiziert werden, daß es sich hierbei um die Reduktion der Bedürfnisse nach von anderen Personen hergestellten Objekten, die passiv konsumiert werden, handelt.
Zweitens ist die folgende Aussage von Marx über den Menschen und seine Entwicklung im Zeitablauf zu berücksichtigen: "Mit seiner Entwicklung erweitert sich dies Reich der Naturnotwendigkeit, weil die Bedürfnisse; ..." (MEW 25, S. 828). Die genaue Bedeutung des Begriffs 'Reich der Notwendigkeit' wird in einem späteren Abschnitt erfolgen. Hier reicht es aus, das Wesen dieses Reichs kurz zu umschreiben als die Sphäre der Tätigkeiten, die zum Zwecke des physischen Überlebens des Menschen erfolgen müssen. Die behauptete Ausweitung dieses Bereichs aufgrund der Ausweitung der menschlichen Bedürfnisse widerspricht vordergründig der These, daß die begrenzten Bedürfnisse des unentfremdeten Menschen ein geringeres Vo-

[137] Vgl. dazu Bahro (1977), S. 510f., Elster (1985), S. 71, 231-233 sowie Dworkin, der diese Problematik unter der Überschrift "expensive tastes" behandelt, vgl. Dworkin (1981), S. 228-240. Dabei kann auch im Fall der Bedürfnisse nach Entwicklungsmitteln bei einem unentfremdeten Menschen von der Begrenztheit dieser Bedürfnisse ausgegangen werden. Der unentfremdete Mensch wird hinsichtlich der Entwicklung seiner individuellen Fähigkeiten und Fertigkeiten nur die Gebrauchsgegenstände bedürfen, die für diese Entfaltung erforderlich sind. Es ist daher stets zu trennen zwischen einem bestimmten Umfang der Bedürfnisse einerseits und der Begrenztheit dieses, wie auch immer gearteten Umfangs andererseits.

lumen aufweisen als die des gegenwärtig entfremdeten Individuums. Allerdings sollte diese Ausweitung der Bedürfnisse nach materiellen Gütern, die zur Aufrechterhaltung des menschlichen Lebens als notwendig eingestuft werden, hauptsächlich vor dem Hintergrund der noch unterentwickelten Bedürfnisse gesehen werden. So stellt Marx bereits in den ÖPM fest, daß sich die Lohnarbeiter seiner Zeit durch eine qualitative und quantitative "Bedürfnißlosigkeit" (ÖPM, S. 178 [MEW 40, S. 548]) auszeichnen. Hier ist vor allem an die irischen Arbeiter während der Mitte des 19. Jahrhunderts zu denken:

> "Nicht nur daß der Mensch keine menschlichen Bedürfnisse hat, selbst die *thierischen* Bedürfnisse hören auf. Der Irländer kennt nur mehr das Bedürfniß des *Essens* und zwar nur mehr des *Cartoffelessens* und zwar nur der *Lumperkartoffel*, der schlechtesten Art von Kartoffel."[138]

Die Ausweitung des 'Reichs der Notwendigkeit' ist daher vor dem Hintergrund unterentwickelter materieller Bedürfnisse zu sehen.[139] Weil eine derartig geringe Ausstattung mit materiellen Gebrauchsgegenständen mit einem unentfremdten Leben unvereinbar ist, muß es zur Expansion des damit verknüpften Bedürfnisniveaus kommen. Damit bedarf die These, daß der Umfang der Bedürfnisse nach materiellen Gütern bei einem unentfremdeten Menschen geringer ist als bei einem Menschen der Gegenwart, einer letzten Modifikation. Von einer derartigen Reduktion kann nur gesprochen werden, wenn als Referenzpunkt die arbeitenden Menschen einer bereits entwickelten Industrienation herangezogen werden. In Ländern, die erst am Beginn ihrer Industrialisierung stehen bzw. noch davor, ist dagegen eine Ausweitung der materiellen Bedürfnisse erforderlich, um den dort lebenden Menschen ein unentfremdetes Dasein zu ermöglichen.

Die außerordentlich facettenreiche Theorie der Bedürfnisse Marx' läßt sich bezüglich jener Bedürfnisse, die dem unentfremdeten und damit wahren Wesen des Menschen entsprechen, wie folgt zusammenfassen: Von Bedürfnissen sprechend, bezieht sich Marx auf diejenigen Gegenstände, die ein Mensch benötigt, - dadurch unterscheidet sich ein menschliches Bedürfnis im Marxschen Sinn beispielsweise von einem Wunsch. Die unentfremdeten Bedürfnisse des Menschen zeichnen sich dann dadurch aus, daß sie hinsichtlich materieller Gegenstände begrenzt sind, während die immateriellen Bedürfnisse umfangreich ausfallen. Im Vergleich zum entfremdeten Menschen findet daher eine Verlagerung der Bedürfnisse "von der materiellen in die Sphäre der Selbstverwirklichung" (Ignatieff (1993), S. 139) statt. Die materialistische Konzep-

---

138 ÖPM, S. 178 [MEW 40, S. 548]. Ebenso stellt Engels fest, daß die Iren auf dem niedrigst möglichen Lebensstandard angelangt sind und das "Minimum der Lebensbedürfnisse" hinsichtlich der Ernährung, Kleidung und des Wohnens erreicht haben, vgl. MEW 2, S. 321-323.

139 Als Referenzpunkt wird der Beginn des kapitalistischen Wirtschaftssystems herangezogen, das "in seinen Anfangsstadien eine Arbeits- und Elendshölle in die Welt setzte, dergleichen jedenfalls die europäischen Völker nie gekannt hatten", Arendt (1994), S. 251.

tion der Entstehung von Bedürfnissen sorgt schließlich dafür, daß die entfremdungsfreien menschlichen Bedürfnisse erst bekannt sind, wenn alle Lebensbedingungen des Menschen ihren entfremdeten und entfremdenden Charakter verloren haben.

1.2.5. Der Mensch als gesellschaftliches Beziehungswesen

Eine weitere rein menschliche Eigenschaft ist die Tatsache, daß der Mensch auf das Zusammenleben in der Gesellschaft anderer Menschen angewiesen ist, und sich dieser Beziehung zu anderen Menschen bewußt ist.[140] Außerdem gehört zu diesem Wesensmerkmal die Gemeinschaftsfähigkeit des Menschen, die unter anderem die "Anteil- und Rücksichtnahme zwischen den Personen" (Fleischer (1980), S. 51) einschließt. Engels umschreibt "die auf gegenseitige Neigung beruhenden Verhältnisse der Menschen zueinander" unter anderem mit den Begriffen "Freundschaft, Mitleid, Aufopferung usw." (MEW 21, S. 284). Da "der Mensch von Natur gesellschaftlich ist", verfügt er über die mit diesem gesellschaftlichen Wesen zusammenhängenden Eigenschaften, d. h. er ist z. B. mit "der ursprünglichen Güte" (MEW 2, S. 138) ausgestattet. Zum Menschen, der "im wörtlichsten Sinn ein zoon politikon" (Grundrisse, S. 6) ist, gehören somit soziale Eigenschaften, wie die Opferbereitschaft, die Rücksichtnahme, die Toleranz, die Gewaltlosigkeit usw.

Untersuchen wir zunächst einige Beispiele für die Angewiesenheit des Menschen auf andere Menschen. Dazu gehören unter anderem die Sprache, die "wie das Bewußtsein, erst aus dem Bedürfnis, der Notdurft des Verkehrs mit andern Menschen" entsteht (vgl. MEW 3, S. 30). Desweiteren gibt es bestimmte Bedürfnisse, die aufgrund der Eigenschaften der mit ihnen zusammenhängenden Gegenstände nur gemeinschaftlich befriedigt werden können, weil die erforderlichen Gegenstände nur gemeinschaftlich produziert und eventuell auch konsumiert werden können.[141] Weiterhin wird die Entwicklung der individuellen Fähigkeiten erst in der "Vereinigung der Individuen" möglich, denn:

> "Erst in der Gemeinschaft [mit Andern hat jedes] Individuum die Mittel, seine Anlagen nach allen Seiten hin auszubilden; erst in der Gemeinschaft wird also die persönliche Freiheit möglich. ... Es ist eben die Vereinigung der Individuen (innerhalb der Voraussetzung der jetzt entwickelten Produktivkräfte natürlich), die die Bedingungen der freien Entwicklung und Bewegung der Individuen unter ihre Kontrolle gibt, ..." (MEW 3, S. 74f.).

[140] Das typisch menschliche ist demnach die Bewußtheit, mit der diese Beziehungen eingegangen werden, vgl. Fetscher (1984), S. 87.

[141] Vgl. Grundrisse, S. 431, wo Marx als Beispiel den Wegebau nennt. Andere Beispiele für derartige, nur mit Hilfe anderer Individuen herstellbare Objekte sind die mit der Wasserregelung verknüpften Maßnahmen, vgl. MEW 23, S. 537. Auch das Bedürfnis nach Unterhaltung im Sinne eines Gesprächs ist ein Bedürfnis, das nur gemeinsam mit anderen Personen befriedigt werden kann.

Diese Abhängigkeit der individuellen Entwicklung von der Entwicklung der Mitmenschen äußert sich unter anderem darin, daß die individuelle Entwicklung von dem erreichten Stand der übernommenen "akkumulierten Produktivkräfte und Verkehrsformen" abhängt, die ihrerseits "das Resultat der Tätigkeit einer ganzen Reihe von Generationen" sind (vgl. MEW 3, S. 43, 423). Weiterhin ist beispielsweise an die Selbstverwirklichung durch das Schreiben von Gedichten zu denken. Ohne daß andere Personen das Gedicht des Autors lesen, ist dessen Handlung unvollständig, so daß das Lesen der schriftstellerischen Produkte durch die Mitmenschen ein integraler Bestandteil der Selbstverwirklichung durch das Schreiben von Gedichten ist.[142] Damit hängen die Entwicklung und Selbstverwirklichung des Gedichteschreibers entscheidend von der Entwicklung seiner Mitmenschen ab. Wenn die Mitmenschen aufgrund ihres Entwicklungsstandes nicht in der Lage sind, die Gedichte zu verstehen, beeinträchtigt dies die Selbstverwirklichung des Autors.

Von ausschlaggebender Bedeutung für den Menschen ist die bereits erwähnte Bewußtheit des Zusammenlebens. Grundsätzlich kann kein Mensch außerhalb der Gesellschaft von Menschen leben. Nur beispielhaft verdeutlicht die Angewiesenheit von ganz jungen oder kranken Personen auf die Hilfe ihrer Mitmenschen die Notwendigkeit des gesellschaftlichen Zusammenlebens für das menschliche Überleben. Insofern unterscheidet sich der Mensch noch nicht von dem Mitglied eines Tierrudels, so daß dieses naturhafte Zusammensein einen Aspekt des 'natürlichen Menschen' darstellt. Zu einer dem wahren Menschen angemessenen Form des sozialen Zusammenlebens gehören zumindets zwei Aspekte: Erstens muß der Mensch die Gruppe derer, mit denen er zusammenlebt, frei und bewußt auswählen. Zweitens kann das Zusammenleben erst dann als menschlich angesehen werden, wenn die gemeinsamen Angelegenheiten unter Anwendung überzeugender Worte, und damit der Vernunft, gelöst werden, nicht aber durch pure Gewalt und Zwang.[143]

Mit Nachdruck muß in diesem Zusammenhang darauf hingewiesen werden, daß der gesellschaftliche Charakterzug des menschlichen Wesens keine antiindividualistischen Tendenzen beinhaltet. Das Marxsche Postulat, nach dem sich das individuelle Interesse mit dem gesellschaftlichen Interesse deckt - sofern der wahre Mensch realisiert ist - führt lediglich zur Verschmelzung der Interessen von Individuum und Gesellschaft. Keinesfalls aber kommt es zu einer Verschmelzung von Individuum und Gesellschaft, d. h. zu einer Zerstörung des Individuums zugunsten eines kollektiven Subjektes. Die Besonderheit des Einzelmenschen bleibt weiterhin bestehen, und auch die Eigenart des individuellen Menschen gegenüber der Gesellschaft

---

[142] Vgl. zu diesem Aspekt und für weitere Beispiele Elster (1986), S. 133, 152-154. Er beschreibt die Angewiesenheit auf andere Menschen zum Zwecke der eigenen Selbstverwirklichung als "self-externalisation" und spricht zudem von der "*joint* self-realisation".

[143] Vgl. zu dieser, an der Theorie von Aristoteles über das gesellschaftliche Wesen des Menschen orientierten Argumentation, Arendt (1994), S. 27-31. Der soziale Charakter des Menschen ist für Marx von so großer Bedeutung, daß er diese Eigenschaft in den frühen Schriften teilweise als Gattungswesen des Menschen ansieht, vgl. dazu Khan (1992), S. 48-56, 211f., 216f.

wird nicht zum Verschwinden gebracht (vgl. Schaff (1965a), S. 58-60). Im Zusammenhang mit dem gesellschaftlichen Wesen des Menschen betont Marx daher auch die Individualität des Menschen:

> "Das Individuum *ist* das *gesellschaftliche Wesen*." (ÖPM, S. 162 [MEW 40, S. 538]).
> "Der Mensch - so sehr er daher ein *besondres* Individuum ist und grade seine Besonderheit macht ihn zu einem Individuum und zum wirklichen *individuellen* Gemeinwesen - ..." (ÖPM, S. 162 [MEW 40, S. 539]).
> "Indem das *menschliche* Wesen das *wahre Gemeinwesen* der Menschen, so *schaffen*, produzieren die Menschen durch Betätigung ihres *Wesens* das menschliche *Gemeinwesen*, das gesellschaftliche Wesen ... " (MEW 40, S. 451).[144]

Was bedeutet nun aber die Identität von individuellen und gemeinschaftlichen Interessen? Zur Beantwortung dieser Frage muß zunächst die genaue Bedeutung des Wortes 'Interesse' geklärt werden. Diese Aufgabe hat Albert O. Hirschman in seinem Werk "Leidenschaften und Interessen" gelöst, so daß wir auf seine Ausführungen zurückgreifen und diese auf Marx übertragen.[145] Der Begriff des Interesses als Gegensatz zum Ausdruck 'Leidenschaften' taucht erstmals im 17. Jahrhundert auf.[146] Während die Leidenschaften - also z. B. die Gier nach Geld und Besitz, die Machtgier sowie die Ehr-, Herrsch- und Habsucht - als zerstörerisch, wild und gefährlich angesehen werden, handelt es sich bei dem Konzept des Interesses um eine positiv bewertete Idee. Das Interesse stellt eine Mischung aus Egoismus und Rationalität dar, d. h. es bezeichnet ein Verhalten, bei dem durch Überlegung und Kalkulation die eigenen Ziele auf eine geordnete und vernünftige Weise verfolgt werden. Das Interesse wird als die 'vernünftige Eigenliebe' verstanden. Ein interessengeleiteter Mensch handelt daher erst nach Abwägung verschiedenster Aspekte - z. B. berücksichtigt er die Belange anderer Menschen, langfristige Konsequenzen des eigenen Handelns und Reaktionen seiner Mitmenschen - und läßt sich deshalb nicht von seinen Leidenschaften und Begierden 'umtreiben und verblenden'. Während beispielsweise ein habsüchtiger Mensch ohne Rücksicht auf seine soziale Umwelt den Gelderwerb verfolgt, nimmt der interessenmotivierte Mensch im Rahmen dieser Tätigkeit Rücksicht auf seine Umgebung und läßt sich nicht von der puren Habsucht leiten. Das Interesse bildet damit einen Gegensatz zu den Leidenschaften, indem es die Leidenschaften eines Menschen beschränken, zähmen und ausgleichen kann.[147]

---

[144] Vgl. ebenso MEW 1, S. 408.
[145] Hirschman selbst berücksichtigt in seiner Abhandlung die Bedeutung des Begriffs 'Interesse' bei Marx nicht, da er nur an der Entwicklung dieses Konzepts bis zum Beginn des Kapitalismus interessiert ist und deshalb mit Autoren wie Steuart, Ferguson, Smith und Millar endet.
[146] Hirschman datiert das erste Auftauchen dieser Unterscheidung auf das Jahr 1638, in dem diese Zweiteilung in einem Werk von Rohan erwähnt wird, vgl. Hirschman (1987), S. 42, 51.
[147] Vgl. dazu Hirschman (1987), vor allem S. 17, 29, 35f., 43-49, 67, 73-75, 120, 133. Pareto gibt der Gesamtheit aus "Instinkt und Vernunft ... den Namen Interessen", Pareto (1955), S. 202.

Der Begriff des Interesses ist deshalb strikt zu trennen von Wünschen, Begierden, Neigungen, Zwecken, Präferenzen und ähnlichen Ausdrücken. Letztere Begriffe beinhalten nur Zielkomponenten, d h. sie beziehen sich ausschließlich darauf, was eine Person will. Ein Interesse hingegen umfaßt neben den Zielerwägungen auch Erwägungen hinsichtlich der Mittel zur Erreichung dieser Ziele. Das Interesse bezieht sich deshalb sowohl darauf, was eine Person will, als auch darauf, wie sie dies erreicht. Seinem eigenen Interesse zu folgen bedeutet demnach, "selbstbewusst-zweckrational"[148] zu handeln. Ähnlich ist die von Hollis vorgenommene Trennung zwischen Wünschen und Überzeugungen. Wünsche bzw. Instinkte, Triebe oder Begierden, stellen ein motivierendes Element dar. Aber ein bestimmter Wunsch alleine kann einen Menschen nicht zu einer bestimmten Tat bewegen, wenn der betroffene Mensch nicht gleichzeitig der Überzeugung ist, daß die von ihm gewählte Tat den besten Weg zur Erfüllung seines Wunsches darstellt. Ohne eine derartige Überzeugung ist der Wunsch nicht in der Lage, den Handelnden zur Tat zu bewegen. Zur Bildung der erforderlichen Überzeugung ist wiederum die Vernunft notwendig, die ein Urteil über Wünsche und dafür erforderliche Handlungen fällt. Überzeugungen gehören folglich zu den menschlichen Wünschen, so daß das Handeln eines Menschen "aus Wunsch plus Überzeugung hervorgeht". Entscheidend für den Menschen ist daher, daß er nicht das Verhalten "eines »bornierten, dummen Tiers«, das ausschließlich vom Instinkt, von physischen Trieben, Begierden und vom Eigennutz geleitet wird", an den Tag legt, sondern statt dessen ein Vernunftwesen ist, welches sich durch einen aufgeklärten Eigennutz auszeichnet.[149] Auch die Darstellung Hollis beschreibt letztendlich das Konzept des Interesses in Abgrenzung zum Konzept der Leidenschaft und Begierde. Kurz gefaßt beschreibt die Idee des Interesses "die Vorstellung einer geschulten Kenntnis dessen, was man tun muß", um die gewählten Ziele zu erreichen (vgl. Hirschman (1987), S. 46).[150] Hirschman beendet seine Abhandlung bezüglich der Idee des Interesses mit Autoren wie Ferguson, Smith und Millar, so daß bei ihm die Marxsche Auffassung zu diesem Thema nicht dargestellt wird. Diese Lücke gilt es zu füllen.

Marx selbst definiert unseres Wissens den Begriff des Interesses nicht explizit - wahrscheinlich deshalb, weil ihm, ebenso wie vielen Autoren des 18. Jahrhunderts, "das Interesse als ein so selbstevidenter Begriff" (Hirschman (1987), S. 52) erscheint, daß eine präzise Definition unnötig ist. Dennoch läßt sich auch bei Marx eine Unterscheidung zwischen dem Interesse und Begriffen wie Neigung, Begierde, Leidenschaft usw. feststellen. Wenn Marx auf die reinen Ziele abstellt, benutzt er Ausdrücke wie "Bedürfnis", "Trieb", "Leidenschaft", "Passion", "Gelüste", "Begierden", "Neigungen" bzw. "mein Bedürfniß, meine Leidenschaft, meinen

---

148 Sturn (1991b), S. 113. Auch hier bezieht sich der Ausdruck der Selbstbewußtheit auf den Zielaspekt und der Begriff der Zweckrationalität auf den Mittelaspekt.

149 Vgl. Hollis (1991), vor allem S. 28-30, 39f., 54f., 81-83, 114.

150 Im Laufe der Zeit kommt es allerdings immer mehr zu einer Verengung des Begriffs des Interesses auf rein ökonomische Vorteile, vgl. Hirschman (1987), S. 40-47.

Wunsch etc",[151] nicht aber den Begriff des Interesses selbst. Zum Handeln bewegt dann erst das Interesse, denn in den "Debatten über die Preßfreiheit" stellt Marx fest, "daß alles, wofür der Mensch kämpft, Sache seines Interesses ist" (MEW 1, S. 67). Im "Kapital" verbindet Marx explizit den Begriff des Interesses mit der Rücksichtnahme auf die Belange anderer Personen. Im Zusammenhang mit der Darstellung des Kampfes um die Länge des Arbeitstages stellt er folgendes fest: Einerseits gibt es auf seiten des Kapitals einen "maßlosen Trieb nach Selbstverwertung" und damit den "Trieb nach Verlängrung des Arbeitstags" (MEW 23, S. 255, 281). Andererseits aber erhöht die Ausdehnung der täglichen Arbeitszeit die Reproduktionskosten der Arbeitskraft und damit den zu zahlenden Lohnsatz. Aufgrund dieses Umstands wird das Kapital schließlich "durch sein eignes Interesse auf einen Normalarbeitstag hingewiesen" (MEW 23, S. 281), so daß eindeutig zwischen Trieben und Begierden einerseits sowie dem Interesse andererseits getrennt wird.[152] Besonders deutlich wird dies nochmals in einer Passage der "Deutschen Ideologie", die diese Unterscheidung ebenfalls beinhaltet:

> "... während der Bourgeois seine Neigungen und Begierden immer einem bestimmten *wirklichen* Interesse opfert." (MEW 3, S. 241).[153]

Hier wird unmißverständlich getrennt zwischen der unüberlegten Verfolgung der Begierden und dem Erstreben dessen, was das Beste für den wahren Menschen ist. Während Neigungen und Begierden spontane Reaktionen auf physische Reize darstellen und vollkommen losgelöst vom gesellschaftlichen Umfeld auftreten können, beinhaltet das Interesse stets ein Element des bewußten Reagierens. Und das '*wirkliche* Interesse' zeichnet sich schließlich dadurch aus, daß die betreffende Person genau das erstrebt, was das für sie Beste ist.[154] Das wirkliche Interesse setzt folglich die Erkenntnis hinsichtlich der eigenen Ziele, der Zielgewichtungen und der für die Zielerreichung erforderlichen Mittel voraus und beinhaltet damit Elemente der Vernunft, der Selbsterkenntnis und der Urteilskraft.[155] Auch bei Marx ist das wirkliche Interesse als eine

[151] Vgl. statt vieler MEW 1, S. 95, 104, MEW 40, S. 452, 454, ÖPM, S. 144, 158, 176-182, 195f., 220f. [MEW 40, S. 524, 535, 546-552, 578f., 566], MEW 3, S. 237-241, 245. Auch im "Kapital" spricht Marx vom "Bereicherungstrieb", "Akkumulations- und Genußtrieb" sowie dem "Bereicherungstrieb und Geiz als absolute Leidenschaften", nicht aber von einem 'Interesse', vgl. z. B. MEW 23, S. 618-622.

[152] Gleiches gilt für die Ausführungen zum "Bürgerkrieg in Frankreich", in denen Marx ein "wirkliches Interesse" und wirkliche Bedürfnisse von Täuschungen, illusionären Vorurteilen und der Leidenschaft unterscheidet, vgl. MEW 17, S. 550-559.

[153] Eine ähnlich geartete Passage findet sich in den Grundrisse, S. 157: "... ist es nur meine eigne Natur, die ein Ganzes von Bedürfnissen und Trieben ist, das mir Gewalt antut, nichts Fremdes (oder mein *Interesse* in allgemeiner, reflektierter Form gesetzt)".

[154] Desweiteren verwendet Marx den Begriff der "wahren Interssen", z. B. MEW 16, S. 194, wenn es um jene Interessen geht, die das wirklich Beste für den Menschen bedeuten. Auch Engels verwendet in seiner Auseinandersetzung mit Sax den Begriff des wahren Interesses: "Wenn die Kapitalisten ihr wahres Interesse kennten. ... wenn die Arbeiter ihr wahres Interesse verständen", MEW 18, S. 238. Zudem trennt Engels zwischen dem wahren Interesse und dem Terminus des Interesses ohne diesen Zusatz, vgl. MEW 18, S. 274.

[155] Diese Ideen sind Aufsätzen entnommen, die sich mit dem Konzept des Eigeninteresses bei Smith auseinandersetzen, vgl. Krause (1991), S. 50-62, Sturn (1991a), S. 98-102, vgl. dazu ebenfalls Hollis (1991), S. 82-90.

durch die Vernunft gemäßigte Leidenschaft zu verstehen.[156] Es dient somit dem, was das Beste für den unentfremdeten Menschen darstellt. Allerdings wird das wirkliche Interesse erst in einer Gesellschaft ohne Entfremdungsphänomene zu dem Faktor, der das menschliche Handeln bestimmt.[157] Die Bedeutung der Begriffe 'Interesse' und 'wirkliches Interesse' gemäß des Marxschen Verständnisses sind damit geklärt: Das Interesse stellt Begierden, Wünsche oder Leidenschaften dar, die durch die Einwirkung der Vernunft gezähmt werden. Weil es aber trotz der Vernunfterwägungen immer noch möglich ist, daß der Mensch nicht das anstrebt, was für den wahren und unentfremdeten Menschen das Beste ist, wird diese Gefahr erst durch das Konzept des 'wirklichen Interesses' eliminiert.

Die anschließend erforderliche Klärung der Begriffe des individuellen und des gemeinschaftlichen Interesses ist relativ kurz abzuhandeln. Ersteres beschreibt das "Interesse des einzelnen Individuums oder der einzelnen Familie", letzteres besteht aus "dem gemeinschaftlichen Interesse aller Individuen" (MEW 3, S. 32f.). Und auch in diesem Zusammenhang unterscheidet Marx wiederum zwischen den Interessen einerseits und den "wirklichen Einzel- und Gesamtinteressen" (MEW 3, S. 33) andererseits.

Nachdem die Bedeutung des Begriffs 'Interesse' geklärt ist, können wir uns nun der Frage nach der Bedeutung der Identität von individuellem und gemeinschaftlichem Interesse zuwenden. Da Marx diese Identität als Merkmal des unentfremdeten menschlichen Daseins ansieht, ist zunächst einmal ersichtlich, daß sich diese Gleichheit auf die wirklichen Interessen der Menschen bezieht. Der genaue Gehalt dieser Idendität läßt sich dann am besten mit Hilfe des Instrumentariums der Spieltheorie verdeutlichen.[158] Das dafür ausgewählte Demonstrationsbeispiel hat folgendes Aussehen: Unterstellt wird ein Spiel mit zwei Spielern. Die den beiden Akteuren zur Verfügung stehenden Handlungsalternativen sind erstens eine intensive Anstrengung im Rahmen der Produktion von Gegenständen (A) und zweitens eine Bummelstrategie, d. h. also eine Betätigung von geringer Intensität (B). Das von beiden Personen gemeinsam erstellte Produktionsergebnis wird ohne die Berücksichtigung der individuell erbrachten Arbeitsleistungen gleichmäßig unter ihnen verteilt.[159] Entscheidend für die individuelle Bewertung der verschie-

[156] Die Rücksichtnahme auf die Belange anderer erweist sich als kompatibel mit der individuellen Freiheit, denn Freiheit ist nach Ansicht Marx' im Zustand ohne Entfremdung verbunden mit der Vernunft und Einsicht des Menschen, vgl. MEW 1, S. 54, 58, 103.

[157] Sturns Einwand, daß "Marx ... kein smithianisches Konzept von Interesse besitzt", Sturn (1991a), S. 101, Fußnote 8, gilt daher nicht uneingeschränkt. Marx unterscheidet - dies belegen die zitierten Textstellen - zwischen dem Konzept des Interesses und den Leidenschaften, Begierden usw. Aber im Unterschied zu Smith, und insofern ist Sturn zuzustimmen, spielt das Interesse für den faktischen Ablauf der kapitalistischen Gesellschaft keine Rolle, weil dort Zwang, Gier und Habsucht "als Motor kapitalistischer Dynamik", Sturn (1991a), S. 101, Fußnote 8, fungieren. In der kapitalistischen Gesellschaft spielt das wirkliche Interesse für Marx demnach lediglich die Rolle des Referenzpunktes zur Beurteilung der tatsächlichen Zustände.

[158] Vgl. beispielsweise Luce/Raiffa (1957), S. 1-11, Holler/Illing (1991), S. 1-111, Varian (1991), Kapitel 26, Weise u. a. (1993), S. 72-92.

[159] Alternativ ist eine Verteilung der Gegenstände gemäß der individuellen Bedürfnisse denkbar. Der exakte Verteilungsmechanismus ist für dieses Beispiel unbedeutend, entscheidend ist nur, daß die Distribution der Arbeitsergebnisse nicht von der individuellen Leistung abhängig ist.

denen möglichen Ergebnisse ist die Unterstellung, daß sowohl die produktive Tätigkeit als auch die Ausübung eines kooperativen Verhaltens Selbstzwecke darstellen. Beide Handlungen sind aus sich selbst heraus wünschenswert, so daß deren bloße Ausübung einen Genuß für den handelnden Menschen darstellt. Aus diesem Grund ist eine Situation, in der beide Spieler die Handlung A wählen, das Ergebnis, welches von jedem Spieler als das individuell beste Ergebnis angesehen wird. Wenn beide Personen intensive Anstrengungen zur Herstellung materieller Gegenstände unternehmen, verbleibt ihnen viel freie Zeit, die zur Entwicklung der individuellen Fähigkeiten genutzt werden kann. Darüber hinaus sind die produktive Tätigkeit und das kooperative Verhalten als Selbstzweck Handlungen, die um ihrer selbst willen ausgeübt werden. Die Tatsache, produktiv und kooperativ zu handeln, schafft für die teilnehmenden Personen einen zusätzlichen Genuß. Wenn hingegen ein Teilnehmer die Strategie des Bummelns anwendet, kommt es damit zu einem Ergebnis, das von beiden Spielern schlechter bewertet wird als die erste dargestellte Situation. Dem intensiv arbeitenden Spieler bleibt aufgrund der fehlenden Unterstützung seitens seines Mitspielers weniger freie Zeit für die Entwicklung seiner Fähigkeiten, weil er nun länger für die Herstellung der erforderlichen Gegenstände arbeiten muß. Aber auch der bummelnde Spieler erreicht mit dem so entstehenden Ergebnis eine Situation, die er individuell als schlechter beurteilt. Er hat weniger Anstrengungen im Rahmen der materiellen Produktion erbracht und somit auf den ersten Blick ein vergleichsweise besseres individuelles Ergebnis als in der erstgenannten Situation erreicht. Gleichzeitig aber bringt sich der bummelnde Mensch um den Genuß, den er aus der Ausübung einer produktiven und kooperativen Tätigkeit ziehen könnte. Unterstellen wir weiterhin - gemäß des großen Gewichts, welches die aktive, kooperative Betätigung für den unentfremdeten Menschen besitzt -, daß die Genußeinbuße aufgrund der fehlenden Tätigkeit betragsmäßig größer ist als deren Genußzunahme in Form vermehrter freier Zeit, so stellt das Ergebnis eine Situation dar, die auch für den Spieler mit der Strategie B schlechter ist als die zuerst genannte Situation. Der bummelnde Mensch schadet sich also selbst, wenn er die Strategie B anwendet - und zwar unabhängig davon, ob sein Mitspieler die gleiche oder eine andere Handlungsalternative wählt. Wohlgemerkt: Der sich unkooperativ verhaltende Mensch verstößt unter den gegebenen Annahmen gegen seine <u>eigenen</u> Interessen und seine <u>individuellen</u> Ziele, wenn er dieses Verhalten ausübt. Die - vom Standpunkt des Individuums aus betrachtete - vergleichsweise schlechtere Situation resultiert daher nicht daraus, daß der so handelnde Mensch die Situation des anderen Spielers berücksichtigt. Dessen Situation ist für ihn irrelevant.[160] Am schlechtesten wird schließlich aus Sicht jedes Spielers ein Ergebnis bewertet, bei dem beide Parteien die Bummelstrategie anwenden.

---

160 Altruistische Motive spielen für dieses Beispiel also keinerlei Rolle. Es ist denkbar, daß ein Spieler über Präferenzen verfügt, die nicht selbstbezogen sind. Entscheidend ist allerdings, daß der handelnde Mensch selbst in diesem Fall aus seiner Handlung eine "subjektive Befriedigung" zieht, vgl. Hollis (1991), S. 58.

Das so beschriebene Spiel - von Weise u. a. wird es als "*Konvergenzspiel*" bezeichnet - läßt sich durch eine Ertrags- oder Auszahlungsmatrix[161] darstellen, in der 4 das individuell gesehen beste Ergebnis bedeutet und 1 das schlechteste. Die in jedem Feld zuerst genannte Zahl bezieht sich dabei auf den Spieler I, die zweite Zahl auf den Spieler II. A und B bezeichnen die genannten Handlungsalternativen:[162]

		Spieler II: A	Spieler II: B
Spieler I	A	4 , 4	3 , 2
Spieler I	B	2 , 3	1 , 1

Weil für jeden Spieler die Handlungswahl A - unabhängig von der Entscheidung des Mitspielers - ein individuell besseres Ergebnis erbringt als die Handlung B, erweist sich diese Handlungsalternative für beide Spieler als die dominante Strategie. Die sich daraus ergebende Kombination von individuellen Erträgen (4,4) ist sowohl individuell als auch gemeinschaftlich das beste Ergebnis. Hier also sind die Interessen der teilnehmenden Personen gleichgerichtet und führen zu einem Ergebnis, das auch aus Sicht des Kollektivs das beste Ergebnis verkörpert. Diese konfliktfreie Situation, in der die individuell besten Verhaltensstrategien gleichzeitig zu dem gemeinschaftlich besten Ergebnis führen - ohne daß Koordinationsprobleme auftreten - stellt unserer Meinung nach am treffendsten den Zustand dar, den Marx mit der Identität von individuellen und gemeinschaftlichen Interessen umschreibt.

Zur Vermeidung von Mißverständnissen muß ein Punkt erneut aufgegriffen werden: Die hier abgebildete Identität bezieht sich lediglich auf die <u>Interessen</u> der beteiligten Personen, <u>nicht</u> aber <u>auf</u> deren <u>Ziele</u> oder <u>Motive</u>. Im vorgestellten Beispiel streben die teilnehmenden Spieler nur die Befriedigung ihrer <u>eigenen</u> Wünsche, Ziele oder Bedürfnisse an. An keiner Stelle wird behauptet, daß ein Spieler das Ziel besitzt, durch die eigene Arbeitsanstrengung die freie Zeit

---

[161] Der Ertrag, den ein Spieler aus einem bestimmten Ergebnis zieht, umfaßt neben den materiellen Aspekten selbstverständlich auch die immateriellen Aspekte, also z. B. die Befriedigung aus der Ausübung von Tätigkeiten, die als Selbstzweck dem Handelnden einen Genuß verschaffen.

[162] Vgl. dazu Weise u. a. (1993), S. 78-92. Die individuellen Bewertungen der Zustände, die sich ergeben, wenn beide Spieler unterschiedliche Handlungsalternativen wählen, könnte auch umgedreht werden, so daß beispielsweise aus der Auszahlung (3,2) die Auszahlung (2,3) wird. Die in der Matrix aufgestellte Ertragskombination (3,2) deutet an, daß der Genuß aus dem intensiven und kooperativen Verhalten höher ist als der Genuß, den ein bummelnder Spieler aufgrund der größeren Zeit zur Entwicklung seiner individuellen Fähigkeiten erfährt. Im umgekehrten Fall würde die Auszahlung (2,3) resultieren.

des Mitspielers zu vergrößern und ihm damit z. B. eine bessere Entwicklung seiner Fähigkeiten zu erlauben. Derart altruistische Motive spielen für das gesamte Beispiel keine Rolle. Relevant für die individuelle Bewertung einer bestimmten Situation sind einzig und allein die eigenen Genüsse. Aber, und dies ist der entscheidende Aspekt, bei der individuellen Beurteilung einer beliebigen Situation kommt es nicht nur auf die erhaltenen Gegenstände sowie die eigene Freizeit an, sondern zusätzlich noch auf die Qualität der geleisteten Betätigungen. Die dargestellten Erträge bzw. Auszahlungen umfassen demnach auch den Genuß, den ein Akteur daraus zieht, daß er eine produktive Tätigkeit vollbringt und die Gewißheit besitzt, anderen die Befriedigung ihrer Bedürfnisse zu ermöglichen. Beide Aspekte sind als Selbstzweck genußbringend und bereiten dem Handelnden, unabhängig von den Resultaten dieser Tätigkeiten, eine subjektive Befriedigung.

Daß dies auch die Sichtweise von Marx ist, muß nun gezeigt werden. Wenn der Mensch von Marx als ein soziales Beziehungswesen beschrieben wird, dann liegt - wie bereits erwähnt - die Versuchung nahe, ihn als ein altruistisches und selbstloses Wesen einzustufen. Die Gefahr, von dem einen Extrem des puren Egoismus und der bloßen Selbstsucht in das andere Extrem zu verfallen, also in das der Selbstlosigkeit und des Altruismus, ist groß. Daß dies nicht die Vorstellung Marx' ist, zeigt sich bereits in seinen Frühschriften:

> "... insofern der Mensch *menschlich*, also auch seine Empfindungen etc *menschlich* ist, ist die Bejahung des Gegenstandes durch einen andern, ebenfalls sein eigner Genuß; ..." (ÖPM, S. 217 [MEW 40, S. 563]).
> "Gesetzt, wir hätten als Menschen produziert: Jeder von uns hätte in seiner Produktion sich selbst und den andren *doppelt bejaht*. ... 2. In deinem Genuß oder deinem Gebrauch meines Produkts hätte ich *unmittelbar* den Genuß, sowohl des Bewußtseins, in meiner Arbeit ein *menschliches* Bedürfnis befriedigt, also das *menschliche* Wesen vergegenständlicht und daher dem Bedürfnis eines andren *menschlichen* Wesens seinen entsprechenden Gegenstand verschafft zu haben, 3. für dich der *Mittler* zwischen dir und der Gattung gewesen zu sein, ..." (MEW 40, S. 462).

Tatsächlich ist der Mensch nach Ansicht Marx' selbst dann, wenn er ein dem wahren menschlichen Wesen entsprechendes Dasein führt, nicht als altruistisch und selbstlos anzusehen. Im Gegenteil, Marx weist immer wieder darauf hin, daß die Bedürfnisse der "Selbsterhaltung und Selbstreproduktion" (Grundrisse, S. 355) bzw. die im Zusammenhang mit dem "Selbsterhaltungs- und Fortpflanzungstrieb" (MEW 23, S. 598) oder mit dem "Selbstgenuß des Menschen" (ÖPM, S. 163 [MEW 40, S. 540]) auftretenden Bedürfnisse allen anderen Bedürfnissen voranstehen. Unmißverständlich heißt es dazu in der "Deutschen Ideologie":

> "Niemand kann etwas tun, ohne es zugleich einem seiner Bedürfnisse und dem Organe dieses Bedürfnisses zuliebe zu tun ..." (MEW 3, S. 238).

Zudem basiert das Marxsche Menschenbild auf der Annahme, daß die Menschen zuerst essen, trinken und sich kleiden müssen, bevor sie zu anderen Tätigkeiten in der Lage sind (vgl. MEW 19, S. 335). Alle diese zuerst stattfindenden Handlungen dienen aber der eigenen Person. Da dieser Aspekt des Lebens auch für den Fall des unentfremdeten menschlichen Daseins gilt, kann die pure Selbstlosigkeit nicht zum wahren Wesen des Menschen gehören.
Das soziale Wesen des Menschen äußert sich deshalb nicht in einem altruistisch motivierten Verhalten, sondern vielmehr in der Ablehnung des reinen Egoismus. Zum sozialen Wesen der Menschen gehört es, daß sie "nicht als reine Ichs" (MEW 3, S. 423) leben, sondern auf die Mitmenschen achten. Entscheidend ist die Abkehr von der Selbstsucht, also von einem Verhalten, das nur an der eigenen Person interessiert ist, alles für sich will und ohne jegliche Rücksichten auf die Mitmenschen ausgeübt wird. Dem wahren Menschen geht es zwar um die Befriedigung seiner Wünsche und Bedürfnisse, aber zur Erreichung dieser Befriedigung gehört es unter anderem, kooperativ zu handeln, weil dies dem Handelnden eine subjektive Befriedigung bereitet. Zum Wesen des Menschen gehört deshalb eine Einstellung, die zwischen den Extrempositionen der Selbstsucht und der Selbstlosigkeit liegt,[163] d. h. es geht um ein Leben, das "weder den Egoismus gegen die Aufopferung noch die Aufopferung gegen den Egoismus geltend machen" (MEW 3, S. 229) will. Folgerichtig wendet sich Marx gegen die Autoren, die nur diese beiden Extrempositionen kennen. In einer gegen Max Stirner gerichteten Passage der "Deutschen Ideologie" findet sich beispielsweise der folgende Vorwurf:

> "Sankt Sancho kennt nur den Egoismus auf der einen oder den Anspruch auf die Liebesdienste, Erbarmen, Almosen der Leute auf der andern Seite. Außer und über diesem Dilemma gibt es für ihn Nichts." (MEW 3, S. 192).

Im Hinblick auf den hier behandelten Aspekt des Altruismus äußert sich das gesellschaftliche bzw. soziale Wesen des Menschen somit darin, daß das menschliche Verhalten eine Mischung aus egoistischen und selbstlosen, altruistischen Elementen bildet. Allerdings, und darauf ist mit Nachdruck hinzuweisen, handelt es sich dabei um eine Form des Altruismus, die nur auf die Wirkungen der Verhaltensweisen gerichtet ist, nicht aber auf deren Motive.[164] Weil zur Realisierung eigeninteressierter Ziele eine Berücksichtigung der Mitmenschen zwingend erforderlich ist, ergeben sich aus dem eigeninteressierten Handeln Konsequenzen, die dem Interesse anderer Personen dienen und deshalb altruistische Wirkungen darstellen.[165] Das so gewonnene Verhal-

---

163 Zu den Begriffen der Selbstsucht, der Selbstlosigkeit und der Selbstliebe vgl. z. B. Fromm (1947), S. 78-91.
164 Einwände der folgenden Art betreffen daher nicht die Marxschen Vorstellungen vom Menschen: "Unmöglich kann man den Menschen dazu bringen, den Vorschriften der kommunistischen Moral entsprechend, sich nicht mehr um sich selbst und seine Nächsten zu kümmern, sondern nur an Ferne zu denken, völlig dem eigenen »Ich« zu entsagen", Cipko (1992), S. 124.
165 Es geht hier nur um die Konsequenzen bzw. Effekte des Verhaltens. Sofern diese dem Interesse anderer dienen, wird das betreffende Verhalten als altruistisch eingestuft. Anders erfolgt die Definition des altruistischen Verhaltens in der Ethik. Dort basiert die Einteilung des Verhaltens in egoistische oder altruistische Handlungen auf den Absichten bzw. Motiven des Handelnden, vgl. dazu Dahl (1991), S. 32, 54.

ten läßt sich am treffendsten mit dem Terminus 'Selbstliebe' umschreiben,[166] den Marx und Engels selbst verwenden. So findet sich im Rahmen ihrer Auseinandersetzung mit einem Artikel von Rudolph Matthäi der Begriff der "Selbstliebe", der im Zusammenhang mit der "Befriedigung der Bedürfnisse" und der "Entwicklung der Anlagen" genannt wird und vom "Egoismus" unterschieden wird (vgl. MEW 3, S. 464). Entscheidend ist damit, daß der wahre Mensch nicht über altruistische Motive verfügen muß, um als sozial eingestuft zu werden. Die Position von Marx unterscheidet sich also bezüglich der Verfolgung eigener Interessen und der Befriedigung eigener Bedürfnisse keinesfalls von der Position, die die Mehrheit der Ökonomen seiner und unserer Zeit vertreten. Der Unterschied liegt erst darin, daß für Marx andere Bedürfnisse existieren, z. B. das Bedürfnis nach einer produktiven Tätigkeit oder das Bedürfnis, sich als gesellschaftliches Beziehungswesen kooperativ zu verhalten.

Am deutlichsten wird der soziale Charakter des Menschen bei der Betrachtung des Verhältnisses von Mann und Frau, welches die Marxschen Idealvorstellungen des sozialen menschlichen Wesens verkörpert:

> "Das unmittelbare, natürliche, nothwendige Verhältniß d[es] Menschen zum Menschen ist das *Verhältniß* des *Mannes* zum *Weibe*. In diesem *natürlichen* Gattungsverhältniß ist das Verhältniß des Menschen zur Natur unmittelbar sein Verhältniß zum Menschen wie das Verhältniß zum Menschen unmittelbar sein Verhältniß zur Natur, seine eigne *natürliche* Bestimmung. ... Aus diesem Verhältniß kann man also die ganze Bildungsstufe d[es] Menschen beurtheilen. Aus dem Charakter dieses Verhältnisses - folgt, inwieweit der *Mensch* als *Gattungswesen*, als *Mensch* sich geworden ist und erfaßt hat; das Verhältnis des Mannes zum Weib ist das *natürlichste* Verhältniß d[es] Menschen zum Menschen." (ÖPM, S. 158 [MEW 40, S. 535]).[167]

Die Merkmale, die unter idealen Rahmenbedingungen im Verhältnis zwischen Frau und Mann vorstellbar sind, also beispielsweise die gegenseitige Hilfe, die Zuneigung und Rücksichtnahme, gelten in einer entfremdungsfreien Welt für alle zwischenmenschlichen Beziehungen und zeichnen das soziale Wesen des Menschen aus. Und wie schon bei den unentfremdeten menschlichen Bedürfnissen ist auch hinsichtlich des Idealzustandes zwischen Mann und Frau eine exakte Beschreibung dieses Verhältnisses zum gegenwärtigen Zeitpunkt nicht möglich. Engels schreibt dazu:

---

166 Dies ist z. B. der von Fromm verwendete Begriff, der bei ihm zwischen den Extremen der Selbstsucht und der Selbstlosigkeit eingeordnet wird, vgl. Fromm (1947), S. 84-90. Auch Adam Smith benutzt den Ausdruck "self-love" bzw. "self-interest" - z. B. Smith (1759), II.ii.2.1, III.3.4, III.5.12, III.6.7, VII.ii.1.16. Vgl zur positiven Bewertung und vollständigen Bedeutung dieses Konzepts bei Smith statt vieler Eckstein (1985), S. lviii, Fußnote 1, Trapp (1987), S. 104-109, Streminger (1989), S. 38-43, Werhane (1991), S. 24-32, 108-110, 177, Skinner (1992), S. 149-159.

167 Diese Idee deutet sich bereits 1843 an: "Das Gattungsverhältnis selbst, das Verhältnis von Mann und Weib", MEW 1, S. 375.

"Was wir also heutzutage vermuten können über die Ordnung der Geschlechtsverhältnisse nach der bevorstehenden Wegfegung der kapitalistischen Produktion ist vorwiegend negativer Art, beschränkt sich meist auf das, was wegfällt. Was aber wird hinzukommen? Das wird sich entscheiden, wenn ein neues Geschlecht herangewachsen sein wird ..." (MEW 21, S. 83).

Zu den möglichen Aussagen über die Zukunft gehört vor allem die Vorstellung, daß das Verhältnis zwischen Mann und Frau nur noch von Erwägungen der gegenseitigen Zuneigung und der Gegenliebe bestimmt wird, nicht aber von ökonomischen Überlegungen. Zudem werden sämtliche Unterdrückungen der Frauen durch Männer wegfallen (vgl. MEW 21, S. 77-83).[168] Die innerhalb des natürlichsten zwischenmenschlichen Verhältnisses herrschenden Eigenschaften sind somit jene, die die gesamten sozialen Beziehungen des unentfremdeten Menschen auszeichnen. Schließlich ist auch diese Eigenschaft erst dann vollständig entwickelt, wenn einem Menschen "der *andre* Mensch als Mensch zum Bedürfniß geworden ist"[169], so daß ein Leben gemäß des gesellschaftlichen menschlichen Charakters zum Selbstzweck geworden ist.

Wie bereits bei der Behandlung der produktiven Lebenstätigkeit des Menschen, so wird bei der Marxschen Darstellung des hier vorgestellten gattungsspezifischen Charakteristikums deutlich, daß diese Eigenschaft des wahren Menschen in früheren Zeiten teilweise realisiert war. Die Ausführungen von Marx deuten darauf hin, daß das gesellschaftliche Wesen des Menschen in vergangenen Epochen bereits Ausprägungen annahm, die mit der wahren Natur des Menschen, zumindest teilweise, übereinstimmen. Mit dem Auftreten der kapitalistischen Produktionsweise aber wurde dies aufgehoben:

"Der Mensch vereinzelt sich erst durch den historischen Prozeß. Er erscheint ursprünglich als ein *Gattungswesen*, *Stammwesen*, *Herdentier* ..." (Grundrisse, S. 395).
"Die Abstraktion eines Gemeinwesens, worin die Mitglieder nichts gemein haben, als etwa Sprache etc. und kaum diese, ist offenbar das Produkt viel späterer historischer Zustände." (Grundrisse, S. 390).[170]

Je weiter wir in der Geschichte zurückgehen, desto mehr sehen wir, daß das Individuum einem größeren Ganzen angehört. Dieses Ganze, so das Ergebnis der ethnologischen Studien von Marx aus den Jahren 1879 bis 1882, ist die große Familie, die "Geschlechtsfamilie", die sich aus verwandten Personen zusammensetzt.[171] Die Gruppe von Verwandten, die Marx in Anleh-

---

168 Gleiches gilt für den gesamten Familienverbund, denn "die *Basis des Familienlebens*" besteht dann aus der Liebe, vgl. MEW 1, S. 303f.
169 ÖPM, S. 158, ähnlich auch ÖPM, S. 169 [MEW 40, S. 535, 544], ähnlich auch MEW 1, S. 292.
170 Gleiches gilt z. B. für die zum gesellschaftlichen Charakter des Menschen gehörende ursprüngliche "Güte", MEW 2, S. 138.
171 Marx revidiert damit die von ihm in den Frühschriften vertretene Position, nach der zuerst die Familie "das einzige soziale Verhältnis", MEW 3, S. 29, darstellt und sich dann erst aus dieser Familie heraus das Gemeinwesen, z. B. der Stamm, entwickelt, vgl. Grundrisse, S. 6.

nung an Morgan als "Gens" bezeichnet, ist daher die historisch gesehen erste Form des menschlichen Zusammenlebens. Die Marxschen Vorstellungen über diese primitiven Gemeinwesen werden in einem späteren Abschnitt genauer analysiert. Für den hier interessierenden Aspekt des gesellschaftlichen Wesens des Menschen reicht es aus, die wesentlichen Elemente dieses gemeinschaftlichen Lebens kurz aufzuzählen. Zu ihnen gehören: der gemeinsame Besitz der Ressourcen, deren gemeinsame Nutzung, die gemeinsame Aneignung der damit hergestellten Gegenstände, die gegenseitige Unterstützung und Hilfe sowie die demokratische Regelung gemeinsamer Angelegenheiten ohne die Existenz formaler Anführer.[172] Hier gilt also die Identität von individuellen und gemeinschaftlichen Interessen, hier bedürfen die Menschen einander (vgl. Grundrisse, S. 154), und hier wird auch die gemeinschaftliche Produktion durchgeführt.

> "Es ist ... Kooperation in der Arbeit für die gemeinschaftlichen Interessen (imaginären und wirklichen) zur Aufrechterhaltung des Verbandes nach außen und innen." (Grundrisse, S. 380).
> "Der ursprünglich in der Produktion stattfindende Austausch - der kein Austausch von Tauschwerten wäre, sondern von Tätigkeiten, die durch gemeinschaftliche Bedürfnisse bestimmt wären, durch gemeinschaftliche Zwecke - würde von vornherein die Teilnahme des Einzelnen an der gemeinschaftlichen Produktenwelt einschließen." (Grundrisse, S. 88).

Und schließlich ist darauf hinzuweisen, daß die Aussage: "Die Geschichte aller bisherigen Gesellschaft ist die Geschichte von Klassenkämpfen" (MEW 4, S. 462) eine Feststellung ist, die für die "Urzustände" nicht zutreffend ist.[173] Alles in allem gilt für die frühsten Epochen der Menschen, daß dort ihr "gemeinschaftliches Gattungswesen" (Grundrisse, S. 154) realisiert ist. Damit wird zugleich verständlich, daß und warum Marx in den ÖPM von der "Rückkehr des Menschen ... in sein *menschliches* d. h. *gesellschaftliches* Dasein" (ÖPM, S. 160 [MEW 40, S. 537]) schreibt. Die hier geforderte Rückkehr zu einem ursprünglichen Zustand ist also nicht als ein Rückschritt einzustufen. Allerdings ist eine Einschränkung zu machen. In den alten gesellschaftlichen Formen lag der Gattungszusammenhang der Menschen zwar vor. Er tat dies aber nur in Verbindung mit dem unreifen "individuellen Menschen, der sich von der Nabelschnur des natürlichen Gattungszusammenhangs mit andren noch nicht losgerissen hat" (MEW 23, S. 93). In diesem natürlichen Gattungszusammenhang gleicht das Zusammensein der Menschen dem einer Tierherde.[174] Die für den Menschen charakteristischen Eigenschaften, wie z. B. die freie Auswahl derer, mit denen das gemeinschaftliche Zusammenleben erfolgt, sind

---

[172] Vgl. dazu Marx (1879/80a), S. 22-25, 39, 47-49, 82f., 94-97, Marx (1880/81a), S. 132-147, 196-208, 264f., 271f., 280-293, 314-323, 344, Marx (1880/81b), S. 429f., 449, 455f., 486, Marx (1880/81c), S. 376-389, 402-412, Marx (1882), S. 501-503, ebenso beispielsweise MEW 13, S. 21, MEW 23, S. 102 sowie vor allem die ausführliche Darstellung in Abschnitt 1.4. dieser Arbeit.

[173] Vgl. dazu MEW 4, S. 462, Fußnote 2, MEW 19, S. 208, MEW 20, S. 25, 610, Engels an Lawrow am 12./17.11.1875, MEW 34, S. 172.

[174] In einem ähnlichen Zusammenhang, nämlich der ursprünglichen Gleichheit der Menschen, spricht Engels von "Tiermenschen", MEW 20, S. 129.

noch nicht realisiert. Deshalb besitzen die gesellschaftlichen Beziehungen der Menschen noch nicht die dem Ideal des Menschen entsprechende Ausprägung. Folglich geht es Marx nicht um die "Wiederherstellung des altursprünglichen" Zustands, sondern um die "Herstellung einer weit höhern, entwickeltern Form" (MEW 20, S. 129) des Menschen als gesellschaftlichen Wesen.

Zusammenfassend läßt sich das soziale Element des Menschen dadurch beschreiben, daß der Mensch als gesellschaftliches Beziehungswesen auf andere Menschen angewiesen ist, so daß sein Dasein nur durch das Zusammenleben mit diesen anderen Personen möglich ist. Dazu gehört unter anderem, daß der unentfremdete Mensch die Kooperation mit seinen Mitmenschen als genußbringend empfindet, so daß die kooperative Tätigkeit von ihm als Selbstzweck angesehen wird. Altruistische Motivationen sind für diese Eigenschaft des Menschen hingegen nicht erforderlich. Gerade der Aspekt des sozialen Wesens des Menschen verdeutlicht, daß Marx im Rahmen seines Menschenbildes extreme, miteinander konkurrierende Wertvorstellungen verbindet. Einerseits geht es ihm um die freie Entfaltung der individuellen Persönlichkeit durch selbstbestimmte Handlungen sowie um den individuellen Lebensgenuß, also um die Individualität des Menschen. Andererseits aber bedeutet diese Vorstellung nicht die maximale und ungehemmte Ausnutzung individueller Freiräume. Ebensowenig geht es um die maximale Selbstverwirklichung und Bedürfnisbefriedigung. Statt dessen kommt es vielmehr zu einer sozialen Einbettung des Individuums, weil der wahre Mensch nach Ansicht von Marx auch über die Fähigkeit der Selbstbeherrschung und Selbstkontrolle, der Rücksichtnahme, der Kooperation usw. verfügt. Das von Marx vertretene Menschenbild entspricht folglich dem, was in der neueren Literatur als 'Wertsynthese', 'Wertemischung' oder 'Wertkompromiß' bezeichnet wird.[175]

1.3. Die Relevanz der menschlichen Tätigkeit

Nachdem die wahre menschliche Natur, so wie sie von Marx gesehen wird, beschrieben wurde, ist es erforderlich, noch einmal auf den Aspekt der menschlichen Tätigkeit zurückzukommen, da dieser Komplex für die Marxsche Analyse eine zentrale Bedeutung spielt.
Ein Aspekt der Tätigkeit ist deren "*volkswirtschaftliche*" Funktion (vgl. Fetscher (1985a), S. 208), welche die Reproduktion des menschlichen Daseins sichert. Auf die Notwendigkeit des Vorliegens von Gegenständen für die Befriedigung menschlicher Bedürfnisse und für die

---

[175] Vgl. dazu Klages (1984), S. 17-38, 164-176, Klages (1985), S. 37 und Hepp (1989), S. 15-22. Hepp spricht in diesem Zusammenhang z. B. von "autonomer Selbstbeherrschung" bzw. davon, daß eine "»selbstbegrenzte Selbstentfaltung«" vorliegt, die "Rücksichtnahme auf die Gemeinschaft, Kooperation, Mitmenschlichkeit, Toleranz, Dienst- oder Opferbereitschaft, Pflichtbewußtsein oder die Fähigkeit des Sich-Einordnen-Könnens" beinhaltet, vgl. Hepp (1989), S. 19-21.

Ausübung menschlicher Kräfte wurde bereits hingewiesen. So ist beispielsweise der schon mehrfach erwähnte Hunger

> "... ein natürliches *Bedürfniß*; er bedarf also einer *Natur* ausser sich, eines *Gegenstandes* ausser sich, um sich zu befriedigen, um sich zu stillen." (ÖPM, S. 195 [MEW 40, S. 578]).

Die für das menschliche Überleben erforderlichen Gegenstände sind zwar in der Natur vorhanden, sie sind dies aber nicht in einer "unmittelbar dem *menschlichen* Wesen adaequat" vorliegenden Form (vgl. ÖPM, S. 196 [MEW 40, S. 579]). Die volkswirtschaftliche Funktion der Tätigkeit besteht deshalb aus einer Umwandlung der Natur und der Naturstoffe gemäß den menschlichen Anforderungen. Da diese Naturumwandlung eine objektive Voraussetzung für die menschliche Existenz darstellt, ist die volkswirtschaftliche Funktion der Tätigkeit eine Funktion, die zu allen Zeiten und in allen Gesellschaftsformen erfüllt werden muß und deshalb als "ewige Naturbedingung menschlicher Existenz" (Marx (1863/64), S. 95) anzusehen ist. Die Arbeit[176] als Mittel zur Güterbeschaffung wird den Menschen also immer begleiten (vgl. Fetscher (1985a), S. 208-213).

Zweitens ist die Tätigkeit, wie bereits beschrieben, Ausdruck des Bedürfnisses nach einer befriedigenden, sinnvollen und schöpferischen Betätigung. In dieser Funktion nimmt sie nicht mehr die Rolle eines Mittels ein, sondern ist ein Selbstzweck. Außerdem, und dies erst macht sie zu einer menschlichen Eigenschaft von zentraler Bedeutung, ist die produktive Tätigkeit das Mittel zur Entwicklung und Entfaltung der menschlichen Anlagen und Bedürfnisse, also das Mittel für die Entwicklung des Menschen zu seiner wahren, menschlichen Natur. Es gilt daher,

> "... daß Produktion um der Produktion halber nichts heißt als Entwicklung der menschlichen Produktivkräfte, also *Entwicklung des Reichtums der menschlichen Natur als Selbstzweck*." (MEW 26.2, S. 111).[177]

Ausgangspunkt dieser Überlegung ist die Feststellung, "daß die ganze Geschichte nur eine fortgesetzte Umwandlung der menschlichen Natur ist". Darüber hinaus ist der "Mensch .. das einzige Tier, das sich aus dem bloß tierischen Zustand herausarbeiten kann", um seinen "Normalzustand" selbst zu erschaffen.[178] Dieser Zusammenhang ist wie folgt zu verstehen: Zwischen der konkreten Ausprägung der menschlichen Natur und dem sozio-ökonomischen Kontext besteht eine wechselseitige Beziehung, bei der der Entwicklungszustand des Men-

[176] Wenn im folgenden - auch in Zitaten von Marx und Engels - der Begriff der Arbeit verwendet wird, so ist stets an den zweideutigen Sinn dieses Terminus zu denken. Während dieser Ausdruck in den Frühwerken stets als Synonym für die entfremdete Tätigkeit verwendet wird, kann er in den Spätwerken auch als Ausdruck für die produktive menschliche Tätigkeit verstanden werden, vgl. dazu Abschnitt 1.2.2. dieser Arbeit.

[177] Auch in den Grundrissen weist Marx darauf hin, daß die Selbstverwirklichung des Menschen nur durch die Arbeit erfolgen kann, vgl. Grundrisse, S. 505.

[178] Vgl. MEW 4, S. 160, MEW 20, S. 466, ähnlich auch MEW 19, S. 207 und Grundrisse, S. 79f.

schen durch diesen Kontext mitbestimmt wird. Gleichzeitig ist dieser Kontext wiederum das materielle Ergebnis der menschlichen Tätigkeit. Indem der Mensch also "die Natur außer ihm ... verändert, verändert er zugleich seine eigne Natur" (MEW 23, S. 192). Durch seine Handlungen schafft der Mensch erst die materielle Grundlage, die der Entwicklung seiner Fähigkeiten und Bedürfnisse dient, wobei die produktive Tätigkeit als "übergreifendes Moment" von "Produktion und Konsumtion" (Grundrisse, S. 15) auch das bestimmende Moment der Entstehung und Entwicklung menschlicher Bedürfnisse ist. Gleichzeitig führt die Ausübung bestimmter Tätigkeiten dazu, daß die dafür erforderlichen Fertigkeiten durch die konkrete Tätigkeit entwickelt werden. Menschliche Betätigung ist daher auch als eine fähigkeitsentwickelnde Tätigkeit zu verstehen.[179] Mit anderen Worten: Die gesamte Weltgeschichte ist nichts anderes als "die Erzeugung des Menschen durch die menschliche Arbeit" (ÖPM, S. 170 [MEW 40, S. 546]). Wie wichtig die menschliche Tätigkeit für die Entwicklung des Menschen ist, zeigt sich exemplarisch an Engels Darstellung der Entstehung der menschlichen Sprache. Die These, daß die Entstehung der Sprache nur "aus und mit der Arbeit" erklärt werden kann, begründet er wie folgt: Durch die fähigkeitsentwickelnde Wirkung der Tätigkeit trägt

> "... die Ausbildung der Arbeit notwendig dazu bei, die Gesellschaftsglieder näher aneinanderzuschließen, indem sie die Fälle gegenseitiger Unterstützung, gemeinsamen Zusammenwirkens vermehrte und das Bewußtsein von der Nützlichkeit dieses Zusammenwirkens für jeden einzelnen klärte. Kurz, die werdenden Menschen kamen dahin, daß sie einander *etwas zu sagen hatten*. Das Bedürfnis schuf sich sein Organ: Der unentwickelte Kehlkopf des Affen bildete sich langsam aber sicher um ... und die Organe des Mundes lernten allmählich einen artikulierten Buchstaben nach dem andern auszusprechen." (MEW 20, S. 446f.).[180]

Die Entwicklung aller individuellen Kräfte und Möglichkeiten erfolgt demnach nicht durch bloße Kontemplation, sondern nur durch die ständige Tätigkeit (Fromm (1963), S. 36f.). Für Marx gibt es daher eine absolute Priorität der praktischen Tätigkeit vor dem kontemplativen Theoretisieren:

> "... man sieht, wie die Lösung der *theoretischen* Gegensätze selbst *nur* auf eine *praktische* Art, nur durch die praktische Energie d[es] Menschen möglich ist und ihre Lösung daher keineswegs nur eine Aufgabe der Erkenntniß, sondern eine *wirkliche* Lebensaufgabe ist, ..." (ÖPM, S. 166 [MEW 40, S. 542]).

Indem das Prinzip der Praxis diese Vorrangstellung einnimmt, werden die praktischen, die materiellen Beziehungen der Menschen zur Grundlage der menschlichen Existenz und zur Grund-

---

[179] Vgl. statt vieler Gollwitzer (1957), S. 186, Heller (1980a), S. 34, 45, Heller (1980b), S. 44, Lichtman (1990), S. 77, 104-119 sowie ÖPM, S. 168-171 [MEW 40, S. 543-546]. Vgl. zur Rolle der praktischen Tätigkeit als Gelegenheit zur Gewinnung nützlicher Erfahrungen und als Möglichkeit zur Anwendung und Überprüfung des theoretischen Wissens bei Marx Krapp (1960), S. 90-92.

[180] Engels beantwortet deshalb die Frage: "Und was finden wir wieder als den bezeichnenden Unterschied zwischen Affenrudel und Menschengesellschaft?" kurz mit: "*Die Arbeit*", MEW 20, S. 448.

lage der Entwicklung des Menschen, also zur Grundlage des geschichtlichen Ablaufs (vgl. Fromm (1963), S. 20, Höppner (1988), S. 288f., Anmerkung 166). Besonders eindringlich weist Kofler auf die Bedeutung der Tätigkeit für die verschiedenen Aspekte des menschlichen Daseins hin. So sind beispielsweise die gesellschaftlichen Umstände, die den Menschen umgeben und - wie im Abschnitt 1.2.1. dieser Arbeit beschrieben wurde - unter anderem sein Bewußtsein bestimmen, die Resultate menschlicher Tätigkeiten.[181] Damit deutet sich an, daß die entscheidende Voraussetzung für die Verwirklichung des entfremdungsfreien menschlichen Daseins daraus besteht, die Rahmenbedingungen zu schaffen, die eine produktive menschliche Tätigkeit zulassen.[182]
Insgesamt besitzt die Tätigkeit für den Menschen somit "eine anthropologische Bedeutung ... welche die Funktion der humanen Selbsterhaltung, der »Reproduktion« menschlicher Lebendigkeit entschieden übersteigt" (Müller (1994), S. 36), weil sie auch eine bedürfnis- und fähigkeitsentwickelnde Funktion hat und zudem als Selbstzweck genußbringend sein kann.

1.4. Das Leben in der Urgesellschaft

In den vorangegangenen Abschnitten ist mehrfach davon gesprochen worden, daß es vorkapitalistische Gesellschaftsformen gibt, die den Marxschen Idealvorstellungen über das menschliche Dasein näher kommen als die kapitalistische Gesellschaft. In diesem Zusammenhang ist vor allem die Urgemeinschaft zu nennen, die von Marx und Engels wiederholt als erste kommunistische Gesellschaft bezeichnet wird. Damit wird es erforderlich, diese Urgemeinschaft näher zu analysieren, weil wir dadurch weitere Erkenntnisse über die Marxschen Vorstellungen über das Leben gemäß des wahren menschlichen Wesens gewinnen.
Neben den im Marxschen Gesamtwerk verstreuten Bemerkungen zu diesem Themenkomplex ist das Werk "Der Ursprung der Familie, des Privateigentums und des Staats" von Friedrich Engels von zentraler Bedeutung. Wichtig sind weiterhin Marx' von 1879 bis 1880 angefertigten Exzerpte aus M. M. Kovalevskijs Werk über den Gemeindelandbesitz, die im wesentlichen Marx' eigene Position zu diesem Thema wiedergeben (vgl. Harstick (1977), S. 11), sowie die ethnologischen Exzerpthefte der Jahre 1880 bis 1882, die sich mit den Werken von Morgan, Phear, Maine und Lubbock auseinandersetzen und deren Inhalt im wesentlichen in Engels Publikation "Der Ursprung der Familie, des Privateigentums und des Staats" enthalten ist (vgl. Krader (1976), S. 10). Wie also sehen die Gesellschaften[183] der frühsten Menschheitsgeschichte nach Meinung von Marx und Engels aus?

---

[181] Vgl. dazu und zur Bedeutung der Tätigkeit für die Sprache, die moralischen Prinzipien sowie für das "Phänomen des Gesellschaftlichen" nach Ansicht von Marx Kofler (1958), S. 74-77.

[182] Diese Thematik wird im 4. Kapitel dieser Arbeit erneut aufgegriffen.

[183] An dieser Stelle ist eine begriffliche Klärung hinsichtlich der Termini 'Gemeinschaft' und 'Gesellschaft' erforderlich. Eine Gemeinschaft unterscheidet sich nach dem heutigen Verständnis von einer Gesellschaft dadurch, daß sie über tiefersitzende moralische bzw. gemeinsame Elemente verfügt, die eine soziale Verbindung

Von entscheidender Bedeutung für die gesellschaftlichen Formen der frühen Epochen der Menschheitsgeschichte[184] ist die große Relevanz der verwandtschaftlichen Beziehungen. Diese Gemeinschaften sind "Familiengemeinschaften", die eine bestimmte maximale Größe besitzen, bei deren Überschreitung es zur Aufspaltung der Gemeinschaft kommt. Mitglieder einer Gemeinschaft sind die Nachkommen einer bestimmten Stammesmutter,[185] so daß die Blutsverwandtschaft die Basis dieser Gesellschaftsform darstellt. Marx beginnt seine Exzerpte aus der Publikation von Kovalevskij daher mit dem Satz:

> "*Ursprüngliches Heerdenwesen* d. *menschlichen Gesellschaften, ohne Ehe u. Familie. Band unter ihnen:* Zusammenleben u. Selbigkeit d. Beschäftigung (wie Krieg, Jagd, Fischfang), andrerseits *physisches Band* zwischen Mutter u. der von ihr gebornen Kind[er]." (Marx (1879/80a), S. 22).

Damit verbunden sind die gegenseitigen Verpflichtungen, die innerhalb der Familiengemeinschaft herrschen und die zur gegenseitigen Hilfe und Unterstützung führen. Innerhalb dieser Gemeinschaft existiert die "wechselseitige Verantwortlichkeit d. Glieder d. Gemeinden", so daß es einen "solidarischen, nachbarlichen Zusammenhang" gibt. Das gesamte "Lebensprincip d. *geschlechtsgemeindlichen Verbände*" ist daher das "*Princip d. wechselseitigen Hilfe u. Unterstützung.*"[186] Aufgrund des Prinzips der wechselseitigen Unterstützung herrscht eine Identität zwischen dem persönlichen Interesse einer Person und dem Interesse der Gemeinschaft. In

---

ohne die Anwendung externer Zwangsmaßnahmen ermöglichen. In der Gemeinschaft existieren Zusammengehörigkeitsgefühle und ein Bewußtsein der Verbundenheit. Eine Gesellschaft hingegen benötigt Regeln und Normen, um ein Zusammenleben von Menschen zu ermöglichen. Die Verbundenheit basiert hier auf rationalen Erwägungen, nicht aber auf gefühlsmäßigen; vgl. zu dieser Unterscheidung beispielsweise Weber (1976), S. 21f., Specht (1965), S. 329f., Hollis (1991), Kapitel 4 und Reese-Schäfer (1994), S. 161f. Was Marx als Urgesellschaft bezeichnet - so wird sich im folgenden noch zeigen - ist aufgrund der verwandtschaftlichen Beziehungen innerhalb dieser Gruppe von Menschen eher als Urgemeinschaft zu verstehen. Dies zeigt sich auch anhand der von Marx verwendeten Ausdrücke - z. B. Geschlechtsgemeinschaft, Geschlechtsgemeinde usw. Ebenso spricht er von dem Bestreben, "aus der Gesellschaft wieder eine Gemeinschaft der Menschen" zu machen, vgl. MEW 1, S. 339. Dennoch wird diese sprachliche Unterscheidung nicht immer durchgehalten. Im übrigen ist eine explizite Unterscheidung zwischen beiden Konzepten bei Marx unseres Wissens nicht zu finden. Sie bei Marx anzutreffen wäre auch überraschend, da die Abgrenzung zwischen beiden Konzepten erst 1887 von Tönnies in der Literatur etabliert wurde. Vor ihm gemachte Unterscheidungen dieser Art, z. B. durch Schleiermacher 1799, sind allenfalls Andeutungen dieser Trennung, vgl. dazu Specht (1965), S. 329. Zum Gemeinschaftsbegriff bei Tönnies vgl. z. B. Bickel (1990), S. 17-20, 25-28.

184 In Anlehnung an Morgan unterscheiden Marx und Engels zwischen zwei Vorstufen der Zivilisation. Die erste Stufe ist die der "Wildheit", an die sich die Stufe der "Barberei" anschließt, vgl. MEW 21, S. 30-35, Marx (1880/81a), S. 170-190. Zur ersten Stufe zählen die wandernden Gruppen, die von der Jagd und dem Fischfang leben, vgl. Marx (1879/80a), S. 23. Als Urheimat der Menschen werden die tropischen bzw. subtropischen Regionen genannt, also Gebiete, die sich durch ein gleichmäßig heißes Klima auszeichnen, vgl. MEW 20, S. 450, MEW 21, S. 30. Vgl. für weitere Unterscheidungen der 'archaischen Gesellschaften' bei Marx und Engels z. B. Wayand (1991), S. 174-205.

185 Anknüpfungspunkt ist die Mutter der Nachkommen, da aufgrund der bestehenden Gruppenehe die Vaterschaft der Kinder nicht eindeutig festgestellt werden kann, vgl. MEW 21, S. 39-44, 86.

186 Vgl. dazu MEW 21, S. 28, 37, 85-88, 94-96, 118f., Marx (1879/80a), S. 22, 39, 82f., 87, 94, 96, 105, 109, Marx (1880/81a), S. 198, 202, 283, 291f., 317, 321, Marx (1880/81b), S. 449. Marx verwendet in diesen Schriften unter anderem die Begriffe "Geschlechtsgemeinde", "Geschlechtsgemeinschaft", "Bluts-Organisation" und "Blutsverwandtschaft".

einem System gegenseitiger Hilfe ist das individuelle Überleben unlösbar an das Überleben der Gemeinschaft gekoppelt; beide bedingen einander zwangsläufig. Solange nämlich das Überleben der Gruppe als Ganzes gesichert ist, gilt dies auch für das Individuum, welches dann niemals in Gefahr gerät zu verhungern. Individuelles und gemeinschaftliches Interesse bilden in diesem Fall die dem unentfremdeten menschlichen Dasein entsprechende Interessenidentität:

> "Die Sicherheit des Einzelnen hing von der Gens ab; die Bande der Verwandtschaft waren ein mächtiges Element des gegenseitigen Beistands; eine Person schädigen hieß, seine Gens schädigen." (Marx (1880/81a), S. 202).

Diese enorme Bedeutung verwandtschaftlicher Beziehungen für die Gesellschaft erwähnt Marx unter anderem schon in den "Grundrissen", in denen er darauf hinweist, daß "die Gemeinschaftlichkeit in Blut, Sprache, Sitten etc." die Basis für die "naturwüchsige Stammgemeinschaft" bildet (vgl. Grundrisse, S. 376). Auch im ersten Band des "Kapitals" findet sich dieser Gedanke wieder. Dort stellt Marx hinsichtlich der frühen Gesellschaftsformen fest, "daß das einzelne Individuum sich von der Nabelschnur des Stammes" noch nicht "losgerissen hat" (MEW 23, S. 354).[187] Die große Bedeutung der verwandtschaftlichen Beziehungen für die frühen gesellschaftlichen Organisationsformen stellt somit eine Idee dar, die Marx bereits vor seiner Auseinandersetzung mit den genannten ethnologischen Schriften vertritt.

Eine weitere Eigenschaft dieser Gesellschaftsform ist das Fehlen eines Staates, also einer Institutionalisierung der politischen Herrschaft. Statt dessen werden Angelegenheiten, die die gesamte Gemeinschaft betreffen, in Form von Versammlungen behandelt. In diesen Versammlungen besitzen alle Erwachsenen das gleiche Stimmrecht. Aufgrund der demokratischen Versammlungen verfügen die Anführer dieser Gemeinschaften, sofern es sie überhaupt gibt, nur über sehr geringe Befugnisse und keinerlei Vorrechte. Wenn sie ihre Mitmenschen zu einer bestimmten Handlung bewegen wollen, so können sie dies lediglich dadurch erreichen, daß sie selbst durch die eigene Tat eine Vorreiterolle übernehmen. Deshalb sind die Kriterien, die über den jeweiligen Anführer entscheiden, nur dessen individuelle Fähigkeiten und Eigenschaften, z. B. die Tapferkeit oder Tüchtigkeit.[188] Als Folge der geringen Machtbefugnisse verfügen diese Gesellschaftsformen über "kein Zwangsmittel außer der öffentlichen Meinung" (MEW 21, S. 164). Schließlich führt eine derartige Form der Organisation des gesellschaftlichen Lebens dazu, daß jedes Gemeinschaftsmitglied einen demokratischen "Instinkt, der in allen öffentlichen Angelegenheiten seine eignen Angelegenheiten sah" (MEW 21, S. 150) besitzt.

Neben diesen allgemeinen Eigenschaften der gesellschaftlichen Organisation sind die Regelungen im ökonomischen Bereich von Bedeutung. In den ältesten Gesellschaftsformen, also in der

---

[187] Deutlich wird dies ebenfalls 1881 in den "Entwürfen einer Antwort auf den Brief von V. I. Sassulitsch", in denen Marx schreibt, daß die frühen Gemeinschaften "auf Beziehungen der Blutsverwandtschaft zwischen ihren Mitgliedern" beruhen, vgl. MEW 19, S. 403.

[188] Vgl. MEW 21, S. 85-97, 138f., 164, 168, Marx (1879/80a), S. 55, 96, Marx (1880/81a), S. 197-208, 226-229, Marx (1880/81b), S. 434, 446, Marx (1880/81c), S. 421.

Gemeinschaft der wandernden Jäger und Sammler, gibt es aufgrund des nomadenhaften Lebens kein Eigentum an Grund und Boden. Die Nomadenhaftigkeit des Daseins basiert auf den Umweltbedingungen, die es der betroffenen Gemeinschaft für den Fall, daß "die Mittel zum Lebensunterhalt beeinträchtigt" werden, erlauben, sich "mit Leichtigkeit" an einem neuen Ort niederzulassen (vgl. Marx (1880/81a), S. 218). Die beweglichen Gegenstände sind hingegen in einem gemeinschaftlichen Besitz:

> "Bei dem *ältesten Heerdenwesen* - wandernd, nicht angesessen, nur v. *Jagd auf wilde Thiere u. Fischfang* lebend - *älteste Form d. Eigenthums* (»*unbewegliches*« existirt noch nicht) *Gemeinschaft der Habe*, weil *Cooperation ihnen unerlässlich* in ihrem Kampf mit d. Natur; sie *können ihr nur durch vereinte Kräfte* d. ihnen zum Leben nöthige abringen. (1.c.) [[D. *Producte* selbst, als gemeinsames Product sind Eigenthum d. *Heerde*.]]" (Marx (1879/80a), S. 23f.).

Privater Besitz existiert lediglich in bezug auf persönliche Dinge wie Kleidung, Schmuck und bestimmte Werkzeuge. Und selbst dann befinden sich die meisten Werkzeuge im Eigentum der Gemeinschaft, die diese Dinge den arbeitenden Familienmitgliedern zur Verfügung stellt (vgl. Marx (1879/80a), S. 22, 96f.).[189] Bedeutsam ist, daß auch die gemeinsam gewonnenen Nahrungsmittel als gemeinsames Eigentum behandelt werden:

> "D. Producte der Jagd bei ihnen *nicht Privateigenthum*, sondern *Gemeingut der ganzen Gruppe v. Jägern*. Jeder bekömmt seinen »gleichen« Theil. ... Also selbst d. *Speise ursprünglich nicht Privateigenthum*." (Marx (1879/80a), S. 22).

Dabei wird dieses Prinzip sogar bei fortschreitender Entwicklung der Gesellschaft, d. h. bei der Seßhaftigkeit und der damit erforderlichen Regelung der Bodennutzung, beibehalten. Diese entwickelte Form der Gesellschaft zeichnet sich durch den gemeinsamen Grundbesitz sowie die gemeinsame Bebauung des Bodens aus. Mit der gemeinsamen Produktion ist die Gemeinsamkeit der Verteilung der Produkte und der Konsumtion verknüpft. Auch für diese Form der "*Geschlechtsgemeinde*" gilt, daß

> "... deren Glieder in *Untrennbarkeit von einander leben*, das *Land gemeinschaftlich bearbeiten u. ihre Bedürfnisse aus d. gemeinschaftlichen (allgemeinen) Einkommen* befriedigen." (Marx (1879/80a), S. 39).

Das gleiche Prinzip gilt für die nichtlandwirtschaftliche Produktion. Und selbst dort, wo keine gemeinsame Produktion erfolgt, arbeitet die betreffende Person für die Gemeinschaft. Dies gilt

---

189 Dieses Verhalten läßt sich ökonomisch rechtfertigen, wenn die ökonomischen Umweltbedingungen der Urgesellschaft berücksichtigt werden: In der (sub-)tropischen Urheimat der Menschheit erlauben es die Leichtigkeit der Herstellung derartiger Gegenstände und die "Unbedeutendheit der Gegenstände", MEW 21, S. 87, diese Dinge anderen Personen zur Verfügung zu stellen, weil die Durchsetzung von Eigentumsrechten an diesen Gegenständen Ressourcen verbraucht und die Durchsetzungskosten höher sind als der daraus resultierende Nutzen.

sogar für die Personen, die es in ihrem Bereich zu einer überdurchschnittlichen Geschicklichkeit bringen. Selbst sie arbeiten 'für Rechnung der Gesamtheit'. Eine Teilung der Arbeit besteht in diesen Gesellschaften lediglich zwischen Mann und Frau, wobei die Frau zuständig ist für die Bereiche Haushalt, Nahrungszubereitung und Kleidung, während der Mann die Nahrungsrohstoffe beschafft und kriegerische Auseinandersetzungen führt. Einen Austausch von Gegenständen zwischen einzelnen Personen gibt es lediglich in Form des gegenseitigen Gebens und Nehmens. Schließlich sind noch die Regelungen bezüglich der Nutzung von beweglichen Gegenständen relevant. Hier gilt, daß jede Person Eigentümerin der von ihr gefertigten und gebrauchten Dinge ist. Wenn daher Werkzeuge gemeinsam hergestellt und benutzt werden, stellen sie auch gemeinsames Eigentum dar. Die gemeinsame Arbeit bei gemeinsamen Eigentum an den damit verknüpften Ressourcen stellt folglich die ursprüngliche Form der menschlichen Produktion dar, wobei auch "der gemeinschaftliche Genuß des Eigentums" vorliegt. Alles in allem wird diese Form der Produktion aufgrund ihrer Charakteristika von Marx und Engels als "ursprüngliche kommunistische Gesamthaushaltung" bezeichnet.[190]
Diese Form der Lebensführung ist wiederum das Ergebnis der herrschenden Umweltbedingungen, denn der "Kommunismus in der Lebensführung muß in der blutsverwandten ... Familie geherrscht haben, weil ihre Verhältnisse ihn erforderten" (Marx (1880/81a), S. 141). Die ursprüngliche Form des menschlichen Lebens scheint deshalb ihren Ursprung "in den Bedürfnissen der blutsverwandten Familie gehabt zu haben" (Marx (1880/81a), S. 152f.).
Der Kerngedanke zur Organisation des wirtschaftlichen Lebens in frühen Gesellschaftsformen läßt sich wie folgt zusammenfassen: Das Gemeineigentum an den Produktionsmitteln bildet die Grundlage der frühen Gesellschaften und ist die Voraussetzung für die gemeinschaftliche Produktion und gemeinschaftliche Aneignung der hergestellten Gegenstände. Voraussetzung für dieses Gemeineigentum ist wiederum die auf den verwandtschaftlichen Beziehungen basierende Stammgemeinschaft. Die Gemeinschaftlichkeit der Nutzung der Produktionsmittel, der Arbeit und der Aneignung der produzierten Dinge stellt deshalb die geschichtlich gesehen erste Form der Organisation materieller Produktionsprozesse dar. Und auch diese Idee findet sich bei Marx bereits lange vor dessen ethnologischen Studien. Dies kann anhand weniger Zitate aus früheren Werken von Marx leicht gezeigt werden:

> "Die neueren rechtsgeschichtlichen Forschungen haben nämlich herausgestellt, daß sowohl in Rom wie bei den germanischen, keltischen und slawischen Völkern die Eigentumsentwicklung vom Gemeindeeigentum oder Stammeigentum ausging ..." (MEW 3, S. 348).
> "... so erscheint die *Stammgemeinschaft*, das natürliche Gemeinwesen nicht als *Resultat*, sondern als *Voraussetzung der gemeinschaftlichen Aneignung* (temporären) und *Benutzung des Bodens*. ... Die naturwüchsige Stammgemeinschaft, oder wenn

---

[190] Vgl. MEW 21, S. 45, 63, 110, 118, 127, 135, 155f., 168f., Marx (1879/80a), S. 46-49, 82, 94-97, Marx (1880/81a), S. 141f., 171f., 265, 283-287, 315-321, 344, Marx (1880/81b), S. 449, 455, Marx (1880/81c), S. 381, 391, 406-412.

> man will, das Herdenwesen, ist die erste Voraussetzung ... der *Aneignung der objektiven Bedingungen* ihres Lebens, und der sich reproduzierenden und vergegenständlichenden Tätigkeit desselben (Tätigkeit als Hirten, Jäger, Ackerbauer etc.)." (Grundrisse, S. 376).
> "... die Form des *naturwüchsigen* Gemeineigentums ... ist die Urform, die wir bei Römern, Germanen, Kelten nachweisen können, von der aber eine ganze Musterkarte mit mannigfaltigen Proben sich noch immer, wenn auch zum Teil ruinenweise, bei den Indiern vorfindet." (MEW 13, S. 21).[191]
> "Die Kooperation im Arbeitsprozeß, wie wir sie in den Kulturanfängen der Menschheit, bei Jägervölkern oder etwa in der Agrikultur indischer Gemeinwesen vorherrschend finden, beruht einerseits auf dem Gemeineigentum an den Produktionsbedingungen, andrerseits darauf, daß das einzelne Individuum sich von der Nabelschnur des Stammes oder des Gemeinwesens noch ebensowenig losgerissen hat wie das Bienenindividuum vom Bienenstock." (MEW 23, S. 353f.).[192]

Auch in diesem Punkt verdeutlicht die Auseinandersetzung mit den genannten ethnologischen Schriften daher lediglich jene Vorstellungen Marx', die er bereits in frühen Werken vertritt. Engels unterstützt diese These durch eine Fußnote zum dritten Band des "Kapitals". Dort stellt er fest, daß die Meinungen von Marx, die 1865 noch eine nicht belegte These darstellen, zum Zeitpunkt der Engelschen Fußnote als unbestrittene Tatsache anerkannt werden.[193]

Diese, geschichtlich gesehen erste Form des gesellschaftlichen Lebens, weist eine Reihe von positiven Aspekten auf; positiv deshalb, weil sie hinsichtlich dieser Aspekte dem Ideal des unentfremdeten menschlichen Daseins entspricht. Dazu gehören vor allem die Daseinsweise des Menschen als 'zoon politikon', die Identität von persönlichem und gemeinschaftlichem Interesse, die fehlende Festlegung auf bestimmte, lebenslang zu erfüllende Tätigkeiten und die Beherrschung der Produktionsprozesse.[194] Bezüglich dieser Aspekte kann zum Zwecke der Realisation des entfremdungsfreien menschlichen Lebens von einer 'Rückkehr' des Menschen gesprochen werden. Gleichzeitig aber dürfen die Defizite dieser Gesellschaftsformen nicht übersehen werden, die ebenfalls nur stichwortartig aufgezählt werden sollen. Zu ihnen gehören eine unterentwickelte Produktion,[195] ein geringes Ausmaß hinsichtlich der Entwicklung der Bedürfnisse und Fähigkeiten sowie ein "fast vollständiges Beherrschtsein des Menschen von der

---

[191] In leicht modifizierter Form findet sich dieser Gedankengang als Note zur 2. Ausgabe des "Kapitals" wieder, vgl. MEW 23, S. 92.

[192] Weitere Beispiele finden sich z. B. in MEW 3, S. 22, MEW 9, S. 132, Grundrisse, S. 9, 27, 375-399, MEW 13, S. 21, MEW 23, S. 252, 378f., 744-761, MEW 25, S. 346, 799, 811, MEW 32, S. 42 (Marx an Engels am 14.03.1868), MEW 32, S. 650 (Marx an Kugelmann am 17.02.1870), MEW 19, S. 404, MEW 4, S. 462 (Anmerkung von Engels zur englischen Ausgabe von 1888).

[193] Vgl. MEW 25, S. 187, Fußnote 27. Ähnlich ist eine Fußnote Engels zur dritten Auflage des ersten Bands des "Kapitals": "Spätere sehr gründliche Studien der menschlichen Urzustände führten den Verfasser zum Ergebnis, ...", MEW 23, S. 372, Fußnote 50a, wobei mit dem Verfasser Marx gemeint ist.

[194] Vgl. zum letztgenannten Aspekt Abschnitt 1.2.2. dieser Arbeit.

[195] Sie ist auf die geringe Produktivkraft der Arbeit zurückzuführen, die wiederum daraus resultiert, daß die menschliche Arbeitskraft die einzige bzw. hautpsächliche Energiequelle ist. Produzierte Arbeitsmittel spielen hier kaum eine Rolle.

ihm fremd gegenüberstehenden, unverstandnen äußern Natur" (MEW 21, S. 97). Diese, am Ideal des unentfremdeten Lebens gemessenen, Nachteile sorgen dafür, daß die Beseitigung der bestehenden Entfremdungszustände nicht durch eine vollkommene Rückkehr zu den urgesellschaftlichen Organisationsformen erfolgen kann. Abschließend kann eine weitere Frage beantwortet werden: Welche Bedeutung haben diese Erkenntnisse aus der Erforschung früherer Gesellschaften für die Marxschen Aussagen bezüglich der Entfremdung samt deren Aufhebung?

Erstens kann festgestellt werden, daß die in kapitalistischen Gesellschaften vorfindbaren Formen von Eigentum, Arbeitsteilung und Tausch spezielle, historisch-gesellschaftlich einmalige Formen sind. Es ist zwar zutreffend, daß es Eigentum, Arbeitsteilung und Tausch in jeder Epoche des menschlichen Daseins gegeben hat. Der Besitz des persönlich geschaffenen Werkzeugs, die Arbeitsteilung zwischen den Pflanzen sammelnden Frauen und den jagenden Männern sowie der Tausch in Form des gegenseitigen Schenkens im Rahmen der Urgesellschaft sind Beispiele dafür. Aber das kapitalistische Privateigentum, die kapitalistische Teilung der Arbeit sowie die kapitalistische Form des Markttausches sind allesamt spezielle Ausprägungen dieser Institutionen. Somit wird verständlich, daß es Marx nicht um die vollständige Abschaffung dieser Einrichtungen geht, sondern lediglich um die Beseitigung der kapitalistischen Ausprägung derartiger Kategorien.

Zweitens erweisen sich eine Reihe der als natürlich angesehenen menschlichen Verhaltensweise nach diesen Ausführungen keinesfalls mehr als natürlich und angeboren. Fehlende Rücksichtnahme auf andere und auf die Interessen der Allgemeinheit, Übernutzung kollektiv genutzter Ressourcen, unbegrenzte materielle Bedürfnisse und ähnliche Handlungsweisen sind alles andere als angeboren und ewig vorliegend. Vielmehr erscheinen sie nach den kulturanthropologischen Ausführungen als zu erklärende Verhaltensweisen. Gleichzeitig erscheint Marx' Kritik an diesen typisch kapitalistischen Handlungsweisen in einem anderen Licht, ebenso wie seine Vorstellungen von einem unentfremdeten Dasein. Eng damit zusammenhängend ist zudem eine veränderte Anthropologie von Marx. Während seine frühen anthropologischen Vorstellungen einen stark philosophischen Charakter besitzen, kommt Marx durch seine ethnologischen Forschungen ab 1879 zu einer stärker empirisch orientierten Anthropologie. So deutet beispielsweise die in der frühsten Menschheitsgeschichte vorliegende gemeinsame Lebensführung der Großfamilie darauf hin, daß sich der Mensch tatsächlich als ein soziales Wesen erweist und daß die gemeinsame Arbeit sowie der gemeinsame Genuß der erstellten Gegenstände ebenfalls mit dem menschlichen Wesen vereinbar sind. Die in den Frühschriften geäußerten Vorstellungen über das Wesen des Menschen werden durch die neu gewonnenen Erkenntnisse untermauert und geben den anfangs noch rein philosophischen Marxschen Vorstellungen einen realistischeren Charakter.[196]

---

[196] Vgl. Krader (1973), S. 7, 14-19, 161f., Krader (1976), S. 12, 25-28.

Drittens muß aber trotz der positiven Aspekte dieser Gesellschaftsform an die bestehenden Entfremdungsphänomene erinnert werden, so daß die Urgesellschaft noch nicht die Realisierung des anthropologischen Ideals von Marx beinhaltet. Zugleich untermauert dies die These, daß ein entfremdungsfreies Leben in der gesamten Menschheitsgeschichte noch nie vorlag.[197] Damit wird zudem deutlich, daß das Ziel von Marx nicht rückwärtsgerichtet ist, also keine Rückkehr zu einer Gesellschaft, die der Gesellschaft der Jäger und Sammler entspricht, bedeutet. Rückkehr kann immer nur als Rückkehr zu den positiven Elementen dieser Gesellschaftsform verstanden werden, wobei diese im Regelfall noch weiterentwickelt werden müssen.
Viertens deuten die Ausführungen über die Urgesellschaft an, daß ein Dasein ohne Entfremdungszustände die institutionelle Form der Kleingruppe benötigt. Die an sich positiv zu beurteilenden Eigenschaften dieser Gesellschaft, also die vorliegenden Tauschformen, die kollektive Nutzung der natürlichen Ressourcen, die fehlende Trennung von Kopf- und Handarbeit sowie nicht existierenden Ungleichheiten hinsichtlich des materiellen Reichtums und der Machtpositionen, sind sämtlichst an die herrschenden Umweltbedingungen gebunden. Zunehmende Bevölkerungszahlen beispielsweise reduzieren die Übersichtlichkeit innerhalb der Gruppe und machen ein Trittbrettfahrer-Verhalten weniger leicht erkennbar. Damit sinken die Opportunitätskosten dieser Handlungsalternative, was wiederum die Wahrscheinlichkeit des Auftretens derartiger Verhaltensweisen erhöht. Dies gefährdet die Funktionsfähigkeit der davon bedrohten institutionellen Arrangements. Wachsende Bevölkerungszahlen bzw. -dichte und steigende Ressourcenknappheit sorgen außerdem dafür, daß der Wert der knappen Ressourcen zunimmt. Dies erhöht den Anreiz, Ressourcen mit Eigentumsrechten zu belegen, wodurch die weitere Funktionsfähigkeit der bis dahin existierenden institutionellen Regelungen gleichfalls bedroht wird. Schließlich führen Bevölkerungswachstum und Ressourcenverknappung zur Etablierung einer formellen Führungsposition, was neben materiellen Ungleichheiten auch die Trennung von Kopf- und Handarbeit nach sich zieht, also Formen der entfremdeten Arbeit.[198] Ob unentfremdete Lebensformen in gesellschaftlichen Großgruppen überhaupt möglich sind, ist deshalb fraglich.[199] Trotz alle dem, und dies zeigt nochmals die Wichtigkeit der Auseinandersetzung mit den Gemeinschaften der Urgesellschaft, sieht Marx in diesen Gemeinwesen eine niedrige Form des Kommunismus. Die Analyse der ursprünglichen Gemeinwesen kann deshalb Auskunft geben über die höhere Form der zukünftigen Gesellschaft und deren Organisation bzw. Institutionen.
Schließlich kann folgendes einwandfrei festgehalten werden: Die anthropologische Exkursion hat dargelegt, daß die von Marx kritisierten kapitalistischen Institutionen und die damit zusammenhängenden kapitalistischen Verhaltensweisen keine zeitlose Gültigkeit besitzen und

[197] Diese Thematik wird im Abschnitt 2.3. dieser Arbeit erneut aufgegriffen.
[198] Vgl. zur Begründung dieser Behauptung die Ausführungen der Abschnitte 3.2. und 3.3. dieser Arbeit.
[199] Dieser Frage wird im 4. Kapitel dieser Arbeit nachgegangen.

deshalb durchaus abschaffbar sowie durch andere institutionelle Regelungen ersetzbar sind, die dann wiederum neue Verhaltensweisen nach sich ziehen.

1.5. Zusammenfassende Bemerkungen

Die Marxsche Auffassung bezüglich einer dem wahren menschlichen Wesen angemessenen Daseinsweise ähnelt bis zu einem gewissen Grad der Aristotelischen Konzeption des 'guten Lebens'. Nach der Meinung Aristoteles' erweist sich der Mensch als ein selbstgenügsames Wesen, welches über begrenzte physische Bedürfnisse verfügt. Grund dafür ist die spezifische Konzeption des 'guten Lebens'. Dieses besteht aus der philosophischen Kontemplation, aus dem "moral self-improvement", dem Streben nach Erkenntnis bzw. Wahrheit und erweist sich damit als ein "contemplative and reflective life",[200] für dessen Verwirklichung materielle Gegenstände nicht erforderlich sind. Daher benötigt ein Mensch nur die materiellen Dinge, die seine Subsistenz sicherstellen. Weil nach erfolgreicher Bereitstellung aller notwendigen physischen Gebrauchsgüter die menschlichen Ziele aus der kontemplativen Nutzung der restlichen Zeit bestehen, verfügen die Menschen über "natural limits on physical wants" (Lowry (1979), S. 68). Ein Überschreiten dieser definitiven Grenze nutzt einem Menschen nichts und kann darüber hinaus demjenigen, der über dieses Übermaß an Gegenständen verfügt, sogar schaden, weil es die Zeit für kontemplative Betätigungen schmälert. Anstelle der individuellen Nutzenmaximierung unter der Nebenbedingung einer gegebenen Kaufkraft legt der Mensch der Aristotelischen Vorstellung ein anderes Verhalten bezüglich der physischen Gegenstände an den Tag und verlangt lediglich die Befriedigung eines begrenzten Volumens materieller Bedürfnisse.[201] Diese Vorstellungen ähneln denen Marx', ohne daß beide Konzeptionen allerdings identisch sind. Der entscheidende Unterschied zwischen Aristoteles und Marx besteht in der Auffassung hinsichtlich dessen, was das 'gute Leben' ausmacht. Während Aristoteles hierzu die kontemplative Betätigung zählt, erweist sich das gute Leben in der Marxschen Sichtweise als ein tätiges Dasein, bei dem neben den geistigen auch die körperlichen Anlagen des Menschen aktiv genutzt werden.
Die Marxsche Vorstellung einer mit der wahren menschlichen Natur übereinstimmenden Lebensweise läßt sich alternativ mit der Existenzweise des Seins, in Abgrenzung zur Existenzweise des Habens, beschreiben.[202] Die Existenzweise des Habens besteht aus dem Besitzergreifen und dem Besitzen von Gegenständen, von denen andere Personen ausgeschlossen werden. Die heute wohl wichtigste Form des Habens ist die des konsumtiven Verbrauchens, was eine passive Art des Vergnügens darstellt (vgl. Fromm (1993), S. 35, 79f.). Im Gegensatz dazu ist

[200] Vgl. dazu Kern (1983), S. 506-509.
[201] Vgl. zu diesen Vorstellungen Aristoteles' statt vieler Spengler (1955), S. 378, Fußnote 30, Finley (1971), S. 98, Lowry (1979), S. 68, 76, 80, Lowry (1987), S. 19, Kern (1983), S. 506-509, Worland (1984), S. 127-129, Campbell (1987), S. 37f., Schefold (1989), S. 36-43 und Baloglou/Peukert (1992), S. 40-42.
[202] Vgl. bezüglich dieser beiden Konzepte Fromm (1993), vor allem S. 27-54, 73-126.

das Leben gemäß des Prinzips des Seins mit Lebendigkeit und Aktivitäten verbunden. Das Sein ist zu verstehen als ein Aktiv-Sein im Sinne der produktiven, schöpferischen, kreativen und selbstbestimmten Anwendung der menschlichen Kräfte und bezieht sich auf Erlebnisse. Damit verbunden ist eine aktive Form der Freude (vgl. Fromm (1993), S. 30, 69, 89). Das Leben gemäß dem wahren menschlichen Wesen erweist sich nach Ansicht von Marx als die Entwicklung der menschlichen Fähigkeiten als Selbstzweck samt deren aktiver Anwendung. Es ist ein Leben, in dem konsumorientierte Aktivitäten zurückgedrängt werden, und statt dessen ein subjektives Wohlbefinden durch die aktive Betätigung menschlicher Fähigkeiten erreicht wird. Entscheidend für die menschliche Zufriedenheit sind weniger die Aspekte des materiellen Konsums und der Freizeit - verstanden als Gegensatz zur Arbeitszeit -, als vielmehr die Qualität und Inhalte der individuellen Tätigkeiten.

Ausgehend von dem allseitig entwickelten Individuum, ergibt sich für den Fall der Realisierung dieses Ideals für Marx ein neues Konzept des Reichtumsbegriffs. Dieses Konzept orientiert sich an einem entfalteten menschlichen Wesen, also an der Entwicklung und Entfaltung aller menschlichen Sinne, Eigenschaften und Bedürfnisse (vgl. ÖPM, S. 164-166 [MEW 40, S. 540-542]). Reichtum wird als die "*Reichheit* der menschlichen Bedürfnisse" (ÖPM, S. 176 [MEW 40, S. 546]) bzw. als die "Mannigfaltigkeit der Bedürfnisse" (Grundrisse, S. 426) verstanden. Zudem, und dies ergibt sich aus der Tatsache, daß menschliche Bedürfnisse auch einen Reflex auf menschliche Kräfte darstellen, impliziert die Entfaltung der Bedürfnisse zugleich die Entwicklung der menschlichen Anlagen, Fähigkeiten und Sinne. Wenn die menschlichen Bedürfnisse in einer dem wahren Wesen des Menschen entsprechenden Form befriedigt werden sollen, setzt dies die Existenz von Fähigkeiten und Sinnen voraus, die zu einem derartigen Genuß fähig sind. Es ist somit erforderlich, für den Reichtum des menschlichen Wesens auch den jeweils "entsprechenden *menschlichen Sinn* zu schaffen" (ÖPM, S. 166 [MEW 40, S. 542]). Gefordert wird daher die "... Entwicklung der menschlichen Produktivkräfte, also *Entwicklung des Reichtums der menschlichen Natur als Selbstzweck*" (MEW 26.2, S. 111). Konkret stellt sich das neue Konzept des Reichtums somit dar als die

> "... Universalität der Bedürfnisse, Fähigkeiten, Genüsse, Produktivkräfte etc. der Individuen .. Die volle Entwicklung der menschlichen Herrschaft über die Naturkräfte, die der sogenannten Natur sowohl, wie seiner eignen Naturkräfte .. Das absolute Herausarbeiten seiner schöpferischen Anlagen, ... d. h. die Entwicklung aller menschlichen Kräfte als solcher, ..." (Grundrisse, S. 387).[203]

Einen weiteren, für das unentfremdete menschliche Dasein wichtigen, Aspekt verdeutlicht die Auseinandersetzung mit dem gesellschaftlichen Wesen des Menschen. Die vorgestellte Interpretation des Begriffs der Interessenidentität von Individuum und Gemeinschaft zeigte, daß

---

[203] Weil alle diese Entwicklungen Zeit in Anspruch nehmen, wird alternativ die Menge an freier Zeit als Reichtumsindikator verwendet, vgl. Abschnitt 1.2.4. dieser Arbeit.

diese Identität erst dann gegeben ist, wenn der betreffende Mensch über nicht-entfremdete Bedürfnisse verfügt und eine produktive Tätigkeit ausübt. Dies deutet darauf hin, daß sich die einzelnen Elemente des entfremdungsfreien Lebens wechselseitig bedingen, also eine unauflösbare Einheit bilden. Exemplarisch zeigt sich dies anhand des Verhältnisses zwischen der produktiven Lebenstätigkeit und der beschriebenen Interessenidentität. Letztere verlangt das Vorliegen einer produktiven Lebenstätigkeit, aber diese besitzt ihrerseits als einen integralen Bestandteil die Gemeinsamkeit der Menschen bei der Produktion, Aneignung und Konsumtion der hergestellten Gegenstände. Gesellschaftliches Wesen des Menschen und entfremdungsfreie Tätigkeit bedingen sich deshalb gegenseitig und können nur gleichzeitig vorliegen.
Nach dieser ausführlichen Darstellung der Marxschen Vorstellungen hinsichtlich des Lebens, welches dem wahren Menschen entspricht, schließt sich im folgenden Kapitel die Beschreibung der Entfremdungszustände des realen Lebens an. Vor dem Hintergrund der Marxschen Anthropologie geht es um einen Vergleich dieses Referenzpunktes mit dem wirklichen Dasein der Menschen.

2. Kapitel: Die Marxsche Entfremdungstheorie

2.1. Begriffsklärung

Bei dem Begriff der Entfremdung handelt es sich um ein Konzept, das zwar schon vor Marx von einigen Autoren verwendet wird,[1] aber erst durch Marx zu einem weitverbreiteten Begriff wurde, der heute in nahezu allen geisteswissenschaftlichen Bereichen anzutreffen ist. Angesichts einer derart landläufigen Anwendung ist es kaum verwunderlich, daß eine unumstrittene Definition dieses Ausdrucks nicht existiert. Jede der einzelnen wissenschaftlichen Disziplinen benutzt ihr entsprechende Entfremdungskonzepte, bei denen es selbst innerhalb eines Fachgebietes keine Einigung auf eine allgemeingültige Definition gibt. Ziel dieses Teilabschnitts ist daher nicht die umfassende Abhandlung des Terminus Entfremdung, sondern lediglich die Darstellung des Marxschen Verständnisses dieses Begriffs.
Trotz aller Uneinigkeiten hinsichtlich der Marxschen Verwendung dieses Konzepts bestehen dennoch gewisse Übereinstimmungen bezüglich einzelner Elemente, die zur Konzeption der Entfremdung gehören. Hierzu zählt, daß die Entfremdung mit negativen psychischen Zuständen bei den von ihr betroffenen Individuen verbunden ist, so daß sich der Entfremdungszustand eines Individuums durch das Gefühl der "unhappiness" sowie durch eine "psychological *malaise*" (Catephores (1987), S. 76) auszeichnet. Auf der psychologischen Ebene, die sich mit dem individuellen Menschen auseinandersetzt, geht es um die Gefühle und Erfahrungen des von der Entfremdung betroffenen Menschen. So definiert beispielsweise West im Rahmen seiner Vergleiche der Entfremdungskonzepte von Marx und Smith die Entfremdung mit Hilfe dreier psychischer Zustände, die von den entfremdeten Individuen erfahren werden: Machtlosigkeit, Isolation und Selbstentfremdung.[2] Auch Fromm erkennt bei Marx eine psychologisch orientierte Definition der Entfremdung und versteht die Entfremdung als eine vom individuellen Menschen erfahrene seelische Krankheit.[3]
Neben diesen auf der psychologischen Ebene argumentierenden Entfremdungsbegriffen gibt es eine zweite Gruppe von Definitionen, die auf einer soziologischen Ebene angesiedelt sind und sich mit gesellschaftlichen bzw. sozio-ökonomischen Prozessen beschäftigen.[4] Nach diesen Auffassungen korrespondiert der Terminus der Entfremdung mit gesellschaftlichen Prozessen, in denen sich die von den Individuen hergestellten Produkte verselbständigen und schließlich

---

[1] Vgl. für einen Überblick über die theoretischen Quellen der Entfremdungstheorie von Marx statt vieler Treptow (1978), S. 34-54.
[2] Vgl. West (1969), S. 2-7 und West (1975a), S. 541-543. West entnimmt diese Einteilung Blauner (1964), der sich wiederum an Seeman (1959) orientiert. Dabei unterscheidet Seeman zwischen fünf individuellen Erfahrungen (Machtlosigkeit, Sinnlosigkeit, Normenlosigkeit, Isolation, Selbstentfremdung), während Blauner nur vier psychische Zustände aufzählt (Machtlosigkeit, Sinnlosigkeit, Isolation und Selbstentfremdung), vgl. Seeman (1959), S. 783-790, Blauner (1964), S. 15-34.
[3] Vgl. z. B. Fromm (1981), S. 43-54, Fromm (1963), S. 49, Fromm (1991), S. 107f.
[4] Vergleiche zu dieser Zweiteilung der Ebenen Israel (1985), S. 33-35.

die Kontrolle und Herrschaft über die Menschen gewinnen. Die Entfremdung ist deshalb kein psychologisches Phänomen, das von den Betroffenen individuell erfahren wird, sondern ein objektiv feststellbares Phänomen.[5]

Bei Marx finden sich sowohl für die psychologisch orientierte Konzeption als auch für die sozio-ökonomische Anhaltspunkte. Die Ebene der psychischen Zustände wird beispielsweise in den ÖPM angesprochen, in denen bemerkt wird, daß sich der Arbeiter innerhalb des Produktionsprozesses "nicht wohl, sondern unglücklich fühlt" (ÖPM, S. 134 [MEW 40, S. 514]). So kommt es zur "Unzufriedenheit mit sich" bzw. zu einer "Unzufriedenheit ... mit den bestehenden Verhältnissen" (MEW 3, S. 362). Eine andere Form der Entfremdung im psychischen Bereich liegt vor, wenn menschliche Bedürfnisse nicht befriedigt werden und der davon betroffene Mensch als Folge der fehlenden Bedürfnisbefriedigung "im *Unfrieden* mit seinen Bedürfnissen, also mit sich selbst" (MEW 19, S. 363) ist. Weitere Formen der Entfremdung sind die Existenzängste der Arbeiter aufgrund der "Unsicherheit und Unregelmäßigkeit der Beschäftigung", die Gefühle der "Hoffnungslosigkeit" und ein aus den schlechten Lebensbedingungen resultierendes "finstres Mißvergnügen" (vgl. MEW 23, S. 699, 736). Aber selbst die explizite Erwähnung des psychologischen Bereichs kann nicht darüber hinwegtäuschen, daß der Schwerpunkt der Marxschen Argumentation im sozio-ökonomischen Bereich zu finden ist. Die Herrschaft der produzierten Objekte über die produzierenden Subjekte, die Verselbständigung der Produkte sowie der Umstand, daß der Mensch "zum Spielball fremder Mächte wird" (MEW 1, S. 355), bilden ein immer wiederkehrendes Element der Marxschen Beschreibung von Entfremdungszuständen. Eine häufig zitierte Passage aus der "Deutschen Ideologie" stellt diesen Sachverhalt wie folgt dar:

> "... die eigne Tat des Menschen ihm zu einer fremden, gegenüberstehenden Macht wird, die ihn unterjocht, ... Dieses Sichfestsetzen der sozialen Tätigkeit, diese Konsolidation unsres eignen Produkts zu einer sachlichen Gewalt über uns, die unsrer Kontrolle entwächst, unsre Erwartungen durchkreuzt, unsre Berechnungen zunichte macht, ... Die soziale Macht, d. h. die vervielfachte Produktionskraft, die durch das in der Teilung der Arbeit bedingte Zusammenwirken der verschiedenen Individuen entsteht, erscheint diesen Individuen ... nicht als ihre eigne, vereinte Macht, sondern als eine fremde, außer ihnen stehende Gewalt, von der sie nicht wissen woher und wohin, die sie also nicht mehr beherrschen können, die im Gegenteil nun eine eigentümliche, vom Wollen und Laufen der Menschen unabhängige, ja dies Wollen und Laufen erst dirigierende Reihenfolge von Phasen und Entwicklungsstufen durchläuft. Diese '*Entfremdung*', um den Philosophen verständlich zu bleiben..." (MEW 3, S. 33f.).

Ähnlich umschreibt Marx die Entfremdung in den "Resultaten des unmittelbaren Produktionsprozesses":

[5] Vgl. Roberts/Stephenson (1970), S. 438, Israel (1985), S. 34f., ähnlich Catephores (1987), S. 77.

"In der Tat ist die Herrschaft der Kapitalisten über die Arbeiter nur die Herrschaft der verselbständigten, dem Arbeiter gegenüber verselbständigten *Arbeitsbedingungen* ... über den *Arbeiter* selbst, ... Die Herrschaft des Kapitalisten über den Arbeiter ist daher die Herrschaft der Sache über den Menschen, ... des Produkts über den Produzenten, ... Es ist der *Entfremdungsprozeß* seiner eignen Arbeit." (Marx (1863/64), S. 84f.).

Schließlich greift Marx die Beherrschung des Menschen durch die von ihm selbst produzierten Gegenstände in den ökonomischen Werken erneut auf und subsumiert sie dort unter den Begriff der 'Entfremdung'.[6] Damit erweist sich die Marxsche Konzeption der Entfremdung als eine Kombination beider dargestellten Ebenen der Entfremdung,[7] bei der die gesellschaftlichen bzw. objektiven Elemente ausschlaggebend sind. Die individuell erfahrenen psychischen Zustände bilden zwar ein Moment der Entfremdung, aber auch unabhängig von diesen Gefühlen können Entfremdungsphänomene vorliegen. Bestes Beispiel dafür sind die Kapitalisten, die sich in ihrer Lage subjektiv wohl fühlen, aber dennoch als Opfer der Entfremdung anzusehen sind.[8] Bei der später folgenden Behandlung des 'falschen Bewußtseins' wird sich zeigen, daß selbst die Arbeiter aufgrund einer verzerrten Wahrnehmung der Realität ihre eigene Entfremdung nicht erkennen, sich also nicht entfremdet fühlen. Das Bewußtheit des entfremdeten Lebens ist daher keine Voraussetzung dafür, daß eine Entfremdung im Sinne von Marx vorliegt. Aufgrund der breit angelegten Konzeption der Entfremdung bei Marx können weder die rein psychologische noch die rein sozio-ökonomisch orientierte Definition den vollen Umfang des Marxschen Denkens abdecken und sind folglich abzulehnen. Wenn Marx von der Entfremdung spricht, meint er damit die Abweichung bzw. Entfernung der real existierenden Menschen von einem bestimmten Referenzpunkt. Dieser Referenzpunkt ist wiederum in seiner Anthropologie zu finden und besteht aus dem, was Marx als den wahren Menschen ansieht. Die Entfremdung im Sinne von Marx ist deshalb die Abweichung der wirklich lebenden Menschen von dem wahren Menschen. Diese Konzeption der Entfremdung findet sich besonders deutlich in den "Grundrissen". Dort umschreibt Marx zunächst den Begriff des wahren menschlichen Reichtums, um dann festzustellen, daß unter der kapitalistischen Produktionsweise nur eine entfremdete Form dieses Reichtums vorliegt:

"... was ist Reichtum anders, als die im universellen Austausch erzeugte Universalität der Bedürfnisse, Fähigkeiten, Genüsse, Produktivkräfte etc. der Individuen? Die volle Entwicklung der menschlichen Herrschaft über die Naturkräfte, die der Natur sowohl, wie seiner eignen Natur? Das absolute Herausarbeiten seiner schöpferi-

[6] Vgl. zur Beherrschung der Menschen durch ihre eigenen Produkte statt vieler Grundrisse, S. 68, 75-79, 214, 367, 414f., 585, 715-717, MEW 23, S. 107f.,329, 455, 596, 649, 674, MEW 25, S. 95f., 274, MEW 26.1, S. 21, 367, MEW 26.2, S. 418, MEW 26.3, S. 241, 255, 261, 288, 290, 486, 519.

[7] Plamenatz spricht in diesem Zusammenhang von einer, bei Marx nicht explizit genannten, Unterteilung in "spiritual alienation" und "social alienation", vgl. Plamenatz (1975), S. 141f., 205. Übernommen wird diese Zweiteilung beispielsweise von Elster (1985), S. 74-107.

[8] Vgl. z. B. ÖPM, S. 142f. [MEW 40, S. 522], MEW 2, S. 37, Marx (1863/64), S. 85f.

> schen Anlagen, ohne andre Voraussetzung als die vorhergegangne historische Entwicklung, die diese Totalität der Entwicklung, d. h. der Entwicklung aller menschlichen Kräfte als solcher ... zum Selbstzweck macht? ... In der bürgerlichen Ökonomie - und der Produktionsepoche, der sie entspricht, - erscheint diese völlige Herausarbeitung des menschlichen Innern als völlige Entleerung, diese universelle Vergegenständlichung als totale Entfremdung ..." (Grundrisse, S. 387).

Und schon in den ÖPM trennt Marx "die *wirkliche* Natur d[es] Menschen" bzw. "die wahre *anthropologische* Natur" von deren "*entfremdeter* Gestalt" (ÖPM, S. 168 [MEW 40, S. 543]). Wenn Marx daher fordert: "Wir müssen also das Maß des Wesens der inneren Idee an die Existenz der Dinge legen" (MEW 1, S. 50), erklärt er damit unter anderem den wahren Menschen zu dem Maßstab, an dem die Realität gemessen und bewertet wird. Jedes noch so geringfügige Auseinanderfallen von Realität und Ideal stellt einen entfremdeten Zustand dar,[9] so daß Heinrich festhalten kann:

> "Die Wirklichkeit wird mit einem idealen menschlichen Wesen konfrontiert, wobei eine Nichtübereinstimmung, ein Widerstreit von Existenz und Wesen, eine Entfremdung vom wirklichen Wesen festgestellt wird." (Heinrich (1991), S. 106).

Elliott beschreibt die Marxsche Konzeption der Entfremdung ebenfalls als

> "... a departure or separation from the authentic human existence which is (potentially) realizable under the aegis of the future genuine communist society, ..." (Elliott (1979), S. 319).

Eine nahezu identische Konzeption findet sich bei Ollman (vgl. Ollman (1971), S. 132), eine ähnliche bei Elster, der als Referenzpunkt "the good life for man" heranzieht, welches er näher spezifiziert.[10] Ebenso bringt Arnold das Konzept der Entfremdung in einen Zusammenhang mit "truly human labor and truly human beings" (Arnold (1990), S. 62), also mit dem, was die wahre menschliche Natur ausmacht. Bei Devine findet sich schließlich die folgende Definition der Entfremdung: "... *alienation*, the restriction of people's full humanity, prevention of the actualization of our potentials" (Devine (1989), S. 302).[11] Und selbst Fromm, dessen darge-

---

[9] Vgl. dazu Heinrich (1991), S. 84-111. Dieses Vorgehen entspricht der Tradition des Humanismus. Dort bildet das humanistische Menschenbild den Maßstab, an dem bisher realisierte Zustände bewertet und nach dem anstehende Aufgaben bestimmt werden, vgl. Fleischer (1980), S. 48.

[10] Vgl. Elster (1985), S. 54, 74-92, vgl. ebenso Elster (1986), S. 127-138 und Elster (1989a), S. 292. Weitere Vertreter einer weiten Definition und Konzeption der Marxschen Entfremdung sind unter anderem Landshut (1953), S. XXXIV-XLIV, Bahro (1977), S. 490f., Linden (1984), S. 119, Simon (1994), S. xxiv, Wood (1995), S. 22 sowie Mandel, der bezüglich der Menschen von einer "Entfremdung von ihren objektiven Möglichkeiten" spricht, vgl. Mandel (1968a), S. 179. Bei Löw schließlich finden wir bezüglich Marx die folgende Feststellung: "Nur wer das Wesen des Menschen kennt ... kann Entfremdung diagnostizieren", Löw (1985), S. 101.

[11] Letztendlich ist die Entfremdung im Sinne einer Abweichung des tatsächlich lebenden Menschen vom anthropologischen Ideal Marx' bereits in der zitierten Passage aus der "Deutschen Ideologie", MEW 3, S. 33f., enthalten. Wenn sich nämlich die sachlichen Ergebnisse menschlicher Tätigkeiten verselbständigen und den Menschen beherrschen, dann verhindert dies die selbstbestimmte Tätigkeit, die freie Entfaltung individueller Fähigkeiten usw. und stellt insofern eine Entfremdung im hier vertretenen umfassenden Sinn dar.

stellte Interpretation des Marxschen Entfremdungsbegriffs zur rein psychologischen Ebene gehört, spricht an anderer Stelle von der "Unterscheidung zwischen Existenz und Wesen" bzw. von einem Auseinanderfallen des potentiell Möglichen und der Realität (vgl. Fromm (1963), S. 52). Er schließt sich damit letztendlich dem weit gefaßten Konzept von Marx an. Ausdrücklich erfolgt diese Akzeptanz beispielsweise in seinem Werk "Wege aus einer kranken Gesellschaft". Dort beschreibt Fromm den Zustand der Entfremdung als eine Situation, in der der Mensch kein sinnvolles Leben führt, zum Werkzeug für die Erreichung wirtschaftlicher Ziele degradiert wird und die unmittelbare Beziehung zu den Mitmenschen und zur Natur verloren hat. Fromm weist in diesem Zusammenhang darauf hin, daß er sich im Rahmen seiner Auseinandersetzung mit der Entfremdungsproblematik auf die psychischen Konsequenzen der Entfremdung konzentriert (vgl. Fromm (1991), S. 229). Die eingangs vorgestellte psychologische Konzeption der Entfremdung vom Psychoanalytiker Fromm ist folglich das Ergebnis seines speziellen Interesses an einem Teilaspekt der Entfremdung, ohne daß diese eng gefaßte Konzeption die gesamte Bedeutung des Entfremdungskonzepts abdeckt.
Schließlich ist noch auf die Unterteilung des Entfremdungsbegriffs durch Schaff hinzuweisen. Er verwendet im Rahmen seiner Zweiteilung die Termini 'objektive Entfremdung' und 'subjektive Entfremdung', wobei er als Synonyme für den ersten Begriff den Terminus 'Entfremdung' und für den zweiten Begriff den Ausdruck 'Selbstentfremdung' verwendet. Die zuerst genannte Form der Entfremdung bezieht sich nur auf das Verhältnis zwischen den Menschen und den von ihnen erschaffenen Produkten, während die Selbstentfremdung das Verhältnis des Menschen zu seinen Mitmenschen und zu sich selbst umfaßt. Beide Konzepte unterscheidet Schaff wie folgt:

> "Entfremdung ist ... die Bezeichnung des spezifischen Verhältnisses der Produkte der menschlichen Tätigkeit zu ihren Produzenten, eines Verhältnisses, das darin besteht, daß die Produkte der Kontrolle der Produzenten entgleiten, unabhängig von, ja sogar gegen deren Willen in der Gesellschaft wirken ... Selbstentfremdung ist die Bezeichnung für die Entfremdung des Menschen von den gesellschaftlichen Institutionen, von anderen Menschen und vom eigenen Ich." (Schaff (1977), S. 208f.).[12]

Zusammenfassend zeigt sich, daß der Ausdruck der Entfremdung von Marx umfassend zu verstehen ist. Er stellt sich dar als eine Kombination von psychischen Zuständen der Individuen und gesellschaftlichen Prozessen, bei der die objektiven Zustände den Schwerpunkt ausma-

[12] Zur Abgrenzung beider Entfremdungsarten sowie zu deren Zusammenhängen vgl. Schaff (1977), vor allem S. 76-108, 143-147, 226-278. Diese Unterteilung Schaffs beruht auf einer bei Marx zu findenden Zweiteilung: "Wir haben den Akt der Entfremdung der praktischen menschlichen Thätigkeit, d. Arbeit, nach zwei Seiten hin betrachtet. 1) Das Verhältniß des Arbeiters zum *Product der Arbeit* als fremden und über ihn mächtigen Gegenstand. ... 2) Das Verhältniß der Arbeit zum *Akt der Production*, innerhalb der *Arbeit*. Dieß ist das Verhältniß des Arbeiters zu seiner eignen Thätigkeit als einer fremden, ihm nicht angehörigen, d[ie] Thätigkeit als Leiden, ... Die *Selbstentfremdung*, wie oben die Entfremdung der *Sache*", ÖPM, S. 135 [MEW 40, S. 515].

chen. Eine "Psychologisierung" dieses Begriffs ist im Rahmen der Marxschen Analyse daher nicht feststellbar (vgl. Israel (1985), S. 33-36).
Bezüglich der Beschreibung der verschiedenen Formen der Entfremdung bietet Marx eine strukturierte Darstellung an, bei der er die Entfremdung in vier Aspekte unterteilt:

> "1) Das Verhältniß des Arbeiters zum *Product der Arbeit* als fremden und über ihn mächtigen Gegenstand. ... 2) Das Verhältniß der Arbeit zum *Akt der Production*, innerhalb der *Arbeit*. ... Die entfremdete Arbeit macht also: 3) das *Gattungswesen des Menschen*, sowohl die Natur, als sein geistige[s] Gattungsvermögen zu einem ihm *fremden* Wesen, ... 4) Eine unmittelbare Consequenz davon, daß der Mensch dem Product seiner Arbeit, seiner Lebensthätigkeit, seinem Gattungswesen entfremdet ist, ist die *Entfremdung d[es] Menschen* von d[em] *Menschen*." (ÖPM, S. 135,138 [MEW 40, S. 515,517]).

Sofern in der Sekundärliteratur eine genaue Analyse der Marxschen Entfremdungsformen erfolgt, übernehmen viele der Autoren diese Gliederung vollständig, d. h. sie übernehmen sowohl die inhaltliche Unterteilung als auch die Reihenfolge dieser Punkte.[13] Allerdings ist diese Reihenfolge aufgrund des methodischen und inhaltlichen Vorgehens von Marx kritisch zu beurteilen. Methodisch vertritt Marx eine Position, der zufolge eine existierende Sache stets auf die sie erzeugende Tätigkeit zurückgeführt wird. Daraus ergibt sich aber die logische Vorrangstellung einer Tätigkeit vor der aus ihr resultierenden Sache. Sinnvoller ist deshalb eine Strukturierung der Entfremdungsaspekte, die mit dem Verhältnis des produzierenden Menschen zum Produktionsprozeß beginnt und dann erst die Entfremdung des produzierenden Menschen von dem Produkt seiner Tätigkeit folgen läßt. Im übrigen wird die logische Priorität der Entfremdung vom Akt der Produktion von Marx selbst in einer rethorischen Frage gesehen:

> "Wie würde d[em] Arbeiter d[as] Produkt seiner Thätigkeit fremd gegenübertreten können, wenn er im Akt der Production selbst sich nicht sich selbst entfremdete?" (ÖPM, S. 134 [MEW 40, S. 514]).

Der Vorwurf der unrichtigen Reihenfolge bei der Analyse der Entfremdungsphänomene trifft allerdings weniger Marx als vielmehr die Sekundärliteratur. Es ist nicht anzunehmen, daß die nicht zur Veröffentlichung bestimmten Manuskripte bereits Marx' letztes Wort zur Strukturierung und Analyse des Konzepts der Entfremdung darstellen. Als kaum vollendete Skizzen dienen sie Marx lediglich als fragmentartige Vorarbeiten (vgl. Höppner (1988), S. 5). Die Sekun-

[13] Vgl. z. B. Fetscher (1984), S. 94-96, Löw (1985), S. 99, Fay (1986), S. 200-218, Röhrich (1989), S. 92-94, Arnold (1990), S. 36-60, Göhler/Klein (1991), S. 517f., Heinrich (1991), S. 98-100, Khan (1992), S. 243-258, Dobias (1994), S. 53, Simon (1994), S. xxivf., Maurer (1994), S. 38-40. Eine modifizierte Struktur bei der Darstellung der Entfremdungsphänomene findet sich beispielsweise bei Metzke. Die bei Marx vorgefundene Vierteilung wird von ihm in der Reihenfolge übernommen, dabei aber um drei weitere Formen der Entfremdung ergänzt, vgl. Metzke (1957), S. 7-9.

därliteratur hingegen, die zu einem besseren Verständnis des Entfremdungskonzepts Marx' beitragen will, kann diese Entschuldigungen nicht mehr für sich geltend machen.
Die erste Anforderung an eine vollständige Beschreibung und Analyse der Marxschen Gedanken zur Entfremdung ist demnach eine Änderung der Reihenfolge, in der die verschiedenen Aspekte der Entfremdung dargestellt werden. Eine derartige Umstrukturierung erfolgt beispielsweise durch Ollman, der mit "Man's relation to his productive activity" beginnt und dann über die "relation to his product" zum Verhältnis "to his fellow men" kommt, um schließlich mit "Man's relation to his species" zu enden (vgl. Ollman (1971), Kapitel 18-22). Aber eine bloße Änderung der Reihenfolge, in der die Formen der Entfremdung behandelt werden, hält noch inhaltlich an der Marxschen Vierteilung fest, was zwei weitere Schwierigkeiten in sich birgt. Zum einen ergeben sich für ganz konkrete Formen der Entfremdung Zuordnungsprobleme. Elliott beispielsweise subsumiert die Entfremdung des Menschen von seiner produktiven Lebenstätigkeit sowohl unter die Entfremdung vom Produkt der Arbeit als auch unter die Entfremdung vom Akt der Produktion und unter die Entfremdung vom Gattungsleben des Menschen (vgl. Elliott (1979), S. 328-333). Insgesamt sind eindeutige Zuordnungen einzelner Erscheinungen der Entfremdung zu einem der vier genannten Gliederungspunkte nicht immer möglich. Zum anderen gibt es Entfremdungsaspekte, die keinem der vier bestehenden Unterpunkte zugeteilt werden können. Dazu gehört zunächst einmal der Tatbestand der entfremdeten Bedürfnisse, der beispielsweise von Elliott als ein Extrapunkt erwähnt wird (vgl. Elliott (1979), S. 333). Die ebenfalls von Elliott behandelte "alienation of men from awareness of the reality around them", also die Existenz eines 'falschen Bewußtseins', wird dann überhaupt nicht mehr systematisch erfaßt (vgl. Elliott (1979), S. 328).
Neben den Autoren, die sich bei der Behandlung des Marxschen Konzepts der Entfremdung an der von ihm selbst verwendeten Struktur orientieren, gibt es die Gruppe der Darstellungen, die auf eine explizite Gliederung der Entfremdungsformen verzichten.[14] Nachteil dieses Vorgehens ist allerdings die - vor allem bei umfangreichen Abhandlungen auftretende - mangelnde Übersichtlichkeit.
Da die in der Original- und Sekundärliteratur vorgefundenen Strukturierungen bei der Analyse des Marxschen Konzepts der Entfremdung wenig überzeugen, schlagen wir eine andere Gliederungssystematik für die verschiedenen Formen der Entfremdung vor. Diese Systematik orientiert sich an den Eigenschaften, die den wahren Menschen ausmachen und ergibt sich aus dem Wesen der Entfremdung, das nach der hier vertretenen These aus der Abweichung der Realität des menschlichen Daseins von der wahren Natur des Menschen besteht. Wenn der Begriff so umschrieben wird, erscheint es sinnvoll, jeweils Abweichungen von besonderen Eigenschaften des menschlichen Wesens festzustellen und das gesamte Konzept der Entfremdung

[14] Vgl. z. B. Fromm (1963), S. 49-61 und Avineri (1968), S. 105-123, der eine menschliche Entfremdung "from nature, from himself and from humanity" feststellt und unter diese drei Aspekte sämtliche Formen der Entfremdung subsumiert, z. B. auch die entfremdeten Bedürfnisse und das falsche Bewußtsein.

in Form dieser Einzelabweichungen zu gliedern. Entsprechend der zur Darstellung des Marxschen Menschenbildes verwendeten Systematik der Wesenseigenschaften des Menschen ergibt sich für die Strukturierung der diversen Entfremdungsaspekte eine Vierteilung. Die Formen der Entfremdung bestehen erstens aus der Entfremdung des Menschen von seiner produktiven Lebenstätigkeit, zweitens aus der Entfremdung des Menschen von der Entwicklung aller menschlichen Anlagen, drittens aus den entfremdeten Bedürfnissen und viertens aus einer Entfremdung des Menschen von seinem sozialen Charakter. Dieser Einteilung folgend ergibt sich eine nun durchzuführende detaillierte Analyse der verschiedenen Aspekte der Entfremdung gemäß der Marxschen Sichtweise.

2.2. Formen der Entfremdung in kapitalistischen Gesellschaften

2.2.1. Die Entfremdung des Menschen von seiner produktiven Lebenstätigkeit

Die schöpferische Arbeit, verstanden als die freie bewußte Tätigkeit mit allen bereits beschriebenen Eigenschaften, stellt nach Marx den Gattungscharakter des Menschen dar und besitzt somit eine zentrale Bedeutung für die Marxsche Theorie der menschlichen Natur. Aufgrund der in einer kapitalistischen Gesellschaft anzutreffenden Abweichungen der tatsächlich stattfindenen Tätigkeiten von diesem "Arbeitsideal" (Israel (1985), S. 64) spielt die entfremdete Tätigkeit eine bedeutende Rolle für die Marxsche Kritik an den herrschenden gesellschaftlichen Zuständen, so daß das "zentrale Thema von Marx .. also die Verwandlung der entfremdeten, sinnlosen Arbeit in produktive, freie Arbeit" ist (vgl. Fromm (1963), S. 48). Kern der Gesellschaftskritik von Marx ist damit die Entfremdung des Menschen - und dies schließt den Nicht-Arbeiter ein - von einer freien, schöpferischen und produktiven Tätigkeit. Die nun durchzuführende Klärung dessen, was entfremdete Arbeit konkret bedeutet, erfolgt durch einen Vergleich von den in der Realität auftretenden Tätigkeiten mit jenen Merkmalen, die das Marxsche Tätigkeitsideal ausmachen. Jede Abweichung der Realität von diesem Ideal stellt einen Aspekt der entfremdeten Tätigkeit dar. Letztendlich, so wird sich noch zeigen, lassen sich in einer kapitalistischen Gesellschaft keine Handlungen angeben, die nicht in irgendeinem Aspekt von diesem Ideal abweichen. Die kapitalistische Gesellschaft bzw. die mit ihr verbundene Nationalökonomie erkennt "alle Wesensbestimmungen der menschlichen Tätigkeit an, aber nur in entfremdeter, entäußerter Form" (MEW 2, S. 52).
Ein entscheidendes Element der unentfremdeten Tätigkeit besteht aus der freien und bewußten Zielsetzung der handelnden Menschen, was auch die selbständige Planung, Ausführung und Kontrolle der Handlungsabläufe einschließt.[15] Daß die Möglichkeit zur selbstbestimmten Le-

[15] Gorz definiert die Entfremdung mit Hilfe dieser Elemente als "die Unmöglichkeit zu wollen, was man tut, sich Handlungen vorzunehmen, die man sowohl in ihren Ereignissen als auch in den Modalitäten ihres Ablaufs als sinnvoll und zielbestimmt erachten kann", Gorz (1988), S. 85.

bensäußerung für den Arbeiter in einer kapitalistisch organisierten Gesellschaft nicht gegeben ist, wird bereits bei Adam Smith deutlich, den Marx in diesem Zusammenhang heranzieht:

> "Die wichtigsten Operationen der Arbeit sind geregelt und geleitet nach den Plänen und den Spekulationen derjenigen, welche die Capitalien anwenden; und der Zweck, welchen sie sich in allen diesen Plänen und Operationen vorsetzen, ist der *Profit.*" (ÖPM, S. 97 [MEW 40, S. 487]).

Die Vorgabe von Zwecken und Handlungsabläufen ist mit einer freien, bewußten Tätigkeit unvereinbar, denn in diesem Fall liegen "von einem Dritten gesetzte Bestimmungen, keine Selbstbestimmung" (MEW 1, S. 207) vor, so daß die von den Arbeitern vollzogenen Handlungen eindeutig entfremdete Tätigkeiten darstellen.[16] Ganz allgemein gelten innerhalb der Fabrik die von den Fabrikanten aufgestellten Regeln, die unter anderem die Zeiten festlegen, zu denen die Arbeiter essen, trinken und schlafen können bzw. müssen. Die faktisch vollkommen unfreien Fabrikarbeiter werden aus diesem Grund von Marx und Engels als "weiße Sklaven" bezeichnet, die durch die Aufseher und durch den Maschineneinsatz "soldatisch organisiert" sind.[17] Aufgrund der Aufsicht und Leitung durch die Kapitalisten werden die Arbeiter gezwungen, kontinuierlich, ordentlich und zweckmäßig zu arbeiten, den als Zweck der Tätigkeit angestrebten Gebrauchswert zu erbringen und hinsichtlich der Arbeitsintensität und Arbeitszeit zumindest "den normal gesellschaftlichen *Durchschnittsgrad*" zu leisten.[18] Damit befinden wir uns im Kern dessen, was Marx als ein feindliches Gegenüberstehen von Arbeiter und materiellen Arbeitsbedingungen beschreibt. Im wesentlichen geht es darum, daß der kapitalistische Arbeiter Arbeitsbedingungen vorfindet, die er als Individuum nicht beeinflussen oder steuern kann:

> "In der Tat ist die *gemeinschaftliche* Einheit in der Kooperation, die Kombination in der Teilung der Arbeit, die Anwendung der Naturkräfte und Wissenschaft, der Produkte der Arbeit als *Maschinerie* - alles dies tritt den einzelnen Arbeitern als *fremd, sachlich, vorgefunden*, ohne und oft gegen ihr Zutun da, selbständig gegenüber ..." (Marx (1863/64), S. 165).

Der entscheidende Punkt dieser Entfremdungsform besteht also darin, daß sich die Arbeitsbedingungen als "von den einzelnen Arbeitern ganz unabhängig gebildete Verhältnisse" (Marx (1863/64), S. 165) erweisen.

Die Herrschaft des Kapitalisten über den Arbeiter, die sich in einer Vorgabe der Tätigkeitsziele sowie einer detaillierten Organisation der Zeiteinteilung und der räumlichen Bewegungsmög-

---

[16] Daher ist Wollseiffen zuzustimmen, wenn er daruf hinweist, daß Herrschaft und Entfremdung sich bedingen, vgl. Wollseiffen (1976), S. 103f., 133-150. Deshalb bezeichnet Marx eine fehlende "Selbstbestimmung des Volks" als "die durchgeführte Entfremdung" und bringt damit explizit die Fremdbestimmung des Menschen mit der Entfremdung in Verbindung, vgl. MEW 1, S. 232f.

[17] Vgl. dazu MEW 2, S. 398-405, MEW 4, S. 469, MEW 12, S. 185, MEW 23, S. 270, 704.

[18] Vgl. z. B. Marx (1863/64), S. 80-82, 111f., 121, MEW 23, S. 199f., 210. 347-351.

lichkeiten des Arbeiters äußert,[19] führt auf den ersten Blick nur auf seiten der Arbeiter zu Entfremdungszuständen. Allerdings ist selbst der Kapitalist in seiner Zwecksetzung gebunden. Das einzige Motiv des Kapitalbesitzers ist der eigene Profit, und dieses Ziel ist ihm von den Gesetzen der kapitalistischen Produktionsweise aufgezwängt, so daß Marx von der "*Herrschaft des Capitals über ... die Motive [d]es Capitalisten*" (ÖPM, S. 96 [MEW 40, S. 487]) spricht.[20] Dennoch scheint der Kapitalist, wenn schon nicht bei der Wahl seiner Zwecke, so doch zumindest bei der Planung der Handlungsabläufe frei zu sein. Allerdings ist er auch bezüglich dieser Entscheidungen den ökonomischen Sachzwängen unterworfen und deshalb ein Opfer der Entfremdung:

> "Wir werden später sehn, einmal, wie der Capitalist vermittelst des Capitals seine Regierungsgewalt über die Arbeit ausübt, dann aber die Regierungsgewalt des Capitals über d[en] Capitalisten selbst." (ÖPM, S. 86 [MEW 40, S. 484]).

Sämtliche vom Kapitalisten ausgeführten Handlungen sind nur "die mit *Bewußtsein* und *Willen* ausgeübten Funktionen des Kapitals ... selbst", so daß der Kapitalist "zum personifizierten Kapital" wird und deshalb "ebensosehr unter der Knechtschaft des Kapitalverhältnisses" leidet wie der Arbeiter (vgl. Marx (1863/64), S. 85f.).[21] Im Kern kritisiert Marx damit einen Aspekt des gesellschaftlichen Lebens, der von der traditionellen Ökonomie überhaupt nicht mehr hinterfragt wird. Marx sieht in der Tatsache, daß der Mensch dem Druck von Marktgesetzen, Wettbewerb und Konkurrenz ausgesetzt ist, einen Verstoß gegen das Ideal des frei und bewußt handelnden menschlichen Individuums, weil dadurch "kein wirkliches, individuelles, bewußtes Wollen" (MEW 1, S. 236), also keine Selbstbestimmung vorliegt. Von der traditionellen Ökonomie wird dieser Wettbewerbs- und Konkurrenzdruck aufgrund der daraus resultierenden Ergebnisse hingegen positiv bewertet. Die Ursache für diese unterschiedlichen Beurteilungen besteht aus den verschiedenen Menschenbildern, die den Bewertungen zugrunde liegen. In der vorherrschenden ökonomischen Theorie erfolgt diese Evaluierung in der Regel aufgrund von individuellen oder gesellschaftlichen Nutzenfunktionen, die als Argument die Menge der konsumierten Güter und die Freizeit der Individuen besitzen. Die Qualität der im Produktionsprozeß zu erbringenden Tätigkeiten wird hingegen nicht erfaßt. Bei Marx aber nimmt der zuletzt genannte Aspekt eine ausschlaggebende Rolle ein. Bei ihm ist die Bewertung eines gesellschaftlichen Zustands vor allem von der Qualität der zu erbringenden Tätigkeiten abhängig, also von der Frage, ob diese Betätigung eine Ausübung von selbstbestimmten Handlungen darstellt und die freie Entwicklung der individuellen Fähigkeiten zuläßt. Da die traditionelle ökonomische Theorie solche Fragestellungen nicht behandelt, kann sie das Fehlen dieser Aspekte

---

[19] Zum Begriff der Herrschaft in dem hier verwendeten Sinn vgl. Negt (1987), S. 21-25.
[20] Vgl. ebenfalls MEW 23, S. 618-622.
[21] Dieser Aspekt findet sich ebenso im "Kapital", in dem der Kapitalist unter anderem als "personifiziertes Kapital" umschrieben wird, vgl. z. B. MEW 23, S. 16, 247, 326, 328, MEW 25, S. 205, 288.

auch nicht als einen negativ zu bewertenden Punkt ansehen. Erst wenn derartige anthropologische Vorstellungen berücksichtigt werden, rückt diese Problematik in den Brennpunkt, denn erst vor dem Referenzpunkt des selbstbestimmten individuellen Lebens muß es als negativ angesehen werden, daß dem tatsächlich lebenden Menschen sowohl dessen Handlungsziele als auch die dafür erforderlichen Handlungsinhalte vorgeschrieben werden. Die Marktprozesse verstoßen dabei gegen mindestens drei wesentliche Elemente einer entfremdungsfreien menschlichen Betätigung: Marktmechanismus und Marktgesetze zwingen den einzelnen Akteur, sein Verhalten an von außen aufgedrängten Zielen auszurichten - z. B. der Gewinnmaximierung oder Kostenminimierung -,[22] sie verhindern die regelnde, kontrollierende Einflußnahme auf die sich ergebenden Gesamtresultate menschlicher Aktivitäten und machen es dem Individuum schließlich unmöglich, daß es die intendierten Ergebnisse realisieren kann.[23] Halten wir daher fest: Aufgrund seiner anthropologischen Vorstellungen kritisiert Marx einen Aspekt des gesellschaftlichen Lebens, der von den Autoren der traditionellen ökonomischen Theorie überhaupt nicht hinterfragt wird.[24]

Bereits bei dieser Form des entfremdeten Lebens wird darüber hinaus deutlich, daß es sich bei der Entfremdung grundsätzlich um Zustände handelt, die den Menschen treffen, also den Arbeiter und den Kapitalisten.[25] Das freie Setzen von Zwecken wird durch die anonyme Macht der Verhältnisse verhindert und führt damit für alle Marktteilnehmer zu einem Zustand der Entfremdung. Wie sich diese anonyme Macht nach exakten Gesetzen verhält, ist das Thema des "Kapitals". Dort geht es um die "Zwangsgesetze der Konkurrenz" sowie um die "Anarchie der Produktion", die sich zwar durch exakte und gesetzmäßige Abläufe auszeichnen, aber dennoch von den individuellen Warenproduzenten nicht beeinflußbar sind und ihnen deshalb als blinde Naturgewalt bzw. Naturnotwendigkeit erscheinen.[26] Neben der speziellen Machtlosigkeit der Arbeiter, die keinen Einfluß auf den Arbeitsprozeß, die Arbeitsbedingungen und die Unternehmensführung besitzen, gibt es also auch die sämtliche Marktteilnehmer betreffende Machtlosigkeit aufgrund der unpersönlichen Marktkräfte (vgl. West (1969), S. 2f.). Obwohl somit alle Gesellschaftsmitglieder von der Entfremdung betroffen sind, trifft sie diese nicht im gleichen Ausmaß:

> "Die besitzende Klasse und die Klasse des Proletariats stellen dieselbe menschliche Selbstentfremdung dar. Aber die erste Klasse fühlt sich in dieser Selbstentfremdung wohl und bestätigt, weiß die Entfremdung als *ihre eigne Macht* und besitzt in ihr den *Schein* einer menschlichen Existenz; die zweite fühlt sich in der Entfremdung

---

22 Wie dies geschieht, wurde zum Teil im Abschnitt 1.2.1. dieser Arbeit gezeigt.

23 Vgl. Lowe (1984), S. 207f. und Gorz (1994), S. 55f., 183f. Wir kommen auf die Machtlosigkeit im Laufe dieses Abschnitts erneut zu sprechen.

24 Dieser Aspekt wird im Abschnitt 5.3. dieser Arbeit erneut aufgegriffen.

25 Sofern der Kapitalismus noch nicht vollständig entwickelt ist und es neben diesen beiden Klassen noch andere gibt, z. B. die Grundeigentümer, sind auch deren Angehörige Opfer der Entfremdung.

26 Vgl. dazu Marx (1863/64), S. 85f., 164, MEW 23, S. 414, 502, MEW 20, S. 253, 255, 264 sowie Landshut (1953), S. LIVf. und Marcuse (1962), S. 253f.

vernichtet, erblickt in ihr ihre Ohnmacht und die Wirklichkeit einer unmenschlichen Existenz." (MEW 2, S. 37).
"Insofern steht hier der Arbeiter von vornherein höher als der Kapitalist, als der letztre in jenem Entfremdungsprozeß wurzelt und in ihm seine absolute Befriedigung findet, während der Arbeiter als sein Opfer von vornherein dagegen in einem rebellischen Verhältnis steht und ihn als Knechtungsprozeß empfindet." (Marx (1863/64), S. 85f.).

Ein weiteres Element der entfremdeten Tätigkeit besteht aus der Tatsache, daß die Arbeit kein Selbstzweck ist, also weder als sinnvolle, befriedigende Tätigkeit angesehen wird noch vom Arbeiter bejaht wird. Anstatt freiwillig zu erfolgen, äußert sich die Arbeit als Zwangsarbeit, die "nur ein Mittel, um existieren zu können"[27] darstellt.[28] Besonders gravierend ist in diesem Zusammenhang die häufig anzutreffende Notwendigkeit, mit Rücksicht auf die eigene materielle Lebenslage Dinge zu tun, die nicht den eigenen Neigungen und Begabungen entsprechen (vgl. Schaff (1980), S. 64).[29] Darüber hinaus ist die Arbeit im Rahmen der kapitalistischen Produktionsweise für den Arbeiter nur mit Qualen, Leiden und Aufopferungen verbunden, so daß sich der Arbeiter unglücklich fühlt, seine Tätigkeit nicht als einen Genuß ansehen kann und die Arbeit zudem immer "*unbefriedigender, ekelhafter wird*"[30].
Eng verbunden mit diesen Nachteilen sind die nicht vorliegende Universalität der Produktion sowie die fehlende Verwirklichung und Entfaltung der Anlagen des Menschen durch seine eigene Tätigkeit. Die nicht vorhandene Universalität der Produktion äußert sich zunächst einmal darin, daß das arbeitende Individuum im Rahmen seiner Tätigkeit nicht alle körperlichen und intellektuellen Fähigkeiten anwendet. Anstatt sich die Natur "auf eine allseitige Art" anzueignen, d. h. sämtliche "Organe seiner Individualität" zu nutzen (vgl. ÖPM, S. 163 [MEW 40, S. 539]), werden die Tätigkeiten des Menschen auf wenige Handlungsabläufe reduziert. Das Resultat dieser Entwicklung ist ein Mensch, der "zum Teilarbeiter verstümmelt" ist und nur noch über sehr wenige Fähigkeiten verfügt. Die negativen Folgen dieser Einseitigkeit deutet Marx bereits in den ÖPM an, indem er dort mehrfach die schlechten körperlichen und geistigen Zustände der Menschen anspricht, die schließlich in "Immoralität, Mißgeburt, Hebetismus der Arbeiter und d[er] Capitalisten" gipfeln.[31] Und auch hier zeigt sich, daß die Kapitalisten ebenfalls Opfer der Entfremdung sind. Sie leiden, ebenso wie die Arbeiter, unter der kapita-

---

[27] MEW 6, S. 400, ähnlich MEW 6, S. 535, 542.
[28] Dazu gehört auch die Entfremdung von dem Aspekt der produktiven Tätigkeit, daß diese unabhängig von den unmittelbaren physischen Bedürfnissen erfolgt, so daß sie nach anderen Kriterien, z. B. ästhetischen, durchgeführt werden kann. Für den Arbeiter aber ist die Tätigkeit eine Zwangsarbeit, die zum Überleben erforderlich ist und deshalb nicht frei von unmittelbaren physischen Bedürfnissen erfolgt. Der nicht arbeitende Kapitalist hingegen ist aufgrund seiner Untätigkeit von dieser Form der Entfremdung betroffen.
[29] Ein Beispiel dafür ist ein künstlerisch begabter Mensch, der die brotlose Kunst des Zeichnes aufgibt und statt dessen als Taxifahrer seinen Lebensunterhalt verdient.
[30] MEW 6, S. 420, vgl. dazu ebenfalls ÖPM, S. 134f. [MEW 40, S. 514f.] und MEW 40, S. 451, 455f.
[31] Vgl. ÖPM, z. B. S. 93, 116, 134f., 145 [MEW 40, S. 474, 479, 514f., 524], MEW 3, S. 273, 385, 411, 422, MEW 6, S. 420, 540 und MEW 23, S. 382, 386, 673.

listischen Teilung der Arbeit, speziell unter der Trennung von geistiger und körperlicher Arbeit. Unterschiedlich sind nur die Ausmaße der damit verknüpften Nachteile sowie die subjektiven Empfindungen bezüglich dieser Form der Entfremdung. So empfinden die physisch und geistig deformierten Arbeiter den objektiven Tatbestand der Entfremdung als Unglück und als unbefriedigend.[32] Die Klasse der Kapitalisten hingegen fühlt sich in diesem Zustand "wohl und bestätigt" (MEW 2, S. 37), unter anderem deshalb, weil sie von den körperlichen Anstrengungen verschont bleibt. Aber gerade die Tatsache, daß der Kapitalist "selbst unmittelbarer Arbeit enthoben ist" (Marx (1863/64), S. 123), ruft den Zustand der Entfremdung hervor, denn die materielle Tätigkeit gehört zum Wesen des Menschen, so daß das Fehlen der körperlichen Tätigkeit gleichbedeutend ist mit dem objektiven Tatbestand der Entfremdung.[33] Unabhängig davon, wie glücklich und zufrieden sich die Kapitalisten in ihrer aktuellen Situation fühlen - daß sie selbst Opfer der Entfremdung sind, ist auf der Basis der Marxschen Entfremdungstheorie ein objektiver Tatbestand.

Zu der Situation der Arbeiter zurückkehrend schildert Marx die negativen Aspekte einer einseitigen Produktionstätigkeit besonders eindringlich in den Kapiteln 8, 12 und 13 im ersten Band des "Kapitals". Immer wieder werden dort die "Verkrüpplung", die "moralische Verkümmrung", die "intellektuelle Verödung", die zerstörte "physische Gesundheit" sowie die Unterdrückung der "individuellen Lebendigkeit, Freiheit und Selbständigkeit" angeprangert.[34] Ihren Höhepunkt erreicht dieser Form der Entfremdung im Rahmen der Arbeitsteilung der großen Industrie. Obwohl dort der Maschineneinsatz die Arbeit prinzipiell erleichtern könnte, wird die Maschine dennoch ein "Mittel der Tortur", indem "die Maschinenarbeit das Nervensystem aufs äußerste angreift", "das vielseitige Spiel der Muskeln" unterdrückt und zudem "alle freie körperliche und geistige Tätigkeit " konfisziert (vgl. MEW 23, S. 445f.).[35] Ergänzt werden Marx' Ausführungen unter anderem durch Engels Schrift "Die Lage der arbeitenden Klasse in England" aus dem Jahre 1845, auf die Marx bezüglich der Zustände in England vor 1845 verweist (vgl. MEW 23, S. 254, Fußnote 48). In dieser Schrift klagt Engels die von ihm aufgedeckten Zustände der physischen, geistigen und sozialen Beschaffenheit der englischen Arbeiterschaft an. In allen Wirtschaftszweigen ist die zu verrichtende Arbeit eintönig, unbedeutend

---

[32] Vgl. ÖPM, S. 134 [MEW 40, S. 514], MEW 3, S. 362, MEW 6, S. 420.

[33] Damit liegt eine Problematik vor, die bereits von Hegel in dessen 'Herr-und-Knecht-Verhältnis' angesprochen wird. Konkret geht es um die Tatsache, daß der Herr lediglich einen passiven Genuß besitzt und von einer aktiven Tätigkeit getrennt ist. Anders als der Knecht, der die Natur bearbeitet und sich dadurch selbst aus- und weiterbildet sowie entwickelt, fehlt dem Herren diese produktive Betätigung. Letzterer kann sich deshalb auch nicht selbst verwirklichen, da für die Entwicklung und Entfaltung seiner Fähigkeiten und Möglichkeiten die produktive Tätigkeit erforderlich ist, vgl. dazu Thier (1957), S. 29, Popitz (1967), S. 130-132, Müller (1970), S. 74 sowie Hegel (1970), S. 150-154.

[34] Vgl. z. B. MEW 23, S. 381, 386, 421, 464, 528f., 673-675. Als Vorgriff auf die Ursachenanalyse deutet sich bereits an, daß sich verschiedene Entfremdungszustände gegenseitig hervorrufen können. Hier ist die Entfremdung von der produktiven Lebenstätigkeit Ursache für Entfremdungsphänomene im Bereich der Entwicklung individueller Fähigkeiten.

[35] Vgl. ebenso MEW 2, S. 397f. und MEW 6, S. 420, 540.

und trotz der fehlenden geistigen Tätigkeit dennoch mit so viel Aufmerksamkeit verbunden, daß eine Betätigung der geistigen Fähigkeiten unmöglich gemacht wird. Die Resultate dieser Zustände sind Verkrüppelungen, Schwäche, frühe Arbeitsunfähigkeit sowie eine geringe Lebenserwartung; also die Zerstörung der Gesundheit. Hinzu kommen noch Defizite im sozialen und geistigen Bereich, z. B. eine gefühlsmäßige Abgestumpftheit und Dummheit.[36] Damit geht auch die Einsicht der arbeitenden Individuen in den technischen Prozeß der Produktion, d. h. die intellektuelle Beherrschung der Produktionsabläufe, verloren. Zusammenfassend klagt Engels neben den katastrophalen körperlichen, intellektuellen und sittlichen Zuständen der Arbeiter vor allem den Verlust der produktiven Tätigkeit an, indem er feststellt:

> "Wenn die freiwillige produktive Tätigkeit der höchste Genuß ist, den wir kennen, so ist die Zwangsarbeit die härsteste, entwürdigendste Qual." (MEW 2, S. 346).

Unter derartigen Arbeitsbedingungen, die alle geistigen und körperlichen Kräfte erschlaffen lassen, ist es nicht verwunderlich, daß der Arbeiter ein zum Wesen des Menschen gehörendes Bedürfnis, nämlich das "zur Bethätigung und Bestätigung seiner Wesenskräfte", ebenfalls nicht mehr besitzt.[37] Dieser Einschub eines entfremdeten Bedürfnisses deutet auf einen wichtigen Aspekt der Marxschen Entfremdungstheorie hin, nämlich auf das Ineinanderfließen sämtlicher Entfremdungsphänomene. Einzelne Entfremdungszustände bedingen sich wechselseitig, womit zugleich ein Vorgriff auf die Ursachenanalyse stattfindet. Dort wird sich zeigen, daß der Zustand der Entfremdung hinsichtlich eines Einzelaspekts des wahren menschlichen Daseins notwendigerweise Entfremdungen in anderen Bereichen menschlicher Charakteristika hervorruft.

Zur produktiven Tätigkeit des wahren Menschen gehört weiterhin, daß der Produzent die Natur für sein eigenes Leben umwandelt, sich die betreffenden Naturgegenstände also für seine eigenen Lebenszwecke aneignet (vgl. MEW 23, S. 192, 531). In der kapitalistischen Gesellschaft aber verliert der Produzent die von ihm transformierten Naturgegenstände aufgrund der Aneignung dieser Produkte durch einen anderen Menschen. Das Produkt wird "nicht mehr seiner unmittelbaren persönlichen Beziehung zum Produzenten wegen produziert" (MEW 40, S. 454). Damit besitzt dieses Produkt keinen unmittelbaren Bezug zu den individuellen Bedürfnissen des direkten Produzenten. Nur mittelbar, d. h. über den Gelderwerb, dient die individuelle Tätigkeit der Befriedigung der eigenen Bedürfnisse. Dadurch entsprechen die Gegenstände zur Bedürfnisbefriedigung allerdings nicht mehr den individuellen Bedürfnissen des einzelnen Menschen, denn aufgrund der von Marx immer wieder hervorgehobenen Individualität der Menschen - und d. h. zugleich der Verschiedenheit der konkret empfundenen

[36] Vgl. MEW 2, S. 225-508, vor allem S. 325-327, 346f., 376-388, 397f., 408-429, 456-465.
[37] Vgl. ÖPM, S. 195 [MEW 40, S. 578] und MEW 2, S. 379-381.

Bedürfnisse - kennt nur der einzelne Mensch selbst die Eigentümlichkeiten, die ein Gegenstand aufweisen muß, damit dieser Gegenstand seine persönlichen Bedürfnisse befriedigen kann.[38]
Ein weiterer Aspekt der Entfremdung von der produktiven Tätigkeit ist der Verlust des produzierten Objektes für den Produzenten. Dabei lassen sich die produzierten Objekte in zwei Arten einteilen, nämlich in Konsumtions- und in Produktionsmittel. Von beiden wird der produzierende Arbeiter getrennt. Die nachteiligen Konsequenzen dieser Separation sind aber, je nach Art des produzierten Gegenstandes, unterschiedlich. Der Verlust eines produzierten Konsumgegenstandes führt primär dazu, daß das mit ihm verknüpfte Bedürfnis unbefriedigt bleibt. Dieses Problem wird im Abschnitt 2.2.3. dieser Arbeit behandelt. Die Trennung der Produzenten von produzierten Produktionsmitteln verhindert zunächst einmal die bereits besprochene Kontrolle und Herrschaft der direkten Produzenten über den Produktionsprozeß, so daß eine Entfremdung von der produktiven Lebenstätigkeit vorliegt. Die fehlende Kontrolle über den Arbeitsprozeß bewirkt zudem die Unmöglichkeit einer Entwicklung der schöpferischen Fähigkeiten seitens der produzierenden Personen, weil sie - wie bereits beschrieben - von den Kontrolleuren der Arbeitsmittel zu einseitigen Tätigkeiten gezwungen werden (vgl. Elster (1985), S. 103f.).
Während sich die bisher genannten Aspekte lediglich auf die Personen beziehen, die die von ihnen selbst hergestellten Gegenstände verlieren, sind von den nun zu behandelnden Folgen einer Trennung von Produzent und Produkt alle Menschen negativ betroffen. Konkret geht es hierbei um ein Thema, welches das gesamte Werk von Marx durchzieht: Um die Verselbständigung der produzierten Objekte, die dann in einem feindlichen und gegensätzlichen Verhältnis zu den Menschen stehen und diese beherrschen. Dieses zentrale Thema spricht Marx bereits in den ÖPM an:

> "Der Gegenstand, den die Arbeit producirt, ihr Product, tritt ihr als ein *fremdes Wesen*, als eine, von d[em] Producenten *unabhängige Macht* gegenüber." (ÖPM, S. 132 [MEW 40, S. 511]).
> "Die *Entäusserung* des Arbeiters in seinem Produkt hat die Bedeutung, nicht nur, daß seine Arbeit zu einem Gegenstand, zu einer *äussern* Existenz wird, sondern daß sie *ausser ihm*, unabhängig, fremd von ihm existirt und eine selbständige Macht ihm gegenüber wird, daß das Leben, was er dem Gegenstand verliehn hat, ihm feindlich und fremd gegenübertritt." (ÖPM, S. 133 [MEW 40, S. 512]).

Die tätigen Menschen sind nicht in der Lage, das aggregierte Ergebnis ihrer Handlungen zu kontrollieren und gegebenenfalls zu verändern. Von den zahlreichen Beispielen der Herrschaft der Objekte über die Menschen werden hier nur exemplarisch einige erwähnt. Die wohl be-

---

[38] Erneut zeigt sich damit das Ineinanderfließen verschiedener Entfremdungsphänomene. Hier ruft die Entfremdung von der produktiven Tätigkeit des Menschen über die materiellen Ergebnisse dieser Betätigungen eine Entfremdung im Bereich der menschlichen Bedürfnisse hervor, weil die mangelhafte Befriedigung von Bedürfnissen den Tatbestand der Entfremdung erfüllt, vgl. dazu Abschnitt 2.2.3. dieser Arbeit.

kannteste Form der Unterordnung des Menschen unter die Macht der von Menschen produzierten Objekte ist die formelle Subsumtion der Arbeit unter das Kapital (vgl. MEW 23, S. 533). Marx versteht darunter den Umstand, daß die vom Menschen hergestellten Gegenstände dem Menschen als Maschinen gegenübertreten und dann - z. B. durch die Geschwindigkeit und Dauer der maschinell unterstützten Produktion - die Bewegungen und Handlungsabläufe des Menschen beherrschen. Durch die Anwendung der Maschine "existiert ein toter Mechanismus unabhängig von" den arbeitenden Menschen, der sich diese Menschen "als lebendige Anhängsel einverleibt" (MEW 23, S. 445), so daß der Arbeiter in ein "bloßes lebendiges Zubehör dieser Maschinerie" (Grundrisse, S. 585) verwandelt wird. Es gilt daher:

> "Aller kapitalistischen Produktion ... ist es gemeinsam, daß nicht der Arbeiter die Arbeitsbedingung, sondern umgekehrt die Arbeitsbedingung den Arbeiter anwendet, aber erst mit der Maschinerie erhält diese Verkehrung technisch handgreifliche Wirklichkeit. Durch seine Verwandlung in einen Automaten tritt das Arbeitsmittel während des Arbeitsprozesses selbst dem Arbeiter als Kapital gegenüber, als tote Arbeit, welche die lebendige Arbeitskraft beherrscht und aussaugt." (MEW 23, S. 446).[39]

Ein weiteres, bereits in den ÖPM genanntes Beispiel ist die "*Regierungsgewalt*" bzw. "*Herrschaft des Capitals über ... die Motive d[es] Capitalisten*" (ÖPM, S. 86, 96 [MEW 40, S. 484, 487]). Weil "die immanenten Gesetze der kapitalistischen Produktionsweise als äußere Zwangsgesetze" (MEW 23, S. 618) herrschen, zwingen sie jeden individuellen Kapitalisten zur permanenten Ausweitung seines Kapitals.[40] Daher kann ein Kapitalist nur das Motiv der Profiterzielung sowie das der Kapitalvermehrung besitzen und muß seine konsumtiven Bedürfnisse zugunsten der Akkumulation opfern. Ein im Kapitalisten tobender "faustischer Konflikt zwischen Akkumulations- und Genußtrieb" (MEW 23, S. 620) wird demnach durch die Gesetze der kapitalistischen Produktionsweise entschieden. Auch hinsichtlich der Höhe der Entlohnung der Arbeiter besitzen die Kapitalisten keine Freiräume. Es unterliegt beispielsweise nicht dem Willen der Kapitalisten, den Arbeitern "Kartoffeln an Stelle von Fleisch und Hafer an Stelle von Weizen" zu geben, denn diese Entscheidung ist das Resultat der Marktgesetze einer wettbewerblich organisierten Gesellschaft (vgl. MEW 16, S. 105). Bereits in den ÖPM zitiert Marx in diesem Zusammenhang eine Schrift von Buret, in welcher festgestellt wird, daß auch derjenige, "der die Arbeit des Arbeiters zu einem so niedrigen Preis kauft ... selbst dem Gesetz, das er vorschreibt" unterliegt und deshalb das vorherrschende Elend seitens der Arbeiter "nicht so sehr von den Menschen wie von der Macht der Dinge" (ÖPM, S. 118, Anmerkung 74 [MEW 40, S. 495]) hervorgerufen wird. Letztendlich kann niemand, weder individuelle Personen noch

---

[39] Schon in den Grundrissen beschreibt Marx den Umstand, daß die "Tätigkeit des Arbeiters ... nach allen Seiten hin bestimmt und geregelt durch die Bewegung der Maschinerie" wird. Dort nennt er diesen Vorgang die "aktive Subsumtion" der lebendigen Arbeit unter die Maschinerie, vgl. Grundrisse, S. 584f.

[40] Diese Aussage wird hier lediglich als Behauptung aufgestellt. Die Begründung dieser Aussage erfolgt in Abschnitt 3.4.1.1. dieser Arbeit.

Assoziationen von Individuen, die Lohnhöhe bestimmen. So können selbst die Arbeiterassoziationen unter den herrschenden ökonomischen Gesetzen die Lage der Arbeiter nicht gegen die Wirkung dieser Gesetze verbessern. Temporäre Erfolge der Arbeitervereinigungen mögen möglich sein, aber dauerhaft können auch "sie den Gesetzen der Konkurrenz nicht widerstehn"[41]. Das damit angesprochene Grundproblem einer Gesellschaft, in der individuelle Entscheidungsträger Handlungsalternativen ohne eine vorherige planende bzw. koordinierende Absprache auswählen, wird von Engels schließlich wie folgt zusammengefaßt:

> "Nur selten geschieht das Gewollte, in den meisten Fällen durchkreuzen und widerstreiten sich die vielen gewollten Zwecke oder sind diese Zwecke selbst von vornherein undurchführbar ... Die Zwecke der Handlungen sind gewollt, aber die Resultate, die wirklich aus den Handlungen folgen, sind nicht gewollt, ..." (MEW 21, S. 296f.).

Dieses Phänomen tritt unabhängig davon auf, ob die individuellen Handlungsalternativen frei gewählt oder von äußeren Zwängen aufoktroyiert werden. Vielmehr handelt es sich um das Phänomen, daß individuell gewählte Handlungen zu einem Gesamtergebnis führen, welches von keiner der beteiligten Entscheidungseinheiten intendiert wurde. Bei der somit hervorgerufenen Form der Entfremdung geht es nicht mehr um die freie und bewußte Zielauswahl der Handelnden,[42] sondern um die Realisierung dieser - wie auch immer generierten - Zielsetzungen. Kern der so entstehenden Entfremdungsform ist die fehlende Kontrolle über die Realisierung der intendierten Handlungsziele bzw. die mangelnde Einflußmöglichkeit auf die Ergebnisse der Handlungsabläufe. Der Produktionsprozeß der Menschen entzieht sich folglich "ihrer Kontrolle und ihrem bewußten individuellen Tun" (MEW 23, S. 108) und verstößt damit gegen das Ideal der freien und bewußten Tätigkeit des Menschen. Ein letztes Beispiel soll zur Verdeutlichung der damit zusammenhängenden Problematik ausreichen. Hierbei geht es um den Versuch eines individuellen Kapitalisten, mit Hilfe einer neuen Produktionsmethode den individuellen Wert seiner Ware unter den gesellschaftlichen Wert dieser Ware zu senken, um damit einen Extramehrwert zu produzieren. Das "Zwangsgesetz der Konkurrenz" (MEW 23, S. 337) drängt seine Mitkonkurrenten ebenfalls zur Einführung dieser neuen Produktionsmethode. Dadurch verschwindet der Extramehrwert des innovativen Kapitalisten, so daß auch er langfristig lediglich den gesellschaftlich durchschnittlichen Mehrwert produzieren kann (vgl. MEW 23, S. 335-339). Berücksichtigen wir weiterhin, daß derartige neue Produktionsverfahren in der Regel kapitalintensiver sind als die alten Verfahren - weil neue und größere Maschinen eingesetzt werden - und daß der Kapitalist nicht nur an der Mehrwertmasse, sondern primär an dem

---

[41] MEW 6, S. 554, ähnlich auch MEW 2, S. 434 - 436. Schon in der "Heiligen Familie" weisen Marx und Engels bezüglich der "Größe des Arbeitslohns" darauf hin, "daß der Arbeiter gezwungen ist, ihn bestimmen zu lassen, wie der Kapitalist gezwungen ist, ihn so niedrig als möglich zu setzen. An die Stelle der *Freiheit* der kontrahierenden Partei ist der *Zwang* getreten", MEW 2, S. 33.

[42] Die damit zusammenhängende Problematik wurde bereits zu Beginn dieses Abschnitts behandelt.

Verhältnis von Mehrwertmasse zu eingesetztem Kapital interessiert ist, so macht der innovative Kapitalist die folgende Erfahrung: Anstelle der angestrebten Erhöhung der individuellen Profitrate findet er sich letztendlich in einer Situation wieder, in der seine Profitrate gesunken ist. Die Intention des eigenen Verhaltens kann nicht erfüllt werden, weil der individuell handelnde Mensch über das Resultat seiner Handlungen keine Kontrolle besitzt.

Damit wird verständlich, was Marx kritisiert, wenn er von der 'Anarchie der kapitalistischen Produktion'[43] spricht bzw. was Engels mit der Feststellung bemängelt, daß "Produkte und Produktion .. dem Zufall" verfallen (MEW 21, S. 169). Diese Zufälligkeiten erscheinen nur aus Sicht des Individuums als willkürlich ablaufende Ereignisse, die sich einer Kontrolle durch den individuellen Menschen entziehen. Nichtsdestotrotz folgen diese Bewegungen strengen ökonomischen Gesetzmäßigkeiten. Weil aber der einzelne Mensch diese Gesetzmäßigkeiten nicht erkennt bzw. nicht versteht und sie zudem nicht beeinflussen kann, erscheinen sie ihm als willkürliche Geschehen:

> "Solche Gesetze beherrschen auch die Zufälligkeiten der Warenproduktion und des Warenaustausches; dem einzelnen Produzenten und Austauschenden stehn sie gegenüber als fremde, anfangs sogar unerkannte Mächte, deren Natur erst mühsam erforscht und ergründet werden muß." (MEW 21, S. 169).[44]

Im wesentlichen geht es also auch bei diesem Kritikpunkt darum, daß die Menschen als Spielball autonomer Marktkräfte vom "Aktivum .. zum Passivum" (MEW 21, S. 170) degradiert werden.

Überraschend erscheint in diesem Zusammenhang die fehlende Berücksichtigung der Ausbeutung. Ausbeutung, von Marx verstanden als die Tatsache, daß "Mehrarbeit dem unmittelbaren Produzenten ... abgepreßt wird" (MEW 23, S. 231), stellt ein zentrales Thema der ökonomischen Schriften Marx' dar. Für die Entfremdung von der produktiven Tätigkeit aber, und dies dürfte aufgrund der bisherigen Ausführungen deutlich geworden sein, spielt dieses Phänomen eine nur untergeordnete Rolle. Entscheidend für die Entfremdung des Menschen von seiner produktiven Lebenstätigkeit sind die Inhalte und Zwecke der Betätigungen sowie die Tatsache, daß der tätige Mensch sich das Resultat seines Arbeitsprozesses selbst aneignet. Wenn der direkte Produzent hingegen von seinem Arbeitsergebnis getrennt wird, stellt dieses Faktum bereits den Tatbestand der Entfremdung dar. Daß der Produzent als Gegenleistung Produkte erhält, die nicht die gleiche Arbeitsmenge enthalten wie die selbst erbrachte, ist nur von sekundärer Bedeutung. Anders gesagt: Solange der direkte Produzent nicht selbständig und selbstbestimmt tätig ist, muß er selbst für den Fall, daß er nicht ausgebeutet wird, als Opfer der Entfremdung von der produktiven Lebenstätigkeit angesehen werden. Es zeigt sich damit erneut,

---

[43] Vgl. statt vieler ÖPM, S. 113 [MEW 40, S. 478], MEW 6, S. 405, MEW 23, S. 502, 526, 552, MEW 25, S. 270.

[44] Ähnlich z. B. auch MEW 25, S. 839, 887.

daß Marx weniger an den Resultaten als vielmehr an der Qualität der menschlichen Aktivitäten interessiert ist. Für die Etablierung der schöpferischen Lebenstätigkeit des Menschen spielt die Eliminierung der Ausbeutung daher unmittelbar nur eine geringe Rolle.[45]

Aus der Tatsache, daß die Produkte nicht mehr für den eigenen Lebenszweck hergestellt werden, ergibt sich eine weitere Form der Entfremdung von der produktiven Lebenstätigkeit. In der Gesellschaft mit einer kapitalistischen Produktionsweise werden die physischen und geistigen Besonderheiten der Arbeit, also die Individualität und Einzigartigkeit der Tätigkeit eines Individuums, vollständig ausgeschaltet. Relevant ist bei der kapitalistischen Produktion lediglich die 'gesellschaftlich notwendige Arbeitszeit' und damit die "abstrakte Arbeit"[46], nicht aber die konkret besondere Arbeit des individuellen Produzenten. Die zur produktiven Lebenstätigkeit gehörenden speziellen Eigenschaften des handelnden Individuums werden in einer warenproduzierenden Gesellschaft nicht berücksichtigt.[47] Damit verliert der arbeitende Mensch den "*besondren Inhalt* seiner Arbeit". Auch dies ist ein Verstoß gegen die wirkliche menschliche Tätigkeit, da zu ihr "die persönliche Tätigkeit" des individuellen Menschen samt der Ausübung der individuellen Fähigkeiten gehört (vgl. Marx (1863/64), S. 75, 83, 114f.).
Die beiden zuletzt angesprochenen Entfremdungsformen - die fehlende Individualität der menschlichen Tätigkeit und die fehlende Individualität der aus dieser Tätigkeit resultierenden gegenständlichen Ergebnisse - kommen am besten zum Ausdruck durch die bei Marx anzutreffende Trennung von Tausch- und Gebrauchswert. Der Gebrauchswert zeichnet sich dadurch aus, daß er ein nützliches Ding darstellt, das menschliche Bedürfnisse befriedigt und zum Zwecke der Bedürfnisbefriedigung hergestellt wird. Desweiteren erweist er sich als das Ergebnis einer zweckmäßigen, nützlichen, produktiven Tätigkeit. Der Gebrauchswert ist deshalb jenes Resultat, welches sich aus der unentfremdeten Ausübung der menschlichen Arbeitskraft ergibt:

> "Unter Arbeitskraft oder Arbeitsvermögen verstehen wir den Inbegriff der physischen und geistigen Fähigkeiten, die in der Leiblichkeit, der lebendigen Persönlichkeit eines Menschen existieren und die er in Bewegung setzt, sooft er Gebrauchswerte irgendeiner Art produziert." (MEW 23, S. 181).

Der Tauschwert hingegen besitzt diese Eigenschaften nicht. Bei ihm sind sowohl der nützliche Charakter des hergestellten Gegenstandes als auch die Individualität und Zweckmäßigkeit der

---

[45] Dennoch ist die Ausbeutung für die Entfremdung des Menschen nicht vollkommen unbedeutend. Die entscheidende Rolle spielt die Ausbeutung allerdings erst hinsichtlich der Entwicklung der individuellen menschlichen Fähigkeiten. Die volle Bedeutung der Ausbeutung für Entfremdungszustände wird deshalb in Abschnitt 2.2.2. dieser Arbeit deutlich.
[46] Marx definiert "abstrakte Arbeit" als Arbeit, die "absolut gleichgültig gegen ihre besondre *Bestimmtheit*" ist und damit eine "Abstraktion von allen ihren Besonderheiten" darstellt, vgl. Grundrisse S. 204.
[47] Vgl. z. B. MEW 13, S. 17f., 23 und MEW 23, S. 52, 57-61, 192-198, 214-216.

damit verbundenen Tätigkeit nicht mehr existent.[48] Tätigkeiten, deren gegenständliches Ergebnis aus einem Tauschwert besteht, weisen folglich eine Reihe von Entfremdungsphänomenen auf und werden deshalb von Marx ablehnend beurteilt. Dies äußert sich auch darin, daß sich der Tauschwert auf "abstrakt menschliche Arbeit" (MEW 23, S. 52) reduziert und die abstrakte Arbeit dadurch gekennzeichnet ist, daß sie nicht über jene Attribute verfügt, die eine Tätigkeit zur produktiven Lebenstätigkeit des Menschen machen.[49] Damit zeigt sich weiterhin, daß diese Form der Entfremdung ein ebenfalls die Kapitalisten betreffender Tatbestand ist. Der Kapitalist wandelt die Natur nicht selbst für sein eigenes Leben um, so daß ihm die individuelle "Aneignung von Naturgegenständen zu seinen Lebenszwecken" (MEW 23, S. 531) fehlt und er deshalb von der produktiven Lebenstätigkeit entfremdet ist.

Alle bisher beschriebenen Abweichungen der tatsächlich vorliegenden Arbeitsabläufe von dem Ideal der wahren menschlichen Lebenstätigkeit rufen schließlich noch negative Konsequenzen im emotionalen und psychischen Bereich hervor. Wenn Individuen über ein Wertesystem verfügen, das in ihnen ein Bedürfnis nach sinnvollen, selbstbestimmten Tätigkeiten hervorruft, dann müssen die im Rahmen der kapitalistischen Produktionsweise erfolgenden Betätigungen das Gefühl der Bedeutungs- und Sinnlosigkeit mit sich ziehen. Das somit empfundene Gefühl der inneren Leere ist dann ein Symptom des entfremdeten Menschen und kann mit dem Begriff der 'Selbstentfremdung' umschrieben werden. Dieser Ausdruck beschreibt die Erfahrung, daß Menschen in dem, was sie faktisch tun, keinen Sinn und Zweck sehen und diese Betätigungen deshalb als sinn- und wertlos ansehen. Dies trifft vor allem auf die Tätigkeiten zu, die lediglich Tauschwerte produzieren und für den so tätig werdenden Menschen gerade nicht als nützliche, zweckmäßige, seinen individuellen Fähigkeiten und Bedürfnissen entsprechende und somit befriedigende bzw. sinngebende Tätigkeit erscheinen. Mit der bei Marx angesprochenen "*Selbstentfremdung*" (ÖPM, S. 135 [MEW 40, S. 515]) ist folglich eine psychische Dimension der Entfremdung gemeint, die sich als Resultat der entfremdeten Tätigkeit einstellt. Zu dieser psychischen Dimension der Entfremdung zählen ebenfalls die Existenzängste der Menschen, die sich daraus ergeben, daß "kein Mensch seiner Existenz, seiner Lebenslage *sicher* ist" (MEW 4, S. 198).[50]

---

[48] Zu den Marxschen Ausführungen hinsichtlich des Gebrauchs- und des Tauschswertes vgl. z. B. MEW 13, S. 15-24, 37, 42 sowie MEW 23, S. 49-61, 164, 195-198, 214-217.

[49] Zur Bedeutung des Begriffs der abstrakten Arbeit als Tätigkeit ohne die speziellen Eigenschaften und Besonderheiten des individuellen direkten Produzenten vgl. Ollman (1971), S. 178 und Napoleoni (1974), S. 65-67, 127-130, 218-224. Marx setzt sich also nicht deshalb mit dem Tauschwert so ausführlich auseinander, weil er ihn als wichtig für das wahre menschliche Leben ansieht. Im Gegenteil, entscheidend für das dem wahren menschlichen Leben entsprechende Dasein ist nur der Gebrauchswert. Dieser aber, und dies erweist sich als gravierender Nachteil der kapitalistischen Produktionsweise, spielt in der kapitalistisch organisierten Gesellschaft gerade keine Rolle.

[50] Vgl. zur Thematik der Entfremdung in Form einer psychischen Krankheit Fromm (1981), S. 43-54 und Schaff (1980), S. 64f., 74-76.

Die Entfremdung der Menschen von der produktiven Tätigkeit stellt sich zusammenfassend als ein außerordentlich vielschichtiges Problem dar. Im Kern geht es um den Umstand, daß kein Individuum die Ziele und Abläufe des eigenen Handelns frei und bewußt auswählen und durchführen kann, sondern statt dessen von den gesellschaftlichen Verhältnissen und den dort wirkenden sozio-ökonomischen Gesetzen zu bestimmten Handlungen gezwungen wird.

2.2.2. Die Entfremdung des Menschen von der Entwicklung seiner Kräfte

Der sich auf die menschlichen Kräfte, d. h. auf die menschlichen Anlagen und Fähigkeiten beziehende Entfremdungsaspekt deutete sich bereits bei der Behandlung der Entfremdung von der produktiven Lebenstätigkeit des Menschen an. Mehrfach wurden dort die negativen Zustände der Individuen in bezug auf deren körperlich-physischen und geistig-intellektuellen Entwicklungsstand kritisiert. Dieser Zustand zeichnet sich dadurch aus, daß im Rahmen der kapitalistischen Produktionsweise lediglich eine individuelle Anlage - sei sie geistiger oder körperlicher Art - auf Kosten aller anderen Anlagen entwickelt wird (vgl. MEW 4, S. 376, Marx (1863/64), S. 143). Unmittelbare, sichtbare Konsequenz der einseitigen Entwicklung und Ausübung von Fähigkeiten ist im physischen Bereich das Auftreten von körperlichen Verunstaltungen, Zerstörungen der Gesundheit, "*Entleerung des Arbeitsvermögens*", "Schwäche und Siechtum" sowie eine geringe Lebenserwartung. Die Entfremdungsphänomene in der intellektuellen Sphäre bezeichnet Marx mit den Worten "Blödsinn, Cretinismus", also mit dem Erreichen der niedrigsten Bildungsstufe.[51]

Zusätzlich zu diesen offenkundigen Folgen gibt es im Bereich der Entfremdung von den Lebenskräften die weniger leicht erkennbaren Nachteile, die ebenfalls Entfremdungszustände darstellen. Zu ihnen gehört zunächst einmal die Passivierung des menschlichen Verhaltens, d. h. das Fehlen von Lebendigkeit und Aktivität. Das Ideal des aktiven Lebens, welches einen Selbstzweck bildet, wird dadurch nicht verwirklichbar (vgl. Fetscher (1969), S. 91, Fromm (1993), S. 92-96). Darüber hinaus verhindert die einseitige Ausprägung von Fähigkeiten die Selbstverwirklichung des Individuums. Die Entwicklung und Entfaltung des Individuums, die als Kerngedanke das gesamte Marxsche Denken durchläuft, wird unmöglich gemacht und stellt aufgrund der großen Bedeutung dieses Ideals für Marx ein besonders gravierendes Problem dar. Explizites Beispiel für die Kontinuität des Marxschen Denkens in diesem Punkt ist die folgende, aus der 1865 verfaßten Schrift "Lohn, Preis und Profit" entnommene Passage:

> "Zeit ist der Raum zu menschlicher Entwicklung. Ein Mensch, der nicht über freie Zeit verfügt, dessen ganze Lebenszeit - abgesehn von rein physischen Unterbrechungen durch Schlaf, Mahlzeiten usw. - von seiner Arbeit für den Kapitalisten

---

[51] Vgl. statt vieler z. B. ÖPM, S. 133f., 145 [MEW 40, S. 513, 524], MEW 2, S. 225-508, MEW 3, S. 45, 60f., 273, 293, 385, 410f., Marx (1863/64), S. 164, 173, MEW 23, S. 356-385, 421-493, 528-530, 673-675.

> verschlungen wird, ist weniger als ein Lasttier. Er ist eine bloße Maschine zur Produktion von fremdem Reichtum, körperlich gebrochen und geistig verroht." (MEW 16, S. 144).

Als 'Maschine' im Produktionsprozeß fehlt den dort arbeitenden Menschen jegliche Individualität.[52] Die Entwicklung der individuellen Persönlichkeit wird verhindert, so daß es anstelle des "persönlichen Individuums" nur noch Klassen- oder "Durchschnittsindividuen" gibt, die jegliche Individualität vermissen lassen (vgl. MEW 3, S. 74-77). Im Rahmen der kapitalistischen Produktionsweise sind die arbeitenden Menschen deshalb nicht in der Lage, die Entwicklung ihrer Anlagen und Fertigkeiten voranzutreiben. Es bleibt ihnen nur die Möglichkeit, ihre Fähigkeiten außerhalb der Lohnarbeit zu entwickeln. An dieser Stelle kommen wir erneut auf die Ausbeutung zu sprechen. Bei der Behandlung der entfremdeten menschlichen Tätigkeit spielt die Ausbeutung, wie dargestellt, nur eine untergeordnete Rolle. Aber bei der hier interessierenden Entwicklung und Entfaltung der individuellen menschlichen Fähigkeiten zeigt sich die ganze Tragweite der Ausbeutung für das Marxsche Konzept der Entfremdung. Marx weist stets darauf hin, daß die Entwicklung der menschlichen Fähigkeiten von der dafür erforderlichen freien Zeit abhängt, also von jener Zeit, die nicht für die Herstellung der Subsistenzgüter verwendet werden muß.[53] Diese Zeit ist bereits in der kapitalistischen Gesellschaft zu Lebzeiten von Marx vorhanden. Sie äußert sich dort in der Mehrarbeit der Arbeiter, welche definiert ist als jene Arbeitszeit, die über die zur Herstellung der zum Überleben erforderlichen Gegenstände hinausgeht. Der eigentliche Skandal der kapitalistischen Produktionsweise besteht darin, daß die gesellschaftlich vorhandene freie Zeit zwischen den einzelnen Gesellschaftsmitgliedern sehr unterschiedlich verteilt wird:

> "Dies, daß der Arbeiter Surpluszeit arbeiten muß, ist identisch damit, daß der Kapitalist nicht zu arbeiten braucht, ... Andrerseits ist daher auch die *notwendige Arbeitszeit* des Kapitalisten *freie Zeit*, die nicht für die unmittelbare Subsistenz erheischte Zeit. Da alle *freie Zeit* Zeit für die freie Entwicklung ist, ursupiert der Kapitalist die von den Arbeitern geschaffne *freie Zeit* für die Gesellschaft, ..." (Grundrisse, S. 527).
> "In der kapitalistischen Gesellschaft wird freie Zeit für eine Klasse produziert durch Verwandlung aller Lebenszeit der Massen in Arbeitszeit." (MEW 23, S. 552).

Die entscheidende Kritik an der Ausbeutung ist somit nicht die Trennung des direkten Produzenten von dessen Arbeitsergebnis. Diese Trennung liegt selbst dann vor, wenn der Arbeiter - ohne Mehrarbeit zu leisten - sein Arbeitsergebnis an den Kapitalisten abtritt gegen die Zahlung

---

[52] Der tätige Mensch wird damit "in ein Arbeitsvieh" verwandelt, vgl. MEW 25, S. 97. Auch in den "Grundrissen" spricht Marx vom Menschen als "Arbeitsmaschine" sowie von der damit einhergehenden "reinen Vertierung" des Menschen, vgl. Grundrisse, S. 197.

[53] Bei der Herstellung der Subsistenzgüter kann keine produktive Tätigkeit des Menschen im Marxschen Sinne vorliegen, weil der Zweck dieser Betätigung durch die Notwendigkeit des physischen Überlebens vorgegeben wird und deshalb nicht frei wählbar ist.

eines Arbeitslohnes.[54] Relevant an der Ausbeutung ist vielmehr die Tatsache, daß der direkte Produzent durch die Ausbeutung der freien Zeit beraubt wird und deshalb von einer Entwicklung der in ihm potentiell steckenden Anlagen abgehalten wird. Und noch etwas wird aus dieser Argumentation deutlich: Entscheidend für die Existenz von Ausbeutungsverhältnissen ist der Transfer der Mehrarbeit von den arbeitenden Menschen an Personen, die selbst nicht die notwendige Arbeitszeit leisten.[55]

Zusammenfassend sind die geistig und körperlich deformierten Lohnarbeiter weit entfernt vom Ideal eines vielseitig entwickelten Individuums. Aber selbst die Kapitalisten weisen nicht die von Marx angestrebte Entfaltung der individuellen Persönlichkeit auf und sind deshalb - wenn auch aus anderen Gründen - Opfer der Entfremdung. Dafür sorgt bei ihnen primär das fehlende Bedürfnis nach der Selbstverwirklichung und der Entwicklung individueller Anlagen, womit bereits der Aspekt der entfremdeten Bedürfnisse angesprochen ist.

2.2.3. Die Entfremdung des Menschen von den menschlichen Bedürfnissen

Die Entfremdung von den menschlichen Bedürfnissen ist wiederum ein Phänomen, das sowohl die Arbeiter als auch die Nicht-Arbeiter betrifft. Und erneut sind es die Arbeiter, die unter dieser Form der Entfremdung besonders zu leiden haben. Bei ihnen gibt es sowohl eine "viehische Verwildrung, vollständige rohe abstrakte Einfachheit des Bedürfnisses" als auch eine "Raffinirung der Bedürfnisse" sowie "krankhafte Gelüste" (ÖPM, S. 177 [MEW 40, S. 547f.]). Beispiele für die erste Art dieser 'unmenschlichen Gelüste' sind das völlige Fehlen bestimmter Bedürfnisse, z. B. des Bedürfnisses nach Bewegung und Tätigkeit, sowie die Reduktion noch bestehender Bedürfnisse auf ein dem wahren Menschen unangemessen geringes Niveau. Als abschreckendes Beispiel für dieses Entfremdungsphänomen nennen Marx und Engels die Iren

[54] Dieses Argument kann weiter getrieben werden: Stellen wir uns dafür einen mitarbeitenden Arbeitgeber vor, der seinen Arbeitern einen Arbeitslohn zahlt, welcher über dem Wert der Arbeitskraft liegt. Hier würde der Unternehmer einen Teil seiner Mehrarbeit an die Arbeiter übertragen, so daß die Arbeiter ihren Arbeitgeber ausbeuten. Ohne selbst Opfer der Ausbeutung zu sein, würden die Arbeiter trotzdem die Kontrolle über die von ihnen hergestellten Gegenstände verlieren und somit Opfer der entfremdeten Arbeit bleiben. Ein ähnliches Argument findet sich bei Roemer: "Now if everyone started off with the same endowment of means of production and had the same skills and preferences, but all agents produced goods for a market, there would be alienation of labour in this sense", aber keine Ausbeutung, vgl. Roemer (1986a), S. 271.

[55] Aus diesem Grunde ist es legitim, Ausbeutungsverhältnisse ohne den Rückgriff auf die Arbeitswerttheorie zu definieren und statt dessen nur mit dem Transfer von Arbeitszeit zu argumentieren. Vgl. dazu z. B. die auf dem Transfer von Arbeitszeit basierenden Konzepte der Ausbeutung von John E. Roemer, vgl. Roemer (1982a), S. 11, 39-42, 121f., 134-136, Roemer (1982b), S. 84-87, 96f., Roemer (1986b), S. 36-45, 63-72, Roemer (1988), S. 16-23, 36-39, 42-46, 50f. oder beispielsweise auch Laibman (1992), S. 55-70. Roemer erwähnt dabei explizit den Zusammenhang zwischen der Ausbeutung und einer eingeschränkten Möglichkeit zur "self-actualization of *man*". Verursacht wird letztere bei ihm allerdings durch den eingeschränkten Zugang zu materiellen Gütern bzw. dadurch, daß aufgrund der Ausbeutung und der damit verbundenen Einkommensverteilung ein nur eingeschränkter Zugang der Ausgebeuteten zu den materiellen Voraussetzungen für die Selbstverwirklichung vorliegt. Das hier vertretene Zeitargument findet sich bei Roemer hingegen nicht, vgl. Roemer (1982a), S. 272-274.

zur Zeit um 1844, die bezüglich der Aspekte Wohnung, Kleidung und Nahrung das "Minimum der Lebensbedürfnisse" besitzen und in selbst für die damalige Zeit unmenschlichen Bedingungen vegetieren. Bezüglich der genannten Bedürfnisse entpuppt sich der Arbeiter als ein dem Leben entsagendes und bedürfnisloses Wesen, welches über äußerst wenige Genüsse bzw. über "die jämmerlichsten Gelüste" verfügt.[56] Ebenso entfremdet sind begrenzte Bedürfnisse, die aufgrund des geringen technisch-wissenschaftlichen Niveaus und der damit verbundenen Qualität und Quantität der vorhandenen Güter ein - gemessen am unentfremdeten Dasein - zu kleines Volumen aufweisen. Bei Marx findet sich als Beispiel dafür der Mensch "im wilden, barbarischen Zustand" (MEW 40, S. 459). Neben den materiellen Bedürfnissen prangert Marx zudem Entfremdungen im Bereich der immateriellen Bedürfnisse an, z. B. die Entfremdung hinsichtlich des Denkbedürfnisses. Diese Entfremdung äußert sich darin, daß die arbeitenden Menschen keine Zeit besitzen, um sich "Gedanken über sich selbst zu machen". Sie übernehmen daher die von den Ideologen ihrer Gesellschaft fabrizierten Gedanken und verhalten "sich zu diesen Gedanken und Illusionen .. passiv und rezeptiv".[57]
Selbst ein in seinen Bedürfnissen stark reduziertes Wesen benötigt aus Gründen der Erholung und Entspannung vom Arbeitsleben ausgleichende Genüsse, die es dann allerdings übermäßig in Anspruch nimmt:

> "Man entzieht ihnen alle Genüsse außer dem Geschlechtsgenuß und dem Trunk, arbeitet sie dagegen täglich bis zur gänzlichen Abspannung aller geistigen und physischen Kräfte ab und reizt sie dadurch fortwährend zum tollsten Übermaß in den beiden einzigen Genüssen, die ihnen zu Gebote stehen." (MEW 2, S. 327).[58]

Dies ist ein Beispiel für die übermäßigen Bedürfnisse, also für die zweite Form der Entfremdung im Rahmen der menschlichen Bedürfnisse. Neben der "*Maaßlosigkeit* und *Unmässigkeit*" (ÖPM, S. 177 [MEW 40, S. 547]) gibt es zusätzlich noch Bedürfnisse, die vollkommen unmenschlich sind, so daß bereits die geringste Intensität dieser Art von Bedürfnissen eine Entfremdung bedeutet. Als Beispiel nennt Marx das "Bedürfniß des Geldes" (ÖPM, S. 176f. [MEW 40, S. 547]).
Eine ähnliche Form der Entfremdung besteht aus der unmenschlichen Verfeinerung von Bedürfnissen. Hierzu gehört die Schaffung von immer neuen Bedürfnissen, die sich auf Luxusgüter[59] bezieht und deshalb die Kapitalisten betrifft. Allerdings, und dies betrifft wiederum die

[56] Vgl. dazu MEW 2, S. 321-323, ÖPM, S. 178f. [MEW 40, S. 548f.], Marx (1863/64), S. 153. In den "Grundrissen" stellt Marx erneut fest, daß die Iren "das tierischste Minimum von Bedürfnissen" erreicht haben, vgl. Grundrisse, S. 196. Vgl. ebenfalls MEW 6, S. 545.
[57] Vgl. dazu MEW 3, S. 46f., 246.
[58] Dieser Gedanke findet sich ebenso in MEW 6, S. 552 und MEW 18, S. 238.
[59] Luxusgüter werden von Marx sowohl ökonomisch als auch soziologisch interpretiert. Gemäß der ökonomischen Bestimmung zeichnet sich ein Luxusgut dadurch aus, daß es außerhalb der zahlungsfähigen Nachfrage der Arbeiterschaft liegt. Der soziologischen Interpretation folgend sind die Artikel, die nicht zur gewohnheitsmäßigen Bedürfnisstruktur der Arbeiter gehören, als Luxusgüter anzusehen, vgl. dazu Heller (1980b), S. 37-41 sowie Grundrisse, S. 426 und MEW 24, S. 340f., 401f. Dabei ist nach Ansicht Hellers nur die ökonomische

Arbeiter, gibt es noch eine andere Form der verfeinerten Bedürfnisse. Sie bezieht sich auf die Verdrängung des Bedarfsdeckungsprinzips, also auf das Entstehen von unbegrenzten materiellen Bedürfnissen. Als Vorstufe findet die dem wahren menschlichen Wesen widersprechende Ausdehnung eines ansonsten begrenzten und als genügend angesehenen Warenkorbes statt. Selbst wenn eine derartige quantitative Steigerung der Bedürfnisse besteht, kann es sich bei diesem Quantum noch um eine begrenzte Größe handeln. Obwohl begrenzt, sind diese Bedürfnisse nichtsdestotrotz aufgrund ihres zu großen Umfangs entfremdete Bedürfnisse. Diese Ausweitung des ansonsten noch begrenzten Umfangs der benötigten materiellen Güter taucht in Gesellschaften auf, in denen dem wahren Menschen widersprechende Lebensbedingungen herrschen. Derartige Lebensbedingungen rufen das Verlangen nach einer Kompensation hervor, die sich in einem hohen Konsumtionsniveau materieller Artikel äußert. Dieser Typus entfremdeter Bedürfnisse kann schon in vorkapitalistischen Gesellschaftsformen auftreten, d. h. in Gesellschaften, die noch auf dem Prinzip der Bedarfsdeckung basieren und deren Mitglieder über begrenzte Bedürfnisse hinsichtlich der materiellen Gegenstände verfügen. Die Eliminierung der Begrenztheit der materiellen Bedürfnisse ist hingegen ein Zustand, der in präkapitalistischen Gesellschaften nicht vorzufinden ist. Diese Unbegrenztheit gipfelt schließlich in dem Wunsch, "dereinst mit hohem materiellen Gewicht an Geld und Gut belastet ins Grab zu sinken". Ein derartiges Verhalten, das aus Sicht präkapitalistischer Menschen "nur als Produkt perverser Triebe ... erklärlich" scheint, ist nur im Kapitalismus anzutreffen und als solches integraler Bestandteil des kapitalistischen Systems.[60] Und diesen Umstand, also die Anhäufung von Gütern über den individuellen Bedarf hinaus, prangert Marx an, wenn er folgenden Ausruf zitiert: "Du berechnest deine Güter, du solltest vorher deine Jahre berechnen" (MEW 8, S. 206).

Die dargestellten entfremdeten Bedürfnisse weisen also sowohl in quantitativer als auch in qualitativer Hinsicht eine Abweichung von den wahren menschlichen Bedürfnissen auf. Quantitativ äußert sich diese Entfremdung in Form einer Steigerung der Bedürfnisse ins Unendliche oder in einer Reduzierung, qualitativ in einer Unterbindung und Verkümmerung der Bedürfnisse, die nicht quantifizierbar sind bzw. die immaterieller Art sind. Letztendlich aber münden alle Formen der entfremdeten Bedürfnisse in dem Bedürfnis des Habens bzw. in der Habsucht. Hierbei handelt es sich um eine spezielle Form des "Brauchens", bei der das Ziel eines Men-

---

Begriffsbestimmung die "einzig relevante Interpretierung". Da aber im Normalfall beide Definitionen zusammenfallen, vgl. Elster (1985), S. 69, kann eine Entscheidung für eine Definition im Rahmen dieser Arbeit unterbleiben.

[60] Vgl. Weber (1905), S. 12f., 60. Ebenso sieht Sombart dieses Verhalten, das er mit dem Begriff des Erwerbsprinzips umschreibt, nur in kapitalistischen Gesellschaften als Leitmotiv. Zweck des Erwerbsprinzips ist nicht mehr unmittelbar "die Bedarfsbefriedigung eines lebendigen Menschen, sondern ausschließlich die Vermehrung einer Geldsumme .. . Diese Zwecksetzung ist der Idee der kapitalistischen Organisation immanent". Sombart (1928), S. 320.

schen darin besteht, "so viel haben zu müssen, als er selbst sich anzueignen vermögend ist" (MEW 3, S. 190). Die Reduzierung aller Bedürfnisse auf dieses eine Bedürfnis trifft erneut alle Klassen. Entscheidender Kritikpunkt von Marx ist damit die Tatsache, daß in der kapitalistischen Gesellschaft eine Bedürfnisbefriedigung nur noch über Konsumaktivitäten erreicht wird. Subjektive Zufriedenheit und Wohlbefinden werden lediglich über den Akt "der rein konsumtiv orientierten Bedürfnisbefriedigung" erlangt. Die Sphäre der Tätigkeit wird hingegen nicht mehr als Quelle der Zufriedenheit angesehen (vgl. Leiss (1978), S. 130-136, 149f.).[61] Der vom "Konsumgeist" beseelte Mensch, dessen Hauptziel darin besteht, "immer mehr zu konsumieren, um auf diese Weise seine innere Leere, Passivität und Angst zu kompensieren" (Fromm (1965a), S. 405), ist das genaue Gegenteil des aktiven Menschen, den Marx sich vorstellt.

Da die Befriedigung der Bedürfnisse integraler Bestandteil der unentfremdeten Bedürfnisse ist, stellt schließlich auch die fehlende bzw. die nur mangelhaft erfolgende Bedürfnisbefriedigung einen Entfremdungstatbestand dar (vgl. Elster (1985), S. 54, 68, 76f.). Wenn ein menschliches Bedürfnis nicht befriedigt wird, hat das die Konsequenz, daß die davon betroffene Begierde zu einer das Individuum beherrschenden Macht wird.[62] Die mangelnde Befriedigung des Bedürfnisses nach Nahrung beispielsweise ruft einen Hunger hervor, der das gesamte Handeln des Menschen bestimmt, so daß "sein Magen zu einer Macht »*in* ihm *über* ihm«" wird (vgl. MEW 3, S. 86), d. h. daß "sein Magen zum Herrn über ihn, die Begierde des Essens zur fixen Begierde und der Gedanke ans Essen zur fixen Idee" (MEW 3, S. 238) wird.[63] Ohne die materiellen Voraussetzungen zur Bedürfnisbefriedigung kommt es zu einer Situation, in der die nicht befriedigten Bedürfnisse eine Herrschaft über das individuelle Verhalten ausüben und dem davon betroffenen Menschen die freie bewußte Tätigkeit unmöglich machen. Etwas allgemeiner gefaßt ist eine Passage in den "Randglossen zu Adolph Wagners 'Lehrbuch der politischen Ökonomie'", in der die Entfremdung aufgrund nicht befriedigter Bedürfnisse wie folgt beschrieben wird:

---

[61] Eine damit verbundene Form der entfremdeten Bedürfnisse ist die in anderen Bereichen des menschlichen Lebens ebenfalls anzutreffende Umkehrung von Zielen in Mittel, also die Degradierung von einem dem wahren Menschen entsprechenden Ziel in ein bloßes Mittel. So sind beispielsweise die produktive Tätigkeit und das Bedürfnis nach Gemeinschaft im Kapitalismus keine Selbstzwecke, sondern nur Mittel zur Befriedigung eigener Privatinteressen, vgl. dazu Heller (1980b), S. 52-55, die weitere Beispiele für diese Entfremdungsform angibt.

[62] Es ist nochmals daran zu erinnern, daß Marx unter einem Bedürfnis ein Verlangen im Sinne von Benötigen bzw. im Sinne des englischen Ausdrucks 'need' versteht, vgl. dazu Abschnitt 1.2.4. dieser Arbeit.

[63] Diese Idee findet sich auch in den "Resultaten des unmittelbaren Produktionsprozesses", in denen Marx James Steuart zitiert: "Menschen sind jetzt gezwungen zu arbeiten, weil sie *Sklaven ihrer eignen Bedürfnisse* sind", Marx (1863/64), S. 131. In leicht abgewandelter Form zitiert Marx diese Passage erneut im ersten Band des "Kapitals", vgl. MEW 23, S. 676, Fußnote 90. Vgl. ebenfalls MEW 26.3, S. 93.

"... solange das Bedürfnis des Menschen nicht befriedigt ist, ist er im *Unfrieden* mit seinen Bedürfnissen, also mit sich selbst" (MEW 19, S. 363).[64]

Damit befinden wir uns in einem entscheidenden Bereich der subjektiv empfundenen Entfremdung, nämlich der Unzufriedenheit aufgrund der fehlenden Befriedigung bestimmter menschlicher Bedürfnisse. Solange die Menschen über ein gegebenes Volumen konkret empfundener Bedürfnisse verfügen, solange also das 'Prinzip des Genügens' vorherrscht, ist es - zumindest grundsätzlich - möglich, alle empfundenen Bedürfnisse zu befriedigen und damit die Unzufriedenheit im Sinne des oben genannten 'Unfriedens' zu verhindern. Sobald aber Maßlosigkeit und unbegrenzte Bedürfnisse vorliegen, ist dies nicht mehr der Fall. Unbegrenzte Bedürfnisse sind per definitionem nicht vollständig zu befriedigen, so daß eine Person mit unbegrenzten Bedürfnissen unzufrieden sein muß.[65] Sobald das Prinzip der begrenzten Bedürfnisse aufgegeben wird, kommt es zur Unzufriedenheit.

Schließlich gehört noch die qualitative Einseitigkeit der hergestellten Produkte (vgl. MEW 26.3, S. 283) zum Aspekt der entfremdeten Bedürfnisse, da homogene Produkte nicht die individuell unterschiedlichen, also heterogenen Bedürfnisse der Menschen befriedigen können. Folglich kann das "besondre natürliche Bedürfnis" (Grundrisse, S. 154) des Menschen nicht befriedigt werden, so daß der Mensch auch aus diesem Grund "im *Unfrieden* ... mit sich selbst", d. h. entfremdet, ist. Gleiches gilt für den bereits im Abschnitt 2.2.1. dieser Arbeit angesprochenen Verlust eines Konsumgegenstandes im Rahmen der materiellen Produktion, wodurch das mit diesem Gegenstand verknüpfte Bedürfnis unbefriedigt bleibt. Aus der fehlenden Bedürfnisbefriedigung ergeben sich wiederum zwei Konsequenzen. Einerseits führt dies zu den bereits genannten Enttäuschungen und Frustrationen. Andererseits wird durch die nicht erfolgende Bedürfnisbefriedigung die bereits dargestellte Generierung neuer Bedürfnisse verhindert, so daß die volle Entwicklung der menschlichen Bedürfnisse für die betroffene Person unterbleibt.

Ausfluß des Zusammenspiels von entfremdeten Bedürfnissen und der Entfremdung von den menschlichen Kräften ist schließlich noch die Existenz eines falschen Bewußtseins, d. h. das Vorliegen eines entstellten Bildes der Wirklichkeit (vgl. Fromm (1981), S. 20).[66] Das Bewußtsein wird von Marx und Engels verstanden "als das im Menschenkopf umgesetzte und über-

---

[64] Diese Unzufriedenheit liegt ebenfalls vor, wenn die Konsumenten mangels hinreichender Kenntnisse über die Eigenschaften von Produkten nicht wissen, ob diese Produkte einen angemessenen Gegenstand für die Befriedigung ihrer Bedürfnisse darstellen, vgl. Leiss (1978), S. 139.

[65] Auch ein optimaler Konsumplan als Resultat der individuellen Nutzenmaximierung unter Nebenbedingungen läßt konkret empfundene Bedürfnisse unbefriedigt und sorgt damit für Unzufriedenheit im beschriebenen Sinne.

[66] Schmidt sieht bei Marx "zwei Grundformen des falschen Bewußtseins, Mythologie und Ideologie", vgl. zu dieser Unterscheidung Schmidt (1993), S. 144.

setzte Materielle" (MEW 23, S. 27), als ideologisches Echo auf den Lebensprozeß (vgl. MEW 3, S. 26) bzw. als das Spiegelbild der Realität:

> "Eine exakte Darstellung des Weltganzen, seiner Entwicklung und der der Menschheit, sowie des Spiegebildes dieser Entwicklung in den Köpfen der Menschen..." (MEW 20, S. 22).

Zusammenfassend kann das Bewußtsein als die "Widerspiegelung des Seienden" (Fetscher (1984), S. 216) umschrieben werden. Ein nicht entfremdetes Bewußtsein ist damit die Wahrnehmung des Menschen, mit der er die Realität so erkennt und erfaßt, wie sie wirklich ist. Die Individuen in der kapitalistischen Gesellschaft aber nehmen die Realität nur verzerrt wahr.[67] Von den vielen Beispielen der verzerrten Wahrnehmung, und damit des falschen Bewußtseins, seien hier nur wenige exemplarisch aufgeführt.[68]
Hierzu gehört die <u>Wahrnehmung des Arbeitslohnes als Preis für die Arbeit</u>, obwohl es sich bei ihm tatsächlich um den Preis für die Arbeitskraft handelt. Als Folge dieser verzerrten Wahrnehmung ist es unmöglich, das Phänomen der Ausbeutung zu verstehen. Wenn nämlich der Wert der Arbeitskraft mit dem Wert der Arbeit verwechselt wird, geht die Teilung des Arbeitstages in die notwendige Arbeit und die Mehrarbeit verloren, so daß letztlich die gesamte "Arbeit .. als bezahlte Arbeit" erscheint (vgl. MEW 23, S. 557-564).[69] Damit verkennen die Arbeiter, daß sie nicht den gesamten Arbeitstag bezahlt bekommen, sondern nur jenen Teil, der dem Wert der zur Reproduktion ihrer Arbeitskraft erforderlichen Gegenstände entspricht. Weitere Beispiele für das falsche Bewußtsein sind die <u>Hinnahme der Gegenwart als unveränderlicher Zustand</u> sowie die widerspruchslose Akzeptanz des Auseinanderfallens von dem, was die Menschen wirklich brauchen und dem, was sie begehren. Ein Opfer der verzerrten Wahrnehmungen seiend, nimmt der Mensch seine wahren Bedürfnisse und Motive nicht wahr und besitzt dadurch ein falsches Bewußtsein. Konkret äußert sich dies z. B. darin, daß die kapitalistischen Arbeiter eine "*Liebe zur Arbeit*" entwickeln und damit "einen selbstverschuldeten Anteil" an ihrer eigenen Unterdrückung haben (vgl. Negt (1987), S. 182).[70] Ebenfalls damit

---

67 Genaugenommen sind alle bisher lebenden Generationen von Menschen Opfer eines falschen Bewußtseins, denn in der Vorrede zur "Deutschen Ideologie" stellen Marx und Engels fest, daß sich die Menschen "bisher stets falsche Vorstellungen über sich selbst gemacht" haben, vgl. MEW 3, S. 13.
68 Eine bereits genannte Form des falschen Bewußtseins besteht aus den entfremdeten Bedürfnissen der Menschen, weil sie sich dadurch falsche Vorstellungen über das machen, was sie wirklich benötigen, vgl. dazu Ignatieff (1993), S. 103, 133.
69 Gleichzeitig erscheint "die gesellschaftliche Produktivkraft der Arbeit ... als Produktivkraft, die das Kapital von Natur besitzt, als seine immanente Produktivkraft", MEW 23, S. 353, so daß Kapital produktiv zu sein scheint.
70 Dieser Gedanke geht auf Lafargue zurück, vgl. Negt (1987), S. 182. Marx spricht in diesem Zusammenhang davon, "daß die Surplusarbeit über das Notwendige hinaus selbst allgemeines Bedürfnis ist", wobei dieses Bedürfnis allerdings damit zusammenhängt, daß die arbeitenden Menschen durch diese Mehrarbeit ihre künstlich ausgedehnten, also entfremdeten Bedürfnisse befriedigen wollen, vgl. Grundrisse, S. 231. Engels schreibt ausdrücklich von Menschen, die "so weit heruntergekommen sind, daß sie sich über ihre eigne Knechtung und Vereinseitigung *freuen*", MEW 20, S. 273.

verknüpft ist das fehlende Bedürfnis - und damit der fehlende Wille - nach radikalen Wandlungen auf seiten der Arbeiter. Sie nehmen statt dessen die Ungerechtigkeiten und Ungleichheiten als Teil einer naturgegebenen und daher unveränderlichen Ordnung hin und akzeptieren die bestehende Gesellschaftsordnung "als unbestreitbare und unumstrittene Notwendigkeit" (MEW 17, S. 593). Auch ein hoher materieller Lebensstandard sorgt dafür, daß die Masse der Arbeiter ihre ökonomische und politische Entfremdung nicht mehr wahrnimmt. Letztlich bejahen die Ausgebeuteten sogar die Wirtschaftsordnung, die ihre Ausbeutung ermöglicht, garantiert und perpetuiert.[71] Bei Marx findet sich dieser Vorwurf beispielsweise in seinen Ausführungen anläßlich des Staatsstreichs Bonapartes vom 2. Dezember 1851, in denen er bedauert, daß die Arbeiter "das revolutionäre Interesse ihrer Klasse über einem augenblicklichen Wohlbehagen vergessen konnten" (MEW 8, S. 157). Ausdruck des falschen Bewußtseins ist weiterhin der Warenfetischismus, mit dem ein Austauschverhältnis beschrieben wird, welches scheinbar zwischen Dingen herrscht, obwohl es sich dabei tatsächlich um ein Verhältnis zwischen Menschen als Erzeugern von Gegenständen handelt, also um ein Verhältnis zwischen den produktiven Tätigkeiten der Menschen. In den "Grundrissen" beschreibt Marx dies als das Faktum, daß "die gesellschaftliche Beziehung der Personen in ein gesellschaftliches Verhalten der Sachen verwandelt" (Grundrisse, S. 75) ist.[72] Zudem verschleiert der unpersönliche Tausch von Objekten den gesellschaftlichen Charakter des Produktionsprozesses, so daß eine weitere Form der Entfremdung vorliegt.[73]

Schließlich ist die mit der religiösen Entfremdung verbundene fehlerhafte Selbsteinschätzung der Menschen vorzustellen. Hierbei handelt es sich um die chronologisch betrachtet erste Form der Entfremdung im Rahmen der Marxschen Analyse, die auf Feuerbach zurückgeht. Ausgangspunkt dieses Gedankenganges ist die Annahme, daß es sich bei dem übernatürlichen Wesen 'Gott' um ein Wesen handelt, welches als das geistige Produkt des Menschen anzusehen ist.[74] Dabei projiziert der Mensch einen Teil seiner eigenen Wesensmerkmale auf dieses Geschöpf. Die Übertragung menschlicher Eigenschaften auf das vom Menschen geschaffene Wesen führt dazu, daß diese Eigenschaften beim Menschen selbst nicht mehr als vorhanden angesehen werden. Der Mensch beraubt sich damit der ihm eigenen Züge zugunsten seines geistigen Produktes und fühlt sich aufgrund des Fehlens dieser Eigenschaften elend, nichtig und machtlos. Weiteres Element der religiösen Entfremdung ist der Umstand, daß sich das vom Menschen geschaffene Geschöpf autonomisiert und eine Herrschaft über seinen eigenen Schöpfer gewinnt:

---

[71] Vgl. dazu Reich (1935), S. 116, Vranicki (1968), S. 107, Fetscher (1969), S. 92, Arnold (1990), S. 37-39, 46, 52 und Lichtman (1990), S. 18-22, 40f., 55-57.

[72] Im "Kapital" nennt Marx diesen Umstand "Fetischismus", vgl. MEW 23, S. 86f.

[73] Vgl. z. B. Schaff (1965a), S. 162f., Schaff (1977), S. 65, 124, Elster (1985), S. 96f., Arnold (1990), S. 37, Israel (1985), S. 98-101 sowie MEW 23, S. 85-90.

[74] "Der *Mensch macht die Religion*, die Religion macht nicht den Menschen", MEW 1, S. 378, ähnlich auch MEW 1, S. 231.

"Ganz wie in dem religiös befangnen Denkprozeß das Produkt des Denkens die Herrschaft über das Denken selbst nicht nur beansprucht, sondern ausübt." (MEW 26.3, S. 271f.).
"Hat sich der Mensch sein Verhältnis zu seiner eignen Natur, zu der äußren Natur und zu den andren Menschen in *religiöser Form* verselbständigt, so daß er von diesen Vorstellungen beherrscht wird, ..." (MEW 26.3, S. 486).[75]

Resümierend ist darauf hinzuweisen, daß sich die verschiedenen Beispiele der verzerrten Wahrnehmung der Realität durch zwei Arten von Illusionen auszeichnen, nämlich durch die Illusionen bezüglich der Kausalitäten und die der Legitimität. Klar erkennbar wird dies bei der Ausbeutung der Arbeiter, die im wesentlichen auf zwei Illusionen seitens der Arbeiterschaft basiert. Die erste Illusion ist die Annahme, daß das Kapital, genauer das konstante Kapital, produktiv sei.[76] Die zweite illusionäre Vorstellung ist die, daß der Produktionsmittelbesitz durch die Kapitalisten legitim sei. Beide Annahmen führen zu dem Glauben, daß auch die Partizipation der Kapitalisten an dem Arbeitsprodukt legitim sei, und nur so ist die Ausbeutung der Arbeiter ohne die Anwendung von Gewalt möglich (vgl. Elster (1985), S. 105-107).[77] Die Konsequenz aller Formen eines falschen Bewußtseins ist daher in letzter Instanz die fehlende Erkenntnis der Arbeiter, daß sie Opfer der Entfremdung sind, so daß der Wille zur Überwindung der herrschenden Zustände bei ihnen nicht vorliegt. Schon in der Einleitung "Zur Kritik der Hegelschen Rechtsphilosophie" bemängelt Marx daher, daß "keine Klasse der bürgerlichen Gesellschaft das Bedürfnis ... der allgemeinen Emanzipation" besitzt (vgl. MEW 1, S. 390).

Das zusammenfassende Resultat der Entfremdung von den menschlichen Fähigkeiten und Bedürfnissen ist eine Lebensweise, die nur noch nach dem "Sinn des *Habens*" (ÖPM, S. 164 [MEW 40, S. 540]) bzw. "der alten Weise des Habens" (MEW 2, S. 44) und der Habsucht folgend geführt wird. Das gesamte menschliche Streben zielt lediglich auf das Besitzergreifen und Besitzen ab, welches jegliche weitere Aktivität vermissen läßt und sich statt dessen durch die "ekelhaften Laster der Passivität" (MEW 1, S. 63) auszeichnet. Zufriedenheit und Wohlbefinden werden - wenn überhaupt - nur noch aus Konsumaktivitäten gezogen. Damit hat sich "der sachliche Reichtum als Selbstzweck ... auf Kosten des menschlichen Individuums" (Marx (1863/64), S. 143) entwickelt. Die der wahren menschlichen Existenz entsprechende Aktivität, d. h. die unentfremdete Ausübung aller Kräfte und Fähigkeiten des Menschen, wird durch diese

[75] Diese Idee, nach der das geistige Produkt des Menschen zu einer ihn beherrschenden, fremden und feindlichen Macht wird, findet sich im "Kapital" wieder: "Wie der Mensch in der Religion vom Machwerk seines eignen Kopfes, so wird er in der kapitalistischen Produktion vom Machwerk seiner eignen Hand beherrscht", MEW 23, S. 649. Zur religiösen Entfremdung, vor allem auch zu den auf Feuerbach zurückgehenden Ideen, vgl. Schaff (1965a), S. 143-152 und Israel (1985), S. 50-52.
[76] Vgl. dazu statt vieler MEW 23, S. 353.
[77] Die Unkenntnis der Zusammenhänge von Arbeitszeit, Arbeitslohn, Wert und Mehrwert äußert sich besonders eindrucksvoll in der Akzeptanz der Kategorie Arbeitslohn, so daß Röhrich "den »Arbeitslohn« als die wohl wichtigste ideologische Daseins- und Bewußtseinsform der kapitalistischen Gesellschaft" ausweist, vgl. Röhrich (1989), S. 115.

Verengung auf das Besitzen und Haben unmöglich gemacht. Deshalb kann Marx feststellen, daß "das menschliche Wesen" auf die "absolute Armuth" reduziert ist und daß der Mensch mit der Herstellung eines größeren materiellen Reichtums als Mensch immer ärmer wird.[78]

2.2.4. Die Entfremdung des Menschen von seinem sozialen Charakter

Referenzpunkt dieser Form der Entfremdung ist der soziale Charakter des Menschen, der egoistische Verhaltensweisen sowie einen Konflikt zwischen den Interessen des Individuums und denen der Gemeinschaft ausschließt. Von entscheidender Bedeutung ist in diesem Zusammenhang der Vorwurf der egoistischen Lebensweise. Egoismus wird von Marx nicht gleichgesetzt mit jeder Form der Verfolgung des Eigeninteresses des Menschen. Von einem egoistischen Verhalten spricht Marx erst dann, wenn der handelnde Mensch keinerlei Rücksichten auf seine Mitmenschen nimmt, also "willkürlich ... ohne Beziehung auf andre Menschen, unabhängig von der Gesellschaft" handelt (vgl. MEW 1, S. 365). Diese Form der Trennung der Menschen voneinander, bei der jeder "als isolierter auf sich zurückgezogener Monade" (MEW 1, S. 364) lebt, ist es, die von Marx als egoistisches Verhalten bzw. als "Selbstsucht" (MEW 1, S. 223) bezeichnet wird. Und für diesen Egoismus gibt es zahlreiche Beispiele in einer Gesellschaft der kapitalistischen Produktionsweise.

Zunächst einmal ist festzustellen, daß in einer kapitalistischen Gesellschaft die menschlichen Beziehungen nur noch von Erwägungen der "Brauchbarkeit" bestimmt sind und deshalb lediglich ein "Nützlichkeits- und Benutzungsverhältnis" darstellen (vgl. MEW 3, S. 394). Einerseits geht damit das Individuelle und Eigentümliche der zwischenmenschlichen Beziehungen verloren, da sämtliche Beziehungen nur noch auf das Kriterium der Nützlichkeit reduziert werden. Andererseits führt die ausschließliche Konzentration auf dieses Kriterium dazu, daß jedes Individuum versucht, seine Mitmenschen für die Verfolgung der eigenen Ziele zu benutzen. Der Mitmensch wird zu einem bloßen Mittel degradiert. Darüber hinaus resultiert aus dieser Benutzung der Mitmenschen der Versuch, den anderen Menschen zwecks Erreichung eigener Ziele auszubeuten und zu übervorteilen (vgl. MEW 1, S. 354f., MEW 3, S. 394).[79] Der Verstoß gegen das gesellschaftliche Wesen des Menschen äußert sich weiterhin darin, daß es zum Auseinanderfallen vom individuellen und vom gemeinschaftlichen Interesse kommt. Das Individuum beachtet bei seinen Handlungen nicht mehr die Interessen der Gemeinschaft bzw. die der Mitmenschen. Es verhält sich als ein habsüchtiges, selbstsüchtiges und egoistisches Wesen, welches aufgrund der übersteigerten Sorge um das eigene Wohl nicht einmal mehr das eigene An-

[78] Vgl. ÖPM, S. 132, 164, 176 [MEW 40, S. 511, 540, 547].

[79] Engels beschreibt diesen Umstand wie folgt: "... jeder muß suchen, so teuer wie möglich zu verkaufen und so billig wie möglich zu kaufen. Bei jedem Kauf und Verkauf stehen sich also zwei Menschen mit absolut entgegengesetzten Interessen gegenüber; der Konflikt ist entschieden feindselig, denn jeder kennt die Intentionen des andern, weiß, daß sie den seinigen entgegengesetzt sind", MEW 1, S. 503.

gewiesensein auf die Mitmenschen wahrnimmt.[80] Als selbstsüchtige Menschen, die alles für sich selbst wollen, sind aus den Menschen "reine Ichs" (MEW 3, S. 423) geworden, für die soziale Lebensaspekte wie "Theilnahme mit allgemeinen Interessen, Mitleiden, Vertrauen etc" (ÖPM, S. 181 [MEW 40, S. 550]) keine Bedeutung mehr besitzen. Damit liegen ein asozialer Charakter der Menschen und ein Gegeneinander der Individuen vor, was mit dem Menschen als 'zoon politikon' unvereinbar ist.

Schon der erste Satz der ÖPM, der eine zusammenfassende Wiedergabe Smithscher Gedanken ist, registriert dieses Gegeneinander: "*Arbeitslohn* wird bestimmt durch den feindlichen Kampf zwischen Capitalist und Arbeiter" (ÖPM, S. 85 [MEW 40, S. 471]).[81] Marx beginnt seine Ausführungen also mit dem Klassengegensatz, der sich als Kerngedanke durch sämtliche seiner Werke zieht und der in allen diesen Werken nichts von seinem gewalttätigen und kriegsähnlichen Charakter verliert. Was sich allerdings im Laufe seiner Werke verändert, ist der Inhalt, auf den sich diese Auseinandersetzungen beziehen. Geht es in den ÖPM primär um die Höhe des Arbeitslohnes, so nimmt dieser Aspekt im "Kapital" nur eine untergeordnete Position ein. Die Kapitalisten versuchen zwar immer noch, den Preis der Arbeitskraft unter deren Wert zu drükken,[82] praktisch aber interessiert den Kapitalisten "nur die Differenz zwischen dem Preis der Arbeitskraft und dem Wert, den ihre Funktion schafft" (MEW 23, S. 564), so daß der Hauptstreitpunkt zwischen beiden Klassen nun die Länge des Arbeitstages ist:

> "Und so stellt sich in der Geschichte der kapitalistischen Produktion die Normierung des Arbeitstags als Kampf um die Schranken des Arbeitstags dar - ein Kampf zwischen dem Gesamtkapitalisten, d.h. der Klasse der Kapitalisten, und dem Gesamtarbeiter, oder der Arbeiterklasse." (MEW 23, S. 249).
> "Die Schöpfung eines Normalarbeitstags ist daher das Produkt eines langwierigen, mehr oder minder versteckten Bürgerkriegs zwischen der Kapitalistenklasse und der Arbeiterklasse." (MEW 23, S. 316).[83]

Kampf und Krieg - an der gewalttätigen Form der Auseinandersetzung ändert sich nichts, nur das Streitobjekt des "Kapitals" ist ein anderes als jenes der ÖPM. Grund für die neue Schwerpunktsetzung dürfte die in den Spätwerken vorliegende ausgearbeitete Werttheorie von Marx sein. So wird im Rahmen seiner Werttheorie der "Wert der Arbeitskraft, gleich dem jeder andren Ware, .. bestimmt durch die zur Produktion, also auch Reproduktion, dieses spezifischen

80 Vgl. z. B. ÖPM, S. 157, 180f., 209, 212f. [MEW 40, S. 534, 550, 558, 560f.], MEW 3, S. 61, 74-77, 164, 226-230. Die genau Bedeutung dieses Auseinanderfallens der beiden Interessenarten wird am Ende dieses Abschnitts erklärt.
81 Hierzu gehört auch der Verteilungskonflikt, der sich aus dem Umstand ergibt, daß der "*Profit .. in dem Maße*" steigt, "*worin der Arbeitslohn fällt*", MEW 6, S. 414.
82 Vgl. z. B. MEW 23, S. 332f., 549, 626. Dort weist Marx auf die praktische Relevanz dieses Vorgehens hin, welches er in der Regel aus Gründen der klareren Analyse dadurch ausschließt, daß eine seiner Annahmen aus der Voraussetzung besteht, Waren stets zu ihrem Wert zu (ver-) kaufen.
83 Ebenso erwähnt Marx in den "Theorien über den Mehrwert" die "Gegensätze zwischen master and men", die sich auf "die time of labour" beziehen, vgl. MEW 26.3, S. 253.

Artikels notwendige Arbeitszeit" (MEW 23, S. 184). Der Wert der Arbeitskraft ist für einen bestimmten Ort, einen bestimmten Zeitpunkt und eine bestimmte Produktionstechnologie eine gegebene Größe. Damit ist zugleich die täglich notwendige Arbeitszeit eine gegebene Größe. Unbestimmt, und deshalb das Streitobjekt der beteiligten Klassen, ist hingegen die Dauer der Mehrarbeit und damit schließlich die Länge des Arbeitstages.[84] Neben diesem Stein des Anstoßes gibt es weitere Auseinandersetzungen, z. B. über die Arbeitsintensität, die Arbeitsbedingungen sowie bezüglich des Einsatzes von Maschinen.[85] Gerade der zuletzt genannte Konflikt bricht allerdings erst aus, wenn die entwickelte Form der kapitalistischen Produktionsweise, also das Maschinenwesen, existiert. In diesem Fall kann sogar "die brutale Revolte des Arbeiters gegen das Arbeitsmittel" (MEW 23, S. 455) stattfinden.

Auch wenn sich die Marxsche Analyse, vor allem in den ökonomisch orientierten Spätwerken, hauptsächlich mit dem gegensätzlichen Verhältnis von Arbeiterklasse und Kapitalistenklasse beschäftigt, so übersieht Marx die sich widersprechenden Interessenlagen anderer gesellschaftlicher Gruppen nicht. Besonders in den ÖPM werden sowohl die Interessengegensätze zwischen den verschiedenen Klassen als auch die innerhalb einzelner Klassen behandelt. So gibt es im Rahmen der zwischen den Klassen auftretenden Konflikten den "*Kampf zwischen Pächter* und *Grundeigenthümer*" über die Festlegung der Grundrentenhöhe (vgl. ÖPM, S. 91, 108 [MEW 40, S. 499, 503]). Außerdem liegt eine konfliktreiche Interessenlage zwischen Grundeigentümern und Ackerknechten über die Höhe des Arbeitslohnes vor (vgl. ÖPM, S. 108 [MEW 40, S. 503]). Des weiteren herrscht ein Gegeneinander in dem Verhältnis von Grundeigentümern zu Kapitalisten, so daß Marx von "*zwei großen Interessen*, worin die *Bourgeosie* sich spaltet - Grundeigentum und Kapital" (MEW 8, S. 139) schreibt. In "Das Elend der Philosophie" geht Marx sogar so weit, von einem Haß zu sprechen, "den der industrielle Kapitalist gegen den Grundbesitzer hegt, der ihm ein nutzloses, überflüssiges Ding in dem Getriebe der bürgerlichen Produktion ist" (MEW 4, S. 171). Praktisch zeigte sich dieser Konflikt beispielsweise bei den politischen Kämpfen über die Korngesetzgebung in England, durch die von 1815 bis 1846 ein Einfuhrzoll auf ausländisches Getreide erhoben wurde. Gegen diese Gesetzgebung waren die an niedrigen Löhnen, und damit an billigen Nahrungsmitteln interessierten Kapitalisten; für die Erhebung von Einfuhrzöllen sprachen sich hingegen die Grundeigentümer aus, die sich um einen hohen Getreidepreis bemühten.[86] Neben diesen intergruppalen Gegensätzen der Interessen gibt es zusätzlich noch ein Auseinanderfallen von einzelnen Klasseninteressen und dem Interesse der Gemeinschaft. Smith wiedergebend stellt Marx in diesem Zusammenhang fest, daß

[84] Mögliche Abweichungen vom Gesetz des Warentausches sind in diesem Zusammenhang ausgeschlossen.
[85] Vgl. dazu MEW 23, S. 431, 527.
[86] Vgl. Höppner (1988), S. 252, Anmerkung 39. Im "Kapital" spricht Marx im Zusammenhang mit der Korngesetzgebung vom "Zank zwischen den zwei Fraktionen der herrschenden Klasse". MEW 23, S. 704.

> "... das Interesse d[es] Capitalisten selbst vom gemein nationalökonomischen Gesichtspunkt aus feindlich der Gesellschaft gegenübersteht, da die Erhöhung des Capitalgewinns wie das zusammengesetzte Interesse auf den Preiß der Waare wirkt,..." (ÖPM, S. 105 [MEW 40, S. 488]).

Darüber hinaus, und explizit gegen Smith gerichtet, konstatiert Marx einen Widerspruch zwischen den Interessen der Grundeigentümer und denen der Gesellschaft (vgl. ÖPM, S. 106-109 [MEW 40, S. 502f.]). Insgesamt sieht Marx in einer Gesellschaft kapitalistischer Bauart überhaupt keine Interessenidentitäten im Verhältnis zwischen dem Individuum und der Gesellschaft:

> "In der Nationalökonomie, unter der Herrschaft des Privateigenthums ist das Interesse, was einer an der Gesellschaft hat, grad im umgekehrten Verhältniß zu dem Interesse, was die Gesellschaft an ihm hat, ..." (ÖPM, S. 106f. [MEW 40, S. 502]).

Schließlich gibt es auch innerhalb einer Klasse Konflikte. Zunächst einmal herrschen diese innerhalb der besitzenden Klassen, d. h. zwischen den großen und kleinen Grundeigentümern einerseits sowie zwischen den großen und kleinen Kapitaleignern andererseits. Beide Konflikte gehen jeweils zu Gunsten der großen Eigentümer aus und führen zum Verschwinden der kleinen Grundeigentümer und Kapitaleigner.[87] Da zudem das gesamte Grundeigentum letztlich in Kapital umgewandelt wird,[88] bleibt schließlich nur noch der 'Kampf' innerhalb der Kapitalistenklasse. In den Worten von Marx äußert sich dieser Konflikt darin, daß "ein Kapitalist .. viele tot" schlägt, so daß die Zentralisation der Produktionsmittel bzw. der Kapitale immer mehr zunimmt (vgl. MEW 23, S. 790f.). Unabhängig von der absoluten Größe der Kapitalisten bleibt das Prinzip stets dasselbe: Die jeweils kleinen Kapitale gehen während des Konfliktes entweder vollkommen unter oder sie gehen über "in die Hand des Siegers"; unterlegen sind sie in jedem Fall (vgl. MEW 23, S. 654f.). Die Bourgeoisie befindet sich deshalb in einem permanenten Kampf "gegen die Teile der Bourgeoisie selbst" (MEW 4, S. 471), so daß Marx von einem "industriellen Krieg der Kapitalisten untereinander" (MEW 6, S. 421) sprechen kann.[89] Hinzuzufügen ist abschließend, daß diese Gegensätze auch im internationalen Bereich vorliegen. So wirft beispielsweise die Industrie, nachdem sie den Großteil des Grundbesitzes in industrielles Kapital verwandelt hat, das große Grundeigentum "in die Concurrenz mit dem Grundbesitz des Auslandes" (ÖPM, S. 129 [MEW 40, S. 509]).

Die in den ÖPM nur sehr knapp erörterten Konflikte innerhalb der Arbeiterschaft werden erst in den Spätwerken von Marx ausführlich behandelt. Dennoch reichen die wenigen Andeutungen der ÖPM aus, um zu verdeutlichen, daß die Konkurrenz unter den Arbeitern ebenfalls ge-

---

[87] Vgl. dazu ÖPM, S. 104-114, S. 124f. [MEW 40, S. 488-492, 503-505] sowie MEW 23, S. 654-657.

[88] Vgl. dazu statt vieler ÖPM, S. 124-130 [MEW 40, S. 503-510].

[89] Dazu gehört auch der Kampf um Marktanteile: "Die Zeiten der Prosperität abgerechnet, rast zwischen den Kapitalisten heftigster Kampf um ihren individuellen Raumanteil am Markt", MEW 23, S. 476.

waltsam ist und zu "Hungertod oder Bettelei eines Theils der Arbeiter" (ÖPM, S. 95 [MEW 40, S. 474]) führt. Ausführlicher werden die Interessenkonflikte innerhalb der Arbeiterklasse im "Kapital" untersucht. Zu ihnen gehört zunächst einmal das Verhältnis zwischen der aktiven Arbeiterarmee und der industriellen Reservearmee. Die Existenz der industriellen Reservearmee, also verfügbarer Arbeitskräfte, drückt nicht nur das Lohnniveau derer, die noch einen Arbeitsplatz besitzen, sondern übt zudem einen Konkurrenzdruck in Form der Arbeitsplatzunsicherheit aus. Aus diesem Druck resultiert bei den arbeitenden Menschen eine Überarbeitung.[90] Des weiteren führen die Entwicklungen des Maschinen- und Fabrikwesens zur Möglichkeit des Einsatzes von Frauen, Kindern aller Altersstufen sowie ungeschickten Arbeitern. Diese Möglichkeit reduziert den Wert der Arbeitskraft des Familienvaters:

> "Der Wert der Arbeitskraft war bestimmt nicht nur durch die zur Erhaltung des individuellen erwachsnen Arbeiters, sondern durch die zur Erhaltung der Arbeiterfamilie nötige Arbeitszeit. Indem die Maschinerie alle Glieder der Arbeiterfamilie auf den Arbeitsmarkt wirft, verteilt sie den Wert der Arbeitskraft des Mannes über seine ganze Familie." (MEW 23, S. 417).

Damit kommt es zu einer Konkurrenz unter den Arbeitern, hier zwischen den Frauen und Kindern einerseits und den erwachsenen männlichen Arbeitern andererseits. Die außerhäusliche Beschäftigung der Mütter ruft darüber hinaus negative Wirkungen hervor, z. B.

> "... Vernachlässigung und Mißhandlungen der Kinder, u. a. unpassender Nahrung, Mangel an Nahrung, Fütterung mit Opiaten usw., dazu die unnatürliche Entfremdung der Mütter gegen ihre Kinder, im Gefolge davon absichtliche Aushungerung und Vergiftung." (MEW 23, S. 420).

Dabei ist das Gegeneinander von Mann und Frau besonders gravierend, weil Marx dieses Verhältnis als "das *natürlichste* Verhältniß d[es] Menschen zum Menschen" (ÖPM, S. 158 [MEW 40, S. 535]) ansieht.[91] Insgesamt führen die Produktionsbedingungen der großen Industrie zu einer vollständigen Zerrüttung der Familie:

---

[90] Vgl. MEW 6, S. 420-423 und MEW 23, S. 664-670.

[91] Zur Vermeidung von Mißverständnissen im Rahmen der Marxschen Sichtweise bezüglich der Rolle von Frauen in der Familie sind zwei Bemerkungen erforderlich. Zur Ursachenforschung ist nachdrücklich festzustellen, daß den Müttern kein Vorwurf hinsichtlich ihrer Verhaltensweisen gemacht werden kann. Es ist vielmehr "die kapitalistische Exploitationsweise, welche die elterliche Gewalt ... zu einem Mißbrauch gemacht hat", MEW 23, S. 514. Zweitens ist die Rolle der Frau im gesellschaftlichen Produktionsprozeß keinesfalls auf die der häuslichen Arbeiten reduziert, wie es hier erscheinen könnte. Ausdrücklich betont Marx in diesem Zusammenhang das progressive Element der großen Industrie, welches über eine neue Rollenzuteilung im gesellschaftlich organisierten Produktionsprozeß den Frauen Rollen "jenseits der Sphäre des Hauswesens zuweist" und dadurch "die neue ökonomische Grundlage für eine höhere Form der Familie und des Verhältnisses beider Geschlechter" schafft, vgl. MEW 23, S. 514.

> "Die elenden, verkommenen Eltern sinnen nur darauf, aus den Kindern soviel als möglich herauszuschlagen. Aufgewachsen fragen die Kinder natürlich keinen Deut nach den Eltern und verlassen sie." (MEW 23, S. 493).[92]

Die 'wirkliche Familie', deren Zusammenhalt auf Rücksichtnahme, Zuneigungen, ehelicher Treue usw. basiert, ist damit nicht mehr vorhanden. An die Stelle der wirklichen Zuneigungen treten finanzielle Erwägungen oder materielle Abhängigkeiten, die ein aufgezwungenes Zusammenleben hervorrufen. Ein derartiger Familienbegriff hat allerdings nichts mit dem Begriff der 'wirklichen Familie', also einem dem menschlichen Wesen entprechenden familiären Zusammenleben, gemeinsam,[93] so daß lediglich "die *Illusion* des Familienlebens" (MEW 1, S. 304) vorliegt.

Zusammenfassend zeigen sich also selbst innerhalb der Klassen sich widersprechende Interessenlagen, so daß Marx für die gesamte Gesellschaft einen bürgerkriegsähnlichen Zustand festhalten kann, der von dem sozialen Charakter des Menschen als 'zoon politikon' nichts mehr erkennen läßt. In dieser Gesellschaft herrschen statt dessen "Konkurrenz und der Kampf [der] Individuen untereinander", wobei "die Konkurrenz der Krieg Aller gegen Alle ist" (MEW 3, S. 76, 365). Allerdings erweisen sich auch weniger gewalttätige Beziehungen der Menschen als entfremdete Zustände. Weil das gesellschaftliche Wesen des Menschen ein Interesse am Mitmenschen einschließt, ist das Desinteresse an dem Dasein eines anderen als Entfremdung einzustufen, so daß "auch außerhalb der materiellen Produktion" ein "fehlendes Interesse zwischen Mensch und Mensch - also Entfremdung" (Strawe (1987), S. 21) festzustellen ist. Die kapitalistische Gesellschaft stellt sich somit als ein "Gemisch ... von tieferer Entfremdung ihrer Elemente" dar (vgl. MEW 8, S. 121).

Abschließend kann das Auseinanderfallen von persönlichen und gemeinschaftlichen Interessen - analog zur Darstellung der Identität dieser Interessen in Abschnitt 1.2.5. dieser Arbeit - unter Zuhilfenahme der Spieltheorie behandelt werden. Das von Marx erwähnte Auseinanderfallen beider Interessen[94] läßt sich durch ein Spiel verdeutlichen, dessen Struktur dergestalt ist, daß das von den einzelnen Spielern angestrebte Ergebnis nicht mit dem übereinstimmt, welches diese Individuen als Gemeinschaft anstreben. Diese Spielstruktur wird am besten durch das wohl bekannteste Spiel, dem Gefangenendilemma, abgebildet, welches die folgende Auszahlungsmatrix besitzt:[95]

---

[92] Die entschuldigenden Bemerkungen der vorangehenden Fußnote gelten selbstverständlich auch für die Väter und Kinder.

[93] Vgl. MEW 3, S. 164, Marx (1880/81a), S. 153, MEW 21, S. 77-83.

[94] Es wird hier nur von dem Interesse, nicht aber vom 'wirklichen Interesse' gesprochen. Der entfremdete Mensch der Realität berücksichtigt auch die zur Erreichung seiner individuellen Ziele erforderlichen Mittel, d. h. er läßt sich nicht ausschließlich von seinen Leidenschaften und Begierden treiben. Aber aufgrund der gleichfalls vorherrschenden entfremdeten Bedürfnisse verfolgt ein Individuum nicht das, was das wirklich Beste ist. Aus diesem Grund fehlt das Adjektiv 'wirklich' im Text, vgl. dazu auch Abschnitt 1.2.5. dieser Arbeit.

[95] Vgl. dazu statt vieler Luce/Raiffa (1957), S. 94-97, Holler/Illing (1991), S. 1-9, Weise u. a. (1993), S. 81-86. Zur Erklärung der Auszahlungsmatrix vgl. die Erläuterungen des Abschnitts 1.2.5. dieser Arbeit.

		Spieler II	
		A	B
Spieler I	A	3 , 3	1 , 4
	B	4 , 1	2 , 2

Es zeigt sich, daß bei dieser Spielstruktur die Handlungsweise B für beide Spieler die dominante Strategie darstellt, da dieses Verhalten unabhängig von der Handlungswahl des Mitspielers jeweils zum individuell besten Ergebnis führt. Ebenso deutlich wird, daß aus dem vom Eigeninteresse geleiteten Verhalten ein Ergebnis resultiert, das aus Sicht der Gemeinschaft aller Spieler nicht das bestmögliche Resultat bildet. Das Auseinanderfallen von individuellem und gemeinschaftlichem Interesse hat demzufolge die Bedeutung, daß die Einzelspieler andere Interessen besitzen - nämlich die Erreichung des individuellen Ergebnisses 4 und die Vermeidung des Resultats 1, also z. B. aus Sicht von Spieler I das Anstreben des Zustands (4,1) und die Verhinderung des Ergebnisses (1,4) - als die Gemeinschaft aller Spieler, die ein Kollektivinteresse an der Erreichung des Zustandes (3,3) hat.[96]

Zusammenfassend erweist sich die Gesellschaft der kapitalistischen Produktionsweise somit als eine gesellschaftliche Organisationsform, die zahl- und facettenreiche Abweichungen vom Menschen als einem gesellschaftlichen Beziehungswesen beinhaltet und deshalb zu einer Entfremdung des Menschen von seinem gesellschaftlichen bzw. sozialen Charakter führt. Als Fazit läßt sich deshalb festhalten:

> "Ueberall in der Nationalökonomie finden wir den feindlichen Gegensatz der Interessen, den Kampf, den Krieg als die Grundlage der gesellschaftlichen Organisation anerkannt." (ÖPM, S. 91 [MEW 40, S. 473]).[97]

---

[96] Besonders deutlich wird die Bedeutung der fehlenden Identität der Interessen durch einen Rückgriff auf das in Abschnitt 1.2.5. dieser Arbeit vorgestellte Konvergenzspiel. Dort haben beide Spieler ein Interesse an den individuellen Auszahlungen 4 und an der Vermeidung der Auszahlung 1, was gleichbedeutend ist mit dem Wunsch nach der Realisierung des Ergebnisses (4,4) und der Vermeidung von (1,1). Dies ist identisch mit dem, was die Spieler als Kollektiv anstreben, also kollektivinteressiert wünschen.

[97] Engels verwendet beispielsweise in seiner Schrift "Die Lage der arbeitenden Klasse in England" häufig die Begriffe "sozialer Krieg" und "Krieg Aller gegen Alle", siehe z. B. MEW 2, S. 257, 306, 342, 359, 361, 438f., 441, 478f. Der Begriff des "wirklichen sozialen Krieges" findet sich ebenfalls bei Marx, MEW 12, S. 186.

2.3. Formen der Entfremdung in vorkapitalistischen Gesellschaften

Daß in einer kapitalistischen Gesellschaft Zustände der Entfremdung hervorgerufen werden, ist aufgrund der gemachten Aussagen hinreichend deutlich geworden. Es bleibt die Frage, ob es jemals in der Menschheitsgeschichte Epochen ohne Entfremdung gab, und wenn ja, wie es zu einer Umwandlung dieser unentfremdeten Zustände in entfremdete kam. Um die Antwort gleich vorwegzunehmen: Einen Zustand ohne Entfremdungsmomente kennt die Geschichte der Menschheit nicht. Entfremdungen, verstanden als eine Abweichung von der dargestellten wahren Natur des Menschen, haben den Menschen seit jeher begleitet.[98] Dies läßt sich mit Hilfe mehrerer Argumente belegen.

Zunächst einmal wurde bereits bei der Präsentation der anthropologischen Idealvorstellungen von Marx deutlich, daß eine dem wahren Menschen entsprechende Ausprägung der produktiven Tätigkeit, der Fähigkeiten und Bedürfnisse sowie der gesellschaftlichen Beziehungen in keiner vorkapitalistischen Epoche existiert. Nur exemplarisch sei daran erinnert, daß Marx in diesem Zusammenhang von dem 'rohen, unmenschlichen Sinn' der Menschen und dem 'bornierten Kunstsinn' der Handwerker spricht.

Darüber hinaus gehört zum Wesen des Menschen die freie und bewußte Tätigkeit, was die Beherrschung der Natur durch den Menschen einschließt. Aufgrund des geringen Niveaus von Technik und Wissenschaft ist in den früheren Epochen der Menschheitsgeschichte eine Naturbeherrschung nicht vorhanden. Die technisch-wissenschaftlichen Restriktionen lassen zusammen mit den natürlichen Restriktionen einen kontrollierten, selbstbestimmten Umgang mit der Natur nicht zu, so daß eine Abweichung von dem naturbeherrschenden Wesen des Menschen vorliegt. Weiterhin müssen die Menschen unter diesen Umständen den "weit größeren Teil ihrer Gesamtlebenszeit auf die Befriedigung ihrer materiellen Bedürfnisse verwenden" (MEW 21, S. 301), so daß ihnen kaum Zeit verbleibt für die schöpferische Tätigkeit, die erst dann einsetzen kann, wenn der Mensch frei von äußeren Notwendigkeiten handelt. Marx und Engels heben diese Nachteile früher Gesellschaften unmißverständlich hervor, indem sie bezüglich des Verhältnisses der Menschen zur Natur folgende Feststellung treffen:

---

[98] Eine hiervon abweichende Meinung findet sich z. B. bei Heinrich. Seiner Meinung nach impliziert die von Marx wiederholt genannte 'Rückkehr' des Menschen zu seinem menschlichen Wesen, daß es in der Menschheitsgeschichte einen Zustand gibt, in dem das menschliche Wesen verwirklicht ist und eine Entfremdung mithin nicht vorliegt. Gleichzeitig aber anerkennt Heinrich: "Allerdings geht Marx nicht so weit, eine bestimmte historischen Phase als nicht-entfremdete zu verklären, womit allerdings die Frage nach dem Status dieses ursprünglichen Zustandes aufgeworfen wird", Heinrich (1991), S. 107. Die Klärung des Status dieses ursprünglichen Zustands findet sich partiell im Abschnitt 1.4. dieser Arbeit. Und nach Wissen Elsters benutzt Marx den Begriff der Entfremdung niemals bei der Behandlung vorkapitalistischer Gesellschaften, vgl. Elster (1985), S. 77, Fußnote 5. Selbst wenn allerdings der Begriff im Zusammenhang mit diesen Gesellschaften nicht auffindbar ist, so ist - dies werden die anschließenden Ausführungen zeigen - das Konzept der Entfremdung in den Marxschen Beschreibungen dieser gesellschaftlichen Epochen dennoch vorhanden.

"... Natur, die den Menschen anfangs als eine durchaus fremde, allmächtige und unangreifbare Macht gegenübertritt, zu der sich die Menschen rein tierisch verhalten, ..." (MEW 3, S. 31).

Zur mangelnden Naturbeherrschung gehört ebenso die Tatsache, daß die Menschen in dieser "waldursprünglichen Zeit" nur mit "bornierten und unwissenden Vorstellungen" ausgestattet sind und infolgedessen fehlerhafte Vorstellungen "über ihre eigne und die sie umgebende äußere Natur" besitzen (vgl. MEW 21, S. 275, 303).[99] Insgesamt sind die Menschen dieser Epoche "noch weit entfernt davon, die Natur zu beherrschen" (MEW 21, S. 110). Darüber hinaus ist zu beachten, daß in der Urgesellschaft die Entfaltung der menschlichen Fähigkeiten stark eingeschränkt ist. Gleiches gilt für den Umfang der verschiedenen Betätigungsmöglichkeiten. Zusätzlich führen diese Restriktionen zu einer Entfremdung der Bedürfnisse. Marx faßt den Begriff der Bedürfnisse sehr weit und versteht darunter, wie bereits dargestellt, neben den materiellen Bedürfnissen auch die intellektuellen Aspekte. Diese vielfältigen Bedürfnisse sind aber bei "dem Wilden, der nur wenige Bedürfnisse zu befriedigen hat" (MEW 25, S. 856), nicht vorhanden. Wenn weiterhin aufgrund der geringen Produktivität und des geringen materiellen Outputs die menschlichen Bedürfnisse auf das reine Überleben reduziert sind und zudem die vorhandene Zeit zur Befriedigung der materiellen Bedürfnisse verbraucht wird, so bleibt kein "Spielraum für geistiges Schaffen und Geniessen"[100]. Ganz allgemein gibt es ohne die Entwicklung der Produktivkraft der Arbeit "keine .. disponible Zeit" für den tätigen Menschen (vgl. MEW 23, S. 534):

"Ein Volk, damit es sich geistig freier ausbilde, darf nicht mehr in der Sklaverei seiner körperlichen Bedürfnisse stehn, nicht mehr der Leibeigene des Leibes sein. Es muß ihm vor allem *Zeit* bleiben, auch geistig schaffen und geistig geniessen zu *können*." (ÖPM, S. 115 [MEW 40, S. 478]).

Daß diese Voraussetzungen in der bisherigen Menschheitsgeschichte nicht erfüllt sind, zeigen die folgenden, aus der "Deutschen Ideologie" und dem "Kapital" entnommenen, Passagen:

"Allen bisherigen Befreiungen lagen indes beschränkte Produktivkräfte zugrunde, deren für die ganze Gesellschaft unzureichende Produktion nur dann eine Entwicklung möglich machte, wenn die Einen auf Kosten der Andern ihre Bedürfnisse befriedigten und dadurch die Einen - die Minorität - das Monopol der Entwicklung erhielten, während die Andern - die Majorität - ... von aller Entwicklung ausgeschlossen wurden." (MEW 3, S. 417).

---

99 Schon der erste Satz der Vorrede zur "Deutschen Ideologie" stellt fest: "Die Menschen haben sich bisher stets falsche Vorstellungen über sich selbst gemacht, von dem, was sie sind oder sein sollen", MEW 3, S. 13. Damit aber wird für alle Epochen der menschlichen Geschichte konstatiert, daß ein falsches Bewußtsein existiert und die Menschen somit stets Opfer der Entfremdung sind.

100 ÖPM, S. 115 [MEW 40, S. 479]; Marx zitiert hier Wilhelm Schulz.

"In den Kulturanfängen sind die erworbnen Produktivkräfte der Arbeit gering, aber so sind die Bedürfnisse, die sich mit und an den Mitteln ihrer Befriedigung entwikkeln." (MEW 23, S. 535).

Die "äußerste Rohheit des Zustandes des Menschen" sorgt dafür, daß die "rohen Kräfte und noch roheren Künste" der Menschen "hauptsächlich dem Lebensunterhalt gewidmet" sind (vgl. Marx (1880/81a), S. 169, 172). Folglich ermöglicht das geringe Niveau der Produktion materieller Güter nicht die vollständige Entwicklung der menschlichen Potentiale. Da die volle Entwicklung und Entfaltung dieser Anlagen das Wesen des Menschen ausmacht, ist auch in diesem Punkt eine Entfremdung festzustellen. Der Umstand, daß der Mensch unter anderem noch "in seiner unkultivierten .. Erscheinung" lebt, sorgt dafür, daß "der Mensch .. noch kein *wirkliches* Gattungswesen ist" (MEW 1, S. 360), also als entfremdet einzustufen ist. Die Entfremdung während der frühsten Epochen des menschlichen Daseins zeigt sich zudem daran, daß es nach Marx nicht das Ziel sein kann, zurück zur "*unnatürlichen* Einfachheit des *armen* und bedürfnißlosen Menschen" zu kehren.[101]

Weiterhin zeichnet sich das Verhältnis der Menschen in den früheren Gesellschaften als ein "borniertes Verhalten zueinander" aus, so daß "das gesellschaftliche Leben dieser Stufe" von Marx und Engels lediglich als "tierisch" bezeichnet wird (vgl. MEW 3, S. 31).[102] Konkret besteht die Entfremdung vom gesellschaftlichen Wesen des Menschen in diesen Gesellschaftsformen darin, daß erstens die Menschen ihre gemeinschaftlichen Beziehungen nicht frei und bewußt wählen, sondern auf die Beziehungen zu den Menschen des Gemeinwesens, in welches sie hineingeboren sind, beschränkt sind. Zweitens verfügen die Menschen dadurch nur über relativ wenige zwischenmenschliche Beziehungen - die Gemeinwesen der Urgesellschaft zeichnen sich wie gezeigt durch eine kleine Mitgliederzahl aus -, so daß der Mensch "die Fülle seiner Beziehungen noch nicht herausgearbeitet" hat (vgl. Grundrisse, S. 79f.).

Ebenso unvereinbar mit dem Menschen als Beziehungswesen sind die Unterdrückungen der Frau durch die Männer in der Familie sowie die Unterdrückung der Handarbeiter durch die Kopfarbeiter, die in Gesellschaften ohne das Privateigentum stattfinden und ebenfalls unter den Begriff der Entfremdung zu subsumieren sind.[103] Mehrfach weisen Marx und Engels darauf

---

[101] Vgl. ÖPM, S. 157f., ähnlich auch ÖPM, S. 201 [MEW 40, S. 535, 583]. Ein weiteres Beispiel für diese Arten der Entfremdung findet sich in der Marxschen Auseinandersetzung mit den indischen Lebensverhältnissen, in der er das "selbstgenügsame Beharrungsvermögen" ebenso anprangert wie die Tatsache, "daß die Dorfgemeinde das einmal gegebene niedrige Lebensniveau beibehielt, fast keinen Verkehr mit andern Dörfern hatte und nichts von den Bedürfnissen und den Anstrengungen kannte, ohne die ein sozialer Fortschritt undenkbar ist", MEW 9, S. 223. An anderer Stelle bezeichnet Marx die asiatischen Gemeinwesen als "Kinderformen und .. wenig geeignet, die Arbeit als *gesellschaftliche* Arbeit und die Produktivkraft der gesellschaftlichen Arbeit zu entwickeln", MEW 26.3, S. 414.

[102] In diesem Zusammenhang sprechen Marx und Engels von einem "Hammel-" oder "Herdenbewußtsein", MEW 3, S. 31, des Menschen; ebenso bezeichnet Engels diese Menschen als "Tiermenschen", MEW 20, S. 129. Bei Marx findet sich daher die folgende Einschätzung: "Das Mittelalter ist die *Tiergeschichte* der Menschheit", MEW 1, S. 285. Außerdem spricht er von einer undemokratischen Gesellschaft als "der politischen Tierwelt", deren "Prinzip die *entmenschte Welt* ist", vgl. MEW 1, S. 339-341.

[103] Vgl. Bahro (1977), S. 52-55 sowie Marx (1880/81a), S. 153-162, MEW 21, S. 59-77, 157-159.

hin, daß die Auflösung des ursprünglichen, aus Verwandten bestehenden Gemeinwesens der Urgesellschaft - also die Entstehung der Monogamie - bereits die "Zellenform der zivilisierten Gesellschaft" darstellt. Als solche enthält die Einzelfamilie "*in Miniatur* alle die Gegensätze in sich, die sich später breit entwickeln in der Gesellschaft". Dazu gehört unter anderem, daß die Frau aufgrund der geschlechtsspezifischen Teilung der Arbeit auf die Tätigkeiten im Haushalt beschränkt wird und dadurch von der Gemeinschaft isoliert ist.[104] Ebenso sind in vorkapitalistischen Gesellschaften Ausbeutungsverhältnisse sowie die mit ihnen zusammenhängende ungleiche Verteilung der disponiblen Zeit zur Entwicklung individueller Fähigkeiten vorhanden:

> "Das Kapital hat die Mehrarbeit nicht erfunden. Überall, wo ein Teil der Gesellschaft das Monopol der Produktionsmittel besitzt, muß der Arbeiter, frei oder unfrei, der zu seiner Selbsterhaltung notwendigen Arbeitszeit überschüssige Arbeitszeit zusetzen, um die Lebensmittel für den Eigner der Produktionsmittel zu produzieren, ..." (MEW 23, S. 249).[105]

Schließlich zeigt Engels in "Die Entwicklung des Sozialismus von der Utopie zur Wissenschaft" unmißverständlich, daß alle bis dato lebenden Menschen noch niemals "wirklich menschliche" Lebensbedingungen vorfinden konnten. Ein wirklich menschliches Dasein ist erst dann gegeben, wenn die Menschen die sie umgebenden Lebensbedingungen unter ihre "Herrschaft und Kontrolle" bringen, die bisher fremden und sie beherrschenden Naturgesetze "mit voller Sachkenntnis" anwenden und die "objektiven, fremden Mächte, die bisher die Geschichte beherrschten", kontrollieren. Erst wenn diese Form der menschlichen Selbstbestimmung ermöglicht ist, tritt der Mensch "aus tierischen Daseinsbedingungen in wirklich menschliche" und beendet die Entfremdung (vgl. MEW 19, S. 226).[106] Solange hingegen die bewußte Gestaltung des menschlichen Daseins nicht vorliegt, kann unmöglich von einem unentfremdeten Zustand gesprochen werden. Die von Marx an den französischen Parzellenbauern geäußerte Kritik, daß deren Produktionsweise "keine Anwendung der Wissenschaft, also keine Mannigfaltigkeit der Entwickelung, keine Verschiedenheit der Talente" (MEW 8, S. 198) zuläßt, gilt in noch größerem Maße für die Mitglieder der Urgesellschaft.

Zusammenfassend muß daher festgestellt werden, daß der Mensch als unentfremdetes Wesen bisher noch nie existierte. Er weicht stets in einem oder in mehreren Punkten von seiner wahren menschlichen Natur ab. Somit kann als Fazit bezüglich der Entfremdung in allen gesellschaftlichen Organisationsformen Bahros Feststellung, "daß unter Entfremdungsverhältnissen im allgemeinen und unter kapitalistischen Verhältnissen im besonderen" (Bahro (1977), S. 490)

---

[104] Vgl. Marx (1880/81a), S. 160f., 184, MEW 21, S. 61, 68, 70, 75.

[105] Marx nennt an dieser Stelle eine Vielzahl von Personen, die sich diese Mehrarbeit aneignen, z. B. athenische Aristokraten, römische Bürger oder normannische Barone,vgl. MEW 23, S. 249.

[106] Im "Kapital" findet sich ebenfalls die Idee, daß "die Menschen sich aus ihren ersten Tierzuständen herausgearbeitet" haben und dadurch erst vom natürlichen zum wirklichen Menschen werden, vgl. MEW 23, S. 534f.

zu trennen ist, zugestimmt werden. Dies erlaubt zwei entscheidende Schlußfolgerungen. Zum einen erklärt die stets vorliegende Entfremdung des Menschen, daß es bereits vor der Existenz kapitalistischer Institutionen dazu kommen kann, daß Menschen beispielsweise entfremdete Bedürfnisse besitzen, ihre Mitmenschen in entfremdete Tätigkeiten drängen oder jene ökonomischen Grundlagen schaffen, welche die mit der kapitalistischen Produktionsweise verbundenen Entfremdungszustände hervorrufen. Zum anderen kann ein vollständiges Verständnis der Marxschen Entfremdungstheorie nur stattfinden, wenn auch vorkapitalistische Entfremdungsphänomene und deren Ursachen analysiert werden. Damit wird die Untersuchung der frühsten menschlichen Gesellschaftsformen hinsichtlich der Ursachen für die dort auftretenden Entfremdungen zwingend erforderlich.[107]

2.4. Zur Kontinuität des Konzepts der Entfremdung bei Marx

Ein - vor allem nach der ersten Publikation der ÖPM im Jahre 1932 - intensiv diskutierter Aspekt der Marxschen Entfremdungstheorie ist die Frage nach der Kontinuität von Marx in diesem Punkt. Ohne eine Rekonstruktion dieser Debatte auch nur ansatzweise anzustreben, sollen zunächst einige Autoren, die bei Marx im Hinblick auf diese Frage keine Kontinuität erkennen, zu Wort kommen. Buhr beispielsweise sieht in den Spätwerken Marx' "aus guten (inhaltlichen wie formalen) Gründen" einen Verzicht des Begriffs der Entfremdung, der darüber hinaus "vorwiegend zum Zwecke einer moralischen Beurteilung verschiedener ... Erscheinungen des Kapitalismus ... verwendet" wird (Buhr (1966), S. 813, 816f.). Ebenso fällt es Tomberg auf, daß "der Begriff der Entfremdung .. in der endgültigen Fassung" der Marxschen Theorie "kaum noch erwähnt wird" (Tomberg (1969), S. 188). Seve geht schließlich sogar so weit, zu behaupten, daß die Theorie der Entfremdung sowohl von Marx als auch von Engels um 1845/46 aufgehoben wird und daher "als vormarxistisch angesehen werden" muß (vgl. Seve (1977), S. 64f.). Weiterhin wird die These vertreten, daß Marx nach der Herausarbeitung der Arbeitswerttheorie die Entfremdungstheorie zugunsten der Ausbeutungstheorie verwirft, so daß "die Entfremdung ... nun als Ausbeutung oder Aneignung des Überschußproduktes des Arbeiters durch den Kapitalisten angesehen" (Bell (1965), S. 304) werden muß und somit kein zentrales Thema des reifen Marx' darstellt.[108] Einen weiteren Ersatz für die Entfremdungstheorie findet Bell in der Theorie des Warenfetischismus, die in den Spätwerken die Position der Entfremdungsproblematik einnimmt, wodurch "die Idee der Entfremdung im *Kapital* als »Warenfetischismus« erscheint" (Bell (1965), S. 296, Fußnote).[109] Schließlich erkennt Heinrich

---

[107] Vgl. dazu Abschnitt 3.3. dieser Arbeit.

[108] Vgl. dazu z. B. Bell (1959), S. 935, 951, Bell (1965), S. 303f., 311 und Catephores (1972), S. 129-133.

[109] Die Liste derer, die eine Kontinuität bei Marx hinsichtlich des Konzepts der Entfremdung nicht sehen, kann beliebig verlängert werden. Nur exemplarisch seien einige wichtige Angehörige dieser These aufgezählt: Althusser, Gedö, Eichhorn, Cornu, Bottigelli sowie die klassischen Marxinterpreten Bernstein, Rubel, Korsch, Kautsky, Bucharin, Lenin u. a. Vgl. zur Diskussion dieser verschiedenen Auffassungen statt vieler Fromm

bei Marx nach 1844 einen "wirklichen »Bruch mit der Philosophie«", so daß die Marxsche Vorstellung über das wahre menschliche Wesen überholt, d. h. "die Wesensphilosophie durch die materialistische Geschichtsauffassung überwunden wird". Als Resultat ist es nicht "mehr ein menschliches »Wesen« und die Entfremdung davon, sondern die historisch spezifische Produktionsweise", die "zum zentralen Konzept für das Begreifen der Gesellschaft und ihrer Dynamik" (Heinrich (1991), S. 115, 127, 137) wird.[110] Vor allem die sowjetische Literatur vertrat lange Zeit eine ablehnende Haltung gegenüber dem Begriff der Entfremdung und deren Verwendung für sozio-ökonomische Analysen. Die These, daß die Entfremdungsproblematik tatsächlich das Zentralproblem des gesamten Marxschen Werkes darstellt, setzte sich dort - wenn überhaupt - nur sehr zögerlich durch.[111]

Richtig an diesen Thesen ist allenfalls, daß die Erwähnung des Begriffs 'Entfremdung' in den späteren Werken weniger häufig erfolgt. Von einem vollständigen Verzicht auf diesen Terminus kann allerdings nicht die Rede sein, denn Marx verwendet den Ausdruck 'Entfremdung' unter anderem in den "Grundrissen", in den "Resultaten des unmittelbaren Produktionsprozesses", im "Kapital" und in den "Theorien über den Mehrwert".[112] Und selbst wenn der Begriff nicht ausdrücklich erwähnt wird, so ist die Entfremdungsproblematik implizit in allen aufgezählten Werken angesprochen. Es kann daher lediglich eine Schwerpunktverschiebung zu ungunsten des Entfremdungskonzepts, keinesfalls aber die Aufgabe dieser Idee festgestellt werden.[113]

Die angesprochene Akzentverschiebung bei der Verwendung der Konzeption der Entfremdung tritt beispielsweise in den "Theorien über den Mehrwert" hervor. Sofern Marx hier die Entfremdung anspricht, beschreibt er damit primär die Tatsache, daß die Arbeiter von den Produktionsbedingungen, also vor allem vom Boden und von den Arbeitsinstrumenten, getrennt sind. Darüber hinaus wird mehrfach wiederholt, daß das Verhältnis zwischen den Arbeitern

---

(1963), S. 71-79, Schaff (1965a), S. 23-46, Mandel (1968a), S. 152-185, Wollseiffen (1976), S. 10-14, Kolakowski (1977), S. 299-306, Schaff (1977), S. 59f., 124f., 141, Elliott (1979), S. 317f., Maurer (1994), S. 31f. Ebenso wird die These vertreten, daß Marx in seinen Spätwerken zwar nicht mit seiner Konzeption der Entfremdung aus den Frühwerken bricht, daß aber eine Inkompatibilität zwischen den Ideen zur Entfremdung und den ausgereiften ökonomischen Vorstellungen besteht, vgl. zur Diskussion dieser Ansicht beispielsweise Smith (1994), S. 110-115. Weniger hart fällt das Urteil Gouldners aus. Er sieht lediglich eine "distance between the young and the old Marx's vision of alienation", wobei diese aus der anthropologischen Konzeption der Entfremdung einerseits und der soziologischen Konzeption andererseits besteht, vgl. Gouldner (1980), S. 189.

[110] Auch Holz sieht bei Marx einen "Umbruch von der Philosophie zur Gesellschaftstheorie", den Marx bereits in der "Deutschen Ideologie" vollzieht, vgl. Holz (1993), S. 35, 76-79. Mit diesem Umbruch verändert sich auch die Bedeutung der Entfremdung, sofern diesem Begriff "im späteren Werk überhaupt eine systematische Bedeutung zukommt", Holz (1993), S. 60.

[111] Vgl. zur sowjetischen Deutung des Begriffs der Entfremdung Lobkowicz (1968), vor allem Spalte 152-157.

[112] Vgl. dazu die in Fußnote 6 dieses Kapitels gemachten Angaben.

[113] Dies gibt z. B. selbst der bereits zitierte Buhr zu. Auch er sieht, daß Marx trotz der von Buhr unterstellten Aufgabe des Begriffs der Entfremdung niemals "das diesem zugrunde liegende Problem aus den Augen verloren" hat, vgl. Buhr (1966), S. 813.

und den produzierten Gegenständen ein feindliches Verhältnis ist.[114] Kern der hier behandelten Entfremdungsaspekte ist die Feststellung, daß sich "die Arbeitsbedingungen in immer riesenhafterer Gestalt, immer mehr als soziale Mächte dem einzelnen Arbeiter .. gegenüber auftürmen" (MEW 26.3, S. 345). Dieser feindliche Gegensatz zwischen den arbeitenden Menschen und den Produktionsbedingungen, bei dem sich die Arbeiter zudem in einem Abhängigkeitsverhältnis befinden, impliziert aber alle bereits ausführlich dargestellten Formen der Entfremdung:

> "In diesem Widerspruch sprach die politische Ökonomie bloß das Wesen der kapitalistischen Produktion aus oder, wenn man will, der Lohnarbeit aus; der sich selbst entfremdeten Arbeit, der der von ihr geschaffne Reichtum als fremder Reichtum, ihre eigne Produktivkraft als Produktivkraft ihres Produkts, ihre Bereicherung als Selbstverarmung, ihre gesellschaftliche Macht als Macht der Gesellschaft über sie gegenübertritt." (MEW 26.3, S. 255).

Diese zusammenfassende Beschreibung spricht erneut wesentliche Aspekte des entfremdeten menschlichen Daseins an, die aus den früheren Werken von Marx bekannt sind. Mit der erwähnten Selbstverarmung sind unter anderem die unterentwickelten Bedürfnisse und Fähigkeiten gemeint. Ebenso angedeutet werden die fehlende freie und bewußte Zielsetzung der eigenen Tätigkeit, der Verlust der selbst erstellten Gegenstände und die nicht vorhandene schöpferische Tätigkeit. Auch die Machtlosigkeit des Individuums gegenüber den gesellschaftlichen Kräften kommt zum Ausdruck.

Weiterhin zeigt Marx in den "Theorien über den Mehrwert", welches das von ihm angestrebte Ideal des menschlichen Daseins ist. In diesem Zusammenhang werden wiederum alle wesentlichen Aspekte des unentfremdeten menschlichen Daseins aufgezählt. Es geht Marx erneut um die Entwicklung der "menschlichen zweckmäßigen Tätigkeit" (MEW 26.3, S. 261) sowie um die Individualität und die Entwicklung der menschlichen Fähigkeiten, was wenige Zitate belegen:

> "Aber free time, *disposable time*, ist der Reichtum selbst - teils zum Genuß der Produkte, teils zur free activity, die nicht wie die labour durch den Zwang eines äußren Zwecks bestimmt ist, ..." (MEW 26.3, S. 253).
> "... und zusammenfällt mit der Entwicklung des einzelnen Individuums, daß also die höhere Entwicklung der Individualität ..." (MEW 26.2, S. 111).
> " The workmen ... ob diese Produktionsmittel *sie* beschäftigen, oder ob sie, als Subjekte, die Produktionsmittel - im Akkusativ - anwenden, um Reichtum für sich selbst zu erzeugen." (MEW 26.2, S. 583).

Auch für die ökonomisch orientierten "Theorien über den Mehrwert" kann deshalb festgehalten werden, daß das von Marx angestrebte Ideal weiterhin aus dem unentfremdeten menschlichen

---

[114] Vgl. z. B. MEW 26.1, S. 21, 367, MEW 26.2, S. 418, MEW 26.3, S. 241, 255, 261, 288, 290, 486, 519.

Dasein besteht. Folgerichtig wird die nicht erreichte Realisierung dieses Ideals im Rahmen der kapitalistischen Produktionsweise angeprangert. Schließlich zeigt auch das Studium des "Kapitals", daß Marx trotz thematischer Schwerpunktverschiebung selbst in diesem Werk die Entfremdungsproblematik keinesfalls aus den Augen verliert. Erneut reichen wenige Zitate aus, um dies unmißverständlich zu belegen:

> "Das bloß atomistische Verhalten der Menschen in ihrem gesellschaftlichen Produktionsprozeß und daher die von ihrer Kontrolle und ihrem bewußten individuellen Tun unabhängige, sachliche Gestalt ihrer eignen Produktionsverhältnisse ..." (MEW 23, S. 107f.).
> "Da vor seinem Eintritt in den Prozeß seine eigne Arbeit ihm selbst entfremdet, dem Kapitalisten angeeignet und dem Kapital einverleibt ist, vergegenständlicht sie sich während des Prozesses beständig in fremdem Produkt. ... Der Arbeiter selbst produziert daher beständig den objektiven Reichtum als Kapital, ihm fremde, ihn beherrschende und ausbeutende Macht, ..." (MEW 23, S. 596).
> "Es ist nicht mehr der Arbeiter, der die Produktionsmittel anwendet, sondern es sind die Produktionsmittel, die den Arbeiter anwenden. Statt von ihm als stoffliche Elemente seiner produktiven Tätigkeit verzehrt zu werden, verzehren sie ihn ..." (MEW 23, S. 329).
> "... und als das Kapitalverhältnis in der Tat den innern Zusammenhang verbirgt in der vollständigen Gleichgültigkeit, Äußerlichkeit und Entfremdung, worin es den Arbeiter versetzt gegenüber den Bedingungen der Verwirklichung seiner eignen Arbeit." (MEW 25, S. 95).[115]

Besonders ergiebig ist in diesem Zusammenhang das 14. Kapitel im ersten Band des "Kapitals", in dem Marx in Kurzform die wesentlichen Elemente seiner anthropologischen Vorstellungen sowie seiner Entfremdungtheorie präsentiert. So finden wir in diesem Kapitel den Begriff der "Natur des Menschen", Ausführungen über die Zusammengehörigkeit von "Kopfarbeit und Handarbeit" sowie die Feststellung, daß der Mensch im Rahmen der produktiven Tätigkeit seine Handlungen selbst kontrolliert und dabei eine individuelle "Aneignung von Naturgegenständen zu seinen Lebenszwecken" durchführt (vgl. MEW 23, S. 531, 535). Auch die Notwendigkeit der gesellschaftlichen Kontrolle der Naturkräfte zur Aneignung und Umwandlung der Natur für menschliche Zwecke wird hier genannt (vgl. MEW 23, S. 537). Gleichzeitig erwähnt Marx das Ziel der umfangreichen "Mußezeit", die der Mensch "produktiv für sich selbst verwende" (MEW 23, S. 538). Des weiteren spricht Marx hinsichtlich des Individuums von der "Vermannigfachung seiner eignen Bedürfnisse, Fähigkeiten" sowie von der Abhängigkeit der menschlichen Bedürfnisse von der materiellen Umwelt des Menschen (vgl. MEW 23, S. 536f.). Gleichfalls findet in diesem Kapitel eine Kurzaufzählung von Entfremdungszuständen statt, die im kapitalistischen System anzutreffen sind. Dazu gehören die Trennung von Kopf- und Handarbeit, die fehlende Kontrolle des Individuums über die Prozesse, mittels derer die Aneig-

[115] Vgl. dazu weiterhin exemplarisch MEW 23, S. 386, 446, 635, 649, 674f., MEW 25, S. 96.

nung der Naturgegenstände erfolgt, und die Tatsache, daß das Ergebnis der Arbeitsprozesse den Akteuren feindlich gegenübersteht (vgl. MEW 23, S. 531). Weiter wird bemängelt, daß die individuelle Tätigkeit keinerlei Beziehung zum Nutzeffekt dieser Tätigkeit aufweist und damit jede Form der Individualität verloren hat (vgl. MEW 23, S. 532). Schließlich finden sich noch eine Reihe von Ausführungen über die Entfremdungphänomene der frühsten menschlichen Gesellschaften. Dazu gehören einerseits die in den Anfängen der Menschheitsgeschichte anzutreffenden Entfremdungszustände in Form geringer disponibler Zeit zur eigenen Entwicklung, die qualitativ und quantitativ unterentwickelten menschlichen Bedürfnisse sowie die fehlenden Anreize zur Entfaltung der individuellen Fähigkeiten und Bedürfnisse (vgl. MEW 23, S. 534-537). Dies bringt Marx dahin, bezüglich dieser Anfänge der Menschheitsgeschichte von "ersten Tierzuständen" (MEW 23, S. 534) zu sprechen. Ebenso behandelt Marx die Entfremdungen, die zwischen den Anfängen der menschlichen Geschichte und dem kapitalistischen System liegen. Dies betrifft beispielsweise die selbständigen Produzenten, die noch "in überlieferter, urväterlicher Betriebsweise handwerkern oder ackerbauen" (MEW 23, S. 533). Schon die bloße Lektüre der ersten acht Seiten dieses Kapitels zeigt also unmißverständlich, daß Marx auch in den ökonomischen Werken an seiner Anthropologie und Entfremdungstheorie der Frühschriften festhält.

Jegliche weitere Diskussion über eine vermeindlich nicht vorhandene Kontinuität von Marx bezüglich seiner Theorie der Entfremdung ist folglich als hinfällig einzustufen. Sowohl die anthropologischen Vorstellungen als auch die erwähnten Entfremdungsphänomene sind in den Marxschen Früh- und Spätschriften die gleichen und damit jene, die in diesem und im vorherigen Kapitel dargestellt wurden. Einen Bruch zwischen dem 'jungen' und dem 'alten' Marx gibt es demzufolge nicht. Auch der von Heinrich gesehene und bereits vorgestellten "»Bruch mit der Philosophie«" (Heinrich (1991), S. 127) ist auflösbar, wenn zwei Dinge auseinander gehalten werden: Zunächst geht es Marx um das Problem, daß ein Zustand der Entfremdung festgestellt werden kann. Dafür benötigt er einen Referenzpunkt, den er in seinen anthropologischen Vorstellungen findet. Dies ist das Thema der Wesensphilosophie, d. h. der Aussagen über die wesentlichen Eigenschaften des wahren Menschen. Nachdem so das normative Fundament der Marxschen Kritik etabliert ist, wendet sich Marx der Analyse der Faktoren zu, die eine Abweichung der tatsächlich lebenden Menschen von diesem Referenzpunkt hervorrufen. Bei dieser Suche geht es um die gesellschaftlichen bzw. ökonomischen Bewegungsgesetze, die innerhalb einer kapitalistisch organisierten Gesellschaft gelten. Für das Verständnis der Bewegungsgesetze einer Gesellschaft mit einer kapitalistischen Produktionsweise sind Aussagen über das menschliche Wesen unbedeutend. Deshalb - und nicht etwa, weil Marx derartige Vorstellungen aufgegeben hat - finden sich in den Spätwerken nur sporadisch Aussagen über das menschliche Wesen und die Entfremdung. Dem Fazit Mandels, daß der Entfremdungsbegriff "nicht »prämarxistisch«" ist, sondern "einen Bestandteil des Instrumentariums des reifen Marx" bildet (vgl. Mandel (1968a), S. 176), kann daher uneingeschränkt zugestimmt werden.[116]

2.5. Zusammenfassende Bemerkungen

Unter den Begriff der Entfremdung subsumiert Marx sämtliche Abweichungen der wirklich lebenden Menschen von seinen Idealvorstellungen über das menschliche Dasein. Sobald eine derartige Abweichung feststellbar ist, wird der so betroffene Mensch von Marx als Opfer der Entfremdung angesehen. Dieses Urteil erfolgt unabhängig davon, ob die jeweilige Person sich der Abweichungen bewußt ist oder nicht. Insofern kann die Entfremdung als ein objektives Phänomen angesehen werden. Und erst die Existenz dieser Entfremdungsphänomene ist es, die Marx dem kapitalistischen Produktionssystem vorwirft und die er als Begründung für seinen Wunsch nach der Beseitigung dieser Produktionsweise heranzieht. Ohne die Kenntnis des Menschenbildes, das Marx als Referenzpunkt für die Bewertung aktueller gesellschaftlicher Zustände verwendet, kann das Marxsche Urteil über die Zustände in einer Gesellschaft mit kapitalistischer Produktionsweise nicht nachvollzogen werden. So muß beispielsweise die Kritik an dem Umstand, daß die Steuerung gesellschaftlicher Vorgänge durch anonyme Marktkräfte erfolgt, für jene Ökonomen, die nur auf die materiellen Ergebnisse derartiger Prozesse abzielen, unverständlich bleiben. Daß nämlich die kapitalistische Produktionsweise in bezug auf die Bereitstellung materieller Konsumtionsgüter gute Ergebnisse vorweisen kann, wird auch von Marx nicht bezweifelt. Was Marx hingegen anzweifelt, ist die These, daß ein an Maximalproduktion und passiver Konsumtion orientiertes Wirtschaftssystem tatsächlich die Zustände etabliert, die dem Menschen ein glückliches und erfülltes Leben garantieren. Eine so lebende Menschheit wird von ihm als eine "passive und gedankenlos genießende Tierwelt" (MEW 1, S. 343) bezeichnet. Statt dessen geht Marx davon aus, daß das menschliche Glück dadurch erreicht wird, daß die Menschen in befriedigenden gesellschaftlichen Beziehungen leben, Aktivitäten, die einen Selbstzweck darstellen, ausüben und in befriedigenden, fähigkeitsentwickelnden Formen der materiellen Produktion tätig sind (vgl. Fetscher (1985b), S. 169-172). Auf die große Bedeutung immaterieller Aspekte für das menschliche Dasein macht Marx dabei unmißverständlich deutlich:

> "... das Proletariat, das sich nicht als Kanaille behandeln lassen will, hat seinen Mut, sein Selbstgefühl, seinen Stolz und seinen Unabhängigkeitssinn noch viel nötiger als sein Brot." (MEW 4, S. 200).

[116] Sofern sich die Ansichten der früheren und späteren Werke Marx' nicht decken, sollte dies als Folge der Entwicklung und Ausreifung der Marxschen Anschauungen verstanden werden und nicht mit der Aufgabe der ursprünglich eingenommenen Positionen verwechselt werden, vgl. dazu Schaff (1965b), S. 276, 282.

Erst die Kenntnis der Idealvorstellungen über das menschliche Dasein macht daher begreiflich, was Marx wirklich am Kapitalismus kritisiert: Nicht nur die existierenden Ungleichheiten bei der Einkommens- und Vermögensverteilung, sondern vor allem die Qualität der bestehenden Tätigkeiten, der gesellschaftlichen Beziehungen und der menschlichen Bedürfnisse. Solange derartige Aspekte allerdings als irrelevant für das menschliche Dasein angesehen werden, kann das Fehlen dieser Elemente im wirklichen Leben der Menschen nicht als Defizit aufgefaßt werden.

Dies erklärt unter anderem die Konfusionen, die bezüglich der Marxschen 'Verelendungstheorie'[117] bestehen. Die Frage, ob Marx eine absolute oder nur eine relative Verelendung der Lohnarbeiter diagnostiziert bzw. ob die Verelendung nicht durch steigende Reallöhne und einen wachsenden materiellen Lebensstandard auf seiten der arbeitenden Bevölkerung widerlegt ist,[118] trifft den Kern der Marxschen Verelendungskonzeption nicht, wenn bei der Diskussion nur auf die Entwicklung der realen Löhne abgestellt wird. Eine derartige Sichtweise greift zu kurz, weil Marx die Verelendung auf die von ihm vertretenen und nicht realisierten anthropologischen Idealvorstellungen bezieht.[119] Eine geringe Entlohnung macht daher nur einen geringen Teil der Verelendung aus. Entscheidender für die Verelendung der arbeitenden Menschen ist vielmehr, daß das kapitalistische System der Produktion "den Arbeiter in einen Teilmenschen" verstümmelt, ihn "zum Anhängsel der Maschine" macht, unmenschliche Arbeitsbedingungen und inhaltslose Arbeiten bietet, den Arbeiter "während des Arbeitsprozesses der kleinlichst gehässigen Despotie" unterwirft und schließlich "seine Lebenszeit in Arbeitszeit" verwandelt (vgl. MEW 23, S. 674),[120] so daß sich die Zunahme des Elends der Lohnarbeiter auf das Konzept der Entfremdung stützt und weniger auf den materiellen Lebensstandard (vgl. Sowell (1985), S. 202). Gerade weil die Reallohnhöhe für den Tatbestand der Verelendung nur von untergeordneter Relevanz ist,[121] kann Marx eine zunehmende Verelendung der Lohnarbeiter im Laufe der kapitalistischen Entwicklung prognostizieren:

---

[117] Die Lehre von den Wirkungen der Kapitalakkumulation auf das Schicksal der Arbeiter wird von Marx nicht selbst mit dem Ausdruck 'Verelendungstheorie' versehen. Erst seit Bernstein trägt seine Lehre diesen Namen, vgl. Hofmann (1971b), S. 150.

[118] Vgl. dazu statt vieler Sweezy (1959), S. 13, Mandel (1968b), S. 159-162, Rosdolsky (1969), S. 330-366, Meek (1973), S. 159-164, 171, Oberndörfer/Jäger (1974), S. 44-69, Kolakowski (1977), S. 327-330.

[119] Richtig ist daher z. B. die Analyse Hofmanns, der die "*Lohn*verelendung" von der Verelendung trennt und daher die Möglichkeit einer "Verelendung der Arbeitenden *trotz* steigender Reallöhne" erkennt, vgl. Hofmann (1971b), S. 150-156. Ambivalent ist die Haltung Böses zu dieser Frage. Zu Recht stellt er fest, daß es Marx bei der Charakterisierung der Lage der Arbeiter primär um die Entfremdung und Entwürdigung sowie um den geistigen und körperlichen Verfall der arbeitenden Menschen geht. Weil damit gerade nicht die Einkommensentwicklung und -unterschiede im Brennpunkt der Kritik stehen, kommt Böse zu dem Schluß, "daß es völlig verfehlt ist, Marx eine Verelendungstheorie zu unterstellen", vgl. Böse (1958), S. 44f.

[120] Engels Meinung, daß die "physische Verkümmerung .. im gesellschaftlichen Elend eingeschlossen" ist, geht daher in die richtige Richtung. Allerdings greift diese Einschätzung noch zu kurz, da sie die 'geistige Verkümmerung' nicht einschließt, vgl. MEW 22, S. 228, 239.

[121] Eine hiervon abweichende Ansicht vertritt Meek, nach dessen Einschätzung es falsch ist, "zuviel Gewicht auf die ... Worte: »Welches immer seine Zahlung, hoch oder niedrig ...«, zu legen". Zwar erkennt Meek an, daß es Marx auch um die "sozialen und moralischen Auswirkungen der Kapitalakkumulation auf den Arbeiter

"Es folgt daher, daß im Maße wie Kapital akkumuliert, die Lage des Arbeiters, welches immer seine Zahlung, hoch oder niedrig, sich verschlechtern muß. ... Die Akkumulation von Reichtum auf dem einen Pol ist also zugleich Akkumulation von Elend, Arbeitsqual, Sklaverei, Unwissenheit, Brutalisierung und moralischer Degradation auf dem Gegenpol, ..." (MEW 23, S. 675).[122]

Kurzgefaßt können Ökonomen, denen die Marxschen Idealvorstellungen über das menschliche Wesen unbekannt sind, seine Kritik an den herrschenden gesellschaftlichen Zuständen nicht vollständig verstehen. Statt, wie Marx, auch auf die Qualität der zu verrichtenden Tätigkeiten oder die Qualität der sozialen Beziehungen zu achten, werden sie lediglich auf materielle Kriterien abzielen und deshalb die Marxsche Kritik am kapitalistischen Gesellschaftssystem fälschlicherweise auf die Einkommens- und Vermögensverteilung und die Ausbeutung reduzieren. Damit aber verfehlen sie den Kern der Kritik von Marx. Ungleichheiten dieser Art werden zwar von Marx keinesfalls übersehen; sie stellen aber nicht den Schwerpunkt seiner Kritik dar.[123] Deshalb sorgen die Beseitigung der Ungleichheiten im Bereich der Einkommens- und Vermögensverteilung und die Eliminierung der Ausbeutung auch nicht für die vollständige Aufhebung aller Entfremdungsphänomene. Solange beispielsweise noch unbefriedigende und fremdbestimmte Tätigkeiten vorherrschen, muß weiterhin von einem entfremdeten menschlichen Leben gesprochen werden.

Schließlich ist noch darauf hinzuweisen, daß die aus der Ausbeutung resultierende ungleiche Einkommensverteilung noch nicht einmal das gravierendste Element der Ausbeutung ausmacht. Wichtiger als die Ungleichheiten im materiellen Bereich ist für Marx die Tatsache, daß den arbeitenden Menschen aufgrund der Ausbeutung die Zeit genommen wird, in der sie sich entwickeln und befriedigende Tätigkeiten ausüben können. Erst dieser Umstand macht die wesentliche Bedeutung der Ausbeutung für das entfremdete Dasein der Menschen aus, denn er ist verantwortlich für die mangelnde Entwicklung und Entfaltung der individuellen Persönlichkeit. Damit befinden wir uns allerdings schon in dem Bereich jener Faktoren, die für die Entfremdungsphänomene mitverantwortlich sind und die im nächsten Kapitel genauer analysiert werden sollen.

---

geht". Allerdings ist die Entwicklung der Reallöhne insofern für den Tatbestand der Verelendung bedeutsam, als daß der Reallohn grundsätzlich in der Lage ist, die inhumanen Folgen der Kapitalakkumulation zu kompensieren. Von einer wachsenden Verelendung der Arbeiter kann deshalb nur gesprochen werden, wenn die Reallohnentwicklung diese Kompensation nicht erbringen kann, so daß die Bewegung der Reallöhne letztlich doch als konstitutives Element der Verelendungsdoktrin anzusehen ist, vgl. Meek (1973), S. 156, 159, 164f. Unsere bisherige Analyse machte aber deutlich, daß nach dem Marxschen Verständnis eine Kompensation des körperlich und geistig deformierten Menschen durch materielle Gegenstände gerade nicht möglich ist - weil diese Kompensation eine Form der entfremdeten Bedürfnisse darstellt -, so daß wir die Ansicht Meeks nicht teilen können.

122 Vgl. dazu auch MEW 6, S. 416.

123 Vgl. z. B. Müller (1970), 79.

3. Kapitel: Die Ursachen der Entfremdung

3.1. Vorbemerkungen zur Ursachenanalyse

Ausgangspunkt bei der Suche nach den Ursachen für die Entfremdung ist die hier vertretene weit gefaßte Konzeption des Begriffs der Entfremdung, nach der jedes Abweichen des tatsächlich existierenden Menschen vom Ideal des wahren Menschen als Entfremdungszustand einzustufen ist. Dieser Konzeption folgend gibt es, wie bereits festgestellt, keine Phase in der bisherigen Menschheitsgeschichte, die frei von Entfremdungsphänomenen ist. Wenn von einer Ursachenanalyse die Rede ist, so muß dabei stets zwischen den Ursachen in präkapitalistischen Epochen und denen in kapitalistischen Gesellschaften unterschieden werden. Primär geht es in dieser Arbeit um die Entfremdungsphänomene kapitalistischer Systeme, weil dieser Themenkomplex für Marx den Schwerpunkt seiner Untersuchungen bildet.[1] Dennoch darf nicht übersehen werden, daß schon in vorkapitalistischen Zeiten Entfremdungsphänomene vorliegen, deren verursachende Faktoren nicht mit denen der kapitalistischen Epoche identisch sind. Diese Unterscheidung bleibt in der Regel unbeachtet, wenn im Rahmen einer allgemeinen Ursachensuche nur die Faktoren der kapitalistischen Produktionsweise angegeben werden.[2]
Konsequenz eines derartigen Vorgehens, das nicht explizit zwischen den Ursachen in den verschiedenen Epochen trennt, ist beispielsweise die These, daß in präkapitalistischen Gesellschaften Entfremdungsphänomene nicht existent sind. Diese z. B. von Plamenatz vertretene These wird wie folgt begründet: Weil die Entfremdung ausschließlich von kapitalistischen Institutionen hervorgerufen wird - dazu gehören nach Meinung Plamenatz' das Privateigentum an Produktionsmitteln, bestimmte Formen der Arbeitsteilung sowie die Produktion von Gütern für den Markt -, können per definitionem in präkapitalistischen Epochen Entfremdungsphänomene nicht vorliegen. Entfremdung beginnt vielmehr erst mit der "production for exchange",[3] was die Existenz der genannten kapitalistischen Institutionen einschließt. Und selbst wenn Plamenatz eine Form der Entfremdung in den vorkapitalistischen Gesellschaften anerkennt - vor allem in der Phase der einfachen Warenproduktion -, so liegt dies lediglich daran, daß die erwähnten Institutionen bereits in einer schwachen Ausprägung anzutreffen sind. Mit derartigen Faktoren ist allerdings nur ein geringer Grad an entfremdeten Zuständen verbunden (vgl. Plamenatz (1975), S. 147-160). Die Berücksichtigung der verschiedenen Ursachen in kapitalistischen und vorkapitalistischen Gesellschaften ist zur Vermeidung solcher Fehleinschätzungen ein nicht zu vernachlässigender Aspekt der Marxschen Entfremdungstheorie.

---

[1] Prinzipiell ist dies auch das Vorgehen der meisten Autoren, die sich im Rahmen der Analyse der Faktoren, die entfremdete Zustände hervorrufen, lediglich auf kapitalistische Gesellschaften beziehen.
[2] Vgl. statt vieler Elliot (1979), S. 344f. und Plamenatz (1975), S. 147.
[3] Vgl. dazu Plamenatz (1975), vor allem S. 133, 153-157.

Neben dieser ersten Unterteilung der für die Entfremdung verantwortlichen Faktoren ist eine zweite Einteilung erforderlich. Sie bezieht sich auf die technischen und die sozialen Bedingungen der materiellen Produktion, die beide für das Auftreten von Entfremdungsformen verantwortlich sein können. Die mit den technischen Produktionsbedingungen verbundenen Ursachen beziehen sich vor allem auf die technischen Produktionsverfahren, auf die verwendeten Produktionsinstrumente und auf die Qualität und Quantität der produzierten Gegenstände. Unter die sozialen Produktionsbedingungen fallen Aspekte wie die Planung und Organisation der Arbeitsprozesse sowie die Distribution der Produktionsergebnisse. Damit stellen sich die genannten Faktoren kurzgefaßt wie folgt dar: Die zuerst genannnten Gründe bestehen aus einem unzulänglichen Niveau des technisch-wissenschaftlichen Kenntnisstandes, die zweite Ursachengruppe hingegen stellt sich dar als die nicht optimale gesellschaftliche Anwendung des existierenden technischen Wissens. Noch kürzer kann die Unterscheidung umschrieben werden als die suboptimale Entwicklung der Produktivkräfte einerseits sowie als suboptimale Nutzung der Produktivkräfte andererseits (vgl. Elster (1985), S. 75). Es wird sich im weiteren Verlauf der Arbeit zeigen, daß Entfremdungen in präkapitalistischen Gesellschaften hauptsächlich auf der mangelnden Entwicklung der Produktivkräfte beruhen, während diese Gesellschaft hinsichtlich der gesellschaftlichen Organisation der Produktionsprozesse bereits viele Kriterien eines entfremdungsfreien Lebens erfüllen. Im Zeitablauf nimmt das technisch-wissenschaftliche Niveau zu, d. h. der Grad der Suboptimalität hinsichtlich der Entwicklung der Produktivkräfte verringert sich. Dafür gehen gleichzeitig im Bereich der sozialen Produktionsbedingungen bereits bestehende Errungenschaften verloren, so daß das Element der suboptimalen Nutzung der Produktivkräfte ein größeres Gewicht einnimmt.

Diese Gewichtsverlagerung der für die Entfremdung verantwortlichen Faktoren kann anhand eines kurzen historischen Ablaufs verdeutlicht werden. Zu Beginn der Menschheitsgeschichte liegt eine vollständige Abhängigkeit der Menschen von der Natur vor, die sich in der Art und Weise, in der die Menschen ihr Überleben sichern, äußert. Als Jäger, Fischer und Sammler besitzen sie keinerlei Kontrolle über den Umfang der Lebensmittel, die ihnen die Natur zur Verfügung stellt. Ohne aktiv an der Vermehrung der Grundlagen des Überlebens beteiligt zu sein, leben die Menschen lediglich als Schmarotzer von der Natur. Die dann einsetzende Entwicklung der Produktivkräfte beginnt mit der Einführung von Ackerbau und Viehzucht. Beides erlaubt den Menschen, ihre Lebensgrundlage - zumindest teilweise - selbst zu produzieren und damit die Abhängigkeit von der Natur zu reduzieren. Gleichzeitig bedeutet diese Entwicklung die Dienstbarmachung der Naturkräfte, die nun bewußt genutzt werden. Diese Entwicklungen sind als eine zunehmende Kontrolle der Naturkräfte einzustufen, weil beispielsweise der bewußte Anbau von Getreide auf einem bewußt ausgewählten räumlichen Areal im Vergleich zum Aufsuchen und Ernten natürlich gewachsener Getreidehalme einen Fortschritt hinsichtlich der Naturbeherrschung darstellt. Allerdings ist die zunehmende Kontrolle der Naturkräfte durch den Menschen nicht ohne Nachteile. Verknüpft mit diesen Fortschritten ist das Aufkommen gesellschaftlicher Organisationsformen, die ihrerseits den Menschen unter ihre Kontrolle zwängen,[4] denn "je mehr es den Menschen gelingt, sich aus der Abhängigkeit von den Naturgewalten zu befreien, umso mehr entfremden sie sich ihrer eigenen gesellschaftlichen Organisation" (Mandel (1988), S. 203).[5]

Wenden wir uns nun kurz der Behandlung der Ursachenanalyse hinsichtlich der Marxschen Entfremdungstheorie in den Marxschen Werken sowie in der Sekundärliteratur zu. Marx selbst - und dies gilt ebenso für Engels - zählt eine Reihe von ökonomischen Faktoren auf, die seiner Ansicht nach für die Existenz von Entfremdungsphänomenen verantwortlich sind, wobei sich im Laufe der Zeit die Schwerpunkte hinsichtlich der verschiedenen Ursachen verschieben. In den frühen Schriften nennt er das Privateigentum, genauer das bürgerliche Privateigentum, und das Geld als entfremdungsverursachende Faktoren.[6] Doch bereits in der "Deutschen Ideologie" werden zusätzliche Ursachen aufgezählt. Neben dem Privateigentum gehören die Teilung der Arbeit, genauer die moderne Teilung der Arbeit, die Konkurrenz und der Austausch von produzierten Gegenständen auf dem Markt sowie schließlich ganz allgemein die Organisation der Produktion zu den Größen, die die Entfremdung des Menschen hervorrufen.[7] Aufgrund dieses umfangreichen Katalogs von verursachenden Faktoren geht Marx in den späteren Werken dazu über, die bürgerliche oder kapitalistische Produktionsweise, also das gesamte System der bürgerlichen Produktion mit all seinen Eigenschaften, als Ursache der Entfremdung zu nennen.[8]

---

[4] Zu denken ist hier beispielsweise an die in Abschnitt 2.2.1. dieser Arbeit dargestellten Zwangsgesetze der Konkurrenz und des Wettbewerbs.

[5] Vgl. zu diesen Ausführungen Mandel (1988), S. 23f., 203f. Ähnlich ist das Urteil Marcuses, der zwischen der technischen Rationalität bzw. "den produktiven Fähigkeiten der Gesellschaft" einerseits und der "irrationalen" bzw. "zerstörerischen und unterdrückenden Anwendung" dieser Fähigkeiten andererseits trennt, vgl. Marcuse (1994), S. 43, 55. Ebenso unterscheidet Giddens in einer kapitalistischen Gesellschaft vereinfachend zwischen "»technological alienation« and »market alienation«", Giddens (1971), S. 228, während Archibald als Ursachen der Entfremdung die "dichotomy between technology and institutions" angibt, vgl. Archibald (1992), S. 62f.

[6] Vgl. statt vieler MEW 1, S. 357, 364f., 375-377, MEW 2, S. 37-44, 119f., ÖPM, S. 141, 159, 186f. [MEW 40, S. 521, 536, 553], MEW 40, S. 445-447, MEW 3, S. 35, 37, 50, 66-68, MEW 4, S. 475. Auch Engels nennt in seinen frühsten Schriften als Ursache für "die tiefste Erniedrigung der Menschheit ... in letzter Instanz das Privateigentum". Ebenso wird "die Konkurrenz .. als die Ursache des ganzen Elends, der Armut, des Verbrechens" genannt. Weil aber die Konkurrenz für Engels nur eine Folge des Privateigentums ist, bleibt das Privateigentum die entscheidende Ursache für die Entfremdungsphänomene, vgl. MEW 1, S. 513-523.

[7] Vgl. z. B. MEW 3, S. 32, 46, 50-61, 68f., 74f., 178, 228, 356, 378f., 400, 422-424, ebenso z. B. MEW 6, S. 419-421, 554 oder MEW 16, S. 152, wo das Lohnsystem als Ursache aufgezählt wird.

[8] Vgl. statt vieler Grundrisse, S. 906f., MEW 6, S. 418f., Marx (1863/64), S. 44, 84, 104, MEW 19, S. 18, 22, ebenso Engels in MEW 2, S. 639 und MEW 20, S. 273. Die Verursachung der Entfremdung durch das gesamte kapitalistische Produktionssystem deutet sich im übrigen bereits in den ÖPM an, in denen Marx zusammenfassend feststellt: "Wir haben also jetzt den wesentlichen Zusammenhang zwischen dem Privateigenthum, der Habsucht, der Trennung von Arbeit, Capital und Grundeigenthum, von Austausch und Concurrenz, von Werth und Entwerthung d[es] Menschen, von Monopol und Concurrenz etc., von dieser ganzen Entfremdung mit dem *Geld*system zu begreifen", ÖPM, 131 [MEW 40, S. 511]. Weil hier "das Geldsystem stellvertretend für die kapitalistische Wirtschaft" steht, vgl. Röhrich (1989), S. 91, ist somit auch das gesamte kapitalistische Produktionssystem als Ursache der Entfremdung anzusehen.

Die von Marx genannten Gründe für das Auftreten von Entfremdungsphänomenen finden sich ihrerseits alle in der Sekundärliteratur wieder, in der eine weitgehende Übereinstimmung über die Ursachen der Entfremdung festzustellen ist. Nur exemplarisch sollen hinsichtlich dieser Fragestellung einige Autoren vorgestellt werden. West, der sich mit den Entfremdungsaspekten in den Werken von Adam Smith und Karl Marx auseinandersetzt, nennt in seinen Schriften die von Marx genannten Institutionen, wobei er deren Gewichtung im Einzelfall geringfügig variiert. Verursachende Elemente sind die kapitalistische Arbeitsteilung, das Marktsystem und das Privateigentum; das Marktsystem samt der damit verknüpften Institutionen des Privateigentums und des Wettbewerbs bzw. die "economic interdependence and exchange based on private property" inklusive der "commodity production for exchange", was beides auch das Faktum der Arbeitsteilung beinhaltet.[9] Ähnlich argumentiert Plamenatz, dessen Ursachenkatalog bereits erwähnt wurde. Israel nennt als verursachenden Faktor den kapitalistischen Produktionsprozeß, der sich durch eine spezielle Form der Arbeitsteilung, durch das Privateigentum und durch die Tatsache, daß die Arbeitskraft eine Ware ist, auszeichnet (vgl. Israel (1985), S. 66-84).[10] Archibald bezeichnet als Hauptursache der Entfremdung die kapitalistische Form der Arbeitsteilung. Von untergeordneter Bedeutung sind das Privateigentum, das Geld und die Institution des Markttausches (vgl. Archibald (1992), S. 63, 65f., 70). Elliot hingegen verzichtet auf eine derartige Gewichtung und nennt als gleichberechtigte Ursachen das Privateigentum, die Arbeitsteilung sowie das Markt- und Geldsystem. Monokausale Verursachungen werden in diesem Zusammenhang explizit ausgeschlossen (vgl. Elliot (1979), S. 345-351). Catephores schließlich verzichtet vollkommen auf eine Spezifizierung der verursachenden Faktoren und gibt als Ursache der Entfremdung die kapitalistischen Institutionen an (vgl. Catephores (1987), S. 77). Auch Höppner sieht die gesamten kapitalistischen Produktionsverhältnisse als verantwortlich für die Entfremdungszustände an (vgl. Höppner (1988), S. 43f., 52f.). Neben dieser beliebig verlängerbaren Liste jener Autoren, die als Ursache für ein Abweichen vom Marxschen Ideal des Menschen die genannten Merkmale der kapitalistischen Produktionsweise sehen, gibt es zwei andersgeartete Argumentationslinien, die von der dargestellten Sicht abweichen.

Die erste abweichende Sicht hinsichtlich der Ursachenanalyse besteht aus einer Reduktion des Katalogs der verursachenden Faktoren. Ein Beispiel dafür ist die These von Roberts und Stephenson, die in der Existenz des Marktaustausches die Ursache der Entfremdungsphänomene sehen. Ausdrücklich lehnen sie die Arbeitsteilung als verursachendes Element ab. Begründet wird diese Ablehnung damit, daß die von Marx vertretene Lösung des Entfremdungsproblems ihrer Ansicht nach aus der Produktion nach einem gemeinsamen Plan besteht. Diese

---

[9] Vgl. West (1969), S. 2, 14f., West (1975a), S. 550f., West (1975b), S. 297f.

[10] Ähnlich ist die Sichtweise von Metzke, nach der "Marx selbst .. das Entfremdetsein ... im Zusammenhang mit dem Prozeß der Arbeitsteilung, der Entwicklung des Privateigentums, des Konkurrenzwesens und des Geld- und Warenmarktbereichs" sieht, vgl. Metzke (1957), S. 7.

Lösung stellt allerdings nur das Gegenteil eines Marktsystems dar und schließt die Beibehaltung der Arbeitsteilung nicht aus. Weil somit zur Eliminierung der Entfremdung nicht die Abschaffung der Arbeitsteilung erforderlich ist, kann sie nach Meinung von Roberts und Stephenson auch nicht als ein die Entfremdung verursachender Faktor angesehen werden. Entfremdung wird bei Marx folglich nur durch das "system of market exchange" hervorgerufen (vgl. Roberts/Stephenson (1970), S. 438-441). Ähnlich ist die Argumentation Arnolds. Er vertritt die Ansicht, daß das "system of commodity production" der verursachende Faktor der Entfremdung ist. Zwar sieht auch Arnold, daß Marx in den Frühschriften die Teilung der Arbeit und das Privateigentum als Ursachen nennt, beide Phänomene sind allerdings nur die Konsequenz der Warenproduktion, so daß das System der Warenproduktion als primäre Ursache von Entfremdungsphänomenen anzusehen ist (vgl. Arnold (1990), S. 40, 47, 60-62, 157-161). Eine weitere monokausale Erklärung der Entfremdung findet sich bei Thier, der für die Entfremdungsphänomene das Privateigentum bzw. die Konkurrenz als höchste Form des Privateigentums verantwortlich macht (vgl. Thier (1957), S. 66f.).[11] Eine weniger weitreichende Verkürzung der Liste jener Faktoren, die für die Entfremdung verantwortlich sind, stellt Maurer vor, die die Entfremdung auf die Arbeitsteilung und das Privateigentum zurückführt (vgl. Maurer (1994), S. 37, 61, 171).
Die zweite abweichende Argumentation besteht aus einer Ausweitung der Ursachenliste. Eine derartige Ausweitung findet sich z. B. bei Fromm. Grundsätzlich drückt sich nach seiner Ansicht "der Prozeß der Entfremdung" bei Marx "in der Arbeit und der Arbeitsteilung aus" (Fromm (1963), S. 52). Darüber hinaus aber darf nicht übersehen werden, daß die Entfremdung das Resultat einer Ursachenvielfalt ist, so daß die Entfremdung neben den wirtschaftlichen und politischen Faktoren auch psychologische und geistige Einflußgrößen besitzt (vgl. Fromm (1991), S. 229f.). Und Gouldner fügt der "*division of labor*", dem "*market* system" und dem "*property* system" mit dem Faktor der "class domination" ebenfalls eine zusätzliche Ursache hinzu, wobei die "class domination" ihrerseits auf der Knappheit von Gütern beruht (vgl. Gouldner (1980), S. 180-187).[12]

Der exemplarische Überblick kann an dieser Stelle beendet werden, da die uns interessierenden Schlußfolgerungen bereits hinreichend deutlich sind. Erstens weist die Aufzählung der genannten Ursachen darauf hin, daß die Mehrzahl der Autoren ihre Ursachenanalyse lediglich auf die Entfremdungszustände der kapitalistischen Gesellschaft beschränkt. Indiz dafür ist die anzutreffende Aufzählung der kapitalistischen Institutionen, die für die Entfremdung verantwort-

---

[11] Ebenso unterstellen Kutsch und Wiswede Marx eine monokausale Erklärung der Entfremdung, nach der Marx in "der Existenz des Privateigentums" die "letzte Ursache der Entfremdung sieht", Kutsch/Wiswede (1986), S. 24f.

[12] Auch Treptow nennt als eine notwendige Bedingung der Entfremdung die "Klassenteilung", vgl. Treptow (1978), S. 57.

lich gemacht werden. Eine Analyse der Gründe für die Entfremdung in vorkapitalistischen Gesellschaften stellt hingegen ein kaum beachtetes Problem dar. Die somit bestehende Lücke bedarf einer Schließung, die im folgenden unternommen werden soll. Zweitens läßt die bloße Aufzählung der Ursachen vermuten, daß die Ursachenanalyse in der Literatur recht undifferenziert erfolgt. Es wird im Regelfall von der Entfremdung gesprochen, nicht aber von den verschiedenen Aspekten der Entfremdung, so daß eine Zuordnung der verschiedenen Ursachen zu unterschiedlichen Entfremdungsphänomenen unterbleibt. Da aber nicht auszuschließen ist, daß beispielsweise die entfremdeten Bedürfnisse der Kapitalisten andere unmittelbare Ursachen besitzen als die mangelnde Entwicklung der individuellen Fähigkeiten seitens der Arbeiter, muß eine spezifische Ursachenanalyse durchgeführt werden.

3.2. Das Verhältnis von entfremdeter Arbeit zum Privateigentum

Beginnen wir die Ursachenanalyse mit den Ausführungen der ÖPM, so findet sich dort hinsichtlich des Verhältnisses zwischen entfremdeter Arbeit und Privateigentum eine auf den ersten Blick überraschende Kausalität:

> "Das *Privateigenthum* ist also das Produkt, das Resultat, die nothwendige Consequenz d[er] *entäusserten Arbeit*, des äusserlichen Verhältnisses des Arbeiters zu der Natur und zu sich selbst." (ÖPM, S. 140 [MEW 40, S. 520]).
> "... die entfremdete Arbeit ist die unmittelbare Ursache des Privateigenthums." (ÖPM, S. 141 [MEW 40, S. 521]).
> "Aber es zeigt sich bei der Analyse dieses Begriffes, daß, wenn das Privateigenthum als Grund, als Ursache der entäusserten Arbeit erscheint, es vielmehr eine Consequenz der selben ist, ... Später schlägt dieß Verhältniß in Wechselwirkung um. Erst auf dem letzten Culminationspunkt der Entwicklung des Privateigenthums tritt dieses Geheimniß wieder hervor, nämlich, einerseits, daß es das *Produkt* der entäusserten Arbeit und zweitens daß es das *Mittel* ist, durch welches sich die Arbeit entäussert, die *Realisation dieser Entäusserung*." (ÖPM, S. 140 [MEW 40, S. 520]).

Bezüglich der zuletzt genannten Wechselwirkung beider Phänomene ergeben sich kaum Schwierigkeiten bei der Interpretation. Trotz der 'Wechselwirkungen' ist es möglich, in jedem Augenblick Ursache und Wirkung deutlich voneinander zu unterscheiden. So ist einerseits die Tatsache, daß das Produkt der Arbeit nicht dem Produzenten selbst gehört, eine Form der entfremdeten Arbeit und als solche der Grund für das Entstehen der "Verfügung über fremde Arbeitskraft" (MEW 3, S. 32). Andererseits ist aber auch das "Eigentum an vergangner unbezahlter Arbeit ... die .. Bedingung für gegenwärtige Aneignung lebendiger unbezahlter Arbeit" (MEW 23, S. 609), so daß sich das Privateigentum als Ursache der entfremdeten Arbeit entpuppt. Sofern also die Phänomene der entfremdeten Arbeit und des Privateigentums bereits beide etabliert sind, stehen sie in einem wechselseitigen Ursache-Wirkungs-Verhältnis.

Wenn sich allerdings die entfremdete Arbeit und das Privateigentum wechselseitig hervorrufen, dann stellt sich die Frage, welcher der beiden Zustände historisch und logisch zuerst auftritt. Das somit bestehende 'Henne-Ei-Problem' löst Marx unmißverständlich zugunsten einer Priorität der entfremdeten Arbeit: "... die entfremdete Arbeit ist die unmittelbare Ursache des Privateigenthums" (ÖPM, S. 141 [MEW 40, S. 521]). Diese Behauptung ist allerdings nicht ohne weiteres einsichtig. Eine Person, die andere Menschen in einen Zustand der entfremdeten Arbeit versetzt, benötigt dafür ökonomische Machtmittel, also die exklusive Verfügung über Arbeits- und Produktionsmittel. Selbst wenn diese Person mit Hilfe von politischer oder militärischer Macht agieren sollte, so benötigt sie dennoch die vorherige Anhäufung ökonomischer Güter zur Aufrechterhaltung dieser politisch-militärischen Macht. Schließlich löst auch "der historische Scheidungsprozeß von Produzent und Produktionsmittel", also die "sog. ursprüngliche Akkumulation" (MEW 23, S. 742), dieses Dilemma nicht, denn sie basiert auf der Gewalt in verschiedensten Formen, die ihrerseits wiederum eine ökonomische Grundlage benötigt. Darüber hinaus beschreibt Marx diesen Prozeß auch als "Scheidungsprozeß des Arbeiters vom Eigentum an seinen Arbeitsbedingungen" (MEW 23, S. 742), was die Existenz des Eigentums bereits voraussetzt und das Eigentum folglich nicht erklären kann. Wie auch immer die entfremdete Arbeit hervorgerufen wird - ohne die exklusive Verfügung über ökonomische Güter scheint es unmöglich zu sein, andere Menschen in eine Situation zu bringen, in der diese entfremdete Tätigkeiten ausführen.

Wie aber kann aufgrund dieser Ausführungen dennoch die von Marx vertretene Kausalität gerechtfertigt werden? Die in der Literatur vorzufindenen Lösungen dazu sind vielfältig und zum Teil widersprüchlich. Israel beispielsweise schlägt eine Interpretation vor, gemäß der einer der Gründe der Entfremdung, nämlich die Tatsache, daß das Produkt der Arbeit nicht mehr dem direkten Produzenten gehört, auch als Ursache für das Entstehen von Privateigentum anzusehen ist (vgl. Israel (1985), S. 78f.). Damit ist allerdings recht wenig gewonnen, denn es bleibt nach wie vor offen, warum eine andere Person als der direkte Produzent sich das Produkt der Arbeit aneignen kann. Konstruktiver ist der Vorschlag Ollmans (vgl. Ollman (1971), S. 162-164). Ihm zu folge geht es Marx nicht um die geschichtliche Darstellung der Umwandlung des Gemeineigentums in das Privateigentum, sondern lediglich um den logischen Zusammenhang zwischen der entfremdeten Arbeit und dem Privateigentum. Der Versuch einer Etablierung von historischen Prioritäten wird hingegen von Marx nicht unternommen. Für den Zusammenhang zwischen der entfremdeten Arbeit und dem Privateigentum stellt Ollman daher fest:

> "The logical tie which Marx posits between the two makes it impossible for one to appear without the other, and makes any attempt to establish historical primacy a fruitless task." (Ollman (1971), S. 164).

Mit der Verwerfung der historischen Priorität bleibt die logische Vorrangigkeit der entfremdeten Arbeit weiterhin bestehen. Diese wird jedoch von Popitz abgelehnt. Für ihn ist die durch historische Hinweise nicht belegte Priorität der entfremdeten Arbeit auch logisch eine unbegründete These, denn es ist im Rahmen der Entfremdungstheorie eine offene Frage,

> "... wie und wann ein spezifisches Niveau der menschlichen Natur-Formierung die Entfremdung des Menschen impliziert, deren Konsequenz dann »später« (!) das Privateigentum sein soll" (Popitz (1967), S. 133, Fußnote 42).

Deshalb spricht Hartmann in diesem Zusammenhang auch von einem "Zirkel in der Erklärung der Entfremdung", der letztlich nur eine "theoretisch unbefriedigende Erklärung" der Entfremdungsphänomene zur Folge hat (vgl. Hartmann (1970), S. 149-154).
Nachdem das Vorgehen von Marx bezüglich der Kausalität von entfremdeter Arbeit und Privateigentum mithin weder historisch noch logisch stichhaltig zu sein scheint, läßt es sich lediglich aus methodischen Erwägungen rechtfertigen. So ist es nach Fetscher verständlich, daß Marx, zum Zeitpunkt der Niederschrift der ÖPM noch der "*klassischen idealistischen Philosophie* Hegels" folgend, eine vorgefundene Sache zurückführt auf die diese Sache erzeugende Tätigkeit (vgl. Fetscher (1979), S. 80). Auch Popitz vertritt diese Meinung und geht sogar noch einen Schritt weiter, indem für ihn durch dieses methodische Argument sogar die historische Vorrangsstellung der entfremdeten Arbeit verständlich wird:

> "... das Subjekt-Objekt-Verhältnis ist der primäre Faktor der Entwicklung - also auch der historisch primäre Faktor der Entfremdung." (Popitz (1967), S. 133, Fußnote 42).

Zusammenfassend scheint sich die von Marx dargestellte Kausalität lediglich methodisch rechtfertigen zu lassen, während sie historisch und logisch nicht schlüssig ist. Allerdings lassen sich selbst die historische und logische Vorrangigkeit der entfremdeten Arbeit begründen, wenn beachtet wird, daß Marx mit dem Terminus des Privateigentums etwas ganz Spezielles meint:

> "Das *Privateigenthum*, als der materielle, resümirte Ausdruck der entäusserten Arbeit umfaßt beide Verhältnisse, das *Verhältniß des Arbeiters zur Arbeit und zum Product seiner Arbeit* und zum *Nichtarbeiter* und das Verhältniß des *Nichtarbeiters, zum Arbeiter*, und *dem Product seiner Arbeit.*" (ÖPM, S. 142 [MEW 40, S. 522]).
> "Übrigens sind Teilung der Arbeit und Privateigentum identische Ausdrücke - in dem Einen wird in Beziehung auf die Tätigkeit dasselbe ausgesagt, was in dem Andern in bezug auf das Produkt der Tätigkeit ausgesagt wird." (MEW 3, S. 32).
> "Das *subjektive Wesen* des Privateigenthums ... ist die *Arbeit.*" (ÖPM, S. 152 [MEW 40, S. 530]).[13]

[13] Ähnliche Formulierungen sind in den gesamten ÖPM verstreut, z. B. S. 155, 156, 189, 208f., 214 [MEW 40, S. 533, 556f., 561].

Wichtig ist in diesem Zusammenhang der Hinweis darauf, daß 'Arbeit' hier verstanden wird als entfremdete Arbeit - im Gegensatz zur produktiven Tätigkeit -, "da die *Arbeit* nur ein Ausdruck der menschlichen Thätigkeit innerhalb der Entäusserung ... ist", also nur die "*entfremdete* ... *Gestalt* der *menschlichen Thätigkeit als Gattungsthätigkeit*" (ÖPM, S. 208f. [MEW 40, S. 557]) ist.[14] Damit wird erkennbar, daß der Begriff des Privateigentums nur im Zusammenhang mit der entfremdeten Arbeit auftaucht. Besonders deutlich wird dies in den folgenden Passagen:

> "Das *materielle*, unmittelbar *sinnliche* Privateigenthum, ist der materielle sinnliche Ausdruck des *entfremdeten menschlichen* Lebens." (ÖPM, S. 160 [MEW 40, S. 537]).
> "Die positive Aufhebung des *Privateigenthums* ... ist daher die positive Aufhebung aller Entfremdung, ..." (ÖPM, S. 160 [MEW 40, S. 537]).[15]

Eine Ausnahme ergibt sich lediglich in den Fällen, in denen unterschieden wird zwischen speziellen Formen des Privateigentums, d. h. zwischen dem Privateigentum der Nichtarbeiter einerseits und dem auf der eigenen Arbeit beruhenden Privateigentum bzw. dem freien Privateigentum andererseits:

> "Privateigentum, als Gegensatz zum gesellschaftlichen, kollektiven Eigentum, besteht nur da, wo die Arbeitsmittel und die äußeren Bedingungen der Arbeit Privatleuten gehören. Je nachdem aber diese Privatleute die Arbeiter oder die Nichtarbeiter sind, hat auch das Privateigentum einen andern Charakter." (MEW 23, S. 789).

Dabei nimmt das auf der eigenen Arbeit beruhende Privateigentum seine klassische Form an, wenn "der Arbeiter freier Privateigentümer seiner von ihm selbst gehandhabten Arbeitsbedingungen ist" (MEW 23, S. 789). Ähnliches gilt auch für das freie Privateigentum der antiken Gemeinde, welches neben dem Gemeindeeigentum besteht und von den Gemeindemitgliedern selbständig bewirtschaftet wird (vgl. MEW 23, S. 252). Diese Formen des Privateigentums können, in Anlehnung an Thier, als "»Privateigentum an sich«" bezeichnet werden, welches sich als das Privateigentum vor bzw. ohne dessen Entfremdung auszeichnet (vgl. Thier (1957), S. 32). Marx selbst beschreibt diese Form des Privateigentums sowie dessen Sinn bereits in den ÖPM:

> "... der Sinn des Privateigenthums - losgelöst von seiner Entfremdung - ist das *Dasein* der *wesentlichen Gegenstände* für d[en] Menschen, sowohl als Gegenstand des Genusses, wie der Thätigkeit." (ÖPM, S. 217 [MEW 40, S. 563]).[16]

---

[14] Zu den unterschiedlichen Bedeutungen des Arbeitsbegriffs bei Marx vgl. Abschnitt 1.2.2. dieser Arbeit.

[15] Ähnlich auch ÖPM, S. 163 [MEW 40, S. 539].

[16] Auch in späteren Werken weist Marx auf diese Unterscheidung hin und trennt explizit zwischen verschiedenen Formen des Privateigentums. In den "Entwürfen einer Antwort auf den Brief von V. I. Sassulitsch" von 1881 beispielsweise unterscheidet er zwischen dem Privateigentum, welches auf persönlicher Arbeit basiert und dem kapitalistischen Privateigentum, das auf der Ausbeutung der Arbeit basiert, vgl. MEW 19, S. 384, 401.

Dies verdeutlicht zwei wesentliche Erkenntnisse. Erstens gibt es für Marx verschiedene Formen des Privateigentums. Dabei fängt das "eigentliche Privateigentum .. bei den Alten, wie bei den modernen Völkern, mit dem Mobiliareigentum an" und entwickelt sich im Zeitablauf bis zum "reinen" bzw. "modernen Privateigentum" (MEW 3, S. 61f.). Zweitens, und dies ist von großer Wichtigkeit, ist das Privateigentum im Regelfall mit der Entfremdung der Menschen verbunden, worauf die Marxsche Hervorhebung der Loslösung "von seiner Entfremdung" hinweist. Weiterhin beruht "das Privateigenthum auf dem Getheiltsein", also auf der Trennung von Arbeit und Kapital, von Kapital und Erde bzw. von Arbeit, Kapital und Grundeigentum (ÖPM, S. 129-132 [MEW 40, S. 508-511]). Dabei ist der Privateigentümer stets "exklusiver Besitzer" der jeweiligen Gegenstände (MEW 40, S. 452). Dies bedeutet unter anderem, daß der Privateigentümer das Recht besitzt, "willkürlich (à son gré), ohne Beziehung auf andre Menschen, unabhängig von der Gesellschaft, sein Vermögen zu genießen und über dasselbe zu disponieren" (MEW 1, S. 365), also vor allem auch das Recht hat, sein Eigentum zu veräußern. Schließlich setzt die Existenz des Privateigentums das Vorliegen eines ökonomischen Surpluses voraus, denn:

> "Das Privateigentum ... entwickelt sich aus der Notwendigkeit der Akkumulation und hat im Anfange immer noch mehr die Form des Gemeinwesens, nähert sich aber in der weiteren Entwicklung immer mehr der modernen Form des Privateigentums." (MEW 3, S. 66).[17]

Aus den bisherigen Ausführungen folgt daher, daß der Begriff des Privateigentums in der Regel für ein ganz bestimmtes gesellschaftliches Produktionsverhältnis reserviert ist, nämlich für das der entwickelten kapitalistischen Produktionsweise. Bei dem Privateigentum handelt es sich daher, abgesehen von den wenigen oben angesprochenen Ausnahmen, um eine spezielle Kategorie, die nur innerhalb einer kapitalistischen Klassengesellschaft vorliegt (vgl. Fromm (1981), S. 66, Fußnote 2). Der Ausdruck umfaßt also eine Reihe von Aspekten, zu denen hauptsächlich der Zustand der Entfremdung gehört,[18] und die somit bei der Verwendung dieses Terminus immer mitgedacht werden müssen. Daher ist es sowohl historisch als auch logisch möglich, daß die entfremdete Arbeit vor dem Privateigentum existiert, so daß die von Marx behauptete Priorität der entfremdeten Arbeit vor dem Privateigentum nicht nur methodisch, sondern auch historisch und logisch haltbar ist.

Die zuerst beschriebene Form des Privateigentums kann als das Privateigentum an sich im dargestellten Sinne von Thier verstanden werden bzw. als "das individuelle Eigentum" oder als "wirkliches Eigentum", MEW 17, S. 342, 552.

[17] Die Bedeutung des ökonomischen Surplus wird hier lediglich erwähnt. Eine Erlärung für den Zusammenhang zwischen diesem Surplus und der Entstehung des Privateigentums erfolgt im Abschnitt 3.3.1. dieser Arbeit.

[18] So bemängelt Marx an den zu seiner Zeit vorliegenden Formen des Kommunismus, daß diese "immer noch mit dem Privateigenthum, d. h. der Entfremdung d[es] Menschen" affiziert sind; ebenso verlangt nach Marx die Aufhebung des Privateigentums automatisch die Aufhebung der menschlichen Selbstentfremdung, vgl. ÖPM, S. 159f. [MEW 40, S. 536f.].

Offen ist die Frage, wie es zur entfremdeten Arbeit kommt, wenn das Privateigentum im dargestellten Sinn noch nicht existent ist. Die Lösung dieser Frage läßt sich in den Marxschen und Engelschen Ausführungen zur Teilung der Arbeit finden. In der "Deutschen Ideologie" wird in diesem Zusammenhang eine dreiteilige Unterscheidung verschiedener Formen der Arbeitsteilung dargestellt:

> "Damit entwickelt sich die Teilung der Arbeit, die ursprünglich nichts war als die Teilung der Arbeit im Geschlechtsakt, dann Teilung der Arbeit, die sich vermöge der natürlichen Anlage (z. B. Körperkraft), Bedürfnisse, Zufälle, etc. etc. von selbst oder »naturwüchsig« macht. Die Teilung der Arbeit wird erst wirklich Teilung von dem Augenblicke an, wo eine Teilung der materiellen und geistigen Arbeit eintritt." (MEW 3, S. 31).[19]

Diese Trennung, die "die geistige und materielle Tätigkeit ... verschiedenen Individuen zufallen" (MEW 3, S. 32) läßt, ist für die Existenz der entfremdeten Arbeit ohne das Vorliegen des Privateigentums von entscheidender Bedeutung. Bezüglich des materiellen Produktionsprozesses äußert sich diese Form der Arbeitsteilung darin, daß die stofflichen Prozesse der Naturumformung einerseits und die diesen stofflichen Prozeß organisierenden bzw. steuernden Prozesse andererseits von verschiedenen Personen ausgeführt werden. Dadurch wird den Individuen, die die stoffliche Naturumformung ausführen, die Entscheidungsgewalt über den materiellen Produktionsprozeß genommen. Folglich fehlt ihnen die bewußte Festlegung der Ziele und Abläufe ihrer Tätigkeiten sowie die bewußte Entscheidung über die Verwendung der so produzierten Objekte. Damit aber weist diese Form der Tätigkeit bereits wesentliche Elemente einer Entfremdung von der produktiven Lebenstätigkeit auf, so daß die hier vorliegende Tätigkeit als entfremdete Arbeit eingestuft werden muß.

Wie aber kommt es zu einer derartigen Teilung der Arbeit? Für eine kapitalistisch organisierte Gesellschaft stellt diese Frage kein Problem dar. Durch ihr Eigentum an den Produktionsmitteln sind die Kapitalisten in der Lage, der Arbeiterschaft deren Tätigkeitsabläufe und -inhalte vorzuschreiben. Problematisch wird es erst, wenn die Existenz des Privateigentums noch nicht gegeben ist. Die organisatorische Beherrschung der Arbeitsprozesse muß dann andere Ursachen besitzen. In diesem Zusammenhang ist es wichtig, daran zu erinnern, daß die Organisation der materiellen Lebensprozesse in erster Linie ein Wissens- und Informationsproblem ist.[20] Die Personen, die über das erforderliche Wissen verfügen, sind auch in der Lage, die Produktionsprozesse zu beherrschen, ohne daß dafür das Privateigentum an materiellen Gegenständen erforderlich ist. Solange in einer Gemeinschaft der materielle Produktionsprozeß von allen Individuen verstanden und durchschaut wird, kann es keiner Subgruppe gelingen, die gemein-

[19] Zusätzlich befindet sich auf Höhe der Ausführungen zu der wirklichen Teilung der Arbeit noch eine Randbemerkung, deren Bedeutung erst im weiteren Verlauf unserer Argumentation verständlich wird: "Erste Form der Ideologen, *Pfaffen*, fällt zusammen", MEW 3, S. 31.

[20] Vgl. dazu z. B. Land (1990), S. 637.

schaftlich durchgeführten Produktionsprozesse aufgrund ihres Wissensmonopols zu reglementieren und zu steuern. Erst wenn das technische Niveau der materiellen Produktion eine Stufe erreicht, auf der es nicht mehr allen Gemeinschaftsmitgliedern möglich ist, den Gesamtprozeß intellektuell zu durchdringen, ist eine Monopolisierung dieses Wissens möglich. Ursache für die entfremdete Tätigkeit in einer derartigen gesellschaftlichen Situation ist daher die Monopolisierung des Wissens über die Funktionsweise des Gemeinwesens.[21]

Die in diesem Zusammenhang letzte offene Frage betrifft die genaue Ursache der Monopolisierung des Wissens. Grund dafür ist die Zunahme des Wissens und des technischen Niveaus in einer bestimmten Gemeinschaft, z. B. die Entwicklung der Produktionsinstrumente. Bei den "naturwüchsigen", d. h. den nicht "durch die Zivilisation geschaffenen Produktionsinstrumenten", reicht "der durchschnittliche Menschenverstand" aus, um diese Instrumente anwenden zu können (vgl. MEW 3, S. 65). Mit dem Auftreten komplizierter Werkzeuge ist es allerdings nicht mehr allen Individuen möglich, sämtliche Instrumente zu beherrschen und den gesamten Produktionsprozeß zu verstehen. Es kommt deshalb zur Trennung von "geistiger und körperlicher Arbeit", ohne die die Handhabung der Produktionsmittel nicht mehr stattfinden kann (vgl. MEW 3, S. 65).

Weiterhin basiert die Arbeitsteilung auf komplizierter werdenden Produktionsabläufen, die in erster Linie das Resultat eines sich verschärfenden Überlebenskampfes der Menschen sind. Zunehmende Bevölkerungsdichte, ungünstige Klimabedingungen und nachlassende Ergiebigkeit der natürlichen Ressourcen führen trotz einer erhöhten Arbeitsproduktivität zu erschwerten Überlebensbedingungen und erfordern damit Arbeiten und Großprojekte, die nur durch die Zusammenarbeit größerer Menschenmassen erfolgreich bewältigt werden können. Die Durchführung derartiger Großprojekte, wie z. B. der Bau von Bewässerungsanlagen oder Verkehrswegen, erfordert unter anderem ein vorheriges gründliches Studium der Natur sowie die anschließende Vorbereitung und Organisation der notwendigen Arbeiten. Diese neuen und anspruchsvollen intellektuellen Aufgaben sind also das unmittelbare Ergebnis der Produktionsbedürfnisse. Gleiches gilt für die Leitung von Arbeitsprozessen, an denen viele Personen beteiligt sind.[22] Aufgrund ihres Niveaus und Umfangs können diese Aufgaben nicht mehr von einer Einzelperson bewältigt werden, so daß es zur Entstehung einer ganzen Gruppe von Spezialisten

---

[21] So sind es in den frühen Gesellschaften die Stammesweisen, Priester und Propheten, die das Wissen über die Auslegung und Handhabung der Riten und Mythen dieser Gemeinschaft besitzen. Da diese Riten und Mythen den Lebensprozeß bzw. -zyklus der Menschen regeln, sind die Stammesweisen und Priester als deren Kenner in der Lage, den Lebensprozeß zu beherrschen. Diese auf Bahro (1977), S. 81-97, 168-180 zurückgehende Argumentation deutet sich bereits bei Marx an, der im Rahmen seiner schon zitierten Randbemerkung die "*Pfaffen*" explizit nennt, vgl. Fußnote 19 in diesem Kapitel. Vgl. dazu auch die Rolle der organisierten "Priesterschaft" im Reich der Azteken, vgl. Marx (1880/81a), S. 268, und die Bedeutung der "Priester-Gesetzgebung" bei der Entstehung des Privatgrundeigentums, vgl. Marx (1879/80a), S. 59-62. Terray weist - in Anlehnung an Meillassoux - darauf hin, daß dieses Wissen erst im Laufe der Zeit von einer Person erworben wird, so daß die Ältesten aufgrund der Aneignung des 'gesellschaftlichen Wissens' eine Vormachtstellung in der Urgesellschaft einnehmen, vgl. Terray (1984), S. 130f.

[22] Vgl. dazu MEW 23, S. 350, MEW 25, S. 397.

kommt.[23] Ein von Marx genanntes Beispiel für derartige Großprojekte ist die nur durch die Gesellschaft durchführbare Wasserregelung des Nils. Hier ruft die "Notwendigkeit, die Perioden der Nilbewegung zu berechnen, .. die ägyptische Astronomie und mit ihr die Herrschaft der Priesterklasse als Leiterin der Agrikultur" (MEW 23, S. 537, Fußnote 5) hervor.[24] Weiterhin führen die ersten Formen der Umweltzerstörung zu der Notwendigkeit komplizierter Produktionsweisen. Als Beispiel nennt Marx die Bauern der russischen Dorfgemeinden. Ursprünglich reicht dort die individuelle Bodenbebauung mit "primitiven Geräten" aus. Im Laufe der Zeit werden die Felder aufgrund der permanenten Nutzung "erschöpft und unfruchtbar", so daß die Verschlechterung der Bodenqualität den Einsatz komplizierter Produktionsinstrumente und Maschinen erforderlich macht. Schon aufgrund der damit verbundenen hohen Einrichtungskosten ist die neue Form der Agrikultur nur möglich durch die "im großen Maßstab organisierte genossenschaftliche Arbeit" (vgl. MEW 19, S. 391f.).

Schließlich ist in diesem Zusammenhang an eine andere Form zur Sicherung der materiellen Lebensbedingungen zu denken, nämlich an kriegerische Auseinandersetzungen. In einer Welt mit wachsender Umweltzerstörung und zunehmenden Bevölkerungszahlen steigt die Wahrscheinlichkeit gewaltsamer Konflikte, was unter anderem opportunitätskostentheoretisch erklärt werden kann. Einerseits verschärft die zunehmende Bevölkerungsdichte den "Kampf um den Besitz der besten Gebiete" und damit den Wert der knappen Ressource Boden. Dadurch wird es ökonomisch sinnvoll, daß eine Gemeinschaft Kriegszüge unternimmt, um in den Besitz dieser Ressource zu gelangen. Andererseits erhöht der zunehmende Wert des Bodens die Opportunitätskosten des Verlassens einer besiedelten Region und sorgt dafür, daß die Verteidigung der bewohnten Gebiete ökonomisch ratsam wird. Im Resultat bedeutet dies "vermehrte Belohnungen für Tapferkeit" und führt dazu, daß die kriegerische Auseinandersetzung sowohl für die angreifende als auch für die verteidigende Gemeinschaft eine ökonomisch attraktive Handlungsalternative darstellt und es somit zu vermehrten Auseinandersetzungen dieser Art kommt (vgl. Marx (1880/81a), S. 181). Deshalb ist der "*Krieg* ... eine der ursprünglichsten Ar-

---

[23] Diese Argumentation erinnert an die Darstellungen Smiths zu diesem Thema. Dort führt die zunehmende Arbeitsteilung zum Aufkommen einer Gruppe von Spezialisten, den "philosophers or men of speculation, whose trade it is not to do any thing, but to observe everything", Smith (1776), I.i.9. Die Notwendigkeit einer derartigen Spezialistengruppe ergibt sich aus dem immer komplexeren technischen Wissensstand einer Gesellschaft. Während einfache Erfindungen noch von jeder arbeitenden Person gemacht werden können, verlangen bahnbrechende Neuerungen und Erfindungen das Vorhandensein der "philosopher, whose business it is to do nothing, but observe every thing", vgl. dazu Smith (1766), 217f.; bei den Smithschen Werken folgen wir der heute üblichen Zitierweise der "Glasgow Edition of the Works and Correspondence of Adam Smith", die anstelle der Seitenangaben Absätze bzw. das betreffende Buch und Kapitel sowie den Teil und Absatz angibt. Die Existenz einer besonderen Gruppe von Kopfarbeitern resultiert bei Smith daher aus der fortschreitenden Teilung der Arbeit und der zunehmenden Komplexität der Technologie, vgl. dazu West (1964), S. 24-26 und Rosenberg (1965), S. 132-134.

[24] Gleiches gilt für die in Holland, Indien, Spanien, Sizilien und der Lombardei erforderlichen Wasserregelungen, vgl. MEW 23, S. 537. Auch in den "Grundrissen" werden als Aufgaben, die die Entstehung derartiger Hierarchien fördern, der Bau von Wasserleitungen und Kommunikationsmitteln genannt, vgl. Grundrisse, S. 377.

beiten jedes dieser naturwüchsigen Gemeinwesen, sowohl zur Behauptung des Eigentums, als zum Neuerwerb desselben" (Grundrisse, S. 391).[25]
Diese Beispiele dokumentieren das Entstehen von Entfremdungszuständen in Gesellschaften, die noch nicht über das Privateigentum verfügen. Die Entfremdung von der produktiven Tätigkeit ist dabei auf die Kooperation zur Realisierung von Großprojekten samt deren Leitung und Organisation durch einige Personen zurückzuführen. Entscheidende und älteste Ursache der Entfremdung ist deshalb die Teilung der Arbeit in Hand- und Kopfarbeit. Unabhängig von der Existenz des Privateigentums sorgt die Trennung von geistiger, planender Arbeit und körperlicher, ausführender Arbeit dafür, daß es zur entfremdeten Arbeit kommt.[26]
Die Entscheidung darüber, welcher Personenkreis das Wissen über die Produktionsabläufe monopolisiert, dürfte sich auf dieser Stufe noch nach den Bestimmungsgründen der zweiten Form der Arbeitsteilung richten, d. h. "sich vermöge der natürlichen Anlage (z. B. Körperkraft), Bedürfnisse, Zufälle, etc. etc. von selbst oder »naturwüchsig«" (MEW 3, S. 31) ergeben. So besteht beispielsweise in den frühen seßhaften Gesellschaften der Ackerbauern folgender Brauch: Die Personen, die bei der Bearbeitung des im Gemeinschaftseigentum befindlichen Bodens am härtesten arbeiten, erhalten eine Belohnung in Form materieller Gegenstände, welche sie wiederum an die Gemeinschaft verteilen, z. B. im Rahmen von Dorffesten. Resultat dieser Umverteilung ist, daß die Umverteiler ein hohes Prestige erlangen. Ihren Status in der Gemeinschaft verdanken diese 'big men'[27] also ausschließlich ihrer Persönlichkeit und ihren technischen bzw. organisatorischen Fähigkeiten. Als Konsequenz werden diesen Personen verschiedene Funktionen übertragen, neben der bereits genannten Umverteilung auch die Organisation der Arbeiten, die im Interesse der Gemeinschaft durchzuführen sind, also beispielsweise der Gebäudebau und der Verkehrswegebau. Anfangs beruht diese Funktionsübernahme durch den 'big man' also lediglich auf der freiwilligen Unterstützung der Mitmenschen. Im Laufe der Zeit aber entwickelt sich das Amt des 'big man' zu einem offiziellen, festumrissenen Amt, welches den damit Betrauten von den gewöhnlichen Produzenten immer mehr absondert und zu einem wachsenden Machtgefälle führt.[28]

---

[25] Vgl. ebenso Grundrisse, S. 378. Auch im "Kapital" nennt Marx den Krieg als eine der ersten großen Gesamtaufgaben einer Gesellschaft, vgl. MEW 23, S. 353, vor allem Fußnote 23a.
[26] Damit wird zugleich verdeutlicht, daß eine Gesellschaft, die das Privateigentum an Produktionsmitteln zwar abgeschafft hat, aber weiterhin an der Trennung von geistiger und körperlicher Arbeit festhält, die Entfremdung noch nicht eliminiert hat. Diese Hierarchie des Wissens und die Arbeitsteilung, die die intellektuellen Leitungsaufgaben von den unmittelbaren Arbeitsprozesses abtrennt, sorgen für das Weiterbestehen der Entfremdung. Zu diesem - primär die Staaten des real existierenden Sozialismus betreffenden - Problem vgl. die Ausführungen in Abschnitt 4.5. dieser Arbeit.
[27] Der Begriff 'big man' stammt aus Studien, die in Melanesien durchgeführt wurden. Er bezieht sich auf die informelle Führungsposition, deren Erwerb und Behalten an persönliche Leistungen und Eigenschaften geknüpft ist, vgl. Vivelo (1981), S. 201f., 312 und Harris (1989), S. 227-233.
[28] Vgl. dazu weiterhin Weise u. a. (1993), S. 474f. sowie Marx (1879/80a), S. 55, Marx (1880/81a), S. 199-207, 227f., MEW 21, S. 89-97, 138f., 164-168.

Zusammenfassend ergibt sich damit folgende Kausalkette: Beginnend bei den Produktionsinstrumenten bzw. bei dem gesamten Produktionsprozeß führen Entwicklungen im Bereich der materiellen Produktion zu einem immer größer werdenden Fundus an Wissen. Dieser bildet die Basis für das geistige Spezialistentum, was zu einer Verteilung der geistigen und der körperlichen Betätigungen auf verschiedene Individuen führt. Resultate dieser Form der Arbeitsteilung sind sowohl die organisatorische Beherrschung der Produktionsprozesse durch die mit einem Wissens- und Informationsvorsprung ausgestatteten Spezialisten als auch die Entfremdung aller Gemeinschaftsmitglieder von der produktiven Lebenstätigkeit im hier verwendeten Sinne.[29] Ausschlaggebend ist somit die Entscheidungs- und Verfügungsgewalt über die Bedingungen der materiellen Produktionsprozesse, die in diesem Anfangsstadium noch nicht an das Privateigentum gebunden ist. Das Privateigentum ist vielmehr erst die Folge der Wissensmonopolisierung, denn die so mit der Entscheidungsgewalt ausgestatteten Personen sind zugleich diejenigen, die "die Verhältnisse der Individuen zueinander in Beziehung auf das Material, Instrument und Produkt der Arbeit" (MEW 3, S. 22) festlegen und damit Eigentumsrelationen bestimmen. Die entscheidende - und in Epochen ohne die Existenz des Privateigentums sogar autonome - Ursache für die Entfremdung besteht somit aus der Teilung der Arbeit in Hand- und Kopfarbeit:[30]

> "Die Individuen sind immer von sich ausgegangen, gehen immer von sich aus. Ihre Verhältnisse sind Verhältnisse ihres wirklichen Lebensprozesses. Woher kömmt es, daß ihre Verhältnisse sich gegen sie verselbständigen? daß die Mächte ihres eignen Lebens übermächtig gegen sie werden? Mit einem Wort: *die Teilung der Arbeit*, deren Stufe von der jedesmal entwickelten Produktivkraft abhängt." (MEW 3, S. 540).[31]

Das Fazit dieser Argumentation besteht aus zwei fundamentalen Erkenntnissen. Zuerst einmal erweist sich die entfremdete Arbeit nicht nur methodisch, sondern auch historisch und logisch als Ursache für das Privateigentum, womit die eingangs umstrittene Aussage Marx', zumindest nach dieser Interpretation, als zutreffend angesehen werden kann. Zweitens hebt diese Interpretation "die Verwurzelung der Entfremdung in der Arbeitsteilung" (Bahro (1977), S. 167) hervor, wobei allerdings eine ganz spezielle Form der Teilung der Arbeit gemeint ist.

---

[29] Diese Entfremdung äußert sich bei den Spezialisten der intellektuellen Tätigkeiten in der nicht stattfindenden Teilnahme an körperlichen produktiven Tätigkeiten, während sie beim Rest des Gemeinwesens aus der mangelnden Partizipation an geistigen, planenden Aktivitäten besteht.

[30] Vgl. zu dieser Argumentation Bahro (1977), S. 50-56, 76-97, 168-180 sowie Kolakowski (1977), S. 196f.

[31] Diese entscheidende Bedeutung der Arbeitsteilung für das Auftreten von Entfremdungsphänomenen arbeitet Marx erneut in seinen "Entwürfen einer Antwort auf den Brief von V. I. Sassulitsch" aus dem Jahre 1881 heraus. Bei der dort vorzufindenden Schilderung der Gefahren für den weiteren Bestand der russischen Dorfgemeinden gibt er als Ursache für den drohenden Zerfall dieser Gemeinden die Teilung der Arbeit an. Obwohl in diesen Gemeinden das Privateigentum bereits ansatzweise vorliegt, hier in Form des privaten Eigentums an Haus und Hof, ist dennoch das für den Zerfall der Gemeinden wesentliche Element "die parzellierte Arbeit als Quelle der privaten Aneignung", MEW 19, S. 404, ähnlich auch MEW 19, S. 391.

Es geht um die "*vertikale Arbeitsteilung*", d. h. um die "Polarisierung des gesellschaftlichen Gesamtarbeiters durch die Verdoppelung des materiellen Reproduktionsprozesses in einen stofflich-energetischen und einen ihm steuernd und regelnd übergeordneten informationellen Prozeß" (Bahro (1977), S. 180). Es geht damit um die Form der Arbeitsteilung, die den Produktionsprozeß in zwei Arten der Betätigung trennt und die damit verbundenen Tätigkeiten an verschiedene Personen verteilt, also um die 'wirkliche Teilung' der Arbeit, welche "die geistige und materielle Tätigkeit ... verschiedenen Individuen" zuteilt (vgl. MEW 3, S. 31f.). Mit der zuletzt genannten Erkenntnis befinden wir uns in dem Bereich der Analyse der für die Entfremdung ursächlich verantwortlichen Faktoren. Zum besseren Verständnis dieser Faktoren ist es allerdings erforderlich, die Genese der Entfremdung, also die historisch ersten Formen der Entfremdung, zu untersuchen. Folglich müssen zunächst die Entfremdungsphänomene der Urgesellschaft bzw. der sich auflösenden Urgesellschaft behandelt werden.

3.3. Die Auflösung der Urgesellschaft

3.3.1. Ablauf und Ursachen der Auflösung der Urgesellschaft

Die Darstellung des Verhältnisses von entfremdeter Arbeit und Privateigentum führte uns bereits in die frühsten Gesellschaftsformen der Menschheit. Sie machte deutlich, daß der ursprüngliche Faktor, der für die Entfremdungsphänomene im sozialen Bereich verantwortlich ist, aus der Teilung der Arbeit besteht. Die volle Bedeutung dieses verursachenden Elements für das Aufkommen und Beibehalten der Entfremdungszustände wird allerdings erst verständlich, wenn die Auflösung der frühsten gesellschaftlichen Organisationsformen - also der auf den verwandtschaftlichen Blutsbanden basierenden Gemeinschaften - näher analysiert wird. Diese Untersuchung wird zahlreiche Erkenntnisse hinsichtlich der Ursachen für das entfremdete Dasein der Menschen hervorbringen. Sie wird damit auch für die Entfremdungserscheinungen in kapitalistischen Gesellschaften wertvolle Ergebnisse liefern und stellt somit ein unverzichtbares Element der Marxschen Entfremdungstheorie dar.
Der Abschnitt 1.4. dieser Arbeit zeigte, wie das ursprüngliche Gemeinwesen nach Ansicht von Marx konstruiert ist und welche Vor- bzw. Nachteile es, gemessen am Ideal des unentfremdeten menschlichen Lebens, aufweist. Für die hier interessierenden Fragen nach den Ursachen der Entfremdungsphänomene ist besonders die Art der Teilung der Arbeit, die in diesem Gesellschaftstypus vorhanden ist, von Bedeutung. In der frühsten menschlichen Gesellschaftsform besteht sie aus der naturwüchsigen Arbeitsteilung zwischen Mann und Frau. Als naturwüchsig wird diese Form der Arbeitsteilung beschrieben, weil sie lediglich auf "Geschlechts- und Altersverschiedenheiten, also auf rein physiologischer Grundlage" (MEW 23, S. 372), basiert. Im Rahmen dieser Teilung der Arbeit beschafft der Mann die Nahrungsrohstoffe sowie die dafür

erforderlichen Werkzeuge und ist zudem zuständig für kriegerische Auseinandersetzungen. Die Frau ist verantwortlich für die Führung des Haushalts, die Nahrungszubereitung und die Kleidung. Mit dieser Teilung der Arbeit ist zugleich die Eigentumsverteilung zwischen den Beteiligten geregelt, weil jede Person Eigentümerin der von ihr geschaffenen und benutzten Gegenstände ist (vgl. MEW 3, S. 371, MEW 21, S. 54, 155-157).[32] Eine Entfremdung von der produktiven Lebenstätigkeit des Menschen liegt in diesem Zustand lediglich dadurch vor, daß der Zweck des Handelns durch die Notwendigkeit des Überlebens der verwandtschaftlichen Gruppe vorgegeben ist und daß die Beherrschung der Natur durch den Menschen nicht gegeben ist. Alle anderen Aspekte der entfremdeten Arbeit, die aus dem vorherigen Kapitel bekannt sind, existieren hingegen noch nicht. Gehen wir mit Marx davon aus, daß die Teilung der Arbeit tatsächlich nur auf physiologischen Grundlagen beruht - und damit auf den Anlagen und Fähigkeiten der Menschen -, dann ist jede Person in der Lage, die in ihr liegenden Fähigkeiten zu entwickeln,[33] wodurch dieses Element der wahren menschlichen Tätigkeit erfüllt wird. Schließlich ist durch die hier herrschende Form der Aneignung von Arbeitsergebnissen gesichert, daß sich die tätigen Personen die Ergebnisse ihrer Handlungen für ihr eigenes Lebens aneignen. Auch dies entspricht, wie dargestellt, dem Ideal der produktiven Lebenstätigkeit.

Die beschriebene Eigentumsregelung und die "Unbedeutendheit der Gegenstände" (MEW 21, S. 87) sorgen dafür, daß es individuelle Erbprobleme nicht gibt. Im Falle des Todes einer Person fällt deren persönliche Habe an die Gemeinschaft,[34] die aus den Nachkommen der Stammmutter besteht. Aufgrund der Geringwertigkeit der existierenden Gegenstände hat kein Gruppenmitglied einen Anreiz, diese Regelung zu verändern, weil die zur Änderung erforderlichen aufzuwendenden Ressourcen den Wert der zu vererbenden Gegenstände übertreffen. Deshalb ist es aus Gründen der Opportunitätskosten sinnvoll, die bestehenden Erbfolgeregeln - und natürlich gilt dies auch für die bestehenden Regelungen hinsichtlich der gesamten Besitzfragen - unverändert zu lassen.

Der Zustand, in dem nur geringwertige Gegenstände existieren, wird allerdings im Zeitablauf durch die Zunahme der Bevölkerung aufgehoben. Dabei wird die genaue Ursache für den Bevölkerungsanstieg von Marx und Engels nur angedeutet. Zurückzuführen ist sie letztlich auf die Zunahme der Arbeitsproduktivität, die in der "auf Geschlechtsbande begründeten Gliede-

---

[32] Dieser Zusammenhang zwischen Arbeit und Eigentum gilt auch für die Gemeinschaft als Ganzes, so daß die Dinge, die gemeinsam hergestellt und genutzt werden - z. B. "das Haus, der Garten, das Langboot" - gemeinsames Eigentum darstellen, vgl. MEW 21, S. 155.

[33] Ob Frauen wirklich aufgrund ihrer physiologischen Eigenschaften für die oben genannten Betätigungen geeignet sind, sei dahingestellt. Entscheidend ist, daß das Prinzip der Tätigkeitsausübung gemäß der physiologischen Eigenschaften die Entwicklung der individuellen Fähigkeiten erlaubt und deshalb der produktiven Lebenstätigkeit des Menschen gerecht wird. Werden hingegen im Rahmen dieser Tätigkeitsverteilung dem tätigen Menschen falsche, seinen physiologischen Anlagen nicht entsprechende Tätigkeiten zugewiesen, so stellt dies einen Verstoß gegen die Teilung der Arbeit aufgrund physiologischer Eigenschaften dar und ist damit auch als Form der Entfremdung anzusehen.

[34] Darüber hinaus gibt es noch den Brauch, daß die "wertvollsten persönlichen Gegenstände .. mit dem verstorbenen Besitzer begraben" werden, vgl. Marx (1880/81a), S. 201.

rung der Gesellschaft" (MEW 21, S. 28) anzutreffen ist.[35] Damit verbunden ist ein größeres materielles Produktionsergebnis, welches eine höhere Bevölkerungszahl zuläßt. Die steigende Bevölkerungszahl bzw. die zunehmende Bevölkerungsdichte sorgt dafür, "dass in *Folge d. Bevölkerungszunahme* u. *Unmöglichkeit entsprechender Ausdehnung des eingenommenen Territoriums*" eine neue Produktionsform erforderlich wird. Weil jetzt die Alternativkosten des Umherziehens im Vergleich zur Seßhaftigkeit steigen - z. B. aufgrund einer längeren Suche nach unbesiedelten Gebieten oder aufgrund notwendiger kriegerischer Auseinandersetzungen -, wird das zuerst genannte Verhalten ökonomisch weniger sinnvoll. Die bisher wandernden Jäger und Sammler müssen deshalb ihre Produktionsweise ändern und "*entweder zur Hauptbeschäftigung mit Ackerbau u. Viehzucht übergehn*, oder vom Boden d. Erde verschwinden."[36] Die Zunahme der Bevölkerung verändert die Alternativkosten verschiedener Produktionsformen und sorgt dafür, daß die Seßhaftigkeit inklusive des Ackerbaus und der Viehzucht zur Sicherung der Nahrungsmittelbereitstellung ökonomisch die vorteilhaftere Produktionsweise bildet. Mit der "Zähmung der Haustiere und .. Züchtung von Herden" kommt es gleichzeitig zur Schaffung einer neuen "Quelle des Reichtums" (MEW 21, S. 58). Weiterhin senkt die Seßhaftigkeit den Wert der Mobilität der Menschen und erhöht den Wert der persönlichen Habe.[37]
Die neuen Reichtümer werden anfangs genauso ver- und zugeteilt wie unter dem Regime der alten Produktionsweise. Der individuelle Privatbesitz[38] beschränkt sich folglich auf die jeweils selbst hergestellten und benutzten Gegenstände. Nun aber geben diese neuen Reichtümer

> "... einerseits dem Mann eine wichtigere Stellung in der Familie als der Frau und erzeugten andrerseits den Antrieb, diese verstärkte Stellung zu benutzen, um die hergebrachte Erbfolge zugunsten der Kinder umzustoßen." (MEW 21, S. 60).

Die "wichtigere Stellung" des Mannes in der Familie ergibt sich aus der geschlechtsspezifischen Teilung der Arbeit und der Regelung der Eigentumsrechte, nach welcher der Hersteller und Nutzer eines Gegenstandes auch Eigentümer desselben ist. Weil die Männer diejenigen sind, die mit der Produktion der neuen Reichtümer beschäftigt sind, stellen sie auch die Eigentümer

---

[35] Marx setzt sich unseres Wissens nach nicht explizit mit den Gründen für ein Anwachsen der Arbeitsproduktivität in der frühsten Urgesellschaft auseinander. Zu denken wäre in diesem Zusammenhang an den wirtschaftlichen Fortschritt aufgrund der Lern- und der Kommunikationsfähigkeit des Menschen. Letztere erlaubt die Weitergabe von Erfahrungen an die nachfolgende Generation, wodurch diese von einer besseren Ausgangslage als ihre Vorgänger startet und somit einen kummulativen Prozeß des Fortschritts auslöst. Vgl. zu dieser Sichtweise des technischen und wirtschaftlichen Fortschritts Pasinetti (1981), S. 2, 20-23.

[36] Marx (1879/80a), S. 25, vgl. zur Bevölkerungszunahme als Ursache ebenfalls MEW 3, S. 55, MEW 23, S. 373, Marx (1879/80a), S. 46f., Marx (1880/81a), S. 181, 257, 300 und MEW 21, S. 57f.

[37] Bei den Nomaden ist dies nicht der Fall; dort besitzt die Beweglichkeit einen hohen Wert, was aufgrund der Transportproblematik den Wert materieller Gegenstände reduziert, da diese die menschliche Mobilität einschränken.

[38] Der "Privatbesitz", MEW 21, S. 110, der "Privatreichtum", MEW 21, S. 98, die Form des "privaten Besitztums an Land", Marx (1880/81b), S. 425, oder das individuelle "Besitzrecht", Marx (1880/81a), S. 182, stellen noch kein Privateigentum dar, weil die Möglichkeit des Verkaufs der damit verknüpften Gegenstände noch nicht gegeben ist; vgl. dazu die im Text folgenden Ausführungen.

dieser Gegenstände dar und nehmen somit eine wichtigere Position in der Familie ein. Zweitens führen die neuen Reichtümer dazu, daß der Wert der persönlichen Habe zunimmt. Damit verstärkt sich der Anreiz, diese Gegenstände mit individuellen Eigentumsrechten zu belegen, um somit die Verfügungsmacht über diese Gegenstände zu gewinnen. Alternativkostentheoretisch haben sich aufgrund der stärkeren Position des Mannes die Kosten der Durchsetzung individueller Eigentumsrechte für ihn reduziert, während der neue Reichtum den Wert derartiger Eigentumsrechte erhöht hat. Die Folge der veränderten Alternativkosten ist die Etablierung einer neuen Eigentumsform, dem privaten bzw. individuellen Eigentum,[39] welches auch das Recht zur Vererbung der betreffenden Gegenstände einschließt.[40]
Gleichzeitig ändert sich mit der Einführung des individuellen Eigentums und der damit verbundenen neuen Erbfolge die Form der Familie. Aus der in der frühsten Jäger- und Sammlergesellschaft herrschenden Gruppenehe mit unbeschränktem Geschlechtsverkehr entwickelt sich "die Monogamie für die Zivilisation"[41]:

> "Sie war die erste Familienform, die nicht auf natürliche, sondern auf ökonomische Bedingungen gegründet war, nämlich auf den Sieg des Privateigentums über das ursprüngliche naturwüchsige Gemeineigentum. Herrschaft des Mannes in der Familie und Erzeugung von Kindern, die nur die seinigen sein konnten und die zu Erben seines Reichtums bestimmt waren - das allein waren die ... ausschließlichen Zwecke der Einzelehe." (MEW 21, S. 67f.).
> "Die Monogamie entstand aus der Konzentrierung größerer Reichtümer in *einer* Hand - und zwar der eines Mannes - und aus dem Bedürfnis, diese Reichtümer den Kindern dieses Mannes und keines andern zu vererben." (MEW 21, S. 77).

Und nochmals sei darauf hingewiesen, daß die Basis für diese Entwicklung in letzter Instanz die Teilung der Arbeit zwischen Mann und Frau ist (vgl. MEW 3, S. 31, MEW 21, S. 68). Damit, daß "der aufkommende Privatreichtum seine erste Bresche" in die auf Verwandtschaftsbeziehungen basierende Gesellschaft geschlagen hat (vgl. MEW 21, S. 98), beginnt die Auflösung dieser gesellschaftlichen Form. Entscheidend für die zunehmende Auflösung sind dann zwei Faktoren: die Ausweitung des individuellen Besitzes und die zunehmende Teilung der Arbeit.

---

[39] Für das 'private' oder 'individuelle Eigentum' gelten die Bemerkungen der vorangehenden Fußnote.
[40] Die Eigentumsregeln bestimmen sich für Marx daher endogen aufgrund der bestehenden Produktionsbedingungen. Vorgänge im Produktionsprozeß - z. B. die Existenz produzierter Werkzeuge - führen zu der Notwendigkeit, diese Gegenstände und die damit zusammenhängenden Nutzungsrechte im Rahmen interpersoneller Beziehungen zu berücksichtigen. Dabei führt jede Änderung im Produktionsprozeß - z. B. die auftretende Bodenknappheit - zu Änderungen der Eigentumsregeln, also beispielsweise zum Auftreten von Besitzrechten am Boden. Die somit vorliegende endogene Erklärung der Existenz und Veränderung von Eigentumsregelungen bei Marx veranlaßt Pejovich zu der folgenden Auffassung: "*Karl Marx* was the first social scientist to have a theory of property rights", Pejovich (1982), S. 383, vgl. ebenfalls Pejovich (1982), S. 385-390.
[41] MEW 21, S. 57, vgl. dazu weiterhin MEW 21, S. 39-65.

3.3.1.1. Die Ausweitung des individuellen Besitzes

Der Privatreichtum, der sich zunächst nur auf die beweglichen Gegenstände bezieht, greift im Laufe der Zeit auf den Boden über. Durch die Existenz domestizierter Tiere und Pflanzen - sowie die Herausbildung des individuellen Besitzes an diesen Gegenständen - steigt der Wert des Bodens, der zur Herstellung dieser Gegenstände erforderlich ist, so "daß die ganze Oberfläche der Erde zum Gegenstand des Eigentums im Besitz einzelner Individuen gemacht werden konnte" (Marx (1880/81a), S. 184). Daraus folgt weiter, daß es zu "einer neuen Art von Eigentum: bebautem Ackerland oder Gärten" (Marx (1880/81a), S. 174) kommt sowie zum Anreiz, diese Ressourcen mit individuellen Eigentumsrechte zu belegen.[42] Dabei existiert in erster Instanz der Eigentumsregelungen hinsichtlich des Bodens noch gar kein vollständiges Privateigentum an diesem Land. Die einzelnen Familien der Gemeinschaft erhalten im Rahmen des ersten Schritts der Eigentumsregelung lediglich bestimmte Landteile zur ständigen Bearbeitung. Das Recht zur Veräußerung dieses Bodens durch Verkauf, Schenkung oder Vererbung erhalten sie hingegen nicht. Deshalb liegt noch kein "*Privateigenthum* .. im strengeren Sinn des Worts" (Marx (1879/80a), S. 82) vor, weil dieses die Möglichkeit der Veräußerung durch den Besitzer beinhaltet (vgl. Marx (1879/80a), S. 47). Selbst wenn die zugeteilten Böden innerhalb der Familie vererbt werden, so kann aufgrund des fehlenden Rechts zur Veräußerung der Böden noch nicht vom modernen Eigentum gesprochen werden.[43] Diesen beschränkten Charakter der Eigentumsregelungen bringt Marx in seinem Exzerpt zu Phear deutlich zum Ausdruck:

> "Die Eigentumskonzeption geht nicht weiter als dies, nämlich, daß das Teilstück des Landes, das die Familie oder der Einzelne beansprucht, Teil des Dorflandes war, welches er oder sie berechtigt waren zu bebauen, ... Die Aufgabe des Zuweisens, ... die Reihenfolge der Bebauung, ... wurden ... von den Oberhäuptern der Familien geregelt, ..." (Marx (1880/81c), S. 417).

Dennoch sorgen die verschieden großen Bodenanteile dafür, daß es zu Streitigkeiten zwischen den einzelnen Familien über diese Ungleichheiten kommt, so daß zugleich der "Verfall d. *Verwandtschaftsprincips*" (Marx (1879/80a), S. 87) stattfindet. Deshalb basieren die Auflösungserscheinungen der frühsten Gesellschaften auch auf "*der mehr od. minder periodischen Vertheilung d. Gemeindelands*" (Marx (1879/80a), S. 47):

> "... d. *Gefühl der Blutsverwandtschaft* (zwischen den verschiednen Familien) erschlaffte nach u. nach; die ***einzelnen Zweige sonderten sich ab vom gemeinsamen** Stamm*; die nächsten Verwandten bildeten besondre Ansiedlungen (Dörfer); *jedes*

[42] Eine weitere Konsequenz davon ist die örtliche Bindung der Menschen, so daß sie das nomadenhafte Leben aufgeben, vgl. Marx (1880/81a), S. 223.

[43] Auf diesen Aspekt weist Marx explizit hin, z. B. in seiner Auseinandersetzung mit Maine, der diese Regelung fälschlicherweise bereits als "Eigentum in seiner modernen Form" identifiziert, vgl. Marx (1880/81b), S. 455.

> *Zelt* wurde ein Centrum besondrer Interessen, d. Centrum einer *eignen Blutsgruppe*, die ihre besondren Bedürfnisse, egoistischen u. relativ engen Bestrebungen hatte." (Marx (1879/80a), S. 105).

Entscheidend für die Auflösung der Gemeinschaft und die Etablierung der Familie ist folglich die Verfügungsmacht über Nutzungsrechte von knappen Ressourcen, wobei diese Regelung noch nicht den Charakter des modernen Privateigentums annimmt. Aber selbst ohne die Möglichkeit zur Veräußerung derartiger Ressourcen durch den augenblicklichen Besitzer sorgt bereits die Zuweisung familiärer Nutzungsrechte dafür, daß es zu Besitzunterschieden innerhalb des Gemeinwesens kommt. Diese - noch auf die Familien bezogenen - Unterschiede lösen den gemeinschaftlichen Zusammenhalt auf. Die Folge der Auflösung ist, daß die wirtschaftliche Einheit dieser Gesellschaftsform nicht mehr die aus mehreren Generationen oder Familien bestehende Hausgenossenschaft ist, sondern die Einzelfamilie selbst, denn mit dem gemeinsamen Eigentum am Boden geht auch dessen gemeinsame Bearbeitung verloren.[44]

Darüber hinaus wirkt sich die Existenz der neuen Reichtümer auf die Familie selbst destruktiv aus. Die bereits erwähnte Konzentration des Reichtums in der Hand des Mannes einer Familie (vgl. MEW 21, S. 77) hat zur Folge, daß diese Familie bereits "*in Miniatur* alle die Gegensätze in sich" enthält, welche die moderne Gesellschaft aufweist (vgl. MEW 21, S. 61, 68, 70, 75, Marx (1880/81a), S. 160). Neben der Ungleichheit zwischen Mann und Frau in bezug auf die Besitztümer verliert die Haushaltsführung ihren gesellschaftlichen Charakter, den sie in der "alten kommunistischen Haushaltung" noch besitzt. Damit wird "die Frau .. erste Dienstbotin" und "aus der Teilnahme an der gesellschaftlichen Produktion verdrängt" (MEW 21, S. 75). Insgesamt führt die ökonomische Vorherrschaft des Mannes zu seiner Vorherrschaft in der Ehe (vgl. MEW 21, S. 83).[45] Der Zerfall der zwischenmenschlichen Beziehungen innerhalb der Gesellschaft setzt sich somit in der Familie fort. Ursache dafür ist in letzter Instanz die für die ungleiche Verteilung des Privatreichtums verantwortliche Teilung der Arbeit, hier jene zwischen Mann und Frau.

Fassen wir den erreichten gesellschaftlichen Zustand zusammen, so kann dieser wie folgt umschrieben werden: Existent sind bereits der Privatbesitz an beweglichen und unbeweglichen Gegenständen, die ungleiche Verteilung dieser Privatreichtümer zwischen den einzelnen Familien des zerfallenden Gemeinwesens, eine nicht mehr gemeinschaftlich erfolgende Produktion und Aneignung von Gütern sowie ein Gegensatz zwischen den familiären Einzelinteressen und denen der sich auflösenden Gemeinschaft. Zusätzlich herrschen zwischen den Familien Interessengegensätze hinsichtlich der knappen Ressourcen. Schließlich ist auf die Vorherrschaft des

---

[44] Vgl. dazu Marx (1879/80a), S. 26, 42f., 46, 84, 87, Marx (1880/81a), S. 170-190, 251-262, 307, 341f., Marx (1880/81b), S. 455.

[45] August Bebel faßt das Resultat dieser Entwicklung aus Sicht der Frau wie folgt zusammen: "*Sie ist das erste menschliche Wesen, das in Knechtschaft kam.* Die Frau wurde Sklavin, ehe der Sklave existierte", Bebel (1985), S. 35. Zur Stellung der Frau in der Urgesellschaft und der Beendigung dieses Zustands vgl. Bebel (1985), vor allem Kapitel 1 bis 6.

Mannes innerhalb der Familie hinzuweisen. Ebenso interessant ist allerdings das Fehlen von bestimmten modernen ökonomischen Kategorien, d. h. das Fehlen des modernen Privateigentums, der Warenproduktion samt des Marktaustausches und die nicht vorhandene moderne Teilung der Arbeit. Diese Elemente werden erst durch eine andere Form der Arbeitsteilung hervorgebracht: durch die gesellschaftliche Teilung der Arbeit. Im Rahmen der gesellschaftlichen Teilung der Arbeit vollziehen unterschiedliche Gruppen von Menschen, und zwar unabhängig von ihrem Geschlecht, bestimmte Einzeltätigkeiten, auf die sie sich dauerhaft spezialisieren. Damit ist der angekündigte zweite entscheidende Faktor für die Auflösung der urgesellschaftlichen Gemeinwesen angesprochen, d. h. die Ausweitung der Teilung der Arbeit.

3.3.1.2. Die Ausweitung der Teilung der Arbeit

Die in diesem Zusammenhang erste Frage ist die nach der Ursache dafür, daß es nun Gruppen von Personen gibt, die dauerhaft mit speziellen Tätigkeiten betraut sind und nicht mehr alle zur materiellen Produktion erforderlichen körperlichen und geistigen Betätigungen ausüben.[46] Verursacht wird diese Spezialisierung auf bestimmte Tätigkeiten durch die schon erwähnte Zunahme der Bevölkerung mit der gleichzeitig stattfindenden relativen Verknappung des Bodens. Beides verändert die Opportunitätskosten verschiedener Produktionsweisen und sorgt dafür, daß für Gemeinwesen, die besonders stark von der relativen Verknappung des Bodens betroffen sind, die Seßhaftigkeit mit den Produktionsformen des Ackerbaus und der Viehzucht ökonomisch sinnvoll wird. Von der Bodenverknappung sind allerdings nicht alle Gemeinwesen gleich stark betroffen. Auch in der frühsten Menschheitsgeschichte gibt es neben dicht besiedelten Regionen Randgebiete mit einer geringen Bevölkerungsdichte. Die in diesen Randgebieten lebenden Gemeinwesen besitzen noch die Möglichkeit des Ausweichens in unbewohnte Regionen und verfügen deshalb über geringere Alternativkosten bezüglich der nomadenhaften Lebensweise. Wenn somit die Opportunitätskosten der Seßhaftigkeit für diese Gemeinwesen höher sind als die des Weiterziehens, wird letztere Produktionsweise beibehalten. Im Ergebnis resultieren aus dieser Entwicklung zwei Arten von Gemeinwesen: die mit der Züchtung und Haltung von Vieh beschäftigten Hirtenstämme und die weiterhin an der ursprünglichen Produktionsweise des Jagens und Sammelns festhaltenden übrigen Stämme. Damit ergibt sich die "*erste große gesellschaftliche Teilung der Arbeit*" zwischen diesen beiden Arten von Gemeinwesen (vgl. Marx (1879/80a), S. 25, MEW 21, S. 155). Diese gesellschaftliche Teilung

---

[46] Es muß daran erinnert werden, daß die Teilung der Arbeit nicht per se negativ und einer produktiven menschlichen Tätigkeit entgegenstehend ist. Daß jede kollektiv erfolgende Betätigung eine gewisse Koordinationsfunktion benötigt - und damit ein Abtrennen der geistigen von der körperlichen Tätigkeit -, sieht Marx selbstverständlich ein. Im "Kapital" bemerkt er dazu, daß jede "unmittelbar ... gemeinschaftliche Arbeit auf größrem Maßstab ... einer Direktion, welche die Harmonie der individuellen Tätigkeiten vermittelt", bedarf, MEW 23, S. 350. Wir kommen auf diesen Punkt bei der Behandlung einer (möglichst) entfremdungsfreien Organisationsform der gesellschaftlichen Produktion zurück.

der Arbeit hat weitreichende Konsequenzen. Für die hier interessierende Auflösung der urgesellschaftlichen Gemeinwesen ergeben sich dabei sowohl die Verschärfungen bereits existierender Auflösungstendenzen als auch die Schaffung neuer die Gemeinschaften zerstörender Elemente.

Zur ersten Gruppe ist vor allem die immer wichtiger werdende Bedeutung des individuellen Besitzes an Boden zu zählen. Die zunehmende relative Bodenknappheit erhöht den Wert dieser Ressource und sorgt dafür, daß immer mehr Boden des Gemeinwesens in privaten Besitz überführt wird. Trotz der häufigen Um- bzw. Neuverteilungen des Bodens, die bei einer wachsenden Bevölkerungszahl erforderlich werden, kommt es zur "*Ungleichheit der Antheile*" und aufgrund dieser Ungleichheiten "zu Krakehl unter den Gemeindegliedern" (Marx (1879/80a), S. 43).
Zweitens führt die neue Produktionsweise zu einer Erhöhung der Arbeitsproduktivität. Es kommt daher zu einer Steigerung der Produktion und zur Fähigkeit der menschlichen Arbeitskraft, "ein größeres Produkt zu erzeugen, als zu ihrem Unterhalt erforderlich" ist (vgl. MEW 21, S. 157). Damit ist die Gemeinschaft erstmals in der Lage, einen regelmäßigen Surplus zu erwirtschaften, woraus sich wiederum Konsequenzen für das gesellschaftliche Leben ergeben. Hierzu gehört zunächst einmal die weitere Zunahme der Bevölkerung. Sie resultieren aus dem Umstand, daß eine erhöhte materielle Produktion eine größere Zahl von Menschen ernähren und am Überleben halten kann, so daß die Anzahl der Kinder einer Familie zunimmt (vgl. Marx (1880/81a), S. 297, MEW 23, S. 672). Aus dem Anwachsen des Gemeinwesens folgt, daß die Übersichtlichkeit der Gemeinschaft abnimmt, interfamiliäre Konflikte bezüglich knapper Ressourcen zunehmen und damit die Notwendigkeit generiert wird, bestimmte Personen mit der Lösung der so entstandenen Probleme zu beauftragen. Es entstehen deshalb "administrative Ämter", eine öffentliche Verwaltung bzw. "Verwaltungsstellen" und formelle Anführer innerhalb des Gemeinwesens (vgl. Marx (1879/80a), S. 55, Marx (1880/81a), S. 270-300). Daraus ergibt sich eine neue Form der Teilung der Arbeit, nämlich die zwischen den Personen, die eine planende Kopfarbeit leisten, und jenen, die ausführende Tätigkeiten ausüben. Diese Form der Arbeitsteilung, die von Marx und Engels als die 'wirkliche' Teilung der Arbeit bezeichnet wird und aus der "Teilung der materiellen und geistigen Arbeit" besteht (vgl. MEW 3, S. 31), stellt ein vollkommen neues, die Gemeinschaft zerstörendes Element dar. Bevor dieses neue Element näher untersucht wird, sollen allerdings die entscheidenden anderen neuen Faktoren, welche zur Auflösung des urgesellschaftlichen Gemeinwesens führen, untersucht werden. Zu ihnen gehört an erster Stelle die Bildung regelmäßiger Tauschaktivitäten.

3.3.1.3. Die Ausweitung des Markttausches

Der Austausch von Gegenständen, und auf diesen Punkt weist Marx schon lange vor seinen ethnologischen Studien hin, ist ein Phänomen, das zuerst zwischen verschiedenen Gemeinwesen, nicht aber innerhalb eines Gemeinwesens, auftaucht.[47] Dadurch, daß die Hirtenstämme erstens mehr als für sich selbst erforderlich produzieren und zweitens neue, d. h. von den Stämmen mit der traditionellen Produktionsweise nicht herstellbare Gegenstände wie Wolle oder Häute besitzen, wird "ein regelmäßiger Austausch zum erstenmal möglich" (vgl. MEW 21, S. 155f.).[48] Diese Möglichkeit stellt aufgrund der durch sie hervorgerufenen weiteren Konsequenzen einen auflösenden Faktor von außerordentlich großer Tragweite dar.
Zunächst sorgt die Möglichkeit des regelmäßigen Austausches von Gegenständen zwischen den Gemeinwesen dafür, daß die spezialisierten Hersteller einen Teil ihrer Gegenstände nur für den Austausch mit Mitgliedern anderer Gemeinwesen herstellen und damit Waren im Marxschen Sinne produzieren. Die Warenproduktion weitet sich auch innerhalb des eigenen Gemeinwesens aus. Wenn nämlich ein Hersteller die von ihm produzierten Gegenstände an Mitglieder fremder Gemeinwesen gegen die Hergabe einer Gegenleistung tauschen kann, so wird er diese Tauschform auch im Verhältnis zu den eigenen Gemeindemitgliedern anwenden. Die Möglichkeit, Produkte an gemeindefremde Personen verkaufen zu können, macht es ökonomisch unvernünftig, diese Produkte gemeindeintern ohne eine Gegenleistung abzugeben - vor allem wenn wir berücksichtigen, daß die sozialen Bindungen innerhalb des Gemeinwesens nachlassen. Damit wird die Tauschform des gegenseitigen Schenkens zurückgedrängt, so daß immer mehr Produkte nur noch durch den Markttausch verteilt werden. Marx stellt diese Rückwirkung des Austausches zwischen den Gemeinwesen auf das einzelne Gemeinwesen bereits in den "Grundrissen" dar:

> "Die Bewegung kann vorgehn innerhalb von Völkern und zwischen Völkern, für deren Produktion keineswegs der Tauschwert noch zur Voraussetzung geworden ist ..., deren Produktionsweise noch nicht der Tauschwert als Grundvoraussetzung bedingt hat. ... Der Handel wird natürlich mehr oder minder zurückwirken auf die Gemeinwesen, zwischen denen er getrieben wird. Er wird die Produktion mehr und mehr dem Tauschwert unterwerfen; den unmittelbaren Gebrauchswert mehr und mehr in den Hintergrund drängen; ... Löst die alten Verhältnisse auf." (Grundrisse, S. 165, 741f.).

---

[47] Vgl. z. B. Grundrisse, S. 23, 76, 87, MEW 13, S. 35f., MEW 23, S. 102, MEW 25, S. 187.

[48] Vor seinen ausführlichen ethnologischen Studien der Jahre ab 1879 sieht Marx auch ohne die Existenz der gesellschaftlichen Teilung der Arbeit die Möglichkeit eines Tausches zwischen verschiedenen Gemeinwesen: "Verschiedne Gemeinwesen finden verschiedne Produktionsmittel und verschiedne Lebensmittel in ihrer Naturumgebung vor. Ihre Produktionsweise, Lebensweise und Produkte sind daher verschieden. Es ist diese naturwüchsige Verschiedenheit, die bei dem Kontakt der Gemeinwesen den Austausch der wechselseitigen Produkte und daher die allmähliche Verwandlung dieser Produkte in Waren hervorruft", MEW 23, S. 372.

3.3.1.4. Die Wirkung des Zusammenspiels aller auflösenden Faktoren

Auch an die tauschwertorientierte Produktion schließen sich vielfältige Konsequenzen an. Erstens erfordert diese neue Form des Austausches, daß die betroffenen Produkte veräußerbar sind und deshalb zu Produkten gemacht werden, an denen private Eigentumsrechte definiert und durchgesetzt sind. Damit ist das moderne Privateigentum an diesen Gegenständen etabliert, d. h. aus den Nutznießern oder Besitzern sind nun Privateigentümer geworden. Zweitens führt die Möglichkeit, das Güterquantum, das nicht vom direkten Produzenten individuell konsumiert wird, gegen andere Waren austauschen zu können, dazu, daß die individuelle Produktion nicht mehr von den individuellen Bedürfnissen beschränkt wird. Statt dessen schafft die Existenz tauschbarer Gegenstände, und dies beruht wiederum auf der materialistischen Konzeption der Entstehung menschlicher Bedürfnisse, eine Situation, in der der Erwerb dieser Gegenstände als Selbstzweck angestrebt wird. Die Möglichkeit, Reichtum in Form tauschbarer Gegenstände zu akkumulieren, ruft letztendlich auch das Bedürfnis danach hervor. Der Erwerb dieser neuen Form des Reichtums wird zum "Selbstzweck" bzw. "einer der ersten Lebenszwecke" (MEW 21, S. 114, 159), d. h. erst das umfangreiche Vorliegen von Gegenständen des Besitzes führt dazu, daß sich eine "Passion für Besitz" entwickelt (vgl. Marx (1880/81a), S. 172). Des weiteren steigt dadurch der Anreiz, den individuellen Besitz an Land ebenfalls veräußerlich zu machen und damit das Privateigentum an Boden zu etablieren. An dieser Stelle soll lediglich erwähnt werden, daß dies geschieht, d. h. daß auch der Boden - zumindest teilweise - in eine Ware verwandelt wird. Wie dies genau geschieht, wird im Zusammenhang mit dem Aufkommen der 'Priesterschaft' geklärt. Drittens erfordert der regelmäßige Tausch von Gegenständen innerhalb und zwischen Gemeinwesen ein Mittel, welches diese Tauschaktivitäten erleichtert. Erforderlich wird somit eine Geldware, die in diesem gesellschaftlichen Zustand z. B. aus dem Vieh besteht (vgl. MEW 21, S. 156). Und die Existenz einer Geldware, also einer neuen Form des Reichtums, generiert wiederum das Bedürfnis nach dieser Form des Reichtums, so daß das Streben nach der Geldware 'Vieh' zum neuen Lebenszweck der Menschen wird. Weiterhin wird es aufgrund der Existenz einer neuen Form des Reichtums attraktiv, durch eine erneute Teilung der Arbeit diesen Reichtum zu vermehren, so daß eine "*zweite große Teilung der Arbeit*" auftritt, diesmal in Form der Absonderung des Handwerks vom Akkerbau (vgl. MEW 21, S. 159).

Mit dieser Teilung der Arbeit existieren zum erstenmal auch innerhalb eines Gemeinwesens Personengruppen, die nur noch bestimmte Tätigkeiten ausüben und damit über spezielle Interessen verfügen, welche sie mit keiner anderen Gruppe innerhalb ihres Gemeinwesens teilen. Schon durch die erste Teilung der Arbeit wird die Menschheit in Personengruppen gespalten, die nur mit bestimmten Tätigkeiten beschäftigt sind und im Rahmen dieser Tätigkeit bestimmte Interessen entwickeln, die sich von denen anderer Personengruppen unterscheiden. So sind die

Interessen einer Gruppe von viehzüchtenden Menschen andere als die jagender Menschen. Erstere haben beispielsweise ein Interesse an der Umzäunung ihres Landes, während die zweite Gruppe darin eine Einschränkung der eigenen Jagdmöglichkeiten sieht. Trotz bestehender interfamiliärer Konflikte zeichnet sich in dem Stadium der ersten Teilung der Arbeit jedes Gemeinwesen noch dadurch aus, daß es hinsichtlich der Tätigkeiten zur materiellen Produktion aus nur einer Gruppe von tätigen Personen besteht, die aufgrund der gleichen Betätigung in diesem Bereich über gemeinsame Interessen verfügt. Durch die angesprochene zweite Art der Teilung der Arbeit kommt es hingegen dazu, daß sich selbst innerhalb eines Gemeinwesens mindestens zwei Gruppen von Personen befinden, die unterschiedliche Tätigkeiten ausüben und insofern über unterschiedliche Interessen verfügen. Mit diesen unterschiedlichen Interessen wird innerhalb des Gemeinwesens eine erneute Spaltung der Gemeinschaft hervorgerufen (vgl. MEW 21, S. 164, 168f.) und damit die Auflösung des Gemeinwesens verstärkt, weil die Gruppenmitglieder aufgrund ihrer Interessenkonflikte nicht mehr in der Lage sind, "zur Wahrnehmung ihrer eignen gemeinsamen Angelegenheiten" (MEW 21, S. 163) zusammenzutreten. Dadurch wächst die Notwendigkeit der Existenz eines Staates immer weiter an. Was in der durch Verwandtschaftsbeziehungen zusammengehaltenen Gemeinschaft nicht nur unnötig, sondern sogar undenkbar ist, erweist sich für eine in verschiedene Gruppen gespaltene Gesellschaft als ein notwendiges Erfordernis (vgl. MEW 21, S. 168).

Engels spricht in diesem Zusammenhang von der "Spaltung der Gesellschaft in Klassen" (MEW 21, S. 164) und verwendet damit einen Terminus, der im Sinne von Marx für diese gesellschaftlichen Zustände noch nicht anwendbar ist. Obwohl Marx den Begriff der Klasse nicht exakt definiert, spricht vieles dafür, daß er als entscheidendes Kriterium für die Existenz einer Klasse das Eigentum bzw. Nichteigentum an bestimmten Produktionsmitteln ansieht. So umschreibt er im unvollendeten 52. Kapitel des dritten Bandes des "Kapitals" die drei Klassen der "Lohnarbeiter, Kapitalisten und Grundeigentümer" als "Eigentümer von bloßer Arbeitskraft, .. von Kapital" und als Eigentümer des "Grundeigentums" (vgl. MEW 25, S. 892).[49] Und in einer Auseinandersetzung mit Karl Peter Heinzen weist Marx explizit darauf hin, daß unterschiedlich hohe (Geld-)Vermögen oder die Art der ausgeübten Tätigkeit die Klassenzugehörigkeit nicht festlegen (vgl. MEW 4, S. 349). Es ist somit die Stellung einer Person im Produktionsprozeß, die diese Person aufgrund ihres Eigentums an bestimmten Produktionsmitteln einnimmt, welche die Klassenzugehörigkeit bestimmt. Darüber hinaus gibt es für Marx ein zweites Kriterium, das für die Klassenzugehörigkeit von Bedeutung ist. Es besteht aus dem Umstand, daß bei den Mitgliedern einer Klasse "das Bewußtsein der Gemeinsamkeit ihrer Interessen (als »Klasseninteressen«) entsteht" (Fetscher (1979), S. 58). Während das erste Kriterium aus der Masse der davon betroffenen Menschen eine "Klasse an sich" macht, werden sie erst durch die

---

[49] Ähnlich werden die Bourgeoisie und das Proletariat von Engels in einer 1888 geschriebenen Anmerkung zum "Manifest der Kommunistischen Partei" definiert, vgl. MEW 4, S. 462.

Erfüllung des zweiten Kriteriums zu einer handlungsfähigen "Klasse für sich".[50] In "Der achtzehnte Brumaire des Louis Bonaparte" geht Marx noch einen Schritt weiter und spricht einer Gruppe von Menschen, denen ein so beschriebenes Klassenbewußtsein fehlt, die Eigenschaft einer Klasse ab:

> "Insofern ein nur lokaler Zusammenhang unter den Parzellenbauern besteht, die Dieselbigkeit ihrer Interessen keine Gemeinsamkeit, keine nationale Verbindung und keine politische Organisation unter ihnen erzeugt, bilden sie keine Klasse." (MEW 8, S. 198).

Es wird somit deutlich, daß ein konstituierendes Element der Klasse "ein zumindest keimhaft vorhandenes Klassenbewußtsein" ist (vgl. Kolakowski (1977), S. 403). Damit aber kann - trotz der bestehenden Unsicherheiten hinsichtlich der genauen Definition des Klassenbegriffs - einwandfrei festgehalten werden: Weil in dem behandelten gesellschaftlichen Zustand jede Person bzw. Familie noch über alle Arten von Produktionsmitteln verfügt - wenn auch in unterschiedlichen Ausmaßen -, haben alle Personen durch ihr Eigentum bzw. ihren Besitz an diesen die gleiche Stellung im Produktionsprozeß. Folglich wird schon das erste Kriterium der Existenz von Klassen nicht erfüllt. Die Spaltung dieser Gesellschaft ist also keine Spaltung in Klassen.[51]
Die Spaltung der Gesellschaft in Untergruppen - nicht aber in Klassen -, die durch die Teilung der Arbeit hervorgerufen ist, wird durch ein zweites Element vorangetrieben, nämlich durch die Eigentumsdifferenzen zwischen den einzelnen Familien. Derartige Differenzen beginnen schon bei der Zuteilung des gemeinschaftlichen Bodens und nehmen dort die Form von Besitzunterschieden an. Durch die Möglichkeit der Vererbung von beweglichen und unbeweglichen Gegenständen werden bestehende Unterschiede über Generationen hinweg akkumuliert und dadurch vergrößert. Damit verursachen die Besitz- und Eigentumsdifferenzen innerhalb des Gemeinwesens eine Verwandlung der dort ehemals anzutreffenden "Einheit ihrer Interessen" in einen "Antagonismus ihrer Mitglieder"[52].
Schließlich muß noch ein letztes Element der Auflösung der verwandtschaftlichen Beziehungen erwähnt werden. Auch dieses hängt mit dem Austausch von Waren zusammen. Dadurch, daß Gegenstände nun gegen Gegenleistungen eingetauscht werden, entwickelt sich eine neue Qualität der zwischenmenschlichen Beziehungen. Die zwischenmenschlichen, genauer die interfamiliären Beziehungen erfolgen jetzt nur noch über das Medium der Ware, so daß eine wirtschaftlich handelnde Einheit nur dann mit einer anderen in Verbindung tritt, wenn sie an der Gegenleistung dieser Wirtschaftseinheit interessiert ist. Damit beherrschen reine Nützlich-

---

[50] Vgl. MEW 3, S. 54, 76, MEW 4, S. 180f., MEW 8, S. 198.
[51] Dies deckt sich mit der These von Terray, daß es für Marx Klassen "»im reinen Zustand«" nur gibt, wenn die kapitalistische Produktionsweise zur vorherrschenden Produktionsweise in einer Gesellschaft geworden ist, vgl. Terray (1984), S. 149. Selbst von Ständen kann in diesem Zusammenhang nicht gesprochen werden. Sie zeichnen sich dadurch aus, daß "Stände mit bestimmten und begrenzten Vorrechten" ausgestatten sind, vgl. MEW 4, S. 181f., Anmerkung von Engels, die hier ebenfalls noch nicht vorliegen.
[52] Marx (1880/81a), S. 307, vgl. ebenfalls MEW 21, S. 160.

keits- bzw. Brauchbarkeitserwägungen die Beziehungen zwischen den Angehörigen verschiedener Familien (vgl. MEW 3, S. 394f.). Die ehemals vorhandene Einheit von persönlichen und gemeinschaftlichen Interessen löst sich somit auf.[53] Diese Identität der Interessen basiert - dies wurde bereits beschrieben - auf dem System der gegenseitigen Hilfe, weil in diesem Fall für die Gemeinschaft der Menschen folgendes gilt: Solange das Überleben der Gruppe als Ganzes gesichert ist, ist auch das individuelle Überleben aufgrund der unterstützenden Maßnahmen garantiert. Zum Zwecke der Sicherstellung des eigenen Überlebens muß jedes Individuum deshalb das Überleben seiner Gemeinschaft anstreben, so daß individuelles und gemeinschaftliches Interesse identisch sind. Ohne das System des gegenseitigen Beistands zerbricht diese Identität der Interessen. Entscheidend ist nur noch das Schicksal der eigenen Familie, da in ihr das System der gegenseitigen Hilfe weiterhin funktioniert. Ansonsten aber werden die individuellen, sprich familiären Interessen ohne Berücksichtigung der Interessen der restlichen Gemeinschaftsmitglieder verfolgt. Dies ist zugleich der eigentliche Sinn des Marxschen Vorwurfs hinsichtlich des Egoismus, denn das Wesen des Egoismus besteht aus der Spaltung von persönlichen und gemeinschaftlichen Interessen sowie der Verfolgung ersterer ohne die Rücksichtnahme auf gemeinschaftliche Belange (vgl. MEW 3, S. 227-230). Schließlich ist auf die Bedeutung der Bewußtseinssphäre hinzuweisen, weil bei der Auflösung des Gemeinwesens das Bewußtsein der Menschen ebenfalls eine Rolle spielt:

> "Das System der Blutsverwandtschaft, das der Gens in ihrer archaischen Form angehörte ... erhielt das Bewußtsein der gegenseitigen Verwandtschaft aller Mitglieder der Gentes [lernten dies für sie entscheidend Wichtige durch Praxis von Kindesbeinen an]." (Marx (1880/81a), S. 289).

In der familienorientierten Gesellschaft hingegen gibt es dieses Bewußtsein nicht mehr, so daß es auch bei dem individuellen Handeln keine Rolle mehr spielt.

Abschließend ist auf die schon erwähnte Entstehung des Staates einzugehen. In der sich selbst verwaltenden Gemeinschaft besteht kein Bedarf an administrativen Ämtern und Behörden bzw. an Anführern mit formellen Machtbefugnissen, weil dort alle die Gruppe betreffenden Angelegenheiten gemeinsam und im Rahmen demokratischer Entscheidungsprozesse bewältigt werden. Die Auflösung der Gemeinschaft, die aufgrund der zunehmenden Bevölkerungszahl eines Gemeinwesens sowie vermehrter Konflikte zwischen einzelnen Familien stattfindet, ändert dies. Gleiches gilt für die durch die neuen Produktionsweisen hervorgerufenen Großprojekte, die höhere Anforderungen an die planenden, vorbereitenden und koordinierenden Tätigkeiten stellen und damit eine Gruppe von reinen Kopfarbeitern etablieren.[54] Schließlich führt der Zu-

[53] Auch im "Kapital" macht Marx den Warenaustausch dafür verantwortlich, daß dieser den "Hauptanstoß" für den "Zersetzungsprozeß" des ehemals "unmittelbar zusammengehörigen Ganzen" liefert, vgl. MEW 23, S. 373.
[54] Vgl. dazu die Ausführungen in Abschnitt 3.2. dieser Arbeit.

zug fremder, also nicht zum verwandtschaftlichen Gemeinwesen gehörender Personen dazu, daß das auf verwandtschaftlichen Beziehungen basierende demokratische System nicht mehr funktioniert. Damit entsteht innerhalb eines Gemeinwesens der Bedarf an öffentlichen Ämtern, die von den ehemals machtlosen Führungspersonen bekleidet werden. Allerdings nehmen die Inhaber der öffentlichen Ämter lediglich organisatorisch-administrative Staatsfunktionen wahr, nicht aber disziplinär-repressive Funktionen zur Unterdrückung bestimmter Teile der Gesellschaft.[55] Darüber hinaus zeichnen sich diese öffentlichen Ämter dadurch aus, daß deren Inhaber sich in erster Linie durch freiwillige Beiträge der Gemeinschaftsmitglieder am Leben halten und nicht, wie in gegenwärtigen Gesellschaften, durch die Erhebung von Zwangsabgaben (vgl. Mandel (1968a), S. 121f.).[56] Gleichzeitig verstärkt das Vorliegen öffentlicher Ämter die Teilung zwischen geistiger und materieller Tätigkeit: "Mit der Fortbildung der Gesetzgebung zu einem verwickelten, umfangreichen Ganzen tritt die Notwendigkeit einer neuen gesellschaftlichen Arbeitsteilung hervor; es bildet sich ein Stand berufsmäßiger Rechtsgelehrten" (MEW 18, S. 276). Dieser Aspekt, samt der damit zusammenhängenden Folgen für die Regelung der Eigentumsverhältnisse und für die Entfremdungsphänomene, wurde bereits in Abschnitt 3.2. dieser Arbeit beschrieben, auf den hier verwiesen wird. Bedeutsam, und damit näher zu erläutern, ist noch die Verwandlung des vormals unveräußerlichen Bodens in einen frei übertragbaren Gegenstand, also die Etablierung des Privatgrundeigentums im modernen Sinn. Trotz der individuellen Zuteilungen von Gemeindeland an einzelne Familien, die dieses Land sogar vererben dürfen, stellt diese Form der Zuteilung und Nutzung lediglich die Form des Besitzes von Land dar, keinesfalls aber schon das Privatgrundeigentum. Dies stellt Marx beispielsweise in seinem Morgan-Exzerpt fest: "Morgan irrt sich, wenn er glaubt, das bloße Einzäunen beweise Privatgrundeigentum" (Marx (1880/81a), S. 183). Wiederholt weist Marx darauf hin, daß von dem Privateigentum an Land erst gesprochen werden kann, wenn das Land frei übereignet werden kann.[57] Die dafür erforderliche Institution des anerkannten Eigentumerwerbs entwickelt sich, anders als bei beweglichen Gegenständen, nicht von alleine, sondern bedarf eines staatsähnlichen Aktes. Bei den beweglichen Produkten ergibt sich die Etablierung der Institution des Privateigentums aufgrund der faktisch stattfindenden Tauschaktivitäten - zuerst zwischen den Gemeinwesen und dann auch innerhalb eines Gemeinwesens - praktisch von allein. Der regelmäßig stattfindende Austausch von beweglichen Gegenständen sorgt dafür, daß der Erwerb von Gegenständen durch die Gabe einer Gegenleistung einen gesellschaftlich akzeptierten Vor-

---

[55] Zur Unterscheidung dieser beiden Staatsfunktionen, von denen die erste eine Funktion ist, die auch in einer zukünftigen entfremdungsfreien Gesellschaft vorhanden sein wird - wenn auch in veränderter Form und mit veränderten Inhalten -, vgl. Ramm (1957), S. 80-87 und Schaff (1977), S. 161f., 296-300. Vgl. ebenfalls Röhrich (1980), S. 48f.

[56] Es deutet sich an, daß trotz des Auftretens öffentlicher Ämter noch eine Interessenidentität zwischen dem Individuum und der Gemeinschaft besteht. Nur weil die Inhaber der öffentlichen Ämter die gleichen Ziele verfolgen wie die einzelnen Personen, sind letztere zur freiwilligen Zahlung ihrer Beiträge bereit.

[57] Vgl. z. B. Marx (1879/80a), S. 55, Marx (1880/81a), S. 179, 182f., Marx (1880/81b), S. 425, 455, Marx (1880/81c), S. 417-420, vgl. ebenso MEW 21, S. 105f. sowie Abschnitt 3.3.1.1. dieser Arbeit.

gang darstellt. Bei dem unbeweglichen Boden hingegen können sich derartige regelmäßige Tauschvorgänge nicht von selbst etablieren, so daß die Eliminierung der Unveräußerlichkeit des Bodens erst durch die 'Priester-Gesetzgebung', also einen staatsähnlichen Akt, vollzogen wird. Anders als die leicht übertragbaren beweglichen Gegenstände, die der Kontrolle der Gemeinschaft relativ problemlos entzogen werden können, gibt es für das immobile Land die "Kontrollrechte einer Bruderschaft von Verwandten". Selbst wenn Land bereits im Besitz einzelner Familien ist, kann die Gemeinschaft immer noch eine gemeinschaftliche Kontrolle über dieses Land ausüben und die freie Übertragung desselben verbieten (vgl. Marx (1880/81b), S. 425). Da diese 'Bruderschaft der Verwandten' zudem keinen Anreiz besitzt, die ihr zustehenden Rechte an dem Land der Gemeinschaft aufzugeben, hält sie an diesen Rechten fest und verbietet die Veräußerung des individuell besessenen Landes. Erst durch das Aufkommen einer Teilgruppe von Personen, die öffentliche Aufgaben wahrnimmt, ändert sich dies. Diese Teilgruppe der Gemeinschaft, daran sei nochmals erinnert, besteht aus den ehemals machtlosen Anführern des Gemeinwesens. Unter den geänderten Rahmenbedingungen aber hat sich diese machtlose Stellung ebenfalls verändert und ist aufgrund der in Abschnitt 3.2. dieser Arbeit dargestellten Monopolisierung des Wissens zu einer Position mit Machtbefugnissen geworden. Diese Führungspersonen sind wegen ihrer Kenntnisse der Riten und Kulte vor allem die Priester. Sie sind es auch, die durch die schon erwähnte "Priester-Gesetzgebung" die Unveräußerlichkeit des Bodens aufheben und dafür dem "*Familienvater* gesetzlich das *Recht freier Verschenkung zum Nutzen der Geistlichkeit*, trotz u. als Ausnahme von der allgemeinen Regel der Unveräusserbarkeit d. Familieneigenthums" einräumen (vgl. Marx (1879/80a), S. 59). Dieses Prinzip hinsichtlich der Etablierung des Privatgrundeigentums gilt nach Ansicht Marx' für alle gesellschaftlichen Entwicklungen, so daß stets "dieselbe Rangordnung - *Schenkung an Pfaff* erster, allen andern vorlaufender *modus der Veräusserung unbeweglichen Eigenthums*" erkennbar ist (vgl. Marx (1879/80a), S. 60).

Nachdem bereits eine Reihe von Gegensätzen innerhalb des sozialen Gefüges genannt wurden, stellt sich nun die Frage, ob es in diesem gesellschaftlichen Zustand das Phänomen der Ausbeutung gibt. Um dies zu erfahren, muß zunächst eine Klärung des Konzepts der Ausbeutung im Marxschen Sinne erfolgen, die über die Ausführungen des Abschnitts 2.2.1. dieser Arbeit zur Ausbeutungsproblematik hinausgeht. Ausbeutung im Sinne von Marx kann verstanden werden als die "Annexion von Teilen der Produktionsergebnisse durch die, die keine produktive Arbeit beigesteuert haben und die nicht selber am Produktionsprozeß beteiligt sind" (Dobb (1977), S. 163).[58] Da sich diese Aneignung langfristig aber nur auf jene Produkte beziehen kann, die nicht zur Reproduktion der Arbeitskraft des direkten Produzenten und seiner Familienange-

---

[58] Vgl. für ähnliche Definitionen Parijs (1982), S. 508, Terray (1984), S. 170, Elster (1985), S. 141, Alcorn/Gleicher (1987), S. 77.

hörigen notwendig sind,[59] ist das Vorliegen einer Ausbeutungssituation erst möglich, wenn bereits ein gesellschaftliches Surplusprodukt existent ist. Marx beschreibt daher die Ausbeutung als einen Vorgang, bei dem "Mehrarbeit dem unmittelbaren Produzenten, dem Arbeiter, abgepreßt wird" (MEW 23, S. 231), so daß der Aneigner die "Verfügung über ein bestimmtes Quantum unbezahlter fremder Arbeit" (MEW 23, S. 556) besitzt.[60] Entscheidend für das Vorliegen von Ausbeutungssituationen sind somit zwei Dinge: ein gesellschaftliches Surplusprodukt und eine Form der Macht bzw. Gewalt zur Aneignung des Mehrproduktes durch einen anderen als den direkten Produzenten desselben.

Die Urgesellschaft zeichnet sich dadurch aus, daß in ihr ein gesellschaftliches Surplusprodukt nicht vorliegt, weil alle Tätigkeiten der Individuen lediglich der Sicherung des Überlebens der Mitglieder des Gemeinwesens dienen und daher notwendige Arbeiten sind. Schon das Fehlen dieses Surplusproduktes verhindert in der Urgesellschaft das Bestehen von Ausbeutungszuständen. Und selbst wenn ein gesellschaftliches Mehrprodukt vorhanden sein sollte, so ist das zweite Kriterium der Ausbeutung in dieser Gesellschaft nicht erfüllt. Marx spricht in der bereits zitierten Passage davon, daß die Mehrarbeit im Rahmen der Ausbeutung "abgepreßt wird", was auf eine gewalttätige Handlung samt der dafür erforderlichen Form der Macht schließen läßt. Folglich erfüllt nicht jede Aneignung eines Produktes durch einen anderen als den direkten Produzenten den Tatbestand der Ausbeutung. Wenn beispielsweise in einer Kleinfamilie der kapitalistischen Gesellschaft die Kinder von der Arbeit ihrer Eltern leben, so bezeichnet Marx diesen Vorgang nicht als eine Form der Ausbeutung. Gleiches gilt für die als Ganzes betrachtete Arbeiterklasse, denn auch in ihr "wird ein Teil dieser Lebensmittel von Familiengliedern verzehrt, die noch nicht oder nicht mehr arbeiten" (Marx (1863/64), S. 78). Die Aneignung des Produktes fremder Arbeit ohne die Hingabe einer Gegenleistung ist demnach erst als Ausbeutung zu identifizieren, wenn sie mit Hilfe militärischer, politischer, ideologischer oder ökonomischer Macht[61] erfolgt. In der Urgesellschaft liegen Ausbeutungstatbestände daher nicht vor, weil es aufgrund der gemeinsamen Aneignung der Arbeitsergebnisse an der gewaltsamen Aneignung der Produkte durch andere Personen als den direkten Produzenten fehlt. Auch in dem Verhältnis zwischen Mitgliedern eines sich auflösenden Gemeinwesens sind gewaltsame Aneignungen des Produktes fremder Produzenten nicht erkennbar. Allenfalls Ungleichheiten im

[59] Wenn den direkten Produzenten die zum Leben erforderlichen Gegenstände nicht gelassen werden, ist das Überleben dieser Person und ihrer Angehörigen nicht mehr garantiert.

[60] Marx beschreibt hier zwar nur die kapitalistische Ausbeutung, das grundsätzliche Prinzip der Ausbeutung wird damit aber ebenfalls dargestellt. Neben dieser "direkten ökonomischen Ausbeutung" nennt Marx dann noch "eine zweite Ausbeutung", die dadurch zustande kommt, daß "den bürgerlichen Familien alle guten Stellen im Staatsapparat" zugesichert werden, vgl. MEW 17, S. 540.

[61] Ökonomische Macht ist dabei nicht als Ausübung von direktem Zwang am Arbeitsplatz mißzuverstehen. Sie ist vielmehr zu interpretieren als die auf dem Eigentum von Produktionsmitteln basierende Möglichkeit, Arbeitskontrakte so zu gestalten, daß die direkten Produzenten mehr Zeit arbeiten müssen, als es die Höhe ihres Lohnes erfordert. Zur Bedeutung der Macht für Ausbeutungsverhältnisse bei Marx vgl. statt vieler Fetscher (1979), S. 135, Wright (1982), S. 328-335, Wright (1984), S. 387, Wright (1985), S. 77, 122, Carling (1986), S. 45f., Anderson/Thompson (1988), S. 217f., Mayer (1989), S. 434f.

Austausch der produzierten Gegenstände könnten als ausbeutungsähnlicher Zustand angesehen werden, obwohl es schwerfällt, in diesem Zusammenhang vom 'Abpressen' der Mehrarbeit zu sprechen. Erst mit dem Aufkommen staatsähnlicher Institutionen gibt es Menschen, die nicht mehr direkt an der materiellen Produktion beteiligt sind und dennoch Arbeitsprodukte erhalten. Diese auf Macht beruhende Aneignung der Produkte durch die Inhaber derartiger Ämter stellt mithin die erste Form der Ausbeutung im Marxschen Sinne dar. Die von Marx und Engels im "Manifest der Kommunistischen Partei" getroffene Aussage, daß "die Ausbeutung des einen Teils der Gesellschaft durch den andern .. eine allen vergangenen Jahrhunderten gemeinsame Tatsache" (MEW 4, S. 480) darstellt, gilt also erst ab dem Auftreten staatsähnlicher Ämter. Damit soll die Darstellung der Entwicklung bzw. Auflösung der urgesellschaftlichen Zustände abgeschlossen und nun zusammengefaßt sowie bewertet werden.

3.3.2. Zwischenergebnis

Das erreichte Stadium der gesellschaftlichen Entwicklung läßt sich unter dem Gesichtspunkt der bis dato vorliegenden ökonomischen Kategorien wie folgt zusammenfassen: Existent sind erste Formen der gesellschaftlichen Teilung der Arbeit, das Privateigentum an beweglichen und unbeweglichen Gegenständen, eine Aufspaltung des Gemeinwesens in voneinander isolierte Familien, die sich durch Eigentumsdifferenzen und Interessengegensätze auszeichnen, ebenso Gruppen von Personen, die mit den gleichen Tätigkeiten beschäftigt sind und dadurch über gemeinsame, sich von anderen Personengruppen unterscheidende, Gruppeninteressen verfügen, die Produktion von Waren samt des dafür erforderlichen Markttausches sowie einer Geldware und schließlich erste Ansätze staatlicher Institutionen. Wie aber ist diese Entwicklung zu bewerten? Gemessen an dem Kriterium der Marxschen Vorstellungen über das unentfremdete menschliche Leben weist der erreichte gesellschaftliche Zustand sowohl positive als auch negative Aspekte auf.

Zu den positv einzustufenden Elementen des erreichten Entwicklungsstandes zählt vor allem die Zunahme der Naturbeherrschung durch den Menschen. Anders als die jagenden und sammelnden Horden der Urgesellschaft ist es den Menschen jetzt möglich, durch den gezielten Anbau von Pflanzen sowie die Züchtung von Tieren ihre Nahrungsmittel kontrolliert zu produzieren. An die Stelle der aneignenden Nahrungsmittelbeschaffung ist die produzierende getreten und erst dadurch ist es gerechtfertigt, von einer menschlichen Lebensweise zu sprechen, denn die Menschen "fangen an, sich von den Tieren zu unterscheiden, sobald sie anfangen, ihre Lebensmittel *zu produzieren*" (MEW 3, S. 21). Der Mensch ist nunmehr in der Lage, Ort und Menge der vorhandenen Nahrungsmittel - zumindest teilweise - festzulegen, und besitzt dadurch eine gewisse Kontrolle über die Natur. Weiterhin sind die höhere Arbeitsproduktivität sowie das erhöhte Produktionsvolumen positiv zu bewerten. Durch die höhere Arbeitsproduktivität wird die disponible Zeit, in der der Mensch schöpferisch tätig werden kann, vergrößert. Und das quantitativ und qualitativ erweiterte Produktionsvolumen generiert neue Bedürfnisse, was den Umfang der menschlichen Bedürfnisse vergrößert. Darüber hinaus schaffen die entwickelten Produktionsformen neue Arten von Betätigungen und verbessern dadurch die Entwicklung der menschlichen Fähig- und Fertigkeiten. Schließlich sind die im Rahmen der neuen Produktionsformen entstehenden Werkzeuge zu beachten. Sie erleichtern die Arbeit des Menschen, machen sie menschenwürdiger und somit dem wahren menschlichen Wesen angemessener. Zusammenfassend sind also gerade die im technischen Bereich stattfindenden Erneuerungen aus Sicht des unentfremdeten menschlichen Daseins positiv einzustufen, weil sie das Leben der Menschen näher an das Ideal des entfremdungsfreien Daseins heranbringen.

Allerdings sind daneben auch die negativ zu beurteilenden Aspekte des menschlichen Fortschritts zu beachten. Zu ihnen ist an erster Stelle die Spaltung des Gemeinwesens in voneinander isolierte und mit gegensätzlichen Interessen ausgestattete Einzelfamilien zu zählen. Dazu gehört weiterhin der auftretende Egoismus, verstanden als die fehlende Berücksichtigung der Belange aller anderen Personen bei der Verfolgung persönlicher Interessen. Diese Gegensätze zwischen den Individuen sowie die egoistischen Verhaltensweisen stellen eine Entfremdung von dem Ideal des Menschen als einem gesellschaftlichen Beziehungswesen dar. Gleiches gilt für das innerfamiliäre Verhältnis zwischen Mann und Frau bzw. ganz allgemein für die Stellung der Frau in der Gesellschaft. Allerdings besitzen die bestehenden Gegensätze zwischen den Individuen und innerhalb der Familie noch nicht die Schärfe, die sie in der späteren kapitalistischen Gesellschaft annehmen. Das relativ geringe Ausmaß der Gegensätze in diesem gesellschaftlichen Stadium basiert dabei vor allem auf den ebenfalls noch geringen Eigentumsunterschieden. Und ein weiterer Aspekt sorgt für relativ geringfügige Gegensätze: Aufgrund des schon bestehenden Privateigentums an beweglichen und unbeweglichen Gegenständen kommt es zwar zu einem Ausschluß anderer Menschen von den individuellen Arbeits- und Produktionsmitteln, gleichzeitig aber besitzt jede Familie noch eigene Arbeits- und Produktionsmittel, so daß in dieser Gesellschaftsform kein Individuum gezwungen ist, zur Sicherung des eigenen Überlebens seine Arbeitskraft zu verkaufen. Die Ware 'Arbeitskraft' ist folglich noch nicht vorhanden, so daß auch sämtliche aus ihr resultierenden Formen der gesellschaftlichen Gegensätze nicht existent sind. Die "modernen Gegensätze ... und der daraus hervorgehende Kampf" (MEW 4, S. 351), die im Kapitalismus zwischen Bourgeoisie und Arbeiterklasse anzutreffen sind, gibt es somit noch nicht.

Des weiteren besitzt die Teilung der Arbeit keinesfalls die Ausprägung, die sie in späteren Epochen annimmt. Sowohl die geschlechtsspezifische als auch die gesellschaftliche Teilung der Arbeit gestatten den tätigen Menschen immer noch vielfältige und abwechslungsreiche Beschäftigungen, so daß von der eintönigen und monotonen Arbeit der kapitalistischen Produktionsweise noch keine Rede sein kann. Abgesehen von den vorgegebenen Zielen, die erstens auf der Notwendigkeit der materiellen Produktion zum Zwecke des physischen Überlebens beruhen - und somit keine freie Zielwahl erlauben -, und die zweitens im Rahmen der Teilung der Arbeit in geistige und materielle Arbeit aufgrund der Arbeitsanweisungen für die körperlich arbeitenden Menschen stattfinden, ist das Ausmaß der entfremdeten Arbeit gering. Zur entfremdeten Arbeit zählt dann nur noch die Tatsache, daß die direkten Produzenten aufgrund des Markttausches die unmittelbare Kontrolle über die von ihnen hergestellten Produkte verlieren. Allerdings ruft dieser Verlust noch keine Beherrschung der Menschen durch die von ihnen produzierten Objekte hervor.

Als nächstes ist ein bereits angesprochener Aspekt der gesellschaftlichen Teilung der Arbeit aufzugreifen. Gemeint ist die Tatsache, daß durch sie ein Individuum "unter irgendeinen Zweig der Arbeit und die dazugehörigen Bedingungen subsumiert ist" und damit genötigt wird, seine individuellen Bedürfnisse und Wünsche zurückzustellen zu Gunsten der in diesem Arbeitszweig geltenden Erfordernisse, so daß die uneingeschränkte Entfaltung der individuellen Persönlichkeit nicht mehr möglich ist (vgl. MEW 3, S. 76). Dadurch wird die Entfremdung von der freien und allseitigen Entwicklung der individuellen Fähigkeiten verursacht. Weil aber gleichzeitig noch die Vielfalt der Tätigkeiten - aufgrund der nur mäßig ausgepägten Teilung der Arbeit - existiert, erreicht auch dieses Entfremdungsphänomen nicht die Ausprägungen, die es in späteren Epochen annimmt.

Weiterhin sind die ersten Ansätze entfremdeter Bedürfnisse zu erkennen. Hierzu gehören das Streben nach Reichtum als Selbstzweck, also die Aneignung von Gegenständen nicht aus Gründen des Konsums, sondern aus Gründen der Anhäufung von Reichtümern. Dadurch wird der Erwerb von Reichtum "einer der ersten Lebenszwecke"[62]. Erneut nimmt diese Form der Entfremdung noch nicht die in kapitalistischen Gesellschaften anzutreffenden Ausmaße an. Auch von viehischer Verrohung bzw. Verwilderung einerseits und unnatürlicher Verfeinerung der Bedürfnisse andererseits kann keine Rede sein.

Schließlich muß erneut auf die Entfremdung des Menschen von seinem gesellschaftlichen Wesen, diesmal aufgrund der Existenz staatlicher Institutionen, eingegangen werden. Die Eliminierung der demokratischen Volksversammlungen zur Lösung von Aufgaben, welche die Gemeinschaft als Ganzes betreffen, bedeutet eine Abkehr vom Menschen als einem gesellschaftlichen Beziehungswesen. Anstatt die öffentlichen Aufgaben als eigene, selbst zu bewältigende Angelegenheiten anzusehen, werden derartige Tätigkeiten von bestimmten, öffentliche Ämter einnehmenden Personen wahrgenommen. Damit verlieren die Menschen ihren demokratischen "Instinkt" und entfernen sich von dem Dasein als 'zoon politikon', welches ihrem gesellschaftlichen Wesen entspricht (vgl. MEW 21, S. 150, Marx (1880/81a), S. 207f.). Folglich ist jede öffentliche Institution, die den Menschen die Erledigung der sie als Gemeinschaft betreffenden Aufgaben abnimmt, als eine Entfremdung vom gesellschaftlichen Wesen des Menschen anzuse-

[62] MEW 21, S. 159, vgl. ebenso Marx (1880/81a), S. 184f.

hen. Wiederum gilt die bereits für alle festgestellten Entfremdungsphänomene dieser Epoche getroffene Einschätzung, daß diese Entfremdungen keinesfalls die Ausmaße annehmen, die sie in der späteren kapitalistischen Gesellschaft besitzen. Begründet werden kann dies z. B. damit, daß die staatlichen Institutionen noch nicht das Herrschaftsinstrument einer besitzenden Klasse darstellen und zudem nicht "zu einer besonderen Existenz neben und außer der .. Gesellschaft geworden" (MEW 3, S. 62) sind.

Die Gesamteinschätzung der beschriebenen Entwicklung und ihrer Ergebnisse ist folglich ambivalent. Gemessen an den anthropologischen Vorstellungen von Marx zeichnet sich diese Entwicklung durch Vor- und Nachteile aus. Durch die Vorteile, die sich hauptsächlich auf das Verhältnis zwischen Mensch und Natur beziehen, nähert sich der Mensch dem Ideal des entfremdungsfreien Lebens an. Gleichzeitig entfernt er sich durch die mit dieser Entwicklung verbundenen Nachteile, die primär die Verhältnisse zwischen den Menschen betreffen, davon. Die bestehende Entfremdung ist aber noch keine alle Aspekte und Dimensionen des menschlichen Wesens erfassende Entfremdung, also keine "totale" (Löw (1985), S. 99), sondern lediglich eine partielle Entfremdung.

Ausgelöst, und dies bringt uns wieder zurück in den Bereich der Ursachenanalyse, werden die Auflösung der frühsten Gemeinwesen und die dadurch hervorgebrachten Formen der Entfremdung in letzter Instanz durch die Teilung der Arbeit. Zwar nennen Marx und Engels als Faktor, der diese Entwicklung in Gang bringt, auch die zunehmende Bevölkerungsdichte und die damit einhergehende relative Verknappung der natürlichen Ressourcen, wodurch es für die Menschen erforderlich wird, neue Produktionsweisen einzuführen, welche neue Quellen des Reichtums inklusive des Anreizes zur individuellen Aneignung der neuen Reichtümer mit sich bringen, aber die Zunahme der Bevölkerung ist kein vom Menschen unabhängiges Ereignis. Größere Bevölkerungszahlen verlangen die vorherige Vergrößerung der zur Verfügung stehenden Menge von Nahrungsmitteln. Das erweiterte Nahrungsmittelquantum kann wiederum nur existieren, wenn es aufgrund der Arbeitsteilung - und dafür genügt schon die in der ersten Phase der Menschheitsgeschichte bestehende geschlechtsspezifische Teilung der Arbeit - zu einer erhöhten Arbeitsproduktivität und einem größeren Produktionsergebnis kommt. So schafft in letzter Instanz die Teilung der Arbeit, genauer "die physiologische Teilung der Arbeit" (MEW 23, S. 373), über die durch sie hervorgerufene Bevölkerungszunahme die Notwendigkeit einer neuen Form der Produktion von Nahrungsmitteln. Mit ihr ist die erstmalige Produktion eines gesellschaftlichen Mehrproduktes verknüpft, dessen Existenz die Basis für den privaten Besitz und später das Privateigentum bildet. Auch das die Gemeinschaft zerstörende Privateigentum basiert deshalb ursächlich auf der Teilung der Arbeit. Das Privateigentum - das beginnend als "Privatreichtum seine erste Bresche in die Gentilverfassung gelegt" hat (vgl. MEW 21, S. 98), indem es über den Wunsch, diesen Reichtum "auf die Kinder zu übertragen ... erstmals eine reale Grundlage für die väterliche Gewalt geschaffen" hat (vgl. Marx (1880/81a), S. 160), dadurch die Abschottung der monogamen (Klein-)Familie gegenüber dem Rest der Gemeinschaft hervorruft und über die Besitz- und Eigentumsdifferenzen innerhalb des Gemeinwesens Antagonismen etabliert -, beruht letztlich auf der Teilung der Arbeit, weil "die parzellierte Arbeit als Quelle der privaten Aneignung"[63] anzusehen ist. Primäre Ursache für die Zerstörung der frühsten menschlichen Gemeinwesen und für die dort vorliegenden Entfremdungszustände ist also die Teilung der Arbeit, die ihrerseits erst die Basis für andere ökonomische Kategorien, wie z. B. Privateigentum oder Warenproduktion, ist.[64] Sie ist deshalb als "die genetisch primäre Quelle der sozialen Konflikte" anzusehen und damit "verantwortlich für die Entstehung von Privateigentum, Ungleichheit, Ausbeutung, Unterdrückung" (Kolakowski (1977), S. 181, 405). Darüber hinaus zeigt sich, daß für Marx die Entfremdung ein Phänomen ist, welches "älter als der Kapitalismus" ist. Sobald Faktoren, wie z. B. die gesellschaftliche Teilung der Arbeit, die Warenproduktion oder die private Verfügung über Gegenstände, existieren, führen diese Faktoren zu Entfremdungszuständen, selbst wenn eine kapitalistische Produktionsweise noch nicht vorliegt (vgl. Mandel (1968a), S. 190).

Die außerordentlich große Bedeutung der Teilung der Arbeit für die Verursachung von Entfremdungsphänomenen wird bei der nun anschließenden Analyse der verursachenden Faktoren von Entfremdungen im Rahmen der kapitalistischen Produktionsweise nicht mehr so deutlich erkennbar sein. Andere Faktoren, die schon während der Auflösung der Urgesellschaft für das Vorliegen von Entfremdungszuständen verantwortlich sind - also das Privateigentum, der Austausch von Gegenständen über den Markt und die Warenproduktion -, nehmen in der kapitalistischen Gesellschaft eine wichtigere Position als unmittelbar verursachende Faktoren ein. Dennoch darf nicht vergessen werden, daß die genannten Ursachen selbst nur die Konsequenz der Teilung der Arbeit sind, so daß mittelbar die Teilung der Arbeit Ursache für das Auftreten von Entfremdungsphänomenen in kapitalistischen Gesellschaften ist. Wenden wir uns nun also jenen Elementen zu, die für die Existenz von Entfremdungen in einer kapitalistischen Gesellschaft verantwortlich sind.

---

[63] MEW 19, S. 404, ähnlich auch MEW 19, S. 391, 399.

[64] Dieser Punkt wird bei der Behandlung der zur Eliminierung der Entfremdung erforderlichen Maßnahmen wieder aufgegriffen. Schon hier deutet sich an, daß die bloße Überführung der Produktionsmittel in Staatseigentum ohne die gleichzeitige Aufhebung der Teilung der Arbeit die Entfremdung nicht beseitigen kann.

3.4. Ursachen der Entfremdung in kapitalistischen Gesellschaften

3.4.1. Ursachen für die Entfremdung von der produktiven Lebenstätigkeit

3.4.1.1. Ursachen für die körperlich-geistigen Zustände

Der geistig-körperliche Zustand der Menschen, speziell der Arbeiter, ist ein, wenn nicht sogar das Hauptthema von Marx und Engels bei der Darstellung von Entfremdungsphänomenen. Der Verlust der individuellen Kontrolle über den Produktionsprozeß, die fehlende Kontrolle über die Naturkräfte, die entfremdeten Bedürfnisse, die Entfremdung vom gesellschaftlichen Wesen des Menschen oder auch die Ausbeutung - alle diese Probleme werden zwar immer wieder von beiden Autoren aufgegriffen, aber hinsichtlich der Ausführlichkeit und Intensität ihrer Behandlung erreicht keines dieser Themen die Bedeutung, die die körperlichen und geistigen Zustände der arbeitenden Bevölkerung einnehmen. Verantwortlich für diese Schwerpunktsetzung sind unserer Meinung nach in erster Linie zwei Erwägungen. Zum einen besteht ein primäres Anliegen Marx' darin, den arbeitenden Menschen erst einmal deutlich zu machen, daß sie Opfer der Entfremdung sind. Entfremdungsphänomene, wie z. B. unbegrenzte materielle Bedürfnisse, die mangelnde Entwicklung individueller Fähigkeiten oder egoistische Verhaltensweisen, eignen sich für diese Zielsetzung kaum. Die große Mehrheit der Menschen nimmt derartige Zustände entweder gar nicht wahr oder aber hält sie für Aspekte des menschlichen Lebens, die als naturgegebene Eigenschaften des Menschen notwendigerweise zum menschlichen Dasein gehören und als solche nicht zu beseitigen sind. Zum anderen hängen die schlechten Zustände der geistigen und körperlichen Konstitution der Arbeiter besonders anschaulich mit den ökonomischen Rahmenbedingungen der Gesellschaft zusammen, so daß die Ursachen der Entfremdung leicht zu erkennen sind. Vor allem aus dem zuletzt genannten Grund werden wir uns deshalb einer besonders gründlichen Ursachenanalyse dieser Form der Entfremdung zuwenden. Der katastrophale Entwicklungsstand der arbeitenden Menschen hinsichtlich deren körperlicher und geistiger Verfassung resultiert dabei aus den allgemeinen Lebensverhältnissen, also aus den Aspekten der Wohnverhältnisse, der Nahrung und der Kleidung, und aus den Arbeitsbedingungen.

Der Einfluß der allgemeinen Lebensbedingungen auf die hier zu behandelnden Entfremdungsphänomene wird besonders eindringlich von Engels in der Schrift "Die Lage der arbeitenden Klasse in England" beschrieben. Darüber hinaus finden sich bei Marx ebenfalls zahlreiche Passagen, die diese Thematik beinhalten. Wenige Verweise auf die herrschenden Lebensbedingungen der arbeitenden Menschen reichen aus, um deren Bedeutung für den Gesundheits- und Entwicklungszustand von Geist und Körper hervorzuheben. Die elenden Wohnungszustände lassen sich durch folgende Schlagworte charakterisieren: "dunkle, feuchte, schmutzige

Stinkhöhlen" ohne Wasserzufuhr, Ventilation und Möbel, dafür aber ausgestattet mit Ungeziefer, verpesteter Luft, Feuchtigkeit, Exkrementen und viel zu vielen Bewohnern, d. h. die Arbeiter wohnen in ungesunden, baufälligen und viel zu kleinen Wohnungen, so daß selbst konservative Zeitungen zugeben, "man hätte sie nie als menschliche Wohnungen dulden sollen".[65] Die Ernährung der Arbeiter zeichnet sich durch eine sehr geringe Qualität der Lebensmittel aus. So konsumieren die Arbeiter beispielsweise nicht die aus gesundheitlichen Erwägungen wertvollen Produkte Getreide, Fleisch und Bier, sondern die minderwertigeren Produkte Kartoffeln und Branntwein oder sogar "nur das Fleisch von kranken, gefallenen Tieren oder faules Fleisch und faule Fische". Darüber hinaus kommt es bei diesen Produkten zu Verfälschungen hinsichtlich der Qualität und Quantität seitens der Verkäufer und Produzenten. Das den Arbeitern angebotene Brot beispielsweise ist "getränkt mit Eiterbeulenausleerung, Spinnweb, Schaben-Leichnamen" sowie weniger unangenehmen Ingredienzien, wie Gips, Kreide, Erde, Sandstein.[66] Schließlich ist noch die Kleidung zu nennen, die ebenfalls aus minderwertigen Rohstoffen besteht, kaum haltbar ist und daher ungeeignet für die menschlichen Bedürfnisse ist.[67] Die Folgen derart schlechter Lebensverhältnisse für die geistig-körperliche Verfassung der davon betroffenen Personen liegen auf der Hand und äußern sich in Krankheiten, Hungertod sowie den physischen und intellektuellen Verkrüppelungen, die bereits in Abschnitt 2.2.2. dieser Arbeit beschrieben wurden.

Die Arbeitsbedingungen üben ebenfalls einen negativen Einfluß auf den Menschen aus. Zu den Faktoren, die dabei eine bedeutende Rolle spielen, gehören die kapitalistische Teilung der Arbeit, die Länge des Arbeitstages, die Intensität der Arbeit sowie die baulichen Gegebenheiten am Arbeitsplatz. Die Konsequenzen dieser Einflußfaktoren gilt es daher zu analysieren.

Beginnen wir in diesem Zusammenhang mit den baulichen Gegebenheiten am Arbeitsplatz und deren Auswirkungen auf die arbeitenden Menschen. Marx und Engels beschreiben die Arbeitsräume als kleine, enge, schlecht beleuchtete "Arbeitslöcher", die sich zudem durch Lärm, Hitze und Gestank auszeichnen. Außerdem gibt es keine oder nur wenige Schutzvorrichtungen gegen gesundheits- bzw. lebensgefährdende Arbeitsbedingungen. Die Folgen einer derart notdürftigen Arbeitsplatzgestaltung sind Krankheiten aller Art, frühe Arbeitsunfähigkeit sowie zahlreiche Unfälle mit Gesundheitsschäden und Todesfolgen, also insgesamt eine physische Verstümmelung und Verkrüppelung der arbeitenden Menschen.[68] Die kapitalistische Teilung der Arbeit zeichnet sich neben der Trennung von geistiger und körperlicher Arbeit zusätzlich noch dadurch aus, daß jeder Arbeiter auf eine einzige Teiloperation festgelegt wird und fortwährend nur eine einfache Betätigung ausübt. Durch die Festlegung auf einseitige körperliche Tätigkeiten bei gleichzeitig stattfindender Vernachlässigung aller geistigen Tätigkeiten kommt es zu ei-

---

[65] Vgl. MEW 2, S. 259-297, MEW 23, S. 686-699, 712-721, MEW 18, S. 213-215, 233-262.
[66] Vgl. MEW 2, S. 299-304, 330, 419, MEW 3, S. 359, MEW 4, S. 92, MEW 16, S. 105, MEW 23, S. 264.
[67] Vgl. MEW 2, S. 298f., 304, 331, MEW 4, S. 92.
[68] Vgl. dazu z. B. MEW 2, S. 457-464, MEW 12, S. 184, MEW 16, S. 192, MEW 23, S. 448-450, 490-493.

ner Vielzahl von Defekten intellektueller und körperlicher Art. Sie wurden in Abschnitt 2.2.2. dieser Arbeit vorgestellt, so daß hier wenige Hinweise ausreichen, um die Konsequenzen der kapitalistischen Teilung der Arbeit für Körper und Geist aufzuzeigen. Die lebenslange Ausübung von Spezialtätigkeiten führt zu körperlichen Defekten, z. B. in Form von Verdrehungen der Hüftknochen oder steifen Knien, so daß sie "den Arbeiter in eine Abnormität" (MEW 23, S. 381) verwandelt. Des weiteren "zerstört die Kontinuität gleichförmiger Arbeit die Spann- und Schwungkraft der Lebensgeister" (MEW 23, S. 361). Neben den körperlichen Verkrüppelungen ruft diese Form der Teilung der Arbeit auch geistige Deformierungen hervor. Die mangelnde Ausübung geistiger Fähigkeiten am Arbeitsplatz führt zu "Stumpfsinn", "Unwissenheit" und fabriziert "halbe Idioten". Resultat der kapitalistischen Teilung der Arbeit ist somit die "Verwüstung und Versiechung der Arbeitskraft", sowohl im körperlichen als auch im intellektuellen Bereich.[69] Als ebenso gravierend erweisen sich die Folgen der langen täglichen Arbeitszeit. Daß "fünfzehnstündige Arbeit für ein siebenjähriges Kind" oder 18 Stunden tägliche Arbeit für Männer (vgl. MEW 23, S. 258f.) destruktiv auf den menschlichen Körper einwirken, bedarf kaum weiterer Erläuterungen. Überarbeitung und fehlende Zeit für die Erholung rufen "physische und geistige Verkümmrung" hervor, sorgen für "die vorzeitige Erschöpfung und Abtötung der Arbeitskraft selbst" und führen schließlich zum frühen Tod.[70] Ganz ähnlich sind die Konsequenzen einer hohen Intensität der Arbeit. Ein höherer Grad der Arbeitsintensität ist nur ein anderes "Mittel zu größrer Aussaugung der Arbeitskraft" und besitzt deshalb die gleichen zerstörerischen Wirkungen für den gesundheitlichen Zustand des Arbeiters wie ein zu langer Arbeitstag (vgl. MEW 23, S. 439f.). Die Bedeutung der herrschenden Arbeitsbedingungen für den körperlich-geistigen Zustand der unter derartigen Umständen arbeitenden Menschen dürfte damit hinreichend verdeutlicht worden sein.

Nachdem mit den Lebensbedingungen im allgemeinen und den Arbeitsbedingungen im speziellen die Hauptursachen für den körperlich-geistig erschreckend schlechten Zustand der arbeitenden Menschen identifiziert sind, gilt es im nächsten Schritt herauszufinden, welche Faktoren ihrerseits für diese Arbeits- und Lebensbedingungen verantwortlich sind. Damit befinden wir uns im Zentrum der ökonomischen Analyse von Marx und wenden uns zunächst den Arbeitsbedingungen samt deren Ursachen zu.

Ausgangspunkt dieser Analyse ist eine "Gesellschaft von Warenproduzenten, ... welche unabhängig voneinander als Privatgeschäfte selbständiger Produzenten" (MEW 23, S. 57) Produkte in Form von Waren herstellen, die sie nach einer bestimmten Regel untereinander austau-

---

[69] Vgl. dazu statt vieler MEW 1, S. 396, MEW 2, S. 376-398, 408-427, 486, MEW 3, S. 245f., 385, 410f., 422, MEW 20, S. 272, MEW 23, S. 359, 361, 381-384, 529, 673-675.

[70] Vgl. dazu statt vieler MEW 2, S. 347, MEW 3, S. 45, MEW 6, S. 420, MEW 23, S. 253, 260-274, 280-286, 671-675.

schen.[71] Als Regel für derartige Tauschvorgänge gibt Marx eine Werttheorie an, die eine Arbeitsmengentheorie der Austauschrelationen darstellt,[72] d. h. Marx wählt als Maß für den Wert eines produzierten Gegenstandes "das Quantum der in ihm enthaltenen »wertbildenden Substanz«, der Arbeit" (MEW 23, S. 53). Genauer geht es dabei aufgrund der Konkurrenz der Anbieter um

> "... die im Durchschnitt notwendige oder gesellschaftlich notwendige Arbeitszeit ... Gesellschaftlich notwendige Arbeitszeit ist Arbeitszeit, erheischt, um irgendeinen Gebrauchswert mit den vorhandenen gesellschaftlich-normalen Produktionsbedingungen und dem gesellschaftlichen Durchschnittsgrad von Geschick und Intensität der Arbeit darzustellen." (MEW 23, S. 53).[73]

Dabei hängt die zur Produktion eines Gegenstandes erforderliche Arbeitszeit von der Produktivkraft der Arbeit ab, denn es gilt:

> "Je größer die Produktivkraft der Arbeit, desto kleiner die zur Herstellung eines Artikels erheischte Arbeitszeit, desto kleiner die in ihm kristallisierte Arbeitsmasse, desto kleiner sein Wert." (MEW 23, S. 55).

Nach den bisherigen Ausführungen haben wir zwar schon erste Hinweise auf die Relevanz der Produktivkraft der Arbeit und der Produktionsbedingungen sowie auf die Bedeutung der gesellschaftlichen Teilung der Arbeit, aber Konsequenzen für den geistig-körperlichen Zustand der arbeitenden Bevölkerung lassen sich daraus noch nicht ziehen. Was nämlich in einer bestimmten Gesellschaft zu einem bestimmten Zeitpunkt als 'normal' im Hinblick auf die Arbeitsplatzbedingungen, die Intensität der Arbeit, die Länge des Arbeitstages usw. angesehen wird, ist noch unbekannt. A priori spricht nichts dagegen, daß sich die 'gesellschaftlich-normalen Produktionsbedingungen' dadurch auszeichnen, in hellerleuchteten, gut geheizten und gelüfteten Räumen bei geringer Arbeitsintensität und großzügig bemessenen Arbeitspausen zu produzieren - sofern die zur physischen Existenz erforderlichen Gebrauchsgegenstände dadurch hergestellt werden können. Grundsätzlich läßt das "Gesetz der Wertbestimmung durch die Arbeitszeit" (MEW 23, S. 337) derart humane Arbeitsbedingungen zu. Daß dies letztlich nicht die tatsächlich existierenden Produktionsbedingungen sind, liegt daran, daß das "Gesetz des Wa-

---

[71] Wie es zu dieser Form der "gesellschaftlichen Teilung der Arbeit", MEW 23, S. 57, kommt, wurde bereits im Rahmen der Auflösung der Urgesellschaft untersucht, vgl. Abschnitt 3.3.1. dieser Arbeit.

[72] Daß diese Form des Austausches nur unter ganz bestimmten Bedingungen gilt, nämlich erstens in einer ohne Kapital produzierenden präkapitalistischen Gesellschaft oder zweitens in einer Gesellschaft mit einer kapitalistischen Produktionsweise, in der alle Produktionszweige über die gleiche Relation von Arbeit zu Kapital verfügen und zudem alle Kapitalteile die gleiche Dauerhaftigkeit und die gleiche Zirkulationsgeschwindigkeit besitzen, ist Marx selbstverständlich bewußt, vgl. dazu vor allem MEW 23, S. 180f., Fußnote 37, S. 234, Fußnote 31a und MEW 25, S. 186.

[73] Zudem wird unterstellt, daß sämtliche Verschiedenheiten der menschlichen Arbeitskraft dadurch eliminiert werden, daß diese verschiedenen Arbeitsarten auf "*einfache Durchschnittsarbeit* ... als ihre Maßeinheit reduziert sind", MEW 23, S. 59.

renaustausches" sowie das "Zwangsgesetz der Konkurrenz" (MEW 23, S. 247, 337) ergänzt werden durch das grenzenlose Bedürfnis nach Geld, wozu auch das Streben nach möglichst hohen Gewinnen zählt. Das Streben nach Gewinnen stellt einen Anreiz dafür dar, durch eine individuelle, d. h. nur eine produzierende Einheit betreffende, Erhöhung der Produktivkraft der Arbeit den individuellen Wert des produzierten Gegenstandes zu reduzieren und ihn damit unter den gesellschaftlichen, wirklichen Wert zu senken. In der gleichen Zeit stellt der davon betroffene Anbieter mehr Mengeneinheiten einer bestimmten Ware her. Selbst wenn aufgrund des größeren mengenmäßigen Marktangebots der Preis dieser Ware unter den gesellschaftlichen Wert sinkt, wird er immer noch über dem individuellen Wert liegen und deshalb dem Anbieter einen Extragewinn[74] einbringen. Gleichzeitig ist auf die Konsequenzen dieses Verhaltens für die Mitanbieter zu achten. Auch sie sind gezwungen, ihre Waren zu dem geringeren Preis zu verkaufen, der unter dem Wert ihrer Waren liegt, denn dieser Wert wird weiterhin durch die immer noch gesellschaftlich normale, d. h. alte Produktionsweise bestimmt. Damit aber erzielen sie einen Gewinn, der nicht mehr dem als normal empfundenen Gewinn entspricht. Folglich werden auch sie die Produktionsweise des innovativen Anbieters übernehmen, so daß das "Gesetz der Wertbestimmung durch die Arbeitszeit ... seine Mitbewerber als Zwangsgesetz der Konkurrenz zur Einführung der neuen Produktionsweise" (MEW 23, S. 337f.) treibt.[75] Etwas ausführlicher beschreibt eine von Marx zitierte Schrift diesen Zwang:

> "Wenn mein Nachbar billig verkaufen kann, indem er mit wenig Arbeit viel herstellt, muß ich danach trachten, ebenso billig wie er zu verkaufen. So erzeugt jede Kunst, jedes Verfahren oder jede Maschine, die mit der Arbeit von weniger Händen und infolgedessen billiger arbeitet, bei andren eine Art Zwang und einen Wettbewerb, entweder dieselbe Kunst, dasselbe Verfahren oder dieselbe Maschine anzuwenden, oder etwas Ähnliches zu erfinden, damit alle auf gleichem Stand seien und keiner seinen Nachbar unterbieten könne." (MEW 23, S. 338, Fußnote 4).

Während also der innovative Anbieter, seinem individuellen Ziel der Gewinnerhöhung folgend, mehr oder weniger freiwillig eine Erhöhung der in seiner Produktionsstätte wirkenden Produktivkraft der Arbeit durchführt, wird dies für seine Mitkonkurrenten zu einer durch den äußeren Zwang der Konkurrenz aufoktroyierten Handlung.[76] Weil darüber hinaus keiner der Produzenten in der Situation des noch mit einem alten Produktionsverfahren operierenden Anbieters sein möchte - dies bedeutet den zeitweisen Verzicht auf den als normal angesehenen Gewinn -, gibt

---

[74] Marx nennt den über den normalen oder durchschnittlichen Gewinn hinausgehenden Teil auch "Extraschnitt", MEW 25, S. 207, "Extramehrwert", MEW 23, S. 336f. bzw. "Surplusprofit", MEW 25, S. 209, 654-661, MEW 26.2, S. 203 oder "Extraprofit", MEW 23, S. 256, MEW 25, S. 208.

[75] Vgl. zu der Funktionsweise dieses Mechanismus MEW 23, S. 335-338, vgl. ebenfalls MEW 6, S. 417-419 und MEW 25, S. 275f.

[76] Reich bezeichnet diese Form der Durchsetzung des technischen Fortschritts als einen "Prozeß von Vorstoß und Reaktion", bei dem technische Neuerungen von individuellen Kapitalisten vorgenommen werden, um "Überschußgewinne" zu erwirtschaften oder um den technischen Fortschritt zur Vermeidung des eigenen Bankrotts zu antizipieren, vgl. Reich (1991), S. 174-190, 212.

es für jeden Anbieter den Anreiz, durch die Einführung eines neuen Produktionsverfahrens die individuell erforderliche Arbeitszeit zur Erstellung einer Wareneinheit zu reduzieren. Berücksichtigen wir ferner, daß Anbieter, die noch mit einem veralteten Produktionsverfahren arbeiten, Verluste erleiden können und damit der Gefahr unterliegen, als Anbieter vom Markt verdrängt zu werden, so stellt dies zugleich einen Zwang zur eigenen Einführung neuer Herstellungsverfahren dar. Damit aber haben wir ein erstes Zwischenergebnis erreicht: Ziel isoliert voneinander, für den Markttausch produzierender Anbieter ist es, die für die Herstellung einer Wareneinheit notwendige Arbeitszeit - und damit den individuellen Wert dieser Ware - permanent zu verringern. Fragen wir daher im nächsten Schritt nach den Mitteln, die dafür erforderlich sind, d. h. nach den Maßnahmen, die die "Waren verwohlfeilern" (MEW 23, S. 391).
Ein Mittel zur Reduktion des individuellen Wertes einer Ware besteht aus dem Bestreben, die Arbeitszeit, die durch die Wertübertragung des konstanten Kapitals auf das herzustellende Produkt transferiert wird, möglichst gering zu halten. Aus diesem Grund verzichten Kapitalisten auf alle baulichen Maßnahmen, die nicht unbedingt für die Produktion einer bestimmten Ware erforderlich sind. Die Grubenbesitzer Englands beispielsweise unterlassen aus "Gewinnsucht ... die Anlegung von Ventilationsschachten" in ihren Bergwerken (vgl. MEW 2, S. 462). Anders gesagt: Die Anwendung von gesundheitsfördernden Einrichtungen durch einen Kapitalisten führt dazu, daß dieser nicht den geringstmöglichen individuellen Wert seiner Ware erreicht. Derartige Schutz- und Vorsichtsmaßnahmen sind deshalb "vom kapitalistischen Standpunkt eine ganz zweck- und sinnlose Verschwendung" (MEW 25, S. 97), so daß hinsichtlich der baulichen Gestaltung der Arbeitsplätze gilt:

> "Die Ökonomisierung der gesellschaftlichen Produktionsmittel, erst im Fabriksystem treibhausmäßig gereift, wird in der Hand des Kapitals zugleich zum systematischen Raub an den Lebensbedingungen des Arbeiters während der Arbeit, an Raum, Luft, Licht, und an persönlichen Schutzmitteln wider lebensgefährliche oder gesundheitswidrige Umstände des Produktionsprozesses, von Vorrichtungen zur Bequemlichkeit des Arbeiters gar nicht zu sprechen." (MEW 23, S. 449f.).[77]

Eine andere kostenreduzierende Maßnahme ist die Einsparung von Materialkosten bei den zu verarbeitenden Rohstoffen. Dazu gehören beispielsweise die Verarbeitung von schlechtem Tuch bei der Herstellung von Kleidung, der Bau von Häusern mit zu dünnen Wänden sowie die Verfälschung der Inhalte von Nahrungsmitteln. Letzteres äußert sich z. B. in der bereits genannten Beimischung von Gips und Erde zum Mehl oder von brauner Erde zum Kakao, so daß Engels hinsichtlich der Lebensmittel konstatieren kann:

---

[77] Vgl. ebenfalls MEW 25, S. 96-107.

> "Die Krämer und Fabrikanten verfälschen alle Nahrungsmittel auf eine unverantwortliche Weise und mit der größten Rücksichtslosigkeit gegen die Gesundheit derer, die sie verzehren sollen." (MEW 2, S. 300f.).[78]

Wenden wir uns nun dem Instrument der Teilung der Arbeit als einem weiteren Mittel zur Reduktion des individuellen Wertes einer produzierten Wareneinheit zu. Die Vorteile der Teilung der Arbeit werden bereits in den Vorstufen zur kapitalistischen Teilung der Arbeit sichtbar, d. h. bei der Kooperation. Kooperation wird von Marx definiert als jene "Form der Arbeit vieler, die in demselben Produktionsprozeß oder in verschiednen, aber zusammenhängenden Produktionsprozessen planmäßig neben- und miteinander arbeiten" (MEW 23, S. 344) und ist noch nicht identisch mit der modernen Teilung der Arbeit. Vielmehr zeichnet sich gerade die einfache Kooperation dadurch aus, daß jeder beschäftigte Mensch "in seiner alten handwerksmäßigen Weise" (MEW 23, S. 357) weiterarbeitet. Dennoch reduziert schon diese Form der Produktion durch geringere Baukosten von Werkstätten - eine Werkstatt für 10 Arbeiter ist billiger als 10 Werkstätten für jeweils einen Arbeiter -, durch Synergieeffekte vieler Arbeitskräfte, Zeitersparnisse hinsichtlich des Transportes von Arbeitsgegenständen zwischen einzelnen Arbeitern, erste Spezialisierungen usw. (vgl. MEW 23, S. 344-348) die Zeit, die zur Herstellung einer Wareneinheit benötigt wird. Alles dies sorgt dafür, daß die Kooperation "größre Massen von Gebrauchswert" innerhalb des gleichen Zeitabschnitts produziert und "daher die zur Produktion eines bestimmten Nutzeffekts nötige Arbeitszeit" (MEW 23, S. 348) vermindert.[79] Im weiteren Verlauf entwickelt sich die durch die ersten Formen der Spezialisierung auftretende Teilung der Arbeit "nach und nach zur systematischen Teilung der Arbeit" (MEW 23, S. 357). Auch dies erhöht die Produktivkraft der Arbeit, z. B. durch Lerneffekte der arbeitenden Personen und durch Zeitersparnisse aufgrund nicht mehr stattfindender Wechsel von Tätigkeiten, Arbeitsinstrumenten oder Arbeitsplätzen (vgl. MEW 23, S. 359-362). Es gibt deshalb zahlreiche ökonomische Gründe für die fortschreitende Teilung der Arbeit, so daß im Laufe der kapitalistischen Entwicklung auch die aus ihr entspringenden Entfremdungsphänomene zunehmen. Gleiches trifft für den Einsatz von Maschinen zu. Deren Gebrauch erfolgt in der Manufaktur lediglich sporadisch, setzt sich dann aber mehr und mehr durch, weil

> "... die Maschinerie das gewaltigste Mittel ist, die Produktivität der Arbeit zu steigern, d. h. die zur Produktion einer Ware nötige Arbeitszeit zu verkürzen, ..." (MEW 23, S. 425).

Der massive Maschineneinsatz erweist sich wiederum als mitverursachendes Moment für die Verlängerung des Arbeitstages und die Intensivierung der Arbeit. Einen ökonomischen Anreiz zur Verlängerung des Arbeitstages gibt es schon zu Beginn der kapitalistischen Produktions-

---

78 Vgl. dazu statt vieler MEW 2, S. 290, 298-303, MEW 23, S. 264.

79 Das von Bücher zu Beginn dieses Jahrhunderts formulierte 'Gesetz der Massenproduktion' wird folglich schon von "Marx ... sehr aufmerksam analysiert", Reich (1991), S. 185.

weise, bei der auf den Einsatz von Maschinen noch verzichtet wird. Dabei versucht der Käufer der Ware Arbeitskraft, so wie jeder Käufer unter dem Regime des Gesetzes des Warenaustausches, "den größtmöglichen Nutzen aus dem Gebrauchswert seiner Ware herauszuschlagen" (MEW 23, S. 247). Der Gebrauchswert besteht bei der Ware Arbeitskraft daraus, durch ihren Verbrauch, also durch die Verausgabung physischer und geistiger Fähigkeiten, Wert zu schaffen (vgl. MEW 23, S. 181, 188-192). Daher hat der Käufer der Ware Arbeitskraft den Wunsch, den Arbeitstag so weit wie möglich über die Arbeitszeit, die zur Reproduktion der Arbeitskraft erforderlich ist, auszudehnen und sich den in dieser Zeit geschaffenen Mehrwert selbst anzueignen (vgl. MEW 23, S. 245-278). Einen Report von Fabrikinspektoren zitierend, stellt Marx deshalb fest: "Der durch Überarbeit über die gesetzliche Zeit zu machende Extraprofit scheint für viele Fabrikanten eine zu große Versuchung, um ihr widerstehn zu können", so daß sich auf seiten der Kapitalisten ein "Werwolfsheißhunger für Mehrarbeit" bzw. ein "Vampyrdurst nach lebendigem Arbeitsblut" entwickelt.[80] Dieser 'Heißhunger' nach Mehrarbeit wird durch die Existenz von Maschinen nochmals vorangetrieben, weil jeder Stillstand der Maschinen für den Kapitalisten einen Verlust darstellt, der in zwei Formen auftritt. Zum einen bedeutet die nicht stattfindende Nutzung der Maschinen ein Brachliegen des vorgeschossenen Kapitals, d. h. einen Verzicht auf einen möglichen Mehrwert bzw. eine unproduktive Nutzung des Fixkapitals. Zum anderen kann der Stillstand der Maschinen zusätzliche Ausgaben in Form von Kosten des Wiederbeginns der Produktion, von Schädigungen der Maschinen als Konsequenz des Nichtgebrauchs oder auch in Form des Wertverlustes aufgrund der Veralterung der Maschinen verursachen (vgl. MEW 23, S. 271, 426-429). Alles in allem erweist sich die Maschinerie als "das gewaltigste Mittel ... den Arbeitstag über jede naturgemäße Schranke hinaus zu verlängern", denn die Maschinerie

> "... schafft einerseits neue Bedingungen, welche das Kapital befähigen, dieser seiner beständigen Tendenz die Zügel frei schießen zu lassen, andrerseits neue Motive zur Wetzung seines Heißhungers nach fremder Arbeit." (MEW 23, S. 425).

Die gleiche Entwicklung ist hinsichtlich der Intensität der Arbeit festzustellen. Auch bei ihr gibt es schon vor der Existenz von Maschinen einen Anreiz, sie zu erhöhen. Wenn nämlich unter sonst gleichen Produktionsbedingungen die Intensität der Arbeit durch einen Kapitalisten erhöht wird, die in seinem Produktionsbereich anfallende Arbeitsintensität also über der gesellschaftlichen Durchschnittsintensität liegt, dann liefert der gleich lange Arbeitstag eines Arbeiters ein größeres Wertprodukt als vor der Erhöhung der Arbeitsintensität und produziert damit einen höheren Mehrwert pro Arbeitskraft, den sich der Kapitalist aneignet (vgl. MEW 23, S. 432f., 547). Der Einsatz der Maschinen ist dann ein besonders geeignetes Mittel zur Intensivierung der Arbeit, indem durch eine Erhöhung der Arbeitsgeschwindigkeit der Maschine die

---

[80] Vgl. MEW 23, S. 256, 258, 271, vgl. ebenso statt vieler MEW 12, S. 184-186.

an dieser Maschine arbeitenden Personen ebenfalls zu einer intensiveren Arbeit gezwungen werden. Eine andere Form der Arbeitsintensivierung besteht aus der Reduktion der Zahl der Arbeiter, die an einer Maschine tätig sind, so daß sich ceteris paribus die Arbeitsanstrengungen der verbleibenden Arbeiter erhöhen (vgl. MEW 23, S. 331-440).

Hinsichtlich der vorliegenden baulichen Ausgestaltung des Arbeitsplatzes, der Teilung der Arbeit, der Länge des Arbeitstages und der Intensität der Arbeit kann daher festgehalten werden, daß sich die zur Zeit von Marx und Engels vorliegenden Ausprägungen aller dieser Elemente der Arbeitsbedingungen ökonomisch erklären lassen: Einerseits bietet das Gesetz des Warenaustausches einen Anreiz, derartige Arbeitsbedingungen zu etablieren, weil dadurch der produzierte und angeeignete Mehrwert eines individuellen Kapitalisten erhöht wird. Andererseits übt die Konkurrenz zwischen isoliert voneinander produzierenden Anbietern einen Zwang auf jeden Produzenten aus, so daß dieser zur Minimierung und permanenten Senkung des individuellen Wertes seiner Ware derartige Arbeitsbedingungen einführen muß. Letztendlich sind es daher die äußeren Zwangsgesetze der Konkurrenz, die zu baulich schlecht ausgestatteten Arbeitsplätzen, langen Arbeitszeiten, einem hohen Grad der Teilung der Arbeit und einer hohen Intensität der Arbeit führen. Mit dem Zwang zur individuellen Kostenminimierung ist ein letzter Punkt angesprochen, der ebenfalls für die vorliegenden Bedingungen innerhalb der Produktionssphäre für den Arbeiter verantwortlich ist.

Bei diesem Faktor handelt es sich um den Zwang zur Akkumulation, der sich aus der Notwendigkeit, die zur Herstellung einer Ware individuell erforderliche Arbeitszeit zu reduzieren und permanent zu senken, ergibt. Diese Reduktion, so zeigte die vorangehende Analyse, ist nur möglich, wenn unter anderem die tägliche Arbeitszeit und die Intensität der Arbeit laufend erhöht werden. Beide Maßnahmen führen dazu, daß während einer bestimmten Produktionsperiode größere Mengen an Rohstoffen in einer Fabrik verbraucht werden und deshalb der Bedarf an Kapital zunimmt. Auch der Einsatz neuer und immer umfangreicherer Maschinen verlangt einen größeren Kapitalvorschuß. Schließlich ist es denkbar, daß mit zunehmendem Maschineneinsatz der Bedarf an Arbeitskräften absolut zunimmt, wodurch der Kapitalbedarf zur Zahlung von Löhnen wächst.[81] Alles dies macht es für den Kapitalisten erforderlich, ständig sein Kapital auszuweiten, weil er nur so in der Lage ist, den individuellen Wert seiner Ware zu reduzieren. Jeder einzelne Kapitalist unterliegt also aufgrund des Zwangs zur permanenten Reduktion der zur Herstellung seiner Ware erforderlichen Arbeitszeit zugleich dem Zwang zur Kapitalausdehnung und damit dem Zwang zur Akkumulation:

> "Nur als Personifikation des Kapitals ist der Kapitalist respektabel. Als solche teilt er mit dem Schatzbildner den absoluten Bereicherungstrieb. Was aber bei diesem als individuelle Manie erscheint, ist beim Kapitalisten Wirkung des gesellschaftli-

[81] Zur Entwicklung des Bedarfs an Arbeitskräften in einer wachsenden kapitalistischen Ökonomie nach Ansicht von Marx vgl. MEW 23, Kapitel 13 und 23, vor allem S. 657-677 sowie beispielsweise Mettelsiefen (1981), S. 81-97.

> chen Mechanismus, worin er nur ein Triebrad ist. Außerdem macht die Entwicklung der kapitalistischen Produktion eine fortwährende Steigerung des in einem industriellen Unternehmen angelegten Kapitals zur Notwendigkeit, und die Konkurrenz herrscht jedem individuellen Kapitalisten die immanenten Gesetze der kapitalistischen Produktionsweise als äußere Zwangsgesetze auf. Sie zwingt ihn, sein Kapital fortwährend auszudehnen, um es zu erhalten, und ausdehnen kann er es nur vermittelst progressiver Akkumulation." (MEW 23, S. 618).[82]

Damit rückt zwangsläufig die Frage nach den Mitteln, die diese Akkumulation ermöglichen, in den Mittelpunkt der Analyse. Weil die "Akkumulation des Kapitals" definiert ist als die "Rückverwandlung von Mehrwert in Kapital" (MEW 23, S. 605), hängt die Akkumulationsfähigkeit eines Kapitalisten von der Mehrwertmasse ab, die dieser produziert und sich aneignet, d. h. "die Größe des akkumulierten Kapitals" richtet sich "offenbar nach der absoluten Größe des Mehrwerts" (MEW 23, S. 625). Zudem ist die "Masse des produzierten Mehrwerts .. gleich der Größe des vorgeschoßnen variablen Kapitals multipliziert mit der Rate des Mehrwerts" (MEW 23, S. 321f.), so daß das entscheidende Mittel zur Erhöhung der Mehrwertmasse die Erhöhung der Mehrwertrate bzw. die Erhöhung des Exploitationsgrads der Arbeit ist. Diese Erhöhung findet wiederum statt durch Maßnahmen, deren Bedeutung für die Arbeiterschaft bereits ausführlich behandelt wurden: die Verlängerung des Arbeitstages, die Intensivierung der Arbeit sowie die Erhöhung der Produktivkraft der Arbeit durch eine vermehrte Teilung der Arbeit und den zunehmenden Einsatz von Maschinen (vgl. MEW 23, S. 629-634). Bisher nicht berücksichtigt wurde die Erhöhung der Mehrwertrate durch die "gewaltsame Herabsetzung des Arbeitslohns" unter den Wert der Arbeitskraft (vgl. MEW 23, S. 332f., 626-629). Diese - von Marx im Rahmen seiner ökonomischen Untersuchungen in der Regel per Annahme ausgeschlossene - Maßnahme nimmt in der Realität eine wichtige Rolle ein und hat dort erhebliche Konsequenzen für die allgemeinen Lebensbedingungen der Arbeiter. Der Arbeiter verhungert zwar nicht aufgrund der Lohnreduzierung - weil für den Wert der Arbeitskraft nicht nur die für das physische Überleben erforderlichen Bedürfnisse eine Rolle spielen, sondern auch darüber hinausgehende Bedürfnisse und deren Befriedigung -, es ist aber zugleich "nur eine verkümmerte Reproduktion seiner Arbeitskraft" (MEW 23, S. 333) möglich, so daß die bereits bekannten körperlichen und geistigen Defekte auftreten.

Rekapitulierend kann damit das folgende Ergebnis aufgestellt werden: Die Bedingungen, denen die Arbeiter im Rahmen der kapitalistischen Produktionsweise ausgesetzt sind und die für deren katastrophale Verfassung in Hinblick auf den geistigen und körperlichen Zustand verantwortlich sind, erweisen sich als notwendige Resultate der Konkurrenz zwischen isoliert voneinander agierenden Anbietern. Diese Konkurrenz zwingt jeden einzelnen Kapitalisten zur permanenten Verminderung des Kostpreises seiner Ware. Deshalb muß die "moderne Indu-

[82] Kaldor faßt daher zusammen: "For Marx however, accumulation by capitalist enterprise is not a matter of choice but a necessity, due to competition among the capitalists themselves", Kaldor (1956), S. 87f.

strie" unabläßlich die Produktionsprozesse verändern und z. B. "beständig die Teilung der Arbeit im Innern der Gesellschaft" revolutionieren (vgl. MEW 23, S. 510f.):

> "Wir sehn, wie so die Produktionsweise, die Produktionsmittel beständig umgewälzt, revolutioniert werden, *wie die Teilung der Arbeit größre Teilung der Arbeit, die Anwendung der Maschinerie größre Anwendung der Maschinerie, das Arbeiten auf großer Stufenleiter Arbeiten auf größerer Stufenleiter notwendig nach sich zieht. ... Die Teilung der Arbeit und die Anwendung der Maschinerie wird also in ungleich größrem Maßstabe von neuem vor sich gehn.*" (MEW 6, S. 419).

Die Konkurrenz übt Zwänge auf die Anbieter aus, so daß diese gar keine anderen als die beschriebenen Arbeitsbedingungen einführen können. Was auf den ersten Blick als freie Entscheidung der Kapitalisten erscheint, erweist sich nach ausführlicher Untersuchung als das Resultat äußerer Zwangsgesetze der Konkurrenz, die somit eine "*Herrschaft ... über ... die Motive d[es] Capitalisten*" (ÖPM, S. 96 [MEW 40, S. 487]) ausüben.
Nachdem damit der Einfluß der Konkurrenz unter den Kapitalisten auf die Arbeits- und Lebensbedingungen der Arbeiter detailliert vorgestellt wurde, ist nun die Bedeutung der Konkurrenz unter den Arbeitern zu behandeln. Zunächst sind dafür die Konsequenzen der beschriebenen Produktionsbedingungen für das Angebot von Arbeitskräften zu untersuchen. Schon die Teilung der Arbeit besitzt die Wirkung, dieses Angebot zu erhöhen, weil aufgrund der geringeren Anforderungen an die arbeitenden Personen nun auch Kinder und Frauen für die Produktion geeignet sind (vgl. MEW 23, S. 389). Durch den Einsatz von Maschinen wird diese Entwicklung weiter vorangetrieben, denn körperliche Kraft wird dadurch weniger bedeutsam für die Produktionsprozesse. Dies erhöht nochmals die Einsatzmöglichkeiten von Kindern und Frauen für Tätigkeiten, die vorher nur von kräftigen Männern ausgeführt werden konnten (vgl. MEW 23, S. 416f., 496). Darüber hinaus führt der vermehrte Maschineneinsatz nach Meinung von Marx zur Freisetzung von Arbeitern und erhöht damit das Arbeitsangebot (vgl. MEW 23, S. 454-482, 657-677). Aus dieser Ausweitung des Arbeitsangebots resultieren erhebliche Konsequenzen für das Schicksal der Arbeiter.
Beginnend bei der sich ausweitenden Kinderarbeit, sind die körperlichen und geistigen Fehl- bzw. unterbleibenden Entwicklungen zu nennen sowie die sich daraus ergebenden körperlichen und geistigen Deformierungen der heranwachsenden Menschen.[83] Das erhöhte Arbeitsangebot sowie die damit einhergehende Arbeitslosigkeit haben ebenfalls gravierende Folgen für den körperlich-intellektuellen Zustand der Arbeiterschaft. Die von der Arbeitslosigkeit direkt betroffenen Personen sind zu einem Leben in Armut und Bettelei verdammt, was ihre Lebensbedingungen verschlechtert. Aber auch die noch arbeitenden Personen müssen Reduktionen ihres Lebensstandards hinnehmen. Aufgrund des herrschenden Überangebots an Arbeitskräften

[83] Vgl. statt vieler MEW 2, S. 338-343, MEW 3, S. 410f., MEW 23, S. 422-424, 521f.

kommt es zu einer Situation, in der der Preis der Arbeitskraft unter deren Wert sinkt. Die Auswirkungen dieser Lohnreduktion auf die Lebensbedingungen und die körperlich-geistige Verfassung wurden bereits dargestellt. Bedeutsam ist schließlich noch ein Aspekt, der sich als Resultat der herrschenden Arbeitslosigkeit ergibt und ebenfalls die noch arbeitenden Menschen betrifft. Es geht dabei um die Tatsache, daß sich die einen Arbeitsplatz innehabenden Menschen aus Angst vor der eigenen Entlassung dem "Diktate des Kapitals" unterwerfen und unter dem Druck der drohenden Entlassung die eigenen Arbeitsanstrengungen erhöhen. Sie bewirken damit selbst eine Ausweitung des Arbeitstages sowie eine Erhöhung der Arbeitsintensität, was zu Überarbeitungen und ähnlichen, breits beschriebenen Konsequenzen führt (vgl. MEW 23, S. 665, 724, 732).[84] Erneut zeigt sich, daß es die Konkurrenz isoliert voneinander agierender Wirtschaftsteilnehmer ist - diesmal in Form der Konkurrenz unter den Arbeitern-, die für die prekäre Lage der Arbeiter verantwortlich ist.[85]

Schließlich ist nochmals auf die schlechten allgemeinen Lebensbedingungen der Arbeiter und deren Ursachen hinzuweisen. Verantwortlich für diese Lebensbedingungen ist - neben den bereits erwähnten Materialeinsparungen - der Umstand, daß in einer kapitalistischen Gesellschaft lediglich das Profitstreben bestimmt, welche Gegenstände hergestellt werden. Schon zu Zeiten von Marx und Engels gilt beispielsweise, "daß teurere Wohnungen sich ... besser rentieren" als der Bau von Arbeiterwohnungen (vgl. MEW 18, S. 249), so daß

> "... Arbeiter- und überhaupt kleinere Wohnungen selten und teuer werden und oft gar nicht zu haben sind; denn unter diesen Verhältnissen wird die Bauindustrie, der teurere Wohnungen ein weit besseres Spekulationsfeld bieten, immer nur ausnahmsweise Arbeiterwohnungen bauen." (MEW 18, S. 215).

Der entscheidende Grund für die zu erklärenden schlechten Lebensbedingungen der arbeitenden Bevölkerung ist allerdings in der Entwicklung der tatsächlich gezahlten Arbeitslöhne zu finden. Im Rahmen der kapitalistischen Produktionsweise kommt es immer wieder dazu, daß der Arbeitslohn unter den Wert der Arbeitskraft sinkt - entweder, weil die Kapitalisten den Lohn zum Zwecke der Erhöhung der Mehrwertrate bzw. der Profite gewaltsam unter den Wert der Arbeitskraft drücken oder weil es aufgrund des Überschusses von Arbeitskräften zu einem Absinken des am Markt gezahlten Lohnes kommt.[86] Wenn nun der Arbeitslohn unter den Wert der Arbeitskraft fällt, kann ein Arbeiterhaushalt unter sonst gleichen Umständen nicht mehr das Güterbündel erwerben, das ursprünglich die Reproduktion der Arbeitskraft ermöglichte. Langfristig gewöhnen sich die Arbeiter an dieses neue Konsumgüterbündel, welches dann als

---

[84] Es handelt sich hier um "die disziplinierenden Effekte, die von der größeren Arbeitsplatzunsicherheit auf das Verhalten der Arbeiter ausgehen", Kern (1979), S. 188. Sie lassen sich für das 21. Jahrhundert empirisch belegen durch die Reduktion der Fluktuations- und Absentismusrate in Zeiten ökonomischer Krisen und damit einhergehender Arbeitsplatzunsicherheit, vgl. Kern (1979), S. 173, 184, 188 und Kern (1976), S. 204.

[85] Vgl. statt vieler MEW 4, S. 474, MEW 6, S. 542, 548, MEW 23, 669f., 791, Fußnote 252 und MEW 2, S. 427, wo Engels "die moralische Sklavenpeitsche - die Drohung der Entlassung" erwähnt.

[86] Vgl. z. B. MEW 23, S. 332f., 626-629, 657-677.

notwendig zur Reproduktion der Arbeitskraft angesehen wird. Damit nimmt zugleich die Menge der Gegenstände ab, nach denen die Arbeiter Bedürfnisse empfinden. Ebenso sinkt der Wert der Arbeitskraft, denn der Wert der Arbeitskraft eines Arbeiters variiert "mit dem Wert seiner gewohnheitsmäßigen Lebensmittel" (MEW 23, S. 563) und hängt somit ab vom "Umfang sog. notwendiger Bedürfnisse", der wiederum von den "Gewohnheiten und Lebensansprüchen ... der freien Arbeiter" (MEW 23, S. 185) abhängt. Folglich gewöhnen sich die arbeitenden Menschen an die verschlechterten Lebensbedingungen, die sie als für ihre Gesellschaft normal ansehen. Diese Entwicklung kann solange fortfahren, bis die davon betroffenen Personen "das tierischste Minimum von Bedürfnissen" (Grundrisse, S. 196) erreicht haben und nur noch die zum bloßen physischen Überleben erforderlichen Bedürfnisse empfinden.[87]

Resümierend kann in bezug auf die Ursachen für den schlechten Zustand der Arbeiter in Hinblick auf deren geistige und körperliche Konstitution folgendes Ergebnis festgehalten werden: Als verantwortlich für die "Zerstörung der Gesundheit", die "soziale, physische und geistige Vernachlässigung ganzer Generationen" sowie die Tatsache, daß "Weiber zum Gebären unfähig gemacht, Kinder verkrüppelt, Männer geschwächt, Glieder zerquetscht, ganze Generationen verdorben, mit Schwäche und Siechtum infiziert" sind (vgl. MEW 2, S. 388, 397), müssen unmittelbar die vorherrschenden Lebens- und Arbeitsbedingungen der arbeitenden Bevölkerung gelten. Verursacht werden diese ihrerseits durch die Konkurrenz zwischen unabhängig voneinander handelnden Akteuren, denn diese Konkurrenz zwingt die Einzelakteure zu Handlungen, die zu den genannten Bedingungen führen.

Schließlich ist eine letzte Bemerkung zu diesem Abschnitt erforderlich. Sie bezieht sich auf die Kapitalisten, die ausnahmsweise von diesem Entfremdungsphänomen nicht betroffen sind. Ursächlich verantwortlich dafür sind einerseits die hohen Einkommen, die den Kapitalisten und deren Familienangehörigen bessere Lebensbedingungen erlauben sowie andererseits die Tatsache, daß Kapitalisten als Nicht-Arbeiter von den Arbeitsbedingungen gar nicht betroffen sind.[88]

3.4.1.2. Ursachen für die Fremdbestimmung der Tätigkeiten

Nach der ausführlichen Ursachenanalyse des vorherigen Abschnitts fällt die Erörterung der Gründe für die Fremdbestimmung des menschlichen Handelns relativ kurz aus. Wie das Handeln der Kapitalisten - und damit mittelbar auch das der Arbeiter - durch die Zwangsgesetze

---

[87] Damit sind bereits die Ursachen der entfremdeten Bedürfnisse angesprochen, die im Abschnitt 3.4.2.2. dieser Arbeit erneut aufgegriffen werden. Gleichzeitig zeigt sich, daß die Reduktion eines als normal angesehenen Arbeiterkonsumgüterbündels mit der Marxschen Vorstellung der Bestimmung des Wertes der Arbeitskraft kompatibel ist.

[88] Daß die Kapitalisten dennoch hinsichtlich ihrer geistig-körperlichen Verfassung nicht dem wahren Menschen entsprechen, hängt mit der mangelhaften Entwicklung ihrer individuellen Fähigkeiten zusammen. Die dafür erforderliche Ursachenanalyse findet im Abschnitt 3.4.2.1. dieser Arbeit statt.

des Marktes und der Konkurrenz bestimmt wird, zeigte sich bereits im vorangehenden Abschnitt. Etwas ausführlicher müssen hingegen erstens die fehlende Kontrolle der Individuen über die Ergebnisse der Produktionsprozesse und über die Naturkräfte sowie zweitens die fehlende Individualität menschlicher Tätigkeiten analysiert werden.

Der Verlust der Kontrolle über die im Produktionsprozeß erstellten Gegenstände äußert sich kurzgefaßt darin, daß die direkten Produzenten ihr Produkt nicht selbst konsumieren, sondern es im Rahmen des Austausches aus den Händen geben und damit die Herrschaft über das jeweilige Produkt verlieren. Der Verlust der Kontrolle besteht folglich darin, daß der direkte Produzent eines Gegenstandes dessen Ver- und Gebrauch nicht selbst steuern kann (vgl. MEW 21, S. 110, 168f.). So stellt Engels hinsichtlich der ursprünglich gemeinsam erfolgenden Produktion und Aneignung der Arbeitsergebnisse fest:

> "Aber in diesen Produktionsprozeß schiebt sich die Teilung der Arbeit langsam ein. Sie untergräbt die Gemeinsamkeit der Produktion und Aneignung, sie erhebt die Aneignung durch einzelne zur überwiegenden Regel und erzeugt damit den Austausch zwischen einzelnen ... Mit der Warenproduktion ... wechseln die Produkte notwendig die Hände. Der Produzent gibt sein Produkt im Tausch weg, er weiß nicht mehr, was daraus wird. ... die Produzenten haben die Herrschaft über die Gesamtproduktion ihres Lebenskreises verloren ..." (MEW 21, S. 169).

Erneut ist es die Teilung der Arbeit, die den entscheidenden Faktor bei der Verursachung dieser Entfremdungsform darstellt, da sie den Austausch der produzierten Gegenstände erforderlich macht und damit den Verlust der Herrschaft über die Produkte ermöglicht. Weitaus schwerwiegender ist die daran anschließende Konsequenz, daß "Produkte und Produktion .. dem Zufall" (MEW 21, S. 169) verfallen und darüber hinaus eine sachliche, "*unabhängige Macht* gegenüber" dem Menschen werden (vgl. ÖPM, S. 132f. [MEW 40, S. 511f.]). Auch für dieses Entfremdungsphänomen ist der Austausch von Waren auf dem Markt verantwortlich, denn erst diese Form des Austausches schafft die Basis dafür, daß das Arbeitsergebnis dem direkten Produzenten abhanden kommt, seiner Kontrolle entzogen wird und schließlich "dem Arbeiter als Kapital" gegenübertritt und "die lebendige Arbeitskraft beherrscht" (MEW 23, S. 446).
Entscheidend für den Verlust der Kontrolle über den Produktionsprozeß ist weiterhin das Zusammentreffen vieler Einzelhandlungen von Menschen, die, für sich alleine genommen, bestimmbar und vorausschaubar sowie kontrollierbar sind. Das Zusammentreffen dieser vielen einzelnen Handlungen ist allerdings nicht mehr vorausschaubar, sprich unkontrollierbar (vgl. Adler (1964), S. 106f.). Verantwortlich dafür ist die Tatsache, daß die Einzelhandlungen nicht vorab aufeinander abgestimmt werden, so daß das resultierende Gesamtergebnis für die einzel-

nen Akteure überraschend und unkontrollierbar ist.[89] Besonders deutlich wird dieser Mechanismus bei der mangelhaften Naturbeherrschung durch den Menschen. Hinsichtlich der Ursachen für die unvollständige Beherrschung der Naturkräfte ist zu allererst an die technische Unmöglichkeit einer umfassenden Beherrschung dieser Art zu denken. Unabhängig vom Grad der technischen Entwicklung wird es dem Menschen wohl nie gelingen, Erdbeben zu verhindern oder den Gezeitenwechsel planvoll zu steuern, so daß aufgrund dieser technischen Restriktionen eine allumfassende menschliche Beherrschung der Natur nicht realisierbar ist. Ebenso unmöglich wird damit die Aufhebung der Abhängigkeit des Menschen von den Naturkräften, denn solange eine vollkommene Naturbeherrschung durch den Menschen nicht vorliegt, ist der Mensch seinerseits den Wirkungen und Bewegungen der Naturkräfte ausgesetzt und insofern von ihr abhängig. Es kann daher dem folgenden Urteil Max Adlers zugestimmt werden:

> "Die noch so große Beherrschung der Natur beseitigt also nicht die Naturabhängigkeit und Naturbestimmtheit der gesellschaftlichen Erscheinungen, sondern ändert nur die Form dieser Abhängigkeit." (Adler (1964), S. 84).

Abgesehen von der technischen Ursache der mangelnden Naturbeherrschung durch den Menschen gibt es zudem noch Ursachen, die nicht technischer Natur sind. Im wesentlichen geht es dabei um das Auftreten negativer externer Effekte. Marx und Engels legen bei ihrer Betrachtung dieser Externalitäten den Schwerpunkt auf die langfristigen Folgen menschlicher Entscheidungen:

> "Die Leute, die in Mesopotamien, Griechenland, Kleinasien und anderswo die Wälder ausrotteten, um urbares Land zu gewinnen, träumten nicht, daß sie damit den Grund zur jetzigen Verödung jener Länder legten, indem sie ihnen mit den Wäldern die Ansammlungszentren und Behälter der Feuchtigkeit entzogen." (MEW 20, S. 453).
> "Die erste Wirkung der Kultur nützlich, schließlich verödend durch Entholzung etc. ... Das Fazit ist, daß die Kultur - wenn naturwüchsig vorschreitend und nicht *bewußt beherrscht* ... Wüsten hinter sich zurückläßt, ..." (Marx an Engels am 25.03.1868, MEW 32, S. 53).

Kritisiert werden damit in erster Linie die in der Zukunft sichtbar werdenden negativen externen Effekte menschlichen Handelns. Ursächlich verantwortlich für diese Phänomene sind wie-

[89] Ein simples Beispiel des Gesetzes von Angebot und Nachfrage verdeutlicht dies sofort. Wenn alle Marktteilnehmer meinen, daß eine bestimmte Aktie relativ billig ist, dann wollen sie diese zum geringen Preis erwerben. Damit kommt es auf dem Markt für die betreffende Aktie zu einem Nachfrageüberschuß, der einen steigenden Aktienkurs zur Folge hat. Folglich kaufen die Marktteilnehmer die Aktie teurer als sie ursprünglich beabsichtigten. Der sogenannte "*Schweinezyklus*" ist ein ähnliches Beispiel, vgl. dazu Herberg (1994), S. 240f. Damit wird zugleich folgendes verdeutlicht: Wenn der Wettbewerb mit Hayek charakterisiert wird als ein Vorgang, dessen "Ergebnisse unvoraussagbar und im ganzen verschieden von jenen sind, die irgend jemand bewußt anstreben hätte können sowie auch, ... daß er gewisse Absichten vereitelt und gewisse Erwartungen enttäuscht", Hayek (1968), S. 3, dann ist die produktive menschliche Tätigkeit im Sinne von Marx unvereinbar mit dem Wettbewerb.

derum zwei Hauptfaktoren. Zum einen, dies impliziert auch das erste Zitat, sind die handelnden Personen gar nicht in der Lage, die Langzeitfolgen ihres Verhaltens abzusehen. Daher ist die mangelnde Entwicklung der intellektuellen Fähigkeiten verantwortlich für diese Formen der nicht existierenden Naturbeherrschung durch den Menschen. Sobald aber die Ursachen für derartige Umweltschädigungen bekannt sind, sobald die Menschen also in der Lage sind, sich "über die unmittelbaren, entfernteren gesellschaftlichen Wirkungen" ihrer "produktiven Tätigkeiten Klarheit zu verschaffen" (MEW 20, S. 454), kann die Unkenntnis nicht mehr als erklärendes Faktum herangezogen werden.[90] Es ist dann ein anderer Grund zu suchen, der dafür verantwortlich ist, daß die Menschen trotz der Kenntnis der umweltzerstörenden Konsequenzen ihres Handelns an diesem Handeln festhalten. Verantwortlich dafür ist in einer kapitalistisch organisierten Gesellschaft der Umstand, daß unabhängig voneinander agierende Warenproduzenten den Zwangsgesetzen der Konkurrenz unterliegen und deshalb versuchen müssen, den Wert des von ihnen hergestellten Produktes so gering wie möglich zu halten und zudem permanent zu reduzieren. Wenige Beispiele von Marx reichen aus, um die negativen Folgen dieses Aspektes der Warenproduktion für die Natur zu verdeutlichen.

Als erstes Beispiel kann die Industrialisierung der Landwirtschaft herangezogen werden. Der Zwang, auch in der Landwirtschaft den Wert der dort erzeugten Waren permanent zu senken, erfordert eine fortwährende Erhöhung der Produktivkraft der Arbeit in diesem Bereich und damit einhergehend eine immer größer werdende Menge an hergestellten Produkteinheiten pro Zeiteinheit. Damit werden dem Boden pro Zeiteinheit immer größere Mengen an Naturstoffen entzogen, so daß beim Boden eine "vorzeitige Überanstrengung und Erschöpfung, durch Störung des Gleichgewichts zwischen Ausgabe und Einnahme" (MEW 26.3, S. 303) stattfindet. Dieser Raubbau führt dazu, daß "jeder Fortschritt der kapitalistischen Agrikultur ... zugleich ein Fortschritt im Ruin der dauernden Quellen dieser Fruchtbarkeit" (MEW 23, S. 529) ist. Die gleichen negativen Wirkungen resultieren aus dem "Übergang von der Dreifelderwirtschaft mit Brache zur Fruchtwechselwirtschaft ohne Brache" (MEW 24, S. 245), die unter anderem erfolgt, um die "Umschlagszeit" des Kapitals[91] zu verkürzen. Letzteres wirkt sich wiederum positiv aus auf die Jahresmehrwertmasse, auf die Höhe des vorzuschießenden Kapitals, auf die Profitrate und schließlich auf die Akkumulation des Kapitals,[92] so daß dieses Vorgehen ökonomisch zu erklären ist.

---

[90] Diese Argumentation hat auch in der Gegenwart Bestand. Solange die schädliche Wirkung des chemischen Stoffes Fluorchlorkohlenwasserstoff (FCKW) unbekannt ist, kann die fehlende Kenntnis der Wirkungen dieses Stoffes für den Ozonabbau in der Stratosphäre verantwortlich gemacht werden. Seit der Erforschung des Zusammenhangs zwischen FCKW-Verwendung und Ozonabbau aber kann diese Entschuldigung nicht mehr geltend gemacht werden, vgl. zum Gefährdungspotential von FCKW Bender/Sparwasser (1988), S. 202.

[91] Diese setzt sich zusammen aus der Dauer der Produktionsperiode und der Zeit, die für den Kauf und Verkauf von Waren erforderlich ist, vgl. MEW 24, S. 124-130, 154.

[92] Vgl. dazu MEW 24, Kapitel 12 bis 17, in denen die Konsequenzen der Umschlagszeit für die Produktion und Realisation des Mehrwertes sowie für die Verwertung und Akkumulation des Kapitals analysiert werden.

Ein zweites Beispiel betrifft die städtische Konzentration der Bevölkerung, die eine Voraussetzung für die Existenz der großen Industrie mit deren großen Bedarf an Arbeitskräften darstellt. Durch die Anhäufung großer Menschenmassen in relativ kleinen Regionen kommt es zur Störung des Stoffwechsels zwischen den Menschen und der Natur, die von Marx und Engels wie folgt beschrieben wird:

> "Mit dem stets wachsenden Übergewicht der städtischen Bevölkerung, die sie in großen Zentren zusammenhäuft, häuft die kapitalistische Produktion einerseits die geschichtliche Bewegungskraft der Gesellschaft, stört sie andrerseits den Stoffwechsel zwischen Mensch und Erde, d. h. die Rückkehr der vom Menschen in der Form von Nahrungs- und Kleidungsmitteln vernutzten Bodenbestandteile zum Boden, also die ewige Naturbedingung dauernder Bodenfruchtbarkeit." (MEW 23, S. 528).[93]
> "Die Fabrikstadt aber verwandelt alles Wasser in stinkende Jauche." (MEW 20, S. 275).

Ein letztes Beispiel behandelt schließlich den Umstand, daß es im Rahmen der kapitalistischen Produktion keine Mechanismen gibt, die seitens individueller Produzenten die Durchführung naturerhaltender oder naturverbessernder Maßnahmen zulassen. Weil ein kapitalistischer Anbieter aus Gründen der Kostenminimierung auf alle Handlungen verzichten muß, die nicht unbedingt für die Herstellung seiner Ware erforderlich sind, kann er keine naturerhaltenden Maßnahmen ergreifen. Deshalb beispielsweise unternimmt die kapitalistische Industrie keinerlei Anstrengungen, um die von ihr selbst verursachten "Zerstörungen der Waldungen" durch schützende Aktionen einzudämmen oder gar zu kompensieren (vgl. MEW 24, S. 247).
Unmittelbar verantwortlich für die fehlende Naturbeherrschung durch den Menschen sind neben den eingangs erwähnten technischen Restriktionen folglich zwei Faktoren: zum einen die mangelnde Kenntnis der "entfernteren gesellschaftlichen Wirkungen" der menschlichen Tätigkeiten und zum anderen eine Produktionsweise, die die Akteure dazu zwingt, sich "nur um den unmittelbarsten Nutzeffekt ihrer Handlungen" zu kümmern (vgl. MEW 20, S. 454f.) und die verursachten negativen externen Effekte in Kauf zu nehmen. Gehen wir weiterhin davon aus, daß im Laufe der Zeit bei den meisten Umweltschäden deren technisch-physikalische Ursachen bekannt sind, dann entfällt für diese Naturzerstörungen der verursachende Einfluß der Unkenntnis. Damit ist die vorherrschende Organisationsform der Produktion - hier der Aspekt der Konkurrenz zwischen unabhängig voneinander produzierenden Wirtschaftsakteuen - für diese Mißstände verantwortlich.[94]

---

[93] Marx weist damit unmißverständlich auf die ökologische Erfordernis des "Recycling" hin, wie Fetscher feststellt, vgl. Fetscher (1985a), S. 136, Fußnote 33.

[94] Diese Argumentation gilt selbstverständlich nur für die Fälle, in denen die Beendung von umweltzerstörenden Vorgängen bzw. die Beseitigung von Umweltschäden technisch überhaupt möglich ist. Irreversible technische Abläufe oder irreparable Umweltzerstörungen sind durch neue organisatorische Regelungen der Produktion nicht behebbar.

Wenden wir uns nun dem zweiten näher zu erklärenden Entfremdungsphänomen zu, d. h. dem Verlust der Individualität und Vielfältigkeit menschlicher Handlungen. Er besteht daraus, daß die "individuelle Besonderheit" eines produzierenden Menschen nicht in den Herstellungsprozeß eingeht,[95] und stellt - aufgrund der großen Bedeutung der Individualität für Marx - einen äußerst ernstzunehmenden Entfremdungsaspekt dar. Eng verbunden mit dieser Form der Entfremdung ist der Verlust der Vielfältigkeit individueller Tätigkeiten.

Verantwortlich für die fehlende Individualität des Menschen ist die Warenproduktion unter Konkurrenzbedingungen. Wenn Gegenstände für den Tausch auf einem Markt produziert werden, erfordert dies die Existenz von Austauschverhältnissen zwischen den verschiedenen Gegenständen. Ein Austauschverhältnis kann wiederum nur bestehen, wenn die beteiligten Objekte auf ein "Gemeinsames", "eine gemeinschaftliche Substanz" reduziert werden können. Diese Gemeinsamkeit ist für Marx die Eigenschaft, Arbeitsprodukt zu sein. Die Tauschfähigkeit von verschiedenen, für den Markt hergestellten Gütern verlangt daher die Reduktion auf eine gemeinsame Größe, die letztlich als Maßeinheit "gleiche menschliche Arbeit" besitzt (vgl. MEW 23, S. 50-61, 74, 211-213). Die damit verknüpfte Notwendigkeit, alle Arbeitsarten auf "*einfache Durchschnittsarbeit*" zu reduzieren, geht aber zunächst nicht über eine bloße Rechenoperation hinaus. Zum Zwecke der Vergleichbarkeit ist es ausreichend, "einfache Arbeit als .. Maßeinheit" zu verwenden und komplizierte Arbeitsarten in diese Durchschnitts- oder Normarbeit umzurechnen. Es ist deshalb nicht notwendig, auch die tatsächlich auszuführenden Tätigkeiten auf einfache Arbeit zu reduzieren, denn komplizierte, mit individuellen Besonderheiten versehene Tätigkeiten können durch bloße mathematische Operationen in ein bestimmtes Quantum einfacher Arbeit transformiert werden (vgl. MEW 23, S. 59).

Dennoch äußert sich das Verschwinden jeglicher individueller Eigenschaften im Produktionsprozeß gerade darin, daß diese Eigenarten nicht nur in der Berechnung der Tauschwerte untergehen, sondern auch faktisch nicht mehr vorhanden sind. Zu erklären ist daher die faktische Standardisierung der Arbeit. Sie resultiert nicht mehr aus der Notwendigkeit der grundsätzlichen Austauschfähigkeit von Gegenständen, sondern aus der erforderlichen Vorhersehbarkeit des Produktionsprozesses, wobei sich die Notwendigkeit der Vorhersehbarkeit wiederum aus der Produktion für den Markt ergibt. Wenn unter Konkurrenzbedingungen für einen Markt produziert wird, dann ist es für die damit notwendig gewordene Kalkulation von Absatzmenge, Preis usw. zwingend erforderlich, die Produktion vollständig berechenbar und vorhersehbar zu machen. Die Produktion darf nicht mehr von den individuellen Fähigkeiten und Tätigkeiten abhängen, denn falls die mit diesen individuellen Fähigkeiten ausgestatteten Personen aus irgend-

[95] Vgl. Grundrisse, S. 908 - 914. In MEW 23, S. 52-59 wird der gleiche Sachverhalt beschrieben durch die Feststellung, daß in der warenproduzierenden Gesellschaft die menschliche Arbeit reduziert wird auf "gleiche menschliche Arbeit, abstrakt menschliche Arbeit" bzw. "einfache Arbeit". Dabei zeichnet sich abstrakte Arbeit dadurch aus, daß sie keine speziellen Eigenschaften des individuellen Produzenten mehr erkennen läßt, also ohne irgendeine Besonderheit ist, vgl. dazu auch Ollman (1971), S. 178.

welchen Gründen dem Produktionsprozeß - wenn auch nur temporär - nicht mehr zur Verfügung stehen, wird dieser Prozeß erheblich gestört. Deshalb ist es notwendig, daß die produktiven Tätigkeiten verschiedener Individuen innerhalb einer Fabrik austauschbar und gleich gemacht werden, was wiederum bedeutet, die produktiven Tätigkeiten zu standardisieren.[96] Marx umschreibt diesen Umstand mit dem Ausdruck der 'abstrakten Arbeit', der sich wie folgt definieren läßt: "... es verschwinden also auch die verschiedenen konkreten Formen dieser Arbeiten, sie unterscheiden sich nicht länger, sondern sind allzusamt reduziert auf gleiche menschliche Arbeit, abstrakt menschliche Arbeit" (MEW 23, S. 52). Dabei ist nicht nur die Produktion innerhalb einer Fabrik oder Manufaktur diesem Kalkulationszwang unterworfen, sondern ebenfalls die Produktion eines Familienverbundes oder einer Einzelperson. Sobald nicht mehr für den Eigenverbrauch, sondern für den Markt produziert wird, muß jeder einzelne Produzent kalkulieren. Seine eigene Konkurrenzfähigkeit, und damit letztlich sein physisches Überleben, hängt von der Einhaltung der ökonomischen Rationalität ab. Ob der einzelne Produzent nun Kartoffeln, Schuhe oder Messer herstellt, hängt nicht mehr von seinen eigenen Vorlieben und Neigungen ab, sondern nur noch von der ökonomischen Rationalität, d. h. davon, welche Tätigkeit den rechnerisch größten Ertrag abwirft. Ebenso erzwingt die ökonomische Rationalität den Einsatz der vorhandenen technischen Neuerungen, so daß auch über dieses Element die Produktion vereinheitlicht und standardisiert wird (vgl. Gorz (1994), S. 156f.).

Insgesamt basiert die Notwendigkeit der Standardisierung aller individueller Tätigkeiten auf dem Zwang zur Wirtschaftlichkeit, der sich aus dem Zwang der Konkurrenz zwischen isolierten Produzenten ergibt. Damit wird zugleich deutlich, daß die Arbeitsteilung an sich nicht für die Homogenisierung und Standardisierung der individuellen Tätigkeiten verantwortlich ist. Im Rahmen der Arbeitsteilung ist es durchaus möglich, auf die individuellen Fertigkeiten der beteiligten Personen Rücksicht zu nehmen und diese individuellen Fähigkeiten in ihrer gesamten Vielfältigkeit in den Produktionsprozeß eingehen zu lassen.[97]

Dennoch besitzt auch die moderne Teilung der Arbeit im Rahmen der hier interessierenden Frage eine Relevanz, d. h. Individualität und Vielfältigkeit menschlicher Handlungen werden durch die Spezialisierung und deren weiter entwickelten Ausprägung in Form der Arbeitsteilung nachhaltig beeinträchtigt. Die entwickelte kapitalistische Teilung der Arbeit zeichnet sich durch den Umstand aus, daß eine Zerlegung einer Tätigkeit in viele einfache Teilhandlungen stattfindet, die dann auf verschiedene Personen verteilt werden, so daß eine Person im Extremfall lebenslänglich nur eine Teilaufgabe vollbringt. Die Vielfältigkeit der Tätigkeiten gemäß der

[96] Vgl. zu dieser Argumentation Gorz (1994), S. 15, 38f., 51, 88-91, 196.

[97] Beispielsweise basieren die Vorstellungen Platons bezüglich der Arbeitsteilung primär auf der individuellen Verschiedenheit der Menschen. Aufgrund der von Natur aus gegebenen Unterschiede hinsichtich der Fähigkeiten und Fertigkeiten ist jeder Mensch für eine bestimmte Tätigkeit besonders geeignet, die er dann auch ausführen sollte. Die individuellen Eigenarten der Tätigkeit eines Menschen werden im Rahmen dieser - auf Spezialisierung basierenden - Arbeitsteilung also noch gepflegt, vgl. dazu Foley (1974), S. 225f., 233, Foley (1975), S. 379f., McNulty (1975), S. 372-374, 376f. und Schefold (1989), S. 26.

individuellen Neigungen und Fähigkeiten wird damit unmöglich gemacht. Allerdings ist die kapitalistische Form der Arbeitsteilung für Marx nicht das Resultat eigeninteressierter Handlungen der Individuen, die aus dieser Spezialisierung individuelle Vorteile ziehen. Tatsächlich ist die Teilung der Arbeit ein von den ökonomischen Gesetzmäßigkeiten aufgezwängtes Ergebnis (vgl. Brenner (1986), S. 34f.).[98]

3.4.2. Ursachen für die Entfremdung von der Entwicklung der menschlichen Kräfte und Bedürfnisse

3.4.2.1. Ursachen für die fehlende Entwicklung individueller Fähigkeiten

Zur Analyse der Ursachen für die fehlende Entwicklung individueller Fähigkeiten ist vorab daran zu erinnern, daß diese Entwicklung nach Ansicht von Marx nur durch die aktive Ausübung der mit diesen Fähigkeiten verbundenen Kräfte erfolgen kann. Geistige und körperliche Fertigkeiten, die nicht ausgeübt und angewendet werden, verkümmern statt dessen. Für die Menschen gibt es zwei Sphären, innerhalb derer sie ihre individuellen Fähigkeiten ausüben und entwickeln können. Es handelt sich dabei erstens um die Tätigkeiten im Rahmen der materiellen Produktion, d. h. um jene, welche während der notwendigen Arbeitszeit und der Mehrarbeitszeit ausgeführt werden, und zweitens um die Aktivitäten in der freien Zeit, also während der Mußezeit bzw. der 'disposable time'.[99] Entscheidend ist daher die Frage, ob diese Sphären so beschaffen sind, daß sie die Entwicklung individueller Fertigkeiten erlauben.
Betrachten wir zuerst die Situation der Arbeiter, so gestatten die vorgefundenen und im Abschnitt 3.4.1.1. dieser Arbeit beschriebenen Arbeitsbedingungen keineswegs die Entfaltung individueller Fähigkeiten. Durch die Teilung der Arbeit auf einseitige körperliche Handlungen festgelegt und zudem von allen geistigen Betätigungen abgetrennt, kann ein arbeitender Mensch lediglich eine einzige körperliche Fähigkeit entwickeln. Für den Arbeiter gilt daher:

> "Wenn die Umstände ... ihm nur die [ein]seitige Entwicklung einer Eigen[scha]ft auf Kosten aller andern erlauben, [wenn] sie ihm Material und Zeit zur Entwicklung nur dieser Einen Eigenschaft geben, so bringt dies Individuum es nur zu einer einseitigen, verkrüppelten Entwicklung." (MEW 3, S. 245f.).

Als nicht besser erweist sich die Möglichkeit zur individuellen Entfaltung im Rahmen der freien Zeit des Arbeiters. Zunächst einmal ist zu beachten, daß aufgrund langer Arbeitszeiten die freie Zeit der Arbeiter äußerst knapp bemessen ist. Weil die Lohnarbeit "alle disponible Zeit des Ar-

[98] Wie es zur Entstehung der 'wirklichen Teilung der Arbeit' innerhalb der sich auflösenden Urgesellschaft und zur Ausweitung der Arbeitsteilung in einer kapitalistisch organisierten Gesellschaft kommt, wurde bereits in den Abschnitten 3.2., 3.3.1. und 3.4.1.1. dieser Arbeit gezeigt.
[99] Vgl. zur Abgrenzung beider Tätigkeitsbereiche Abschnitt 1.2.4. dieser Arbeit.

beiters in Anspruch nimmt, ihm kaum Zeit zum Essen und Schlafen, nicht einmal zu körperlicher Bewegung in freier Luft, zum Genuß der Natur, geschweige zu geistiger Tätigkeit läßt" (MEW 2, S. 347), kann auch außerhalb der Arbeitszeit keine Entwicklung individueller Fähigkeiten stattfinden. Und selbst wenn eine Reduktion der täglichen Arbeitszeit erfolgt, ist das arbeitende Individuum aufgrund der hohen Intensität der Arbeit derart erschöpft, daß die Kraft zur eigenen Weiterentwicklung fehlt:

> "Es wäre auch wirklich gar zuviel verlangt, wenn junge Arbeiter, die sich zwölf Stunden lang abgeplagt haben, nun noch von acht bis zehn Uhr in die Schule gehen sollten. Und diejenigen, die es tun, schlafen dort meistens ein, ..." (MEW 2, S. 339).

Neben den fehlenden Möglichkeiten zur Entwicklung der individuellen Fähigkeiten aufgrund des Mangels an Zeit und Kraft beruht die nicht stattfindende Entfaltung der individuellen Fertigkeiten noch auf dem fehlenden individuellen Bedürfnis nach dieser Entwicklung. Letzteres gilt auch für die Situation der Kapitalisten, die im Unterschied zu den Arbeitern nicht unter den schlechten Arbeitsbedingungen leiden und daher sowohl die Zeit als auch die Kraft zur allseitigen Entfaltung ihrer Anlagen besitzen. Damit aber betreten wir bereits den Bereich der entfremdeten Bedürfnisse und deren Ursachen.

3.4.2.2. Ursachen für die entfremdeten Bedürfnisse

Wie dargestellt kann die Entfremdung der Bedürfnisse als die "Raffinirung der Bedürfnisse" einerseits sowie als "viehische Verwildrung, vollständige rohe abstrakte Einfachheit" andererseits zusammengefaßt werden (vgl. ÖPM, S. 177 [MEW 40, S. 548]). Zur Untersuchung der dafür verantwortlichen Faktoren bietet sich die Einteilung der Bedürfnisse in materielle und immaterielle an.

Die Ursachen für eine Entfremdung von den immateriellen Bedürfnissen, d. h. primär von Bedürfnissen nach Tätigkeiten sowie nach der Anwendung und Entwicklung der menschlichen Anlagen, sind relativ einfach zu beschreiben. Diese Form der Entfremdung äußert sich fast ausschließlich in der Verkümmerung bzw. in dem vollständigen Verlust der genannten Bedürfnisse. Bei der Untersuchung der für diese Entwicklung verantwortlichen Faktoren ist es sinnvoll, eine Unterscheidung zwischen den Ursachen seitens der Arbeiterschaft und denen der Kapitalisten zu treffen. Die Gründe der Verarmung der Bedürfnisse auf seiten der Arbeiter liegen vor allem in den Arbeitsbedingungen, die nur eine einseitige Nutzung der geistigen und körperlichen Fähigkeiten erlauben und alle anderen Fertigkeiten verkümmern lassen. Die Konsequenz davon ist die Vernachlässigung der individuellen Anlagen sowie Fertigkeiten, und ohne das Vorliegen dieser Fähigkeiten fehlt zugleich das Bedürfnis nach deren Anwendung. Darüber hinaus überträgt sich die im Arbeitsprozeß gebildete Passivität des Arbeiters - sie bezieht sich auf die nicht stattfindende schöpferische, bewußte Tätigkeit sowie Planung, Entscheidung und Kontrolle der Arbeitsabläufe - auf die Lebensabschnitte außerhalb der Lohnarbeit. Selbst in seiner freien Zeit gebärdet sich der arbeitende Mensch als ein passives Wesen ohne ein Interesse an schöpferischen, selbstbestimmten Betätigungen. Die im Arbeitsprozeß erfolgende Unterdrückung immaterieller Bedürfnisse setzt sich daher in der Freizeit fort, was zum vollständigen Erliegen dieser Bedürfnisse führt,[100] so daß die Gründe für den Verlust von Bedürfnissen nach Bewegung, Tätigkeit usw. in den sozio-ökonomischen Bedingungen zu suchen sind. Deshalb kann beispielsweise die Faulheit des arbeitenden Menschen im Kapitalismus auch nicht als eine anthropologische Konstante angesehen werden, sondern vielmehr als Reflex auf die herrschenden Arbeitsbedingungen.[101]

Anders ist die Entfremdung der Kapitalisten von den immateriellen Bedürfnissen zu begründen. Da sie nicht aktive Teilnehmer am Produktionsprozeß sind, können die dort anzutreffenden Arbeitsbedingungen keine Ursache für den Verlust dieser Bedürfnisse sein. Vielmehr ist es gerade die fehlende Partizipation an der aktiven Naturumformung, die für diese Form der Entfremdung seitens der Kapitalisten verantwortlich ist. Ohne die Ausübung körperlicher Tätigkeiten unterbleibt die "Entwicklung des eignen Arbeitsvermögens" (Marx (1863/64), S. 136) samt der individuellen Fähigkeiten, was wiederum zum Verlust des Bedürfnisses nach der Anwendung und Entfaltung derartiger Fertigkeiten führt. Ebenfalls relevant ist die herrschende "Moral der Nationalökonomie" (ÖPM, S. 181 [MEW 40, S. 551]). Nach ihr ist es das Ziel, ein möglichst großes Geldvermögen zu erwirtschaften. Daher erweist sich die Nationalökonomie als "Wissenschaft der *Ascese*" bzw. "des Entsagens, des Darbens". Zur Realisierung eines möglichst großen Geldvermögens muß der Mensch auf alle "menschlichen Bedürfnisse" verzichten (vgl. ÖPM, S. 179-182 [MEW 40, S. 549-552]), d. h. es gilt der Grundsatz:

> "Je weniger du ißt, trinkst, Bücher kaufst, in das Theater, auf den Ball, zum Wirtshaus gehst, denkst, liebst, theoretisirst, singst, mahlst, fechtest etc um so [mehr] *sparst* du, um so *grösser* wird dein Schatz, den weder Motten, noch Raub fressen, dein *Capital*." (ÖPM, S. 179 [MEW 40, S. 549]).[102]

Ein derart asketisches Leben ist allerdings vom Kapitalisten keinesfalls freiwillig gewählt. Es ist vielmehr eine aufoktroyierte Lebensweise, die sich aus dem Zwang zur Akkumulation ergibt. Dieser Zwang drängt den Kapitalisten dazu, seinem Genußtrieb zu entsagen und statt dessen seinem Akkumulationstrieb zu folgen (vgl. MEW 23, S. 618-622). Diese Entsagung betrifft

---

[100] Vgl. dazu Bahro (1977), S. 208f., Fetscher (1985a), S. 223f., Negt (1987), S. 177-181.

[101] Vgl. dazu die Ausführungen des Abschnitts 5.1. dieser Arbeit.

[102] Es ist darauf hinzuweisen, daß dieses Verhalten auch für die Arbeiter gilt, denn selbst ein Arbeiter ist in der Lage, durch eine Einschränkung der zu befriedigenden Bedürfnisse - und damit durch eine Reduktion der zu konsumierenden materiellen Gegenstände - einen Teil seines Arbeitseinkommens zu sparen, vgl. Grundrisse, S. 196-199, 202.

ausdrücklich auch den Genuß von Tätigkeiten - Denken, Lieben, Theoretisieren, Singen, Malen, Fechten - und den Genuß von sozialen Aktivitäten, denn "auch Theilnahme mit allgemeinen Interessen, Mitleiden, Vertrauen etc das alles mußt du dir ersparen, wenn du ökonomisch sein willst" (ÖPM, S. 181 [MEW 40, S. 550]). Die Verwertung des Kapitals wird zum einzigen Zweck und Inhalt des Handelns eines Kapitalisten und erfolgt für ihn "auf Kosten des menschlichen Individuums" (Marx (1863/64), S. 143). Damit ist deutlich geworden, daß die entfremdeten immateriellen Bedürfnisse seitens der Kapitalisten gleichfalls ihre verursachenden Faktoren in den sozio-ökonomischen Rahmenbedingungen der kapitalistischen Produktionsweise haben.

Als problematischer erweist sich die Veränderung der materiellen Bedürfnisse der Arbeiter, unabhängig davon, ob es sich hierbei um eine Verrohung oder eine Verfeinerung handelt. Bekanntlich geht Marx davon aus, daß der Wert einer Arbeitskraft bestimmt wird durch die Menge von Artikeln, die zur Erhaltung und Reproduktion der Arbeitskraft erforderlich ist. Qualität und Quantität dieses Güterbündels sind dabei raum- und zeitabhängig, also grundsätzlich variabel. Für ein "bestimmtes Land, zu einer bestimmten Periode jedoch" ist dieses Bündel eine gegebene Größe.[103] Bei der grundsätzlich vorhandenen Variabilität der Menge dessen, was die Reproduktion einer Arbeitskraft ermöglicht,[104] gibt es nur eine Grenze, die nicht unterschritten werden kann. Sie wird gebildet durch das "*rein physische Minimum*", welches für die physische Fortdauer der Arbeitskraft erforderlich ist. Ansonsten können historische und gesellschaftliche Einflüsse dieses Güterquantum nach oben hin ausweiten und dadurch zugleich die zu befriedigenden materiellen Bedürfnisse vergrößern (vgl. MEW 16, S. 147f.). Es ist also zu trennen zwischen dem lebensnotwendigen Minimum an Gütern, welches gerade noch den Tod des Arbeiters verhindert, und dem tatsächlichen Arbeitergüterbündel - inklusive der dazugehörigen Lohnhöhe -, das durch die "durchschnittlichen Bedürfnisse" sowie den durchschnittlichen "Zivilisationsgrad der Arbeiter" (MEW 2, S. 309) festgelegt wird. Damit rücken die gesellschaftlichen Elemente, die die menschlichen Bedürfnisse nach materiellen Gütern mitbestimmen, in den Mittelpunkt der Argumentation.

Zuerst ist dabei die Entstehung von begrenzten materiellen Bedürfnissen im Rahmen eines ansonsten entfremdeten Daseins zu erklären, weil dies der gängigen mikroökonomischen Haus-

[103] Vgl. statt vieler MEW 4, S. 82f., MEW 6, S. 406, Grundrisse, S. 229, MEW 16, S. 131f., MEW 23, S. 184-186, 230, 542, MEW 25, S. 829, 866.

[104] Daß der Kreis der unmittelbar zu befriedigenden individuellen Bedürfnisse stets zu "einer gewissen Verengerung oder Erweiterung fähig" ist, verdeutlicht Marx z. B. in den Grundrissen. Diese Variabilität ermöglicht es, daß selbst der Lohnarbeiter einen Teil seines Lohnes sparen kann, vgl. Grundrisse, S. 196-199, 202. Zudem wird dadurch erklärlich, daß eine Absenkung des Preises der Arbeitskraft unter deren Wert nicht den Hungertod der davon betroffenen Arbeiter nach sich zieht. Solange dieser Preis noch die "absoluten Lebensbedürfnisse", MEW 23, S. 755, befriedigen kann, verhungert der Arbeiter selbst dann nicht, wenn dieser Preis unter dem Wert der Arbeitskraft liegt.

haltstheorie widerspricht.[105] Zur Lösung dieser Problematik lohnt sich ein Rückblick auf die nomadischen Jäger- und Sammlerhorden zu Beginn der Menschheitsgeschichte, in der das fehlende Horten materieller Gegenstände mit Hilfe der Opportunitätskosten erklärt werden kann. In einer bevölkerungsarmen und ökologisch intakten Welt ist die Natur selbst die kostengünstigste Lagerstätte für Nahrungsmittel. Die Opportunitätskosten des Hortens von Nahrungsmitteln sind daher so hoch, daß über die zum Überleben erforderlichen Gegenstände hinaus keine weiteren angesammelt werden. Außerdem besitzt die Mobilität des Individuums einen hohen Stellenwert. Aufgrund der reichlich vorhandenen Ausweichmöglichkeiten ist es im Fall einer nachlassenden Bodenergiebigkeit aus Gründen der Opportunitätskosten sinnvoll, den Wohnort zu wechseln anstatt dort zu verweilen und einen höheren Arbeitsaufwand zum Überleben aufwenden zu müssen. Umgekehrt besitzt die Immobilität hohe Opportunitätskosten, da sie mit dem Verweilen in einer unergiebigen Flora und Fauna verbunden ist und einen größeren Arbeitsaufwand zum Zwecke des Überlebens mit sich bringt. Folglich besitzen die nomadischen Jäger und Sammler nur das, was sie leicht transportieren können. Damit haben sich die persönlichen Wertvorstellungen hinsichtlich der materiellen Gegenstände dem Mobilitätsgesichtspunkt angepaßt.[106] Es liegt mithin ein Beispiel dafür vor, daß die ökonomischen Verhältnisse die Wertvorstellungen der Menschen prägen, daß also das Sein das Bewußtsein bestimmt. Zugleich aber zeigt dieses Beispiel auch die Rückwirkung der Wertvorstellungen auf die ökonomische Basis. Aufgrund der begrenzten Bedürfnisse haben die Nomaden alles, was sie brauchen. Einen Anreiz, die eigenen Lebensbedingungen zu verändern, gibt es unter diesen Umständen nicht, so daß technische Erneuerungen jeder Art unterbleiben. Ökonomisch gesprochen sind die Opportunitätskosten der Wahl einer neuen Lebensweise zu hoch, so daß diese Handlungsalternative nicht gewählt wird. Es ist damit erklärbar, daß selbst entfremdete Menschen über nur begrenzte Bedürfnisse hinsichtlich materieller Gegenstände verfügen und daß dieser Zustand lange Zeit anhalten kann.[107]

Betrachten wir nun die Reduktion eines bestehenden, als normal angesehenen Güterbündels samt der mit ihm verknüpften Bedürfnisse. Ob es sich bei diesem Bündel bereits um jenes han-

---

[105] Das Vorhandensein begrenzter materieller Bedürfnisse im Rahmen des entfremdungsfreien Lebens wurde bereits im Abschnitt 1.2.4. dieser Arbeit erklärt. Entscheidend war dafür die Tatsache, daß nach der Sicherstellung des physischen Überlebens die verbleibende Zeit für andere Tätigkeiten als für den passiven Konsum verwendet wird. Weil das Bedürfnis nach einer aktiven und tätigen Lebensweise aufgrund der entfremdeten Bedürfnisse im hier behandelten Fall nicht vorliegt, müssen andere Ursachen für die Begrenztheit der materiellen Bedürfnisse verantwortlich sein.

[106] Dieses Phänomen, daß die Menschen ihre Ziele oder Bedürfnisse an die herrschenden Möglichkeiten anpassen, wird als "*adaptive Präferenzenbildung*" bezeichnet, vgl. dazu Elster (1987), S. 211-217.

[107] Zur ökonomischen Begründung begrenzter materieller Bedürfnisse in der Urgesellschaft vgl. Sahlins (1978), S. 186-190 und Weise u. a. (1993), S. 475f. In späteren Gesellschaften, in denen die ökonomischen Druckfaktoren nicht mehr so stark wie in der Urgesellschaft ausgeprägt sind, spielen die Einflüsse der Familie, der Erziehung, der Religion usw. eine größere Rolle bei der Bildung begrenzter materieller Bedürfnisse, wie bereits im Abschnitt 1.2.1. dieser Arbeit gezeigt wurde. Vgl. zur Vermittlung einer 'asketischen' Lebenseinstellung in präkapitalistischen Gesellschaften z. B. Weber (1905), S. 115-164.

delt, welches mit einem dem menschlichen Wesen entsprechenden Dasein vereinbar ist, soll vorerst nicht interessieren. Wichtig ist alleine die Klärung der Einflüsse, die zu einer Verminderung der menschlichen Bedürfnisse führen. Für eine derartige Verringerung der materiellen Bedürfnisse finden sich bei Marx und Engels mehrere Beispiele. In "Das Elend der Philosophie" beschreibt Marx die Verdrängung nützlicher Gegenstände wie Leinen, Bier und Wein durch minderwertige und ungesunde Artikel - Baumwolle, Kartoffeln und Branntwein (vgl. MEW 4, S. 92). Ähnliches wird in "Lohn, Preis und Profit" festgestellt. Dort verweist Marx auf die Tatsache, daß "Kartoffeln an Stelle von Fleisch und Hafer an Stelle von Weizen" getreten sind (vgl. MEW 16, S. 105). Entscheidend für diese Veränderung des Arbeiterkonsumgüterbündels, die für die Arbeiter eine Verschlechterung bedeutet, sind die mit der Herstellung dieser Artikel verbundenen geringeren Produktionskosten. Die Produktionskosten entscheiden über die herzustellenden Güter und damit über den als gesellschaftlich normal angesehenen Warenkorb. Damit diktiert "die Ökonomie ... dem Konsum ihre Befehle" (MEW 4, S. 92). Weil darüber hinaus die Bedürfnisse erst entstehen, wenn der betreffende Gegenstand, auf den sich dieses Bedürfnis bezieht, vorliegt, erklärt dies zudem die Tatsache, daß sich auf seiten der Arbeiterschaft die Bedürfnisse verändert haben und nun ein neues, qualitativ geringwertiges Bündel von Gebrauchsgegenständen als normal angesehen wird. Entscheidend für die Herausbildung von Bedürfnissen ist somit das Vorliegen der sie betreffenden Objekte, und über deren Vorliegen entscheiden die Produzenten gemäß der entsprechenden Produktionskosten.[108]

Als weiterer Grund für die Reduktion eines gegebenen und als normal angesehenen Güterbündels kann noch die Konkurrenz massenhaft einwandernder Arbeitskräfte, die über einen geringeren Lebensstandard als die Arbeiter im Einwanderungsland verfügen, angeführt werden. So sorgt beispielsweise die massenhafte Einwanderung irischer Arbeitskräfte nach England um 1840 dafür, daß sich auch in England der in Irland vorhandene Lebensstandard ausbreitet. Letzterer zeichnet sich wiederum dadurch aus, daß die Iren hinsichtlich der Aspekte Nahrung, Kleidung und Wohnung das "Minimum der Lebensbedürfnisse" erreicht haben. Folglich benötigt der irische Arbeiter "deshalb auch weniger Lohn .. als irgendein andrer". Aufgrund der Konkurrenz zwischen den Arbeitern kommt es schließlich auch für den britischen Arbeiter zu einer Lohnsenkung auf ein Niveau, das nur ein dem irischen Lebensstandard entsprechendes Güterbündel und Bedürfnisbefriedigungsniveau ermöglicht (vgl. MEW 2, S. 321-323).

Am problematischsten ist eine dem menschlichen Wesen widersprechende <u>Verfeinerung</u> bzw. Ausdehnung <u>der Bedürfnisse</u> seitens der Arbeiter. Mehrfach weist Marx darauf hin, daß der Lohn der Arbeiter nie mehr als "das zum Leben Unentbehrliche" erlaubt, daß der gesamte Lohn nur für die notwendigen Lebensmittel verwendet wird und daß der Wert der Arbeitskraft auf

---

[108] Dabei darf allerdings nicht übersehen werden, daß die Produzenten bei der Wahl der von ihnen herzustellenden Produkte nicht frei entscheiden können. Auch sie unterliegen hinsichtlich dieser Entscheidung den Gesetzen der politischen Ökonomie und müssen daher derart minderwertige Produkte herstellen, vgl. MEW 9, S. 92f.

dessen Minimalgrenze gesenkt wird.[109] Da die Kapitalisten stets darauf bedacht sind, den Preis der Arbeitskraft auf den Wert der Arbeitskraft zu drücken und diesen so gering wie möglich zu halten, erscheint es unmöglich, im Zusammenhang mit den Arbeitern von einer Verfeinerung der Bedürfnisse zu sprechen. Allerdings findet sich im "Kapital" die Aussage eines Fabrikinspektors, welcher von Marx zugestimmt wird. Dieser Inspektor stellt 1848 fest, die meisten der von ihm befragten Personen, die zu diesem Zeitpunkt 12 bis 15 Stunden arbeiten, "würden es bei weitem vorziehn, 10 Stunden für geringren Arbeitslohn zu arbeiten, aber sie hätten keine Wahl; ... wenn sie die längre Arbeitszeit verweigerten, andre sofort ihre Stellen einnehmen würden" (MEW 23, S. 301). Es wird hiermit eine Situation beschrieben, in der ein geringerer Lohn zwar nur noch den Konsum einer geringeren Gütermenge ermöglichen würde, es den arbeitenden Menschen unter diesen Umständen aber trotz der geringeren Konsumtion von materiellen Gütern sogar besser gehen würde. Wie ist es aber möglich, daß die Arbeiter einen geringen Lohn - sprich Warenkorb - vorziehen, obwohl sie doch gegenwärtig einen Lohn erhalten, der dem Wert ihrer Arbeit entspricht und deshalb auch dem zu ihrer Reproduktion erforderlichen Warenkorb? Zur Beantwortung dieser Frage bieten sich zwei Lösungswege an.

Aufgelöst wird der scheinbare Widerspruch erstens dadurch, daß nicht nur zwischen den verschiedenen Warenkörben unterschieden wird, sondern auch der zu ihrem Erwerb erforderliche individuelle Arbeitsaufwand berücksichtigt wird. Der gegenwärtig vorherrschende Warenkorb, der die Reproduktion der Arbeitskraft sicherstellt, ist das Ergebnis der gleichfalls vorliegenden gesellschaftlichen Rahmenbedingungen, zu denen auch, und vor allem, die Arbeitsbedingungen zählen. Erst die gegebene Dauer, Qualität und Intensität der Arbeit sorgen dafür, daß die arbeitenden Menschen ein bestimmtes Güterbündel als für die Reproduktion ihrer individuellen Arbeitskraft erforderlich einstufen. Unter anderen Arbeitsbedingungen, d. h. beispielsweise bei einem angenehmeren, kürzeren und weniger intensiven Arbeitprozeß, würde ein geringerer Warenkorb als genügend angesehen werden. Außerdem variieren die zur reinen physischen Reproduktion der Arbeitskraft erforderlichen Lebensmittelquanten mit der Länge des Arbeitstages, der Arbeitsintensität usw. und sind daher eine variable, von den gesellschaftlich-historisch bedingten Arbeitsbedingungen abhängige Größe (vgl. Schmiede (1973), S. 53). Daher stellt Marx fest, daß beispielsweise die "Verlängerung des Arbeitstags" zu einem größeren "Verschleiß der Arbeitskraft" führt und deshalb die Menge der zur Reproduktion der menschlichen Arbeitskraft erforderlichen Waren erhöht. Gleiches gilt bei einer Erhöhung der Intensität der Arbeit (vgl. MEW 23, S. 549-552). Verschiedene Arbeitsbedingungen führen folglich dazu, daß unterschiedliche Warenkörbe als normal und zur Aufrechterhaltung der Arbeitskraft erforderlich angesehen werden. Damit ist die beschriebene Präferierung eines kleineren Güterbündels bei gleichzeitig geringerem Arbeitsinput gegenüber einem größeren Güterbündel bei einem

---

[109] Vgl. z. B. MEW 4, S. 348, MEW 6, S. 545, MEW 16, S. 107, 149-151, MEW 23, S. 666-670.

höheren Arbeitsinput[110] vollständig kompatibel mit der Behauptung, der Lohn der Arbeitskraft entspräche stets deren Wert, welcher sich wiederum an einem zur Reproduktion der Arbeitskraft notwendigen Güterbündel orientiert. Und die Tatsache, daß die Menschen sich mit einem größeren Warenkorb unzufriedener fühlen als - natürlich auch unter anderen Arbeitsbedingungen - bei einem weniger umfangreichen Güterbündel, deutet darauf hin, daß die dem umfangreichen Warenkorb entsprechenden Bedürfnisse als zu umfangreiche und entfremdete einzustufen sind.

Die zweite mögliche Antwort hängt mit der Tatsache zusammen, daß eine freie Entscheidung zwischen Arbeitsangebot und Konsumniveau für die Lohnarbeiter des Kapitalismus nicht besteht. Aufgrund der vorgegebenen Länge des Arbeitstages können sie keine kontinuierliche Variation der von ihnen angebotenen Arbeitszeit durchführen, sondern müssen sich statt dessen an die herrschende Arbeitsdauer halten. Damit werden sie unter Umständen gezwungen, länger zu arbeiten, als es für den Erwerb der tatsächlich empfundenen Bedürfnisse erforderlich ist. Das somit erworbene Einkommen wird dann für Konsumaktivitäten verwendet, für die "kein wirkliches Bedürfnis besteht" (vgl. Gorz (1994), S. 166-173).[111] Marx geht auf diesen Aspekt in den Grundrissen ein. Dort beschreibt er diesen Umstand wie folgt: "*Wo das Kapital herrscht ... ist die absolute Arbeitszeit des Arbeiters als Bedingung für ihn gesetzt, um die notwendige arbeiten zu dürfen*"[112]. Diese über die notwendige Arbeitszeit hinausgehende "*Surplusarbeit*" ist aber "vom Standpunkt ... der bloßen Subsistenz aus" eine "überflüssige Arbeit" (Grundrisse, S. 231). Diesen Gedanken verdeutlich Marx erneut im "Kapital":

> "Das Kapital entwickelte sich ferner zu einem Zwangsverhältnis, welches die Arbeiterklasse nötigt, mehr Arbeit zu verrichten, als der enge Umkreis ihrer eignen Lebensbedürfnisse vorschrieb." (MEW 23, S. 328).

Letztendlich aber kann der Tatbestand der entfremdeten Bedürfnisse erst dann konstatiert werden, wenn die dem menschlichen Wesen entsprechenden Bedürfnisse bekannt sind. Die bisher dargestellten Änderungen der menschlichen Bedürfnisse, konkret die der arbeitenden Menschen, haben lediglich die Möglichkeit der Veränderbarkeit dieser Bedürfnisse in beide Richtungen - Verfeinerung und Verrohung - beschrieben. Ob die wirklich vorliegenden Bedürfnisse entfremdete oder nichtentfremdete sind, kann nur unter Kenntnis der dem wahren menschli-

---

[110] Die Begriffe 'geringer', 'größer' usw. beziehen sich hierbei auf die Dauer, Intensität, Qualität usw. der Arbeit sowie auf die Quantität und Qualität der Güter. Es geht ausdrücklich nicht nur um die Anzahl der zu arbeitenden Stunden, sondern um sämtliche Aspekte der Arbeit.

[111] Für eine graphische Analyse des individuellen Arbeitsangebots und der individuellen Konsumgüternachfrage bei einer vorgegebenen Arbeitszeitregelung vgl. z. B. Herberg (1994), S. 125f. Dort wird zudem gezeigt, daß sich die Menschen - im Vergleich zur Situation mit vorgegebener Arbeitsdauer - dadurch verbessern können, daß sie bei einer kontinuierlich variierbaren Arbeitsdauer weniger arbeiten und weniger konsumieren.

[112] Grundrisse, S. 431, ähnlich Grundrisse, S. 305, Fußnote.

chen Dasein entsprechenden Bedürfnisse festgestellt werden.[113] Wenn wir allerdings von dem Faktum der entfremdeten, genauer der verfeinerten Bedürfnisse ausgehen und hier nur die dafür verantwortlichen Ursachen auffinden wollen, so fällt diese Ursachenanalyse aufgrund der bisherigen Ausführungen nicht schwer. Verantwortlich für die unnatürliche Verfeinerung der menschlichen Bedürfnisse sind in erster Linie die schlechten Arbeitsbedingungen. Wenn Menschen Tätigkeiten ausführen, die für sie lediglich physische Erschöpfung, geistige Abstumpfung, Krankheiten, Bevormundungen und ähnliches bedeuten, also ein großes Arbeitsleid mit sich ziehen, dann erfordert diese entfremdete Tätigkeit eine umfangreiche Kompensation. In der "Deutschen Ideologie" wird die Notwendigkeit der Kompensation einer langen, sinnlosen Betätigung durch den Konsum materieller Gegenstände in einer gestrichenen Passage beschrieben:

> "Die Genüsse des Proletariats erhielten einerseits durch die lange Arbeitszeit, die das Genußbedürfnis aufs Höchste steigerte, ... Die Genüsse Aller bisherigen Stände und Klassen mußten überhaupt entweder kindisch, ermüdend oder brutal sein, weil sie immer von der gesamten Lebenstätigkeit, dem eigentlichen Inhalt des Lebens der Individuen getrennt waren, und sich mehr oder weniger darauf reduzierten, daß einer <u>inhaltslosen Tätigkeit</u> <u>ein scheinbarer Inhalt</u> gegeben wurde." (MEW 3, S. 404).

Da der Arbeitsprozeß zusätzlich, wie bereits beschrieben, die immateriellen Bedürfnisse zum Erliegen bringt, kann sich die Kompensation nur noch auf materielle Dinge beziehen. Die starke Ausprägung der materiellen Bedürfnisse ist somit die einzig mögliche Kompensation für die als unmenschlich empfundenen Arbeitsbedingungen. Die Tatsache, daß die eigentlichen menschlichen Bedürfnisse - Entfaltung und Entwicklung der reichen Individualität sowie Selbstverwirklichung und Selbstbestimmung - nicht befriedigt werden, führt zur Herausbildung von 'kompensatorischen Bedürfnissen'[114], die gerade nicht mit den eigentlichen, d. h. wahren menschlichen Bedürfnissen übereinstimmen und deshalb als entfremdete Bedürfnisse einzustufen sind. Der Konsum, der mit diesen kompensatorischen Bedürfnissen verknüpft ist, stellt dementsprechend nur "Ersatzbefriedigungen" dar.[115] Damit sind es erneut die Arbeitsbedingungen, die dazu führen, daß ein ehemals als genügend eingestuftes Güterbündel von den arbeitenden Menschen als ungenügend angesehen wird, so daß die begrenzten Bedürfnisse auf-

---

[113] Bereits bei der Behandlung der menschlichen Bedürfnisse wurde konstatiert, daß der konkrete Inhalt und Umfang der unentfremdeten Bedürfnisse unter den gegenwärtigen entfremdeten gesellschaftlichen Rahmenbedingungen nicht bekannt ist. Auch nach dem hier Gesagten kann lediglich eine tendenzielle Aussage gemacht werden, der zufolge beim Vorliegen von Arbeitsbedingungen, die eine produktive menschliche Tätigkeit erlauben, der Umfang der zum normalen Leben gehörenden Gebrauchsgegenstände geringer sein wird als der gegenwärtige.

[114] Dieser Ausdruck stammt von Bahro, der diese Bedürfnisse auch mit dem Ausdruck der "*kompensatorischen* Interessen" umschreibt, vgl. Bahro (1977), S. 322, 374.

[115] Vgl. Bahro (1977), S. 322. Den Charakter einer Ersatzbefriedigung stellt auch Marx fest, indem er konstatiert, daß "die Verfeinerung der Bedürfnisse" letztlich nur eine "*Selbstbetäubung* ist" bzw. lediglich eine "*scheinbare* Befriedigung des Bedürfnisses" darstellt, vgl. ÖPM, S. 182 [MEW 40, S. 552].

gegeben werden und auf ein dem wahren menschlichen Wesen widersprechendes, zu hohes Niveau angehoben werden:

> "Bei der *formellen Subsumtion* der Arbeit unter das Kapital erhält *der Zwang zur Surplusarbeit* - und damit einerseits zur Bildung von Bedürfnissen und von Befriedigungsmitteln dieser Bedürfnisse ... über das Maß der traditionellen Bedürfnisse des Arbeiters hinaus ..." (Marx (1863/64), S. 128).

Bedeutsam sind weiterhin die katastrophalen Lebensbedingungen der arbeitenden Klasse. Daß ein Mensch, der "eine Wohnung ohne alle Wohnlichkeit, feucht, unfreundlich und schmutzig" vorfindet und daher einer Aufheiterung bedarf, ist offenkundig. Daß der gleiche Mensch, dem bereits "alle Genüsse außer dem Geschlechtsgenuß und dem Trunk" entzogen sind, diese Aufheiterung zwangsläufig nur noch durch ein "Übermaß in den beiden einzigen Genüssen, die .. zu Gebote stehen", erlangen kann, ist ebenfalls nicht verwunderlich (vgl. MEW 2, S. 327-331). Schließlich ist noch daran zu erinnern, daß gemäß der Marxschen Vorstellungen über die Entstehung von Bedürfnissen die Existenz der Gegenstände, auf welche sich die Bedürfnisse beziehen, notwendig ist. Ohne das Vorliegen dieser Gegenstände, so wurde in Abschnitt 1.2.4. dieser Arbeit erläutert, ist ein Bedürfnis, das sich stets auf einen Gegenstand beziehen muß, nicht denkbar. Zu klären ist daher die Frage, warum die Produzenten derartige Gebrauchsgegenstände überhaupt anbieten. Ursächlich verantwortlich ist die mit dem Zwang zur Akkumulation verbundene Notwendigkeit, ein immer größer werdendes Warenquantum verkaufen zu müssen. Erforderlich ist daher die Entwicklung und Produktion immer raffinierterer und verfeinerter Produkte. Dieser Zwang zur Verfeinerung der Bedürfnisse aus Gründen der Absatzprobleme wird von Marx bereits in den ÖPM beschrieben. Gegen jene Nationalökonomen gerichtet, die den Luxus ablehnen, stellt er dort folgendes fest: Diese Gruppe von Nationalökonomen

> "... vergißt die »verfeinerten Bedürfnisse«, sie vergißt, daß ohne Consumtion nicht producirt würde; sie vergißt daß die Production durch die Concurrenz nur allseitiger, luxuriöser werden muß; ..." (ÖPM, S. 180 [MEW 40, S. 550]).

Aus den gleichen Gründen spekuliert im Kapitalismus jeder Mensch darauf, "dem andern ein *neues* Bedürfniß zu schaffen, um ihn zu einem neuen Opfer zu zwingen, um ihn in eine neue Abhängigkeit zu versetzen" (ÖPM, S. 176 [MEW 40, S. 546f.]). Deutlicher wird dieser Aspekt in den "Grundrissen" herausgearbeitet. Dort untersucht Marx die Konsequenzen einer Erhöhung der Produktivkraft innerhalb eines Produktionszweiges in Hinblick auf die Entwicklung der menschlichen Bedürfnisse. Die Erhöhung der Produktivkraft führt entweder zu einer Erhöhung der in diesem Produktionszweig hergestellten Gütermenge oder dazu, daß ein Teil des Kapitals und der Arbeit in einen anderen, qualitativ neuen Produktionszweig abwandern. Ersteres würde die "quantitative Erweiterung der bestehenden Konsumtion", also die quantitative Ausweitung der menschlichen Bedürfnisse bedeuten. Die zweite Möglichkeit hingegen stellt eine qualitative Ausweitung der Bedürfnisse dar, weil nun vollkommen neue Bedürfnisse geschaffen werden (vgl. Grundrisse, S. 312). Beide Wege führen somit zu einer Ausweitung der bestehenden menschlichen Bedürfnisse nach materiellen Gegenständen, d. h. zu den entfremdeten Bedürfnissen in Form der Verfeinerung oder der mengenmäßigen Ausdehnung der Bedürfnisse.

3.4.2.3. Ursachen für die fehlende Bedürfnisbefriedigung

Schließlich ist noch auf die Entfremdung, die aus der fehlenden Befriedigung von Bedürfnissen aufgrund der mangelnden Fähigkeit der Menschen, die Angemessenheit von Gegenständen für diese Befriedigung zu erkennen, hinzuweisen. Verantwortlich für diese Form der Entfremdung ist die Trennung von Konsumtion und Produktion in der kapitalistischen Produktionsweise. Weil der individuelle Konsument nicht mehr alle Produkte selbst herstellt, ist er auch nicht mehr mit deren spezifischen Eigenschaften vertraut. Ohne die Kenntnis dieser Eigenschaften aber kann der Konsument nicht wissen, ob ein bestimmter Gegenstand seine individuellen Bedürfnisse befriedigt (vgl. Leiss (1978), S. 139-142). Verschärft wird dieses Problem durch den Zwang zur Produktion von Massenwaren aus Gründen der Kostenminimierung. Dadurch liegen keine Gegenstände zur Befriedigung individueller Bedürfnisse vor (vgl. Arnold (1990), S. 52), so daß es zur Entfremdung aufgrund unbefriedigter individueller Bedürfnisse kommt. Schließlich ist noch auf die unbefriedigten Bedürfnisse hinzuweisen, die aus dem Umstand resultieren, daß "das auf dem *Markt* repräsentierte Bedürfnis für Waren - die Nachfrage - quantitativ verschieden ist von dem *wirklichen gesellschaftlichen* Bedürfnis" (MEW 25, S. 198), so daß sich die Befriedigung menschlicher Bedürfnisse nur nach "den zahlungsfähigen Bedürfnissen", nicht aber nach "der absoluten Bedürftigkeit" (MEW 26.2, S. 507) richtet.

Hier schließt sich ein weiterer Kritikpunkt von Marx an kapitalistischen Gesellschaften an. Es geht dabei um das Faktum, daß unter dem Regime der kapitalistischen Produktionsweise nicht die Herstellung von Gebrauchswerten sowie die Befriedigung menschlicher Bedürfnisse das Ziel der Kapitalisten - und damit der Produktion selbst - sind. Statt dessen geht es vielmehr um eine Orientierung an Tauschwerten und um die Profitgier. Konkret bedeutet diese Kritik das Anprangern der fehlenden Befriedigung von menschlichen Bedürfnissen, unabhängig davon, ob diese nun entfremdete Bedürfnisse darstellen oder nicht.

Verantwortlich für die nicht stattfindende Befriedigung der Konsumentenbedürfnisse ist zunächst einmal die fehlende Übereinstimmung der Ziele von Anbietern und Konsumenten. Nun ist allerdings das Vorliegen unterschiedlicher Handlungsmaximen - Bedürfnisbefriedigung auf der einen und Gewinnmaximierung auf der anderen Seite - ein auch in der traditionellen ökonomischen Theorie bekanntes Phänomen, ohne schwerwiegende Probleme hervorzurufen.

Beide Zielsetzungen führen dort unter der Annahme der vollständigen Konkurrenz unter anderem zu dem Ergebnis, daß sich das Konsumgüterangebot nach den Präferenzen der Konsumenten richtet und von diesen Präferenzen gesteuert wird. Wie kommt es aber dazu, daß divergierende Handlungsmaximen bei Marx nicht zu diesem Ergebnis führen?
Der entscheidende Aspekt ist in diesem Zusammenhang das Wesen der menschlichen Bedürfnisse in der Marxschen Theorie. Wie bereits dargestellt, sind die faktisch vorhandenen Bedürfnisse nach Ansicht von Marx ein Reflex auf die von den Menschen vorgefundenen Gegenstände. Welche Gegenstände in einer Gesellschaft vorhanden sind, ist wiederum abhängig von den Produktionsentscheidungen der Kapitalisten. Sie entscheiden, welche Güter hergestellt werden und prägen damit die Bedürfnisse der Konsumenten. Und bei dieser Produktionsentscheidung müssen die Anbieter Marxscher Provenienz keine Rücksicht auf die Präferenzen ihrer Konsumenten nehmen. Die Arten von Gebrauchsgegenständen, die die Hersteller produzieren und anbieten, werden über die Anpassung der Konsumentenbedürfnisse an das faktisch vorhandene Konsumgüterangebot letztlich auch von den Konsumenten als Bedürfnis empfunden und nachgefragt.[116] Dies bedeutet natürlich keinesfalls, daß die Anbieter Marxscher Bauart ihre Produktpalette jederzeit und massiv ändern können. Neben dem Vorliegen der Gegenstände ist es für die Bildung von Bedürfnissen auch von Bedeutung, daß diese Gegenstände zu einem - für einen bestimmten Ort und einen bestimmten Zeitpunkt - als normal und gewöhnlich angesehenen Güterkorb gehören. Zur Bildung der menschlichen Bedürfnisse gehört also auch das Element der Gewöhnung, denn nicht jeder einmal gesehene Gegenstand ruft sofort ein Bedürfnis nach diesem hervor.[117] Das Prinzip, daß die Anbieter mit ihrem angebotenen Sortiment von Gegenständen die Bedürfnisse der Konsumenten prägen, gilt folglich nur für lange Zeitabschnitte. Dann aber müssen die Anbieter tatsächlich nicht die Präferenzen ihrer Kunden antizipieren und berücksichtigen, sondern können (und müssen) sich bei ihrer langfristigen Angebotsentscheidung von anderen Kriterien leiten lassen. Diese Kriterien sind jene Größen, die für das Profitstreben relevant sind, also der Tauschwert und die Mehrwert- bzw. Profitrate. Wenn es aufgrund dieser Kriterien profitabler ist, minderwertige Konsumgüter zu produzieren, werden diese hergestellt, selbst wenn dies für die Gesundheit der Konsumenten nachteilig ist. Damit sind Erwägungen des Profitstrebens ausschlaggebend für die Form des Konsums, so daß "die Ökonomie ... dem Konsum ihre Befehle" diktiert (vgl. MEW 4, S. 92).[118] Weil somit die Produktionskosten und nicht Nützlichkeitserwägungen die Produktion steuern, kommt es da-

---

[116] Es handelt sich hierbei nur um den qualitativen Aspekt - also beispielsweise um die Frage, ob die Arbeiter Kartoffeln oder Fleisch nachfragen -, nicht aber um die nachgefragten Mengen dieser Gegenstände.

[117] Der erstmalige Kontakt mit einem Computer ruft noch kein Bedürfnis nach diesem neuartigen Gerät hervor. Wenn hingegen in der persönlichen Umgebung viele Personen über einen Computer verfügen, dieses Gerät also als ein zum 'nomalen' Leben gehörendes Utensil angesehen wird, kann das Bedürfnis nach diesem Artikel entstehen.

[118] Vgl. ebenso MEW 25, S. 267, wo darauf hingewiesen wird, daß die Verwertungsbedürfnisse des Kapitals über die Produktion und Konsumtion der bürgerlichen Gesellschaft entscheiden, also "nicht Befriedigung der Bedürfnisse, sondern Produktion von Profit".

zu, daß die Bedürfnisse der "großen Masse" durch die "*elendesten* Produkte" befriedigt werden (vgl. MEW 4, S. 93). Entscheidend für die fehlende Steuerung des Konsumgüterangebots durch die Präferenzen der Konsumenten ist daher die materialistische Auffassung der Bildung von menschlichen Bedürfnissen, die die Entstehung der Bedürfnisse auf die gewohnheitsmäßig vorgefundenen Gegenstände zurückführt.[119]

Damit steuert Marx einen Punkt zu der Kritik an dem Konzept der 'Konsumentensouveränität' bei. Dieses Konzept besagt, daß die Steuerung einer wettbewerblich organisierten Wirtschaft durch die Konsumenten erfolgt, die durch ihre Nachfrage über die Produktion der Güter, das Güterangebot, die Faktorallokation und -entlohnung entscheiden und somit als "»Souverän der Wirtschaft«" anzusehen sind.[120] Zu den bekannten Kritikpunkten an diesem Konzept[121] fügt Marx eine Kritik hinzu, die eng verbunden ist mit seiner Konzeption der menschlichen Bedürfnisse. Zum Verständnis seiner Kritik ist es sinnvoll, vorab die Kernidee der Konsumentensouveränität in den Worten von Ludwig von Mises vorzustellen:

> "Die Verbraucher sind souverän. Indem sie kaufen oder vom Kaufen absehen, entscheiden sie über Gewinn oder Verlust der Unternehmer. Gewinn und Verlust leiten die Verfügung über die Produktionsmittel in die Hände derjenigen, die sie am zweckmäßigsten im Dienste der Verbraucher zu nützen wissen." (Mises (1961), S. 131f.).

Der relevante Aspekt wird hier bereits angedeutet: Wählen können die Konsumenten nur unter den Gütern, die ihnen angeboten werden, die bereits existent sind. Die Akzeptanz oder Ablehnung von Gütern, die letztlich die Steuerung der Wirtschaft durch die Konsumenten ausmacht, kann sich nur auf das schon vorhandene Güterangebot beziehen. Konsumenten können lediglich eine Negativauswahl vornehmen und den Anbietern durch eine fehlende Nachfrage samt Preisverfall signalisieren, daß sie ein bestimmtes Produkt nicht wünschen. Bei existierenden und von den Konsumenten gewünschten Produkten hingegen kann eine verstärkte Nachfrage nach diesen über das Signal eines steigenden Preises anzeigen, daß von diesen Gütern mehr Einheiten gewünscht werden. Aber, und nun kommt der entscheidende Einwand, dieses System der Steuerung einer wettbewerblichen Wirtschaft versagt, wenn bestimmte Güter noch gar nicht angeboten werden. Weil der Preis das einzige Signal einer Wettbewerbswirtschaft ist, das den Anbietern die Konsumentenwünsche mitteilt, es aber für inexistente Güter gar keine Preise

---

[119] Diese auf den ersten Blick befremdlich wirkende Auffassung deckt sich beispielsweise mit dem Vorgehen Schumpeters in dessen Werk "Konjunkturzyklen": "Wir wollen durchweg von der Annahme ausgehen, daß die eigene Initiative der Verbraucher zu Geschmacksänderungen ... ganz gering ist, und daß alle Veränderungen im Geschmack der Konsumenten vom Verhalten der Produzenten abhängt und herbeigeführt wird", Schumpeter (1961), S. 80.

[120] Vgl. zu diesem Konzept statt vieler Mises (1961), S. 131f., Woll (1980), S. 128 und Woll (1984), S. 113.

[121] Zu diesen Kritikpunkten sind unter anderem die folgenden zu zählen: mangelnde Markttransparenz, Beeinflussung der Konsumenten durch "Hochdruck-Werbung", Unwissenheit seitens der Konsumenten hinsichtlich der Befriedigung eigener Bedürfnisse bzw. mangelnde Rationalität in bezug auf die Maximierung des eigenen Nutzens, vgl. dazu statt vieler Woll (1984), S. 114-119, Schumann (1992), S. 101-104.

gibt, versagt für diese zwar gewünschten, aber noch nicht vorhandenen Güter die Konzeption der Konsumentensouveränität. Selbst wenn die Konsumenten aufgrund ihrer alltäglichen Konsumerfahrungen das Bedürfnis nach einem noch nicht vorliegenden Produkt haben - z. B. nach gesunden Nahrungsmitteln anstelle der Kartoffel von minderwertiger Qualität (vgl. MEW 4, S. 92f.) -, können sie dies in einer wettbewerblichen Wirtschaft, die nur den Preis als Signal der Konsumentenwünsche kennt, nicht anzeigen. Und auch eine Negativauswahl, im genannten Beispiel durch eine fehlende Nachfrage nach den als minderwertig eingestuften und eigentlich zu ersetzenden Kartoffeln, ist nicht möglich, weil ein (bezahlbares) Substitut für dieses Produkt fehlt.[122] Verantwortlich für diese Form der Entfremdung, d. h. verantwortlich für die nicht stattfindende Befriedigung der wahren menschlichen Bedürfnisse der Konsumenten, ist daher der auf dem Preis beruhende Markttausch von Produkten.

Zusammenfassend kann für die Ursachen der entfremdeten Bedürfnisse daher folgendes Ergebnis festgehalten werden: Weil nach Auffassung von Marx die menschlichen Bedürfnisse ihren Ursprung in den sozio-ökonomischen Rahmenbedingungen einer Gesellschaft haben,[123] besitzen auch die entfremdeten Bedürfnisse sozio-ökonomische Ursachen. Diese bestehen aus der Existenz entfremdeter Tätigkeiten seitens der Arbeiter und dem Zwang der Kapitalisten, ihre Produktion am Tauschwert der Waren zu orientieren.

3.4.2.4. Ursachen für das falschen Bewußtsein

Das Bewußtsein der Menschen besteht nach Auffassung von Marx und Engels aus den Vorstellungen der Menschen "über ihr Verhältnis zur Natur ... ihr Verhältnis untereinander" sowie "über ihre eigne Beschaffenheit" (MEW 3, S. 26). In der "Deutschen Ideologie" findet sich als Ergänzung die klassische Beschreibung dessen, was die Ideologie darstellt:

> "Die Menschen sind die Produzenten ihrer Vorstellungen, Ideen pp., aber die wirklichen, wirkenden Menschen, wie sie bedingt sind durch eine bestimmte Entwicklung ihrer Produktivkräfte und des denselben entsprechenden Verkehrs bis zu seinen weitesten Formationen hinauf. Das Bewußtsein kann nie etwas Andres sein als das bewußte Sein, und das Sein der Menschen ist ihr wirklicher Lebensprozeß. Wenn in der ganzen Ideologie die Menschen und ihre Verhältnisse wie in einer Camera obscura auf den Kopf gestellt erscheinen, so geht dies Phänomen ebensosehr aus ihrem historischen Lebensprozeß hervor, wie die Umdrehung der Gegenstände auf der Netzhaut aus ihrem unmittelbar physischen." (MEW 3, S. 26).

---

122 In einer unter Absatzproblemen leidenden Gesellschaft gilt diese Argumentation nicht mehr uneingeschränkt. Dort müssen die Produzenten aus absatzstrategischen Gründen auf die Kundenwünsche eingehen, vgl. dazu Abschnitt 5.2. dieser Arbeit.

123 Vgl. dazu Abschnitt 1.2.4. dieser Arbeit.

Damit zeigt sich, daß die geistige Produktion, also die Produktion von Ideen, Vorstellungen sowie die des Bewußtseins, mit der materiellen Tätigkeit der Menschen verknüpft ist. Die genannten Phänomene sind lediglich die ideologischen "Reflexe und Echos" des Lebensprozesses, so daß "die materielle Tätigkeit" die Formation dieser geistigen Produkte erklärt (vgl. MEW 3, S. 26).

Vor der genauen Ursachenanalyse hinsichtlich der Gründe für das Bestehen eines falschen Bewußtseins ist vorab eine kurze Auseinandersetzung mit der Verwendung des Begriffs 'Ideologie' durch Marx erforderlich. Sowohl Marx als auch Engels verwenden diesen Terminus durchweg kritisch und als Gegensatz zum Begriff der 'wissenschaftlichen Theorie'. Für beide erweist sich eine Ideologie stets als unwissenschaftlich, wirklichkeitsfremd und wertend. Aufgrund dieses Charakters von "ideologischen Formen" verbietet es sich beispielsweise, daß "man das, was ein Individuum ist, nach dem beurteilt, was es sich selbst dünkt" (MEW 13, S. 9). Ebenso spricht Marx im Zusammenhang mit dem ideologischen Überbau von dem Vorliegen "eigentümlich gestalteter Empfindungen, Illusionen" (MEW 8, S. 139). Nach Meinung Korschs kann der Ausdruck 'Ideologie' sogar mit dem Begriff des 'verkehrten Bewußtseins' gleichgesetzt werden. Ideologien erweisen sich daher als ein integraler Bestandteil einer Welt, die unter Entfremdungsphänomenen leidet.[124] Ihre Beseitigung wird erst erfolgen können, wenn die Lebensbedingungen der Menschen ein unentfremdetes menschliches Dasein erlauben. Dies wird von Marx im ersten Band des "Kapitals" wie folgt dargestellt:

> "Der religiöse Widerschein der wirklichen Welt kann überhaupt nur verschwinden, sobald die Verhältnisse des praktischen Werkeltagslebens den Menschen tagtäglich durchsichtig vernünftige Beziehungen zueinander und zur Natur darstellen." (MEW 23, S. 94).[125]

Damit ist deutlich geworden, daß der Gebrauch des Terminus 'Ideologie' durch Marx stets das Vorliegen eines Entfremdungsphänomens bedeutet. Daß unter den Bedingungen der kapitalistischen Produktion die Gedanken und Ideen als Reflex der entfremdeten Lebensbedingungen ebenfalls Formen der Entfremdung darstellen - also ein falsches Bewußtsein fabrizieren -, ist damit hinreichend klar geworden. Zu klären ist an dieser Stelle die Funktionsweise des Mechanismus, der diesen Typus der Entfremdung hervorruft.

Beginnend bei den arbeitenden Menschen, kann festgestellt werden, daß das Phänomen des falschen Bewußtseins mit dem intellektuellen Zustand dieser Personen verbunden ist. Daß arbeitende Personen, die im Arbeitsprozeß körperlich und geistig erschöpft werden und nur als pas-

---

[124] Vgl. dazu Korsch (1966), S. 122, Fromm (1968), S. 159f., Kolakowski (1977), S. 176f., Fetscher (1979), S. 68-70, Fetscher (1984), S. 111, Fleischer (1994), S. 206f., 224-227. Auch Solov'ev weist darauf hin, daß "der Begriff der »Ideologie« in der Arbeit von Marx und Engels zur Bezeichnung des eigentlich falschen Bewußtseins gebraucht wird", Solov'ev (1992), S. 52.

[125] Dies aber wird wiederum erst der Fall sein, wenn sich die gesellschaftlichen Lebensprozesse "als Produkt frei vergesellschafteter Menschen unter deren bewußter planmäßiger Kontrolle", MEW 23, S. 94, darstellen.

sive Befehlsempfänger tätig werden, zu selbständigen und aktiven geistigen Betätigungen nicht mehr in der Lage sind, dürfte einleuchtend sein. Die Reflexion über die individuelle Lebenslage und die daraus resultierende Formulierung eigener Gedanken unterbleibt bei derart passiven Menschen.[126] Die fehlende Reflexion über die eigene Lebenslage widerspricht aber dem wahren menschlichen Wesen und bildet deshalb eine Form der Entfremdung, die aufgrund der erschöpfenden und passivierenden Produktionsbedingungen erklärt werden kann. Und selbst wenn ein arbeitender Mensch unter diesen Umständen noch über die Kraft und Muße zum Nachdenken verfügt, so entpuppt er sich selbst dann nur als ein "dem ... menschlichen Wesen entfremdeter Denker", "der sich zum Anschauen entschlossen hat" (ÖPM, S. 204f. [MEW 40, S. 586f.]). Statt aktiver Reflexion findet lediglich ein passives Betrachten statt, so daß von einer produktiven geistigen Tätigkeit keine Rede sein kann.

Dies allein reicht schon aus, um den Tatbestand einer Abweichung des wirklichen vom wahren Menschen konstatieren und erklären zu können. Verschlimmert wird dieser negative Zustand noch durch den Umstand, daß sich das passive Betrachten im Bereich der Ideen und Vorstellungen auf die Übernahme fremder Gedanken beschränkt, die ihrerseits nur die verzerrte, fehlerhafte Wahrnehmung der Wirklichkeit darstellen, also Ideologien im oben erwähnten Sinn sind. Was an Ideen von den Arbeitern übernommen wird, ist das Ergebnis der geistigen Produktion durch die ideologischen Stände, welches durch die Erziehung und den Unterricht verbreitet wird. Zu fragen ist daher, warum die Mitglieder der ideologischen Stände nur unrichtige, verzerrte Wahrnehmungen der Wirklichkeit produzieren und weiterleiten. Hierfür gibt es zwei grundlegende Erklärungsansätze.

Erstens ist es denkbar, daß es in einer Welt voller Entfremdungen keinem Menschen möglich ist, die Realität unverzerrt wahrzunehmen. Unter diesen Umständen ist die Formulierung wirklichkeitsfremder Gedanken das unbeabsichtigte Ergebnis der Kopfarbeiter. Die prinzipielle Unmöglichkeit einer unverzerrten Wahrnehmung der Realität in einem gesellschaftlichen Zustand voller Entfremdungen würde allerdings ausschließen, daß Marx als Mitglied einer derartigen Gesellschaft in der Lage wäre, zu einer verzerrungsfreien Vorstellung über die gesellschaftliche Realität zu kommen. Die Erkenntnis der objektiven, wirklichen Bewegungsgesetze seiner eigenen Gesellschaft ist allerdings das, was Marx anstrebt und glaubt gefunden zu haben, und was Marx möglich ist, muß grundsätzlich auch anderen Personen möglich sein. Prinzipiell ist deshalb selbst unter Bedingungen, die ein unentfremdetes menschliches Dasein nicht zulassen, die objektive und unverzerrte Wahrnehmung der Wirklichkeit denkbar. Wenn also von der Unmöglichkeit einer objektiven Realitätswahrnehmung abgesehen wird, dann ist die Aufstellung von Ideologien das Produkt einer bewußten Tätigkeit. Diese bewußte Formulierung von Ideologien ist daher näher zu untersuchen.

---

[126] Zum intellektuellen Zustand der Arbeiterschaft vgl. statt vieler ÖPM, S. 93, 96, 118, 134, 202-205 [MEW 40, S. 474, 480, 513f., 584-587], MEW 2, S. 338-341, 397, 456-461, MEW 23, S. 382, 421f., 445f., 528f. bzw. Abschnitt 2.2.2. dieser Arbeit.

Zur Analyse dieses Themenkomplexes muß zunächst einmal daran erinnert werden, daß Philosophen, Ideologen, Dichter, Denker und andere Ideen- bzw. Ideologieproduzenten im ökonomischen Sinn unproduktive Arbeiter sind und als solche vom gesellschaftlichen Mehrprodukt leben.[127] Damit sind diese Produzenten gegenüber den Besitzern des Mehrproduktes einer Gesellschaft in einem materiellen Abhängigkeitsverhältnis. Dieses ist beispielsweise im Feudalismus offensichtlich, da dort die Philosophen, Dichter und Denker von den Feudalherren bzw. der Kirche ausgehalten werden. Im System der kapitalistischen Produktion nimmt die direkte Abhängigkeit ab, da nun auch die geistigen Produkte für den Markt hergestellt werden. Deren Käufer sind allerdings wiederum diejenigen, die das gesellschaftliche Mehrprodukt kontrollieren. Die materielle Abhängigkeit der Ideologieproduzenten von den Personen, die die materielle Produktion und damit auch das Mehrprodukt beherrschen und kontrollieren, bleibt daher grundsätzlich weiterhin bestehen (vgl. Mandel (1988), S. 36, 192).[128] Zur Sicherung ihres eigenen Überlebens müssen die mit der geistigen Produktion beschäftigten Personen die geistigen Produkte anbieten, die den Interessen derjenigen, die über das gesellschaftliche Mehrprodukt verfügen, entsprechen. Es gilt daher zu klären, welcher Art diese Interessen sind.

In diesem Zusammenhang ist an die Erkenntnisse des Abschnitts 1.2.1. dieser Arbeit zu erinnern. Dort zeigte sich, daß ideologische Elemente als integraler Bestandteil einer bestimmten Produktionsweise anzusehen sind und als Ursache für Konsequenzen im ökonomischen Bereich wirken können. Wenn also ideologische Elemente auf die sozio-ökonomische Basis einwirken können, dann besteht stets die Möglichkeit, daß dieser Einfluß auch Ursache für eine Veränderung der Basis ist. Die an der Beibehaltung des status quo interessierten Personen haben folglich ein Interesse an Ideologien, die derartige Veränderungen verhindern. Gefordert werden von ihnen deshalb Ideologien mit einem gesellschaftserhaltenden Inhalt. Konkret geht es ihnen beispielsweise um religiöse Ideen, die den Menschen die Hinnahme ihres Schicksals lehren, um politische Lehren, die die Herrschaft der kapitalistischen Klasse legitimieren oder um ökonomische Theorien, die bestehende wirtschaftliche Ungleichheiten rechtfertigen (vgl. Mandel (1988), S. 36f.). Und was für die Produzenten derartiger Ideen und Vorstellungen gilt, trifft auch für diejenigen zu, die an der Verbreitung dieser Ideologien beteiligt sind. Da der ideologische Überbau, d. h. die "Empfindungen, Illusionen, Denkweisen und Lebensanschauungen", den Individuen "durch Tradition und Erziehung zufließen" (MEW 8, S. 139), sind die mit der Erziehung betrauten Personen von Bedeutung. Weltliche und religiöse Lehrer, die solche Aufgaben hauptsächlich wahrnehmen, teilen dabei als unproduktive Arbeiter das Schicksal der Philosophen, Dichter und Künstler. Auch sie müssen sich nach den Interessen der Kontrolleure

---

[127] Vgl. MEW 23, S. 469, 615 sowie MEW 26.1, S. 127: "... *unproduktive Arbeit* ... ist Arbeit, die sich nicht gegen Kapital, sondern *unmittelbar* gegen Revenue austauscht".

[128] Es ist deshalb "the bourgeoisie's control of culture and the communication media", welche für das falsche Bewußtsein verantwortlich ist, vgl. Gouldner (1980), S. 194. Dazu gehört auch der Umstand, daß der Staat - von Marx verstanden als ein Machtinstrument der herrschenden Klasse - das Erziehungswesen kontrolliert, vgl. Emden (1983), S. 21.

des gesellschaftlichen Mehrproduktes richten, was ihnen lediglich die Verbreitung von Ideologien erlaubt.[129] Marx und Engels kommen daher zu der folgenden Feststellung: "Die Gedanken der herrschenden Klasse sind in jeder Epoche die herrschenden Gedanken"[130].
Hinsichtlich der Existenz von Gedanken, Ideen und Vorstellungen, die sämtlichst nicht die Wirklichkeit widerspiegeln, gilt deshalb: Die gleichen Arbeitsbedingungen, die eine produktive Lebenstätigkeit der Menschen verhindern, sorgen ebenfalls dafür, daß die Menschen von einer selbständigen geistigen Tätigkeit ferngehalten werden. An die Stelle der eigenen Gedankenformulierung tritt die Übernahme jener geistigen Produkte, die von Philosophen fabriziert und dann von den an der Erziehung beteiligten Menschen verbreitet werden. Die materielle Abhängigkeit dieser Personen von den Kontrolleuren des Mehrproduktes der Gesellschaft sowie das Interesse der Kontrolleure an systemerhaltenden Weltanschauungen führen dazu, daß die den Menschen dargebotenen Ideen lediglich eine verzerrte und wirklichkeitsfremde Darstellung der Realität sind. Schließlich macht die hier angestellte Ursachenanalyse deutlich, daß falsche Gedanken und Vorstellungen ihre Wurzeln in den sozio-ökonomischen Verhältnissen haben und nicht das Resultat menschlicher Unzulänglichkeiten im intellektuellen Bereich bzw. "»Fehler« im kognitiven Sinn" sind (vgl. Kolakowski (1977), S. 178, 199).

3.4.3. Ursachen für die Entfremdung vom sozialen Wesen des Menschen

3.4.3.1. Ursachen für den Egoismus

Zur Vermeidung etwaiger Mißverständnisse über das, worum es im folgenden geht, ist eingangs eine wiederholende Klarstellung bezüglich des Begriffs 'Egoismus' im Marxschen Sinne erforderlich. Unter dem Entfremdungsphänomen des Egoismus versteht Marx, wie bereits ausführlich dargestellt, nicht jedes Verhalten, das auf die eigene Person gerichtet ist. Vielmehr werden unter diese Form der Entfremdung nur jene Handlungen subsumiert, die eine übermäßige und selbstsüchtige Verfolgung der eigenen Ziele beinhalten und auf die Interessen der Mitmenschen keine Rücksicht nehmen. Dargestellt wird diese Form des Verhaltens durch eine Ertrags- oder Auszahlungsmatrix wie in Abschnitt 2.2.4. dieser Arbeit. Ein Vergleich dieser Situation mit der Auszahlungsmatrix, die eine Identität der persönlichen und gemeinschaftlichen Interessen beschreibt,[131] zeigt, daß die Ursachen für das Auseinanderfallen beider Interessenarten in den unterschiedlichen Bewertungen der Ergebnisse durch die beteiligten Personen zu suchen sind. Diese Einschätzungen beruhen auf der Tatsache, daß die produktive Betäti-

[129] Konkret äußert sich die Bedeutung der Personen, die die Ideologien verbreiten, z. B. während der Klassenkämpfe in Frankreich um 1850, wo ein "*Gesetz gegen die Schulmeister*, wodurch sie, die Kapazitäten, die Wortführer, die Erzieher und die Dolmetscher der Bauernklasse, der Willkür der Präfekten unterworfen" werden, erlassen wird, vgl. MEW 7, S. 85.
[130] MEW 3, S. 46, ähnlich MEW 4, S. 480.
[131] Vgl. Abschnitt 1.2.5. dieser Arbeit.

gung und das kooperative Verhalten im Fall der fehlenden Interessengleichheit keinen Selbstzweck mehr darstellen und keine subjektive Befriedigung bereiten. Letztendlich verantwortlich für diese Form der Entfremdung sind damit die Faktoren, die zur Entfremdung des Menschen von seiner produktiven Lebenstätigkeit und zu den entfremdeten Bedürfnissen führen. Damit zeigt sich erneut die enorme Bedeutung der Teilung der Arbeit für die Entfremdungsproblematik des Menschen, da sie letztlich jener Faktor ist, der zur entfremdeten Arbeit und zur Entfremdung des Menschen von seinen wahren Bedürfnissen führt.[132]

Gehen wir nun detaillierter auf die Gründe für das Vorliegen egoistischer Verhaltensweisen im Bereich der materiellen Gegenstände ein. Verantwortlich für dieses Verhalten ist in erster Linie das entfremdete Bedürfnis nach der grenzenlosen Ansammlung materieller Gegenstände. Überraschend ist zudem, daß die absolute Knappheit nicht die unmittelbare Ursache für den Egoismus der Menschen darstellt. Dies muß näher erläutert werden.

Erinnern wir uns an die Lebensverhältnisse in der Urgesellschaft, so liegt dort ein geringes Niveau der Produktivkraft der Arbeit vor. Damit ist ein geringes Produktionsvolumen verknüpft, so daß prinzipiell aufgrund der geringen Produktion für die Menschen und deren Persönlichkeit "nur dann eine Entwicklung möglich" ist, "wenn die Einen auf Kosten der Andern ihre Bedürfnisse" befriedigen, so daß "die Andern ... von aller Entwicklung ausgeschlossen" werden (vgl. MEW 3, S. 417). Obwohl damit die materielle Basis für egoistische Verhaltensweisen gegeben ist, erweist sich gerade die Urgesellschaft nicht als eine Gesellschaft egoistischer Individuen. Weil eine geringe Produktivkraft der Arbeit und eine starke Abhängigkeit der Produktions- bzw. Ernteerfolge von den Naturkräften vorliegen, ist die alleinige, ohne die Unterstützung der Mitmenschen erfolgende Arbeit nicht in der Lage, das Überleben des Individuums zu garantieren. Statt dessen erfolgt die Produktion bzw. Bewirtschaftung des Bodens gemeinsam, weil so das Risiko des individuellen Verhungerns aufgrund der "Unsicherheit der Nahrungsquellen" (MEW 21, S. 31) verringert wird. Deshalb kann Marx feststellen, daß der "Kommunismus in der Lebensführung .. seinen Ursprung in den Bedürfnissen der blutsverwandten Familien gehabt zu haben" scheint (vgl. Marx (1880/81a), S. 152f.). Es zeigt sich somit, daß ein technischer Faktor, wie die geringe Produktivität der Arbeit, alleine noch nicht verantwortlich für das Zustandekommen dieses Entfremdungsphänomens ist.

Entscheidend für den Egoismus im hier verwendeten Sinn ist erst das entfremdete Bedürfnis nach einer unbegrenzten Menge von materiellen Dingen, um dem Eigentümer dieser Dinge das alleinige Verfügungsrecht über diese Gegenstände zu gewährleisten. Der Rückblick auf das Leben in der Urgesellschaft zeigt allerdings, daß dieses Bedürfnis kein zur menschlichen Natur gehörendes Bedürfnis ist. Die Urgesellschaft zeichnet sich unter anderem dadurch aus, daß es in ihr "keine Passion für Besitz" gibt und daß sich das Eigentum noch nicht als "die schreckli-

---

132 Schließlich ist schon die kapitalistische Form der gesellschaftlichen Teilung der Arbeit alleine ein Verstoß gegen den "social character of labour" und damit ein Verstoß gegen den gesellschaftlichen Charakter des Menschen, vgl. Meszaros (1970), S. 142.

che Leidenschaft" der Menschen etabliert hat (vgl. Marx (1880/81a), S. 172, 185). Egoismus ist damit ein zu erklärendes Phänomen, welches sich nach Ansicht von Marx in der folgenden Weise entwickelt hat: Beginnend bei der Teilung der Arbeit, führt diese zum Entstehen eines gesellschaftlichen Surplus und zu einer neuen Art des Reichtums, z. B. in Form von domestizierten Tieren. Das Vorliegen dieser neuen Form des Reichtums löst, entsprechend der materialistischen Auffassung von der Entstehung der Bedürfnisse, die "Passion für Besitz" aus und führt zudem ein "starkes Interesse am Erben" (Marx (1880/81a), S. 172, 175) herbei. Aus dem sich damit entwickelnden "individuellem Besitzrecht" (Marx (1880/81a), S. 182) und dem später entstehenden Privateigentum resultieren Besitzunterschiede innerhalb der Gruppe der (Bluts-)Verwandten. Derartige Besitzunterschiede zerstören schließlich den Zusammenhalt des Gemeinwesens, so daß als Konsequenz die folgende Entwicklung eintritt:

> "... d. *Gefühl der Blutsverwandtschaft* (zwischen den verschiedenen Familien) erschlaffte nach u. nach; die *einzelnen Zweige sonderten sich ab vom gemeinsamen Stamm*; die nächsten Verwandten bildeten besondre Interessen, d. Centrum einer *eignen Blutsgruppe*, die ihre besondren Bedürfnisse, egoistischen u. relativ engen Bestrebungen hatte." (Marx (1879/80a), S. 105).

Es ist daher "die Eigentumsdifferenz innerhalb derselben Gens", welche "die Einheit der Interessen verwandelt in Antagonismus der Gentilgenossen" (MEW 21, S. 160). Das Privateigentum, dessen Wesen darin besteht, andere Personen von der Nutzung eines bestimmten Gegenstandes auszuschließen,[133] führt dazu, "daß die Individuen ... zersplittert und im Gegensatz gegeneinander existieren" (MEW 3, S. 67), denn es ist gerade das Wesen des "Privateigentums ... willkürlich ... ohne Beziehung auf andre Menschen, unabhängig von der Gesellschaft, sein Vermögen zu genießen und über dasselbe zu disponieren" (MEW 1, S. 365).[134]

Unmittelbar verantwortlich für das Aufkommen des Egoismus im Marxschen Sinn ist deshalb das Privateigentum, das bereits in seinen Vorformen zur Auflösung der urgesellschaftlichen Gemeinschaft führt und diese Gemeinschaft in eine Ansammlung voneinander isolierter Einzelfamilien verwandelt. Dieser Tatbestand und die durch die grenzenlose 'Passion für Besitz' hervorgerufene relative Knappheit der materiellen Gegenstände führen zu einer Konkurrenz um knappe Gegenstände, was sich in einem egoistischen Verhalten äußert. Berücksichtigen wir schließlich die Tatsache, daß erst die Teilung der Arbeit das Privateigentum hervorruft, dann ist es die Teilung der Arbeit, die für diese Form der Entfremdung letztendlich verantwortlich ist.

---

133 Vgl. zu diesem Aspekt des Privateigentums statt vieler MEW 3, S. 333, 350, wo das bürgerliche Privateigentum als das "Sich-Ausschließen vom fremden Eigentum" beschrieben wird sowie MEW 1, S. 113: "... schließe ich nicht durch mein Privateigentum jeden Dritten von diesem Eigentum aus?".

134 Vgl. ebenso MEW 1, S. 315.

3.4.3.2. Ursachen für den feindlichen Gegensatz zwischen Arbeitern und Kapitalisten

Der feindliche Gegensatz verschiedener Gruppen von Menschen innerhalb einer kapitalistischen Gesellschaft soll abschließend exemplarisch anhand des Konfliktes zwischen der Klasse der Arbeiter und jener der Kapitalisten analysiert werden. Nur wiederholend sei darauf verwiesen, daß sich die Interessen beider Gesellschaftsgruppen hinsichtlich aller relevanten Aspekte der Produktionsprozesse diametral entgegenstehen. Arbeiter haben ein Interesse an einer kurzen täglichen Arbeitszeit, einer niedrigen Arbeitsintensität, hoher Bezahlung und sinnvollen, abwechslungsreichen Tätigkeiten, deren Inhalte und Zwecke selbst festgelegt werden.[135] Die Interessen der dem Verwertungsbedürfnis des Kapitals unterliegenden Kapitalisten sind diesen Wünschen entgegengesetzt. Fragen wir zunächst nach den Ursachen für die Interessen der Arbeiter, so reicht in der Regel ein Verweis auf die produktive Lebenstätigkeit des Menschen aus. Die Wünsche nach abwechslungsreichen, sinnvollen und selbstbestimmten Betätigungen ergeben sich direkt aus dem Wesen der produktiven Tätigkeit. Das Interesse an einer möglichst geringen Arbeitszeit ist hingegen ein Reflex auf den entfremdeten Charakter der zu leistenden Arbeit innerhalb der kapitalistischen Produktionsweise. Wenn die in der Wirklichkeit stattfindenden Arbeiten in sämtlichen Aspekten den Ansprüchen an diese Tätigkeiten widersprechen, empfinden die davon betroffenen Personen diese Arbeit als unangenehm, wodurch ihr Wunsch nach einer möglichst geringen Arbeitszeit verständlich wird. Arbeitsunlust ist folglich die Reaktion auf die dem menschlichen Wesen widersprechenden Bedingungen der Arbeitsprozesse. Die Wünsche der Kapitalisten sind weniger eine Widerspiegelung der wahrhaft menschlichen Bedürfnisse als vielmehr das Resultat der herrschenden ökonomischen Gesetzmäßigkeiten. Wiederholt macht Marx darauf aufmerksam, daß der Kapitalist selbst nur eine Rolle spielt. Auf die Kapitalisten und Grundeigentümer eingehend, stellt er fest:

> "Aber es handelt sich hier um die Personen nur, soweit sie die Personifikation ökonomischer Kategorien sind, Träger von bestimmten Klassenverhältnissen und Interessen." (MEW 23, S. 16).

Und als Träger dieser Interessen müssen sie sich den Zwangsgesetzen der kapitalistischen Produktionsweise unterwerfen und sämtliche in Abschnitt 3.4.1.1. dieser Arbeit angesprochenen Maßnahmen hinsichtlich der Produktionsprozesse ergreifen. Das Streben der Kapitalisten nach möglichst langen täglichen Arbeitszeiten, nach einer hohen Intensität der Arbeit und nach einer entwickelten Teilung der Arbeit erweist sich deshalb als das notwendige Resultat der Zwangsgesetze der Konkurrenz, denen sich die voneinander isolierten Kapitalisten nicht entziehen können.

---

135 Das Bedürfnis nach sinnvollen, selbstbestimmten Handlungen muß nicht immer vorliegen, weil ein Element der entfremdeten Bedürfnisse aus dem Fehlen dieses Bedürfnisses besteht und der Lohnarbeiter Opfer dieser Form der Entfremdung sein kann.

Somit sind die Ursachen der sich widersprechenden Interessen hinreichend verdeutlicht. Damit ist aber nur die Möglichkeit von Konflikten gegeben. Grundsätzlich könnten derartige konfliktreiche Situationen auch in der Urgesellschaft auftreten. Dort ist es beispielsweise denkbar, daß eine Person den Wunsch verspürt, von der entfremdeten Arbeit seiner Mitmenschen zu leben und selbst nur produktive, schöpferische Tätigkeiten auszuüben. Im folgenden Schritt ist deshalb zu klären, wie es in der Realität zum Ausbruch von Interessenkonflikten kommt.
Da es sich bei dem hier zu analysierden Konflikt um einen zwischen Arbeitern und Nichtarbeitern handelt, muß als notwendige Bedingung ein gewisses Ausmaß der Produktivität vorhanden sein. Dabei muß das Produktivitätsniveau so hoch sein, daß Mehrarbeit existieren kann. In einer Gesellschaft mit einer geringen Arbeitsproduktivität muß jede arbeitsfähige Person arbeiten, um die Reproduktion der lebenden Individuen zu sichern. Notwendig ist folglich eine Mindestproduktivität, die es technisch gesehen möglich macht, daß eine Mehrarbeit potentiell vorhanden ist. Diese technisch bedingte Möglichkeit reicht aber noch nicht aus, um die tatsächliche Existenz der Nichtarbeiter zu erklären. Dafür ist es zusätzlich noch erforderlich, daß die arbeitenden Individuen tatsächlich diese Mehrarbeit leisten und ihre Produktionsergebnisse dann den nicht an der materiellen Produktion beteiligten Personen zukommen lassen. Marx faßt beide Bedingungen in den "Theorien über den Mehrwert" wie folgt zusammen:

> "Es ist ferner klar, daß, wenn eine gewisse Entwicklung der Produktivität der Arbeit vorausgesetzt werden muß, damit *Surplusarbeit* existieren könne, die bloße *Möglichkeit* dieser Surplusarbeit ... noch nicht ihre *Wirklichkeit* schafft. Dazu muß der Arbeiter erst *gezwungen* werden, über jene Größe hinaus zu arbeiten, und diesen Zwang übt das Kapital aus." (MEW 26.2, S. 409).

Allerdings muß dieser Zwang nicht notwendigerweise nur über das Kapital erfolgen. Auch in vorkapitalistischen Gesellschaften gibt es Menschen, die ausschließlich von der Mehrarbeit anderer leben. Entscheidend ist daher die Macht seitens der Nichtarbeiter, die arbeitenden Personen dazu zu bewegen, Mehrarbeit zu leisten und sich diese in Form der hergestellten Gegenstände anzueignen. Und diese notwendige Macht besteht wiederum darin, den Zugang zu den natürlichen und produzierten Produktionsmitteln samt deren Nutzung zu reglementieren. Auch dies stellt Marx fest, wenn er bezüglich der kapitalistischen Produktionsweise schreibt:

> "Alles was für sie nötig ist, ist, daß der Grund und Boden *nicht* common property ist, daß er der Arbeiterklasse als ihr *nicht gehörige* Produktionsbedingung gegenübersteht, und dieser Zweck wird vollständig erreicht, wenn er Staatseigentum wird, ..." (MEW 26.2, S. 38).

Damit wird verständlich, welche Ereignisse von Marx unter den Begriff "Scheidungsprozeß des Arbeiters vom Eigentum an seinen Arbeitsbedingungen" (MEW 23, S. 742) subsumiert werden. Dazu gehört natürlich die "sog. ursprüngliche Akkumulation", die der kapitalistischen

Produktionsweise vorangeht und definiert ist als "der historische Scheidungsprozeß von Produzent und Produktionsmittel" (MEW 23, S. 742). Darüber hinaus ist jede Reglementierung des Zugangs zu den natürlichen Ressourcen und den produzierten Produktionsmitteln als eine Trennung der produzierenden Menschen von ihren Produktionsbedingungen anzusehen. Die "Trennung des Grundeigentums von der Arbeit" (MEW 26.1, S. 20) ist deshalb schon dann gegeben, wenn in einer Jäger-Gesellschaft eine Person oder Personengruppe den Zugang zu den Jagdgebieten regelt und somit über die Nutzung dieser Ressource bestimmt.
Damit sind sowohl technische als auch gesellschaftlich-organisatorische Aspekte der materiellen Produktion verantwortlich für die bestehenden Konflikte zwischen den Arbeitern und den Nichtarbeitern. Die technisch bedingte Mindestproduktivität schafft die Möglichkeit der Mehrarbeit; während die gesellschaftlich bedingte Regelung des Zugangs zu den Produktionsmitteln erst die Verwirklichung dieser Möglichkeit zur Folge hat. Weil zudem der technische Aspekt, also der hohe Grad der Produktivkraft der Arbeit, erst aufgrund der "kapitalistischen Anwendung" (MEW 23, S. 452) der Technik zur Ursache für die herrschenden Konflikte wird, ist es letztlich die gesellschaftlich-organisatorische Regelung der Produktion, die für diesen Entfremdungszustand verantwortlich ist. Damit sind es wiederum zwei Aspekte der kapitalistischen Produktionsweise, die dieses Entfremdungsphänomen hervorrufen: Zum einen das kapitalistische Privateigentum, das den Zugang zu den Produktionsmitteln reguliert, und zum anderen die Tatsache, daß isoliert voneinander handelnde Anbieter von Waren durch ihr Handeln die Existenz der Zwangsgesetze der Konkurrenz hervorrufen und damit die sich widersprechenden Interessen etablieren.

3.5. Zusammenfassende Bemerkungen

Selbst die umfangreiche vorangehende Ursachenanalyse hat sicherlich noch nicht sämtliche Kausalketten hinsichtlich des Auftretens von Entfremdungsphänomenen skizziert. Unerwähnt blieb beispielsweise die gesamte Krisenproblematik, die durch die Arbeitslosigkeit und die übermäßigen Arbeitsanstrengungen der noch beschäftigten Personen, über die Lohnreduktion usw. Entfremdungszustände hervorruft oder verstärkt. Um ein Ausufern dieses Kapitels zu vermeiden - und weil zudem die für uns wichtigen Resultate hinreichend deutlich geworden sind -, können weitere Ausführungen zur Ursachenanalyse unterbleiben. Die relevanten Ergebnisse bezüglich der Faktoren, die zu Entfremdungsphänomenen führen, lassen sich daher wie folgt zusammenfassen: Entfremdungszustände, die den Menschen, wenn auch in unterschiedlichen Ausprägungen, seit dem Beginn menschlichen Lebens begleiten, haben ihre ursächlichen Wurzeln in zwei Bereichen. Verantwortlich für die Abweichungen des wirklichen menschlichen Daseins von den Marxschen Idealvorstellungen über das Leben des Menschen sind sowohl

Elemente der technisch-wissenschaftlichen Sphäre als auch Elemente aus dem gesellschaftlich-organisatorischen Bereich des gesellschaftlichen Lebens.
In der Urgesellschaft erweist sich das geringe technisch-wissenschaftliche Niveau dieser Epoche als verantwortlich für die vorliegenden Entfremdungsphänomene. Sie bestehen primär aus der mangelnden Beherrschung der Natur durch den Menschen sowie aus dem geringen Entwicklungsgrad menschlicher Bedürfnisse und Fähigkeiten. Mit der Teilung der Arbeit, zuerst noch in der Form der Spezialisierung, wird das erste gesellschaftlich-organisatorische Element wirksam. Schon die ersten Formen der Teilung der Arbeit sind in der Lage, über eine Erhöhung der Produktivkraft der Arbeit ein gesellschaftliches Mehrprodukt zu erstellen. Die damit einhergehenden Verteilungsprobleme schaffen den Anreiz, persönliche Verfügungsrechte hinsichtlich dieses Mehrproduktes zu etablieren und sorgen dadurch für die Einführung des Privatbesitzes und des Privatreichtums. Mit der Etablierung des Privatbesitzes löst sich der ehemals vorliegende Gemeinbesitz an Produktionsmitteln auf. Damit verschwindet zugleich die Basis für die gemeinsame Produktion von Gütern inklusive der gemeinsamen Aneignung der Produktionsergebnisse, so daß die Produktion nun durch unabhängig voneinander wirtschaftende Haushalte erfolgt. Dieser Umstand und das Faktum der Spezialisierung bzw. der Teilung der Arbeit erfordern den Austausch der Produktionsergebnisse über den Markt. Der Austausch zwischen isoliert voneinander handelnden Wirtschaftseinheiten kann wiederum nur stattfinden, wenn es Verfügungsrechte hinsichtlich der Produktionsergebnisse gibt, die auch die beliebige Übertragung der Arbeitsergebnisse an andere Personen beinhalten. Notwendig wird dadurch die Existenz des Privateigentums. Sobald sich diese Elemente, also das Privateigentum und die Warenproduktion inklusive des Markttausches, entwickelt haben, werden sie ihrerseits zur Ursache weiterer Entfremdungszustände.
Dabei bedingen sich die einzelnen Entfremdungszustände zudem noch gegenseitig. So führt beispielsweise das Vorliegen der Entfremdung von der produktiven menschlichen Tätigkeit zur Existenz entfremdeter Bedürfnisse, welche ihrerseits wiederum - aufgrund des fehlenden Bedürfnisses nach der Entwicklung der individuellen Fähigkeiten - die allseitige Entfaltung der individuellen Persönlichkeit, also die Selbstverwirklichung des Menschen, verhindern. Zusätzlich sorgt das unter isoliert voneinander produzierenden Warenanbietern herrschende Zwangsgesetz der Konkurrenz dafür, daß die Teilung der Arbeit weiter voranschreitet. Insgesamt läßt sich daher feststellen, daß die technisch-wissenschaftlich bedingten Entfremdungen im Laufe der menschlichen Entwicklung abnehmen, während die mit der Anwendung des technisch-wissenschaftlichen Erkenntnisstandes zusammenhängenden Entfremdungsphänomene zunehmen. Zudem wird aus der anfangs nur partiellen Entfremdung des Menschen im Laufe der geschichtlichen Entwicklung eine totale Entfremdung. Die größten Ausprägungen nehmen die Entfremdungsphänomene an, wenn die kapitalistische Teilung der Arbeit und das kapitalistische Privateigentum vorliegen.

Damit ergeben sich hinsichtlich der für die Entfremdungsphänomene verantwortlichen Faktoren die folgenden Ergebnisse: Erstens ist zu erkennen, daß Entfremdungszustände des Menschen stets auftreten, sobald die sie verursachenden Faktoren - und sei dies auch nur in keimförmiger Ausprägung - vorhanden sind. Damit ist die Entfremdung ein Phänomen, welches älter als der Kapitalismus ist. Zudem werden Entfremdungen selbst nach dem Kapitalismus auftreten, sofern in der postkapitalistischen Gesellschaft noch Restformen der die Entfremdung verursachenden Elemente existent sind.[136] Zweitens haben die Untersuchungen zur Auflösung der Urgesellschaft sowie die Analyse des Verhältnisses von entfremdeter Arbeit zum Privateigentum deutlich gemacht, daß die historisch und logisch erste Ursache für gesellschaftlich-organisatorisch bedingte Entfremdungen aus der Teilung der Arbeit besteht. Drittens weist die Tatsache, daß sich einzelne Entfremdungsphänomene gegenseitig bedingen, darauf hin, daß die Aufhebung aller Entfremdungszustände nur simultan erfolgen kann. Es ist daher unmöglich, z. B. entfremdungsfreie Bedürfnisse zu generieren, wenn gleichzeitig die Entfremdung von der produktiven Lebenstätigkeit der Menschen noch nicht beseitigt ist. Schließlich zeigt die Ursachenanalyse viertens, daß die Entfremdung gemäß der Marxschen Konzeption nicht der menschlichen Natur entspringt, sondern statt dessen den "*spezifischen* Bedingungen der Arbeit, der Produktion und der Gesellschaftsstruktur" (Mandel (1968a), S. 181). So (schlecht) wie der wirklich lebende Mensch ist, ist er daher nur, weil die sozio-ökonomischen Gegebenheiten ihn dazu machen. Unter anderen, im folgenden präziser zu beschreibenden Rahmenbedingungen ist hingegen ein anderes menschlichen Dasein möglich. Auch die Selbstverwirklichung des Menschen im Sinne von Marx ist daher kein philosophisches Problem, sondern ein ökonomisches (vgl. Marcuse (1962), S. 244). Damit ist es prinzipiell möglich, die Entfremdungen des wirklich lebenden Menschen aufzuheben. Wie diese Aufhebung erfolgen kann, soll deshalb das Thema des folgenden Kapitels sein.

---

[136] Damit sind Entfremdungszustände im real existierenden Sozialismus angesprochen, die im Abschnitt 4.5. dieser Arbeit behandelt werden.

4. Kapitel: Die Bedingungen für ein entfremdungsfreies Leben

Marx und Engels sind, wenn es um die konkrete Ausgestaltung einer von Entfremdungsphänomenen weitestgehend befreiten Gesellschaft geht, außerordentlich zurückhaltend. Schon früh weist Marx darauf hin, daß er "nicht der Welt doktrinär mit einem neuen Prinzip entgegen" tritt und daß "die Konstruktion der Zukunft" nicht seine Sache ist (vgl. MEW 1, S. 344f.). Deshalb ist das Kardinalthema von Marx und Engels auch nicht die detaillierte Gestaltung der zukünftigen Gesellschaft, sondern die Beseitigung der bestehenden kapitalistischen Produktionsweise. Dies äußert sich beispielsweise darin, daß beide den Kommunismus nicht als einen "*Zustand*, der hergestellt werden soll, ein *Ideal*, wonach die Wirklichkeit sich zu richten haben [wird]" bezeichnen, sondern als "die *wirkliche* Bewegung, welche den jetzigen Zustand aufhebt" (MEW 3, S. 35); eine Position, die Engels 1893 in einem Interview wiederholt:

> "Aber wir haben kein Endziel. Wir sind *Evolutionisten*, wir haben nicht die Absicht, der Menschheit endgültige Gesetze zu diktieren. Vorgefaßte Meinungen in bezug auf die Organisation der zukünftigen Gesellschaft im einzelnen? Davon werden Sie bei uns keine Spur finden. Wir sind schon zufrieden, wenn wir die Produktionsmittel in die Hände der ganzen Gesellschaft gebracht haben, ..." (MEW 22, S. 542).

Trotz der bei Marx und Engels fehlenden Ausgestaltungen der zukünftigen Gesellschaft können - vor allem aufgrund der in den vorangegangenen Kapiteln entwickelten Vorstellungen über ein menschengerechtes Leben und über die Ursachen der Entfremdung - einige Aussagen darüber gemacht werden, welche technischen und organisatorischen Arrangements zu treffen sind, damit das Marxsche Ideal bezüglich des menschlichen Lebens realisiert werden kann. Vorab ist allerdings noch ein terminologisches Problem zu lösen, nämlich die Frage nach der genauen Bezeichnung der von Marx angestrebten Gesellschaftsform. Auf den ersten Blick bietet es sich an, hierfür den Begriff 'kommunistische Gesellschaft' zu verwenden. Dies würde sich mit dem Vorgehen von Marx und Engels decken, die die "neue Gesellschaftsordnung" häufig als 'kommunistische Gesellschaft', 'kommunistische Gesellschaftsordnung' oder 'kommunistische Organisation' bezeichnen.[1] Allerdings birgt diese Bezeichnung zwei Probleme in sich. Zum einen weisen Marx und Engels wiederholt darauf hin, daß der Kommunismus für sie kein anzustrebender Endzustand ist, sondern statt dessen eine Bewegung, die eine menschliche Gesellschaft erst noch hervorbringt.[2] Wenn der Kommunismus aber lediglich die gegen das Bestehende gerichtete Bewegung, nicht aber der anvisierte gesellschaftliche Endzustand ist, dann kann die mit dieser Bewegung verknüpfte Gesellschaft schwerlich als Synonym für die letztendlich angestrebte gesellschaftliche Organisation angesehen werden. Die 'kommunistische

---

[1] Vgl. MEW 2, S. 539-548, MEW 4, S. 370, 377, 476, MEW 19, S. 28, MEW 23, S. 414, Fußnote 116a, MEW 22, S. 236.

[2] Vgl. dazu ÖPM, S. 171 [MEW 40, S. 546], MEW 3, S. 35, 196, MEW 4, S. 321f.

Gesellschaft' wäre vielmehr nur die Gesellschaft einer Übergangsperiode. Zum anderen ist der Terminus 'kommunistische Gesellschaft' mißverständlich, weil Marx zwischen verschiedenen Formen des Kommunismus und damit auch der kommunistischen Gesellschaft unterscheidet. In den ÖPM beispielsweise trennt er den "rohen und gedankenlosen Communismus" von einer höheren Form des Kommunismus, der sich als "vollendeter Humanismus" erweist.[3] Etwas konkreter sind die Ausführungen in der "Kritik am Gothaer Programm". Dort spricht Marx von der "ersten Phase der kommunistischen Gesellschaft" und der "höheren Phase der kommunistischen Gesellschaft". Erstere ist die Gesellschaft der 'Übergangsperiode' zur angestrebten gesellschaftlichen Organisation und beinhaltet noch Elemente der kapitalistischen Produktionsweise. Erst in der höheren Phase sind alle Aspekte der kapitalistischen Gesellschaft eliminiert (vgl. MEW 19, S. 20f.).

Die Umstände, daß der Kommunismus bei Marx und Engels sowohl den Charakter eines Endzustands als auch den eines Prozesses einnimmt und es darüber hinaus verschiedene Formen des Kommunismus gibt, führen dazu, daß die Bedeutung des Terminus 'kommunistische Gesellschaft' nicht eindeutig ist. Mit ihm kann sowohl die unvollkommene Gesellschaft des Übergangs als auch die angestrebte Gesellschaft der Zukunft gemeint sein.[4] Zur Vermeidung derartiger Mißverständnisse werden wir uns im folgenden lediglich mit der menschlichen Gesellschaft des Endzustands auseinandersetzen und die damit zusammenhängende Gesellschaft als 'postkapitalistische Gesellschaft' bezeichnen. Von zentraler Bedeutung für deren Realisation ist die technische und organisatorische Gestaltung der Produktionsprozesse, denn Dreh- und Angelpunkt eines nicht-entfremdeten Lebens ist die Abschaffung der entfremdeten Tätigkeiten. Ihre Abschaffung ist die Voraussetzung dafür, daß auch in den anderen Bereichen des menschlichen Daseins die Phänomene der Entfremdung eliminiert werden können. Sehen wir uns deshalb zuerst die Marxschen Vorstellungen hinsichtlich der postkapitalistischen materiellen Produktion an.

---

[3] Vgl. ÖPM, S. 157-159 [MEW 40, S. 534-536] sowie MEW 2, S. 139.

[4] Heute ist dieses Problem dadurch gelöst, daß die Phase des Übergangs vom Kapitalismus zum Kommunismus mit dem Begriff des Sozialismus bezeichnet wird, der damit die erste Phase des Kommunismus darstellt. Diese Trennung wird von Lenin wie folgt definiert: "Wenn wir uns fragen, was der Kommunismus zum Unterschied vom Sozialismus ist, so müssen wir sagen, daß der Sozialismus die Gesellschaft ist, die unmittelbar aus dem Kapitalismus hervorwächst; er ist die erste Form der neuen Gesellschaft, während der Kommunismus eine höhere Form der Gesellschaft ist, die sich erst dann entwickeln kann, wenn sich der Sozialismus vollständig gefestigt hat", Lenin (1919), S. 274. Zu der Zeit, als Marx seine frühen Schriften verfaßt, gilt eher eine umgekehrte Reihenfolge der beiden Kategorien Kommunismus und Sozialismus. Weil der Kommunismus lediglich negativ definiert ist - als ein Vorgehen gegen das Bestehende -, der Sozialismus aber positiv in dem Sinne, daß er konkrete Aussagen über die zu schaffende Gesellschaft enthält, wird der Sozialismus als eine höhere Kategorie angesehen, vgl. dazu Höppner (1988), S. 274f., Anmerkung 143 und S. 292, Anmerkung 174.

4.1. Zur Abschaffung der Teilung der Arbeit

Im Rahmen der Analyse jener Faktoren, die für das Vorliegen von Entfremdungsphänomenen verantwortlich sind, stellte sich heraus, daß die Teilung der Arbeit in der Gruppe der verursachenden Faktoren die 'Spitzenposition' einnimmt. Die Eliminierung der Teilung der Arbeit ist daher die entscheidende Voraussetzung für die Ermöglichung eines entfremdungsfreien menschlichen Daseins.[5] Allerdings, und dies scheint auf den ersten Blick eine überraschende Feststellung zu sein, geht es dabei nicht um die Abschaffung aller Formen der Arbeitsteilung. Wiederholt weisen Marx und Engels darauf hin, daß sich die von ihnen angestrebte Gesellschaft durch die "Aufhebung der alten Teilung der Arbeit"[6] bzw. durch die Beseitigung der "modernen Teilung der Arbeit"[7] auszeichnet, so daß es lediglich um die "Beseitigung der bisherigen Teilung der Arbeit" (MEW 4, S. 377) geht. Im besonderen streben sie die Eliminierung einer Arbeitsteilung an, die die geistig planenden Tätigkeiten einerseits sowie die körperlich ausführenden Tätigkeiten andererseits auf verschiedene Personen verteilt.[8] Wenn Marx und Engels daher die Abschaffung der Teilung der Arbeit behandeln, zielen sie auf einen Begriff der Arbeitsteilung ab, der sich auf die Zerlegung und Zersplitterung einer Aufgabe in relativ einfache Teilaufgaben sowie die anschließende Übertragung dieser Teiloperationen auf verschiedene Personen bezieht und damit zugleich eine Fremdbestimmung individueller Tätigkeiten inklusive eines Verhältnisses der Über- und Unterordnung besitzt.[9] Nur diese Form der Arbeitsteilung, die den tätigen Menschen lebenslang auf eine ganz bestimme Teilaufgabe fixiert, ohne dabei dessen individuelle Neigungen zu berücksichtigen und ohne ihm die Entwicklung seiner individuellen Fertigkeiten zu erlauben, gilt es zu beseitigen. Andere Formen der Teilung der Arbeit sind hingegen durchaus mit einem entfremdungsfreien menschlichen Dasein vereinbar.

Genaugenommen ist eine weniger extreme Art der Arbeitsteilung in der postkapitalistischen Gesellschaft sogar zwingend erforderlich, weil das Marxsche Ideal des Menschen nicht aus einem alles könnenden Universalgenie besteht.[10] Folglich ist ein Individuum der postkapitalistischen Gesellschaft auch nicht in der Lage, alle Tätigkeiten gleich gut oder gleich gerne auszuüben. Selbst für den entwickelten sowie mit vielfältigen Interessen und Fähigkeiten ausgestatteten Menschen wird es bestimmte Tätigkeiten geben, die er nicht ausführen kann oder will. Um

[5] In der "Deutschen Ideologie" weisen Marx und Engels deshalb auf den Umstand hin, daß die Aufhebung zahlreicher Entfremdungsphänomene "in letzter Instanz bedingt ist durch die Aufhebung der Teilung der Arbeit", MEW 3, S. 424.

[6] MEW 23, S. 512, ähnlich z. B. MEW 20, S. 273.

[7] MEW 3, S. 378, ähnlich z. B. MEW 4, S. 338. Noch genauer wird Engels, der die "naturwüchsige *planlose* Teilung der Arbeit", MEW 20, S. 251, angreift.

[8] Vgl. dazu MEW 3, S. 31f. und Abschnitt 3.2. dieser Arbeit.

[9] Vgl. Dahrendorf (1965), S. 512, Kuhn (1977), S. 264f. Bei Wollseiffen findet sich daher zu Recht die folgende Aussage: "Kommunismus bedeutet nicht Abschaffung der Arbeitsteilung, sondern deren herrschaftsfreie Gestaltung", Wollseiffen (1976), S. 58. Ziel ist daher eine Form der Teilung der Arbeit, die die "Herrschaftslosigkeit in der Produktionsweise" zuläßt, vgl. Haug (1994), Spalte 410.

[10] Vgl. dazu die Ausführungen des Abschnitts 1.2.3. dieser Arbeit.

dennoch nicht auf die mit diesen Handlungen verknüpften Gegenstände verzichten zu müssen, ist er auf die Tätigkeiten anderer Menschen angewiesen, die ihm diese Gegenstände zur Verfügung stellen. Außerdem gehört es zum Wesen des Menschen, daß der Mensch - anders als das Tier - für seinen Mitmenschen produziert, so daß sich die Menschen durch den Austausch von individuellen Tätigkeiten "wechselseitig nützen", indem sie "die unterschiednen Eigenschaften ihrer species" zusammenlegen.[11] Arbeitsteilung, verstanden als der Umstand, daß nicht jeder alles tut, sondern daß statt dessen bestimmte Betätigungen von bestimmten Einzelpersonen ausgeübt werden, die ihre Handlungsergebnisse wiederum anderen Personen zukommen lassen, findet daher auch in der von Marx angestrebten Gesellschaft statt. Im Unterschied zur kapitalistischen Teilung der Arbeit zeichnet sich die neue Form der Arbeitsteilung allerdings unter anderem dadurch aus, daß die Tätigkeiten eines Individuums umfassender und abwechslungsreicher sind und den individuellen Neigungen entsprechend ausgewählt werden. Aufgrund dieser Eigenschaften ist die Teilung der Arbeit mit der produktiven Lebenstätigkeit des Menschen vereinbar, so daß passender von einer 'Teilung der Tätigkeiten' gesprochen werden sollte. Im Rahmen der entfremdungsfreien Teilung der Tätigkeiten kann der Mensch daher "heute dies, morgen jenes" (MEW 3, S. 33) - aber eben nicht alles - tun und somit hinsichtlich dieser Aspekte der Handlung eine unentfremdete Tätigkeit ausüben.

Die bisher beschriebene Teilung der Tätigkeiten besitzt allerdings eine bislang noch nicht erwähnte Voraussetzung: Es muß im Rahmen der freiwilligen Zuordnung der Individuen zu bestimmten Tätigkeiten sichergestellt sein, daß die Reproduktion der Gesellschaft garantiert wird. Anders ausgedrückt darf es keine Tätigkeiten geben, die für das Überleben der Gesellschaft zwingend erforderlich sind, aber von keinem Individuum freiwillig übernommen werden. Für die Bewältigung dieser Problematik ergeben sich zwei grundsätzliche Lösungswege, die an dieser Stelle lediglich angedeutet und erst im Abschnitt 4.3. dieser Arbeit ausführlich erörtert werden. Die erste Möglichkeit besteht aus der vollständigen Automatisierung der Produktion jener Güter, die für die Reproduktion der Gesellschaft notwendig sind. In diesem Fall existiert das oben genannte Zuordnungsproblem nicht, weil es die erwähnten auszuübenden Tätigkeiten nicht mehr gibt. Die zweite Lösungsmöglichkeit läuft darauf hinaus, daß es stets genügend Individuen gibt, die ein Bedürfnis nach der Ausübung der genannten notwendigen Betätigungen verspüren und deshalb diese Tätigkeiten in dem zur Reproduktion der Gesellschaft erforderlichen Umfang ausführen, weil sie "gerade Lust" (MEW 3, S. 33) dazu verspüren. Ohne zuviel vorwegzunehmen, kann hier bereits folgendes festgestellt werden: Beide Lösungen implizieren, daß in der postkapitalistischen Gesellschaft alle notwendigen Handlungen freiwillig ausgeübt werden und die beschriebenen Zuordnungsprobleme entfallen. Daß aber diese optimistischen Entwicklungen nicht jene sind, die Marx für die wahrscheinlichen hält, macht er in seinen spä-

---

[11] Vgl. ÖPM, S. 213 [MEW 40, S. 560f.] sowie Abschnitt 1.2.2. dieser Arbeit. Wenn der einzelne also "alles auf einmal tun" müßte, so würde er damit "die Sozietät überflüssig" machen, vgl. MEW 1, S. 323.

teren Werken unmißverständlich deutlich. Im dritten Band des "Kapitals" stellt er fest, daß es selbst in der zukünftigen Gesellschaft Tätigkeiten gibt, die nicht seinem Ideal der produktiven menschlichen Tätigkeit entsprechen. Diese Handlungen weist er dem "Reich der Notwendigkeit" (MEW 25, S. 828) zu, welches vereinfachend als der Bereich der entfremdeten Betätigungen umschrieben werden kann. Die Produzenten der zukünftigen Gesellschaft mögen zwar in der Lage sein, diese Tätigkeiten unter den der "menschlichen Natur würdigsten und adäquatesten Bedingungen" zu vollziehen (vgl. MEW 25, S. 828), aber sie können dennoch nicht alle Eigenschaften der produktiven Tätigkeit in diesem Bereich menschlichen Handelns verwirklichen.[12] Für die hier interessierende Problematik der Teilung der Arbeit in der postkapitalistischen Gesellschaft ergibt sich damit folgende Konsequenz: Weil es auch in dieser Gesellschaftsform entfremdete Tätigkeiten gibt, liegt das bereits dargestellte Zuordnungsproblem vor.

Gelöst wird es von den 'assoziierten Produzenten' bzw. von dem 'Verein freier Menschen' dadurch, daß sie gemeinschaftlich eine planmäßige Teilung der Arbeit organisieren. Im Rahmen dieser gemeinschaftlichen und bewußten Kontrolle der gesellschaftlichen Produktionsprozesse, deren genaue Organisationsform das Thema des Abschnitts 4.3. dieser Arbeit sein soll, wird die Arbeitszeit, die zur Erhaltung und Reproduktion aller Gesellschaftsmitglieder erforderlich ist, durch eine "gesellschaftlich planmäßige Verteilung" unter den einzelnen Gesellschaftsmitgliedern aufgeteilt. Die Zuteilung erfolgt derart, daß erstens "die richtige Proportion der verschiednen Arbeitsfunktionen zu den verschiednen Bedürfnissen" gewährleistet wird und zweitens jeder Produzent einen individuellen Anteil "an der Gemeinarbeit" ausführt.[13] Diese Form der Teilung der Arbeit hat allerdings nur noch sehr wenig mit der kapitalistischen Arbeitsteilung gemeinsam. Abgesehen von dem Umstand, daß verschiedene Arbeitsfunktionen von unterschiedlichen Personen ausgeführt werden, also nicht jeder alles macht und insofern eine Teilung der Arbeit innerhalb der Gesellschaft besteht, unterscheiden sich beide Arten der Arbeitsteilung erheblich. Zunächst einmal nehmen die mit den ausführenden Produktionstätigkeiten betrauten Personen auch an den planenden, organisatorischen Teilen der Produktion teil, so daß die Trennung zwischen den geistigen und den körperlichen Tätigkeiten aufgehoben ist. Des weiteren findet selbst im Bereich der zur Erhaltung der Gesellschaft notwendigen Arbeit ein häufiger Tätigkeitswechsel statt, der unter anderem die Entwicklungsbedürfnisse der tätigen Menschen berücksichtigt und dadurch die Entwicklung der individuellen Persönlichkeit erlaubt. Schließlich zeichnen sich die von der planmäßigen Teilung der Arbeit betroffenen Handlungen noch dadurch aus, daß sie unter Bedingungen stattfinden, die dem wahren

---

[12] Zur Bedeutung der Begriffe 'Reich der Freiheit' und 'Reich der Notwendigkeit' sowie zur Unmöglichkeit einer vollständigen Eliminierung aller Phänomene der Entfremdung vgl. Abschnitt 4.3. dieser Arbeit.

[13] Vgl. zur gemeinschaftlichen und planmäßigen Teilung der Arbeit MEW 23, S. 92-94, 379 und MEW 25, S. 828. Im "Manifest der kommunistischen Partei" gehen Marx und Engels sogar so weit, durch einen gleichen "Arbeitszwang für alle" jedes Gemeinschaftsmitglied an der zur Reproduktion der Gemeinschaft erforderlichen Arbeit zu beteiligen, vgl. MEW 4, S. 481.

menschlichen Wesen entsprechen. Dies beinhaltet z. B. die Reduktion der Länge des Arbeitstages sowie eine größere Autonomie am Arbeitsplatz hinsichtlich der räumlichen und zeitlichen Organisation der zu erledigenden Aufgaben.[14] Grundsätzlich kann die Teilung der Arbeit daher so gestaltet werden, daß Entfremdungsphänomene nicht mehr mit ihr verknüpft sind:

> "Als wäre Teilung der Arbeit nicht ebensowohl möglich ..., wenn ihre Bedingungen den assoziierten Arbeitern gehörten und sie sich zu ihnen verhielten als das, was sie [in] natura sind, ihren eignen Produkten und den gegenständlichen Elementen ihrer eignen Tätigkeit." (MEW 26.3, S. 269).

Alles in allem erweist sich die von Marx und Engels angestrebte Aufhebung der Teilung der Arbeit primär als die Eliminierung der vertikalen, also zwischen geistiger und körperlicher Tätigkeit trennenden Arbeitsteilung[15] sowie als die Beseitigung der extremen Zersplitterung des Arbeitsprozesses in Teilverrichtungen.

4.2. Zur Abschaffung des Privateigentums

Das kapitalistische Privateigentum ist neben der kapitalistischen Teilung der Arbeit ein wichtiger Faktor für das Vorliegen von Entfremdungsphänomenen, so daß dessen Eliminierung die zweite entscheidende Voraussetzung für ein entfremdungsfreies menschliches Dasein darstellt. Bevor allerdings die Abschaffung des Privateigentums erörtert wird, ist es sinnvoll, das Wesen des Eigentums im Marxschen Sinne zu nennen:

> "*Eigentum* meint also ursprünglich ... Verhalten des arbeitenden (produzierenden) Subjekts (oder sich reproduzierenden) zu den Bedingungen seiner Produktion oder Reproduktion als den seinen. Es wird daher auch verschiedne Formen haben nach den Bedingungen dieser Produktion." (Grundrisse, S. 395).

Das Eigentum beschreibt das Verhältnis der tätigen Menschen zu den mit der Produktion verbundenen Gegenständen, d. h. zu den Produktionsmitteln und den Produktionsergebnissen. Eine Regelung hinsichtlich der Fragen, wer wann und wo welche Produktionsmittel nutzen darf und wem die Ergebnisse dieser Tätigkeit zufallen, ist offensichtlich eine Aufgabe, die in jeder Gesellschaft gelöst werden muß. Weil jede Gesellschaft irgendwelche Regelungen bezüglich des Verhältnisses zwischen den tätigen Personen und den Produktionsmitteln bzw. -ergebnissen treffen muß, gibt es in jeder Gesellschaft Eigentum im oben definierten Sinn. Deshalb stellen Marx und Engels im "Manifest der Kommunistischen Partei" fest: "Was den Kommunismus auszeichnet, ist nicht die Abschaffung des Eigentums überhaupt, sondern die Abschaffung des bürgerlichen Eigentums" (MEW 4, S. 475). Noch genauer geht es beiden darum, "das moderne

---

[14] Vgl. statt vieler MEW 2, S. 521-534, MEW 4, S. 377, MEW 17, S. 342-346, 546, MEW 19, S. 21, MEW 23, S. 92-94, 378f., MEW 25, S. 828.

[15] Vgl. zur Abschaffung der vertikalen Teilung der Arbeit Bahro (1977), z. B. S. 321-332, 482, 488.

bürgerliche Privateigentum" aufzuheben (vgl. MEW 4, S. 475). Aufgrund der bereits dargestellten Existenz verschiedener Formen des Privateigentums innerhalb der Marxschen Konzeption dieses Begriffs[16] ist es ersichtlich, daß es sich bei der geforderten Abschaffung des Privateigentums lediglich um die Eliminierung bestimmter Formen des Privateigentums handelt. Ausdrücklich weist Marx beispielsweise auf die Notwendigkeit des Vorliegens materieller Gegenstände für die reiche Individualität hin, wenn er feststellt, daß "das private Haus, die parzellenweise Bewirtschaftung des Ackerlandes und die private Aneignung der Früchte eine Entwicklung der Persönlichkeit gestatten" (MEW 19, S. 388). Noch allgemeiner formuliert Marx diese Notwendigkeit in den ÖPM:

> "... der Sinn des Privateigenthums - losgelöst von seiner Entfremdung - ist das *Dasein* der *wesentlichen Gegenstände* für d[en] Menschen, sowohl als Gegenstand des Genusses, wie der Thätigkeit." (ÖPM, S. 217 [MEW 40, S. 563]).[17]

Auch in der postkapitalistischen Gesellschaft ist es somit erforderlich, daß ein Individuum über jene materiellen Gegenstände verfügt, die es für die eigene produktive Tätigkeit benötigt. Folglich sind gesellschaftliche Regelungen erforderlich, die das Verhältnis zwischen dem tätigen Menschen und den sachlichen Produktionsbedingungen normieren. Dies aber bedeutet nichts anderes, als daß es auch in der postkapitalistischen Gesellschaft eine bestimmte Form des Eigentums im Marxschen Sinne geben muß.[18] Darüber hinaus ist ein zweites Argument zu nennen, das die Notwendigkeit einer besonderen Eigentumsform in der postkapitalistischen Gesellschaft untermauert. Hierbei handelt es sich um den Aspekt, daß es zur produktiven Lebenstätigkeit des Menschen gehört, "sich den Naturstoff in einer für sein eignes Leben brauchbaren Form anzueignen" (MEW 23, S. 192). Das Verbot einer individuellen Aneignung der Ergebnisse der eigenen produktiven Betätigung würde deshalb eine Entfremdung von dieser Lebenstätigkeit darstellen. Erforderlich für eine dem menschlichen Wesen entsprechende produktive Tätigkeit ist deshalb die Möglichkeit seitens der Produzenten, sich die Ergebnisse der eigenen Tätigkeit anzueignen. Im "Manifest der Kommunistischen Partei" heißt es dazu: "Der Kommunismus nimmt keinem die Macht, sich gesellschaftliche Produkte anzueignen" (MEW 4, S. 477). Das auf der eigenen Tätigkeit basierende individuelle Eigentum an den Ergebnissen des Arbeitsprozesses ist deshalb in einer dem wahren menschlichen Wesen entsprechenden Ge-

---

[16] Vgl. dazu Abschnitt 3.2. dieser Arbeit.

[17] Auch im "Kapital" wird die Bedeutung des Privateigentums unterstrichen durch die Feststellung, daß das "Privateigentum des Arbeiters an seinen Produktionsmitteln ... eine notwendige Bedingung für die Entwicklung ... der freien Individualität des Arbeiters selbst", MEW 23, S. 789, darstellt.

[18] Eine hiervon abweichende Meinung vertritt beispielsweise Avineri. Seiner Ansicht nach ist das individuelle Eigentum an sachlichen Gegenständen keine Voraussetzung für die Entwicklung der individuellen Persönlichkeit, so daß er konsequenterweise bei Marx die Forderung nach der "abolition of all property relations" sieht, vgl. Avineri (1968), S. 109. Aufgrund der hier vorgestellten Argumentation können wir diesem Urteil nicht zustimmen.

sellschaft beizubehalten bzw. erst noch zu etablieren, so daß für das Individuum ein "wirkliches Eigentum an den Früchten seiner Arbeit" (MEW 17, S. 552) ermöglicht wird.
Damit kann unmißverständlich festgestellt werden, daß es selbst in der postkapitalistischen Gesellschaft die Institution des 'individuellen Eigentums' gibt. Die genaue Ausgestaltung dieser Eigentumsform gilt es nun zu analysieren. Marx deutet seine Vorstellungen zu dieser Thematik beispielsweise in den Ausführungen "Der Bürgerkrieg in Frankreich" und zum Ende des ersten Bandes von "Das Kapital" in längeren Passagen wie folgt an:

> "Jawohl, meine Herren, die Kommune wollte jenes Klasseneigentum abschaffen, das die Arbeit der vielen in den Reichtum der wenigen verwandelt. ... Sie wollte das individuelle Eigentum zu einer Wahrheit machen, indem sie die Produktionsmittel, den Erdboden und das Kapital, jetzt vor allem die Mittel zur Knechtung und Ausbeutung der Arbeit, in bloße Werkzeuge der freien und assoziierten Arbeit verwandelt." (MEW 17, S. 342).
> "Die aus der kapitalistischen Produktionsweise hervorgehende kapitalistische Aneignungsweise, daher das kapitalistische Privateigentum, ist die erste Negation des individuellen, auf eigne Arbeit gegründeten Privateigentums. Aber die kapitalistische Produktion erzeugt mit der Notwendigkeit eines Naturprozesses ihre eigne Negation. Es ist Negation der Negation. Diese stellt nicht das Privateigentum wieder her, wohl aber das individuelle Eigentum auf Grundlage der Errungenschaft der kapitalistischen Ära: der Kooperation und des Gemeinbesitzes der Erde und der durch die Arbeit selbst produzierten Produktionsmittel." (MEW 23, S. 791).

Das individuelle Eigentum ist danach auf das engste mit dem gemeinschaftlichen Eigentum an den Produktionsmitteln verknüpft. Die gesellschaftlichen Produktionsmittel sind die Basis für eine gemeinsame Entscheidung bezüglich der materiellen Produktion, d. h. die Gemeinschaft der assoziierten Produzenten entscheidet kollektiv über die Ziele und den Ablauf der Produktionsprozesse sowie die Verwendung und Verteilung der hergestellten Produktionsergebnisse. An dieser Entscheidung partizipieren alle Individuen und regeln insofern ihr individuelles Verhältnis zu den sachlichen Gegebenheiten der Produktion bewußt und selbstbestimmt. Dadurch, daß auf der Grundlage des gesellschaftlichen Eigentums die individuellen Verhältnisse zwischen den tätigen Menschen und den sachlichen Produktionsbedingungen geregelt werden, stellt das gesellschaftliche Eigentum an den Produktionsmitteln zugleich das individuelle Eigentum dar, weil es jedem Individuum ermöglicht, sein eigenes Verhältnis zu den Produktionsbedingungen - wenn auch in Zusammenarbeit mit den Mitmenschen - selbst zu bestimmen.[19] Entscheidend für das individuelle Eigentum ist daher der freie Wille, mit dem ein Mensch den materiellen Gegenständen gegenübertritt (vgl. Pohrt (1995), S. 227-229).

[19] Anders ausgedrückt: Die demokratisch-egalitäre Leitung und Kontrolle der Produktionsprozesse erlaubt jedem Individuum die Einflußnahme auf die Produktion sowie auf sein Verhältnis zu den Produktionsmitteln und -ergebnissen und stellt dadurch das individuelle Eigentum im Sinne von Marx dar.

Als Fazit dieser Erörterung kann festgehalten werden, daß die geforderte Abschaffung des Privateigentums lediglich die "Aufhebung des bürgerlichen Eigentums" bzw. die Abschaffung dessen, was sich als "das moderne bürgerliche Privateigentum" darstellt (vgl. MEW 4, S. 475), bedeutet, nicht aber die Eliminierung des Privateigentums schlechthin. Die Form des Privateigentums bzw. des individuellen Eigentums, die auf der eigenen Tätigkeit des Produzenten beruht, soll keinesfalls beseitigt werden, da sie integraler Bestandteil der produktiven Lebenstätigkeit des Menschen ist und somit erst einen entfremdungsfreien Zustand ermöglicht. Sinn dieser Form des Eigentums ist die Bereitstellung der für den Genuß und die Tätigkeit erforderlichen Gegenstände.[20] Dies ermöglicht gleichzeitig die individuelle Aneignung der Gegenstände, die für die Entwicklung der persönlichen Fähigkeiten erforderlich sind.[21] Dabei befinden sich die zur Reproduktion der Gesellschaft erforderlichen Gegenstände im gemeinschaftlichen Eigentum, ohne daß dies ein gleichzeitig vorliegendes individuelles Eigentums an diesen Dingen verhindert. Über die gemeinsame Entscheidung und Ausführung der materiellen Produktion ermöglicht es das gemeinschaftliche Eigentum den Individuen, daß sie ihr Verhältnis zu den sachlichen Produktionsbedingungen selbstbestimmt festlegen. Erst durch diesen Vorgang wird ein individuelles Eigentum im Marxschen Sinn etabliert, so daß die Idee des gemeinschaftlichen Besitzes an Produktionsmitteln keinesfalls die Eliminierung des individuellen Eigentums bedeutet.

Im nächsten Schritt ist zu erörtern, wie auf der Grundlage dieses - sowohl gemeinschaftlichen als auch individuellen - Eigentums die Organisation der materiellen Produktion zu erfolgen hat.

4.3. Die Organisation einer entfremdungsfreien Produktion

Eine frühe Beschreibung der dem Menschen adäquaten Produktionsform findet sich in den Mill-Exzerpten des Jahres 1844, in denen Marx seine Vorstellungen zu dieser Thematik wie folgt formuliert:

> "Gesetzt, wir hätten als Menschen produziert: Jeder von uns hätte in seiner Produktion sich selbst und den andren *doppelt bejaht*. Ich hätte 1. in meiner *Produktion* meine *Individualität*, ihre *Eigentümlichkeit* vergegenständlicht und daher sowohl während der Tätigkeit eine individuelle *Lebensäußerung* genossen, als im Anschauen des Gegenstandes die individuelle Freude, meine Persönlichkeit als *gegenständliche, sinnlich anschaubare* und darum *über allen Zweifel erhabene* Macht

[20] Marx nennt diese Formen des Privateigentums, wie bereits erwähnt, unter anderem das "individuelle Eigentum" oder "wirkliches Eigentum", MEW 17, S. 342, 552, MEW 23, S. 791, bzw. Privateigentum "losgelöst von seiner Entfremdung", ÖPM, S. 217 [MEW 40, S. 563], und "freies Privateigentum", MEW 23, S. 252, ähnlich MEW 23, S. 789.

[21] Zu denken ist bei diesen Gegenständen beispielsweise an "das private Haus", MEW 19, S. 388, oder an jene Gegenstände, die für die Entwicklung individueller Fähigkeiten durch die Ausübung einer produktiven Tätigkeit erforderlich sind, z. B. die Werkzeuge, die ein bildhauerisch interessierter Mensch zur Entfaltung und Entwicklung seiner bildhauerischen Fertigkeiten benötigt.

zu wissen. 2. In deinem Genuß oder deinem Gebrauch meines Produkts hätte ich *unmittelbar* den Genuß, sowohl des Bewußtseins, in meiner Arbeit ein *menschliches* Bedürfnis befriedigt, also das *menschliche* Wesen vergegenständlicht und daher dem Bedürfnis eines andern *menschlichen* Wesens seinen entsprechenden Gegenstand verschafft zu haben, 3. für dich der *Mittler* zwischen dir und der Gattung gewesen zu sein, also von dir selbst als eine Ergänzung deines eignen Wesens und als ein notwendiger Teil deiner selbst gewußt und empfunden zu werden, also sowohl in deinem Denken wie in deiner Liebe mich bestätigt zu wissen, 4. in meiner individuellen Lebensäußerung unmittelbar deine Lebensäußerung geschaffen zu haben, also in meiner individuellen Tätigkeit unmittelbar mein wahres Wesen, mein *menschliches*, mein *Gemeinwesen bestätigt* und *verwirklicht* zu haben." (MEW 40, S. 462).

Und 31 Jahre später äußert sich Marx in ähnlicher Weise:

"In der höheren Phase der kommunistischen Gesellschaft, nachdem die knechtende Unterordnung der Individuen unter die Teilung der Arbeit, damit auch der Gegensatz geistiger und körperlicher Arbeit verschwunden ist; nachdem die Arbeit nicht nur Mittel zum Leben, sondern selbst das erste Lebensbedürfnis geworden; nachdem mit der allseitigen Entwicklung der Individuen auch ihre Produktivkräfte gewachsen und alle Springquellen des genossenschaftlichen Reichtums voller fließen - erst dann kann der enge bürgerliche Rechtshorizont ganz überschritten werden und die Gesellschaft auf ihre Fahne schreiben: Jeder nach seinen Fähigkeiten, jedem nach seinen Bedürfnissen!" (MEW 19, S. 21).

Beide Passagen beschreiben alle wesentlichen Kriterien einer entfremdungsfreien Produktion, da bei ihr die entscheidenden Elemente der Marxschen Anthropologie erfüllt sind: die Individualität, die produktive Tätigkeit als genußbringender Selbstzweck, die Befriedigung menschlicher, sprich unentfremdeter Bedürfnisse sowie das soziale Wesen des Menschen. Allerdings besitzen diese Beschreibungen zwei entscheidende Defizite. Erstens erfahren wir nahezu nichts über die praktische Realisierung dieser Idealvorstellungen. Abgesehen von der kurz erwähnten Abschaffung des Privateigentums (vgl. MEW 40, S. 463) sowie der Eliminierung der Teilung der Arbeit (vgl. MEW 19, S. 21) bleibt es unklar, welche Maßnahmen ergriffen werden müssen, um die dem menschlichen Wesen angemessene Form der Produktion zu realisieren. Zweitens nennt Marx die von ihm beschriebene Tätigkeit "*freie Lebensäußerung*, daher *Genuß* des *Lebens*", die keine "*erzwungene* Tätigkeit" darstellt, weil sie frei von äußeren Zwecken bzw. frei von äußerer Not ist (vgl. MEW 40, S. 463). Was aber ist mit den Tätigkeiten, die zum Zwecke des menschlichen Überlebens durchgeführt werden müssen? Wenn der biologische Lebensprozeß des Menschen die Ziele dieser Betätigungen vorschreibt, unterliegen die Handlungen aufgezwängten Zielen und können deshalb nicht als selbstbestimmte Tätigkeiten eingestuft werden. Damit aber erweisen sich diese Handlungen als entfremdete Tätigkeiten, so daß die Menschen - entgegen der Ankündigung der eingangs zitierten Passage - nicht "als Menschen produziert" hätten.

Während wir die Lösung des erstgenannten Defizits auf den Abschnitt 4.3.1. dieser Arbeit verschieben, erfolgt hier die Bearbeitung des zweiten Problemkomplexes. Konkret geht es um die Frage, ob es durch technische und/oder organisatorische Modifikationen gelingt, die Betätigungen, die durch die physischen Notwendigkeiten des bloßen Überlebens bestimmt werden, vollständig zu eliminieren. Die zitierte Passage der Mill-Exzerpte könnte dahingehend interpretiert werden, daß eine vollkommen entfremdungsfreie Tätigkeitsausübung möglich ist. Der genannte Einwand - d. h. die durch die biologischen Lebensprozesse vorgegebenen Handlungsziele - spricht allerdings dafür, daß diese Textstelle nur die Tätigkeiten umfaßt, die nicht für das Am-Leben-Bleiben der Menschen zwingend erforderlich sind. Sie betrifft deshalb lediglich die Tätigkeiten, die unabhängig von den physischen Bedürfnissen des Überlebens ausgeübt werden, also erst nach der Sicherstellung des Überlebens erfolgen.[22] Wie aber gestaltet sich die Reduzierung der Entfremdung in der Sphäre der zum Überleben der Menschen erforderlichen materiellen Produktion? Marx gibt hierfür im wesentlichen zwei Lösungen an. Die erste besteht aus der Überlegung, die entfremdete Tätigkeit durch die Automation der Produktion zu eliminieren, während der zweite Lösungsweg akzeptiert, daß eine vollständige Beseitigung aller entfremdeten Betätigungen unmöglich ist. Gemäß der zweiten Überlegung kann aufgrund des biologisch gegebenen Tatbestands der nicht frei wählbaren Tätigkeiten zum Zwecke des Überlebens nur versucht werden, die damit verknüpften Tätigkeiten möglichst human zu gestalten. Beide Lösungen gilt es im folgenden näher zu analysieren.

Die Automation der Produktion ist ein Thema der "Grundrisse". Sie wird beschrieben als ein Prozeß, in dem die unmittelbare menschliche Arbeit aufhört, die "Basis der Produktion zu sein" (Grundrisse, S. 597). Statt dessen nimmt der Mensch eine überwachende und regelnde Betätigung wahr, so daß "sich der Mensch vielmehr als Wächter und Regulator zum Produktionsprozeß selbst verhält" (Grundrisse, S. 592). Dadurch, daß "die Arbeit, wo der Mensch in ihr tut, was er Sachen für sich tun lassen kann, aufgehört hat" (Grundrisse, S. 231), befreit die Automation den Menschen von einer materiellen Tätigkeit, deren Ziele nicht autonom gewählt werden können.[23] Die Automation ist folglich in der Lage, den Menschen von der Notwendigkeit körperlicher Betätigungen im Rahmen des Stoffwechsels mit der Natur zu befreien, und stellt deshalb auf den ersten Blick die Befreiung des Menschen von der entfremdeten Tätigkeit dar.[24] Tatsächlich aber ist selbst unter diesen Umständen die völlige Abschaffung entfremdeter

---

[22] Dies deckt sich mit den Aussagen der ÖPM, in denen Marx feststellt, daß "der Mensch selbst frei vom physischen Bedürfniß producirt und erst wahrhaft producirt, in der Freiheit von demselben", ÖPM, S. 137 [MEW 40, S. 517].

[23] Auch in "Das Elend der Philosophie" äußert sich Marx positiv über die Automation der Fabrik: "Die automatische Fabrik beseitigt die Spezialisten und den Fachidiotismus", MEW 4, S. 157.

[24] Die Befreiung von der Notwendigkeit eigener Anstrengungen zum Zwecke des biologischen Überlebens stellt nach Ansicht einiger Autoren "das einzig wirklich utopische Element" der Marxschen Vorstellungen dar, denn selbst in dem antiken Konzept der Muße ist die vollständige Eliminierung der Tätigkeiten zum Zwecke des physischen Überlebens nicht existent. Vielmehr ist das Konzept der Muße zu verstehen als die bewußte Enthaltung von derartigen Handlungen, was das Vorhandensein dieser Tätigkeiten zwingend voraussetzt. Vgl. dazu Arendt (1994), S. 118f. und die Anmerkungen 83, 84 auf S. 345f. sowie die dort angegebene Literatur.

Tätigkeiten nicht möglich. Unterstellt, es gäbe eine ausschließlich durch Maschinen ausgeführte Produktion materieller Güter, so sind selbst in diesem Fall noch mindestens zwei Aspekte zu beachten, die eine vollkommene Auslöschung des Tatbestands der Entfremdung verhindern. Erstens ist an die Menschen zu denken, die die produzierenden Maschinen warten und überwachen. Unabhängig von der Leichtigkeit, Kürze und anderen positiven Aspekten dieser Tätigkeit gilt auch hier: Der Zweck der Tätigkeit wird von außen aufgezwängt, so daß eine entfremdete Tätigkeit vorliegt. Zweitens gehört zu einer restlos unentfremdeten Tätigkeit die vollständige intellektuelle Beherrschung der jeweiligen Tätigkeit, d. h. eine selbstbestimmte, souveräne Handlung verlangt auch die bewußte Planung dieser Handlung, was wiederum das Verstehen des gesamten Handlungsablaufs voraussetzt. Die vollständige intellektuelle Beherrschung der Produktionsprozesse ist aber bereits bei den gegenwärtig vorliegenden Techniken kaum möglich, und für die angesprochenen zukünftigen, noch komplexeren technischen Gegebenheiten wird sie wahrscheinlich für kein Individuum möglich sein. Alles in allem erweist sich selbst die Automation angesichts dieser Defizite als nicht in der Lage, die Entfremdung im Bereich der menschlichen Tätigkeit restlos zu eliminieren.

Dies anerkennend, findet sich bei Marx im dritten Band des "Kapitals" die Unterscheidung zwischen dem 'Reich der Notwendigkeit' und dem 'Reich der Freiheit'. Diese Konzeption beinhaltet die zweite, bereits erwähnte, Lösung, welche die Unmöglichkeit einer vollständigen Abschaffung aller entfremdeten Tätigkeiten akzeptiert. Die in diesem Zusammenhang relevante Passage[25] lautet wie folgt:

> "Das Reich der Freiheit beginnt in der Tat erst da, wo das Arbeiten, das durch Not und äußere Zweckmäßigkeit bestimmt ist, aufhört; es liegt also der Natur der Sache nach jenseits der Sphäre der eigentlichen materiellen Produktion. Wie der Wilde mit der Natur ringen muß, um seine Bedürfnisse zu befriedigen, um sein Leben zu erhalten und zu reproduzieren, so muß es der Zivilisierte, und er muß es in allen Gesellschaftsformen und unter allen möglichen Produktionsweisen. Mit seiner Entwicklung erweitert sich dies Reich der Naturnotwendigkeit, weil die Bedürfnisse; aber zugleich erweitern sich die Produktivkräfte, die diese befriedigen. Die Freiheit in diesem Gebiet kann nur darin bestehn, daß der vergesellschaftete Mensch, die assoziierten Produzenten, diesen ihren Stoffwechsel mit der Natur rationell regeln, unter ihre gemeinschaftliche Kontrolle bringen, statt von ihm als von einer blinden Macht beherrscht zu werden; ihn mit dem geringsten Kraftaufwand und unter den ihrer menschlichen Natur würdigsten und adäquatesten Bedingungen vollziehn. Aber es bleibt dies immer ein Reich der Notwendigkeit. Jenseits desselben beginnt die menschliche Kraftentwicklung, die sich als Selbstzweck gilt, das wahre Reich der Freiheit, das aber nur auf jenem Reich der Notwendigkeit als seiner Basis aufblühn kann." (MEW 25, S. 828).

[25] Nach Ansicht Fromms enthält diese Textstelle "die Quintessenz des Marxschen Denkens", Fromm (1964), S. 398.

Hier wird zwischen zwei Arten der Tätigkeit unterschieden. Einerseits ist der Mensch zum Zwecke des Überlebens auf eine materielle Produktion angewiesen, da die vorgefundene Natur im Regelfall unmittelbar für die menschliche Bedürfnisbefriedigung ungeeignet ist. Damit wird eine Umformung der Natur durch den Menschen, also eine materielle Produktion, notwendig. Zu denken ist dabei in erster Linie an die Herstellung von Nahrungsmitteln, Kleidung und Wohnraum, d. h. an die Gewinnung von Lebensmitteln im Sinne von Mitteln, die für das Überleben der Menschen erforderlich sind.[26] Bei dieser zum Überleben notwendigen materiellen Produktion werden die Ziele der damit verbundenen Tätigkeiten dem jeweiligen Produzenten aufoktroyiert. Selbst die Assoziation der freien Produzenten unterliegt hinsichtlich ihrer Ziele in diesem Bereich einer Fremdbestimmung durch die biologischen Lebensprozesse, so daß es sich bei den betreffenden Tätigkeiten um entfremdete handelt. Aufgrund der Beschaffenheit der Natur, die eine unmittelbare Befriedigung menschlicher Bedürfnisse nicht ermöglicht, ist die restlose Eliminierung der Entfremdung undenkbar.[27] Das 'Reich der Notwendigkeit' besteht somit aus denjenigen Tätigkeiten, die niemals vollständig unentfremdet sein können. Daß dieser Bereich von Tätigkeiten die Menschheit stets begleiten muß, ist Marx und Engels schon sehr früh bewußt. In der "Deutschen Ideologie" setzen sie sich mit einer These von Rudolph Matthäi auseinander, der sie nicht zustimmen:

> "Um zu beweisen, daß die Arbeit, eine Äußerung des Lebens, Genuß bringen soll, wird unterstellt, daß das Leben in *jeder* Äußerung Genuß bringen soll, ..." (MEW 3, S. 471).

Marx und Engels streben somit einen Zustand an, in dem grundsätzlich "die Tätigkeit selbst Genuß bieten soll" (MEW 3, S. 506). Dennoch sind beide nicht so naiv zu meinen, daß dies auch in jedem Moment der menschlichen Betätigung der Fall sein wird. Beide sind sich der Unaufhebbarkeit der Arbeit im Sinne einer entfremdeten Tätigkeit durchaus bewußt. Die Unmöglichkeit der vollkommenen Eliminierung der Entfremdung ist aber nicht gleichbedeutend mit der Unmöglichkeit einer Verminderung der vorhandenen Ausmaße der Entfremdung. Selbst wenn die Tätigkeiten im Rahmen der zum Überleben erforderlichen materiellen Produktion stets die bereits genannten Elemente der Entfremdung enthalten, so ist es gleichzeitig möglich, andere Entfremdungsmomente aufzuheben oder zumindest in ihrem Ausmaß zu reduzieren. Beispielsweise kann die lebensnotwendige Produktion Formen annehmen, die der Förderung

---

[26] Marx umschreibt diese Notwendigkeit unter anderem wie folgt: "Als zweckmäßige Tätigkeit zur Aneignung des Natürlichen in einer oder der anderen Form ist die Arbeit Naturbedingung der menschlichen Existenz, eine von allen sozialen Formen unabhängige Bedingung des Stoffwechsels zwischen Mensch und Natur", MEW 13, S. 23f., ähnlich auch MEW 23, S. 57.

[27] Damit verbietet sich eine immer wieder anzutreffende Gleichsetzung der postkapitalistischen Gesellschaft mit dem 'Reich der Freiheit'. Eine derartige, unzulässige Gleichsetzung findet sich z. B. bei Emden (1983), S. 12, Reich (1991), S. 246 und Fischer (1993), S. 93-102. Ebenso unzutreffend ist es, von einem paradiesischen Zustand zu sprechen, in dem "die Menschen sich ohne eigene Arbeit nur bedienen müssen", wie dies beispielsweise Pohrt unterstellt, vgl. Pohrt (1995), S. 207-209.

der menschlichen Anlagen und Fähigkeiten dienen und "den Wechsel der Tätigkeit" (MEW 4, S. 377) erlauben. Ebenso stellen die gemeinsame Planung und Kontrolle der materiellen Produktion Momente einer unentfremdeten Tätigkeit dar, weil die Individuen hier, wenn auch im Zusammenwirken mit anderen Personen, den Produktionsprozeß beherrschen und kontrollieren. Ganz allgemein geht es im 'Reich der Notwendigkeit' darum, die Arbeitsbedingungen so menschlich wie möglich zu gestalten und die Entfremdung auf das niedrigst mögliche Niveau zu beschränken.[28]

Zusammenfassend kann es eine vollständig freie Tätigkeit im 'Reich der Notwendigkeit' nicht geben. Die Freiheit bei dieser Art von Tätigkeiten beschränkt sich lediglich auf die der "menschlichen Natur würdigsten und adäquatesten Bedingungen", den "geringsten Kraftaufwand" sowie die "gemeinschaftliche Kontrolle" der "assoziierten Produzenten". Obwohl selbst in der postkapitalistischen Gesellschaft noch entfremdete Tätigkeiten vorliegen, werden sie dort eine andere Form annehmen als in einer kapitalistischen Gesellschaft. Wie dies organisatorisch bewältigt werden kann, soll im folgenden Abschnitt analysiert werden.

4.3.1. Die organisatorischen Regelungen innerhalb des Reichs der Notwendigkeit

Wenn wir die Organisation der materiellen Produktion im Rahmen der postkapitalistischen Gesellschaft untersuchen, so beziehen wir uns zunächst nur auf die Tätigkeiten, die zum 'Reich der Notwendigkeit' gehören. Die gesuchten organisatorischen Regelungen müssen zumindest drei Fragen lösen: die konkrete Ausgestaltung der Ziele der Produktion, den genauen Ablauf der Produktionsprozesse inklusive des Einsatzes von Produktionsmitteln sowie Arbeitskräften und schließlich die Verteilung der hergestellten Gegenstände an die Gesellschaftsmitglieder.

Das Ziel der Tätigkeiten in der Sphäre des 'Reichs der Notwendigkeit' orientiert sich an den Idealvorstellungen von Marx bezüglich des Menschen, wodurch die zu realisierenden Produktionsergebnisse neben der materiellen Dimension auch eine immaterielle Dimension besitzen. Materiell muß als Ergebnis der Tätigkeiten quantitaiv und qualitativ die Menge an Gebrauchsgegenständen geschaffen werden, die für das physische Überleben der Gesellschaftsmitglieder erforderlich ist. Immateriell muß neben humanen Arbeitsbedingungen ein Höchstmaß an disponibler Zeit geschaffen werden, denn davon "hängt es ab, ob die Gesellschaft die Zeit hat, sich menschlich auszubilden"[29].

Einen besonderen Stellenwert nimmt - neben der frei verfügbaren Zeit - der Gebrauchswert ein. Die charakteristischen Eigenschaften eines Gebrauchswertes bestehen für Marx aus zwei

---

[28] Erforderlich sind dafür die Verkürzung der Arbeitszeit, die Erleichterung der Arbeitsbedingungen, die Reduktion der Arbeitsintensität sowie eine verstärkte Mitbestimmung der Produzenten hinsichtlich der Ziele, der Organisation und des Ablaufs der materiellen Produktion, vgl. dazu Lafontaine (1989), S. 33f., Gorz (1991), S. 37f., 170f., Gorz (1994), S. 46f., 55, 85f., 313, 320-332, Marcuse (1994), S. 263.

[29] MEW 2, S. 52, vgl. dazu ebenfalls Abschnitt 1.2.4. dieser Arbeit.

Aspekten, nämlich erstens aus der Fähigkeit, ein spezielles menschliches Bedürfnis zu befriedigen,[30] und zweitens aus der Tatsache, das Ergebnis einer spezifischen, individuellen produktiven Tätigkeit zu sein.[31] Die spezifische menschliche Handlung ist allerdings keine notwendige Bedingung dafür, daß ein Gegenstand einen Gebrauchswert darstellt, denn ausschlaggebend für einen Gebrauchswert ist, daß er ein "Gegenstand der Befriedigung irgendeines Systems menschlicher Bedürfnisse" (Grundrisse, S. 763) ist. Entscheidend ist lediglich die Nützlichkeit eines Gutes, denn "Weizen ... würde seinen Gebrauchswert nicht verlieren, wenn er vom Himmel herunterschneite" (Grundrisse, S. 763). Ebenso finden wir in der "Kritik zur Politischen Ökonomie":

> "Am Brot als Gebrauchswert interessieren uns seine Eigenschaften als Nahrungsmittel ... Wenn es fertig vom Himmel fiele, würde es kein Atom seines Gebrauchswerts verlieren." (MEW 13, S. 23).[32]

Da die Befriedigung menschlicher Bedürfnisse eine anthropologische Konstante darstellt, müssen auch in allen Gesellschaftsformen Gegenstände zur Befriedigung dieser Bedürfnisse, also Gebrauchswerte, existieren:

> "Gebrauchswerte bilden den stofflichen Inhalt des Reichtums, welches immer seine gesellschaftliche Form sei." (MEW 23, S. 50).[33]
> "... Gebrauchswerte (und aus solchen besteht doch wohl der sachliche Reichtum!) ..." (MEW 19, S. 15).[34]

Gegen die These, nach der der Gebrauchswert auch in der postkapitalistischen Gesellschaft existent ist, wendet sich beispielsweise Ollman. Nach seiner Ansicht taucht der Begriff des Gebrauchswertes in Marx' Beschreibung der postkapitalistischen Gesellschaft nicht auf, weil dieser Ausdruck die kapitalistische Produktionsweise betrifft und daher mit Entfremdungsaspekten verbunden ist. Deshalb hat der Gebrauchswert für die postkapitalistische Gesellschaft keine Bedeutung (vgl. Ollman (1971), S. 186f.). Tatsächlich aber weist Marx in den "Randglossen zu Adolph Wagners 'Lehrbuch der politischen Ökonomie'" darauf hin, daß lediglich der "Gebrauchswert der »Ware« - .. einen historisch-spezifischen Charakter" besitzt (vgl. MEW 19, S. 370). Nur diese spezielle Form des Gebrauchswertes ist als temporäre Erscheinung in anderen Epochen nicht vorzufinden. Der Gebrauchswert als ein Gegenstand zur Befriedigung menschlicher Bedürfnisse - d. h. als Gegenstand für den unmittelbaren Konsum und

---

[30] Vgl. z. B. Grundrisse, S. 154-158, 208, 308, 370, MEW 13, S. 15, 20, 28-33, Marx (1863/64), S. 87, MEW 23, S. 49, 50-61, MEW 25, S. 648, MEW 26.3, S. 291 und MEW 20, S. 285.
[31] Vgl. z. B. Grundrisse, S. 75, 178, 370, MEW 13, S. 17, 23, 31-33, 37, 50-53, MEW 23, S. 56-58, 203f., 215.
[32] Die besondere Arbeit wird erst dann zum Charakteristikum eines Gebrauchswertes, wenn dieser das Resultat menschlicher Tätigkeit ist.
[33] Ähnlich auch Grundrisse, S. 736 und MEW 26.3, S. 50.
[34] Ähnlich ist die Einschätzung von Engels: "Der »Reichtum« besteht aus 1. Arbeitsmitteln, 2. Lebensmitteln", MEW 22, S. 231.

als Gegenstand, mit dessen Hilfe der Mensch durch eine tätige Auseinandersetzung die in ihm liegenden Fähigkeiten entwickelt[35] - ist hingegen eine niemals zu beseitigende Kategorie und als solche auch in der postkapitalistischen Gesellschaft vorhanden, denn es ist für Marx

> "... einfach die unsterbliche Entdeckung, daß der Mensch ... in allen Zuständen äußere Dinge zur Befriedigung seiner Bedürfnisse fertig in der Natur vorfinden und ihrer sich bemächtigen oder sich aus Naturvorgefundenem bereiten muß; in diesem seinen tatsächlichen Verfahren verhält er sich also faktisch stets zu gewissen äußeren Dingen als »Gebrauchswerten«, d. h. er behandelt sie stets als Gegenstände für seinen Gebrauch; ..." (MEW 19, S. 375).

Da der Ausdruck 'Gebrauchswert' in den Marxschen Werken häufig gemeinsam mit den Begriffen Tauschwert und Ware verwendet wird,[36] könnte dies die Abneigung von Marx gegen die Verwendung dieses Terminus zur Darstellung der Gesellschaft der Zukunft erklären. Passender sind daher die - wenn auch selten - als Synonyme verwendeten Begriffe "Gebrauchsgegenstand", "Gut" oder "Gegenstand"[37]. Selbst wenn der Begriff des Gebrauchswertes in den Marxschen Beschreibungen der gesellschaftlichen Organisation der Zukunft nicht mehr auftaucht, so ist das damit verbundene inhaltliche Konzept dennoch eindeutig mit dieser Gesellschaft verbunden.[38] Nachdem damit die Produktionsergebnisse des 'Reichs der Notwendigkeit' bekannt sind, stellt sich nun die Frage nach deren Realisierung.

Von entscheidender Bedeutung für die zukünftige Organisation der zum physischen Überleben aller Mitglieder einer Gemeinschaft[39] erforderlichen Tätigkeiten ist das gemeinsame Eigentum an Grund und Boden sowie an den produzierten Produktionsmitteln. Diese spezielle Form des Eigentums äußert sich darin, daß alle Mitglieder des betroffenen Gemeinwesens gemeinsam und gleichberechtigt über die genannten Gegenstände verfügen und Entscheidungen über die Ziele und Abläufe der Produktionsprozesse fällen. Und nur durch die Gemeinsamkeit in der

---

[35] Vgl. zu diesen beiden Arten von Gebrauchswerten Pohrt (1995), vor allem S. 75-77, 92f., 200, 216f., 226.

[36] Beide Ausdrücke sind aber keinesfalls identische Begriffe. Marx weist mehrfach darauf hin, daß der Gebrauchswert mehr Gegenstände als die Kategorie 'Ware' umfaßt. Beispielsweise ist ein zur Befriedigung eigener Bedürfnisse hergestelltes Produkt aufgrund seiner Nützlichkeit zwar ein Gebrauchswert, nicht aber eine Ware, vgl. MEW 23, S. 55 sowie MEW 19, S. 370.

[37] MEW 23, S. 50, 75f., MEW 19, S. 370-375 und MEW 40, S. 462.

[38] Dieser Sichtweise stimmt z. B. Müller zu, vgl. Müller (1994), S. 102-106, 158f, 173f. Ähnlich ist die Position von Pohrt, nach dessen Überzeugung sogar gilt, daß "der Gebrauchswert das innere Motiv der Kritik der politischen Ökonomie und ihr Telos" ist, vgl. Pohrt (1995), S. 39, 68.

[39] Wir verwenden den Ausdruck 'Gemeinschaft' hier als Überbegriff für die kleinen Gemeinschaften im Sinne einer Gemeinde, Genossenschaft oder Kommune und für den Zusammenschluß vieler Gemeinden zu einer übergeordneten Gemeinschaft. Letztere wird aus folgendem Grund nicht als Staat bezeichnet: Für Marx und Engels ist der Staat im wesentlichen ein Instrument der herrschenden Minorität zur Unterdrückung der Mehrheit, vgl. z. B. MEW 4, S. 482, MEW 17, S. 336f., 541f., 560, 591 und Müller (1970), S. 82, Röhrich (1980), S. 31, 48f., Röhrich (1989), S. 83. Weil, wie sich im weiteren Verlauf dieses Abschnitts noch zeigen wird, in der postkapitalistischen Gesellschaft Repressionsfunktionen dieser Art nicht mehr existieren, stellt Engels fest, daß der 'Staat' der postkapitalistischen Gesellschaft "kein Staat im eigentlichen Sinne mehr" ist. Deshalb schlägt er vor, "überall statt *Staat* »Gemeinwesen« zu setzen", Engels an Bebel am 18./28.03.1875, MEW 19, S. 6f. In Übereinstimmung mit dieser Position konstatiert Marx, daß die Kommune "eine Revolution gegen den *Staat* selbst" darstellt, vgl. MEW 17, S. 541.

Planung, Entscheidung, Distribution und letztlich auch Ausführung wird das gemeinsame Eigentum verwirklicht, denn erst das Vorliegen derartiger gemeinsamer Verfügungsrechte trennt das gemeinsame Eigentum bzw. das "*Volkseigentum*" (MEW 26.2, S. 97) vom bloßen "Staatseigentum" (MEW 26.2, S. 38).[40] Marx weist auf diesen konstituierenden Aspekt des gemeinsamen Eigentums unmißverständlich hin, wenn er für die kapitalistische Produktionsweise folgende Feststellung trifft:

> "Alles was für sie nötig ist, ist, daß der Grund und Boden *nicht* common property ist, daß er der Arbeiterklasse als ihr *nicht gehörige* Produktionsbedingung gegenübersteht, und dieser Zweck wird vollständig erreicht, wenn er Staatseigentum wird, ..." (MEW 26.2, S. 38).

Über diese mit dem gemeinsamen Eigentum verbundene "Selbstregierung der Produzenten" (MEW 17, S. 339) hinaus finden sich bei Marx nur noch wenige Ausführungen über die postkapitalistischen gesellschaftlichen Regelungen der Produktionsprozesse. Wiederholt stellt er fest, daß die Produktion der postkapitalistischen Gesellschaft eine "im großen Maßstab organisierte genossenschaftliche Arbeit"[41] sein wird, daß also die Produktion - und mit ihr zugleich die Aneignung der erstellten Gegenstände - kollektiv erfolgen wird.[42] Dabei werden alle Mitglieder der Gemeinschaft sowohl an der geistig planenden als auch an der körperlich ausführenden Tätigkeit teilnehmen, d. h. es "wird jeder Mensch ein Arbeiter, und produktive Arbeit hört auf, eine Klasseneigenschaft zu sein" (MEW 17, S. 342).[43] Die Tatsache, daß die Produktion dabei "für gemeinschaftliche Rechnung, nach gemeinschaftlichem Plan und unter Beteiligung aller Mitglieder der Gesellschaft" erfolgt, daß also "die gemeinsame Benutzung aller Produktionsinstrumente und die Verteilung aller Produkte nach gemeinsamer Übereinkunft" stattfindet, bedeutet zugleich die Abschaffung des kapitalistischen Privateigentums, so daß die "Abschaffung des Privateigentums .. sogar die kürzeste und bezeichnendste Zusammenfassung der ... Umgestaltung der gesamten Gesellschaftsordnung" ist (vgl. MEW 4, S. 370f.). Die von Marx und Engels geforderte Beseitigung des bürgerlichen Privateigentums ist folglich erst realisiert, wenn wirklich alle Mitglieder einer Gemeinschaft über die faktischen Verfügungsrechte hinsichtlich der Produktionsmittel und der Produktionsergebnisse verfügen, wenn sie also "als Mit-Produzent" (Przeworski (1990), S. 150) fungieren und gleichberechtigt über den Einsatz der Produktionsmittel sowie über die Verteilung der Ergebnisse der Produktionsprozesse entscheiden (vgl. Brus/Laski (1990), S. 12f.). Die konkrete Ausgestaltung dieser neuen Form des

[40] Entscheidend ist damit die "faktische Besitznahme sämtlicher Arbeitsinstrumente durch das arbeitende Volk", MEW 18, S. 282.
[41] MEW 19, S. 392, vgl. ebenso MEW 17, S. 551.
[42] Vgl. statt vieler MEW 23, S. 353f., 378-380, MEW 18, S. 222, MEW 19, S. 384-406.
[43] Zur Beteiligung aller Gemeinschaftsmitglieder an der gemeinschaftlich erforderlichen Arbeit vgl. z. B. auch MEW 2, S. 525, MEW 4, S. 481.

Eigentums und der mit ihr verbundenen "*Organisation der Arbeit*" (MEW 7, S. 18f.) läßt sich skizzenhaft wie folgt umschreiben:
Beginnend bei der gemeinschaftlich erfolgenden Planung der gemeinsamen Produktion muß zuerst die Menge der herzustellenden Gebrauchsgegenstände festgelegt werden. Die Gemeinschaft der tätig werdenden Individuen verständigt sich dafür über die von ihnen zum Leben benötigten Gegenstände, so daß die Produktion "von seiten des Produzenten auf Befriedigung seines Selbstbedürfnisses oder bei etwas weitrer Entwicklung der Teilung der Arbeit, auf Befriedigung ihm bekannter Bedürfnisse seiner Co-Produzenten gerichtet" (MEW 26.2, S. 509) ist. Bei der Zusammenkunft aller Gemeinschaftsmitglieder teilt demnach jedes Individuum mit, welche Gebrauchsgegenstände es in welcher Quantität und Qualität für das individuelle Überleben benötigt. Außerdem verständigt sich die Gemeinschaft im Rahmen einer derartigen Zusammenkunft über die Gegenstände, die die Gemeinschaft als Ganzes benötigt, z. B. jene "zum Ersatz der verbrauchten Produktionsmittel", für die "Ausdehnung der Produktion", für die Folgen unvorhergesehener Katastrophen, für arbeitsunfähige Personen sowie "*zur gemeinschaftlichen Befriedigung von Bedürfnissen* ... wie Schulen, Gesundheitsvorrichtungen etc.".[44] Damit ist das zur Reproduktion der Gemeinschaft und jedes einzelnen Mitglieds erforderliche Quantum an Gebrauchsgegenständen bestimmt. In einem nächsten Schritt erfolgt die gemeinsame Verteilung der Ressourcen auf die einzelnen Produktionszweige, d. h. die "Gesellschaft verteilt Arbeitskraft und Produktionsmittel in die verschiednen Geschäftszweige" (MEW 24, S. 358), so daß "die richtige Proportion ... zu den verschiednen Bedürfnissen" gewährleistet ist (vgl. MEW 23, S. 93).[45] Dabei ist es selbstverständlich, daß diese Planung "über die unmittelbaren jährlichen Bedürfnisse hinausgeht", so daß gemessen an den unmittelbar physisch notwendigen Bedürfnissen eine "relative Überproduktion; einerseits ein gewisses Quantum fixes Kapital, ... andrerseits und namentlich Vorrat von Rohstoff etc. ... (dies gilt ganz besonders von Lebensmitteln)" existiert (vgl. MEW 24, S. 465). Auch die Bewältigung gemeinschaftlicher Großprojekte wird derart geregelt,

> "... daß die Gesellschaft im voraus berechnen muß, wieviel Arbeit, Produktionsmittel und Lebensmittel sie ohne irgendwelchen Abbruch auf Geschäftszweige verwenden kann, die, wie Bau von Eisenbahnen z. B., für längre Zeit, ein Jahr oder mehr, weder Produktionsmittel noch Lebensmittel, noch irgendeinen Nutzeffekt liefern, aber wohl Arbeit, Produktionsmittel und Lebensmittel der jährlichen Gesamtproduktion entziehn." (MEW 24, S. 316f.).[46]

---

[44] Vgl. MEW 19, S. 19, MEW 25, S. 827, 855, 884.
[45] Eine frühe, auf die Gemeinde bezogene Beschreibung einer solchen menschlichen Form der Produktion findet sich ansatzweise schon in Engels' Schrift "Umrisse zu einer Kritik der Nationalökonomie" aus dem Jahr 1844, vgl. MEW 1, S. 515-517.
[46] Damit zeigt sich zugleich, daß es auch in der postkapitalistischen Gesellschaft Mehrarbeit, also Arbeit, die über die individuellen, zum Überleben erforderlichen Bedürfnisse hinausgeht, gibt und die dann der "Befriedigung allgemeiner gesellschaftlicher Bedürfnisse dient", MEW 25, S. 884.

Bei der Verteilung der Arbeitskräfte auf die verschiedenen Geschäftszweige nimmt die Gemeinschaft Rücksicht auf die individuellen Neigungen und Entwicklungsbedürfnisse der produzierenden Menschen und gestaltet die erforderlichen Tätigkeiten zudem so, daß einzelne Produzenten auch innerhalb dieses Tätigkeitsbereichs abwechselnd verschiedene Handlungen ausführen.[47] Die Monotonie und Einseitigkeit der Produktionsprozesse wird dadurch so weit wie möglich reduziert. Gleichzeitig regelt die Gemeinschaft der tätigen Menschen nicht detailliert die einzelnen Arbeitsabläufe jedes Individuums, obwohl ein gewisses Maß an 'Oberaufsicht' bei jeder kooperativen Produktion erforderlich ist und daher bei der postkapitalistischen Produktionsweise stattfinden wird:

> "Die Arbeit der Oberaufsicht und Leitung entspringt notwendig überall, wo der unmittelbare Produktionsprozeß die Gestalt eines gesellschaftlich kombinierten Prozesses hat und nicht als vereinzelte Arbeit der selbständigen Produzenten auftritt. ... Es ist dies eine produktive Arbeit, die verrichtet werden muß in jeder kombinierten Produktionsweise." (MEW 25, S. 397).[48]

Die kontrollierende Tätigkeit wird aber erstens von der Gemeinschaft so durchgeführt wie auch andere produktive Tätigkeiten, so daß jedes Individuum an diesen Kontrolltätigkeiten teilnimmt. Damit werden die weiterhin bestehenden "öffentlichen Funktionen - militärische, administrative und politische - zu *wirklichen Arbeiterfunktionen*" (MEW 17, S. 544), an deren Erfüllung alle Gemeinschaftsmitglieder partizipieren.[49] Zweitens beziehen sich derartige Aufsichtsmaßnahmen nur auf das absolut notwendige Maß zur Aufrechterhaltung eines reibungslosen Ablaufs der gesamtgesellschaftlichen Produktionsprozesse, also vor allem auf die zu erstellenden Mengen und Qualitäten von Gebrauchsgegenständen und auf zeitliche Vorgaben. Abgesehen von diesen Vorgaben sind die tätig werdenden Menschen hinsichtlich der exakten Produktionsabläufe an ihrem Arbeitsplatz frei, so daß sie dort "selbständig und ohne Anerkennung irgendeiner Autorität" (MEW 23, S. 379) arbeiten.

Die Verteilung der gemeinschaftlich produzierten Gegenstände stellt schließlich kein neues Problem mehr dar. Weil die Produzenten bereits vor dem Beginn der Produktionsprozesse die Menge der erforderlichen Gebrauchsgegenstände bestimmt haben, legen sie damit zugleich deren Distribution fest. Jedes Individuum erhält die Gegenstände, die es vor Produktionsbeginn als benötigte Gegenstände angab. Die Distribution erfolgt nach dem Bedürfnisprinzip und un-

---

[47] Bei Engels findet sich zur Abwechslung der Tätigkeiten die Vorstellung, "daß es einmal keine Karrenschieber und keine Architekten von Profession mehr geben soll und daß der Mann, der eine halbe Stunde lang als Architekt Anweisungen gegeben hat, auch eine Zeitlang die Karre schiebt, bis seine Tätigkeit als Architekt wieder in Anspruch genommen wird", MEW 20, S. 186.

[48] Vgl. ebenso MEW 23, S. 350.

[49] Sofern derartige Funktionen den Zusammenschluß vieler Kommunen betreffen, "sollten diese Funktionen nicht von einer über der Gesellschaft stehenden Körperschaft, sondern von den verantwortlichen Dienern dieser Gesellschaft ausgeübt werden", MEW 17, S. 597.

abhängig von den individuell erbrachten Arbeitsleistungen.[50] Ebenso werden die für gemeinschaftliche Zwecke produzierten Gegenstände nach Produktionsende lediglich den Bestimmungen zugeführt, für die sie vor Produktionsbeginn vorgesehen waren. Auch für diesen Teil der Produktionsergebnisse wird die Distribution daher simultan mit der Festlegung des herzustellenden Gütervolumens bestimmt.

Die genannten Regelungen gelten für alle Gemeinschaften, d. h. sowohl für die Gemeinden, Kommunen oder Genossenschaften als auch für den Zusammenschluß dieser Gemeinden zu einem Gemeinwesen auf nationaler Ebene[51]. Auch für diesen Zusammenschluß gilt, daß "die Gesamtheit der Genossenschaften die nationale Produktion nach einem gemeinsamen Plan regeln" wird, so daß eine "im großen Rahmen organisierte Arbeit" vorliegt (vgl. MEW 17, S. 343, 551).[52] Aufgestellt wird dieser gemeinsame Plan von frei gewählten und jederzeit absetzbaren nationalen Abgeordneten (vgl. MEW 17, S. 339f., 596). Diese sind "an die bestimmten Instruktionen ihrer Wähler gebunden"[53] und zudem "dauernd unter öffentlicher Kontrolle", denn alle Reden und Handlungen der Kommune werden veröffentlicht, so daß allen Gemeinschaftsmitgliedern eine Transparenz der Planungsabläufe zukommt und sie dadurch eine aktive Rolle bei der Entscheidungsfindung auf nationaler Ebene einnehmen können (vgl. MEW 17, S. 348, 543-545).[54] Für die Aufstellung der Pläne gelten wiederum die Ausführungen, die schon auf kommunaler Ebene Anwendung finden. So herrscht zwischen dem Gemeinwesen auf nationaler Ebene und der einzelnen Kommune das gleiche Verhältnis wie zwischen der Kommune und einem einzelnen Produzenten. Der jeweils letztgenannten Einheit werden außer der Vorgabe der zu erbringenden Tätigkeitsergebnisse keine weiteren Vorschriften gemacht, so daß die Kommune weiterhin eine sich selbst regierende Kommune ist (vgl. MEW 17, S. 545). Mit diesen Vorschlägen wendet sich Marx zugleich gegen eine "zentralisierte und organisierte

---

[50] Lediglich für eine Übergangsfrist nach der Beseitigung der kapitalistischen Produktionsweise sieht Marx die Notwendigkeit eines anderen Verteilungsmechanismus. Weil die Menschen in dieser Phase noch "mit den Muttermalen der alten Gesellschaft" behaftet sind, d. h. sich unter anderem noch als egoistische Individuen mit unbegrenzten materiellen Bedürfnissen erweisen, kann das Bedürfnisprinzip der Verteilung noch nicht angewendet werden. Statt dessen erfolgt die Zuteilung des gemeinschaftlich erbrachten Produktionsergebnisses nach dem Leistungsprinzip: "Demgemäß erhält der einzelne Produzent ... exakt zurück, was er" der Gesellschaft gibt, vgl. MEW 19, S. 20. Konkret könnten die Produzenten z. B. "papierne Anweisungen erhalten, wofür sie den gesellschaftlichen Konsumtionsvorräten ein ihrer Arbeitszeit entsprechendes Quantum entziehn", MEW 24, S. 358.

[51] Vgl. dazu Fußnote 39 in diesem Kapitel. Denkbar sind auch Bezirksverwaltungen, die im Rahmen einer politischen Föderation auf einer Ebene, die zwischen den Kommunen und dem nationalen Zusammenschluß liegt, fungieren, vgl. MEW 17, S. 339f., 538.

[52] Vgl. für die "gesellschaftlich-planmäßige Regelung der Produktion nach den Bedürfnissen der Gesamtheit wie jedes einzelnen" ebenfalls MEW 20, S. 261, 617, 620.

[53] MEW 17, S. 340. Daß es die eigentliche Bestimmung eines Abgeordneten ist, die Instruktionen seiner Wähler auszuführen, stellt Marx bereits in der "Kritik des Hegelschen Staatsrechts" fest, vgl. MEW 1, S. 328f.

[54] Damit greift Marx einen von ihm 1842 formulierten Gedanken auf. In den "Debatten über die Preßfreiheit" des Jahres 1842 setzt er sich massiv für "die tägliche unverkürzte Publikation der Landtagsverhandlungen" ein, weil die "wahrhaft politische Versammlung .. nur unter dem großen Protektorat des *öffentlichen Geistes*" stattfinden kann, die Geheimhaltung also dem Wesen der öffentlichen Angelegenheiten widerspricht, vgl. MEW 1, S. 43-47.

Regierungsgewalt", gegen "die großen zentralen Staatsorgane" und zusammenfassend gegen eine "Überzentralisation" (MEW 17, S. 341, 542), weil "die außerordentlichste Zentralisation eine Allgegenwart" (MEW 8, S. 150) hervorruft, die mit einer menschlichen Daseinsweise unvereinbar ist.[55] Statt dessen spricht er sich für eine "De-facto-Selbstverwaltung" der Kommunen aus, bei deren politischer Föderation stets die "lokale, territoriale, städtische und provinzielle Unabhängigkeit" gewahrt bleibt (vgl. MEW 17, S. 538f.).[56] Eine zentralistische Planung, die den Kommunen faktisch keine Selbstbestimmungsmöglichkeiten zuläßt, ist daher mit der Marxschen Konzeption der wirklichen Selbstregierung unvereinbar.[57] Sowohl für die einzelne Gemeinde als auch für deren Zusammenschluß auf nationaler Ebene gilt daher die Forderung nach einem Höchstmaß an faktischen Mitwirkungsmöglichkeiten aller Mitglieder dieses Zusammenschlusses.[58] Die große Bedeutung der "Selbstbestimmung des Volks" arbeitet Marx schon in seiner "Kritik des Hegelschen Staatsrechts" heraus. Von "*wirklichen Menschen*", "*wirklichen* Staatsgliedern" und einer "*wirklichen* Gesellschaft" spricht er dort nur für den Fall, daß eine "unmittelbare Teilnahme *Aller* an der Beratung und Beschließung über die allgemeinen Staatsangelegenheiten" vorliegt, wenn "also jedes Staatsglied an der *Beratung* und *Beschließung* ... der allgemeinen Angelegenheiten des Staats teilnimmt"[59]. Die von Marx in Umrissen beschriebene politische Gestaltung der postkapitalistischen Gesellschaft läßt sich somit durch die folgenden Schlagworte charakterisieren: ein Höchstmaß an Demokratie und ein Ausbau aller Formen der direkten Demokratie; die Wahl, Verantwortlichkeit und jederzeitige Absetzbarkeit der Abgeordneten, Beamten und Richter; weitreichende Dezentralisierung; die Auflösung aller staatlichen Repressionsorgane und schließlich der dienende Charakter aller Staatsdiener.[60] Damit wird eine Mischung aus Zentralisation und Dezentralisation erreicht, die einerseits die Gefahr des ökonomischen Chaos verhindert und andererseits jedem Individuum eine aktive Mitbestimmung bei der Produktion und beim Leben

---

[55] Eine Zentralisation, die die Menschen "von ihren umfassendsten Lebensäußerungen bis zu ihren unbedeutendsten Regungen hinab, in ihren allgemeinsten Daseinsweisen bis zur Privatexistenz der Individuen umstrickt, kontrolliert, maßregelt, überwacht und bevormundet", MEW 8, S. 150, ist mit dem Marxschen Ideal des unentfremdeten Lebens der Menschen unvereinbar. Zur damit verbundenen Ablehnung der Bürokratie durch Marx vgl. z. B. Ramm (1957), S. 80f. und Giddens (1971), S. 237f.

[56] Vgl. zur vollständigen Selbstverwaltung der Gemeinden sowie zur "Selbstverwaltung in Provinz, Kreis und Gemeinde durch nach allgemeinem Stimmrecht gewählte Beamte" ebenso MEW 22, S. 236f.

[57] Dies bedeutet zugleich, daß die nationalen Planungsinstitutionen der demokratischen Kontrolle aller Gesellschaftsmitglieder unterliegen, vgl. Arnold (1990), S. 147.

[58] Für eine Möglichkeit der Integration des 'Prinzips der Gemeindeversammlung' in die Industriegesellschaft der Gegenwart vgl. Fromm (1991), S. 288f.

[59] MEW 1, S. 231f., 321, 323f., vgl. dazu insgesamt MEW 1, S. 321-325. Engels bezeichnet daher die "Form der demokratischen Republik" als "die spezifische Form für die Diktatur des Proletariats", MEW 22, S. 235.

[60] Vgl. dazu Mackenbach (1994a), Spalte 482 und Mackenbach (1994b), Spalte 490. Die von Marx angestrebte Gesellschaft trägt daher anarchistische Züge, wenn man unter dem Ziel des Anarchismus "die herrschaftslose Gesellschaft, eben die Anarchie" versteht, bei der das menschliche Zusammenleben durch die freiwillige und autonome Assoziation der Individuen "von unten nach oben strukturiert" wird. Vgl. zum Begriff des Anarchismus sowie zur Auseinandersetzung von Marx mit den Anarchisten seiner Zeit Lösche (1991a), S. 8-10 und Göhler/Klein (1991), S. 577-611.

in der Gemeinschaft erlaubt (vgl. Fromm (1991), S. 262, 269). Die sich aus dieser Organisation des gemeinschaftlichen Lebens ergebenden Vorteile faßt Engels wie folgt zusammen:

> "Die Anarchie innerhalb der gesellschaftlichen Produktion wird ersetzt durch planmäßige bewußte Organisation. Der Kampf ums Einzeldasein hört auf. Damit erst scheidet der Mensch, in gewissem Sinn, endgültig aus dem Tierreich, tritt aus tierischen Daseinsbedingungen in wirklich menschliche. Der Umkreis der die Menschen umgebenden Lebensbedingungen, der die Menschen bis jetzt beherrschte, tritt jetzt unter die Herrschaft und Kontrolle der Menschen, die nun zum ersten Male bewußte, wirkliche Herren der Natur, weil und indem sie Herren ihrer eignen Vergesellschaftung werden. ... Die eigne Vergesellschaftung der Menschen, die ihnen bisher als von Natur und Geschichte oktroyiert gegenüberstand, wird jetzt ihre eigne freie Tat. Die objektiven, fremden Mächte, die bisher die Geschichte beherrschten, treten unter die Kontrolle der Menschen selbst. Erst von da an werden die Menschen ihre Geschichte mit vollem Bewußtsein selbst machen, ..." (MEW 20, S. 264).

Die von Marx genannten Vorschläge zur gesellschaftlichen Organisation der Produktion und Distribution der Gebrauchsgegenstände, die die Reproduktion der Gemeinschaft und ihrer Mitglieder sicherstellen, erscheinen auf den ersten Blick äußerst dürftig und für die Funktionsfähigkeit einer ganzen Gesellschaft keinesfalls auszureichen. So fehlen beispielsweise Ausführungen zur Lösung von Anreizproblemen.[61] Wie soll z. B. verhindert werden, daß Individuen im Rahmen der zum 'Reich der Notwendigkeit' gehörenden Tätigkeiten eine Leistungszurückhaltung ausüben und sich dadurch als Trittbrettfahrer verhalten? Wie soll weiterhin verhindert werden, daß einzelne Personen bei der Verteilung der gemeinschaftlich produzierten Gegenstände ein größeres Gütervolumen als tatsächlich benötigt angeben und somit mehr Güter beanspruchen, als sie wirklich bedürfen? Wer soll in diesem Fall bestimmen, welche Gebrauchsgegenstände zur Befriedigung der physischen Bedürfnisse eines Menschen erforderlich sind? Schließlich liegen bei Marx keine detaillierten Aussagen über die exakte Ausgestaltung der Planungs- und Entscheidungsprozesse sowie über die auszuführenden Kontrolltätigkeiten vor. So fehlen auch Angaben über die Lösung von Interessenkonflikten zwischen einzelnen Gemeinschaftsmitgliedern hinsichtlich der Bereitstellung von den Gebrauchsgegenständen, die die Bedürfnisse der Gemeinschaft als Ganzes befriedigen.[62] Allgemeiner gefaßt finden sich bei Marx kaum Aussagen über die Einrichtung von politischen Institutionen zur Willensbildung. Damit wird es unwahrscheinlich, daß auf der Basis der Marxschen Ausführungen die organisatorischen Regelungen der erforderlichen Produktionsprozesse festgelegt werden können.
Diese und ähnliche Fragestellungen erweisen sich allerdings nur dann als ungelöste Probleme, wenn bei ihnen die Marxsche Anthropologie unberücksichtigt bleibt. Weil die Marxsche Vision

[61] Cipko beispielsweise wirft den Klassikern des Marxismus vor, diese hätten "niemals ernsthaft und systematisch ein derartig fundamentales Problem wie das des Anreizes zur Arbeit" untersucht, vgl. Cipko (1992), S. 114.
[62] Modern gesprochen handelt es sich hier um die Problematik der Versorgung mit öffentlichen Gütern.

der postkapitalistischen Gesellschaftsform untrennbar mit seiner Anthropologie verknüpft ist, kann und muß Marx die beispielhaft genannten Fragen weder stellen noch beantworten.[63] Zu den Fragen, die Marx nicht beantworten kann, gehört jene nach dem konkreten Inhalt und Umfang der Gebrauchsgegenstände, die für das physische Überleben eines Menschen erforderlich sind, weil nur in einer unentfremdeten Gesellschaft die diesbezüglichen unentfremdeten Bedürfnisse angegeben werden können. Andererseits gibt es auch Fragen, die Marx nicht mehr beantworten muß, weil die Antwort auf derartige Fragen implizit in der Darstellung seiner anthropologischen Vorstellungen zu finden ist. Hierzu gehört unter anderem die Frage der Anreizproblematik. So ist beispielsweise ein Trittbrettfahrerverhalten bei der Inanspruchnahme von gemeinschaftlich produzierten Gegenständen nicht zu erwarten, weil der unentfremdete Mensch hinsichtlich derartiger Gegenstände über begrenzte Bedürfnisse verfügt und die von ihm benötigte Gütermenge bereits vor Produktionsbeginn kund tut. Darüber hinaus sind zwei weitere Bemerkungen zum postkapitalistischen Verteilungsprinzip "jedem nach seinen Bedürfnissen" (MEW 19, S. 21) erforderlich. Erstens weist Marx ausdrücklich auf eine Reihe von Bedingungen hin, die erfüllt sein müssen, damit dieses Prinzip in der Praxis angewendet werden kann. Dazu gehören die Aufhebung der "Teilung der Arbeit" sowie die allseitige "Entwicklung der Individuen". Ferner muß die Arbeit "das erste Lebensbedürfnis geworden" sein und die Entwicklung der Produktivkräfte derart vorangetrieben sein, daß "alle Springquellen des genossenschaftlichen Reichtums voller fließen" (MEW 19, S. 21). Damit macht Marx unmißverständlich deutlich, daß das von ihm angestrebte Distributionsprinzip von der Verwirklichung eines entfremdungsfreien Daseins der Menschen abhängig ist und nur in einer Gemeinschaft von unentfremdeten Menschen angewendet werden kann. Mit der zuletzt zitierten Voraussetzung ist ein zweiter, häufig mißverstandener Aspekt angesprochen. Das volle Fließen der Quellen des Reichtums deutet darauf hin, daß eine Knappheit nicht mehr vorliegt - weil alle Bedürfnisse der Menschen befriedigt werden - und die postkapitalistische Gesellschaft damit den Zustand des Schlaraffenlandes erreicht hat. Allerdings darf in diesem Zusammenhang nicht vergessen werden, daß Marx den Begriff des Bedürfnisses im Sinne des Benötigens bzw. der 'needs' versteht und nicht im Sinne von Wünschen und 'wants'.[64] Die Beseitigung des Mangels betrifft daher nur die Gegenstände, die für das menschliche Überleben benötigt werden, d. h. also vor allem Nahrungsmittel, Kleidung sowie Wohnraum. Nur diese Gegenstände sind in einem Umfang vorhanden, der keine Bedürfnisse mehr unbefriedigt läßt.[65] Dinge, die nicht unter

---

[63] Beide Argumentationslinien - die Unmöglichkeit der Beantwortung bestimmter Fragen und die fehlende Notwendigkeit, bestimmte andere Fragen zu stellen - faßt Engels richtig zusammen, indem er bezüglich der Analyse von Marx feststellt: "... und die Resultate seiner Kritik enthalten überall ebenfalls die Keime der sogenannten Lösungen, soweit solche überhaupt heutzutage möglich sind", MEW 18, S. 286.

[64] Vgl. zu dieser Unterscheidung Abschnitt 1.2.4. dieser Arbeit.

[65] Vgl. dazu Elster (1985), S. 231 und Parijs (1989), S. 249, 261. Sofern in diesem Zusammenhang von 'Überfluß' gesprochen wird, zeichnet sich dieser durch eine Vielzahl von Eigenschaften aus, die im gängigen Sprachgebrauch dieses Begriffs nicht enthalten sind. So sind aufgrund der Begrenztheit der hiermit verknüpften Bedürfnisse die entsprechenden Gegenstände ebenfalls nicht unbegrenzt vorhanden. Deshalb hätte die Kon-

diese Rubrik fallen, können hingegen knapp sein, so daß von den erwähnten paradiesischen Zuständen ohne Mangelerscheinungen keine Rede sein kann.[66] Das richtige Verständnis der von Marx anvisierten Verteilungsregel erschließt sich daher nur, wenn sowohl die von ihm selbst genannten Voraussetzungen für die Anwendung dieses Prinzips als auch die genaue Bedeutung des Ausdrucks 'Bedürfnis' berücksichtigt werden.

Ähnliches gilt für die Frage der Leistungsmotivation. Zum einen hat der Mensch als ein soziales Wesen einen Genuß aufgrund der Gewißheit, durch seine Tätigkeit anderen Menschen Gegenstände zur Verfügung zu stellen, die diese benötigen. Damit liegt es zugleich in seinem eigenen Interesse, im Rahmen der Tätigkeiten des 'Reichs der Notwendigkeit' die ihm möglichen Leistungen auch tatsächlich zu erbringen, denn andernfalls würde er sich um diese Form des Genusses bringen und sich damit selbst schaden. Zum anderen erweist sich eine derartige Tätigkeit trotz der Tatsache, daß der Zweck dieser Betätigung nicht individuell und frei ausgewählt werden kann, zumindest hinsichtlich der anderen Aspekte dieser Aktivität als eine Tätigkeit, die das menschliche Bedürfnis nach Arbeit befriedigt. Weil der unentfremdete Mensch ein tätiges Wesen ist, besitzt die hier behandelte Betätigung partiell den Charakter eines Selbstzwecks, so daß aufgrund dieses Umstandes bereits ein Anreiz zur Ausübung dieser Handlung vorliegt.[67] Die Vorstellung, daß der von Entfremdungsphänomenen befreite Mensch sowohl ein soziales als auch ein tätiges Wesen ist, sorgt dafür, daß er über genügend Anreize zur Tätigkeitsausübung verfügt, so daß auch in diesem Bereich menschlichen Handelns ein Trittbrettfahrerverhalten nicht stattfinden wird.[68] Weiterhin kann die Verteilung der tätigen Menschen auf verschiedene Tätigkeitsbereiche unter diesen Umständen problemlos sein. Wenn erst einmal

---

sumausdehnung einer Person eine Konsumreduktion bei einer anderen Person zur Folge. Außerdem ist diese Form des Überflusses noch immer mit menschlichen Anstrengungen zur Produktherstellung verbunden, wodurch zugleich offenkundig wird, daß ein ökonomischer Umgang mit den vorhandenen Ressourcen weiterhin erforderlich ist, vgl. Parijs (1989), S. 245f., 252.

66 Arnold trennt deshalb zwischen zwei Arten des Überflusses, von denen nur eine in der postkapitalistischen Gesellschaft erfüllt sein muß, nämlich die des "material *abundance*", die sich auf die Befriedigung von "needs" bezieht. Eine "*superabundance*", die zudem auch alle "wants" befriedigt, ist hingegen nicht erforderlich, vgl. dazu Arnold (1990), S. 172f. Bei Parijs findet sich schließlich eine Dreiteilung der Konzeption der 'abundance', vgl. dazu Parijs (1989), S. 260-265.

67 Schließlich können diese Tätigkeiten noch der Entwicklung individueller Fähigkeiten dienen und somit einen zusätzlichen Anreiz für ihre Ausübung besitzen.

68 Heller geht sogar so weit, daß ihrer Meinung nach aufgrund des gesellschaftlichen Wesens des Menschen die Frage nach der genauen Durchführung des Disponierens auf der Ebene des Gemeinwesens für Marx eine vollkommen gleichgültige Frage darstellt, denn für die zukünftige Gesellschaft gilt: "Das eindeutig *gemeinsame Interesse jedes Mitglieds der Gesellschaft* ist neben der Befriedigung der notwendigen Bedürfnisse ... die *Verminderung der Arbeitszeit*. ... Infolgedessen strebt *jedes* Individuum dasselbe, nämlich die maximale Rationalisierung an. Infolgedessen ist dann auch das Wie des Disponierens vollends *gleichgültig*. Ob die Entscheidung mittels Volksentscheid oder mit Hilfe (sich ablösender) Repräsentanten erfolgt, jedes Individuum bringt die Bedürfnisse *aller anderer Individuen* zum Ausdruck, ...", Heller (1980b), S. 142. Diese Aussage gilt allerdings nur für den Fall, daß bei allen Individuen hinsichtlich der lebensnotwendigen materiellen Bedürfnisse eine qualitative und quantitative Homogenisierung der Bedürfnisse stattfindet. Hellers Meinung tendiert in die Richtung, daß dies in der zukünftigen Gesellschaft der Fall sein wird, vgl. Heller (1980b), S. 138f. Wenn hingegen bezüglich der zum physischen Überleben erforderlichen Gegenstände eine vollständige Homogenisierung nicht stattfindet, und dies ist unserer Meinung aufgrund der von Marx angenommenen Individualität des unentfremdeten Menschen der Fall, dann ist der Vorschlag Hellers nicht mehr anwendbar.

die negativen sozio-ökonomischen Aspekte der Tätigkeit beseitigt sind, d. h. die Arbeitsbedingungen menschlich und die Betätigungen befriedigend und sinnvoll sind, dann spricht die "Verschiedenheit der Menschen" dafür, daß es kaum noch eine Tätigkeit gibt, "die nicht Menschen von einem bestimmten Persönlichkeitstyp anziehen dürfte" (Fromm (1991), S. 254). Durch die Berücksichtigung der Marxschen Anthropologie läßt sich zudem die Frage nach den Funktionen, die das Gemeinwesen der postkapitalistischen Gesellschaft wahrnehmen soll, beantworten. In der "Kritik des Gothaer Programms" fragt Marx bezüglich der postkapitalistischen Gesellschaft: "In andern Worten, welche gesellschaftliche Funktionen bleiben dort übrig, die jetzigen Staatsfunktionen analog sind?" (MEW 19, S. 28). Eine Antwort auf diese Frage gibt Marx jedoch nicht. Gleiches gilt für die Ausführungen zum "Bürgerkrieg in Frankreich". Auch dort spricht Marx von wenigen, aber wichtigen "öffentlichen Funktionen", die dem Gemeinwesen zufallen und von "verantwortlichen Dienern dieser Gesellschaft" wahrgenommen werden. Welche Funktionen dies sind, bleibt bis auf die grobe Umschreibung "- militärische, administrative und politische -" erneut unbestimmt.[69] Dennoch läßt sich auch diese Lücke durch einen Rückgriff auf die anthropologischen Idealvorstellungen von Marx schließen. Funktionen der inneren Sicherheit beispielsweise sind in der postkapitalistischen Gesellschaft überflüssig, weil diese Gesellschaft nach Marx' Ansicht das Bild einer "konfliktlos-harmonischen" (Göhler/Klein (1991), S. 540) Gesellschaft abgibt, in der keine Notwendigkeit für Institutionen zur Aufrechterhaltung der inneren Sicherheit besteht. Weil die Individuen ihr gegenseitiges aufeinander Angewiesensein erkennen und sich ihrer wechselseitigen Abhängigkeit bewußt sind, nehmen sie freiwillig aufeinander Rücksicht, d. h. das Zusammenleben basiert auf der "Anwendung des einen Satzes: Was du nicht willst, das andere dir tun sollen, das tue du ihnen nicht" (MEW 2, S. 543).[70] Der Wegfall von Spannungs- und Störungselementen im Verhältnis der Individuen untereinander und im Verhältnis zwischen Individuum und Gemeinschaft macht etwaige Zwangselemente überflüssig.[71] Auch die Schutzfunktionen zur äußeren Sicherheit erübrigen sich aufgrund des internationalen Charakters der postkapitalistischen gesellschaftlichen Organisation.[72] Was für das Gemeinwesen noch bleibt, sind die Entscheidungen

[69] Vgl. MEW 17, S. 340, 544f., 596f.

[70] Giddens beschreibt diese Form der gegenseitigen Rücksichtnahme wie folgt: "In this way, acceptance of moral requisites is not the acceptance of alien constraint, but is the recognition of the rational", Giddens (1971), S. 227. Dies deckt sich im übrigen mit dem Marxschen Verständnis der menschlichen Freiheit, welches "das charaktervolle, vernünftige, sittliche Wesen der Freiheit", MEW 1, S. 54, beinhaltet und deshalb mit der Akzeptanz von "positiven, lichten, allgemeinen Normen", MEW 1, S. 58, vereinbar ist.

[71] Dies resultiert aus den Marxschen Ansichten über die Ursachen von Handlungen, die anderen Menschen schaden und daher als kriminelle Handlungen bezeichnet werden können. Weil die Ursachen dieser dem gesellschaftlichen Wesen des Menschen widersprechenden Aktivitäten nicht im Menschen selbst liegen, sondern sozio-ökonomischer Art sind, tauchen kriminelle Verhaltensweisen in der postkapitalistischen Gesellschaft nicht mehr auf. Vgl. zu dieser Sichtweise über das kriminelle Verhalten Arnold (1990), S. 188 sowie die dort angegebene Literatur. Vgl. dazu ebenfalls Ramm (1957), S. 85f., 102, Göhler/Klein (1991), S. 539f. und z. B. MEW 1, S. 523 oder MEW 2, S. 541.

[72] Vgl. Ramm (1957), S. 84f. sowie die Feststellung von Marx, daß "die internationale Zusammenarbeit der Arbeiterklassen, die erste Bedingung ihrer Emanzipation", stattfinden wird, vgl. MEW 17, S. 558.

über die Produktion sowie Verwendung und Verteilung der Produktionsergebnisse und Aufgaben im Erziehungs- und Bildungsbereich.[73] Ausgeführt werden diese Aufgaben wiederum von gewählten und jederzeit absetzbaren Staatsdienern, die an den Willen der Wähler gebunden und diesen Wählern gegenüber verantwortlich sind.
Damit deutet sich die folgende Tendenz an: Je weniger Entfremdungsphänomene eine Tätigkeit besitzt, desto weniger Regelungen müssen von der Gemeinschaft der tätigen Menschen hinsichtlich der Organisation dieser Tätigkeiten getroffen werden. Im 'Reich der Freiheit', also in der Sphäre jener Betätigungen, die keine entfremdeten Elemente mehr aufweisen, sind derartige Regelungen vollkommen überflüssig. Die Organisation der menschlichen Tätigkeiten in diesem Bereich kann deshalb vollständig aus der Marxschen Anthropologie heraus konstruiert werden.

4.3.2. Die organisatorischen Regelungen innerhalb des Reichs der Freiheit

Mit dem 'Reich der Freiheit' ist der Teil menschlicher Handlungen umschrieben, der außerhalb der lebensnotwendigen Produktionstätigkeiten liegt und somit frei von äußeren Zwecken ist.[74] Ein "wahres menschliches Dasein in einem strengen ... Sinne" liegt deshalb erst vor, "wenn die Menschen ihr Leben nicht mehr im Reich der Notwendigkeit zuzubringen hätten" (Marcuse (1994), S. 145), so daß "das »Reich der Freiheit« als eigentliche Sphäre des Humanen" (Müller (1994), S. 47) anzusehen ist. Marx nennt als Beispiel der wirklich freien Tätigkeit das Komponieren (vgl. Grundrisse, S. 505). Allerdings kann selbst die materielle Produktion eine freie Tätigkeit darstellen, sofern Ziele und Handlungsabläufe selbstbestimmt, frei und bewußt gewählt werden. Die genaue Trennlinie zwischen den beiden genannten Sphären menschlicher Betätigungen ist nicht klar zu ziehen, da es unmöglich ist, exakt zu entscheiden, wo die freie Zielsetzung menschlichen Handelns beginnt. In diesem Zusammenhang sei erneut an das Beispiel des Brotbackens aus dem Abschnitt 1.2.2. dieser Arbeit erinnert. Dort wurde die genannte Aktivität unter anderem deshalb als schöpferische Tätigkeit eingestuft, weil sie nicht mehr unter dem Druck ökonomischer Sachzwänge erfolgt; der Ernährungsaspekt also nur eine untergeordnete Rolle einnimmt. Dennoch geht es bei der Verwendung des durch diese Tätigkeit geschaffenen Nahrungsmittels <u>auch</u> um die Bereitstellung von Gebrauchsgegenständen, die das physische Dasein des Menschen sicherstellen und deshalb in das 'Reich der Notwendigkeit'

---

[73] Zur theoretischen und praktischen Ausbildung bei Marx vgl. statt vieler Metzke (1957), S. 92, Krapp (1960), vor allem S. 84-97, 138-141, Emden (1983), S. 18-20, 39-41, Zimmer (1994), Spalte 503-505 sowie beispielsweise MEW 16, S. 194f. und MEW 23, S. 511f.
[74] Derartige Tätigkeiten werden z. B. von Gorz "Eigentätigkeit", "autonome Aktivitäten" oder "autonome Tätigkeit" genannt, vgl. Gorz (1988), S. 69-94, Gorz (1994), S. 218-242. Lafontaine hingegen nennt sie "Eigenarbeit" oder "informelle Arbeit", vgl. Lafontaine (1990), S. 17-19. Neben der Eigenarbeit kann die schöpferische Tätigkeit auch andere Formen annehmen wie, z. B. die Nachbarschaftshilfe oder die Mitarbeit bei karikativen Projekten, vgl. Strasser (1990), S. 535.

hineinragen. Selbst wenn es im Einzelfall schwierig ist, exakt festzustellen, ob eine Handlung selbstbestimmte Zwecke verfolgt oder unter dem äußeren Druck des physischen Überlebens steht, kann dennoch festgehalten werden, daß es grundsätzlich beide Arten von Tätigkeiten gibt und daß selbst die Herstellung materieller Gegenstände eine Tätigkeit des 'Reichs der Freiheit' darstellen kann.[75]

Der nun zu behandelnde genaue Ablauf von Planung, Entscheidung, Ausführung und schließlich Distribution im Rahmen der menschlichen Tätigkeiten, die sich nicht mehr auf das zur Reproduktion der Gesellschaft Lebensnotwendige beziehen, wurde bereits in den beiden Eingangs-Zitaten des Abschnitts 4.3. dieser Arbeit vorgestellt. Die Organisation dieser Handlungen ergibt sich vollständig aus den Marxschen Vorstellungen über das dem wahren menschlichen Wesen entsprechende Dasein. So verständigen sich die tätigen Personen für den Fall, daß das Ergebnis einer Aktivität einem anderen Menschen als der handelnden Person zufallen soll, vorab über die konkreten Wünsche des Empfängers hinsichtlich des zu erstellenden Gebrauchsgegenstandes. Den schließlich geschaffenen Gegenstand stellt der Produzent dem Nutznießer nach der erfolgreich durchgeführten Produktionstätigkeit - also nach einer Tätigkeit, die alle Merkmale der in Abschnitt 1.2.2. dieser Arbeit beschriebenen produktiven Lebenstätigkeit erfüllt - zur Verfügung. Über die damit zusammenhängende Form des Tausches sind hingegen einige klärende Ausführungen erforderlich.
Marx stellt in diesem Zusammenhang wiederholt fest, daß der Austausch nicht innerhalb der Gemeinde beginnt, sondern zwischen den Gemeinden und daß es sich bei den ausgetauschten Gegenständen um einen Surplus handelt, der das Produkt der Natur, nicht aber das der Arbeit, ist.[76] In den "Auszügen zu James Mill" hingegen finden wir folgende Aussage:

> "Der *Austausch* sowohl der menschlichen Tätigkeit innerhalb der Produktion selbst, als auch der *menschlichen Produkte* gegeneinander ist = der *Gattungstätigkeit* und Gattungsgeist, deren wirkliches, bewußtes und wahres Dasein die *gesellschaftliche* Tätigkeit und der *gesellschaftliche* Genuß ist." (MEW 40, S. 450f.).

Da aber das gesellschaftliche Wesen des Menschen in der Stammgemeinschaft der Urgesellschaft realisiert ist,[77] muß auch ein dem wahren menschlichen Wesen entsprechender Austausch der menschlichen Tätigkeiten und Produkte innerhalb dieser Gemeinschaft stattfinden. Damit liegt auf den ersten Blick ein Widerspruch bezüglich des Auftretens von Tauschvorgängen vor, denn der Austausch kann nicht einerseits als Element des entfremdungsfreien Lebens in der Gemeinschaft der Urgesellschaft vorhanden sein und andererseits erst zwischen zwei

---

[75] Vgl. dazu ebenfalls das in Abschnitt 1.2.2. dieser Arbeit genannte Marxsche Beispiel der Herstellung eines Pfeiles.
[76] Vgl. z. B. Grundrisse, S. 23, 87, MEW 13, S. 35f., MEW 23, S. 102, MEW 25, S. 187.
[77] Vgl. dazu Abschnitt 1.4. dieser Arbeit.

verschiedenen Gemeinschaften zum ersten Mal aufgetreten sein, d. h. nicht innerhalb der urgesellschaftlichen Gemeinschaften vorhanden sein. Gelöst wird dieser Widerspruch, indem die besondere Bedeutung des Ausdrucks 'Austausch' bei Marx herausgearbeitet wird.
Wenn Marx in den "Grundrissen" oder im "Kapital" von Austausch oder Tausch spricht, so meint er damit stets den Austausch von Tauschwerten. Mit der Existenz der Tauschwerte befinden wir uns bereits in einer warenproduzierenden Gesellschaft. In dieser Gesellschaftsform erfolgt der Austausch von Waren erst nach Beendigung der Produktion, und die Produktion orientiert sich wiederum an den Tauschwerten, nicht aber an den Gebrauchswerten. Durch den Austausch von Waren in einer warenproduzierenden Gesellschaft erfolgt die Produktion von Gegenständen also gemäß den Gesetzen der warenproduzierenden Ökonomie und nicht gemäß den jeweiligen Bedürfnissen der Individuen, so daß die Tätigkeit eines Menschen nicht dem unmittelbaren Genuß des anderen Menschen dient. Dadurch ist diese Form des Tausches, die Marx auch als "die moderne Form des Austausches" (MEW 4, S. 338) bezeichnet, das Gegenteil dessen, was das wahre gesellschaftliche Wesen des Menschen ausmacht:

> "Der *Tausch* oder der *Tauschhandel* ist also der gesellschaftliche, der Gattungsakt, das Gemeinwesen, der gesellschaftliche Verkehr und Integration der Menschen innerhalb des *Privateigentums* und darum der äußerliche, der *entäußerte* Gattungsakt." (MEW 40, S. 453).

Wenn der Austausch von menschlichen Tätigkeiten und Produkten als Element eines menschengerechten Daseins angesehen wird, so muß es sich dabei um einen Austausch handeln, der sich auf Gebrauchswerte bezieht und ohne eine direkte Gegenleistung des Empfängers erfolgt. Es muß sich um die bereits angesprochene Tauschform handeln, die aus dem gegenseitigen Schenken ohne die Forderung einer Gegenleistung besteht bzw. aus der 'Reziprozität', die das ständige Geben und Nehmen darstellt.[78] Passender als der Begriff des Austausches wäre daher die Verwendung von Ausdrücken wie 'vermitteln' oder 'verschaffen', also von Begriffen, die bei der Darstellung einer dem wahren menschlichen Wesen entsprechenden Produktion im Abschnitt 1.2.2. dieser Arbeit verwendet wurden. Alternativ könnte auch von einem "»organisierten Austausch«" - im Unterschied zur "»Verschacherung der Produkte«" als Austauschform unter den Bedingungen des Privateigentums - gesprochen werden.[79]
Entscheidend für das 'Reich der Freiheit' ist somit, daß ein Austausch von produktiven Tätigkeiten auf der Basis des gegenseitigen Gebens und Nehmens, also des Schenkens, stattfindet.[80]

---

[78] Vgl. Polanyi (1979), S. 159, 166, 180f. und Gorz (1994), S. 239f. Vgl. zum Tausch nach dem Reziprozitätsprinzip oder dem Redistributionsprinzip Vivelo (1981), S. 186-191, Buß (1985), S. 106-110, Harris (1989), S. 122-150 und Tiemann (1991), S. 174-186. Die Einteilung der Tauschformen in die genannten Prinzipien geht auf Polanyi zurück, vgl. z. B. Polanyi (1978a), S. 77-101, Polanyi (1979), S. 219-227.

[79] Vgl. dazu Höppner (1988), S. 264, Anmerkung 102.

[80] Diese Form des Austausches ist kompatibel mit der Forderung, daß es zur produktiven Tätigkeit des Menschen gehört, sich die Früchte der eigenen Tätigkeit selbst anzueignen, denn die Aneignung der Früchte der eigenen Arbeit umfaßt auch den freiwilligen Verzicht auf die Ergebnisse der eigenen Aktivität.

Weitere Ausführungen hinsichtlich der Organisation der Tätigkeiten innerhalb des 'Reichs der Freiheit' erübrigen sich an dieser Stelle, denn alle in dieser Sphäre ausgeübten Handlungen erfolgen in Übereinstimmung mit dem Ideal der produktiven, schöpferischen menschlichen Tätigkeit. Deshalb handelt es sich dabei unter anderem um selbstbestimmte Tätigkeiten, die keine weiteren regelnden Eingriffe seitens der Gemeinschaft benötigen.

Bezüglich der Organisation der gesellschaftlichen Produktionsprozesse sowie der damit einhergehenden Distribution der so erstellten Gegenstände ergeben sich zusammenfassend zwei Bereiche menschlicher Tätigkeiten, die unterschiedliche gesellschaftliche Regelungen besitzen. Für die Betätigungen im Bereich des 'Reichs der Freiheit' sind derartige gesellschaftliche Regelungen überhaupt nicht erforderlich. Die Organisation der Tätigkeit sowie die Distribution ihrer Resultate ergibt sich als Ausfluß der anthropologischen Idealvorstellungen von Marx, so daß mit der Beschreibung dieser Idealvorstellungen zugleich alle Aspekte der Organisation und Distribution im Bereich dieser Tätigkeiten bekannt sind. Als ein zu lösendes Problem erweisen sich deshalb nur jene Produktionstätigkeiten, die in das 'Reich der Notwendigkeit' fallen, also in den Bereich der Tätigkeiten, die in mindestens einem Aspekt nicht mit den anthropologischen Idealvorstellungen von Marx übereinstimmen. Diese Tätigkeiten sind als entfremdete Betätigungen einzustufen, so daß die im 1. Kapitel dieser Arbeit beschriebenen Eigenschaften der unentfremdeten menschlichen Tätigkeit nicht als organisatorische Richtschnur herangezogen werden können. Statt dessen sind die genannten zusätzlichen Regelungen und Maßnahmen erforderlich.
Fragen wir nun nach der geeigneten Gesellschaftsform zur Realisierung der von Marx vorgeschlagenen Organisationsregeln, so spricht vieles dafür, daß die dafür angemessene Gemeinschaft eine relativ kleine Gruppe ist.

4.4. Die Kleingruppe als Gesellschaftsform für ein unentfremdetes menschliches Dasein

Wie also sieht eine Gesellschaft aus, in der das Ideal einer nicht entfremdeten materiellen Produktion im speziellen und eines unentfremdeten Lebens im allgemeinen realisiert ist? Psychologische Erkenntnisse und soziologische Erfahrungen deuten darauf hin, daß die zur Realisierung dieses Ziels adäquate gesellschaftliche Organisationsform die der Kleingruppe ist.[81]
Aufgrund der Kleinheit der Gruppe ist es zunächst einmal möglich, alle Individuen an den Erkenntnis- und Entscheidungsprozessen zur materiellen Produktion zu beteiligen. Hier können sich die Gemeinschaftsmitglieder über die individuell und gemeinschaftlich lebensnotwendigen Gebrauchsgegenstände verständigen und zudem die Verteilung von Arbeitskräften und Pro-

[81] So sind auch die bisher erreichten Erfolge bei der Durchsetzung der humanistischen Leitidee auf "Kleingruppen wie Familien, Nachbarschaften, Freundschaften", Fleischer (1980), S. 50, beschränkt.

duktionsmitteln auf die verschiedenen Tätigkeitsbereiche kollektiv festlegen. Die Partizipation aller Gruppenmitglieder an der Regelung der Produktionsprozesse sichert den 'gesellschaftlichen Charakter' der Produktion. Die Überschaubarkeit des materiellen Herstellungsprozesses erlaubt darüber hinaus, daß sämtliche Individuen mit den im Produktionsprozeß verwendeten wissenschaftlichen und technischen Prinzipien vertraut sind, und die intellektuelle Beherrschung der Gebrauchswertherstellung gewährleistet den 'wissenschaftlichen Charakter' der Produktion.[82] Damit erlaubt die gesellschaftliche Kleingruppe die produktive Lebenstätigkeit des Menschen insofern, als daß sie Zweck, Ablauf und Ergebnis der Tätigkeit für jedes Individuum beherrschbar und überschaubar macht.[83] Die Selbstverwaltung der Individuen auf allen Ebenen und in allen Bereichen einer Gesellschaft im allgemeinen sowie die Beteiligung sämtlicher Individuen am Informations-, Erkenntnis- und Entscheidungsprozeß über den Reproduktionsprozeß und dessen Ziele im speziellen erfolgt also am besten in einer überschaubaren Kleingruppe. Zudem kann in einer derartigen gesellschaftlichen Organisationsform die Trennung zwischen den individuellen Angelegenheiten und den Angelegenheiten der Gemeinschaft verhindert werden, weil in der Kleingruppe tägliche zwischenmenschliche Kontakte stattfinden, in denen sich die Menschen über die Werte, Ziele und Wege ihres Zusammenlebens verständigen und damit eine öffentliche Meinung entwickeln. Im Fall der Verletzung dieser Wertvorstellungen kommt es zu einer Mißbilligung des Verhaltens durch die öffentliche Meinung, was zur Einhaltung der Verhaltensweisen führt, die zur Erreichung der gemeinschaftlichen Ziele erforderlich sind. Die Mißbilligung sorgt dafür, daß ein individuelles Verhalten etabliert wird, bei dem auch die Ziele der Gemeinschaft verfolgt werden.[84] Darüber hinaus kann hier das Prinzip der Reziprozität herrschen, d. h. die Bereitschaft, abwechselnd Bürden zu übernehmen und miteinander zu teilen.[85] Aufgrund dieser Merkmale und Eigenschaften ist die gesellschaftliche Kleingruppe in der Lage, wesentliche Elemente des unentfremdeten menschlichen Daseins zu ermöglichen: die bewußte Zwecksetzung der Tätigkeiten, die Beherrschung der Bedingungen des materiellen Lebens und ein dem gesellschaftlichen Wesen des Menschen entsprechendes Gemeinschaftsleben.

---

[82] Den Begriff des 'gesellschaftlichen' und 'wissenschaftlichen' Charakters der Produktion nennt Marx in den Grundrissen, S. 505.

[83] Vgl. Bahro (1977), S. 529, Fromm (1991), S. 288, Gorz (1991), S. 127. Zum damit eng verknüpften Begriff der klassischen 'polis' vgl. beispielsweise Nippel (1991), S. 23-32 oder Ignatieff (1993), S. 114f.

[84] Vgl. Landshut (1953), S. XXVII-XXX, Bahro (1977), S. 527-536, Lowe (1990), S. 62-73. Die öffentliche Meinung und die sich daran anschließenden Sitten, Gebräuche und Tabus sind beispielsweise in der Lage, die Übernutzung einer gemeinsam genutzten Ressource zu verhindern. North und Thomas gehen sogar so weit, daß ihrer Meinung nach aufgrund derartiger Beschränkungen die betreffende Ressource "never a completely »common-property« resource in the sense that economists use that phrase" ist, vgl. North/Thomas (1973), S. 19.

[85] Vgl. Polanyi (1979), S. 159, 166, 180f. Dies entspricht dem Prinzip der 'Wiedervergeltung' von Aristoteles, der mit diesem Begriff eine besondere Art der den Tausch betreffenden Gerechtigkeit beschreibt, die für den Bestand der Polis erforderlich ist, vgl. Baloglou/Peukert (1992), S. 44 samt der dort angegebenen Quellen.

Diese und ähnliche Gedanken bezüglich der Vorteilhaftigkeit gesellschaftlicher Kleingruppen finden sich bereits bei Marx und Engels. Neben der schon behandelten Urgesellschaft werden derartige Vorteile dargestellt in den Auseinandersetzungen mit dem antiken und dem indischen Gemeinwesen, mit der russischen Dorfgemeinde und schließlich mit der Kommuneidee anläßlich des Bürgerkriegs in Frankreich. Der Pariser Kommune von 1871 kommt dabei eine besondere Bedeutung zu, denn sie ist "die endlich entdeckte politische Form, unter der die ökonomische Befreiung der Arbeit sich vollziehen konnte" (MEW 17, S. 342).[86]
Die genannten Kleingruppen zeichnen sich zum einen dadurch positiv aus, daß sie die von Marx vorgeschlagenen organisatorischen Regelungen im sozialen Leben erfolgreich angewendet haben. Dazu gehört in erster Linie das in diesen Gemeinschaften anzutreffende Gemeineigentum.[87] Auf der Basis dieser Eigentumsform ist ein kooperativer Arbeitsprozeß mit der planmäßigen Teilung der Arbeit möglich. Damit liegt eine gesellschaftlich organisierte Arbeitsteilung vor, bei der sowohl die Produktion als auch die Aneignung der Produktionsergebnisse kollektiv erfolgen.[88] Trotz der vorliegenden Teilung der Arbeit führt jeder Produzent eine Vielzahl von Tätigkeiten aus. Zusätzlich erweist sich jedes Individuum am Arbeitsplatz als ein selbständiger Produzent, der dort ohne die Anerkennung einer äußeren Autorität tätig wird.[89] Schließlich existiert neben dem bereits genannten Gemeineigentum noch das individuelle Eigentum an den Früchten der eigenen Arbeit, so daß die individuelle Verfügung über die Ergebnisse der eigenen Tätigkeit gewährleistet wird.[90] Die Verteilung der zum Überleben erforderlichen Gegenstände erfolgt gemäß dem Bedürfnisprinzip, d. h. die kollektiv für die Gemeinschaft erfolgende Arbeit stellt den Vorrat an Gebrauchswerten her, der unentgeltlich an die einzelnen Gemeindemitglieder verteilt wird. Jedes Mitglied bekommt in diesem Zusammenhang ohne eine Bezahlung so viel, wie es nötig hat. Ein Privataustausch erfolgt in den urwüchsigen Gemeinschaften nur in Ausnahmefällen und spielt daher eine unbedeutende Nebenrolle.[91] Die Partizipation aller Gemeindemitglieder an den Fragen, die die Gemeinschaft betreffen, erfolgt schließlich durch die Selbstregierung in Form der kommunalen Entscheidungsfindung, so daß die Kommune die politische Form zur eigenständigen Regelung aller Lebensbereiche ist.[92]
Die von Marx und Engels beschriebenen Kleingruppen zeichnen sich weiterhin dadurch aus, daß sie eine Vielzahl von Elementen des unentfremdeten menschlichen Daseins beinhalten. Von ausschlaggebender Bedeutung ist die "Befreiung" bzw. "Emanzipation der Arbeit",[93] so daß die innerhalb dieser gesellschaftlichen Organisationsform auftretenden Arbeitsprozesse wesentliche

---

[86] Vgl. dazu Röhrich (1980), S. 44-47.
[87] Vgl. MEW 17, S. 551, 562f., MEW 19, S. 386-406, MEW 23, S. 93f., 252, 378f., MEW 25, S. 346, 811f.
[88] Vgl. MEW 2, S. 525, MEW 19, S. 389-392, 399, 405, MEW 23, S. 56, 378f.
[89] Vgl. MEW 23, S. 378f., MEW 25, S. 225, 346, 795, MEW 26.3, S. 408, 414f.
[90] Vgl. MEW 17, S. 552, MEW 19, S. 388, 404.
[91] Vgl. für diese Beschreibung MEW 2, S. 524, 527, Grundrisse, S. 904, MEW 23, S. 378f., MEW 24, S. 142.
[92] Vgl. MEW 17, S. 339, 543-545, 595f.
[93] Vgl. MEW 17, S. 342, 346, 556, 558. Wichtig ist dabei, daß es nicht um die Befreiung von der Arbeit geht, also nicht um die Abschaffung der Arbeit, sondern nur um die Befreiung der Arbeit.

Aspekte der unentfremdeten Tätigkeit aufweisen. Dazu gehört, daß der individuelle Produzent an der Zwecksetzung seiner Tätigkeit beteiligt wird und darüber hinaus den eigenen Tätigkeitsablauf festlegen kann. Das Individuum als Teil der Assoziation der freien Produzenten ist damit an der Kontrolle und Beherrschung seiner materiellen Lebensbedingungen beteiligt. Dies wirkt sich unter anderem positiv auf den Umgang mit den Werkzeugen und Materialien aus, denn schon für eine "Art Kompagniegeschäft zwischen Kapitalist und Arbeitern" kann Marx eine englische Zeitung damit zitieren, daß "»das erste Ergebnis eine plötzliche Abnahme der Materialverschwendung war, da die Arbeiter nicht einsahen, weshalb sie mit ihrem Eigentum verschwenderischer umgehen sollten als mit dem der Kapitalisten" (MEW 23, S. 351, Fußnote 21). Eine ähnlich positive Wirkung besitzt die Selbstbestimmung von Tätigkeiten auf das materielle Ergebnis der damit verknüpften Handlungen. Im Rahmen eines Vergleichs zwischen Sklaven und freien Arbeitern stellt Marx hierzu fest: "Das Bewußtsein (oder vielmehr die *Vorstellung*) der freien Selbstbestimmung, der Freiheit, macht den einen zu einem viel bessern Arbeiter als den andren", gleiches gilt für "das damit verbundne feeling (Bewußtsein) of *responsibility*" (Marx (1863/64), S. 135). Durch das auf der eigenen Arbeit basierende individuelle Eigentum beherrscht der tätig werdende Mensch zusätzlich das Ergebnis seiner Tätigkeit.[94] Schließlich sorgt die Überschaubarkeit des wirtschaftlichen und des gesamten gesellschaftlichen Systems für die intellektuelle Beherrschung dieser Vorgänge durch den einzelnen. Weitere positive Erfahrungen sind beispielsweise: die Bereitschaft der Kommunemitglieder zu "heroischer Selbstaufopferung", eine selbst "unter Umständen von beispielsloser Schwierigkeit ... gewissenhaft und wirksam" erfolgende Erledigung von Aufgaben zum Wohle der Kommune sowie ein drastischer Rückgang von Straftaten trotz des Fehlens von polizeilichen Einrichtungen.[95] Als Resultat dieser neu geschaffenen institutionellen Regelungen ergeben sich neben der bereits beschriebenen produktiven Tätigkeit noch die Existenz der 'wirklichen Gesellschaft' mit dem 'wirklichen Eigentum', einer 'wirklichen Selbstregierung' sowie der Orientierung an den 'wirklichen Bedürfnissen' und den 'wirklichen Interessen'.[96] Durch die Bezeichnung 'wirklich' wird unserer Meinung darauf hingewiesen, daß die genannten Elemente die Ausprägung angenommen haben, die mit dem wahren menschlichen Wesen vereinbar sind und ein unentfremdetes Leben hinsichtlich dieser Aspekte zulassen. Ergänzend sei auf die Engelsche Beschreibung der erfolgreichen Durchführungen kommunistischer Ansiedlungen hingewiesen. Nach Darstellung Engels' zeichnet sich das Leben in diesen 'Gütergemeinschaften' aus durch eine unabhängige, sorgenfreie und sichere Existenz jedes einzelnen, wobei die zu leistenden Arbeiten nicht mehr unangenehm sind und es aufgrund des reichlichen Vorhandenseins alles Benötigten weder

[94] Dies trifft für den Teil der Produkte, die nach dem Bedürfnisprinzip innerhalb der Gemeinschaft verteilt werden, auf den ersten Blick nicht zu. Allerdings ist der individuelle Produzent auch an der Aneignung dieser Gegenstände beteiligt, da er dieser Form der Verteilung zustimmt und dadurch über die Verwendung dieser Produkte mitbestimmt.

[95] Vgl. MEW 17, S. 343, 349, 556, 563.

[96] Vgl. MEW 17, S. 550, 552, 595f.

zu Verbrechen noch zu Streitigkeiten kommt. Alles in allem leben die Menschen in der von Engels beschriebenen Gütergemeinschaft bei weniger Arbeit besser und besitzen mehr Zeit und Muße zur Ausbildung ihrer Anlagen (vgl. MEW 2, S. 521-535).
Dafür, daß die Kleingruppe die ideale gesellschaftliche Form für ein unentfremdetes Leben ist, sprechen auch die Erfahrungen mit den israelischen Kibbuzim. Sowohl hinsichtlich der Organisation als auch hinsichtlich der positiven Ergebnisse ähneln sie den von Marx und Engels analysierten Gemeinschaften. Bei den Kibbuzim handelt es sich um freiwillige, auf sozialistischen Prinzipien basierende Zusammenschlüsse von durchschnittlich 400 bis 500 Personen. Die Kibbuzim zeichnen sich aus durch ein gemeinsames Eigentum an den Produktionsmitteln sowie eine gemeinschaftlich ausgeführte Produktion, bei der Arbeit und Gewinn einvernehmlich geteilt werden. Es gibt keine Löhne, da die Versorgung des einzelnen mit den notwendigen Gütern durch die Gemeinschaft garantiert wird. Damit liegt das Bedürfnisprinzip der Verteilung vor, so daß der individuelle Konsum unabhängig von den individuellen Beiträgen zur Gesamtproduktion ist. Entscheidungen, die das Kibbuzleben betreffen, erfolgen demokratisch im Rahmen einer Versammlung aller Erwachsenen, was unter anderem die gemeinschaftliche Kontrolle über die Produktionsmittel gewährleistet. Folglich sind die Prinzipien der Demokratisierung, Partizipation, Partnerschaft und Selbstbestimmung im Kibbuz erfüllt.[97] Darüber hinaus weisen die Kibbuzim auch im wirtschaftlichen Bereich gute Ergebnisse auf, so daß an ihrem ökonomischen Erfolg heute kein Zweifel mehr besteht.[98] Weiterhin existieren in diesen Gruppen keine Probleme des 'Prisoner's Dilemmas' bzw. des 'free-ridings'. Selbst ohne materielle Anreize sind Kompetenz und Fleiß anzutreffen, d. h. die vorhandenen individuellen Fähigkeiten werden auch ohne die Aussicht auf materielle Belohnung vollständig angewendet (vgl. Barkai (1977), S. 8). Das individuelle Kibbuz-Mitglied tut somit, was es kann, so daß der Grundsatz "Jeder nach seinen Fähigkeiten" (MEW 19, S. 21) realisiert ist. Entscheidend für das Vorherrschen dieses Verhaltens ist die Existenz gemeinsamer Ziele und Ideale, die so stark sind, daß der einzelne eine Befriedigung daraus zieht, einer Gemeinschaft zu dienen und Teilnehmer einer gemeinsamen Sache zu sein. Die Tatsache, Mitglied in einer Gemeinschaft zu sein, hat hier eine motivierende Wirkung, die auch in ökonomischen Angelegenheiten bedeutsam ist (vgl. Schanze (1992), S. 193). Damit wird die Arbeit zu einem Selbstzweck, d. h. das primäre Arbeitsmotiv ist nun die "job satisfaction", so daß die Arbeit zum 'Lebensbedürfnis' geworden ist (vgl. Helman (1992), S. 171-178). Darüber hinaus führen die Existenz der sozialistischen Ideen oder der religiösen Werte dazu, daß die Verfolgung dieser ideologischen Ziele einen zusätzlichen ra-

---

[97] Zur Beschreibung der israelischen Kibbuzim vgl. z. B. Barkai (1977), S. 1-10, Leibenstein (1987), S. 144f., Helman (1992), S. 168-170, Schanze (1992), S. 191, Schröder (1992), S. 6, Fishman (1994), S. 763-765. Auf die Unterscheidung zwischen den religiösen und den säkularen Kibbuzim wird hier verzichtet, vgl. dazu Fishman (1983), S. 10f., Fishman (1994), S. 763-766.

[98] Vgl. statt vieler Fishman (1983), S. 18-22, Barkai (1977), Kapitel 7 und 8, Barkai (1987), S. 241-246, Leibenstein (1987), S. 145, Helman (1992), S. 171, Fishman (1994), S. 763f., 766.

tionalen Anreiz darstellt und somit zu den positiven wirtschaftlichen Ergebnissen führt.[99] Neben der ideologisch bestimmten Motivation ist zudem die im Kibbuz herrschende Atmosphäre von Bedeutung. Durch die täglich anfallenden persönlichen Kontakte entwickelt sich eine öffentliche Meinung hinsichtlich der gemeinsamen Werte und Ziele, die einen verhaltensbeeinflussenden Charakter besitzt (vgl. Barkai (1987), S. 251f., 257).[100] Damit zeigt sich, daß Kollektive, die in hohem Maße auf ideologischer Motivation beruhen, ökonomisch erfolgreich und überlebensfähig sein können.[101]

Die gleichen, überraschend positiven ökonomischen Resultate finden sich in empirischen Untersuchungen von Arbeiterkooperativen in kapitalistischen Staaten, also von Unternehmen, in denen die Arbeiter das Eigentum an den Produktionsmitteln besitzen und die vollständige Kontrolle über alle ökonomischen Entscheidungen innehaben (vgl. Elster/Moene (1989), S. 22). Der aus theoretischen Überlegungen gezogenen Schlußfolgerung, daß in derartigen Kooperationen negative Auswirkungen auf die Arbeitsproduktivität zu erwarten sind,[102] widersprechen empirische Studien. Entgegen den theoretisch begründeten Erwartungen zeichnen sich die untersuchten Kooperativen unter anderem dadurch aus, daß ihre Arbeitsproduktivität über der von vergleichbaren kapitalistischen Unternehmen liegt.[103] Erneut zeigt sich, daß selbstbestimmte Unternehmen, die sich im Eigentum aller Arbeiter befinden, den Kriterien der ökonomischen Effizienz durchaus genügen können. Abschließend kann noch auf die in den 50'er Jahren dieses Jahrhunderts in Spanien gegründete 'Mondragon group of cooperatives' verwiesen werden. Auch diese - unter anderem auf den Prinzipien der Solidarität, der demokratischen Arbeiterselbstverwaltung und einer gemischt kapitalistisch-sozialistischen Eigentumsform basierende - Unternehmensform weist eine außerordentlich gute wirtschaftliche Entwicklung auf. Diese beruht nicht zuletzt auf dem Vorliegen eines Gemeinschaftsgeistes, aufgrund dessen die Mitglieder Eigeninteressen zugunsten der Gemeinschaft zurückstellen. Au-

[99] Vgl. Barkai (1977), S. ix, 9, Fishman (1983), S. 22-26, Fishman (1994), S. 766. So konnte auch das Problem der Kapitalakkumulation "bei völliger Freiwilligkeit und gemeinsamem Konsumverzicht" bewältigt werden, weil neben der "Gleichheit in der Armut" eine "starke soziale Identifikation und politische Motivation" vorhanden waren, vgl. Bergmann (1994b), Spalte 489.

[100] Auch für kapitalistische Unternehmen haben gemeinsame Werte eine Bedeutung für den wirtschaftlichen Erfolg, vgl. zur Relevanz der "shared values" für den wirtschaftlichen Erfolg Peters/Waterman (1982), S. 9-11, 279-291.

[101] Ein anderes Beispiel für die erfolgreiche Durchführung des Projekts kommunitären Lebens stellen die 'Werkgemeinschaften' dar, vgl. dazu z. B. Fromm (1991), S. 259-270.

[102] Vgl. dazu statt vieler den grundlegenden Aufsatz von Alchian/Demsetz (1972), vor allem S. 787-789, 794f.

[103] Vgl. Elster/Moene (1989), S. 27-31 sowie die dort angegebene Literatur. Vgl. ebenfalls Pencavel und Craig, die hinsichtlich der Arbeitsproduktivität in der von ihnen untersuchten Sperrholzindustrie zwar geringere Werte für Kooperativen errechnen, gleichzeitig aber auch auf andere Untersuchungen bezüglich der gleichen Unternehmen verweisen, die bei den kooperativ organisierten Unternehmen eine höhere Arbeitsproduktivität als in den konventionellen Firmen feststellen, vgl. Pencavel/Craig (1994), S. 724f., vor allem Fußnote 11 und die dort angegebene Literatur.

ßerdem motiviert der Umstand der Selbstverwaltung die tätig werdenden Personen zu hohen Anstrengungen und zur Akzeptanz von Anordnungen der Manager.[104]
Die von Marx und Engels beschriebenen Kleingruppen und die existierenden Kleingruppen der Gegenwart belegen zusammengefaßt zweierlei: erstens, daß die vorgeschlagenen organisatorischen Regelungen des menschlichen Zusammenlebens in der Praxis erfolgreich angewendet werden können und zweitens, daß diese Regelungen die gewünschten Auswirkungen auf das menschliche Dasein besitzen, indem sie das Ausmaß der Entfremdung reduzieren.

Dennoch besitzen die beschriebenen kleinen Gemeinschaften einen entscheidenden Nachteil. Die Funktionsfähigkeit der Kleingruppe basiert maßgeblich auf der Existenz gemeinschaftlicher Ziele und Ideale sowie dem Vorliegen vertrauter zwischenmenschlicher Beziehungen (vgl. Helman (1992), S. 174, Schröder (1992), S. 6). Wenn allerdings in einer Gemeinde die Zahl der Mitglieder zunimmt, gehen diese Kontakte und mit ihnen auch die gemeinsamen Ziele verloren. Zusätzlich läßt die Kontrolle durch die öffentliche Meinung nach, so daß letztlich die erforderliche Integration ausbleibt. Die Überlebensfähigkeit der Kleingruppe hängt somit davon ab, daß sie eine bestimmte kritische Mitgliederanzahl nicht überschreitet. Dies ist bereits Marx bekannt, der im Rahmen seiner Beschreibung des indischen Gemeinwesens feststellt, daß dort ab einer bestimmten Größe eine zweite Gemeinde gebildet wird.[105] Die Regeln einer Kleingruppe können daher nicht die einer Massengesellschaft sein. Folglich ist die Kleingruppe nur der Grundstein der von Marx angestrebten Gesellschaftsform, so daß darüber hinaus zusätzlich eine alle Kleingruppen umfassende gesellschaftliche Organisation gebildet werden muß.[106] Über diesen Zusammenschluß der vielen Kleingruppen und die damit verbundenen Organisationsregeln finden sich bei Marx allerdings nur wenige Aussagen.[107] Fragen wir uns daher im nächsten Schritt, ob eventuell der real existierende Sozialismus die organisatorischen Regelungen enthält, die für den Zusammenschluß von Kleingruppen erforderlich sind.

4.5. Entfremdungszustände im real existierenden Sozialismus

Ob der real existierende Sozialismus eine Organisationsform des gesellschaftlichen Lebens darstellt, in der ein entfremdungsfreies Dasein der Menschen ermöglicht und verwirklicht werden kann, läßt sich nur dadurch feststellen, daß das Leben in diesen Gesellschaften mit den ho-

---

[104] Vgl. zur genaueren Darstellung dieser Kombination von "»capitalist« efficiency with »socialist« ethics" Lutz/Lux (1988), S. 255-271.

[105] Vgl. MEW 23, S. 379, ebenso MEW 21, S. 45. Als durchschnittliche Größe der kommunistischen Ansiedlungen seiner Zeit gibt Engels eine Zahl von 300 bis 800 Personen an, vgl. MEW 2, S. 522.

[106] Dies trifft auch auf jene Arbeiterkooperativen zu, die zu Lebzeiten Marx' existieren. Manko dieses Kooperativsystems ist dessen Beschränkung "auf die zwerghaften Formen". Erforderlich ist es daher, "die gesellschaftliche Produktion in ein umfassendes und harmonisches System freier Kooperativarbeit zu verwandeln", MEW 16, S. 195.

[107] Vgl. dazu die Ausführungen des Abschnitts 4.3.1. dieser Arbeit.

hen Marxschen Ansprüchen verglichen wird. Allerdings fällt das Ergebnis dieses Vergleichs nicht positiv aus: Auch im noch bzw. ehemals real existierenden Sozialismus sind viele Entfremdungsphänomene zu bemängeln. Im folgenden Abschnitt wird daher kurz dargelegt, daß und warum dies der Fall ist. Dabei geht es nicht um eine differenzierte Analyse der verschiedenen Spielarten sozialistischer Gesellschaften. Für den hier verfolgten Zweck reicht eine vereinfachende Behandlung der sozialistischen Gesellschaften aus, die sich auf die wesentlichen Gemeinsamkeiten dieser Gesellschaftsformen konzentriert.

Bezüglich der zu behandelnden gesellschaftlichen Organisationsform finden sich viele Behauptungen, die eine Realisation des Marxschen Menschenbildes implizieren. Steinitz stellt in diesem Zusammenhang fest, daß die "Vergesellschaftung der Produktionsmittel ... *zur Identität zwischen Eigentümer, Produzent und Konsument*" führt (vgl. Steinitz (1968), S. 336). In einem Hochschullehrbuch der sozialistischen Volkswirtschaftslehre findet sich folgende Aussage:

> "Mit Hilfe des Staates beginnt die bewußte Beherrschung und Vorausbestimmung gesellschaftlicher Prozesse durch die Arbeiterklasse und ihre Verbündeten. ... Daher kommt vor allem der zentralen staatlichen Leitung und Planung entscheidende Bedeutung zu. Sie ist mit der schöpferischen Aktivität der Werktätigen und der eigenverantwortlichen Tätigkeit der Betriebe, Kombinate und Genossenschaften sowie der örtlichen Staatsorgane wirkungsvoll verbunden." (Kinze/Knop/Seifert (1983), S. 23).

Und schließlich schreibt das Lehrbuch "Sozialistische Betriebswirtschaft":

> "Der Mensch, die bewußte und schöpferische menschliche Arbeit sowie die Entwicklung des Menschen zur sozialistischen Persönlichkeit, steht deshalb im *Mittelpunkt* des betrieblichen und gesellschaftlichen Reproduktionsprozesses." (Graichen u. a. (1980), S. 223).

Diese Aussagen zeigen, daß die Relevanz des Marxschen Menschenbildes für das praktische Leben in den sozialistischen Gesellschaften durchaus wahrgenommen wird. Die damit verknüpften Anforderungen an das menschliche Dasein sind allerdings bisher in den sozialistischen Staaten nicht erfüllt worden. Dazu soll zunächst die Liste der dort bestehenden Entfremdungszustände kurz vorgestellt werden.

An erster Stelle steht hier die fehlende Entscheidungsbefugnis der Menschen über ihr materielles Leben. Die Zielrichtung der Produktion wird von der sozialistischen Bürokratie bzw. vom Parteiapparat festgelegt, wobei Mitbestimmungsrechte seitens der Arbeiterschaft faktisch nicht bestehen. Dadurch befindet sich der sozialistische Arbeiter in einer Situation, in der er der dirigistischen Leitung der Staatsmaschinerie macht- und eigentumslos sowie ohne Kontrollmöglichkeiten gegenübersteht. Das Individuum ist ohne praktische Einflußmöglichkeiten auf die

politischen Institutionen, die ihrerseits den materiellen Produktionsprozeß bestimmen.[108] Folglich sind die direkten Produzenten von der geistigen, d. h. planenden und zwecksetzenden Tätigkeit ausgeschlossen, so daß die Teilung der Arbeit zwischen der geistigen und der körperlichen Tätigkeit keinesfalls eliminiert ist. Ebensowenig kann von einer effektiven Kontrolle der arbeitenden Menschen über die Produktionsmittel und -prozesse die Rede sein.[109]
Darüber hinaus entspricht die praktische Betätigung im Rahmen der Produktionsprozesse nicht dem unentfremdeten menschlichen Dasein. Auch im sozialistischen Produktionsprozeß erfüllen die einzelnen Arbeitskräfte "entsprechend der innerbetrieblichen Arbeitsteilung spezialisierte Teilfunktionen des produktiven Gesamtarbeiters" (Graichen u. a. (1980), S. 231). Selbst hinsichtlich der ausführenden Arbeiten unterscheiden sich die sozialistischen Arbeiter daher kaum von ihren kapitalistischen Kollegen und Kolleginnen, denn solange an der so gearteten Teilung der Arbeit festgehalten wird, sind die daraus resultierenden Tätigkeiten als entfremdet einzustufen. Für jeden Facharbeiter gilt damit, daß er oder sie im Rahmen einer Tätigkeit mit funktionaler Spezialisierung keine schöpferische Tätigkeit ausüben kann. Damit verknüpft ist eine Einseitigkeit bei der Entwicklung der Fähigkeiten und Fertigkeiten. Dies und die Vorgabe der Ziele und Abläufe der Produktionsprozesse verhindern zudem die Selbstgestaltung des eigenen Lebens sowie die freie Selbstentfaltung der eigenen Persönlichkeit innerhalb der Arbeitsprozesse.[110] Es zeigt sich somit, daß jede Form der Arbeitsteilung, die den Menschen zu einer seinen Neigungen und Interessen widersprechenden Tätigkeit zwingt, entfremdend wirkt (vgl. Mandel (1968a), S. 190, Fußnote 8). Zu der Entfremdung gehört weiterhin die fehlende Kontrolle der Menschen über die Natur(kräfte). Die Tatsache, daß auch in sozialistischen Gesellschaften aus der Produktionstätigkeit Umweltverschmutzungen resultieren, die von den tätigen Menschen weder beabsichtigt noch kontrollierbar sind, stellt einen Zustand dar, in dem die zum unentfremdeten menschlichen Dasein gehörende Naturbeherrschung nicht vorliegt (vgl. Schaff (1977), S. 329-332).
Alles in allem entsteht bei den sozialistischen Werktätigen letztlich das Gefühl, "ein kleines, unbedeutendes Rädchen in einer großen Maschinerie" (Israel (1985), S. 243) zu sein. An dieses Gefühl schließen sich alle negativen Empfindungen an, die unter dem Begriff der 'Selbstentfremdung' zusammengefaßt werden: Gefühle der Sinnlosigkeit des eigenen Lebens, der inneren Leere sowie der Bedeutungs- und Wertlosigkeit. Das Gefühl der Machtlosigkeit als Form der Entfremdung ergibt sich beispielsweise aus der Zentralisierung von Planung und Ent-

---

[108] Vgl. Bahro (1977), S. 12, 178, Schaff (1977), S. 277, 297, Israel (1985), S. 213, 217, 236, Fromm (1991), S. 236f., 302f., Schnitzler (1993), S. 40, 101, 150.
[109] Durch den Umstand, daß anstelle der Marxschen "Vorstellungen von einer Regierung *von Arbeitern*" lediglich "eine Regierung von Arbeiter*organisationen*, die *im Namen* der Arbeiterklasse agieren", Mackenbach (1994a), Spalte 484f., vorliegt, ist die angestrebte 'Herrschaftslosigkeit der Produktion' keinesfalls realisiert.
[110] Vgl. Mandel (1968a), S. 188f., Schaff (1977), S. 270, Gorz (1988), S. 104f., Gorz (1991), S. 93, Ol'sanskij (1992), S. 184.

scheidungen bzw. aus dem gewaltsamen Charakter der Herrschaft der politischen Führung.[111] Hinzu kommt, daß der Mensch sich als "»Schräubchen« ... in der Staatsmaschine" fühlt, der jederzeit "durch ein anderes, gleiches »Schräubchen« ersetzt werden"[112] kann. Daher ist Bahro zuzustimmen, wenn er gegen Mandel gerichtet feststellt, daß die in sozialistischen Gesellschaften auftretenden renitenten Handlungen der arbeitenden Menschen primär Ausfluß dieser Macht- und Bedeutungslosigkeit sind. Disziplinlosigkeit, Abwesenheit vom Arbeitsplatz, Streiks und schließlich sogar Akte der Sabotage sind nicht nur eine Revolte gegen den geringen Lebensstandard sowie den aufoktroyierten Konsumverzicht, sondern vielmehr ein Widerspruch gegen die untergeordnete und unselbständige Rolle der Arbeiter.[113]

Die dem menschlichen Dasein widersprechende Realität der arbeitenden Massen in sozialistischen Gesellschaften hat darüber hinaus entfremdende Konsequenzen im Bereich der Bedürfnisse. Dazu gehört beispielsweise eine Produktion, die sich nicht an den Bedürfnissen der Menschen orientiert. Der Gebrauchswert, der im kapitalistischen Produktionsprozeß dem Tauschwert untergeordnet wird, ist im sozialistischen Produktionsprozeß dem Planwert subsumiert. Für den Konsumenten bedeutet dies im Resultat, daß die gewünschten Gebrauchswerte nicht hergestellt werden (vgl. Israel (1985), S. 215f., Fischer (1993), S. 53). Die Bedürfnisse der Menschen, seien sie nun entfremdeter oder unentfremdeter Natur, werden nicht vollständig befriedigt, so daß die fehlende Bedürfnisbefriedigung einen zusätzlichen Zustand der Entfremdung hervorruft (vgl. Elster (1985), S. 62, 68, 102f.). Zudem nimmt das Verhältnis zwischen den Arbeitern und dem Staat, der die Produktionsmittel und die Produktionsprozesse kontrolliert, einen entfremdenden Charakter an. Weil der Staat einen Preis für die Arbeitskraft zahlt, besitzt letztere weiterhin den Charakter einer Ware (vgl. Bahro (1977), S. 242, Israel (1985), S. 228). Durch die damit verknüpfte Gültigkeit des Prinzips finanzieller Arbeitsanreize herrscht immer noch eine am 'Haben' orientierte Lebensweise vor, so daß sich auch auf diesem Gebiet die von Marx angestrebte Revolutionierung des menschlichen Daseins nicht durchgesetzt hat.[114] Schließlich ist noch auf die Entfremdung des Menschen von seiner Eigenschaft als gesellschaftlichem Beziehungswesen hinzuweisen. Sie äußert sich unter anderem in der mangelnden Teilnahme an öffentlichen Angelegenheiten oder im Diebstahl am öffentlichen Eigentum. Hierbei handelt es sich eindeutig um Beispiele für eine Entfremdung des Menschen von seinen

[111] Vgl. Schaff (1977), S. 277, 310f. sowie Kondylis (1994), S. 27-29. Die stark eingeschränkten Partizipationsmöglichkeiten generieren und verstärken "das politische Ohnmachtsbewußtsein der Bürger", Kaase/Mommsen-Reindl (1991), S. 472. Zu drastischen Formen des sozialistischen Herrschaftsapparates, z. B. dem "Kampf gegen Andersdenkende" oder "der Oktroyierung von Denkschablonen zur Disziplinierung" der Menschen, vgl. statt vieler Leonhard (1994), S. 9-11 und Ol'sanskij (1992), S. 192.

[112] Ol'sanskij (1992), S. 182, 186. Vgl. zum Wesen des "»Schräubchen«-Bewußtseins" Ol'sanskij (1992), S. 182-194.

[113] Vgl. Mandel (1968b), S. 665, Bahro (1977), S. 122f. sowie Bergamnn (1994b), Spalte 488, der darauf hinweist, daß eine erzwungene Kapitalakkumulation den Zustand der Entfremdung hervorruft.

[114] Vgl. Fromm (1964), S. 397, Fromm (1965b), S. 416-418 und Ignatieff (1993), S. 140.

Mitmenschen, so daß auch im Realsozialismus eine Entfremdung im Verhältnis zwischen den Menschen festzustellen ist.[115]
Ohne weiter auf andere Formen der Entfremdung einzugehen, kann an dieser Stelle mit folgendem Zwischenfazit geendet werden: Auch im real existierenden Sozialismus sind die Menschen Opfer von zahlreichen Entfremdungsphänomenen,[116] die sich qualitativ nur unwesentlich von denen in kapitalistischen Gesellschaften unterscheiden. Die sich damit aufdrängende Frage nach den Ursachen für diese Zustände muß daher als nächstes beantwortet werden.
Dafür sind vorab zwei Anmerkungen erforderlich. Zuerst ist darauf hinzuweisen, daß eine vollständige Eliminierung aller Typen von Entfremdungen - und damit gleichzeitig die vollständige Realisierung des Marxschen anthropologischen Ideals - unmöglich ist.[117] Schon aus diesem Grund ist es nicht verwunderlich, daß auch in einer sozialistischen Gesellschaft Formen der Entfremdung anzutreffen sind. Zweitens machen Marx und Engels - wie zu Beginn dieses Kapitels dargestellt - wiederholt deutlich, daß der Kommunismus nur die Bewegung ist, die zu einer (möglichst) entfremdungsfreien Gesellschaftsform führen soll. Damit ist die Rolle des real existierenden Sozialismus, der heute als erste, niedere Stufe der postkapitalistischen Gesellschaft angesehen wird (vgl. Mandel (1987), S. 382), die eines Zwischenstadiums, keinesfalls aber die eines anzustrebenden Endzustands. Auch deshalb sind Aspekte eines entfremdeten menschlichen Daseins in dieser Gesellschaftsform nicht überraschend. Allerdings, und hiermit enden die solche Entfremdungsphänomene entschuldigenden Ausführungen, überrascht das Ausmaß der Entfremdung, das in den real existierenden sozialistischen Staaten vorliegt. Es ist ein müßiges Unterfangen, eine endgültige Aussage über die Streitfrage zu treffen, in welcher gesellschaftlichen Organisationsform - der kapitalistischen oder der sozialistischen - die Entfremdung der dort lebenden Personen größer ist.[118] Dieser Frage gehen wir daher nicht weiter nach. Dennoch kann unzweifelhaft festgehalten werden, daß die sozialistischen Gesellschaften die versprochene wesentliche Verbesserung hinsichtlich eines unentfremdeten menschlichen Lebens nicht verwirklicht haben.[119] Aber auch unabhängig von dieser Beurteilung kann im nächsten Schritt untersucht werden, welches die für die existierenden Entfremdungsphänomene verantwortlichen Faktoren sind.

---

[115] Vgl. Mandel (1968a), S. 189, Schaff (1977), S. 327, 332f.
[116] Die Berücksichtigung der anthropologischen Dimension der Marxschen Entfremdungsproblematik bewegte schließlich sogar die Autoren in Ländern des real existierenden Sozialismus dazu, sich der "Meinung, selbst die sozialistische Gesellschaft enthalte Entfremdungsphänomene", anzuschließen, vgl. Lobkowicz (1968), Spalte 157.
[117] Vgl. dazu Abschnitt 4.3. dieser Arbeit.
[118] Wenn selbst der Chefkommentator des »Schwarzen Kanals« zu Beginn des Jahres 1990 feststellt: "Es ist uns nicht gelungen, die Entfremdung aufzulösen; wir haben sie sogar vertieft", Schnitzler (1993), S. 150, fällt die Entscheidung hinsichtlich dieser Frage zu ungunsten des real existierenden Sozialismus aus.
[119] Wir können uns daher der Feststellung Heinzes anschließen, "daß das »marxistische« Menschenbild des Pseudosozialismus trotz einiger wesentlicher Erkenntnisse weit hinter den Marxschen Gedanken zurückgeblieben ist", Heinze (1993), S. 171.

Von ausschlaggebender Bedeutung für die Entfremdungszustände in den Gesellschaften des real existierenden Sozialismus ist die dort bestehende Teilung der Arbeit in planende Kopfarbeiter und ausführende Handarbeiter. Sie ist verantwortlich für die mangelnde Selbstbestimmung der Tätigkeiten, die fehlende freie Zielsetzung der individuellen Produzenten, die nicht vorhandene intellektuelle Beherrschung der Produktionsprozesse sowie für die fehlenden Entfaltungs- und Entwicklungsmöglichkeiten. Auch von der durch Marx geforderten "Rücknahme der Staatsgewalt durch die Volksmassen selbst" (MEW 17, S. 543) und der damit verbundenen Beseitigung "einer Staatsmacht mit einer systematischen und hierarchischen Teilung der Arbeit" (MEW 17, S. 539) kann daher keine Rede sein. Ohne jeglichen ökonomischen Einfluß und ohne Kontrollmöglichkeiten sind die Werktätigen des Sozialismus von der produktiven Lebenstätigkeit entfremdet.[120]

Neben diesem Faktor verblassen die weiteren ursächlich verantwortlichen Einflußgrößen hinsichtlich ihrer Relevanz für das Vorliegen der Entfremdungsphänomene. Zu ihnen gehört z. B. die Planung der wirtschaftlichen Abläufe mit Hilfe von staatlich aufgestellten Plänen. Hinsichtlich der Konsumtion orientieren sich Plangrößen nur an einem Durchschnitt ansonsten sehr heterogener Wünsche und Bedürfnisse. Damit wird auf die Individualität der Personen nicht mehr eingegangen (vgl. Gorz (1988), S. 72f.). Weil zusätzlich die Ausarbeitung der Pläne ohne nennenswerte demokratische Elemente erfolgt und preisbildende Märkte als Anzeiger für Bedürfnisse fehlen, findet eine 'Verdolmetschung der Bedürfnisse' nicht statt (vgl. Bahro (1977), S. 260-263). Schließlich hat noch das Wesen der Bürokratie einen prägenden Einfluß auf die unter ihr arbeitenden Personen. Eine Umgebung, die Konformität und strikte Befehlsbefolgung belohnt, schafft initiativlose und passive Menschen, die eine aktive, schöpferische Tätigkeit schwerlich ausüben werden. An die Stelle der selbständigen, verantwortungsbewußten Entscheidung treten statt dessen ein vorauseilender Gehorsam, ein Untertanengeist und Lethargie sowie ein "passives, untätiges Bewußtsein".[121] Gleiches gilt für den pädagogischen Prozeß, der nicht die Selbstverwirklichung und Individualität eines selbstbewußten, kreativen und schöpferischen Menschen anstrebt, sondern alle diese Aspekte unterdrückt und dafür unter anderem zum "Gehorsam im Sinne Pawlowscher Reflexe"[122] erzieht.

---

[120] Vgl. statt vieler Mandel (1968a), S. 194-197, 207, Bahro (1977), S. 95-97, 164-167, 256-268, 422, 436-438, 450f., 522, Israel (1985), S. 213, 227-241. Damit zeigt sich zugleich, daß die Überführung der Produktionsmittel in Staatseigentum keinesfalls schon die Abschaffung des kapitalistischen Privateigentums bedeutet. Entscheidend ist die effektive Kontrolle über die Produktionsmittel, und von dieser sind auch die arbeitenden Menschen im real existierenden Sozialismus ausgeschlossen. Faktisch ist das kapitalistische Privateigentum, dessen Wesen der Ausschluß der Massen vom Zugang zu den Produktionsmitteln ist, in den sozialistischen Gesellschaften also nicht eliminiert. Das Ziel des Kommunismus, "die Abschaffung des bürgerlichen Eigentums", MEW 4, S. 475, zu erreichen, ist folglich nicht realisiert, vgl. dazu auch Abschnitt 4.2. dieser Arbeit.

[121] Vgl. Bahro (1977), S. 256-268, Israel (1985), S. 241f., Ol'sanskij (1992), S. 194, Gentsch (1992), S. 163, Schnitzler (1993), S. 150.

[122] Gentsch (1992), S. 209, vgl. zum pädagogischen Prozeß im real existierenden Sozialismus und dessen Folgen für den Menschen Gentsch (1992), S. 188-213.

Diese wenigen und keinesfalls erschöpfenden Bemerkungen zur Diskussion der Entfremdung in Gesellschaften des real existierenden Sozialismus reichen aus, um das entscheidende Ergebnis dieser Bemühungen hinreichend zu verdeutlichen. Hauptverantwortlich für die Generierung von Entfremdungszuständen in den behandelten Gesellschaften ist unmittelbar die weiterhin bestehende Teilung der Arbeit, die die planenden und ausführenden Tätigkeiten von verschiedenen Personen durchführen läßt. Damit ist zugleich das Wesen des Volkseigentums nicht verwirklicht, denn von einem gemeinsamen Eigentum kann erst gesprochen werden, wenn alle Mitglieder einer Gemeinschaft faktische Verfügungsrechte über diese Gegenstände innehaben. Integraler Bestandteil des Volkseigentums im Sinne von Marx ist die Gemeinsamkeit der Planung, Entscheidung, Ausführung und Distribution im Rahmen der gesellschaftlichen Produktionsprozesse. Weil dieser Aspekt im real existierenden Sozialismus nicht verwirklicht ist, läßt sich diese Gesellschaft auch nicht als Leitbild für die postkapitalistische Gesellschaft heranziehen.

Damit gelangen wir zu der grundsätzlichen Frage, warum die von Marx angestrebte gesellschaftliche Veränderung noch nicht zustande gekommen ist. Von den möglichen Antworten auf diese Frage wählen wir eine Lösung, die den Schwerpunkt auf die menschliche Ebene legt.

4.6. Gründe für die fehlende Realisation des unentfremdeten menschlichen Daseins

Die Abschaffung der kapitalistischen Produktionsweise und die erfolgreiche Etablierung einer neuen Gesellschaftsform können nur zustande kommen, wenn vorab Entwicklungen auf der materiellen Ebene und auf der menschlichen Ebene stattfinden. Auf der materiellen Ebene erfordert die gesellschaftliche Veränderung vor allem die Steigerung der Produktivkräfte der Arbeit, also technische Weiterentwicklungen. Im "Kapital" stellt Marx bezüglich der Produktion "frei vergesellschafteter Menschen unter deren bewußter planmäßiger Kontrolle" (MEW 23, S. 94) unmißverständlich fest:

> "Dazu ist jedoch eine materielle Grundlage der Gesellschaft erheischt oder eine Reihe materieller Existenzbedingungen, welche selbst wieder das naturwüchsige Produkt einer langen und qualvollen Entwicklungsgeschichte sind." (MEW 23, S. 94).

Ohne eine entsprechende "materielle Entwicklung der Produktivkräfte und die Herstellung des Weltmarkts, die als materielle Grundlagen der neuen Produktionsform bis auf einen gewissen Höhegrad herzustellen" sind (vgl. MEW 25, S. 457), ist die Eliminierung der kapitalistischen Produktionsweise und deren Ersetzung durch die von Marx angestrebte neue Gesellschaftsform nicht möglich. Daß diese materiellen Grundlagen schließlich von der kapitalistischen Produktionsweise bereitgestellt werden, steht für Marx aufgrund der im kapitalistischen System der Produktion mit zwingender Notwendigkeit auftretenden technischen Entwicklungstendenzen außer Zweifel, denn jeder Kapitalist ist "bei Strafe des Untergangs" dazu gezwungen, "seine Maschinerie mehr und mehr zu vervollkommnen" (MEW 20, S. 255). Dadurch, daß das kapitalistische Produktionssystem die "Entwicklung der Produktivkräfte der gesellschaftlichen Arbeit" vorantreibt, "schafft es unbewußt die materiellen Bedingungen einer höhern Produktionsform" (MEW 25, S. 269). Die materiellen Voraussetzungen für die Errichtung einer neuen Produktionsweise ergeben sich im Laufe der kapitalistischen Entwicklung als Konsequenz des durch den Konkurrenzdruck erzeugten Zwangs zur Mechanisierung und Innovation, so daß die Auflösung der kapitalistischen Produktionsform hinsichtlich dieser Erfordernis nur eine Frage der Zeit ist.

Wenden wir uns deshalb einem Aspekt der gesellschaftlichen Veränderungen zu, der in der Regel weniger Beachtung findet. Es handelt sich hierbei um die menschliche Seite der für radikale gesellschaftliche Umwandlungen erforderlichen Voraussetzungen. Die von Marx angestrebte Veränderung der Gesellschaft kann erst stattfinden, wenn neben der genannten technischen Entwicklung auch eine menschliche Entwicklung im Bereich des Bewußtseins und der Bedürfnisse erfolgt. Die Bedeutung, die das Bewußtsein für das menschliche Handeln gemäß der Marxschen Anthropologie besitzt, wurde im Abschnitt 1.2.1. dieser Arbeit erörtert. Die große Relevanz des Bewußtseins im Marxschen Denken, die häufig vernachlässigt wird, ist auch für die Transformation der kapitalisitischen Gesellschaft in die postkapitalistische Gesellschaftsform bedeutsam. So verlangt eine erfolgreiche Umformung der bestehenden Gesellschaft unter anderem "das kommunistische Bewußtsein" (MEW 3, S. 69) bei den Mitgliedern der bestehenden Gesellschaft. Deshalb weist Marx darauf hin, "daß sowohl zur massenhaften Erzeugung dieses kommunistischen Bewußtseins wie zur Durchsetzung der Sache selbst eine massenhafte Veränderung der Menschen nötig ist" (MEW 3, S. 70). Die Menschen müssen sich zunächst einmal darüber im klaren sein, daß sie Opfer der Entfremdung sind. Zusätzlich muß das Bedürfnis nach einer gesellschaftlichen Wandlung vorliegen, so daß Marx die folgende Feststellung treffen kann: "Eine radikale Revolution kann nur die Revolution radikaler Bedürfnisse sein" (MEW 1, S. 387).[123] Ohne dieses Bewußtsein und das "*Bedürfnis einer Veränderung der Gesellschaft*" (MEW 7, S. 87) ist der Umsturz der kapitalistischen Produktionsweise durch die Arbeiter nicht zu erwarten, denn "eine Arbeiterklasse, die aus Erziehung, Tradition, Gewohnheit die Anforderungen jener Produktionsweise als selbstverständliche Naturgesetze anerkennt" (MEW 23, S. 765), verspürt aufgrund dieser Sichtweise keine Veranlassung für eine gesellschaftliche Änderung.[124]

---

123 Ebenso weist Engels darauf hin, daß die Befreiung der Arbeiterklasse nur das Werk von "mit dem zum Bewußtsein ihrer Klassenlage durchgedrungnen Arbeitern" sein kann, vgl. MEW 22, S. 240.

124 Fromms Vorwurf, Marx und Engels hätten in ihrer Theorie "der Macht der Ideen" und den notwendigen kulturellen Veränderungen zu wenig Beachtung geschenkt, vgl. Fromm (1991), S. 224f., klingt daher wenig überzeugend. Schließlich ist noch darauf hinzuweisen, daß die Arbeiterklasse nicht durch Not und Armut derart geschwächt sein darf, daß sie zu "keiner revolutionären Initiative fähig ist", MEW 7, S. 97.

Darüber hinaus sind ein gewandeltes Bewußtsein und neuartige Bedürfnisse für die Funktionsfähigkeit der postkapitalistischen Gesellschaft notwendig. Wenn die Tätigkeit der Menschen auch von der Anwendung des menschlichen Bewußtseins abhängt (vgl. MEW 3, S. 272), können andere als die in der kapitalistischen Gesellschaft auftretenden Handlungen nur erwartet werden, wenn ein verändertes Bewußtsein vorliegt. So weist Marx beispielsweise auf den Umstand hin, daß bei Menschen, die noch über die Einstellungen und Wertvorstellungen der kapitalistischen Produktionsweise verfügen, selbst in einer postkapitalistisch organisierten Gesellschaft eine Distribution gemäß des Bedürfnisprinzips nicht durchgeführt werden kann. Weil die neue "Gesellschaft ... eben aus der kapitalistischen Gesellschaft *hervorgeht*, also in jeder Beziehung, ökonomisch, sittlich, geistig, noch behaftet ist mit den Muttermalen der alten Gesellschaft, aus deren Schoß sie herkommt", muß die Distribution noch nach dem Leistungsprinzip erfolgen, d. h. es "erhält der einzelne Produzent - nach den Abzügen - exakt zurück, was er" der Gesellschaft gibt (vgl. MEW 19, S. 20). Die Funktionsweise einer Gesellschaft, die ein möglichst entfremdungsfreies menschliches Dasein zuläßt, basiert folglich auch auf einer vorher erfolgten 'Kulturrevolution'. Sie muß Werte wie das Leistungs- oder das Wettbewerbsprinzip ersetzen durch Werte der Gegenseitigkeit, der Zuwendung, der Gewaltlosigkeit, der Sensitivität und der Uneigennützigkeit. Ohne derartige neue gesellschaftliche Wertvorstellungen ist die von Marx angestrebte Gesellschaft der Zukunft funktionsunfähig.[125] Deshalb findet sich in den "Klassenkämpfen in Frankreich von 1848 bis 1850" auch das folgende Urteil:

> "Die Revolution, die hier nicht ihr Ende, sondern ihren organisatorischen Anfang findet, ist keine kurzatmige Revolution. Das jetzige Geschlecht gleicht den Juden, die Moses durch die Wüste führt. Es hat nicht nur eine neue Welt zu erobern, es muß untergehen, um den Menschen Platz zu machen, die einer neuen Welt gewachsen sind." (MEW 7, S. 79).

Damit zeigt sich, daß sowohl die Schaffung der postkapitalistischen Gesellschaft als auch die Funktionsfähigkeit dieser neuen Gesellschaft entscheidend von dem Vorliegen neuer Bedürfnisse und eines neuen Bewußtseins abhängen und daß die Generierung einer funktionsfähigen postkapitalistischen Gesellschaft somit auch "eine kulturelle Frage" (Strasser (1990), S. 536) ist. Wie aber kommt es in der kapitalistischen Gesellschaft zur Ausprägung dieser erforderlichen Bedürfnisse sowie dieses Bewußtseins? Nach der materialistischen Auffassung bezüglich

[125] Vgl. dazu statt vieler Marcuse (1975), S. 12f., 17-19, Bahro (1977), S. 304, Gorz (1988), S. 78f. und Fromm (1991), S. 290-297. Da es sich bei den genannten neuen Wertvorstellungen in der Gesellschaft um feminine Qualitäten handelt, gibt es "gute Gründe dafür, diese Vorstellung von einer sozialistischen Gesellschaft »feministischer Sozialismus« zu nennen", Marcuse (1975), S. 19. Weiterhin ist noch auf den enormen Zeitbedarf hinzuweisen, den eine derartige "psychologische Revolution" in Anspruch nimmt. Bahro spricht in diesem Zusammenhang von mindestens zwei Generationen, Mandel von zwei bis drei, Cipko schließlich von einer ganzen "Kette einander ablösender Generationen", vgl. Bahro (1977), S. 233-235, Mandel (1988), S. 167-169, Cipko (1992), S. 119. Wir behandeln den möglichen Ablauf des Wertewandels am Ende dieses Abschnitts am Beispiel des Bedürfnisses nach freier Zeit. Den allgemeinen Wandel der Werte greifen wir im Abschnitt 5.2. dieser Arbeit erneut auf.

der Entstehung menschlicher Bedürfnisse kann das Bedürfnis nach der Änderung der Gesellschaft erst dann auftreten, wenn die damit zusammenhängenden materiellen Gegebenheiten - zumindest teilweise - vorliegen. Bei Marx lassen sich zwei Mechanismen herauslesen, die in einer entfremdenden kapitalistischen Umgebung die genannten menschlichen Änderungen entstehen lassen.

Der erste Mechanismus, der zur Bildung des neuen Bewußtseins und des Bedürfnisses nach einer radikalen gesellschaftlichen Veränderung führt, verläuft über die Verelendung der Mehrheit der Menschen innerhalb einer kapitalistisch produzierenden Gesellschaft. Diese Idee findet sich bereits in den frühsten Schriften von Marx, in denen er eine radikale Veränderung der Gesellschaft erst dann für möglich hält, wenn die Mitglieder einer bestimmten Klasse "durch ihre *unmittelbare* Lage, durch ihre *materielle* Notwendigkeit, durch ihre *Ketten selbst* dazu gezwungen" (MEW 1, S. 390) werden.[126] Hier geht es um die Überlegung, daß Menschen den Wunsch nach der Abschaffung der herrschenden Produktionsweise erst verspüren, wenn die negativen Konsequenzen dieser Produktionsweise für sie unerträglich werden. Die "*soziale* Revolution" erweist sich dann als "eine Protestation des Menschen gegen das entmenschte Leben" (MEW 1, S. 408). Wenn also das kapitalistische System der Produktion auf Seiten der Arbeiter inhumane, unerträgliche Lebensbedingungen schafft, dann sorgt dieser Umstand für die Generierung des Bedürfnisses nach der Abschaffung der kapitalistischen Produktionsweise. Die Notwendigkeit, mit der das kapitalistische System diese unerträglichen Existenzbedingungen produziert, wird von Marx durch "*das absolute, allgemeine Gesetz der kapitalistischen Akkumulation*" (MEW 23, S. 674) beschrieben:

> "Wir sahen ... bei Analyse der Produktion des relativen Mehrwerts: innerhalb des kapitalistischen Systems vollziehn sich alle Methoden zur Steigerung der gesellschaftlichen Produktivkraft der Arbeit auf Kosten des individuellen Arbeiters; ... verstümmeln den Arbeiter in einen Teilmenschen, entwürdigen ihn zum Anhängsel der Maschine, vernichten mit der Qual seiner Arbeit ihren Inhalt, entfremden ihm die geistigen Potenzen des Arbeitsprozesses im selben Maße, worin letzterem die Wissenschaft als selbständige Potenz einverleibt wird; sie verunstalten die Bedingungen, innerhalb derer er arbeitet, unterwerfen ihn während des Arbeitsprozesses der kleinlichst gehässigen Despotie, verwandeln seine Lebenszeit in Arbeitszeit, schleudern sein Weib und Kind unter das Juggernaut-Rad des Kapitals. ... Es bedingt eine der Akkumulation von Kapital entsprechende Akkumulation von Elend. Die Akkumulation von Reichtum auf dem einen Pol ist also zugleich Akkumulation von Elend, Arbeitsqual, Sklaverei, Unwissenheit, Brutalisierung und moralischer Degradation auf dem Gegenpol, ..." (MEW 23, S. 676f.).

[126] Hazel Henderson umschreibt diesen Umstand, bezogen auf die Gegenwart, mit den Worten: "Es läßt sich jetzt überall im System beobachten, daß die Menschen tatsächlich ganz unten sein müssen, bevor sie bereit sind, die Veränderung, die sie werden durchleben müssen, in ihrem ganzen Umfang wirklich anzupacken", Henderson (1989), S. 90.

Aufgrund seiner ökonomischen Analysen kommt Marx zu der Schlußfolgerung, daß das kapitalistische System der Produktion durch die von ihm hervorgebrachten Existenzbedingungen bei der arbeitenden Masse das zur Veränderung der Gesellschaft erforderliche neue Bewußtsein bzw. Bedürfnis erzeugt und auch insofern seine "eigenen Totengräber" (MEW 4, S. 474) produziert. Diese optimistische Sichtweise Marx' enthält allerdings einige Schwächen, die ihrerseits die bisher noch nicht stattfindende Revolution durch die Arbeiterklasse erklären können.

Hierzu gehört zunächst einmal das am Ende des 2. Kapitels dieser Arbeit erörterte Wesen der Verelendung im Sinne von Marx. Wenn Marx von einer Verelendung der Menschen spricht, so bezieht er sich bei diesem Urteil auf die von ihm vertretenen anthropologischen Idealvorstellungen, wodurch der Tatbestand der Verelendung nur zu einem geringen Teil auf der Entlohnung und dem materiellen Wohlstand der arbeitenden Menschen beruht. Verelendung meint zwar auch, aber eben keinesfalls ausschließlich, einen geringen materiellen Lebensstandard. Umgekehrt bedeutet ein Ansteigen der Reallöhne nicht die automatische Verringerung dieser Verelendung, denn für eine derartige Verringerung müßten die im 1. Kapitel dieser Arbeit genannten Aspekte eines entfremdungsfreien Daseins verwirklicht werden. Damit entsteht aber folgendes Dilemma: Weil die Arbeiter im Kapitalismus unter anderem Opfer der entfremdeten Bedürfnisse sind und als solche primär auf die Höhe ihres Lohnes bzw. auf den materiellen Wohlstand blicken, nehmen sie die für Marx relevanten Aspekte der Verelendung gar nicht wahr.[127] Solange daher der materielle Lebensstandard der Arbeiter, absolut betrachtet, ansteigt, wird den Arbeitern die eigene Verelendung nicht bewußt. Ohne diese Erkenntnis kann sich aber das Bedürfnis nach der Eliminierung der mit der Verelendung verknüpften Produktionsweise nicht entwickeln. Und selbst wenn die Arbeiter ihre eigene Verelendung wahrnehmen sollten, so garantiert dies noch lange nicht den Wunsch nach einer Veränderung der Gesellschaft. Solange nämlich die herrschende Produktionsweise als die einzig mögliche angesehen wird, können alternative Systeme der Produktion nicht in Erwägung gezogen werden, so daß auch ein Bedürfnis nach der Etablierung einer neuen Produktionsweise nicht entstehen kann.

Neben diesen Aspekten, die das Bedürfnis nach radikalen gesellschaftlichen Veränderungen gar nicht erst aufkommen lassen, gibt es noch einen zweiten Einwand gegen die automatische Generierung des Bedürfnisses nach der Schaffung der neuen und im Sinne von Marx entfremdungsfreien bzw. -armen Produktionsweise. Gesetzt den Fall, die arbeitenden Menschen entwickeln aufgrund der von ihnen erfahrenen Lebensbedingungen tatsächlich das Verlangen, die vorherrschende Produktionsweise zu beseitigen, dann ist damit erst bekannt, was abgeschafft werden soll, ohne daß wir wissen, wie das neu zu Schaffende aussehen soll. Weil die arbeiten-

[127] Der Umstand, daß Marx gerade von den geistig heruntergekommenen, fast schon schwachsinnigen und verwilderten Menschen verlangt, daß diese die menschliche Emanzipation herbeiführen sollen, bringt Solov'ev dazu, in diesem Zusammenhang von einem Paradoxon zu sprechen, vgl. Solov'ev (1992), S. 50f., vgl. ebenso Pohrt (1995), S. 232.

den Individuen der kapitalistischen Gesellschaft entfremdete Bedürfnisse besitzen, ist nicht anzunehmen, daß sie sich für eine Gesellschaft einsetzen, deren Ziel in der Ausweitung von Handlungen besteht, die sinnvolle, selbstbestimmte und fähigkeitsentwickelnde Tätigkeiten darstellen. Statt dessen ist vielmehr zu erwarten, daß in der von den arbeitenden Menschen angestrebten neuen Gesellschaft weiterhin die Befriedigung entfremdeter Bedürfnisse gewünscht wird, also ein auf den maximalen materiellen Wohlstand abzielender Lebenstil verfolgt wird. Damit fehlt wiederum das Bedürfnis nach der Errichtung einer entfremdungsfreien Gesellschaft, so daß die von Marx angestrebte Umstrukturierung der Gesellschaft weiterhin unterbleibt.[128]

Es zeigt sich daher, daß die Verelendung im Marxschen Sinne, die nach Ansicht von Marx ein notwendiges Resultat der kapitalistischen Produktionsweise und der damit verknüpften Akkumulation bildet, nicht ausreicht, um auf seiten der Arbeiter das Bedürfnis nach den von Marx angestrebten gesellschaftlichen Veränderungen hervorzurufen. Notwendig ist daher ein anderer Mechanismus zur Generierung dieses Bedürfnisses.

Auch dieser zweite Mechanismus zur Bildung der 'radikalen Bedürfnisse' basiert auf Marx' materialistischer Konzeption der menschlichen Bedürfnisse. Bei diesem Mechanismus geht es darum, daß die kapitalistische Produktionsweise selbst die 'radikalen Bedürfnisse' generiert, die sie dann allerdings nicht mehr befriedigen kann. Als Reaktion darauf wünschen die Menschen eine neue Gesellschaft, die ihrerseits die im Kapitalismus geschaffenen neuen Bedürfnisse befriedigen kann (vgl. Przeworski (1980), S. 181-185). Die mit diesem Mechanismus zusammenhängende Argumentation läßt sich wie folgt skizzieren: Ausgehend von der kapitalistischen Produktionsweise, zwingen die damit verbundenen ökonomischen Gesetzmäßigkeiten den einzelnen Kapitalisten zur Einführung von Arbeitsbedingungen, die dem unentfremdeten menschlichen Dasein entgegenkommen und abwechslungsreiche, selbstbestimmte sowie fähigkeitsentwickelnde Betätigungen zulassen. Der Kontakt sowie die positiven Erfahrungen der Arbeiter mit derartigen Tätigkeiten schaffen ihrerseits das Bedürfnis nach der Ausübung dieser Betätigungen, so daß es auf seiten der Arbeiter zu einem 'radikalen Bedürfnis', hier dem Bedürfnis nach einer entfremdungsarmen Tätigkeit, kommt. Diese Argumentation läßt sich am besten durch ein bei Marx zu findendes Beispiel verdeutlichen:

Ein Resultat der ökonomischen Analyse von Marx besteht aus der Feststellung, daß innerhalb der kapitalistischen Produktion ein permanenter Zwang zur Veränderung der Produktionsverfahren besteht. Nur durch dauerhafte technische Neuerungen sind die individuellen Kapitalisten in der Lage, die erforderliche Reduktion der Kosten zur Herstellung ihrer individuellen Waren zu verwirklichen. Mit der technischen Veränderung der Produktion verändern sich zugleich die Anforderungen an die Arbeiter. Dadurch ist die "große Industrie" gezwungen, "den Wechsel

---

[128] Przeworski stellt dazu fest: "The struggle for the improvement of material conditions ... is not a struggle for socialism", Przeworski (1980), S. 181.

der Arbeiten und daher möglichste Vielseitigkeit der Arbeiter als allgemeines gesellschaftliches Produktionsgesetz anzuerkennen" (MEW 23, S. 511f.). Aufgrund der sich permanent verändernden "Arbeitserfordernisse" ergibt sich für die kapitalistische Produktionsweise die Notwendigkeit, "das Teilindividuum, den bloßen Träger einer gesellschaftlichen Detailfunktion, durch das total entwickelte Individuum, für welches verschiedne gesellschaftliche Funktionen einander ablösende Betätigungsweisen sind" (MEW 23, S. 512), zu ersetzen.[129] Damit sind zugleich die materiellen Bedingungen gegeben, die durch den Kontakt mit derartigen Tätigkeiten das Bedürfnis der Arbeiter nach solchen Betätigungen hervorrufen und vergrößern:

> "Ein französischer Arbeiter schreibt bei seiner Rückkehr von San Franzisko: »Ich hätte nie geglaubt, daß ich fähig wäre, alle die Gewerbe auszuüben, die ich in Kalifornien betrieben habe. ... Einmal in der Mitte dieser Welt von Abenteurern, welche ihr Handwerk leichter wechseln als ihr Hemde, meiner Treu! ich tat wie die andren. Da das Geschäft der Minenarbeit sich nicht einträglich genug auswies, verließ ich es und zog in die Stadt, wo ich der Reihe nach Typograph, Dachdecker, Bleigießer usw. wurde. Infolge dieser Erfahrung, zu allen Arbeiten tauglich zu sein, fühle ich mich weniger als Molluske und mehr als Mensch.«" (MEW 23, S. 511f., Fußnote 308).

Somit besteht eine unausweichliche Entwicklung der kapitalistischen Produktionsweise,[130] die im Ergebnis die erforderlichen 'radikalen Bedürfnisse' der Arbeiter generiert und das Bedürfnis zur Etablierung einer von Marx angestrebten Gesellschaft hervorruft. Damit es allerdings tatsächlich zur radikalen Veränderung der bestehenden Gesellschaft durch die Arbeiter kommt, muß in einem letzten Schritt gezeigt werden, daß die kapitalistische Produktionsweise nicht in der Lage ist, die von ihr geschaffenen radikalen Bedürfnisse vollständig zu befriedigen. Diese Problematik wollen wir exemplarisch anhand des menschlichen Bedürfnisses nach disponibler Zeit analysieren.

Freie Zeit, so zeigte die Argumentation des Abschnitts 1.2.4. dieser Arbeit, ist die Voraussetzung für die Ausübung selbstbestimmter Tätigkeiten sowie für die Entwicklung individueller Fähigkeiten. Im Rahmen der kapitalistischen Produktionsweise sorgt der dort stattfindende technische Fortschritt für eine permanente Reduktion der individuell zu erbringenden Arbeitszeit,[131] so daß die arbeitenden Menschen einen größeren Spielraum für selbstbestimmte, fähigkeitsentwickelnde Tätigkeiten außerhalb der Erwerbsarbeitszeit erhalten. Arbeiter, die mit der

---

[129] Die kapitalistische Industrie besitzt aufgrund ökonomischer Sachzwänge ein Interesse zur (Teil-) Realisierung jenes Menschen, der von Marx als Ideal angestrebt wird. Dafür stellt sie sogar die erforderlichen institutionellen Rahmenbedingungen, d. h. beispielsweise polytechnische und Berufsschulen, zur Verfügung, vgl. MEW 23, S. 512, womit die "kapitalistische Industrie ... ein Geschlecht von allseitig ausgebildeten Produzenten" erzeugt, vgl. MEW 20, S. 276.

[130] Für die Argumentation dieses Abschnitts ist nur von Bedeutung, daß radikale Bedürfnisse im Rahmen der kapitalistischen Entwicklung entstehen. Wie diese Entwicklung detailliert aussieht, wird im Abschnitt 5.2. dieser Arbeit beschrieben.

[131] Vgl. dafür z. B. Marx' Ausführungen zur Reduktion der täglichen Arbeitszeit in England von 1833 bis 1864, d. h. vgl. MEW 23, S. 294-315.

freien Zeit in Kontakt kommen und dies als positiv empfinden, entwickeln dadurch ein zunehmendes Bedürfnis nach frei verfügbarer Zeit, so daß sich der "Zeitwohlstand .. zu einem expliziten Bestandteil der Wohlstandskonzeption" (Matthies u. a. (1994), S. 166) entwickelt.[132] Der entscheidende Punkt besteht nun aus dem Umstand, daß das kapitalistische System der Produktion mit seinen technischen Möglichkeiten zwar potentiell in der Lage ist, die von diesem Produktionssystem generierten Bedürfnisse nach disponibler Zeit zu befriedigen, diese Möglichkeit aber praktisch nicht verwirklichen kann.[133] Wenn nämlich aufgrund der fortschreitenden technischen Entwicklung die Produktion materieller Gegenstände immer weniger von der direkt angewendeten menschlichen Arbeit abhängt, dann zieht diese Entwicklung Einkommenseinbußen für den Arbeiter nach sich. Unterstellen wir eine vollautomatische Produktion, bei der die notwendige Arbeitszeit zur Herstellung der zum Überleben der Gesellschaft erforderlichen Güter - inklusive der sie herstellenden Maschinen - Null ist, so bedeutet dies für die Lohnarbeiter eine vollkommene Einkommenslosigkeit. Deshalb werden sich die Arbeiter gegen ein derartiges Produktionsverfahren wehren, weil es ihnen die Befriedigung ihrer materiellen Bedürfnisse unmöglich macht. Marx stellt dazu fest:

> "Eine Entwicklung der Produktivkräfte, welche die absolute Anzahl der Arbeiter verminderte, d. h., in der Tat die ganze Nation befähigte, in einem geringern Zeitteil ihre Gesamtproduktion zu vollziehn, würde Revolution herbeiführen, weil sie die Mehrzahl der Bevölkerung außer Kurs setzen würde. Hierin erscheint wieder die spezifische Schranke der kapitalistischen Produktion, ..." (MEW 25, S. 274).

Solange die Einführung dieser Produktionsverfahren mit Arbeitslosigkeit und Einkommensverlusten verbunden ist, werden sich die Arbeiter massiv gegen solche Verfahren zur Wehr setzen. Der Widerstand der Arbeiter unterbleibt nur, wenn die Kapitalisten zur Finanzierung eines Bürgergeldes, einer negativen Einkommensteuer oder anderer, von der individuell erbrachten Arbeitsleistung entkoppelten Einkommensformen herangezogen werden.[134] Wenn die Kapitalisten allerdings Zahlungen an die freigesetzten Arbeiter leisten müssen, werden sie sich wiederum für eine arbeitsintensivere Produktionsweise entscheiden, also die Arbeiter, die sie sowieso bezahlen müssen, in den Produktionsprozeß integrieren. Damit aber wird die Schaffung von viel freier Zeit für die Arbeiter wiederum verhindert. Beide Wege - der Widerstand der Arbeiter gegen die Arbeitslosigkeit und Einkommensverluste einerseits sowie die Einführung

[132] Zu den empirisch belegten Wünschen der arbeitenden Menschen nach Arbeitszeitverkürzungen vgl. Holst/Schupp (1994), vor allem S. 626, Schäfer (1994), S. 110f., 117 und Then (1994), S. 163-167 sowie die dort angegebenen Untersuchungen.

[133] Marx weist wiederholt darauf hin, daß die technische Entwicklung an sich aus Sicht des Ziels, soviel disponible Zeit wie möglich zu generieren, positiv zu bewerten ist, denn die Maschine ist "das gewaltigste Mittel zur Verkürzung der Arbeitszeit", MEW 23, S. 430. Allerdings verhindert die kapitalistische Anwendung der Maschinen die Schaffung der disponiblen Zeit für den Arbeiter, weil diese Anwendung die potentielle freie Zeit sofort wieder zur Produktion von Mehrwert verwendet, vgl. z. B. MEW 23, S. 430, 452.

[134] Vgl. zu derartigen Vorschlägen z. B. Gorz (1991), S. 142-151, Gorz (1994), S. 287-303, 332-338, Offe (1994), S. 804f.

arbeitsintensiver Produktionsverfahren für den Fall, daß die Kapitalisten Transferzahlungen an die freigesetzten Arbeiter leisten müssen - führen im Ergebnis dazu, daß die technisch gegebene Möglichkeit zur Bereitstellung von disponibler Zeit unter den kapitalistischen Bedingungen der Produktion nicht realisiert werden kann.[135]
Die Unmöglichkeit, ein Produktionsverfahren im Rahmen der kapitalistischen Produktion zu implementieren, welches die notwendige Arbeitszeit zur Herstellung der die gesellschaftliche Reproduktion sicherstellenden materiellen Güter gegen Null gehen läßt, beschreibt Marx bereits in den "Grundrissen". Bezüglich einer vollautomatischen Produktion, bei der der Mensch nur noch Funktionen "als Wächter und Regulator" (Grundrisse, S. 592) wahrnimmt, stellt er fest:

> "In dem Maße aber, wie die große Industrie sich entwickelt, wird die Schöpfung des wirklichen Reichtums abhängig weniger von der Arbeitszeit und dem Quantum angewandter Arbeit, als von der Macht der Agentien, die während der Arbeitszeit in Bewegung gesetzt werden und die selbst wieder - deren powerful effectiveness - selbst wieder in keinem Verhältnis steht zur unmittelbaren Arbeitszeit, die ihre Produktion kostet, ... Sobald die Arbeit in unmittelbarer Form aufgehört hat, die große Quelle des Reichtums zu sein, hört und muß aufhören die Arbeitszeit sein Maß zu sein und daher der Tauschwert [das Maß] des Gebrauchswerts. ... Damit bricht die auf dem Tauschwert ruhnde Produktion zusammen, ..." (Grundrisse, S. 592f.).

Resümierend gelangen wir zu dem Ergebnis, daß das kapitalistische Produktionssystem das Bedürfnis nach disponibler Zeit nur in einem begrenzten Umfang befriedigen kann, weil eine umfangreichere Bereitstellung von freier Zeit mit der Logik der kapitalistischen Produktionsweise aus den genannten Gründen unvereinbar ist. Damit liegt ein unentfremdetes Bedürfnis vor, das zwar vom kapitalistischen System der Produktion generiert wird, aber von diesem Produktionssystem nicht vollständig befriedigt werden kann. Und dieses Bedürfnis ist es dann, das bei den Menschen den Wunsch nach der Errichtung eines neuen Produktionssystems, welches das neuartige Bedürfnis besser befriedigen kann, entstehen läßt. Damit ist schließlich die subjektive, menschliche Voraussetzung für die Etablierung eines neuen, entfremdungsfreien Systems der Produktion gegeben.

Fassen wir die Ergebnisse der Diskussion um die materiellen und die menschlichen Voraussetzungen für die radikale Veränderung der bestehenden Gesellschaft zusammen, so gelangen wir zum folgenden Resultat: Neben den bekannten materiellen Bedingungen einer hoher Produktivität sind für Marx die menschlichen Bedingungen eines neuen Bewußtseins und neuer, radi-

---

[135] Vgl. zu dieser Argumentation Przeworski (1980), S. 182-185. Ähnlich argumentiert Blum, der zu dem Schluß kommt: "Die *marktwirtschaftliche Denkmechanik* verlangt deshalb letztlich, um dem technischen Fortschritt als job killer zu entgehen, Verzicht auf den technischen Fortschritt und damit *Verzicht auf den neuen Schlüssel* zum Paradies", Blum (1991), S. 124.

kaler Bedürfnisse wichtige Voraussetzungen für die Errichtung einer neuen Gesellschaftsform. Beide Bedingungen werden nach der festen Überzeugung von Marx notwendigerweise von der kapitalistischen Produktionsweise hervorgerufen, so daß diese Produktionsweise die Voraussetzungen für ihre eigene Abschaffung selbst erzeugt. Wenn die von Marx prognostizierten radikalen gesellschaftlichen Veränderungen noch nicht eingetreten sind, so ist dies neben der mangelhaften Entwicklung der technischen Produktionsbedingungen auch auf den Entwicklungsstand der menschlichen Bedürfnisse und des menschlichen Bewußtseins zurückzuführen. Die radikale Veränderung der Gesellschaft ist bisher unterblieben, weil "weder in der Gesellschaft selbst die materiellen Bedingungen ihrer Umgestaltung, noch in der Arbeiterklasse die organisierte Macht und das Bewußtsein der Bewegung" (MEW 17, S. 557) vorhanden sind.

4.7. Zusammenfassende Bemerkungen

Die Ausführungen über die Marxschen Vorstellungen einer von Entfremdungsphänomenen befreiten Gesellschaft haben trotz ihrer Lückenhaftigkeit zumindest eines klar herausgearbeitet: Entscheidend für die postkapitalistische Gesellschaftsform ist "nicht nur eine Veränderung der Verteilung .., sondern auch eine neue Organisation der Produktion, oder besser die Befreiung (Freisetzung) der gesellschaftlichen Formen der Produktion in der gegenwärtigen organisierten Arbeit" (MEW 17, S. 546). Der Kern dieser neuen Organisationsform besteht aus der aktiven Mitbestimmung aller Gesellschaftsmitglieder in den Fragen des gesellschaftlichen Lebens, also in jenen der Ökonomie und der Politik, wobei der "Primat der individuellen Souveränität" (Gorz (1988), S. 69) zu berücksichtigen ist. Die von Marx vertretene Position ist eine "radikaldemokratische" mit stark ausgeprägten Elementen der Basisdemokratie.[136] Realisiert wird dieses Vorhaben, indem zunächst auf der Ebene der Kleingruppe alle Gruppenmitglieder gemeinsam die Produktion und Verteilung der Gebrauchsgegenstände, die das Überleben dieser Gemeinschaft sicherstellen, regeln. Erst diese Gemeinsamkeit bei der Planung, Entscheidung und Ausführung der Produktion sowie der Distribution der Produktionsergebnisse verwirklicht die Aufhebung der modernen Teilung der Arbeit, der modernen Form des Austausches und des bürgerlichen Privateigentums. Die moderne Teilung der Arbeit ist eliminiert, weil aufgrund der neuen Organisation der Produktionsprozesse die geistigen und die körperlichen Tätigkeiten von allen Gemeinschaftsmitgliedern ausgeübt werden und damit die Trennung der geistigen von der körperlichen Betätigung aufgehoben ist. Die moderne Form des Austausches ist beseitigt, weil sich die Produzenten bereits vor dem Beginn des Produktionsprozesses über die

[136] Vgl. Bahro (1977), S. 524f., Schaff (1977), S. 302f., 324f., Göhler/Klein (1991), S. 535-540. Mandel vertritt daher sogar die These, daß die "Selbstverwaltung der Menschen auf allen Gebieten der gesellschaftlichen Tätigkeit ... der Schlüssel zur endgültigen Aufhebung der Entfremdung" ist, vgl. Mandel (1968a), S. 207. Ähnlich ist die These Treptows, nach der der "Prozeß der Selbstbestimmung oder des Subjektwerdens" der Menschen "identisch mit der Aufhebung ihrer Entfremdung" ist, vgl. Treptow (1978), S. 31.

Menge und Qualität der erforderlichen Gebrauchsgegenstände verständigen und damit die benötigten Gebrauchswerte herstellen, die wiederum gemäß dem Bedürfnisprinzip verteilt werden. Schließlich ist auch das bürgerliche Privateigentum abgeschafft, weil alle Gemeinschaftsmitglieder faktische Verfügungsrechte über die Produktionsmittel und die Produktionsergebnisse besitzen. Zugleich sind alle mit diesen drei Kategorien zusammenhängenden Entfremdungsphänomene eliminiert.

Gleichzeitig aber ist daran zu erinnern, daß die restlose Beseitigung aller Entfremdungszustände in dem Bereich der Produktion von lebensnotwendigen, zur Reproduktion der Gesellschaft erforderlichen Gegenständen nicht möglich ist, weil die Zwecke der damit verbundenen Tätigkeiten nicht frei gewählt werden können. In der Sphäre der zur Sicherung der Reproduktionsfähigkeit einer Gesellschaft notwendigen Tätigkeiten kann nur versucht werden, diese Handlungen möglichst entfremdungsfrei zu gestalten. Dazu gehören unter anderem die Abwechslung bei der Ausführung bestimmter Tätigkeiten, eine angenehme Arbeitsplatzgestaltung sowie die Beteiligung aller Gemeinschaftsmitglieder an den notwendigen Tätigkeiten, damit dadurch die individuell zu erbringende Arbeitszeit in diesem Tätigkeitsbereich so gering wie möglich gehalten wird.[137] Auch Marx erkennt damit an, daß eine realistische Lösung des Entfremdungsproblems nur in der Reduktion der Entfremdungszustände auf das geringst mögliche Niveau besteht, nicht aber in einem von allen Entfremdungen befreiten menschlichen Dasein.

Daß allerdings selbst dieses Ziel außerordentlich schwierig zu realisieren ist, zeigt die Auseinandersetzung mit den Kleingruppen des menschlichen Lebens einerseits sowie mit den Gesellschaften des real existierenden Sozialismus andererseits. Marx' Vorstellungen hinsichtlich der postkapitalistischen gesellschaftlichen Organisation beziehen sich fast ausschließlich auf das Leben in kleinen und überschaubaren Gruppen. Für den Zusammenschluß dieser kleinen Gruppen finden sich bei Marx kaum Angaben zur organisatorischen Regelung der somit entstehenden Großgesellschaft. Marx thematisiert diese Problematik unserer Meinung nach im wesentlichen deshalb nicht, weil er davon ausgeht, daß die im Kleinen bestehenden zwischenmenschlichen Beziehungen der gegenseitigen Unterstützung und Hilfe, der Zuneigung usw. sich automatisch auf den Großverband übertragen und dort wirksam werden.[138] Damit sind die von Marx explizit genannten sowie die in seinen anthropologischen Vorstellungen implizit vorhandenen organisatorischen Regelungen auch für diesen Großverband anwendbar und weitere Ausführungen zu diesem Thema überflüssig.[139] Diese Übertragbarkeit, die vor allem auf dem

---

[137] Es geht Marx um "die Unterordnung des ökonomischen Prozesses unter allgemein menschliche Zwecke", Haug (1994), S. 108 bzw. um die "Freiheit *von* der Wirtschaft", also "von Kontrolle durch ökonomische Kräfte und Verhältnisse", Marcuse (1994), S. 24.

[138] Bei Irrlitz findet sich zur Beschreibung der zukünftigen Gesellschaft gemäß Marxscher Vorstellungen die folgende Einschätzung: "Die Lebensform ist die zur Menschenfamilie erweiterte solidarische Innerlichkeit", Irrlitz (1994), S. 119.

[139] Insgesamt kann Marx aufgrund seines "Ethos des neuen Menschen die institutionelle Sicherung als zweitrangiges Problem beiseite schieben", Ramm (1957), S. 110. Weitere Argumente für das Fehlen einer geschlos-

Vorhandensein neuer gesellschaftlicher Wertvorstellungen basiert, ist unserer Meinung nach das entscheidende Problem, das der Verwirklichung einer dem wahren Menschen entsprechenden Gesellschaft im Wege steht.[140] Weil sich derartige Wertvorstellungen entgegen der impliziten Überzeugung von Marx nicht automatisch von der Kleingruppe auf die gesamte Gesellschaft ausweiten, liegt hier die größte Herausforderung für diejenigen, die die Realisation eines den anthropologischen Vorstellungen von Marx entsprechenden Lebens verwirklichen wollen. Gerade die zuletzt genannte Veränderung ist für die postkapitalistische Gesellschaft von entscheidender Bedeutung, weil deren organisatorische Regelungen nur von Menschen mit unentfremdeten Bedürfnissen und Wertvorstellungen erfolgreich durchgeführt werden können.[141] Die Kombination entfremdeter Menschen mit den Organisationsregeln der postkapitalistischen Gesellschaft führt hingegen zu zahlreichen Formen des 'Trittbrettfahrerverhaltens' und bewirkt damit den ökonomischen Niedergang einer so gearteten Gemeinschaft.[142] Im abschließenden Kapitel wollen wir uns daher zunächst mit den Veränderungen im kulturellen Bereich auseinandersetzen, d. h. mit den Möglichkeiten der "inneren Wandlung der Menschen" (Fromm (1991), S. 230), die für die Schaffung und Funktionsfähigkeit der postkapitalistischen Gesellschaft Marxscher Vorstellungen vonnöten ist.

---

senen Darstellung der zukünftigen Gesellschaftsordnung bei Marx finden sich z. B. bei Ramm (1957), S. 117f., Krapp (1960), S. 94f., Fleischer (1991), S. 217f., Fleischer (1994), S. 201f., 211f.

140 In eine ähnliche Richtung geht die Ansicht Bahros: "*Wie ist die »Versammlung« der ganzen Gesellschaft, aller Individuen über ihrem Reproduktionsprozeß möglich? Das ist die Kardinalfrage der sozialistischen Demokratie*", Bahro (1977), S. 523.

141 Die mangelnde geistige und kulturelle Veränderung der Menschen erwies sich für Lenin als ein gravierendes Problem, das er auch als solches erkannte, "denn will man nicht in Utopien verfallen, so darf man nicht annehmen, daß die Menschen sofort nach dem Sturz des Kapitalismus lernen werden, *ohne alle Rechtsnormen* für die Allgemeinheit zu arbeiten", Lenin (1917a), S. 481. Die damit erforderlichen Maßnahmen gegen jene Personen, "die sich vor der Arbeit drücken", können äußerst vielfältig und drastisch ausfallen. Z. B. könnte man diese Personen "ins Gefängnis stecken ... sie die Klosetts reinigen lassen ... ihnen nach Abbüßung ihrer Freiheitsstrafe gelbe Pässe aushändigen, damit das ganze Volk sie bis zu ihrer Besserung als *schädliche* Elemente überwache" oder sogar "einen von zehn, die sich des Parasitentums schuldig machen, auf der Stelle erschießen", Lenin (1917b), S. 413.

142 Der beispielsweise von Cipko geäußerte Einwand, bei der Marxschen Eigentumsregelung der zukünftigen Gesellschaft werde deutlich, "wie wenig die ökonomische Doktrin von Marx mit dem realen Leben und der Psychologie des gewöhnlichen, empirischen Menschen zu tun hat", Cipko (1992), S. 98, übersieht dabei, daß Marx die Funktionsfähigkeit der von ihm angestrebten Gesellschaft von der Existenz des weitgehend unentfremdeten Menschen abhängig macht.

5. Kapitel: Lehren für die gegenwärtige Ökonomie

Die von Marx angestrebte neue, möglichst entfremdungsfreie Lebensform ist also nur realisierbar, wenn die mit diesem neuen Lebensstil zusammenhängenden Wertvorstellungen und menschlichen Eigenschaften grundsätzlich mit dem Wesen des Menschen vereinbar sind. Es ist daher zu fragen, ob dies tatsächlich der Fall ist.

5.1. Der Realitätsbezug des Menschenbildes von Marx

Für das Verständnis der Marxschen Gedanken, vor allem für dessen Kritik an dem kapitalistischen Gesellschaftssystem, ist es unerheblich, ob die Leser die anthropologischen Annahmen von Marx akzeptieren oder nicht. Die Kenntnis dieser Prämissen ist ausreichend für das Verständnis der dargestellten Ideen. Dies ändert sich allerdings, wenn es um die Schlußfolgerungen seiner Untersuchungen, vor allem um die Forderung nach gesellschaftlichen Veränderungen, geht. Die Stichhaltigkeit der Analyse sowie die der daraus gezogenen Konsequenzen hängt maßgeblich von der Akzeptanz der Prämissen ab, auf denen beide basieren.[1] Thema dieses Abschnitts ist deshalb der Realitätsbezug der von Marx gemachten Annahmen über den Menschen, da einer der Haupteinwände gegen Marx aus dem Vorwurf besteht, sein Menschenbild sei utopisch. Als Konsequenz seiner unrealistischen Annahmen erweise sich auch die auf diesem Menschenbild basierende Gesellschaft als die Erreichung eines "Traumzieles", so daß von "religiösen Heilslehren" die Rede ist.[2] Angesichts dieser Vorwürfe wird eine Überprüfung der anthropologischen Prämissen von Marx bezüglich deren Realitätsbezug dringend erforderlich. Einschränkend muß allerdings auf ein grundsätzliches Problem aufmerksam gemacht werden. Wie schon bei dem Begriff der Entfremdung handelt es sich bei der menschlichen Natur ebenfalls um ein Konzept, das in vielen Fachdisziplinen unterschiedlich verwendet wird. Eine Einigung auf die Definition der menschlichen Natur ist dementsprechend nicht zu erwarten (vgl. Dewey (1950), S. 532f.). Damit ist es unmöglich zu behaupten, eine bestimmte Konzeption des Menschen sei falsch oder richtig. Es kann daher nicht Ziel dieser Arbeit sein, den wissenschaftlichen Beweis für die Richtigkeit der Marxschen Theorie des Menschen zu erbringen; dies zu fordern hieße das Unmögliche zu verlangen. Aufgabe dieses Abschnitts ist vielmehr der Versuch, Belege dafür zu erbringen, daß das Marxsche Menschenbild keine Utopie darstellt, sondern Positionen enthält, die auch von der gegenwärtigen wissenschaftlichen Forschung vertreten werden. Angestrebt ist damit lediglich die Präsentation einiger Argumente, die die Plausibilität der Marxschen Vorstellungen vom Menschen untermauern.

---

[1] In den Worten Paretos heißt dies: "Die geringste Reflexion genügt für die Einsicht, daß der, der gewisse Schlußfolgerungen akzeptiert, damit zugleich auch die Prämissen akzeptiert, mit denen sie unlöslich verknüpft sind", Pareto (1975), S. 277, Fußnote c.

[2] Vgl. statt vieler Peters (1980), S. 51-55 und Löw (1985), S. 171.

Das bisher vorgestellte Menschenbild läßt sich wiederholend wie folgt zusammenfassen: "Zur Personalität des Menschen gehört die Möglichkeit, die meisten mit der Arbeit zusammenhängenden Belange selbst zu organisieren, zu gestalten oder darüber mitzubestimmen" (Then (1994), S. 18). Die tätig werdenden Menschen wünschen, "daß man auf ihre persönlichen Belange, auf ihr Leben, ihre Individualität mehr Rücksicht nimmt. Sie wollen selbst bestimmen: am Arbeitsplatz, in der Arbeitsorganisation und auch im Hinblick auf Dauer und Lage der Arbeitszeit" (Then (1994), S. 445). Daher "finden die Menschen in ihrer Arbeit nur" dann einen Sinn, "wenn sie mitdenken, mitbestimmen, mitverantworten und mitorganisieren dürfen. Wenn Arbeit ihre »eigene«, nicht fremdbestimmte Arbeit wird, an deren Früchten sie letztlich auch materiell beteiligt sind" (Then (1994), S. 125). Konsequenz dieser Vorstellungen ist die Forderung, "die Arbeit dem Wesen des Menschen entsprechend zu gestalten" (Then (1994), S. 22). Eine menschengerechte Arbeit hat unter anderem die "Sehnsucht nach Solidarität, Gerechtigkeit, Liebe, Wahrheit, Zuwendung und Geborgenheit", die "Selbstentfaltungs- und Mitsprachewünsche", den "Wunsch nach mehr Kompetenz" und nach "Selbständigkeit im Denken und Handeln sowie Persönlichkeitsentfaltung" zu berücksichtigen (vgl. Then (1994), S. 19, 116, 121). Weiterhin sind die "Zeitautonomie, also die erweiterte Selbstbestimmung der Beschäftigten bei der Wahl von Dauer und Lage ihrer Arbeitszeit", ebenso zu beachten wie der "Wunsch nach »Zeiteigentum«" (Then (1994), S. 167, 119). Als Folge dieser Anforderungen an eine menschengerechte Arbeit entsteht die Forderung nach Mitbestimmung, nach Kooperation und Demokratisierung sowie nach der Selbstorganisation der Arbeiter, also nach einer demokratischen und partnerschaftlichen Unternehmenskultur, durch die die Arbeit ein hohes Maß an Sinn, Freiheit und schließlich auch Spaß erhält (vgl. Then (1994), S. 443-445,478-480).

Die zusammengefaßte Beschreibung der Vorstellungen einer dem Wesen des Menschen entsprechenden Gestaltung der Arbeit fällt deshalb so ausführlich aus, weil es sich bei dem hier zitierten Autor um eine unverdächtige Quelle handelt. Die verwendeten Zitate stammen aus der Feder des Präsidenten der Deutschen Management-Gesellschaft e. V., der zudem Geschäftsführer der CDU-Pfalz und Leiter der Arbeitsgruppe "Weiterentwicklung der sozialen Marktwirtschaft" im Bund der Katholischen Unternehmer war und als solcher sicherlich nicht dem Verdacht unterliegt, ein ideologisch belasteter Marx-Verehrer zu sein.[3] Gleichwohl decken sich diese, "vom christlich-humanistischen Menschenbild des Grundgesetzes" abgeleiteten neuen Organisationsformen der Produktion (vgl. Then (1994), S. 483) weitgehend mit den Marxschen Vorstellungen. Die sich nun anschließende Darstellung wird zeigen, daß es eine Vielzahl von Quellen gibt, die den Marxschen Vorstellungen vom Menschen entsprechen, so daß unser Kronzeuge keinesfalls als ein Exote auf dem Gebiet derartiger anthropologischer Ansichten anzusehen ist.

---

[3] Seine ablehnende Haltung gegenüber Marx dokumentiert Then unter anderem dadurch, daß er Marx fälschlicherweise unterstellt, dieser wolle "durch Gleichheit, also Gleichmacherei ... paradiesische Zustände erreichen", Then (1994), S. 371.

Beginnen wir mit einigen Aspekten der produktiven Lebenstätigkeit des Menschen. Daß der Mensch ein angeborenes Bedürfnis nach Tätigkeit besitzt und nicht als grundsätzlich faul gelten kann, stellt eine in psychologischen und soziologischen Standardwerken weitverbreitete Auffassungen dar. Empirischer Beleg dafür ist beispielsweise das frühkindliche Verhalten, das sich durch aktive Reaktionen ohne materielle Belohungen auszeichnet und erst durch langwierige Domestizierungsrituale reduziert wird. Auch der als leidvoll empfundene Verlust der Arbeit, der sich speziell im Alter in Form des 'Pensionierungsschocks' äußert, kann als Beleg herangezogen werden.[4] In diesem Zusammenhang ist zudem das auf McClelland zurückgehende 'Leistungsmotiv' zu nennen. Die Befriedigung aufgrund der guten Erfüllung einer schwierigen Aufgabe sowie die Gewißheit, etwas Bedeutendes zu vollbringen, sorgen dafür, daß das menschliche Leistungsbedürfnis heute als existent anerkannt ist. Entscheidend ist dabei der Umstand, daß die Ausübung einer derartigen Tätigkeit an sich befriedigend ist, so daß diese Tätigkeit einen Eigenwert darstellt und ohne äußere Belohnung vollbracht wird.[5] Darüber hinaus deuten viele Untersuchungen auf die große Bedeutung der Arbeitsinhalte hin. In jüngerer Zeit wird es für die arbeitenden Menschen zunehmend wichtiger, daß ihre Arbeit eine sinnvolle sowie befriedigende Tätigkeit darstellt, die selbstbestimmte und selbstverantwortete Entscheidungen ebenso zuläßt wie die Entwicklung und Ausübung von Fähigkeiten, die von der tätigen Person geschätzt werden. Wenn beispielsweise Selbständigkeit und Mitbestimmung am Arbeitsplatz vorliegen, die arbeitenden Personen also Einfluß auf die Ziele und Wege ihres Tuns besitzen, werden diese Tätigkeiten als sinngebend, interessant und befriedigend sowie als Mittel zur Selbstverwirklichung eingestuft.[6] Entscheidend dafür ist allerdings, daß im Rahmen solcher Handlungen das Autonomiebedürfnis und das Bedürfnis nach der Übernahme von Verantwortung ebenso berücksichtigt werden wie das Bedürfnis nach Abwechslung.[7] Dies zeigt, daß

---

[4] Vgl. statt vieler Lersch (1964), S. 135-137, Rüttinger/Rosenstiel/Molt (1974), S. 86, Maslow (1978), S. 75, Negt (1987), S. 179-182, Fromm (1991), S. 245f., Fromm (1993), S. 100.

[5] Vgl. z. B. McClelland (1961), S. 36-61, McClelland (1985), S. 223-265 sowie Lindgren (1974), S. 116-127, Hetzler (1975), Spalte 458, Hoyos (1975), Spalte 1393f., Secord/Backman (1980), S. 631-637, Kutsch/Wiswede (1986), S. 37f., Scholz (1989), S. 340-350, Antonides (1991), S. 27-32. Hendrik de Man spricht in diesem Zusammenhang von einem "Tätigkeitstrieb", der über den bloßen Drang zur Verausgabung von physischer Energie hinausgeht und statt dessen "auf Schöpfung, d. h. auf Verwirklichung eines Vorstellungsbildes gerichtet" ist, vgl. Man (1927), S. 151.

[6] Vgl. dazu Matthies u. a. (1994), S. 51-63, 221, 416-418 sowie die dort in der Fußnote 12 auf Seite 55 angegebene Literatur, vor allem auch Rosenstiel (1985), S. 139. Vgl. ebenso Baethge/Schomburg/Voskamp (1983), S. 92-95, Haenesch u. a. (1994), S. 155, Then (1994), S. 18-24, 116-125, 444f., Neubauer (1995), S. 74, 81f., Heidack (1995), S. 97, 100f. Zudem zeigen Untersuchungen, daß eine interessante Tätigkeit, die den handelnden Menschen ausfüllt, ihm Spaß bereitet und als persönlich befriedigende Aufgabe angesehen wird, von Befragten häufiger als Arbeitsziel genannt wird als beispielsweise die materiellen Anreize in Form von Gewinnbeteiligungen, sozialer Absicherung oder auch Aufstiegsmöglichkeiten, vgl. statt vieler Jaide/Hille (1994), S. 51-53, 69f., Müller/Lohmann (1994), S. 533f., Schusser (1995), S. 127 und Scholz (1995), S. 28f.

[7] Vgl. dazu Kerber (1975), Spalte 54, Hetzler (1975), Spalte 457f., Zimbardo (1983), S. 375, 598f., Kutsch/Wiswede (1986), S. 42, Scholz (1989), S. 340-350. Vorgesetzte und deren Autoritätsausübung stehen in einem Konflikt zu diesen Bedürfnissen, so daß sie zur Arbeitsunlust der untergebenen Arbeiter führen. Dieses Phänomen stellt Hendrik de Man bereits in seinen Untersuchungen aus den Jahren 1924 bis 1926 fest, so daß er das folgende Urteil aufstellen kann: "Unter allen Ursachen der Arbeitsunlust überwiegen die sozialen über die

die bewußte freie Zielsetzung von den Menschen als wichtiger Bestandteil ihrer Tätigkeiten angesehen wird. Selbst die Erwerbsarbeit erfüllt daher neben der Einkommenserzielung eine Vielzahl von psychosozialen Funktionen. Werden diese Funktionen nicht erfüllt, z. B. im Fall der Arbeitslosigkeit, so ruft dies starke Belastungen im psychosozialen und gesundheitlichen Bereich hervor (vgl. Haenesch u. a. (1994), S. 145f.). Spätestens seit Beginn der 80'er Jahre kann daher - zumindest für einen Teil der arbeitenden Bevölkerung Deutschlands - festgestellt werden, daß die folgenden Aspekte sowohl für die Arbeitsmotivation als auch für die Arbeitszufriedenheit bedeutsam sind, sogar bedeutsamer als die finanzielle Entlohnung: interessante und sinnvolle Tätigkeiten, Eigeninitiative und Selbständigkeit, Mitentscheidungsmöglichkeiten bzw. Entscheidungskompetenzen, Zeitsouveränität, persönliche Entfaltungsmöglichkeiten sowie die Chance zur Selbstverwirklichung und Anwendung von geschätzten Fähigkeiten.[8] Letztendlich zeigt sich die Bedeutung dieser Aspekte für menschliche Tätigkeiten bereits in ganz alltäglichen Lebenssituationen, nämlich bei den in der Freizeit stattfindenden Betätigungen, z. B. der Gartenarbeit oder der Heimwerkeraktivität. Die Tatsache, daß Menschen derartige Aktivitäten ausüben, ist sicherlich nicht ausschließlich dadurch zu erklären, daß sie das mit dieser Handlung verbundene materielle Ergebnis anstreben. Mindestens ebenso entscheidend sind unserer Meinung nach die Bedürfnisse nach körperlicher Betätigung, nach selbstbestimmten Handlungen und nach der Anwendung und Weiterentwicklung individuell geschätzter Fertigkeiten. Gerade weil diese Eigenschaften im Rahmen der Erwerbsarbeit nicht anzutreffen sind, suchen die Menschen außerhalb der Erwerbsarbeit nach Tätigkeiten, die solche Eigenschaften besitzen. Freiwillig unternommene körperliche und geistige Anstrengungen lassen sich deshalb auch mit dem menschlichen Bedürfnis nach selbstbestimmten, fähigkeitsentwickelnden und befriedigenden Tätigkeiten erklären.

Bezüglich der Entwicklung von Fähigkeiten und Bedürfnissen finden sich ebenfalls viele Behauptungen von Marx in der neueren Literatur, die sich mit diesem Themenkomplex befaßt, wieder. Spätestens seit Maslow gilt das Bedürfnis nach der Weiterentwicklung und Realisierung der eigenen Möglichkeiten als eines der wichtigsten Bedürfnisse des Menschen. Die Selbstverwirklichung, verstanden als "Realisierung bei sich selbst vermuteter und geschätzter Fähigkeiten und Fertigkeiten" (Rüttinger/Rosenstiel/Molt (1974), S. 114), gilt als allgemein anerkanntes Ziel menschlicher Handlungen und nimmt im Rahmen hierarchisch gegliederter Bedürfnismodelle in der Regel die höchste Stufe ein.[9] Gerade bei den nachwachsenden Gene-

technischen, und unter den sozialen Ursachen steht die autokratische Betriebshierarchie an erster Stelle", Man (1927), S. 275.

[8] Vgl. dazu z. B. Opaschowski (1985), S. 43-50, 56f., Miegel (1985), S. 99-108, Klages (1985), S. 32-36, Klauder (1994), S. 767-769, Rosenstiel (1996), S. 73.

[9] Vgl. dazu die bahnbrechenden Arbeiten von Maslow - z. B. Maslow (1943), vor allem S. 372-383 oder Maslow (1978), vor allem S. 88 und Kapitel 11 - sowie deren Modifikationen, z. B. durch Alderfer (1969), dort vor allem S. 145-147 und 154-156. Vgl. ebenfalls Hoyos (1975), Spalte 1394, Kutsch/Wiswede (1986), S. 37,

rationen der Gegenwart sind vermehrt Wünsche nach Selbstentfaltung und Persönlichkeitsentwicklung im Rahmen der Arbeit erkennbar.[10] Auch hinsichtlich der Entwicklung der Bedürfnisse im Zeitablauf befindet sich Marx in Einklang mit modernen Ansichten. Es gilt als erwiesen, daß die Mehrzahl der Bedürfnisse - und der damit einhergehenden Motive - erwachsener Menschen nicht angeboren, sondern das Ergebnis eines Lernprozesses sind. Dieser Lernprozeß stellt wiederum einen Teil des Sozialisationsprozesses des Menschen dar, so daß die gesellschaftliche Situation eines Individuums als prägend für dessen Bedürfnisstruktur angesehen wird.[11] Grundsätzlich wird in diesem Zusammenhang auch die Modifikationsfähigkeit der menschlichen Natur bejaht, wobei deren Umfang als äußerst weitreichend eingeschätzt wird.[12] Auch diese Ansicht der Gegenwart deckt sich mit dem Marxschen Glauben an die umfangreichen Entwicklungs- und Entfaltungsmöglichkeiten des Menschen.

Etwas ausführlicher muß die von Marx vertretene These der begrenzten menschlichen Bedürfnisse nach materiellen Gütern diskutiert werden. Dieser Aspekt des menschlichen Lebens ist noch bis zu Beginn des 18. Jahrhunderts sowohl als philosophische Idee als auch als praktizierte Lebensform weit verbreitet. Entscheidend für eine solche These ist die dazugehörige Idee vom guten Leben, die sich von den gegenwärtigen Konzeptionen des menschlichen Glücks drastisch unterscheidet. Für Aristoteles beispielsweise besteht das höchste Gut aus dem guten Leben bzw. dem guten Handeln. Beides wird erreicht durch Kontemplation und Reflexion, so daß sich das gute Leben durch "Contemplative enjoyment" (Kern (1983), S. 507) auszeichnet. Ausgehend von dieser Vorstellung ist es erforderlich, so viel Zeit wie möglich auf die kontemplativen Tätigkeiten zu verwenden. Dies impliziert zugleich eine Reduktion der Zeit, die für die Herstellung und Konsumtion von materiellen Gütern benötigt wird. Sobald die Reproduktion des menschlichen Lebens gesichert ist, wird jede weitere Zeiteinheit für die geistige Betätigung genutzt. Ausgehend von diesem Lebensziel ist es somit rational, lediglich ein begrenztes Güterbündel zu benötigen und hinsichtlich der materiellen Güter begrenzte Bedürfnisse zu besitzen.[13]

Scholz (1989), S. 340-350. Auch Vester u. a. stellen in ihrer neuen Typologie von Mentalitäten fest, daß trotz aller Unterschiede diese Typen eine Gemeinsamkeit darin besitzen, daß für sie alle "ein Streben nach Autonomie und Selbstverwirklichung ... maßgeblich" ist, vgl. Vester u. a. (1993), S. 209. Es werden sogar Motivationstheorien vertreten, die behaupten, "das entscheidende Bedürfnis bei der Arbeit sei das Bedürfnis nach Selbstverwirklichung", Kern (1978), S. 75, Fußnote 16.

[10] Vgl. Then (1994), S. 24, 116-121, ähnlich auch Neubauer (1995), S. 81.

[11] Vgl. dazu Burghardt (1974), S. 45f., Allport (1975), S. 491, Secord/Backman (1980), S. 687-693, Kutsch/Wiswede (1986), S. 37.

[12] Die Grenzen der Kapazität zur Veränderung werden von vielen Autoren nicht so sehr in der menschlichen Natur selbst angesiedelt, sondern vielmehr als institutionelle Barrieren angesehen, die auf dem "voluntary desire of powerful classes to maintain the existing status", Dewey (1950), S. 536, basieren.

[13] Zur Selbstgenügsamkeit bei Aristoteles vgl. statt vieler Finley (1971), S. 98f., Kern (1983), S. 506-509, Worland (1984), S. 127-130, Schefold (1989), S. 34-43, Baloglou/Peukert (1992), S. 40f. und Arendt (1994), S. 19.

Wichtig ist dabei die Feststellung, daß das 'Bedarfsdeckungsprinzip'[14], nach dem lediglich die Befriedigung eines ethisch, kulturell oder traditionell geprägten begrenzten Bündels von Gebrauchsgütern gewünscht wird, weit mehr als eine bloß philosophische Idee darstellt. Tatsächlich erweist sich diese Form der Bedürfnisse als das dominierende Leitmotiv aller vorkapitalistischen Epochen. In der vorkapitalistischen Gemeinschaft, so zeigt beispielsweise Polanyi, ist der Mensch ein selbstgenügsames Wesen, dessen Erfordernisse und Bedürfnisse keinesfalls grenzenlos sind (vgl. Polanyi (1979), S. 149, 165-170).[15] Selbst in der mittelalterlichen Gesellschaft, in der es bereits Märkte, Handel und Geldwirtschaft gibt, herrscht immer noch dieses Bedarfsdeckungsprinzip vor (vgl. Sombart (1928), S. 31-44).

Wie stark die Begrenztheit der Bedürfnisse das Handeln der präkapitalistischen Menschen beeinflußt und wie sehr ihnen deshalb das Erwerbsprinzip, das einen Überschuß von Tauschwerten als Selbstzweck anstrebt, als "unfaßlich und rätselhaft, so schmutzig und verächtlich erscheint" (Weber (1905), S. 60), zeigt sich besonders eindrucksvoll bei Max Weber. Er weist in diesem Zusammenhang auf ein Hauptproblem der beginnenden Industrialisierung hin, das darin besteht, Arbeitskräfte nicht durch den Anreiz des Mehrverdienstes zur vermehrten Arbeit bewegen zu können. Ein erhöhter Leistungslohn hat vielmehr zur Folge, daß die arbeitenden Personen nicht mit einem höheren Arbeitsangebot reagieren (vgl. Weber (1905), S. 49f.).[16] Der Umstand, daß die Reaktion auf eine Lohnsatzerhöhung nicht aus einer vermehrten Arbeitsanstrengung besteht, ist allerdings noch kein Beleg für die These der begrenzten materiellen Bedürfnisse der Menschen. Die unterlassenen Mehranstrengungen könnten genausogut damit begründet werden, daß die betrachteten Personen zwar über unbegrenzte Bedürfnisse nach materiellen Gebrauchsgütern verfügen, diese aber aufgrund der mit den Mehranstrengungen verbundenen Nutzeneinbußen infolge eines Arbeitsleids nicht erwerben. Die Nutzeneinbuße der vermehrten Arbeitsanstrengungen wäre in diesem Fall betragsmäßig größer als der Nutzengewinn

[14] Dieser Begriff stammt von Sombart, womit er das Streben "nach der Beschaffung eines nach Umfang und Art fest umschriebenen Vorrats von Gebrauchsgütern" versteht, vgl. Sombart (1928), S. 14. Weber nennt dieses Leitmotiv menschlichen Handelns "Traditionalismus" und bezeichnet damit das folgende Verhalten: "... der Mensch will »von Natur« nicht Geld und mehr Geld verdienen, sondern einfach leben, so leben, wie er zu leben gewohnt ist, und soviel erwerben, wie dazu erforderlich ist", vgl. Weber (1905), S. 50. Der Unterschied beider Prinzipien besteht darin, daß Weber sich aufgrund der von ihm durchgeführten Verknüpfung des Traditionalismus mit den traditionellen Bedürfnissen nur auf den präkapitalistischen Menschen bezieht, während Sombart mit dem Bedarfsdeckungsprinzip auch den kapitalistischen Menschen erfaßt, sofern dieser über begrenzte Bedürfnisse nach materiellen Gegenständen verfügt, vgl. zu dieser Unterscheidung Weber (1905), S. 54.

[15] Gleiches gilt für die Subsistenzwirtschaften der frühsten Menschheitsgeschichte, in denen die Menschen über geringe und begrenzte Bedürfnisse verfügen und von Sahlin als Wohlstandsgesellschaften ohne Knappheit bezeichnet werden, vgl. Sahlins (1978), vor allem S. 163-182, 188-194 sowie Duve (1978), S. 11.

[16] Es sei darauf hingewiesen, daß das Niveau dessen, was als genügend angesehen wird, im Zeitablauf veränderbar ist. Unter Umständen kann das Güterbündel, das die begrenzten Bedürfnisse befriedigt, außerordentlich umfangreich sein. Die Variabilität ändert aber nichts an der Möglichkeit, daß für einen bestimmten Ort zu einem bestimmten Zeitpunkt dieses Bündel samt dem damit zusammenhängenden Bedürfnisniveau als gegebene Größe vorhanden ist, über die hinaus ein weiteres Verlangen nach Gebrauchsgütern nicht besteht, vgl. dazu Gorz (1994), S. 160.

der zusätzlich konsumierten Gütereinheiten. Entscheidend wird die Prämisse limitierter materieller Bedürfnisse erst, wenn die arbeitenden Menschen auf eine Erhöhung des Lohnsatzes mit einer Reduktion der Tagesleistung reagieren.[17] Dieses Verhalten ist mit der Annahme unbegrenzter materieller Bedürfnisse nicht vereinbar und läßt darauf schließen, daß die betrachteten Individuen die Minimierung des individuellen Arbeitsaufwands zur Deckung gegebener Bedürfnisse an materiellen Gütern verfolgen. Tatsächlich zeigen die von Weber beschriebenen Arbeiter genau dieses Verhalten. Die betrachteten Arbeiter reagieren auf eine Erhöhung des Akkordlohnsatzes mit der "Herabsetzung der Tagesleistung", denn sie fragen sich: "... wieviel muß ich arbeiten, um denjenigen Betrag ... zu verdienen, den ich bisher einnahm und der meine *traditionellen* Bedürfnisse deckt?" (vgl. Weber (1905), S. 50). Gleiches trifft übrigens auch für den Unternehmer der behandelten Epochen zu, der seine Geschäfte im Sinne einer traditionellen Lebensführung ausübt. Auch seine Anstrengungen zielen darauf ab, daß ein "leidlicher, zur anständigen Lebensführung und in guten Zeiten zur Rücklage eines kleinen Vermögens ausreichender Verdienst" realisiert werden kann (vgl. Weber (1905), S. 55-57).[18]

Die Erkenntnis, daß Menschen nur eines gegebenen Güterbündels bedürfen und nach dessen Erreichung keine weiteren Anstrengungen mehr unternehmen, um mit dem Mehrverdienst mehr Gebrauchsgegenstände zu erwerben, ist noch bis in das 18. Jahrhundert hinein die Basis vieler theoretischer Überlegungen. Bei Petty finden wir die Feststellung, daß eine Verdopplung der Arbeitslöhne die Halbierung der individuellen Arbeitsleistung nach sich zieht. Deshalb setzt er sich dafür ein,

> "... dem Arbeiter gerade das noch zum Leben Notwendige zuzugestehen ..., denn wenn man ihm das Doppelte zugesteht, dann arbeitet er nur halb soviel, wie er hätte tun können und andernfalls getan hätte." (Petty (1662), S. 99).

---

[17] Vgl. zur Erhöhung des individuellen Arbeitsangebots als Reaktion auf einen höheren Lohnsatz statt vieler Varian (1991), S. 161-167, Schumann (1992), S. 112-117 und Herberg (1994), S. 118-128. Es ist darauf hinzuweisen, daß dieses Ergebnis der traditionellen Ökonomie nur unter bestimmten Annahmen gilt, z. B. bei beliebig wählbarer Dauer der Arbeitszeit und einem positiven Grenznutzen der Freizeit. Zudem muß für dieses Ergebnis Freizeit ein inferiores oder zumindest ein nur schwach superiores Gut sein. Ist Freizeit hingegen ein stark superiores Gut, so daß bei einer Lohnsatzerhöhung der positive Einkommenseffekt den negativen Substitutionseffekt überwiegt, dann reagiert das betroffene Individuum auf die Lohnsatzerhöhung mit einer verstärkten Freizeitnachfrage, also einer Reduktion des Arbeitsangebots. Dies bedeutet allerdings, daß das Individuum bei dem vorher herrschenden "Lohnsatz bereits ein weitgehend befriedigendes Niveau des Güterkonsums erreicht", Herberg (1994), S. 123, was wiederum auf ein limitiertes Volumen materieller Bedürfnisse schließen läßt. Allerdings - und dies schränkt die Stichhaltigkeit einer neoklassisch orientierten Erklärung der von Weber beschriebenen Reaktion der Arbeiter stark ein - ist ein Überwiegen des Einkommenseffektes einer Lohnsatzerhöhung über deren Substitutionseffekt nur bei "höheren Löhnen", Varian (1991), S. 165, bzw. "bei hohem Ausgangseinkommen", Schumann (1992), S. 117, wahrscheinlich. Für das zu erklärende Verhalten in Webers Beispiel aber trifft keine dieser Prämissen zu.

[18] Dieser von Weber und Sombart ausführlich erörterte Gedankengang findet sich, teilweise sogar unter der Verwendung identischer Termini, bei Marx in den "Resultaten des unmittelbaren Produktionsprozesses". Marx schreibt dort, daß es vor der formellen Subsumtion der Arbeit unter das Kapital ein "Maß der traditionellen Bedürfnisse des Arbeiters" gibt, welches einer bestimmten, nicht zu überschreiten gewünschten "Produktionsmasse" entspricht, vgl. Marx (1863/64), S. 128. Gleiches läßt sich für die Zunftmeister feststellen: "*Standesmäßige Existenz*" ist deren Ziel, nicht aber die "Bereicherung als solche", Marx (1863/64), S. 134.

Gleiches findet sich bei Mandeville. Bezüglich der Handwerker und der arbeitenden Klasse im allgemeinen meint Mandeville: Diese Personen "werden, wenn sie bei vier Tagen Arbeit in der Woche auskommen können, kaum zu überreden sein, am fünften auch noch etwas zu tun" (Mandeville (1714), S. 230). Auch hier führen Lohnsatzerhöhungen lediglich zu einer Reduktion der Arbeitsleistungen. Die Handlungsmaxime der individuellen Arbeiter besteht demnach aus der Minimierung der zu leistenden Arbeitsmenge unter der Nebenbedingung, mit dem erzielten Lohn ein als genügend eingestuftes Güterbündel erwerben zu können.[19] Bei Adam Smith spielt eine derartige Handlungsmaxime kaum noch eine Rolle für das durchschnittliche Verhalten. Dennoch gibt es einige Personen, bei denen diese Verhaltensweise anzutreffen ist: "Some workmen, indeed, when they can earn in four days what will maintain them through the week, will be idle the other three." Dieses Verhalten ist allerdings "by no means the case with the greater part" (Smith (1776), I.viii.44). Damit dürfte hinreichend klar geworden sein, daß eine bedarfsdeckungsorientierte Verhaltensweise mit begrenzten Bedürfnissen nicht nur eine philosophische Idee darstellt, sondern auch im praktischen Leben eine große Relevanz besitzt. Bis zum 18. Jahrhundert bildet diese Handlungsmaxime das dominierende Motiv der Menschen. Erst danach, und zudem auch nur in einigen europäischen Ländern, wird es von dem auf das Erwerbsstreben abzielende Verhalten abgelöst. Eine dem Prinzip der begrenzten Bedürfnisse widersprechende Verhaltensweise ist somit keinesfalls als ein dem Menschen eigenes Wesensmerkmal anzusehen, sondern stellt vielmehr eine erklärungsbedürftige Ausnahme dar.[20] Das von Marx vertretene Prinzip der Bedarfsdeckung, das sowohl den Referenzpunkt für seine Kritik an der kapitalistischen Produktionsweise bildet als auch den angestrebten gesellschaftlichen Zustand beschreibt, erweist sich aufgrund der vorgestellten Argumente keinesfalls als ein utopisches Konzept.

Darüber hinaus deckt sich das Konzept begrenzter materieller Bedürfnisse mit der in soziologischen und psychologischen Untersuchungen festgestellten Erkenntnis, daß es lediglich einen schwachen Zusammenhang zwischen Konsumgütern und den Dingen, die glücklich und zufrieden machen, gibt. Vieles spricht für die Annahme, daß nach dem Überschreiten des Existenzminimums unter anderem die folgenden "Quellen der dauerhafteren menschlichen Befriedigungen" zu nennen sind: gegenseitiges Vertrauen, gegenseitige Zuneigung, geteilte Freude, geteiltes Leid sowie das Geben und Nehmen von Liebe oder Aspekte wie die Autonomie, das Selbstwertgefühl, Freundschaften und Familienglück.[21] Auch dies ist ein Argument für die Begrenztheit der materiellen Bedürfnisse des Menschen.[22]

---

[19] Vgl. zu Mandevilles Haltung bezüglich dieser Frage Chalk (1966), S. 14f., Landreth (1975), S. 198-201 und Euchner (1980), S. 28-34.

[20] Die Faktoren, die zum Nachlassen bzw. Verschwinden dieses Handlungsprinzips führen, wurden im Rahmen der Analyse der Entfremdungsursachen erörtert, vgl. dazu Abschnitt 3.4.2.2. dieser Arbeit.

[21] Vgl. Mishan (1978), S. 82 und Hirschman (1988), S. 28, 35-52 sowie die dort angegebene Literatur.

[22] Gleiches gilt für das Ergebnis einer für das Jahr 1993 in Deutschland durchgeführten Untersuchung, nach der "etwa ein Viertel der Männer und die Hälfte der vollzeiterwerbstätigen Frauen ihre Arbeitszeit gerne um ei-

Ein anderer Aspekt der menschlichen Bedürfnisse gemäß der Marxschen Konzeption ist das Streben nach Individualität. Dieses Streben wird sogar von der traditionellen Mikroökonomie erfaßt und dort unter den Begriffen 'Snobeffekt' und 'Prestige'- bzw. 'Veblen-Effekt' behandelt. Unterliegt eine Nachfrage dem Snobeffekt, so konsumiert die betreffende Person um so weniger von einem Gut, je mehr Einheiten dieses Gutes von anderen Individuen konsumiert werden. Beim Prestige- oder Veblen-Effekt geht es um den Konsum teurer und prestigeträchtiger Güter, also um einen auffälligen Konsum. Gemeinsames Ziel dieser Verhaltensweisen ist es, sich von der Masse der Mitmenschen abzusetzen und damit Aufmerksamkeit, persönliche Identität und Unabhängigkeit von anderen zu erreichen.[23] Zumindest die Existenz derartiger Phänomene wird in der traditionellen Mikroökonomie zugegeben, selbst wenn diese Verhalten aufgrund der dort unterstellten Nutzenfunktionen in der Regel nicht näher analysiert werden.

Ähnliches gilt für die Vorstellung falscher individueller Bedürfnisse, die beispielsweise unter dem Begriff der 'meritorischen Bedürfnisse' bzw. der 'meritorischen Güter' im Rahmen der Theorie der öffentlichen Güter berücksichtigt wird. Dabei handelt es sich um Budgetentscheidungen der Gesellschaft, mit denen sie individuelle Konsumentscheidungen korrigieren will. Unabhängig von der exakten Definition dessen, was in diesem Kontext als richtiges Bedürfnis einzustufen ist, und unabhängig von der Entstehung dieser falschen oder verzerrten Bedürfnisse interessiert uns lediglich der Umstand, daß die moderne Ökonomie damit die Existenz falscher Bedürfnisse anerkennt und zur Korrektur darauf basierender individueller Entscheidungen Gegenmaßnahmen unternimmt.[24] Damit gibt sie zugleich zu, daß nicht jedes menschliche Bedüfnis als befriedigungswürdig anzusehen ist. Zudem gibt es im alltäglichen Leben eine Vielzahl von Situationen, in denen menschliche Bedürfnisse als 'falsche' Bedürfnisse eingestuft werden. Es sind jene Augenblicke, in denen Menschen die Fähigkeit, über die richtigen eigenen Bedürfnisse Bescheid zu wissen, nicht zugestanden wird, wie dies z. B. bei Kindern und Drogenabhängigen der Fall ist oder bei Sozialhilfeempfängern, denen anstelle von Geld Lebensmittelgutscheine zugeteilt werden.

nige Stunden verkürzen" wollten, und zwar auch "unter Inkaufnahme entsprechender Verdiensteinbußen". Holst/Schupp (1994), S. 626.

[23] Ebenso findet das Bedürfnis nach Konformität und Identität mit anderen Personen - hier handelt es sich bereits um einen Aspekt des sozialen Wesens des Menschen - seinen Niederschlag in der mikroökonomischen Haushaltstheorie. Die Tatsache, daß Menschen von einem Gut um so mehr Einheiten konsumieren, je häufiger sie den Konsum dieses Gutes bei anderen Konsumenten beobachten, spiegelt diesen Wunsch nach Konformität im Konsumverhalten wider und wird Mitläufereffekt, Konformitätseffekt oder auch 'Bandwagon'-Effekt genannt. Vgl. zu dieser Thematik Leibenstein (1950), S. 190-205, Schumann (1992), S. 95-101, Weise u. a. (1993), S. 149-152. Allerdings weist Herberg darauf hin, daß derartige Nachfrageverhalten im Rahmen der Nutzentheorie der traditionellen Haushaltstheorie nicht erklärt werden können, vgl. Herberg (1994), S. 110f., Fußnote 46.

[24] Zum von Musgrave eingeführten Konzept der 'meritorischen Güter' vgl. Musgrave (1987), S. 452f., Musgrave/Musgrave/Kullmer (1994), S. 87-90 sowie Andel (1984), vor allem S. 630-643, Head (1988), S. 4-10 und Priddat (1992), S. 239-246.

Hinsichtlich des gesellschaftlichen Wesens des Menschen besteht eine weitgehende Einigung dahingehend, daß es ein angeborenes Kontaktbedürfnis des Menschen gibt.[25] Der Mensch verfügt beispielsweise über ein Bedürfnis nach der Kommunikation, dem Zusammenschluß und der Kooperation mit anderen Personen, so daß aufgrund dieser Bedürfnisse nach Gesellschaft von einem 'Geselligkeitsmotiv' gesprochen werden kann, das als Grundbedürfnis des Menschen auzusehen ist. Die sozialen Bedürfnisse des Menschen äußern sich darüber hinaus in dem Bedürfnis nach Zuneigung, Achtung, Solidarität und Zugehörigkeit sowie dem Wunsch, Freundschaft und Liebe zu geben und zu empfangen.[26] Ebenso deuten viele Beobachtungen darauf hin, daß der Mensch auch deshalb auf andere Menschen angewiesen ist, weil er diese für die eigenen "Gefühlsbefriedigungen" benötigt, also das Bedürfnis nach "Gefühlsbindungen" nur durch den Kontakt mit einer anderen menschlichen Person befriedigen kann (vgl. Elias (1986), S. 146-150). Des weiteren zeigen sich soziale Bedürfnisse in dem Vorliegen einer "Motivation durch das gemeinsame Erfolgserlebnis bei gelunger geistiger und materieller Wertschöpfung im Sozialverbund einer Gruppe" (Heidacker (1995), S. 110). Auch wird die Arbeit in überschaubaren Gruppenzusammenhängen als angenehm beurteilt, so daß beispielsweise in der deutschen Autoindustrie ein wachsendes Bedürfnis nach Gruppenarbeit seitens der dort Beschäftigten festzustellen ist (vgl. Endres/Wehner (1993), S. 633, 643). Hinzu kommt das Bedürfnis, seinen Mitmenschen bei der Erfüllung ihrer Wünsche zu helfen oder altruistisch motivierte Handlungen auszuführen. Darüber hinaus gibt es zahlreiche Beispiele für die individuelle Fähigkeit zur Selbstlosigkeit und Solidarität, d. h. für die menschlichen Bedürfnisse zu geben, zu teilen und Opfer zu erbringen. Nur exemplarisch seien hierfür Spenden, Freiwilligenarbeiten, das zeitraubende Engagement in Bürgerinitiativen oder in der Kommunalpolitik, der freiwillige Beitrag zur Bereitstellung öffentlicher Güter sowie die individuelle Bereitschaft, Leben und Gesundheit zur Rettung anderer zu riskieren, genannt.[27] Die menschliche Bereitschaft, unentgeltlich Arbeitszeit und Güter für andere zur Verfügung zu stellen, besitzt daher für die Ökonomie eine unbestreitbare Relevanz.[28] Schließlich ist noch auf die Bedeutung von gesellschaftlichen Regeln, Normen, gemeinsamen Werten oder auch Gruppenzielen für das individuelle Verhalten hinzuweisen. Selbst Ökonomen akzeptieren in zunehmendem Maße, daß die Akzeptanz von

---

[25] Vgl. Maslow (1943), S. 380f., Maslow (1978), S. 78, 85-87, Alderfer (1969), S. 146, Rüttinger/Rosenstiel/Molt (1974), S. 85f., 181.

[26] Vgl. Lindgren (1974), S. 39, Hoyos (1975), Spalte 1393f., Zimbardo (1983), S. 375, 601f., Scholz (1989), S. 340-350, Ignatieff (1993), S. 14-18, 46, 150, Then (1994), S. 19.

[27] Vgl. Secord/Backman (1980), Collard (1981), S. 73-181, S. 402-422, 697, Zimbardo (1983), S. 375, 602f., Lafontaine (1990), S. 31f., Antonides (1991), S. 13, 38-41, Fromm (1993), S. 101f., Vester u. a. (1993), S. 209-240, Jaide/Hille (1994), S. 53, 70 sowie beispielsweise das von Fromm als für dieses Thema klassisch eingestufte Werk von Titmuss (1970). Daß ein auf Freiwilligkeit basierendes Versorgungssystem - gemessen an den Kriterien der Wirtschaftlichkeit, der Effizienz der damit verknüpften Verwaltung, dem Preis einer Einheit der betrachteten Leistung sowie der Qualität der erbrachten Leistungen - besser abschneiden kann als ein kommerzielles System, zeigt Titmuss für den Markt für menschliches Blut, vgl. Titmuss (1970), vor allem S. 205f.

[28] Vgl. Badelt (1987), S. 63f. sowie die dort angegebene Literatur hinsichtlich der Schätzungen über das Ausmaß derartiger Handlungen.

Regeln "einen eigenständigen motivationalen Faktor" darstellt und daher als "eigenständiger Faktor in die Erklärung des Sozialverhaltens von Individuen einzubeziehen ist" (Kliemt (1985), S. 204, 207).[29] Die Akzeptanz von gemeinschaftlichen Regeln und Zielen führt zu einem individuellen Handeln, das sich auch am Gemeinwohl und den dafür erforderlichen Rücksichten auf die Gemeinschaft orientiert.[30] Das empirisch bestätigte Faktum, daß Individuen Gruppenziele in ihre eigene Nutzenfunktion aufnehmen,[31] läßt den Schluß zu, daß Individuen gemeinschaftliche Bedürfnisse, Ziele und Normen nicht ausschließlich als Handlungsrestriktion auffassen, sondern auch als ein selbständiges Motiv (vgl. Katterle (1991), S. 140-142). Zum Abschluß der Behandlung des gesellschaftlichen menschlichen Wesens soll auf ein weiteres Beispiel der Berücksichtigung dieses Aspekts in der modernen Ökonomie hingewiesen werden. Es handelt sich dabei um eine neuere Interpretation der Theorie der meritorischen Güter. Nach ihr beruht die Akzeptanz von meritorischen Gütern auf der Existenz von "common values or preferences" (Musgrave (1987), S. 452), d. h. darauf,

> "... daß die Menschen kraft ständigen Miteinanders und gegenseitigem Verständnis dazu gelangen, gemeinsame Interessen zu entwickeln. ... Solche Gemeinschaftsinteressen und Werte können Anlaß zu Gemeinschaftsbedürfnissen sein, d. h. Bedürfnissen, die die Individuen als Teil der Gemeinschaft zu unterstützen sich verpflichtet fühlen. Verpflichtungen dieser Art können, als außerhalb der üblichen individuellen Entscheidungsfreiheit liegend, akzeptiert werden." (Musgrave/ Musgrave/Kullmer (1994), S. 89).

Erneut erweist sich ein Aspekt der Marxschen anthropologischen Vorstellungen als ein Faktum, das von der modernen wirtschaftswissenschaftlichen Theorie "als wirkmächtige Gegebenheit nicht aus der ökonomischen Analyse" ausgeschlossen werden kann (vgl. Priddat (1992), S. 248).[32]

Selbstverständlich existieren neben diesen Argumenten, die die Ansichten von Marx unterstützen, viele Meinungen, die den Marxschen Annahmen diametral entgegenstehen. Ebenfalls nur exemplarisch aufgezählt gehören dazu die Auffassungen, daß Egoismus, Aggressivität, Dominanzstreben, Besitzlust sowie ein Herrschafts- und Machttrieb zu den menschlichen Urtrieben gehören und daß die menschlichen Triebe grundsätzlich gesellschaftsfeindlich orientiert sind.[33]

---

[29] Vgl. ebenfalls Hausman/McPherson (1993), S. 673-688.

[30] Daß die Internalisierung gemeinschaftlicher Ziele und Normen nicht nur aufgrund des ökonomisch rationalen Verhaltens resultiert, wird deutlich, wenn deren Befolgung geschieht, obwohl dies aufgrund des Erwartungsnutzens - z. B. wegen geringer Entdeckungswahrscheinlichkeiten oder geringer Strafen - nicht rational ist, vgl. dazu statt vieler Elster (1989b), S. 104f., 115 und Piper (1992), S. 31.

[31] Vgl. dazu Clague (1993), S. 394 sowie die dort angegebene Literatur.

[32] Vgl. zu dieser Interpretation der meritorischen Güter Priddat (1992), S. 246-251 sowie Head (1988), S. 28-30.

[33] Vgl. z. B. Gollwitzer (1957), S. 202, Peters (1980), S. 53, Israel (1985), S. 45, McClelland (1985), S. 269-330 sowie die dort zu findenden Verweise auf Freud, Nietzsche u. a.

Ohne die Existenz dieser Ansichten leugnen zu wollen, kann auf eine weitere Diskussion differierender Anschauungen bezüglich dieser Thematik verzichtet werden. Es geht in diesem Abschnitt, wie eingangs erwähnt, lediglich um den Nachweis, daß es gute Gründe gibt, sich den Marxschen anthropologischen Annahmen anzuschließen. Selbst bei der hier durchgeführten oberflächlichen und willkürlichen Inspektion der Fachliteratur zeigt sich, daß die anthropologischen Vorstellungen von Marx als durchaus realistisch anzusehen sind. Sogar der entfremdete Mensch der gegenwärtigen kapitalistischen Gesellschaft verfügt, zumindest ansatzweise, über jene Bedürfnisse und Wesensmerkmale, die Marx als wahrhaft menschlich ansieht und deshalb verwirklicht sehen möchte. Darüber hinaus gibt es zahlreiche Anzeichen dafür, daß die Befriedigung nicht-materialistischer Bedürfnisse in westlichen Industrieländern für die dort lebenden Menschen ein immer größer werdendes Gewicht einnimmt. Vester u. a. erkennen beispielsweise fünf "Muster neuer Mentalitäten", die sich trotz ihres Variantenreichtums wie folgt gleichen: "Für alle ist ein Streben nach Autonomie und Selbstverwirklichung gegenüber gesellschaftlicher Bevormundung, Einschränkung und Entfremdung maßgeblich." (Vester u. a. (1993), S. 209).[34] Sowohl Marx' anthropologische Idealvorstellungen als auch die darauf aufbauende Kritik an der kapitalistischen Produktionsweise sowie die Überlegungen zur Neugestaltung der Gesellschaft gewinnen durch diese Erkenntnisse an Realitätsnähe und Überzeugungskraft. Gleichzeitig erweist sich die Vernachlässigung derartiger menschlicher Wesenszüge bei der Bewertung sozio-ökonomischer Zustände als eine nicht mehr zulässige Übersimplifizierung. Damit schließt sich die Frage an, ob es ausgehend von einer kapitalistisch organisierten Gesellschaft möglich ist, diese Vorstellungen über das menschliche Dasein zu verwirklichen.

5.2. Die Realisierungschancen der Marxschen anthropologischen Idealvorstellungen

Bei der Suche nach Mechanismen, die zur Schaffung der zukünftigen Gesellschaft, die für diese Verwirklichung erforderlich ist, führen, bieten sich zuerst jene Schlagworte an, die nach Ansicht von Marx als systemimmanente Widersprüche des kapitalistischen Produktionssystems schließlich zu dessen Zusammenbruch führen: die periodisch wiederkehrenden und immer gewaltiger werdenden Krisen, die Konzentrationstendenzen aufgrund der fortschreitenden "Zentralisation der Produktionsmittel" (MEW 23, S. 791), das "Gesetz des tendenziellen Falls der Profitrate" (MEW 25, S. 221) sowie die Zunahme der Verelendung und der industriellen Reservearmee im Rahmen der kapitalistischen Akkumulation. Mit diesen Einflußgrößen, die das Ende des Kapitalismus heraufbeschwören und gleichzeitig der postkapitalistischen Gesellschaft zum Durchbruch verhelfen, werden wir uns aus zwei Gründen nicht weiter beschäftigen. Zum einen ist bereits sehr viel zu dieser Thematik publiziert worden, dem wir nichts Wesentli-

[34] Zur genaueren Beschreibung dieser Mentalitäten vgl. Vester u. a. (1993), S. 209-240.

ches hinzuzufügen haben.[35] Zum anderen sagen die mit diesen Schlagworten zusammenhängenden Argumente primär etwas aus über den Zusammenbruch des gegenwärtigen Produktionssystems, ohne zu garantieren, daß das daraus entspringende neue System der Produktion ein entfremdungsfreies Leben der Menschen zuläßt. Mit anderen Worten: Die genannten systemimmanenten Widersprüche bringen uns lediglich bis zur Auflösung der kapitalistischen Produktionsweise, nicht aber darüber hinaus.[36] Auch bleiben die am Ende des 4. Kapitels dieser Arbeit genannten neuen Wertvorstellungen und Änderungen im kulturellen Bereich des menschlichen Lebens dadurch unberücksichtigt.

Deshalb gehen wir den in Abschnitt 4.6. dieser Arbeit bereits angedeuteten Weg und suchen nach Entwicklungstendenzen innerhalb der kapitalistischen Produktionsweise, die Produktionsstrukturen entstehen lassen, die dem wahren Wesen des Menschen entsprechen und dadurch die notwendige innere Wandlung der Menschen hervorrufen. Nur dieses Vorgehen kann im Rahmen der materialistischen Auffassung von menschlichen Bedürfnissen dafür sorgen, daß jene Denkweisen und Bedürfnisse entstehen, die für den Wunsch nach einer neuen Organisation der materiellen Lebensprozesse sowie für die Funktionsfähigkeit dieser Organisationsform erforderlich sind. Weil die Veränderung des Menschen nach Marx' Überzeugung nicht das Resultat moralischer Appelle sein kann, wird sich der Wunsch der Menschen nach einer neuen, entfremdungsfreien Lebensweise nur auf der Basis eines veränderten sozio-ökonomischen Rahmens ergeben. Die Wandlung des Menschen im Bereich der Wertvorstellungen und Ziele muß deshalb das Ergebnis von Tendenzen sein, die bereits "in der Entwicklung der kapitalistischen Produktionsweise angelegt sind" (Hahn (1993), S. 34).

Bei der Suche nach derartigen Veränderungen der Produktionsstrukturen, die aufgrund der Gesetzmäßigkeiten einer kapitalistischen Wirtschaft notwendigerweise eintreten, finden sich bei Marx erste Hinweise. Im Verlauf der Ursachenanalyse zeigte sich bereits, daß jeder individuelle Kapitalist gezwungen ist, beständig seine Produktionskosten zu senken. Neben Maßnahmen wie der Erhöhung der Intensität der Arbeit oder der Vermehrung der Teilung der Arbeit kann dies dadurch erreicht werden, "daß ... beßre Arbeitsmethoden, neue Erfindungen, verbesserte Maschinen, chemische Fabrikgeheimnisse etc., kurz neue, verbesserte, über dem Durchschnittsniveau stehende Produktionsmittel und Produktionsmethoden angewandt werden" (MEW 25, S. 657). Dadurch revolutioniert die moderne Industrie permanent "die vorhandne

[35] Vgl. statt vieler Sweezy (1959), S. 56-83, 103-187, Rosdolsky (1969), S. 347-366, 442-449, 467-482, Schmiede (1973), S. 117-207, Kolakowski (1977), S. 337-342, Mettelsiefen (1981), S. 81-99, Robinson (1987), S. 56-70.

[36] So sorgt beispielsweise die aufgrund der "Zentralisation der Produktionsmittel" stattfindende Expropriation der Expropriateure nur dafür, daß die "Stunde des kapitalistischen Privateigentums schlägt", MEW 23, S. 791. Die Verwirklichung des Gemein- und individuellen Eigentums im Sinne des Abschnitts 4.2. dieser Arbeit ist dadurch aber noch nicht garantiert.

Form eines Produktionsprozesses" (MEW 23, S. 510f.).[37] Gleichzeitig, und damit gelangen wir zum entscheidenden Aspekt,

> "... wälzt sie beständig mit der technischen Grundlage der Produktion die Funktionen der Arbeiter und die gesellschaftlichen Kombinationen des Arbeitsprozesses um. ... Die Natur der großen Industrie bedingt daher Wechsel der Arbeit, Fluß der Funktion, allseitige Beweglichkeit des Arbeiters. Andrerseits reproduziert sie in ihrer kapitalistischen Form die alte Teilung der Arbeit mit ihren knöchernen Partikularitäten. ... Wenn aber der Wechsel der Arbeit sich jetzt nur als überwältigendes Naturgesetz und mit blind zerstörenden Wirkungen eines Naturgesetzes durchsetzt, das überall auf Hindernisse stößt, macht die große Industrie durch ihre Katastrophen selbst es zur Frage von Leben oder Tod, den Wechsel der Arbeiten und daher möglichste Vielseitigkeit der Arbeiter als allgemeines gesellschaftliches Produktionsgesetz anzuerkennen und seiner normalen Verwirklichung die Verhältnisse anzupassen." (MEW 23, S. 511f.).

Damit stellt Marx fest, daß die zwangsläufig auftretenden Produktionserfordernisse die Arbeitsstrukturen dahingehend verändern - zumindest für einen Teil der Beschäftigten -, daß die Arbeiter vielseitige, qualifizierte Tätigkeiten ausüben müssen. Die systemimmanenten Entwicklungstendenzen der kapitalistischen Produktionsweise erfordern damit die partielle Gestaltung der Arbeit gemäß dem Wesen des Menschen. Diese bei Marx lediglich angedeutete Entwicklung gilt es ausführlicher zu diskutieren. Wir greifen dabei vor allem auf die Analysen von Kern und Schumann zurück, die schon seit 1970 die Veränderungen der Arbeitsstrukturen behandeln. Unsere darauf aufbauende Argumentation läßt sich vorwegnehmend wie folgt zusammenfassen: In einer wettbewerblich organisierten Marktwirtschaft gibt es eine Reihe von Faktoren, die zu einer Polarisierung der Anforderungen an die Arbeiter führen. Auf der einen Seite stellen die neuen Arbeitsbedingungen hohe Anforderungen an die Qualifikation, Entscheidungsfähigkeit, Eigenverantwortlichkeit und Fähigkeit zur Selbstorganisation der Arbeiter. Damit ermöglichen und erzwingen sie die Ausübung menschengerechter Tätigkeiten. Auf der anderen Seite aber sinken Produktionsaktivitäten auf das Niveau bloßer Hilfstätigkeiten ohne fachliche Qualifikationsanforderungen ab. Die beiden von diesen Tätigkeitsanforderungen betroffenen Personengruppen reagieren auf die unterschiedlichen Arbeitsbedingungen damit, daß sie Veränderungen ihrer Arbeitsbedingungen einfordern, die ihre Arbeit menschengerechter gestalten - die einen, weil der Kontakt mit partiell entfremdungsfreien Tätigkeiten den Wunsch nach der Ausübung derartiger Tätigkeiten verstärkt, die anderen, weil ihre Arbeitsbedingungen als so unerträglich empfunden werden, daß eine rein finanzielle Kompensation nicht mehr ausreicht und

---

[37] Diese Notwendigkeit, "die Produktionsinstrumente, also die Produktionsverhältnisse ... fortwährend zu revolutionieren", findet sich bereits im "Manifest der Kommunistischen Partei", MEW 4, S. 465. Ebenso stellt Marx in den "Grundrissen" fest, daß für das Kapital "die universelle Entwicklung der Produktivkräfte, die beständige Umwälzung seiner vorhandnen Voraussetzungen, als Voraussetzung seiner Reproduktion" anzusehen ist, vgl. Grundrisse, S. 439f.

deshalb eine humanere Gestaltung der Arbeitsprozesse erforderlich wird. Die so skizzierte Argumentationslinie soll im weiteren ausführlicher begründet werden.
Sehen wir uns zuerst jene ökonomischen Faktoren an, die eine Veränderung der Produktionsprozesse zwingend erforderlich machen.[38] An erster Stelle der die Produktionsprozesse verändernden Kräfte ist der technische Fortschritt zu nennen, der zu technisch hochentwickelten Produktionsprozessen führt. Der aufgrund des Zwangs zur beständigen Reduktion der Produktionskosten erfolgende "Fortschritt der Technologie" führt zu einer Produktion, in der die direkte menschliche Arbeit "als der entscheidende Faktor der Produktion des Reichtums" an Bedeutung verliert und der Mensch sich statt dessen "als Wächter und Regulator zum Produktionsprozeß selbst verhält" (Grundrisse, S. 592). Damit nehmen die Qualifikationsanforderungen an die mit solchen Tätigkeiten beschäftigten Personen zu.[39] Gleiches gilt für die Anforderungen an die Flexibilität der Beschäftigten, die z. B. beim Auftreten von Störungen im Produktionsablauf als Folge häufiger Umstellungen der Produktionsprozesse erforderlich wird. Ebenso verlangt die hohe Innovationsgeschwindigkeit der Produktionstechnik von den Beschäftigten einen hohen Grad an Flexibilität und fachlicher Qualifikation.[40] Die schnelle Veralterung von Produkten aufgrund immer kürzerer Innovationszyklen erfordert zudem auf seiten der Mitarbeiter eine Motivation und einen Ausbildungsstand, die dazu führen, "daß die Menschen nicht nur tun, was man ihnen sagt, sondern sogar, was man ihnen (noch) gar nicht sagen kann" (Zwickel (1995), S. 6). Ein weiterer Faktor hängt mit Absatzproblemen auf den Märkten zusammen, die sich durch eine Sättigung auszeichnen. Unter diesen Umständen müssen Anbieter auf die Differenzierungsbedürfnisse der Kunden eingehen. Dies und die ebenfalls erforderlichen Produktinnovationen machen es notwendig, die Produktionsprogramme häufig zu verändern. Die somit erforderliche Flexibilität verlangt wiederum Produktionsprozesse, die sich durch De-

---

[38] Wir beziehen uns - wie angekündigt - primär auf die Arbeiten von Kern und Schumann. die seit Beginn der 70'er Jahre Untersuchungen über ökonomisch bedingte Veränderungen der Produktions- und Arbeitsstrukturen durchführen. Spätestens seit der Veröffentlichung ihres Werkes "Das Ende der Arbeitsteilung?" aus dem Jahre 1984 dürfte der von ihnen konstatierte "Wandel des produktionspolitischen Paradigmas". Schneider (1994). S. 728, in der Literatur und Diskussion anerkannt sein. Vgl. ebenfalls die aktuellere Studie von Schumann u. a. (1994), vor allem S. 341-349, 507-523, 621-627 und 643-663 oder Klauder (1994). S. 765-771.

[39] Flexibilität, Fachkenntnisse und Eigenverantwortlichkeit etc. wird nur von Facharbeitern, Instandsetzungsspezialisten und ähnlichen Personen gefordert. Daneben gibt es körperlich arbeitende Beschäftigte, von denen lediglich repetitive Hilfsarbeiten ohne die genannten Eigenschaften verlangt werden. Wir kommen auf diese Gruppe der unqualifizierten Arbeiter im Laufe der Argumentation zurück. Zur Polarisierung der Anforderungsprofile vgl. Kern/Schauer (1978). S. 146f., Kern/Schumann (1984). S. 22f., 115f., 318f., Klauder (1988). S. 119, Schumann u. a. (1994). S. 514, 644.

[40] Vgl. Kern/Schumann (1973), S. 97, Kern/Kern (1975). S. 35, Kern (1978). S. 69, Kern/Schumann (1984). S. 18f., 50, 322f., Schumann u. a. (1994). S. 341f. sowie z. B. Baethge (1994). S. 712, Then (1994). S. 327-338, Matthies u. a. (1994), S. 85, Schusser (1995), S. 127-130, Bickenbach/Soltwedel (1996). S. 4-6, Leminsky (1996), S. 48, Kuhn (1996). S. 106. Weiten wir die Analyse für einen kurzen Augenblick auch auf den Konsumenten der neuen Produkte aus, so ergibt sich eine weitere Notwendigkeit zur Veränderung der Menschen: Ein passiver Konsument ist kaum in der Lage, technisch komplexe Produkte zu bedienen, also z. B. die Medien des sich anbahnenden Multimedia-Zeitalters. Zum Zwecke der Akzeptanz und des Absatzes ihrer Produkte muß die Industrie daher an der Schaffung kompetenter, aktiver Konsumenten mitwirken, z. B. indem sie durch Lernprogramme die "Medienkompetenz" der Menschen erhöht, vgl. Opaschowski (1995), S. 46f.

zentralisierung, Enthierachisierung, Handlungsspielräume für das Individuum und Fähigkeiten zur Selbstorganisation in Gruppen auszeichnen. Weiterhin erfordern derartig flexible Produktionsverfahren das eigenverantwortliche Handeln, d. h. die Bereitschaft und Fähigkeit zur Verantwortungsübernahme durch die Beschäftigten, was wiederum ein hohes Maß an Mitbestimmung und direkter Partizipation der Beschäftigten voraussetzt.[41] Auch die Nutzung der Kreativitätspotentiale der Mitarbeiter ist nur möglich, wenn den arbeitenden Menschen Freiräume - z. B. hinsichtlich der Arbeitsplatzgestaltung, der Arbeitszeitregelung oder der Übernahme von Verantwortung und Initiative - zugestanden werden. Des weiteren sorgen konjunkturelle und saisonale Nachfrageschwankungen für die Notwendigkeit der flexiblen Personalnutzung sowie der flexiblen Arbeitszeiten, wodurch ein zusätzlicher Bedarf an Flexibilität besteht.[42] Ein weiterer zeitbezogener Aspekt der Produktionsabläufe hängt mit der Freisetzung von Arbeitskräften aufgrund des technischen Fortschritts zusammen.[43] Schließt man sich mit Marx der Freisetzungshypothese an, so erhöht der technische Fortschritt über seinen Netto-Freisetzungseffekt die disponible Zeit der gesamten Gesellschaft, entweder in Form kürzerer Arbeitszeiten oder in Form von Arbeitslosigkeit.[44]

Neben diesen rein produktionstechnischen und absatzstrategischen Einflußfaktoren gibt es Veränderungen im Produktionsprozeß, die auf ein geändertes Verhalten der Arbeiter zurückzuführen sind. Hierzu gehören vor allem die Reaktionen, die - im Rahmen der bereits erwähnten Polarisierung der Anforderungsprofile - von den Arbeitern ausgehen, die von Dequalifikation und zunehmender Arbeitsteilung mit vermehrten repetitiven Tätigkeiten betroffen sind. Diese Arbeiter reagieren auf ihre Arbeit mit einer Reihe von Abwehrreaktionen - Absentismus, Leistungszurückhaltung, Streik, Kündigung, Arbeitsplatzwechsel -, die sich produktionskostenerhöhend auswirken. Zur Vermeidung bzw. Verminderung der somit auftretenden Absentismus-, Streik- und Fluktuationskosten ist es erforderlich, über geänderte Arbeitsplatzbedingungen derartige Abwehrreaktionen zu reduzieren.[45] Gleiches wird notwendig, wenn die Kom-

[41] Vgl. Kern/Kern (1975), S. 33-35, Kern (1976), S. 196, Kern (1978), S. 73f., Kern/Schumann (1984), S. 42f., 51, 255f., Schumann u. a. (1994), S. 622-627, 651f. sowie Matthies u. a. (1994), S. 63f., 84f., Klauder (1994), S. 770f., Lecher (1995a), S. 323, 332, Lecher (1995b), S. 75f., 78f., Heidack (1995), S. 105f., Schusser (1995), S. 126-131, Hartz (1995), S. 257-260, Bickenbach/Soltwedel (1996), S. 3-5, 10, 19-22, Müller-Jentsch/Sperling (1996), S. 42f.

[42] Vgl. Kern/Schumann (1984), S. 41-44, Strümpel (1985), S. 81, Matthies u. a. (1994), S. 155, 169, 425, Roemheld (1995), S. 641.

[43] Die Diskussion um den Zusammenhang zwischen dem technischen Fortschritt und der Beschäftigung erweist sich als außerordentlich kontrovers. Die Frage, ob die Einführung neuer Technologien per Saldo für die gesamte Gesellschaft mehr Arbeitsplätze schafft oder vernichtet, besitzt auf der Ebene der theoretischen Argumentation keine eindeutige Lösung, vgl. dazu statt vieler Mettelsiefen (1981), vor allem Kapitel 8 bis 15, Hagemann (1985), S. 300-311, Klauder (1988), S. 113-116. Auch Modellrechnungen erbringen keine Klarheit, da deren Ergebnisse in der Regel "ein breites Entwicklungsspektrum" besitzen und für die Arbeitsmarktperspektiven "sowohl große Risiken als auch beachtliche Chancen" beinhalten, vgl. Klauder (1990), S. 33.

[44] Vgl. Kern/Schumann (1984), S. 17, Offe (1994), S. 804, Matthies u. a. (1994), S. 351-358, Zeuner (1995), S. 411.

[45] Vgl. Kern/Schumann (1973), S. 88-91, Kern (1974), S. 130, Kern (1975), S. 169-173, Kern/Kern (1975), S. 33f., Kern (1976), S. 195f., Kern (1978), S. 67. Vgl. ebenfalls Lazonick (1987), S. 91, der auf die "relation

pensation des Arbeitsleids durch finanzielle Mittel zu teuer wird und statt dessen eine Reduktion des Arbeitsleids durch menschengerechtere Arbeitsbedingungen kostengünstiger ist (vgl. Kern (1974), S. 127).[46] Aber nicht nur die mit repetitiven und unqualifizierten Arbeiten Beschäftigten üben durch ihr Verhalten einen Veränderungsdruck auf die Arbeitsbedingungen aus. Wenn nämlich bei den qualifizierten, eigenverantwortlich und selbstbestimmt handelnden Personen durch den Kontakt mit derartigen Tätigkeiten der Wunsch nach Autonomie und Weiterqualifikation geweckt wird, dann lehnen diese Personen all jene Produktionsprozesse ab, die die weitere Ausdehnung von Autonomie und Qualifikation nicht ermöglichen. Auch diese Arbeiter reagieren mit den schon erwähnten Abwehrreaktionen und üben dadurch ebenfalls den beschriebenen Veränderungsdruck auf die bestehenden Arbeitsstrukturen aus.[47] Weil somit die subjektive Arbeitsplatzzufriedenheit als bestimmender Faktor der Produktivität anzusehen ist, wird es zur Erschließung der in den arbeitenden Menschen vorhandenen Produktivitätspotentiale erforderlich, die Organisation der Produktionsprozesse auf die individuellen Ziele der Arbeitnehmer auszurichten. Deshalb ist es im Hinblick auf die Produktivitätserhöhung - d. h. zur Reduktion von Reibungsverlusten und zur Motivationserhöhung - erforderlich, bei der Gestaltung der Produktionsabläufe auf die Wünsche der Beschäftigten nach Selbst- bzw. Mitbestimmung, nach Verantwortungsübernahme, nach komplexen und sinngebenden Aufgaben, nach Weiterqualifikation und Anwendung der erworbenen Kenntnisse sowie nach Selbstorganisation in Gruppen und schließlich auch nach flexiblen Arbeitszeiten, Zeitsouveränität und Zeitwohlstand einzugehen.[48]

Damit haben wir die eingangs skizzenhaft umschriebene Entwicklungstendenz einer kapitalistisch organisierten Ökonomie umfassender dargestellt. Innerhalb der kapitalistischen Produktionsweise führen die "marktstrategischen ... und produkttechnologischen ... Bedingungen" (Kern/Kern (1975), S. 37) zu einer Neugestaltung der Arbeitsbedingungen, die sich auf das Verhalten aller Arbeiter auswirken, so daß ebenfalls "ein starker Veränderungsdruck durch das Verhalten der Beschäftigten gegeben ist" (Kern/Kern (1975), S. 36), der wiederum die Produktions- und Arbeitsstrukturen verändert.[49] Die somit stattfindenden Modifikationen der Produktionsprozesse führen zu Arbeitsbedingungen, die von den Beschäftigten folgende Eigen-

---

between alienated labour and low levels of effort" hinweist, was zur Humanisierung der Arbeit durch die Unternehmensführung führt.

[46] Besonders dringend wird die Schaffung humaner Arbeitsplätze in Zeiten, in denen ein Arbeitskräftemangel herrscht und deshalb zur Arbeitskräfterekrutierung die Attraktivität der Arbeitsplätze erhöht werden muß, vgl. Kern (1975), S. 169-173, Kern/Kern (1975), S. 33, Kern (1976), S. 195f.

[47] Vgl. Kern/Schumann (1973), S. 87, Kern (1975), S. 169-173, Kern (1976), S. 195f., Kern (1978), S. 67.

[48] Vgl. Kern (1976), S. 201, Kern/Schumann (1984), S. 19, 49, Endres/Wehner (1993), S. 633, 643, Baethge (1994), S. 711, 716f., 719-723, Offe (1994), S. 802, 804, Then (1994), S. 18-24, 116-125, 162-174, 444f., 479, Matthies u. a. (1994), S. 39f., 63f., 127f., 159-166, 424f., Schulte (1994), S. 758, 761-763, Schäfer (1994), S. 105, 110f., 117, Klauder (1994), S. 767-769, Lecher (1995a), S. 323, Lecher (1995b), S. 75f., 78f., Zeuner (1995), S. 408-410, Neubauer (1995), S. 74f., Heidack (1995), S. 95-120, Bickenbach/Soltwedel (1996), S. 3-5, 14f., Kuhn (1996), S. 105-107.

[49] Vgl. dazu ebenfalls statt vieler Lafontaine (1988), S. 257-261, Hartz (1995), S. 257 und DGB (1995), S. 6.

schaften verlangen: selbstbestimmtes und eigenverantwortliches Handeln bzw. die Teilnahme an Planungs- und Entscheidungsabläufen, individuelle Handlungsspielräume, die Fähigkeit zur Selbstorganisation in Gruppen inklusive der dafür erforderlichen kommunikativen und sozialen Kompetenzen, die Erfüllung komplexer Tätigkeiten und damit zugleich die permanente Weiterentwicklung individueller Fähigkeiten sowie deren Anwendung im Produktionsprozeß.[50] Damit werden Produktionsprozesse geschaffen, die es den davon betroffenen Menschen ermöglichen, eine den Marxschen Idealvorstellungen entsprechende Tätigkeit auszuüben. Und nochmals sei daran erinnert, daß die hier beschriebenen Entwicklungstendenzen zwangsläufig in einer kapitalistisch organisierten Gesellschaft auftreten, denn es gilt:

> "Der zunehmende Wettbewerb und die Notwendigkeit schnellerer Anpassung, optimaler Produktionsabläufe, von Qualitätssicherung sowie Ideen für neue Produkte und Verfahren verlangen, daß alle dazu fähigen Mitarbeiter in diesen Ideen-, Gestaltungs- und Innovationsprozeß einbezogen werden." (Then (1994), S. 95).

Diese Einbeziehung aber kann nur stattfinden, wenn die Organisation und Gestaltung der Produktionsprozesse Mitbestimmung, eigenverantwortliches Handeln, Selbstorganisation, Qualifikationsausweitung sowie soziale Kompetenz zulassen und fördern. Deshalb vertritt Then zurecht die These, "daß eine demokratische, partnerschaftliche Unternehmenskultur eine Wettbewerbsbedingung der Zukunft ist" (Then (1994), S. 480).[51] Gleichzeitig wird dadurch immer deutlicher, daß die gegenwärtige Wirtschaftsordnung mit ihren Produktions- und Arbeitskonzepten kaum noch zukunftsfähig ist, weil sie die produktivitätssteigernden Konsequenzen der genannten neuen Organisationsstrukturen nicht berücksichtigt.[52] Und wie bei der postkapitalistischen Gesellschaftsorganisation hängt auch bei dieser neuen Unternehmensstruktur deren Funktionsfähigkeit entscheidend von den "»Veränderungen in den Köpfen« der Mitarbeiter" (Bickenbach/Soltwedel (1996), S. 24) ab.

Diese zwangsläufige Entwicklung der Produktions- und Arbeitsstrukturen im Rahmen der kapitalistischen Produktionsweise scheint es auf den ersten Blick zu ermöglichen, daß die Realisation der Marxschen anthropologischen Idealvorstellungen innerhalb des kapitalistischen

---

[50] Besonders deutlich zeigt sich diese Entwicklung bei dem gegenwärtig stattfindenden Wandel zur 'Informationsgesellschaft'. Der Einsatz von Computern schafft anspruchsvolle Arbeitsplätze mit hohen Anforderungsprofilen, bei denen Arbeitszeiten und -mengen selbstbestimmt werden. Derartige Arbeitsplätze bieten dann auch die Möglichkeit zur Selbstverwirklichung durch die damit verknüpften Tätigkeiten, vgl. Weling (1995), S. 41 und Zwickel (1995), S. 6.

[51] Bei Volkswagen zeichnet sich beispielsweise schon jetzt die folgende Entwicklung ab: "Die Zusammenarbeit in Gruppen, Eigenkontrolle und Eigenorganisation, Verantwortung und gemeinsam erzielte Erfolge stärken das Selbstbewußtsein, steigern die Motivation und spornen zu Leistungssteigerungen an. Das Co-Management ist Realität geworden, mit dem Ergebnis, daß Volkswagen innerhalb von 18 Monaten den Turn-around in Milliardenhöhe geschafft hat. Mit der Mitbestimmung und durch die Mitbestimmung hat sich in unserem Unternehmen eine Vertrauenskultur entwickelt, die sich gerade im Wandel als ein zukunftsweisender Standortvorteil erweist", Hartz (1995), S. 257f.

[52] Vgl. Riester (1995), S. 95f., Bickenbach/Soltwedel (1996), S. 30, Müller-Jentsch/Sperling (1996), S. 42f., Leminsky (1996), S. 48.

Produktionssystems durchzuführen ist. Die Beseitigung kapitalistischer Organisationsformen der Produktionsprozesse wäre damit nicht mehr notwendig, so daß gleichzeitig die Forderung nach einer Etablierung sozialistischer oder kommunistischer Produktionsweisen gegenstandslos wird. Daß dem nicht so ist, wird im folgenden gezeigt.
In diesem Zusammenhang ist zunächst an jene Beschäftigten zu erinnern, die als angelernte und somit kaum qualifizierte Hilfskräfte Arbeitsplätze vorfinden, die noch weit entfernt vom Marxschen Ideal humaner Arbeitsstrukturen sind. Des weiteren stößt die ökonomisch zwingend erforderliche Implementierung der geschilderten Produktionsbedingungen auf zahlreiche Widerstände, z. B. bei der Unternehmensleitung oder bei mittleren Vorgesetzten - entweder, weil die genannten, dafür benötigten Fähigkeiten der Mitarbeiter "im Menschenbild der Führungskräfte nicht verankert" sind und infolgedessen auch nicht abgerufen werden oder weil sich Vorgesetzte aus Angst vor dem Verlust von Macht und Kontrolle solchen Neuerungen widersetzen.[53] Auch der Umstand, daß die Einführung derartiger Produktionsweisen erst langfristig zu ökonomischen Erfolgen und Gewinnen führt, kurzfristig aber mit einer Kostenerhöhung aufgrund der zeit- und kostenintensiven Maßnahmen in der Einführungsphase verbunden ist (vgl. Kuhn (1996), S. 110), könnte ein Grund für die langsame oder fehlende Veränderung der Arbeitsstrukturen sein. Daneben ist auch der hemmende Einfluß, der von Betriebsräten und der konservativen Politik der Verbände ausgeht - sowohl der Arbeitgeber- als auch der Arbeitnehmerverbände -, ein Grund für die schleppende Errichtung der beschriebenen Organisationsformen.[54]
Von entscheidender Bedeutung ist der Umstand, daß in einer kapitalistischen Gesellschaft die dargestellten Entwicklungstendenzen nur zu einer partiellen Etablierung menschengerechter Arbeitsplätze führen, ohne sämtliche Aspekte einer dem wahren menschlichen Wesen entsprechenden Tätigkeit zu ermöglichen. Für den Aspekt der disponiblen Zeit wurde die Unvereinbarkeit dieses Elementes des menschlichen Daseins mit der Logik einer kapitalistisch organisierten Wirtschaft bereits im Abschnitt 4.6. dieser Arbeit aufgezeigt. Die gleiche Unvereinbarkeit gilt unter anderem für die Entwicklungsmöglichkeiten individueller Fähigkeiten. Einerseits sorgen die erhöhten Qualifikationsanforderungen für eine Steigerung des Ausbildungs- und des Qualifikationsniveaus, wobei letzteres neben dem Fachwissen auch soziale und kommunikative Fähigkeiten umfaßt, andererseits aber nutzt ein kapitalistischer Betrieb lediglich die Qualifikationspotentiale, die den Verwertungsbedürfnissen des Kapitals entsprechen (vgl. Kern/Schumann (1973), S. 96-98). Damit wird trotz einer Verbesserung der individuellen Entwicklungsmöglichkeiten die allseitige Entwicklung des Individuums nicht ermöglicht. Gleiches gilt für die

---

[53] Vgl. Kern (1976), S. 205, Endres/Wehner (1993), S. 640, Schumann u. a. (1994), S. 519, Matthies u. a. (1994), S. 67-70, 86f., 248, 283, Bickenbach/Soltwedel (1996), S. 24f.

[54] Vgl. dazu Bickenbach/Soltwedel (1996), S. 27f., Müller-Jentsch/Sperling (1996), S. 45, Leminsky (1996), S. 52. Auch die Gewerkschaften, die die entsprechenden Bedürfnisse der beschäftigten Menschen nur zögerlich wahrnehmen, vgl. Trautwein-Kalms (1994), S. 732, sind an der langsamen Implementierung nicht schuldlos.

freie, bewußte Betätigung eines Individuums. Mitbestimmung und Autonomie innerhalb einer sich selbst organisierenden Gruppe kommen zwar dem Marxschen Ideal des autonomen Individuums entgegen, aber solange noch unter kapitalistischen Bedingungen produziert wird, müssen sich die Produzenten den Marktgesetzen unterwerfen und sind deshalb unter anderem gezwungen, ihre Produktion am Tauschwert auszurichten. Damit wird das Handeln der Individuen weiterhin von den Gesetzen der Produktionsprozesse bestimmt und nicht von ihren individuellen Bedürfnissen und Neigungen. Des weiteren ist die Gruppe der Beschäftigten gezwungen, ihre Ware zu den geringst möglichen Kosten herzustellen und diese Kosten beständig zu reduzieren. Auch dieses von außen aufoktroyierte Handlungsziel ist unvereinbar mit der bewußten produktiven Tätigkeit des Menschen.[55] Gleichzeitig hat der Zwang zur Kostenreduktion die Konsequenz, daß trotz aller Selbständigkeit am Arbeitsplatz "der Zeit- und Leistungsdruck kaum abnehmen wird" (Müller-Jentsch/Sperling (1996), S. 42), so daß ein weiteres Entfremdungselement bestehen bleibt. Damit zeigt sich, daß es in einer entwickelten kapitalistischen Gesellschaft aufgrund der Verwertungsbedürfnisse des Kapitals zwangsläufig zu veränderten Arbeitsstrukturen kommt, die - gemessen an den Marxschen anthropologischen Idealvorstellungen - zwar eine Verbesserung bedeuten, aber die vollständige Realisierung dieser Idealvorstellungen nicht ermöglichen. Die Eliminierung des kapitalistischen Produktionssystems bleibt daher nach wie vor eine Notwendigkeit, wenn die Zielsetzung von Marx verwirklicht werden soll.

Entscheidend für eine Umgestaltung der Gesellschaft sind dann zwei, von Marx jeweils explizit genannte Aspekte. Zum einen verlangt die gesellschaftliche Veränderung im von Marx angestrebten Sinne viel Zeit, denn die "neue Organisation der Produktion" kann "nur im Verlauf eines langen Entwicklungsprozesses neuer Bedingungen" (MEW 17, S. 546) etabliert werden. Zum anderen ist die neu zu schaffende Gesellschaftsform aufgrund der materialistischen Auffassung von Marx das Ergebnis von Entwicklungstendenzen, die bereits innerhalb der kapitalistischen Produktionsweise ihren Anfang nehmen, so "daß die revolutionären Elemente, die die alte Teilung der Arbeit ... beseitigen und die ganze Produktion umwälzen ... bereits in den Produktionsbedingungen der modernen großen Industrie <u>im Keim</u> enthalten sind" (MEW 20, S. 277f.).[56] Daher stellt Marx in "Der Bürgerkrieg in Frankreich" unmißverständlich fest:

> "Die Arbeiterklasse verlangte keine Wunder von der Kommune. Sie hat keine fix und fertigen Utopien durch Volksbeschluß einzuführen. Sie weiß, daß, um ihre

[55] Daß eine vollständig freie Zweckauswahl menschlicher Tätigkeiten aufgrund der zum biologischen Überleben erforderlichen Handlungen unmöglich ist, wurde im Abschnitt 4.3. dieser Arbeit gezeigt. Bei der im Text genannten Kritik am kapitalistischen System der Produktion geht es daher um den Vorwurf, daß im Rahmen dieser Produktion <u>alle</u> Betätigungen den ökonomischen Gesetzen der Produktion unterworfen sind und nicht nur jene Tätigkeiten, die dem reinen physischen Überleben dienen.

[56] Dieses Prinzip gilt auch für die Etablierung der kapitalistischen Produktionsweise, denn damit "das Kapitalverhältnis überhaupt eintrete, ... müssen sich, innerhalb einer früheren Produktionsweise, Verkehrs- und Produktionsmittel und Bedürfnisse entwickelt haben, die über die alten Produktionsverhältnisse hinaus und zu ihrer Verwandlung in das Kapitalverhältnis hindrängen", Marx (1863/64), S. 176.

> eigne Befreiung und mit ihr jene höhre Lebensform hervorzuarbeiten, der die gegenwärtige Gesellschaft durch ihre eigne ökonomische Entwicklung unwiderstehlich entgegenstrebt, daß sie, die Arbeiterklasse, lange Kämpfe, eine ganze Reihe geschichtlicher Prozesse durchzumachen hat, durch welche die Menschen wie die Umstände gänzlich umgewandelt werden. Sie hat keine Ideale zu verwirklichen; sie hat nur die Elemente der neuen Gesellschaft in Freiheit zu setzen, die sich bereits im Schoß der zusammenbrechenden Bourgeoisgesellschaft entwickelt haben." (MEW 17, S. 343).

Nachdem die Stichhaltigkeit der Marxschen Vorstellungen über den Menschen sowie deren grundsätzliche Realisierungschancen behandelt worden sind,[57] ist zu fragen, welche Bedeutung diese anthropologischen Vorstellungen für die Wirtschaftswissenschaft der Gegenwart besitzen. In einem ersten Schritt soll die Relevanz eines bestimmten Menschenbildes für die Bewertung ökonomischer Zustände untersucht werden.

5.3. Ursachen für die divergierenden Bewertungen des Kapitalismus

Zunächst ist zu fragen, warum die traditionelle ökonomische Theorie und Marx zu so unterschiedlichen Beurteilungen der kapitalistischen Produktionsweise kommen. Entscheidend für die divergierenden Einschätzungen sind die ungleichen Maßstäbe, anhand derer ökonomische Situationen bewertet werden. Hierbei grenzt sich Marx in zwei entscheidenden Punkten von seinen Kritikern ab. Erstens zieht der Ökonom Marx zur Bewertung gesellschaftlicher Zustände umfassendere Kriterien heran als die traditionelle ökonomische Theorie, indem er unter anderem das Bedürfnis nach sinnvollen, produktiven Tätigkeiten, das Bedürfnis nach der Entwicklung der individuellen Anlagen oder das Bedürfnis nach Handlungen in der Gemeinschaft mit anderen Menschen berücksichtigt. Marx greift damit auch auf die Qualität der menschlichen Handlungen zurück, während sich die traditionelle Ökonomie auf die materiellen Ergebnisse der Handlungen konzentriert und die Art und Weise, wie diese Ergebnisse zustande kommen, außer acht läßt. Der zweite Unterschied zwischen den beiden Standpunkten besteht aus dem Umstand, daß die zeitgenössische Standardökonomie die vorgefundenen Bedürfnisse oder Präferenzen der Individuen als Maßstab der Bewertung akzeptiert, ohne sich darüber Gedanken zu machen, ob diese Bedürfnisse tatsächlich das Beste für die Individuen bedeuten. Die 'Richtigkeit' der vorliegenden Bedürfnisse wird nicht hinterfragt.[58] Hinter der Akzeptanz beste-

---

[57] Aus Platzgründen haben wir uns hier auf die Veränderungen am Arbeitsplatz beschränkt. Neben ihnen gibt es eine Vielzahl weiterer Änderungen, die ebenfalls "als Schritte zur Aufhebung der kapitalistischen Produktionsweise interpretiert werden können", z. B. Demokratiebewegungen, Konsumenteninitiativen, die Friedens- und die Dritte-Welt-Bewegung, ökologische Bewegungen und Gewerkschaften. Alle diese Bewegungen haben einen Einfluß auf die konkreten Inhalte der Rentabilitätserwägungen und beeinflussen damit die Entwicklungsrichtungen der Wirtschaft. Gleichzeitig binden diese Elemente die Kapitalverwertung wieder an die Lebensinteressen (unentfremdeter) Individuen an und bilden auch dadurch einen Ausgangspunkt für die Schaffung einer neuen Gesellschaft, vgl. dazu Land (1990), S. 644-646.

[58] Eine Ausnahme bilden die im Abschnitt 5.1. dieser Arbeit erwähnten meritorischen Bedürfnisse.

hender Bedürfnisse steht die Annahme, daß die jeweiligen Individuen selbst wissen, was für sie das Beste ist. Marx hingegen sieht die in der realen Welt bestehenden Bedürfnisse nicht als jene an, die das größte Glück für die Menschen bedeuten. Weil Menschen mit entfremdeten Bedürfnissen gerade nicht das wünschen, was ihrem Wohl-Sein am dienlichsten ist, verwirft Marx deren Bedürfnisse als Maßstab zur Bewertung einer sozio-ökonomischen Situation. Zusammenfassend basiert die negative Bewertung der kapitalistischen Produktionsweise durch Marx darauf, daß er andere Bedürfnisse samt deren Befriedigung als Kriterium heranzieht, so daß seine Kritik ohne die Kenntnis der ihr zugrundeliegenden Bedürfnisse bzw. Maßstäbe unverständlich bleibt. Damit wird gleichzeitig deutlich, daß es bei der Kontroverse zwischen kapitalistischen und Marxschen Ansichten um weit mehr als nur um unterschiedliche Grundsätze der Organisation der Wirtschaft geht. Vielmehr stehen sich hier vollkommen verschiedene Menschenbilder gegenüber, so daß Meinungsverschiedenheiten nur verstanden werden können, wenn die divergierenden anthropologischen Standpunkte bekannt sind. Die außerordentlich große Bedeutung der Berücksichtigung von unterschiedlichen Bedürfnissen für die Bewertung wirtschaftlicher Zustände soll mit Hilfe zweier Argumente verdeutlicht werden.

Das erste Argument setzt sich mit den Wohlfahrtsverlusten auseinander, die durch die Existenz eines Monopols auftreten. Ein wichtiges Ergebnis der Monopoltheorie besagt, daß ein Alleinanbieter eine geringere Menge eines Gutes anbietet als unter vollständiger Konkurrenz von allen Anbietern gemeinsam angeboten wird. Dieser entgangene Output impliziert einen Wohlfahrtsverlust, der sich graphisch mit Hilfe eines Vergleichs von Produzenten- und Konsumentenrente messen läßt.[59] Deshalb wird aus wohlfahrtstheoretischen Überlegungen die Auflösung eines Monopols gefordert.[60] Gleichzeitig unterliegt ein monopolistischer Anbieter keinem Wettbewerbsdruck, so daß der Zwang zur Gewinnmaximierung bzw. Kostenminimierung entfällt. Dies erlaubt wiederum die Verfolgung anderer Ziele - z. B. die Befriedigung des "desire for leisure" (Higgins (1939), S. 477) oder des Wunsches nach einem ruhigen Leben sowie die Verfolgung des Ziels der "entrepreneurial inactivity" (Scitovszky (1943), S. 57).[61] Damit wird es den monopolistischen Unternehmern gleichzeitig ermöglicht, ihren Arbeitern geringere Anstrengungen abzuverlangen und ihnen statt dessen ein ruhiges Leben, Freiräume für die

---

[59] Zur graphischen Darstellung vgl. Harberger (1954), S. 78 und Leibenstein (1966), S. 395.

[60] Das 'natürliche Monopol' ist von der einfachen Lösung der Monopolauflösung ausgenommen. Hier sind andere Maßnahmen zum Zwecke der Wohlfahrtserhöhung erforderlich, vgl. dazu statt vieler Varian (1991), S. 390-393 und Herberg (1994), S. 300-309.

[61] Vgl. zur Berücksichtigung dieser Ziele im Fall der unvollständigen Konkurrenz Higgins (1939), S. 477f., Scitovszky (1943), S. 57, 60, Papandreou (1952), S. 207f. sowie Hicks, der die Möglichkeit der Befriedigung des Bedürfnisses nach einem ruhigen Leben wie folgt umschreibt: "The best of all monopoly profits is a quiet life", Hicks (1935), S. 8. Schließlich ist noch an die Ziele zu denken, die im Fall einer Trennung von Eigentum und Leitungsbefugnissen von den Managern der Unternehmen verfolgt werden können und im Rahmen der Manager-Theorie der Unternehmung behandelt werden. Zu denken ist dabei beispielsweise an die Berücksichtigung der "Macht-, Status- und Prestigebedürfnisse" oder an den von allen Beschäftigten in Anspruch genommenen "Konsum am Arbeitsplatz", z. B. durch "lange Pausen" oder "durch die Schaffung einer angenehmen Arbeitsatmosphäre", vgl. dazu Schoppe u. a. (1995), vor allem S. 68, 81, 201f.

Entwicklung individueller Fähigkeiten und ähnliches zu erlauben. Wenn aber derartige Ziele und Bedürfnisse bestehen, dann darf die aus ihrer Befriedigung resultierende Wohlfahrt bei der Beurteilung eines Monopols nicht vernachlässigt werden. Die Behauptung, die geringere Produktion durch einen Monopolisten stelle einen Wohlfahrtsverlust dar, ist unter diesen Umständen nicht mehr ohne weiteres haltbar. Vertreter dieser These müßten beweisen, daß beispielsweise der Nutzen des ruhigen Lebens im Monopol - der sowohl den Monopolisten als auch dessen Mitarbeiter betreffen kann - nicht in der Lage ist, die Wohlfahrtsverluste aufgrund des geringeren Outputs zu kompensieren. Es zeigt sich also, daß eine wohlfahrtstheoretische Beurteilung des Monopols, die nur auf die Nachteile der geringeren Produktion eingeht, nicht aber auf die Vorteile der Befriedigung anderer Bedürfnisse, unvollständig und daher angreifbar ist.[62]
Das zweite Argument zur Verdeutlichung der Relevanz der Marxschen Vorstellungen hinsichtlich der menschlichen Bedürfnisse hängt mit den Begriffen der Effizienz und der Produktivität zusammen. In diesem Zusammenhang geht es auch um den Einwand, daß abwechslungsreiche Tätigkeiten, Eigenverantwortlichkeit, individuelle Autonomie und Selbstverwirklichung im Produktionsprozeß in einem Konflikt zur Produktionseffizienz stehen. Kurz gefaßt, ist die Produktion als effizient anzusehen, "wenn es keine andere Produktion ... gibt, welche dieselben bzw. mehr Produktmengen mit geringeren bzw. denselben Faktoreinsatzmengen herstellt" (Fandel (1994), S. 50). Damit zeigt sich unmittelbar, daß es bei dem Konzept der Produktionseffizienz um eine physikalisch-technische Konzeption geht, die auf reale Größen abzielt und somit ein rein technisches Optimierungsproblem behandelt. Gleiches gilt für den Begriff der Produktivität, der sich auf das Verhältnis von produzierten Einheiten des Endproduktes zu Inputmengen bezieht.[63] Von entscheidender Bedeutung ist die Tatsache, daß die menschliche Arbeit nicht nur durch ihre quantitative Ausprägung umschrieben werden kann. Acht Stunden Arbeit zweier Personen können in der Regel unmöglich als ein identischer Input angesehen werden, da sie sich hinsichtlich der körperlichen und geistigen Anstrengungen, der Arbeitsintensität, der individuellen Einflußnahme auf den Produktionsprozeß und hinsichtlich anderer Aspekte unterscheiden. Selbst wenn die beiden Personen mit identischen Hilfsmitteln ein homogenes Gut herstellen, sind Vergleiche der Arbeitsproduktivität und Aussagen über die Effizienz außerordentlich problematisch. Zur Verdeutlichung dieser Problematik kann ein einfaches Beispiel herangezogen werden.

[62] Es wird hier keinesfalls behauptet, daß ein Monopolist die Vorteile des ruhigen Lebens in Anspruch nimmt und sie zudem in Form von geringeren Arbeitsanstrengungen, Freiräumen für die individuelle Entwicklung etc. an seine Mitarbeiter weitergibt. Solange aber diese Möglichkeit potentiell besteht, muß ihre eventuelle Ausnutzung bei der wohlfahrtstheoretischen Bewertung berücksichtigt werden, weil die damit befriedigten Bedürfnisse relevant sind für die individuelle und gesellschaftliche Wohlfahrt.

[63] Vgl. z. B. Sen (1975), S. 13-16, Ellinger/Haupt (1990), S. 11, Weise u. a. (1993), S. 190-192, Herberg (1994), S. 153 und Fandel (1994), S. 58.

Unterstellen wir zwei Gruppen von jeweils zehn Personen, die täglich acht Stunden lang ein Produkt fabrizieren, für dessen Herstellung nur Arbeit erforderlich ist.[64] Die Entlohnung der beteiligten Individuen erfolgt in beiden Gruppen durch eine Aufteilung des Verkaufserlöses unter den Gruppenmitgliedern. Die erste Gruppe produziert - unter der Aufsicht eines ihrer Mitglieder - im Rahmen einer Spezialisierung jedes einzelnen auf bestimmte Funktionen. Die zweite Gruppe hingegen kommt ohne die Vorgaben eines Organisators aus. Hier legen die arbeitenden Personen gemeinsam die Ziele und Abläufe der Produktion fest, wobei ihnen zusätzlich individuelle Gestaltungsmöglichkeiten am eigenen Arbeitsplatz zugestanden werden. Letzteres betrifft vor allem Fragen der Arbeitsintensität und der zeitlichen Gestaltung der Arbeitsprozesse. Schließlich sei unterstellt, daß die erste Gruppe während eines Jahres 4.000 Outputeinheiten produziert, während in der zweiten Gruppe 3.500 Einheiten hergestellt werden.[65] Bevor es zur Analyse der Effizienz und Produktivität kommt, sei nochmals an den Zweck dieses Beispiels erinnert. Es geht hier ausschließlich um die Frage der Vergleichbarkeit beider Gruppen hinsichtlich der Kriterien der Produktionseffizienz und der Produktivität. Die Ursache für das geringere Produktionsergebnis der zweiten Gruppe mag in der Anreizstruktur liegen, auf den individuellen Einstellungen hinsichtlich der Arbeit und Entlohnung basieren oder andere Gründe besitzen - für die Frage der Effizienz- und Produktivitätsvergleiche spielt dies keine Rolle. Selbst die Annahme eines höheren Outputs in der zweiten Gruppe würde den weiteren Gang der Argumentation nicht stören.

Wenden wir uns dem Vergleich der beiden Gruppen anhand der genannten Kriterien zu, so wird der traditionell geschulte Ökonom sofort folgendes Urteil fällen: Die in der zweiten Gruppe durchgeführte Herstellung besitzt eine geringere Arbeitsproduktivität und ist als eine nicht effiziente Produktion einzustufen. Letzteres ist damit zu begründen, daß in der zweiten Gruppe der Input gleich dem der ersten Gruppe ist, der Output aber geringer. Allerdings beruhen diese Urteile auf der unserer Meinung nach nicht zulässigen Annahme, daß der Input beider Gruppen wirklich identisch ist. Tatsächlich unterscheiden sich die Arbeitsleistungen qualitativ - also z. B. hinsichtlich ihrer Intensität, Inhalte und Anstrengungen - und sind somit ungleich. Formal liegt daher ein Arbeitsinputvektor vor, der zwei Komponenten besitzt, nämlich (entfremdete) Arbeit vom Typ der ersten Gruppe und (weniger entfremdete) Arbeit vom Typ der zweiten Gruppe. Die Produktion jeder Gruppe zeichnet sich dadurch aus, daß die Gruppen bezüglich ihres Arbeitstypus den gleichen numerischen Wert besitzen und hinsichtlich des Arbeitstypus der ande-

---

[64] Das Fehlen anderer Inputs ist zwar unrealistisch, es erleichtert aber die Argumentation - ohne dabei an Überzeugungskraft zu verlieren - und verdeutlicht zudem den hier interessierenden Aspekt.

[65] Wir folgen mit dieser Konstruktion des Beispiels dem (Vor-)Urteil, dem gemäß hierarchisch aufgebaute Produktionsprozesse mit Spezialisierung der einzelnen Arbeiter zu einem größeren physischen Output führen. Zwingend notwendig ist dies nicht. Wenn nämlich in der zweiten Gruppe die Bedürfnisse nach sinnvollen, fähigkeitsentwickelnden Tätigkeiten in der Gemeinschaft mit anderen befriedigt werden, dann ist es nicht unplausibel, daß sich diese Bedürfnisbefriedigung positiv auf das physische Produktionsergebnis auswirkt, vgl. dazu Abschnitt 5.2. dieser Arbeit.

ren Gruppe den Wert 0 aufweisen. Damit aber zeigt sich, daß beide Produktionen als effizient angesehen werden müssen. Zulässig ist deshalb lediglich die Aussage, daß die erste Gruppe ein Produktionsverfahren anwendet, das bei unterschiedlich gearteten Inputs eine größere Outputmenge liefert. Letztlich aber läuft dies auf die triviale Erkenntnis hinaus, daß unterschiedliche Inputs zu unterschiedlichen Outputs führen und daß beide Verfahren als effizient angesehen werden müssen.[66] Diese Argumentation entspricht den Überlegungen Marglins zur Erklärung der Existenz von kapitalistischen Unternehmen. Eine häufig anzutreffende Begründung für deren Entstehung ist ihr angeblicher Vorteil hinsichtlich der Effizienz. Tatsächlich aber können die Beaufsichtigung und Disziplinierung innerhalb einer Unternehmung damit nicht gerechtfertigt werden. Auch ohne derartige Maßnahmen kann die Arbeit einer Gruppe von Individuen effizient sein. Ohne die Disziplinierungsmaßnahmen wird die Gruppe eventuell eine geringere Arbeitsmenge aufwenden und damit eine geringere Outputmenge herstellen. Aber der geringere physische Output bei geringerem physischen Input erfüllt dennoch das Kriterium der technischen Effizienz.[67]

Ähnliche Probleme ergeben sich beim Konzept der Produktivität. Bei einem Vergleich der beiden vorgestellten Arbeitsgruppen hinsichtlich dieses Kriteriums muß berücksichtigt werden, daß eine Stunde Arbeit in der ersten Gruppe etwas anderes darstellt als eine Arbeitsstunde innerhalb der zweiten Gruppe. Sollte ein Vergleich der Arbeitsproduktivität angestellt werden, so ergibt sich für die erste Gruppe ein höherer numerischer Wert als für die zweite Gruppe. Allerdings sind die Dimensionen dieser Werte unterschiedlich. Während in der ersten Gruppe die Dimension 'Mengeneinheiten pro Arbeitsstunde vom Typ der Gruppe 1' vorliegt, lautet sie in der anderen 'Mengeneinheiten pro Arbeitsstunde vom Typ der Gruppe 2'. Erneut verbietet sich eine Rangfolge hinsichtlich des Kriteriums der Arbeitsproduktivität, da ein Vergleich zwischen den Aussagen '0,24 Outputeinheiten pro Stunde entfremdeter, anstrengender, unangenehmer Arbeit' und '0,22 Outputeinheiten pro Stunde befriedigender, angenehmer Arbeit' nicht möglich ist. Sobald anerkannt wird, daß gleiche Quanten Arbeit unter ungleichen Arbeitsbedingungen nicht das gleiche sind, erweisen sich Aussagen über einen Vergleich der Arbeitspro-

---

[66] Alternativ könnte auch von identischen Arbeitsinputs ausgegangen werden und Aspekte wie Autonomie und abwechslungsreiche Tätigkeiten könnten im Outputvektor erfaßt werden. Unter diesen Umständen wären zwar die Inputvektoren identisch, aber die Outputvektoren unterschiedlich. Gruppe 1 würde im Outputvektor die Komponenten 'Arbeitsleid', 'Gefühle des Unglücklichseins' und ähnliches enthalten, während die andere Gruppe als Output die Größen 'Freude an Selbstbestimmung' usw. aufweisen würde. Erneut wäre ein Vergleich beider Gruppen anhand der genannten Kriterien unmöglich. Insgesamt führt die Einführung differenzierter Inputs bzw. Outputs dazu, daß die Leistungsfähigkeit und Brauchbarkeit des Konzepts der technischen Effizienz als "cutting power" eingeschränkt wird, vgl. Sen (1975), S. 14.

[67] Vgl. Marglin (1974), vor allem S. 62, 89-95. Die Funktion der hierarchischen Organisation der Produktionsprozesse innerhalb einer Unternehmung besteht nach Ansicht Marglins deshalb auch nicht aus der Einhaltung der technischen Effizienz. Grund für das Aufkommen der Hierarchien ist vielmehr das Ziel, den Kapitalisten einen größeren Anteil am Produktionsergebnis zukommen zu lassen. Außerdem existieren Manager und kapitalistische Hierarchien, um das Sparen und die Akkumulation zu ermöglichen, da die individuellen Haushalte Entscheidungen treffen, die eine Expansion der Ökonomie nicht ermöglichen, vgl. dazu Marglin (1975), vor allem S. 20-23, 30, 36f.

duktivität sowie über die (nicht vorliegende) technische Effizienz eines bestimmten Produktionsverfahrens als unzulässig, wenn dabei nur der quantitative Aspekt berücksichtigt wird.[68]
Nach der Präsentation dieser Beispiele sollte ein Punkt hinreichend deutlich herausgearbeitet sein: Von entscheidender Bedeutung für die Stichhaltigkeit der Marxschen Kritik am kapitalistischen Produktionssystem ist Marx' Berücksichtigung spezifischer menschlicher Bedürfnisse, die seinen anthropologischen Vorstellungen entspringen. Erst die Rücksichtnahme auf diese Bedürfnisse führt dazu, deren Nicht-Befriedigung als einen zu kritisierenden Zustand anzusehen. Die kapitalistische Produktionsweise, die nach Ansicht der vorherrschenden ökonomischen Lehrmeinung aus Erwägungen der Produktivität, der Effizienz und der Wohlfahrt ein überlegenes System darstellt, behält diese Vorrangstellung nur für den Fall, daß bei der Bewertung die (Nicht-)Befriedigung von Bedürfnissen Marxscher Vorstellungen unterbleibt. Sobald die wohlfahrtstheoretische Relevanz der Befriedigung von Bedürfnissen, wie z. B. dem nach einer sinnvollen, abwechslungsreichen und fähigkeitsentwickelnden Tätigkeit anerkannt wird - und aufgrund der Ausführungen des Abschnitts 5.1. dieser Arbeit läßt sich die fehlende Beachtung derartiger Aspekte kaum rechtfertigen -, darf die Beurteilung sozio-ökonomischer Zustände diese Aspekte nicht unberücksichtigt lassen. Eine Bewertung des kapitalistischen Produktionssystems, die zwar dessen Vorteile in Hinblick auf die Produktion materieller Güter und Dienstleistungen anerkennt, nicht aber auf die Defizite dieses Systems hinsichtlich der Befriedigung der genannten immateriellen menschlichen Bedürfnisse eingeht, stellt ein unvollständiges und damit verzerrtes Urteil dar. Mit anderen Worten: Die vergleichsweise positive Einschätzung der kapitalistischen Produktionsweise durch die Kritiker und Gegner von Marx beruht darauf, daß sie Aspekte, die für Marx außerordentlich wichtig sind, überhaupt nicht in Rechnung stellen.

Nachdem damit der Aspekt der umfassenderen Bedürfnisse bei Marx abgeschlossen ist, wenden wir uns nun dem zweiten entscheidenden Faktor für die unterschiedlich ausfallende Beurteilung des kapitalistischen Produktionssystems zu. Es geht dabei um die Marxsche Unterscheidung zwischen den entfremdeten und den wahren menschlichen Bedürfnissen. Eine derartige Zweiteilung findet sich in der traditionellen Ökonomie bekanntlich nicht. Sie geht statt dessen von einer Präferenz- oder Bedürfnisstruktur aus, die zum Datenkranz ökonomischer Kernprozesse gehört und als gegeben angesehen wird. Analysiert werden allenfalls exogene

[68] Eine Lösung dieses Problems könnte erfolgen, wenn Arbeitsstunden unterschiedlicher Qualität und Inhalte in eine bestimmte Menge von 'Normalarbeitsstunden' transformiert werden könnten, was allerdings mit erheblichen Problemen verbunden ist. Auch die Aufgabe des mengenbezogenen Produktivitätsmaßes löst diese Problematik nicht, da der Einsatz einer wertorientierten Messung ebenfalls mit erheblichen Schwierigkeiten verknüpft ist. Dazu gehört nur exemplarisch die Tatsache, daß bei unterschiedlicher Verteilungs- und daher auch Preisstruktur unterschiedliche Produktivitätsmessungen herauskommen. Zur Meßproblematik der Arbeitsproduktivität vgl. statt vieler Lützel (1973), S. 34-46, Gehrke/Rühl (1988), S. 10-19, Schmidt/Gundlach (1988), S. 34-40, Kalmbach (1991b), S. 11-13.

Änderungen dieser Elemente des Datenkranzes, deren Folgen im ökonomischen (Markt-) Modell weiter verfolgt werden.[69] An dieser Stelle geht es nicht mehr um die Frage, welche Bedürfnisse als unentfremdete angesehen werden können und welche als dem wahren menschlichen Wesen widersprechende Bedürfnisse einzustufen sind. Dieser Problematik wurde bereits bei der Behandlung der entfremdeten Bedürfnisse nachgegangen. Relevant ist jetzt ein anderes Problem: Wenn anerkannt wird, daß Vorgänge innerhalb der ökonomischen Prozesse in der Lage sind, die Präferenzen oder Bedürfnisse der Menschen zu verändern, dann stellt sich grundsätzlich die Frage, welche Präferenzen zur Bewertung einer sozio-ökonomischen Situation herangezogen werden sollen. Ausgangspunkt dieser Problematik ist die Überzeugung, daß die realisierbare Menge von Handlungsmöglichkeiten - und die damit verbundenen Erfahrungen - die Bedürfnisse der Menschen kausal mitbestimmen. Beispiele dafür sind Vorgänge, bei denen die Menschen ihre Ziele bzw. Bedürfnisse an ihre Möglichkeiten anpassen oder durch Lernen und Erfahrung ihre Bedürfnisse verändern.[70] Die damit zusammenhängenden Probleme sollen mit Hilfe eines Beispiels verdeutlicht werden.[71]

Unterstellen wir einen Lohnarbeiter, dessen Bedürfnisse sich auf eine sinngebende, befriedigende Tätigkeit (Gut 1) einerseits und auf materielle Güter und Dienstleistungen (Gut 2) andererseits beziehen. Dieser Lohnarbeiter sieht sich unter dem gegenwärtigen kapitalistischen Produktionssystem einer Budgetrestriktion gegenüber, die sich annahmegemäß durch ein hohes Austauschverhältnis zwischen den oben beschriebenen Gütern auszeichnet, so daß der Mehrkonsum einer Einheit des Gutes 1 den Verzicht von vielen Einheiten des Gutes 2 verlangt. Unter einem dem wahren menschlichen Wesen entsprechenden System der materiellen Produktion ist dieses Austauschverhältnis - wiederum annahmegemäß - kleiner, d. h. der Mehrkonsum einer Einheit von Gut 1 verlangt einen geringeren Verzicht des Konsums von Gut 2. Schließlich unterstellen wir gegenwärtige, kurzfristige Indifferenzkurven und langfristige Indifferenzkurven. Letztere sind z. B. das Resultat der Erfahrungen, die der betrachtete Arbeiter mit befriedigenden, sinngebenden Betätigungen macht, so daß sich beide Indifferenzkurventypen voneinander unterscheiden. Dabei nehmen wir an, daß die Erfahrungen mit den befriedigenden Tätigkeiten dazu führen, daß die Präferenzen für diese Art der Tätigkeit zunehmen und damit auch das Bedürfnis nach dieser Tätigkeit. Ohne auf weitere Details einzugehen, kann sich aufgrund dieser Konstruktion das folgende Resultat einstellen: Gemessen an den kurzfristigen Präferenzen und der Budgetrestriktion der kapitalistischen Produktionsweise erreicht der betrachtete Lohnarbeiter das höchstmögliche Nutzenniveau, indem er eine relativ große Menge

---

69 Vgl. dazu Rothschild (1973), S. 1099f., der seine Argumentation allerdings auf die vernachlässigten Machtelemente in bezug auf die Preisbildung bezieht.

70 Vgl. dazu Elster (1987), S. 23, 106-114, 211-226, der zahlreiche Beispiele für Formen des Präferenzen- oder Bedürfniswandels vorstellt.

71 Es handelt sich hierbei um ein modifiziertes Beispiel, das sich bei Weizsäcker findet, der in seinem Aufsatz die Bewertung des Land- und des Stadtlebens durch einen auf dem Lande lebenden Farmer behandelt, vgl. Weizsäcker (1971), S. 360-363.

von materiellen Gütern und Dienstleistungen konsumiert und einen relativ geringen Umfang an befriedigenden Tätigkeiten ausübt. Gemessen an den langfristigen Präferenzen und der Budgetgeraden der zweitgenannten Produktionsweise kommt es zu einer optimalen Lösung, die sich durch eine relativ geringe Menge an materiellen und immateriellen Gütern sowie ein relativ großes Volumen an sinngebenden Tätigkeiten auszeichnet.[72] Selbst wenn wir den Begriff der langfristigen Präferenzen nicht mit dem Terminus 'wahre Bedürfnisse' gleichsetzen,[73] so stellt sich dennoch das folgende Grundproblem: Sofern es in Zeitablauf unterschiedliche Präferenz- und Bedürfnisstrukturen gibt - z. B. weil Präferenzen bezüglich der Lebensweise stets das Resultat vorangegangener Lebenserfahrungen sind (vgl. Sen (1975), S. 54) -, dann ist es problematisch, die Befriedigung der gegenwärtigen Bedürfnisse als Kriterium für gesellschaftliche Entscheidungen oder wohlfahrtstheoretisch orientierte Fragestellungen zu wählen.[74] Bezogen auf das behandelte Beispiel bedeutet dies weiterhin: Wenn der betrachtete Arbeiter aufgrund mangelnder Erfahrungen mit befriedigenden Tätigkeiten eine andere Präferenz hinsichtlich dieser Art der Betätigung hat als nach dem Ausprobieren derartiger Handlungen, dann erscheint es kritisch, nur die erstgenannten Präferenzen als Bewertungsmaßstab für verschiedene sozioökonomische Zustände heranzuziehen.

Als Ergebnis dieser Ausführungen über die divergierenden Einschätzungen des kapitalistischen Wirtschaftssystems durch Marx einerseits und seine Kritiker sowie die herrschende ökonomische Lehrmeinung andererseits kann folgendes Urteil getroffen werden: Verantwortlich dafür sind die unterschiedlichen Kriterien, auf denen diese Einschätzungen basieren. Jedes der Kriterien ist das Ergebnis eines Werturteils, über dessen Sinnhaftigkeit oder Rationalität keine wissenschaftliche Aussage möglich ist. Keine Seite im Streit um die Vor- oder Nachteile des Kapitalismus kann für sich in Anspruch nehmen, ein objektives Kriterium für dessen Bewertung zu besitzen. Damit aber ist der umfassende Marxsche Kriterienkatalog zur Beurteilung gesellschaftlicher Zustände - und ebenso die daraus abgeleitete Kritik an den gesellschaftlichen Zuständen - genau so rational und statthaft wie die Bewertung dieser Zustände mit Hilfe von eng gefaßten Maßstäben. Marx vorzuwerfen, er wende falsche Maßstäbe zur Bewertung der kapitalistischen Produktionsweise an,[75] ist daher unzulässig. In diesem Zusammenhang ist es deshalb sinnvoll, an die folgende Feststellung Max Webers zu erinnern:

---

[72] Für eine analoge graphische Analyse vgl. Weizsäcker (1971), S. 362, Abbildung 2.

[73] Weizsäcker erwähnt als einen möglichen Interpretationsansatz der langfristigen Präferenzen in seinem Aufsatz deren Gleichsetzung mit den "»real« preferences", Weizsäcker (1971), S. 361.

[74] Vgl. Weizsäcker (1971), S. 371, Elster (1987), S. 23, 211. Przeworski stellt hinsichtlich der Bewertung verschiedener wirtschaftlicher Systeme fest: "Endogene Präferenzen geben keine Grundlage für Systemvergleiche her", Przeworski (1990), S. 140. Vgl. zur Fragwürdigkeit der "identification of well-being with the satisfaction of preferences" ebenfalls Hausman/McPherson (1993), S. 689-693.

[75] Cipko ist ein Beispiel für jene Autoren, die Marx vorwerfen, er habe "den falschen, maximalistischen Maßstab zur Bemessung des Menschen gewählt", Cipko (1992), S. 112.

"Man kann eben - dieser einfache Satz, der oft vergessen wird, sollte an der Spitze jeder Studie stehen, die sich mit »Rationalismus« befaßt - das Leben unter höchst verschiedenen letzten Gesichtspunkten und nach sehr verschiedenen Richtungen hin »rationalisieren«." (Weber (1905), S. 65).

Wichtig ist nur, daß die 'letzten Gesichtspunkte' offengelegt werden. Diese Offenlegung für den Marxschen Standpunkt zu erreichen, ist daher ein Anliegen dieser Arbeit.

Trotz der massiven Kritik an der kapitalistischen Produktionsweise darf nicht übersehen werden, daß Marx diesem System der Produktion im Bereich der Produktivitätsentwicklung sowie der Menge der hergestellten Gegenstände positive Seiten abgewinnen kann. Die von Marx anerkannten Vorteile der kapitalistischen Produktionsweise sollen deshalb im folgenden dargestellt werden. An erster Stelle der positiven Elemente nennt Marx die schon erwähnte Steigerung der Produktivkräfte durch das System der kapitalistischen Produktionsweise. Dieser Aspekt, der übrigens schon für die Beseitigung von Wachstumsschranken während des Übergangs von der vorkapitalistischen zur kapitalistischen Produktionsweise gilt (vgl. Napoleoni (1974), S. 83), findet sich in nahezu allen Schriften von Marx.[76] Welches sind aber die konkreten Vorteile der gesteigerten Arbeitsproduktivität? Diese Frage läßt sich problemlos beantworten, wenn dafür als Referenzpunkt das unentfremdete Leben herangezogen wird. Zunächst einmal ist mit einer hohen Arbeitsproduktivität ein umfangreiches Quantum materieller Gegenstände verknüpft, das "die materiellen Elemente für die Entwicklung der reichen Individualität" (Grundrisse, S. 231) bereitstellt. Hier spiegelt sich die Tatsache wider, daß die mit der reichen Individualität verbundene Entwicklung der individuellen Fähigkeiten nur durch die Ausübung der menschlichen Kräfte erworben wird. Diese Ausübung ist wiederum an das Vorhandensein materieller Gegenstände gekoppelt, weil menschliche Aktivitäten im Zusammenspiel mit materiellen Artikeln erfolgen, so daß die Entwicklung und Entfaltung menschlicher Fertigkeiten diese Artikel benötigt. Darüber hinaus ist eine große Menge materieller Dinge für die Entwicklung der menschlichen Bedürfnisse erforderlich, weil die Bedürfnisse bei ihrer Entwicklung, wie bereits dargestellt, auf die Existenz materieller Gegenstände angewiesen sind, auf die sie sich beziehen können. Besonders relevant ist in diesem Zusammenhang der durch das kapitalistische System geschaffene Weltmarkt. Er generiert Bedürfnisse, die über die durch die eigenen Landeserzeugnisse zu befriedigenden Bedürfnisse hinausgehen (vgl. MEW 4, S. 466). Zusätzlich schafft die hohe Arbeitsproduktivität die Möglichkeit für eine Ausdehnung der disponiblen Zeit, da eine gesteigerte Produktivität die zur Reproduktion der Arbeitskraft notwendige Arbeitszeit reduziert. Eine hohe Arbeitsproduktivität erweitert daher potentiell den Bereich der menschlichen Aktivitäten, der nicht unter dem Diktat der ökonomischen Notwendigkeit steht,

---

[76] Vgl. statt vieler MEW 4, S. 181, 467, MEW 6, S. 555, Grundrisse, S. 231, MEW 13, S. 9, MEW 23, S. 348f., MEW 25, S. 269, MEW 26.3, S. 414f., ebenso Engels in MEW 18, S. 220f., 273, 285.

und vergrößert somit die Zeit für freie, bewußte Tätigkeiten.[77] Außerdem wird selbst die zur Reproduktion der Arbeitskraft erforderliche entfremdete Arbeit durch die technischen Entwicklungen angenehmer und menschenwürdiger gestaltet, weil "dadurch alle körperliche Arbeit unendlich leicht und einfach geworden" ist, zumindest "für eine künftige Organisation der Gesellschaft" (MEW 6, S. 556).[78]
Mit dieser positiven Konsequenz eng zusammenhängend ist die durch die technische Entwicklung hervorgerufene Möglichkeit, Frauen, junge Menschen und Kinder in den gesellschaftlichen Produktionsprozeß zu integrieren. Dies als positive Errungenschaft einzustufen erscheint auf den ersten Blick befremdlich. Gerade Kinderarbeit kann aus heutiger Sicht kaum als erstrebenswert angesehen werden. Allerdings muß berücksichtigt werden, daß den angesprochenen Personenkreisen dadurch die Beteiligung an der produktiven Lebenstätigkeit ermöglicht wird, die ein integraler Bestandteil des unentfremdeten menschlichen Daseins ist. Unter anderem wird den Kindern, Jugendlichen und Frauen damit der Zugang "zur Quelle humaner Entwicklung" (MEW 23, S. 514) eröffnet, so daß auch für sie die Entwicklung der individuellen Fähigkeiten erfolgen kann. Zwar sind die gegenwärtigen Produktionsbedingungen der kapitalistischen Gesellschaftsformen nicht geeignet, die Entwicklung der reichen Individualität zu fördern, so daß der Produktionsprozeß nur "Pestquelle des Verderbs und der Sklaverei" (MEW 23, S. 514) ist. Wenn aber eine neue gesellschaftliche Organisationsform etabliert ist, bei der "der Produktionsprozeß für den Arbeiter da ist" (MEW 23, S. 514), wird dies nicht mehr der Fall sein, so daß Marx folgendes Urteil fällen kann:

> "Wir betrachten die Tendenz der modernen Industrie, Kinder und Jugendliche beiderlei Geschlechts zur Mitwirkung an dem großen Werk der gesellschaftlichen Produktion heranzuziehen, als eine fortschrittliche, gesunde und berechtigte Tendenz, obgleich die Art und Weise, auf welche diese Tendenz unter der Kapitalherrschaft verwirklicht wird, eine abscheuliche ist." (MEW 16, S. 193).

Wenn sich die Gesellschaft schließlich in einem "rationellen Zustand" befindet, also auch die zur Reproduktion der Gesellschaft erforderlichen Tätigkeiten in einer möglichst menschengerechten Art und Weise vollbracht werden können, soll "*jedes Kind* vom 9. Jahre an ein pro-

---

[77] Weiterhin ist an die Akkumulation zu erinnern, die von der kapitalistischen Produktionsweise erbracht wird. Sie sorgt dafür, daß "genug Produktionsmittel produziert" werden, so daß "die ganze arbeitsfähige Bevölkerung unter den produktivsten Umständen arbeite, also ihre absolute Arbeitszeit verkürzen" kann, vgl. MEW 25, S. 268.

[78] Marx erweist sich damit als ein Befürworter technischer Neuerungen. Gerade weil das technische Wissen und dessen Anwendung in Form von Maschinen "so »zur Vervollkommnung des menschlichen Lebens beitragen«" können, ist diese Entwicklung zu begrüßen, vgl. MEW 23, S. 411f., Fußnote 111. Deshalb kann Marx auch feststellen: "Die Technologie enthüllt das aktive Verhalten des Menschen zur Natur", MEW 23, S. 393, Fußnote 89. Bei der Beurteilung der technischen Entwicklung und der Maschinerie ist daher stets zu trennen zwischen der Maschinerie an sich und ihrer "kapitalistischen Anwendung", vgl. MEW 23, S. 430, 452, 465.

duktiver Arbeiter werden" (MEW 16, S. 193).[79] Zusätzliche Folge der Integration von Frauen, Jugendlichen und Kindern in den materiellen Produktionsprozeß ist deren neue Stellung innerhalb der Familie. Die bisher untergeordnete Position dieser Personenkreise im familiären Leben wird dadurch beseitigt, d. h. "die große Industrie" schafft

> "... mit der entscheidenden Rolle, die sie den Weibern, jungen Personen und Kindern beiderlei Geschlechts in gesellschaftlich organisierten Produktionsprozessen jenseits der Sphäre des Hauswesens zuweist, die neue ökonomische Grundlage für eine höhere Form der Familie und des Verhältnisses beider Geschlechter ..." (MEW 23, S. 514).

Damit zeigt sich, daß die Produktivitätserhöhung der kapitalistischen Produktionsweise auch für das familiäre Zusammenleben positive Auswirkungen besitzt und den gesellschaftlichen Charakter des Menschen als Beziehungswesen fördert. Weil die kapitalistische Produktionsweise insgesamt durch die Entwicklung "von Arbeitsarten, Produktionsarten" bzw. durch "die Entwicklung der Produktivkräfte, die Erweiterung der Bedürfnisse, die Mannigfaltigkeit der Produktion" aktiv an der Schaffung des Menschen "als möglichst bedürfnisreichen, weil Eigenschafts- und Beziehungsreichen", Wesen mitwirkt, kann Marx lobend vom "great civilising influence of capital" reden und "das positive Wesen des Kapitals" hervorheben (vgl. Grundrisse, S. 312-314).

Eine weitere emanzipierende Konsequenz des kapitalistischen Systems besteht in der Aufhebung der persönlichen Abhängigkeitsverhältnisse der Feudalordnung sowie den damit verknüpften "Adelsvorrechte" oder "Lokalprivilegien". Trotz der diversen Nachteile für den Arbeiter im Kapitalismus zeichnet sich dessen Position dadurch aus, daß er von den persönlichen Abhängigkeitsverhältnissen zum Feudalherren befreit ist. Dies erhöht die Freiheit und Bewußtheit der eigenen Lebensführung und ist als zu begrüßender Fortschritt anzusehen.[80] Ebenfalls positiv zu bewerten ist die zivilisierende Macht des Kapitalismus, die einen großen "Teil der Bevölkerung dem Idiotismus des Landlebens" (MEW 4, S. 466) entreißt und über eine Verbesserung der geistigen Fähigkeiten die Entfremdung der Menschen mindert.

Schließlich ist noch auf die positiven Aspekte des kapitalistischen Systems in Hinblick auf die Voraussetzungen zur Schaffung der postkapitalistischen Gesellschaft hinzuweisen. Hierzu gehört die Tatsache, daß erst im Kapitalismus die technischen und infrastrukturellen Bedingungen dafür geschaffen werden, daß die Arbeiterschaft geeint und somit handlungsfähig wird. Erst die kapitalistische Produktionsweise generiert durch die Entwicklung neuer Kommunikationsmittel die Voraussetzungen für den Zusammenschluß der Lohnarbeiter zu einer handlungsfähigen

---

[79] Dabei sind die täglichen Arbeitszeiten der Kinder kurz; für 9 bis 12 Jahre alte Kinder schlägt Marx beispielsweise zwei Stunden tägliche Arbeit vor, wobei diese noch mit geistiger und körperlicher Ausbildung verbunden werden soll, vgl. MEW 16, S. 193-195.

[80] Vgl. dazu MEW 4, S. 466f., Grundrisse, S. 75f., MEW 17, S. 336, 592, MEW 18, S. 220, Marcuse (1962), S. 268f., Fetscher (1969), S. 87, Napoleoni (1974), S. 82.

Klasse. Weiterhin führen die Unterdrückungserfahrungen sowie der verschärfte Pauperismus der arbeitenden Masse dazu, daß eine disziplinierte Widerstandsbereitschaft und der Nährboben für eine proletarische Revolution gebildet werden.[81] Hinzu kommt die Schaffung von Bildungseinrichtungen, wodurch die geistigen Voraussetzungen für die allseitige Entwicklung des Menschen ansatzweise erreicht werden. Des weiteren zerreißt dies "den Schleier, der den Menschen ihren eignen gesellschaftlichen Produktionsprozeß versteckte" (MEW 23, S. 510). Damit erhöht der Kapitalismus das Verständnis über die Grundlagen des gesellschaftlichen Produktionsprozesses sowie über die Aufhebung der Entfremdung und Ausbeutung; wirkt also aktiv mit bei der Schaffung des bereits behandelten 'kommunistischen Bewußtseins'.[82]
Alles in allem weist Marx dem Kapitalismus viele "positive Errungenschaften"[83] zu und kommt zu einer überraschend positiven Bewertung dieser Gesellschaftsform.[84] Die von ihm genannten Vorteile lassen sich grob in drei Gruppen einteilen. Erstens wird der technische Bereich der materiellen Produktion entwickelt und verbessert, so daß die technisch bedingte Entfremdung der Menschen reduziert wird. Zweitens werden im gesellschaftlich-organisatorischen Bereich einige Defizite und Nachteile vorangegangener Epochen eliminiert. Drittens schafft der Kapitalismus die materiellen und geistigen Voraussetzungen für die Etablierung einer neuen gesellschaftlichen Organisationsform, die dann ein entfremdungsfreieres Dasein der Menschen zuläßt. Die mit der kapitalistischen Produktionsweise zusammenhängenden Entfremdungsphänomene, die primär im gesellschaftlich-organisatorischen Bereich verwurzelt sind, müssen dabei als notwendiges Übel eingestuft werden, d. h. die mit ihnen verbundenen Leiden und Qualen sind nach Ansicht von Marx unausweichliche Begleiterscheinungen der ansonsten fortschrittlichen Entwicklung. Alle nachteiligen Konsequenzen bilden somit die Alternativkosten des Fortschritts:[85]

> "Daß diese Entwicklung der Fähigkeiten der Gattung *Mensch*, obgleich sie sich zunächst auf Kosten der Mehrzahl der Menschenindividuen und ganzer Menschenklassen macht, schließlich diesen Antagonismus durchbricht und zusammenfällt mit der Entwicklung des einzelnen Individuums, daß also die höhere Entwicklung der Individualität nur durch einen historischen Prozeß erkauft wird, worin die Individuen geopfert werden, wird nicht verstanden, ..." (MEW 26.2, S. 111).

[81] Vgl. MEW 4, S. 466f., MEW 6, S. 555, MEW 7, S. 73, MEW 17, S. 593, MEW 18, S. 265, 273, Fetscher (1969), S. 88f., Göhler/Klein (1991), S. 525f. Ökonomisch argumentiert heißt dies, daß die kapitalistische Produktionsweise die individuellen Alternativkosten einer Beteiligung am Klassenkampf reduziert und somit letztlich zur Errichtung der angestrebten Gesellschaft führt.
[82] Vgl. dazu Krapp (1960), S. 94, 133f. sowie die dort angegebenen Quellen bei Marx, z. B. MEW 23, S. 510-512.
[83] MEW 19, S. 385, ähnlich MEW 19, S. 391f., 405.
[84] Vgl. Fetscher (1969), S. 86f., Kurz (1994), S. 171f. sowie Haug (1994), S. 107, der in Marx einen "Kritiker, der vom Kritisierten fasziniert ist", erkennt.
[85] Vgl. dazu Fetscher (1983), S. 113-119, Weise u. a. (1993), S. 187.

Trotz aller Kritik am Kapitalismus übersieht Marx dessen positive Aspekte keinesfalls. Allerdings, und dies bringt uns zurück zu den von Marx als negativ eingestuften Eigenschaften des Kapitalismus, verliert er bei der Gesamtbeurteilung nicht seine anthropologischen Idealvorstellungen aus den Augen. Aufgrund der damit verknüpften Bewertungskriterien kommt Marx in der Gesamtbeurteilung zu einer ablehnenden Einstellung gegenüber dem kapitalistischen System der Produktion. Dennoch ist die kapitalistische Produktionsweise eine dem entfremdeten menschlichen Wesen entsprechende Organisationsform der materiellen Produktion. Von einer unter der entfremdeten, d. h. anstrengenden, fremdbestimmten und monotonen Tätigkeit leidenden Person ist z. B. nicht zu erwarten, daß sie derartige Tätigkeiten freiwillig und ohne materielle Anreize ausführt. Statt dessen kann unter diesen Umständen ein Mensch nur dadurch zu Produktionstätigkeiten motiviert werden, daß er eine materielle Belohnung erhält. Unter den Bedingungen der entfremdeten Tätigkeit fehlt den tätigen Menschen daher "das Bedürfnis einer normalen Portion von Arbeit" (Grundrisse, S. 505). Bis zu diesem Punkt ist der Sichtweise der Nationalökonomen mithin kein Vorwurf zu machen. Was Marx kritisiert, ist der Umstand, daß die im Rahmen der kapitalistischen Produktionsweise auftretenden menschlichen Eigenschaften als unabänderliche anthropologische Konstanten aufgefaßt werden. Hier liegt seiner Ansicht nach ein folgenschwerer Fehler nationalökonomischer Auffassungen vor: Anstatt zu erkennen, daß die Verhaltensweisen des Menschen im Kapitalismus nur das entfremdete Wesen des Menschen reflektieren und als solche lediglich temporäre, grundsätzlich veränderbare Erscheinungen sind, hält die Nationalökonomie dieses entfremdete Wesen für das wahre, nicht veränderbare Wesen des Menschen.

Letztlich wird Marx' Gesamturteil bezüglich dieses Systems nur verständlich, wenn neben den positiven materiellen Aspekten - d. h. der Entwicklung der gesellschaftlichen Produktivkräfte und des Produktionsvolumens - auch "human deformierende Negativfolgen" (Müller (1994), S. 145) berücksichtigt werden. Ohne die Beachtung der humanistischen Kriterien würde auch Marx zu einer positiveren Einschätzung der kapitalistischen Produktionsweise gelangen.

5.4. Die Integration Marxscher Ideen in die gegenwärtige Ökonomie

Kann die traditionelle Ökonomie das Menschenbild von Marx ignorieren? Hinsichtlich der Interpretation Marxscher Schriften ist diese Frage eindeutig zu verneinen. Aber auch über die Marx-Interpretation hinausgehend, besitzen seine anthropologischen Vorstellungen für die ökonomische Analyse von entwickelten Gesellschaften der Gegenwart eine Bedeutung.

Ihre Relevanz beginnt in der Sphäre des Erklärens ökonomischer Vorgänge. Die traditionelle Ökonomie arbeitet in diesem Zusammenhang mit dem bekannten 'homo oeconomicus', dessen Verhalten kausal durch exogen gegebene Antriebe und rational durch die Nutzenmaximierung bestimmt wird, wobei das Verhalten letztlich durch Änderungen der äußeren Restriktionen erklärt wird. Damit ist ein selbstbestimmtes Handeln unmöglich, denn der Mensch reagiert lediglich systematisch und mechanisch auf äußere Anreize. Nur so wird sein Verhalten letztlich voraussehbar.[86] Daß diese Reaktion auf äußere Anreize nur dann systematisch und prognostizierbar ausfällt, wenn die äußeren Druckfaktoren stark ausgeprägt sind bzw. die "Komponente »Überlebensdruck«" (Zintl (1986), S. 237) ein hohes Gewicht besitzt, zeigten die Ausführungen zu Lowe im Abschnitt 1.2.1. dieser Arbeit. Bei einem Abnehmen des Überlebensdrucks hingegen läßt die Determiniertheit des Handelns nach. Sobald das physische Überleben gesichert ist, wird der Weg frei für die Verfolgung selbstgewählter Zielgrößen.[87] Zu diesen Zielen können beispielsweise Prinzipientreue, die Einhaltung normativ begründeter Erwartungen bzw. die eines Moralkodexes, ideologische Erwägungen, freundschaftliche Beziehungen oder das Gefühl der Verantwortlichkeit gegenüber der Gemeinschaft gehören. Damit ließe sich gleichfalls erklären, warum Menschen an Wahlen teilnehmen oder nach einem Picknick im Wald den entstandenen Abfall nicht zurücklassen, sondern Ressourcen aufwenden, um ihn zu entsorgen. Weiterhin ließe sich erklären, warum Individuen in weit geringerem Ausmaß das Trittbrettfahrer-Verhalten an den Tag legen, als es aufgrund der Theorie des Erwartungsnutzens von rational entscheidenden Personen zu erwarten ist.[88] Gleichzeitig ließen sich damit die in Abschnitt 4.4. dieser Arbeit geschilderten wirtschaftlichen Erfolge der Kibbuzim und der Arbeiterkooperativen erklären.[89] Mit anderen Worten: Wenn der Mensch nach der Befriedigung der zum physischen Leben notwendigen Bedürfnisse über höher geschätzte Bedürfnisse wie z. B. nach Selbstverwirklichung, Zuwendung, sinnvoller und befriedigender Tätigkeit oder Anerkennung verfügt, dann versagen Modelle, die diese Motive und Ziele ignorieren, bei der Erklärung und Prognose wirtschaftlicher Vorgänge in entwickelten Gesellschaften. Darüber hinaus eignen sich derartige Modelle wenig zur Beurteilung wirtschaftspolitischer Maßnahmen, weil sie die erwähnten wohlfahrtsrelevanten Aspekte nicht beachten.

Diese Defizite der traditionellen ökonomischen Modelle und Theorien werden, wenn auch zögerlich, von den Vertretern der traditionellen Ökonomie wahrgenommen. Exemplarisch sei in diesem Zusammenhang auf die Berücksichtigung der intrinsischen Motivation und deren Beeinträchtigung durch materielle Belohnungen bzw. äußere Eingriffe, z. B. seitens des Staates,

---

[86] Vgl. statt vieler Frey/Stroebe (1980), S. 93, Suchanek (1991), S. 81f., Scherhorn (1991), S. 155f., 161f., Kirchgässner (1991), S. 26f., Frey (1992), S. 162. Insofern ist der 'homo oeconomicus' auch kein Menschenbild der Ökonomie, sondern lediglich ein Mittel für sie, vgl. Suchanek (1991), S. 83.

[87] Dies deckt sich mit den psychologischen Erkenntnissen aus der Motivationsforschung. Dort zeigt sich, daß innere Handlungsantriebe wie Interessen oder Wünsche besonders dann für das menschliche Verhalten bedeutsam werden, wenn die externen Restriktionen relativ schwach ausgeprägt sind, vgl. Lepper/Greene (1978), S. 110f.

[88] Vgl. dazu Zintl (1986), S. 237, Dawes/Thaler (1988), S. 188-195, Vaughn (1988), S. 164-170, Sinn (1991), S. 268, Scherhorn (1991), S. 164-167, Kirchgässner (1991), S. 56-58, Katterle (1991), S. 140-142, Piper (1992), S. 31.

[89] Ein Modell, das die Bedeutung der Internalisierung von Gruppenzielen und Normen für ökonomische Phänomene wie Rentabilität und Effizienz behandelt, findet sich bei Clague. Er erfaßt diese Gruppenziele und Normen unter dem Begriff "esprit de corps", vgl. Clague (1993), vor allem S. 402-413.

hingewiesen.[90] Spätestens seit der Publikation des Sammelbandes "The Hidden Costs of Reward: New Perspectives on the Psychology of Human Motivation" durch Lepper und Greene ist bekannt, daß unter gewissen Umständen die Einführung einer materiellen Belohnung für bestimmte Verhaltensweisen dazu führen kann, daß die intrinsische Motivation für dieses Verhalten beeinträchtigt wird.[91] Die gleichen negativen Auswirkungen können andere Einflußnahmen auf das individuelle Verhalten besitzen, z. B. Subventionen, Steuern, Überwachungsmaßnahmen oder Ge- und Verbote. Das denkbare Ergebnis aller dieser Eingriffe läßt sich dann wie folgt beschreiben: Weil derartige Maßnahmen das menschliche Verhalten nicht nur über die Veränderung der sozio-ökonomischen Restriktionen beeinflussen, sondern ebenfalls über die Änderung der intrinsischen Motivation, ist es möglich, daß das eingesetzte Instrument per Saldo Verhaltensweisen und Gesamtergebnisse hervorruft, die den intendierten Resultaten widersprechen.

Damit wird es erforderlich, nach den Gründen für die empirisch belegten negativen Effekte solcher Maßnahmen zu fragen. Frey bietet in diesem Zusammenhang zwei mögliche Ursachen an. Seiner Meinung nach werden durch die genannten Maßnahmen sowohl das Selbstbestimmungsrecht der handelnden Personen als auch deren intrinsische Motivation mißachtet bzw. zumindest gering geschätzt. Beides führt zu Reaktionen auf diese Mißachtung seitens der davon betroffenen Personen, wodurch die intrinsische Motivation letztendlich reduziert wird (vgl. Frey (1992), S. 166f.). Gleichzeitig unterstreicht dies die Notwendigkeit, zur Erklärung und Prognose ökonomischer Vorgänge auch die Selbstbestimmung des menschlichen Handelns und ähnliche, die inneren Handlungsantriebe der Menschen betreffende Gesichtspunkte zu berücksichtigen. Durch die Beachtung dieser Aspekte kann es möglich sein, in der Realität bessere ökonomische Resultate zu erzielen. So ist es beispielsweise empirisch belegt, daß eine Ausweitung direkter Mitwirkungsrechte an der Steuergesetzgebung das Ausmaß der Steuerhinterziehung reduziert und daß die Mitwirkungsrechte bei dieser Reduktion eine wichtigere Rolle einnehmen als die traditionellen Instrumente zur Eindämmung der Steuerhinterziehung, d. h. als die Höhe der Strafen oder die Wahrscheinlichkeit der Aufdeckung derartiger Handlungen.[92] Ähnliche Phänomene finden sich unter anderem in den Bereichen der Umweltpolitik, der Kri-

---

[90] Eine intrinsische Motivation beschreibt eine Motivation, bei der "ein Verhalten um seiner selbst willen angestrebt" wird, während bei einer extrinsischen Motivation das Verhalten nur aufgrund der mit diesem Verhalten verbundenen Belohnungen oder Folgen ausgeübt wird, vgl. Rüttinger/Rosenstiel/Molt (1974), S. 83-87, 185.

[91] Dieser negative Effekt wird von Lepper und Greene mit dem Ausdruck "»hidden costs« of reward", Lepper/Greene (1978), S. 109, bezeichnet; vgl. dazu insbesondere Lepper/Greene (1978), S. 121, 142f. McGraw weist in diesem Zusammenhang darauf hin, daß derartige "detrimental effects" besonders dann zu erwarten sind, wenn das betreffende Verhalten aufgrund der mit ihm verbundenen Kreativität, intellektuellen Ansprüche, Sinnhaftigkeit usw. bereits über ein hohes Maß an intrinsischer Motivation verfügt, vgl. McGraw (1978), vor allem S. 40-55.

[92] Vgl. dazu Weck-Hannemann/Pommerehne (1989), vor allem S. 548-552. Gleiches gilt beispielsweise für die Einhaltung von Geschwindigkeitsbegrenzungen. Auch hier werden die Reaktionen auf Geschwindigkeitsbeschränkungen und das Ausmaß von Geschwindigkeitsüberschreitungen maßgeblich vom Grad der Mitbestimmungsrechte der direkt betroffenen Personen bestimmt, vgl. Lafontaine (1988), S. 265.

minalitätsbekämpfung, der Sozialpolitik oder der Organisation von Produktionsvorgängen und Militäraktionen.[93] Als Konsequenz dieser Erkenntnisse ergibt sich das folgende Resultat: Wenn die sozio-ökonomischen Rahmenbedingungen eine intrinsische Motivation zulassen, dann darf die ökonomische Theorie die mit der intrinsischen Motivation zusammenhängenden Aspekte nicht aus ihrer Analyse herauslassen. Beachtet sie hingegen diese handlungsrelevanten Elemente - also z. B. die Selbstbestimmung und Selbstverantwortlichkeit der Handelnden oder die Selbstverwirklichung durch die eigene Tätigkeit - nicht, so können Situationen entstehen, in denen die ökonomischen Theorien empirische Phänomene nicht erklären können oder in denen wirtschaftspolitische Ratschläge erteilt werden, die im Ergebnis zu Resultaten führen, die den beabsichtigten Ergebnissen widersprechen.

Gleiches gilt für Verhaltensweisen, die aus dem gesellschaftlichen Wesen des Menschen resultieren. Diese menschliche Eigenschaft führt dazu, daß das individuelle Verhalten auch durch folgende, auf die Mitmenschen bezogene Erwägungen bestimmt wird: durch das Pflichtgefühl gegenüber der Gemeinschaft, durch das Mitgefühl mit dem Schicksal anderer, durch Normen der Fairneß und Gerechtigkeit oder durch Altruismus und Sympathie. Weil diese Erwägungen das individuelle Verhalten beeinflussen, werden sie zu einem kausalen Faktor für ökonomische Zustände und Ergebnisse und müssen deshalb von den Ökonomen berücksichtigt werden. Besondere Relevanz erhalten diese Erwägungen, wenn sie zu Aktivitäten führen, die die Wohlfahrt des handelnden Individuums reduzieren - also gegen die individuelle ökonomische Rationalität verstoßen - und damit die Erklärungs- und Prognosekraft der traditionellen ökonomischen Modelle beeinträchtigen.[94] Weil in entwickelten Industrienationen die Sicherung der Reproduktion des Individuums kein ernstes Problem mehr ist und es dadurch möglich wird, neben der Sicherstellung des individuellen Überlebens eine Vielzahl anderer Ziele zu verfolgen, erweist sich das Modell der Ökonomen über die menschliche Motivation für moderne Industriegesellschaften als veraltet (vgl. Henderson (1989), S. 113). Bei der Suche nach einem neuen, realistischen Menschenbild ist das Studium Marxscher Texte hilfreich, weil unter anderem die motivationalen Idealvorstellungen von Marx in der Lage sind, viele Phänomene zu erklären, die aufgrund der Annahmen der traditionellen Ökonomie als Paradoxa erscheinen.

Neben diesen die Erklärungsfähigkeit wirtschaftswissenschaftlicher Modelle betreffenden Erwägungen besitzen die Ideen von Marx eine Relevanz für wohlfahrtstheoretische Überlegungen. Hierfür werden von der traditionellen Wohlfahrtsökonomie individuelle oder kollektive Wohlfahrts- bzw. Nutzenfunktionen verwendet, welche die Wohlfahrt in Abhängigkeit von der zur Verfügung stehenden Menge materieller Güter sehen. Die Unzulänglichkeit dieses Vorgehens ist offensichtlich und wird daher durch die Einbeziehung sozialer Indikatoren berücksich-

---

[93] Vgl. dazu den Übersichtsartikel von Frey (1992), vor allem S. 170-178.

[94] Vgl. zur Bedeutung derartiger Aspekte den Übersichtsartikel von Hausman/McPherson (1993), vor allem S. 673-689.

tigt.[95] Allerdings werden selbst bei derartigen Modifikationen die in dieser Arbeit erwähnten wohlfahrtsrelevanten Aspekte wie Selbstbestimmung, Selbstverwirklichung usw. nicht beachtet. Sofern es der Wohlfahrtsökonomie aber um die menschliche Zufriedenheit geht, darf sie die dafür bedeutsamen und in dieser Arbeit wiederholt genannten Aspekte nicht außer acht lassen. Gleiches gilt für die Konzepte der Effizienz und der Produktivität, die ebenfalls einer Erweiterung um die bisher ausgeblendeten Elemente bedürfen. Die Erwägungen des Abschnitts 5.3. dieser Arbeit machten deutlich, daß die fehlende Beachtung derartiger Elemente zu verzerrten Urteilen hinsichtlich der Bewertung von ökonomischen Zuständen führen kann. Noch allgemeiner gefaßt, bedürfen die Vorstellungen der Ökonomen über das menschliche Glück einer Überarbeitung. Bekanntlich bedeutet der Nutzenbegriff der Ökonomen nicht Glück oder Zufriedenheit, obwohl immer wieder Ökonomen so argumentieren, als bestehe ein enger Zusammenhang zwischen dem Nutzen und dem menschlichen Glück.[96] Immer stärker setzt sich allerdings die Überzeugung durch, daß "die Perfektionierung des menschlichen Zugriffs auf die Natur" und die damit einhergehende "Steigerung von Produktion und Konsum" keinesfalls den "Königsweg zu Glück und Freiheit" (Strasser (1990), S. 530) bedeuten. Ebenso wird immer deutlicher, daß "das Glück der Menschen nicht einfach dem Maß ihrer technischen Naturbeherrschung proportional ist, sondern daß es sehr auf die gesellschaftliche Organisation der Naturbeherrschung ankommt" (Schmidt (1993), S. 138). Eine am menschlichen 'Wohl-Sein' interessierte Ökonomie muß daher ihre Nutzenfunktionen im speziellen sowie ihre Wohlfahrtskriterien im allgemeinen überdenken und kann dabei wiederum wertvolle Anregungen bei Marx finden.

Damit können wir überleiten zum Aspekt der Beratung bei der Beeinflussung wirtschaftlicher Prozesse. Weil es sich bei der Beratung um eine Mittel-Zweck-Relation handelt, werden die zu verwirklichenden Zielvorstellungen relevant. Den größten Beitrag kann Marx leisten, wenn es um die Verwirklichung der humanistischen Idealvorstellungen im allgemeinen und um die Realisierung des Marxschen Menschenbildes im speziellen geht. Werden diese Fragen ernst genommen, so ist es zunächst erforderlich, neue Formen der Arbeitsorganisation zu etablieren. Zu ihnen gehören die Mitbestimmung und Selbstverantwortlichkeit der Mitarbeiter, Arbeitszeitverkürzungen und abwechslungsreiche, fähigkeitsentwickelnde Tätigkeiten. Diese Elemente alleine reichen allerdings für die Humanisierung des menschlichen Lebens noch nicht aus. Die Mitbestimmung beispielsweise ist nur möglich, wenn die Beteiligten informierte und sowohl theoretisch als auch praktisch vielseitig ausgebildete Personen sind. Und eine Arbeitszeitverkürzung ist nur dann ein Schritt in Richtung einer dem wahren menschlichen Wesen entsprechenden Daseinsform, wenn die gewonnene Zeit für befriedigende Tätigkeiten verwendet werden kann, was ein hohes Niveau der geistigen und körperlichen Ausbildung der Menschen vor-

[95] Vgl. dazu Külp (1982), S. 469-471, 479-481.
[96] Vgl. zu dieser Thematik Jägers (1993), S. 184 und Hausman/McPherson (1993), S. 704.

aussetzt und zudem den freien Zugang zu den materiellen Gegenständen verlangt, die für derartige Tätigkeitsausübungen erforderlich sind. Wer die Verwirklichung des humanistischen Menschenbildes anvisiert, darf diese notwendigen Voraussetzungen nicht außer acht lassen. Selbst diejenigen, die sich nicht für die humanistischen Ideale und deren Realisierung interessieren, können dennoch brauchbare Anregungen bei Marx finden. Das im Abschnitt 5.2. dieser Arbeit dargestellte Zusammenspiel zwischen den produktionstechnisch und absatzstrategisch bedingten Anforderungen an die Arbeitskräfte einerseits sowie den sich dadurch entwickelnden Wünschen der Arbeitskräfte andererseits machte deutlich, daß selbst ein nur am eigenen Gewinn orientierter Unternehmer in den industrialisierten Ländern der Gegenwart einige der Marxschen anthropologischen Vorstellungen beherzigen muß, wenn er seine Wettbewerbsfähigkeit erhalten und Gewinne erzielen will. Die bereits stattfindenden radikalen Änderungen in der Organisation von Unternehmen haben schon jetzt das Schlagwort vom "Paradigmenwechsel in der Unternehmensführung" bzw. von der "»Revolution« in der Unternehmensführung" (Bickenbach/Soltwedel (1996), S. 27) laut werden lassen.[97] Dies deutet darauf hin, daß sich all jene, die mit der Organisation von Unternehmen, Betrieben oder auch Behörden betraut sind, zukünftig an einem Menschenbild orientieren müssen, das der Marxschen Anthropologie in weiten Teilen entspricht. Ebenso darf bei der immer wieder aufflammenden 'Standortdebatte' nicht vergessen werden, daß die internationale Wettbewerbsfähigkeit eines Landes oder Unternehmens maßgeblich von der Motivation der Mitarbeiter abhängt, die sich in entwickelten Industriegesellschaften der Gegenwart nicht mehr ausschließlich über die materielle Entlohnung beeinflussen läßt. Erforderlich ist vielmehr die Berücksichtigung der menschlichen Bedürfnisse nach Autonomie und Mitbestimmung am Arbeitsplatz, nach sinnerfüllten und fähigkeitsentwickelnden Tätigkeiten, nach Selbstentfaltung und Einbringung des gesamten Persönlichkeits- und Fähigkeitspotentials sowie nach Tätigkeiten im sozialen Gefüge einer Gruppe. Derartige, die Produktivität und Wettbewerbsfähigkeit positiv beeinflussende Faktoren dürfen in dieser Diskussion nicht unbeachtet bleiben.

Dieser Aspekt leitet über zum Thema der Prognose. Die dargestellte Entwicklung im Bereich der Arbeitsplatzgestaltung ist unserer Meinung nach die wichtigste Prognose, die sich aus der Marxschen Anthropologie ableiten läßt. Diese Entwicklung wird, wenn schon nicht alle, so doch zumindest eine immer größer werdende Zahl von Arbeitsplätzen ergreifen. Mit der stattfindenden Veränderung der sozio-ökonomischen Rahmenbedingungen werden sich auch die Bedürfnisse sowie Ziel- und Wertvorstellungen verändern, so daß sich die geistigen, kulturellen Voraussetzungen für ein - im Sinne von Marx - menschengerechteres Dasein entwickeln können. Ob sich die dadurch geschaffenen Wünsche im Rahmen der neuen Arbeitsorganisation in einem ausreichenden Maße befriedigen lassen oder ob die für eine massive, revolutionäre Ver-

97 Die damit zusammenhängenden Managementkonzepte zielen ihrem "Anspruch zufolge ... auf ein »neues« (oft als revolutionär bezeichnetes) Denken im Management" ab, vgl. Müller-Jentsch/Sperling (1996), S. 42.

änderung der Gesellschaft erforderlichen 'radikalen Bedürfnisse' etabliert werden, kann zum gegenwärtigen Zeitpunkt nicht abgeschätzt werden. Entscheidend ist aber, daß die kapitalistische Gesellschaft selbst die Verwirklichung der Marxschen anthropologischen Idealvorstellungen vorantreiben wird und deshalb die beschriebenen Veränderungen der Produktionsprozesse prognostiziert werden können.
Resümierend zeigt sich, daß Marx' Anthropologie und Entfremdungstheorie eine Vielzahl von Ansatzpunkten enthalten, die für die Wirtschaftswissenschaften der Gegenwart äußerst fruchtbar sein können.

5.5. Die Aktualität der Marxschen Kritik

Wenden wir uns der Marxschen Kritik an der politischen Ökonomie zu, so fällt auf, daß seine gängigen Kritikpunkte an einer kapitalistisch organisierten Ökonomie - also vor allem die Ausbeutung der Lohnarbeiter, deren absolute oder relative materielle Verelendung, die permanent auftretenden Wirtschaftskrisen sowie die massive Arbeitslosigkeit - in dieser Arbeit kaum Beachtung fanden. Dies soll ihre praktische Relevanz für die Gegenwart keinesfalls negieren, denn selbstverständlich sind auch für Marx materielle Aspekte des Lebens wichtig, z. B. als Voraussetzung für die Entwicklung der Bedürfnisse und der Fähigkeiten und damit als Voraussetzung für sinnvolle, befriedigende Arbeits- und Lebensverhältnisse.[98] Tatsächlich sind selbst in einem Wohlfahrtsstaat wie der Bundesrepublik Deutschland die Phänomene Einkommensarmut, Arbeitsunterversorgung, unzumutbare Wohnverhältnisse bzw. Wohnungsnot sowie Defizite bei den menschlichen Gesundheitszuständen weit verbreitet, so daß das Schlagwort von der "»Armut im Wohlstand«" (Bäcker (1995), S. 211) die Situation treffend beschreibt.[99] Ebenso ist an die - z. B. von Günter Wallraff in dessen Industriereportagen dokumentierten - gesundheits- und lebensgefährdenden Arbeitsbedingungen deutscher Industrieunternehmen zu erinnern.[100] Sie deuten darauf hin, daß es nach wie vor Unternehmen gibt, bei denen "die Kreation von Mehrwert, ohne Rücksicht auf den Arbeiter, die treibende Seele der kapitalistischen Produktion ist" (Marx (1863/64), S. 161). Gesundheitsrisiken und arbeitsbedingte Erkrankungen prägen daher weiterhin, z. B. in Form von nervlichen und psychischen Belastungen oder in Form von Streß und Überforderungen,[101] das Bild der gegenwärtig vorherrschenden Produktionsprozesse. Gleiches gilt für den technisch zwar möglichen, aber aus Kostengründen unter-

---

[98] Gerade deshalb spricht Marx von der menschlichen Emanzipation, die über die politische Emanzipation hinausgeht, weil sie neben der rechtlichen Gleichheit auch die faktische Gleichheit der Menschen schafft, indem sie soziale Ungleichheiten beseitigt und dadurch die gleichen Chancen zur individuellen Entfaltung der Persönlichkeit generiert. Vgl. zu den verschiedenen Aspekten der Emanzipation Fetscher (1991a), S. 106f. und Fetscher (1991b), S. 211f. sowie beispielsweise MEW 1, S. 347-361.
[99] Vgl. dazu exemplarisch Hanesch u. a. (1994), vor allem S. 34-44, 126-214.
[100] Vgl. z. B. Wallraff (1989), S. 37-49, 268-282.
[101] Vgl. statt vieler DGB (1995), S. 32, 36f.

bleibenden Schutz vor schwerwiegenden Störfällen in der chemischen Industrie oder für die bedenkenlos in Kauf genommene Gefährdung der Umwelt durch eine unsachgemäße Einlagerung von Sondermüll auf dafür ungeeigneten Deponien.[102] Und wer ein drastisches Beispiel für den Verkauf gesundheitsschädlicher Produkte sucht, findet dies im sogenannten 'Blut-Aids-Skandal'. Zu ihm gehört unter anderem die wissentliche in Umlaufbringung von mit Aids infizierten Blutprodukten, die teilweise dadurch erklärt wird, daß kleine Firmen "die Plasmaverarbeitung nicht zuverlässig betreiben" können, "ohne konkurrenzunfähig zu werden".[103] Auch die von Marx diagnostizierte Zersplitterung der Gesellschaft äußert sich heute in Form einer Spaltung der Gesellschaft, die das Bild moderner Industrienationen prägt, in denen "Ausgrenzung und Verarmung auf der einen Seite, steigende Produktion, zur Schau gestellter Luxus und Macht auf der anderen Seite" die Begriffe der "*»Splitter«-Gesellschaft*" oder der "Zweidrittelgesellschaft" hervorgerufen haben (vgl. Natter/Riedlsperger (1988), S. 9-11). Die Marxsche Befürchtung, daß die uneingeschränkte Verfolgung des privaten Glücks durch voneinander isolierte Individuen die Gesellschaft in ein 'Schlachtfeld' verwandelt, ist also nach wie vor eine reale Gefahr, die als zentrale Idee des zunehmend einflußreicher werdenden kommunitaristischen Denkens in die aktuelle Gesellschaftskritik eingeht.[104] Beschränken wir uns nicht nur auf die entwickelten kapitalistischen Industriegesellschaften, so kommen Aspekte wie die Kinderarbeit und Unterernährung in Entwicklungsländern sowie die krassen Wohlstandsgefälle zwischen entwickelten und nicht bzw. unterentwickelten Ländern hinzu. Die Liste der von Marx aufgeworfenen und heute weiterhin bestehenden Mängel kapitalistisch organisierter Gesellschaften läßt sich beliebig verlängern, so daß alleine aufgrund dieser sichtbaren Defizite in gegenwärtig existierenden Gesellschaften die Aktualität des Marxschen Denkens erkennbar wird.

Und selbst wenn die Negativfolgen der kapitalistischen Produktionsweise die Arbeiter nicht in dem von Marx vorhergesagten Umfang treffen, so ändert dies wenig an der Stichhaltigkeit seiner Kritik. Die von Marx durchgeführte Analyse und die daraus abgeleiteten Kritikpunkte betreffen lediglich das von ihm ausgewählte Untersuchungsobjekt, also eine kapitalistische Konkurrenzgesellschaft in Reinkultur. In ihr gilt dann beispielsweise "das »reine« Spiel jenes Gesetzes ... der Nachfrage und Zufuhr", welches nicht vom Einfluß der Gewerkschaften oder anderer Zusammenschlüsse von Marktteilnehmern gestört wird (vgl. MEW 23, S. 669f.).[105] Daß

[102] Vgl. statt vieler den von Georg M. Hafner und Edmund Jacoby herausgegebenen Sammelband "Neue Skandale der Republik", hier vor allem Frost (1994), S. 230-236 und Stelz (1994), S. 247-256.

[103] Vgl. dazu Meyer-Bachem (1994), vor allem S. 303f., 313.

[104] Vgl. für eine überblickartige Darstellung des kommunitaristischen Denkens und die damit verknüpfte Kritik am atomistischen, nur an der eigenen Person interessierten Individuum statt vieler Honneth (1993), S. 8-16, Reese-Schäfer (1994), S. 7, 29-32, Zahlmann (1994), S. 9-15. Aufgrund derartiger Berührungspunkte zwischen Marx und dem Kommunitarismus kommt beispielsweise Walzer zu dem Schluß, daß die "Schriften des jungen Marx .. als eine Frühversion von kommunitaristischer Kritik gelesen werden" können, vgl. Walzer (1993), S. 159.

[105] Das 'klassische Beispiel' für eine so geartete Gesellschaft ist zu Lebzeiten Marx' nur in England zu finden, vgl. MEW 23, S. 12, 677f. Vgl. zu den Eigenschaften dieser Gesellschaft - Massenarmut, gesellschaftliche

Abweichungen von den damit zusammenhängenden Prämissen zu anderen Ergebnissen einer Analyse führen können, ist offensichtlich. Deshalb weist Marx ausdrücklich darauf hin, daß beispielsweise das von ihm formulierte "*allgemeine Gesetz der kapitalistischen Akkumulation* ... gleich allen andren Gesetzen in seiner Verwirklichung durch mannigfache Umstände modifiziert" wird, wobei er diese Umstände allerdings aus seiner Analyse ausblendet (vgl. MEW 23, S. 674). Daher kommentiert Engels eine Aussage des sozialdemokratischen Programmentwurfs aus dem Jahre 1891, in der ein zunehmendes Elend der Proletarier vorausgesagt wird, folgerichtig mit den Worten:

> "Dies ist nicht richtig, so absolut gesagt. Die Organisation der Arbeiter, ihr stets wachsender Widerstand wird dem *Wachstum des Elends* möglicherweise einen gewissen Damm entgegensetzen." (MEW 22, S. 231).

Diese Organisation der Arbeiter widerspricht aber der von Marx getroffenen Annahme der isoliert voneinander agierenden Lohnarbeiter, so daß eine derart gestaltete Ökonomie nicht mehr die ist, die Marx untersucht und für die er seine Prognosen aufstellt. Kommen weitere Abweichungen vom Modell der reinen kapitalistisch-marktwirtschaftlichen Ökonomie hinzu, so können diese die nachteiligen Auswirkungen auf die Arbeiter weiter eindämmen. Die grundsätzliche Kritik an einem lupenreinen System der kapitalistischen Produktionsweise wird dadurch allerdings nicht beeinträchtigt. Dies zeigt sich gegenwärtig in der amerikanischen Gesellschaft. In ihr, dem reinen Kapitalismus eher entsprechend, gibt es die Gruppe der "working poor", d. h. Menschen, die trotz einer Arbeitsstelle in Armut leben.[106] Die Existenz der arbeitenden Armen kann als Indiz dafür gewertet werden, daß die von Marx angeprangerte Armut der kapitalistischen Lohnarbeiter weiterhin begründet ist, sofern eine rein kapitalistische Gesellschaft betrachtet wird.

Die gleiche Argumentation kann auf die von Marx beschriebene Verwandlung der kapitalistischen Gesellschaft in einen "Krieg Aller gegen Alle" (MEW 3, S. 365) angewendet werden. Ein solcher Zustand ist die Konsequenz des individualistischen Prinzips, d. h. eines frei von allen Sitten, Gebräuchen und Gemeinschaftsbindungen agierenden Individuums. Dieses nur auf sich selbst gestellte und von allen sozialen Bindungen losgelöste Individuum, das Marx als dem wahren menschlichen Wesen widersprechend ansieht und daher bekämpft, führt in letzter Konsequenz zu einer Aufsplitterung der Gesellschaft, die mit einer menschlichen Gemeinschaft wenig zu tun hat.[107] Sofern aber die Menschen anders sind als derartige "Einbildungen der 18.-Jahrhundert-Robinsonaden" (Grundrisse, S. 5) und z. B. danach streben, gemeinsam mit anderen zu handeln, ihnen zu helfen oder am Schicksal der Mitmenschen interessiert sind, hat dies

Isolation der Individuen in einer wettbewerblich organisierten Gesellschaft, Arbeitsplatzunsicherheit usw. - die im Abschnitt 1.2.1. dieser Arbeit vorgestellten Ausführungen zu Lowe.

[106] Vgl. dazu Kilian (1996), S. 80-83.

[107] Vgl. statt vieler Walzer (1993), S. 159-162.

zur Folge, daß der angesprochene 'Krieg' unter den Menschen nicht stattfindet. Die Marxsche Kritik nimmt daher die Vorstellung vom atomistischen Individuum beim Wort und zeigt auf, welche Konsequenzen eintreten, wenn die Menschen tatsächlich losgelöst von allen anderen Individuen handeln. Die Kritik an einer Theorie, die mit einem so gearteten Menschenbild arbeitet, ist daher weiterhin berechtigt.

Dennoch decken derartige Mißstände noch nicht den gesamten Umfang der Kritik von Marx am Kapitalismus ab, denn seine Kritik erfaßt auch und vor allem die weniger offensichtlichen Mißstände. Durchgängiges Thema der Marxschen Schriften ist die Beseitigung dieser kaum wahrgenommenen Phänomene. Deshalb will Marx bei den Menschen "ein soziales und politisches Bewußtsein hervorrufen, das sie zur Überwindung der Entfremdung und zum Selbsthandeln befähigt" (Meillassoux (1994), Spalte 313). Die damit verknüpfte "Revolutionierung der Lebensweise" (Haug (1994), Spalte 420) läßt sich stichwortartig wie folgt charakterisieren: Die zur Reproduktion der Gesellschaft notwendigen Betätigungen finden als gemeinschaftlich selbstbestimmte Handlungen statt, die ein möglichst hohes Niveau an Vielseitigkeit und Abwechslung der Tätigkeiten sowie an Fähigkeitsentwicklung zulassen; die außerhalb dieser lebensnotwendigen Handlungen stattfindenden Tätigkeiten sind selbstbestimmte Aktivitäten, die einen Selbstzweck darstellen und als solche genußbringend sind; ferner liegen eine allseitige Entwicklung der Individuen, eine humanisierte Bedürfnisbefriedigung und ein solidarischer Umgang mit den Mitmenschen vor. Diese Form des Daseins sieht Marx als lebenswert und menschengerecht an. Folglich kritisiert er am Kapitalismus, daß dessen Produktionsweise die so umschriebene Lebensweise noch nicht realisiert hat und aufgrund ihrer ökonomischen Gesetzmäßigkeiten auch gar nicht realisieren kann.
Daß das mit dieser Kritik verknüpfte Ziel kein illusionäres Wunschdenken darstellt, bei dessen Realisierung 'Übermenschen' oder 'zu Göttern erhobene Menschen' herauskommen, dürfte aufgrund der vorangegangenen Ausführungen hinreichend deutlich geworden sein.[108] Die Ausgewogenheit des von Marx angestrebten menschlichen Daseins, die von der Sekundärliteratur meistens übersehen wird, führt dazu, daß die anvisierten Zustände aus heutiger Sicht zumindest partiell realisierbar erscheinen und daher nicht als realitätsferne Utopien abzustempeln sind. Jedenfalls sind die damit geäußerten Zielvorstellungen nicht so wirklichkeitsfremd, daß sie nicht von anderen geteilt würden. So spezifiziert beispielsweise das Bundesverfassungsgericht seine Menschenbildkonzeption als "die Vorstellung vom Menschen als einem geistig-sittlichen Wesen .., das darauf angelegt ist, in Freiheit sich selbst zu bestimmen und sich zu entfalten. Diese Freiheit versteht das Grundgesetz nicht als diejenige eines isolierten und selbstherrlichen, son-

[108] Die Marxsche Konzeption vom unentfremdeten Menschen enthält ebensowenig wie die dazugehörige Gesellschaftsstruktur ein "commitment to a metaphysical »perfectibility« of man", wie Giddens richtig festhält, vgl. Giddens (1971), S. 231.

dern als die eines gemeinschaftsbezogenen und gemeinschaftsgebundenen Individuums"[109]. Diese Einschätzung wird durch die Ziele der entscheidenden politischen Parteien, der Kirchen und der Gewerkschaften Deutschlands bekräftigt, so daß die grundlegenden Ziele und Forderungen von Marx keinesfalls als wirklichkeitsfremd eingestuft werden können.
Werfen wir einen flüchtigen Blick auf die Zielvorstellungen der politischen Parteien, so wie sie sich kurz vor der Bundestagswahl des Jahres 1994 darstellen,[110] so finden sich dort Vorstellungen wieder, die, wenn auch in unterschiedlichem Ausmaß, denen von Marx entsprechen. Nur ansatzweise finden sich derartige Ziele bei Helmut Kohl, wenn dieser die Forderung äußert, daß "Unternehmen ihre Arbeitnehmer informieren und konsultieren" sollen und daß die "Arbeitszeiten stärker auf die privaten und familiären Wünsche der Beschäftigten" abzustimmen sind (vgl. Kohl (1994), S. 554, 557). Die sich nur schemenhaft andeutenden Zielvorstellungen einer Einflußnahme der tätig werdenden Menschen auf die Produktionsabläufe nehmen bei Rudolf Scharping konkretere Konturen an. Er fordert beispielsweise "ein wirkliches Mitbestimmungsrecht" der Arbeitnehmer im Rahmen "echter Kooperation", spricht davon, "den Arbeitnehmern möglichst viel Zeitsouveränität" zu geben, und erstrebt "im Rahmen der Ausbildung auch mehr allgemeine Qualifikationen und ein breiteres fachliches Grundlagenwissen" (Scharping (1994), S. 566, 568). Ausgangspunkt des politischen Handelns der CSU ist nach Aussage Theodor Waigels "der Mensch, seine Freiheit" sowie die "Einzigartigkeit des einzelnen Menschen". Daran schließen sich die Forderungen nach "Chancen für eigene Gestaltung und Entfaltung" sowie nach "Selbstbestimmung und Selbstverantwortung jedes einzelnen" an. Verbunden damit ist die Ablehnung einer Vorstellung vom Menschen "als autonomes Wesen, ohne sozialen Bezug auf die Gemeinschaft"[111]. Die eindeutigsten Überschneidungen mit Marxschen Idealvorstellungen finden sich - wenig überraschend - bei der PDS und Bündnis 90/Die Grünen. So nennt Lothar Bisky als Ziel ein "selbstbestimmtes Leben", bei dem "den Menschen Möglichkeiten zur Selbstverwirklichung, zur Erkenntnis, Artikulation und Durchsetzung eigener Interessen" eingeräumt werden. Gefordert werden daher die "Erweiterung der gesellschaftlichen und betrieblichen Demokratie", d. h. wirkliche "Mitsprache- und Mitentscheidungsrechte ... bei allen ökonomischen, sozialen und ökologischen Entscheidungen" (Bisky (1994), S. 603, 606f.). Ähnlich sind die Vorstellungen von Ludger Volmer, der unter anderem "neue Beteiligungsrechte in Fragen der Produktionstechnik, der Produktgestaltung, der betrieblichen Arbeitsmarktpolitik, der Investitionsentscheidungen und des betrieblichen Umweltschutzes" an-

[109] Bundesverfassungsgerichtsentscheidung, zitiert nach Alexy (1986), S. 323. Vgl. zum Menschenbild im Recht die dort in den Fußnoten 57 und 58 angegebene Literatur.
[110] Wir beziehen uns hier nur auf die Beiträge der Parteivorsitzenden bzw. Parteisprecher der CDU, CSU, SPD, PDS und Bündnis 90/Die Grünen, die ihre Vorstellungen und Ziele in den "Gewerkschaftlichen Monatsheften" des Septembers 1994 veröffentlichten. Die Einseitigkeit dieses Vorgehens ist für den von uns verfolgten Zweck - das Aufzeigen der Aktualität Marxscher Zielvorstellungen - ausreichend.
[111] Vgl. Waigel (1994), S. 582f., 589. Nicht verschwiegen werden darf allerdings der mit Marx nicht mehr vereinbare Rückgriff auf Gott, z. B. in Form der persönlichen "Verantwortung vor Gott", Waigel (1994), S. 582.

strebt. Hinzu kommen Forderungen nach Arbeitszeitregelungen, die "den neuen Bedürfnissen nach individueller Arbeitszeitgestaltung" entgegenkommen, sowie nach der Schaffung von Spielräumen für "selbstbestimmte, sozial und ökologisch nützliche Arbeit außerhalb des Erwerbssektors". Auch sollen alle Menschen "die Möglichkeit haben, ihre Leistung ihren persönlichen Fähigkeiten entsprechend einzubringen" (Volmer (1994), S. 592, 594f., 598). In mehr oder weniger offenkundiger Form finden sich demnach wesentliche Idealvorstellungen von Marx über ein dem Menschen angemessenes Dasein bei den politischen Parteien Deutschlands wieder.

Dies trifft auch auf die Position der evangelischen und katholischen Kirche Deutschlands zu. Wir beziehen uns hierfür auf ein Ende 1994 von beiden Kirchen gemeinsam veröffentlichtes Diskussionspapier zur wirtschaftlichen und sozialen Lage Deutschlands. In diesem Papier werden unter anderem "die Entfaltung der Persönlichkeit", "die freie Entfaltung der Fähigkeiten und Kräfte" sowie die Förderung von Tätigkeiten, bei denen "die Menschen ihre Begabungen und Fähigkeiten, ihre Interessen frei entfalten können",[112] eingefordert. Deshalb muß die Wirtschaft "menschengerecht geordnet werden", so daß die Menschen nicht "zur bloßen Funktion der wirtschaftlichen Prozesse werden"[113]. Diese und ähnliche Forderungen - z. B. jene nach "Mitwirkung und .. Mitbestimmung der Arbeitnehmer bei Entscheidungen auf betrieblicher Ebene wie auf Unternehmensebene"[114] - basieren auf einem "Menschenbild, das den Menschen als aktives, verantwortliches, der Gemeinschaft eingeordnetes und ihr und in ihr dienendes Individuum versteht"[115]. Zumindest hinsichtlich der Vorstellungen über ein humanes Leben ergeben sich große Übereinstimmungen zwischen den Marxschen Ansichten und denen der beiden großen Kirchen Deutschlands.[116]

Noch umfangreicher sind schließlich die Überschneidungen der Ansichten der deutschen Gewerkschaften mit den Vorstellungen von Marx. Wiederum wollen wir lediglich eine Publikation als Beleg für diese These heranziehen, nämlich ein 1995 vom DGB herausgegebenes Thesen-

---

[112] Kirchenamt der Evangelischen Kirche/Sekretariat der Deutschen Bischofskonferenz (1994), S. 40, 57, 59 (Ziffer 60, 114, 118), ähnlich auch S. 52 (Ziffer 97).

[113] Kirchenamt der Evangelischen Kirche/Sekretariat der Deutschen Bischofskonferenz (1994), S. 57, 61 (Ziffer 111, 124).

[114] Kirchenamt der Evangelischen Kirche/Sekretariat der Deutschen Bischofskonferenz (1994), S. 62 (Ziffer 126).

[115] Kirchenamt der Evangelischen Kirche/Sekretariat der Deutschen Bischofskonferenz (1994), S. 37 (Ziffer 53).

[116] Vgl. zu den Gemeinsamkeiten zwischen Christus und Marx statt vieler Kantor (1992), S. 132-154, der seine Analyse wie folgt zusammenfaßt: "Aus dem Gesagten folgt nicht, daß es zwischen dem Sozialismus Christi und dem Sozialismus von Marx keine Unterschiede gibt, obwohl ihr Ideal annähernd zusammenfällt: Freiheit nicht nur vom Staat, sondern auch vom Privateigentum, vom Mammon und selbst von der Arbeit - der Quelle materiellen Reichtums; Freiheit im Geist und für den Geist, der alle vereint. Die Unterschiede bestehen darin, wie die Erreichung dieses Ideals von ihnen verstanden wurde", Kantor (1992), S. 153f. Vgl. dazu ebenso Engels' Schrift "Zur Geschichte des Urchristentums", in der er auf die Berührungspunkte zwischen dem Urchristentum und der Arbeiterbewegung hinweist und für den Sozialismus der Sklaven im römischen Reich feststellt, "daß dieser »Sozialismus«, soweit er damals möglich war, in der Tat bestand und auch zur Herrschaft kam - im Christentum", MEW 22, S. 449.

papier zur Programmdebatte des DGB's und seiner Gewerkschaften. Die für uns relevanten Inhalte können stichwortartig wie folgt zusammengefaßt werden: gefordert werden die "Humanisierung der Arbeit", die Förderung von "Selbstverantwortung und -entfaltung bei der Arbeit", die Schaffung von "Freiheitsräumen für Selbstentfaltung, Eigeninitiative und Mitgestaltung" und schließlich die Möglichkeit, "eigenverantwortlich Arbeitsinhalte und Arbeitsformen mitzugestalten" (DGB (1995), S. 31, 35, 37f., 54). Weiterhin sollen "eine anregende, abwechslungsreiche und vielseitige Tätigkeit" ebenso ermöglicht werden wie ein Leben, bei dem "jeder entsprechend seinen Eignungen und Fähigkeiten einer frei gewählten produktiven Beschäftigung nachgehen kann, unter humanen Arbeitsbedingungen" (DGB (1995), S. 35, 57). Schließlich findet sich noch die "Forderung nach Demokratisierung aller Lebensbereiche", also nach einem "Ausbau betrieblicher, unternehmenspolitischer, überbetrieblicher und gesellschaftlicher Mitbestimmungsrechte", so daß beispielsweise durch ein "aktives Einmischen in die Produkt-, Forschungs- und Entwicklungs-, Kosten- und Standortpolitik der Unternehmen" vermehrt "tatsächliche Mitbestimmungsrechte über wesentliche Investitionsvorhaben, Standortentscheidungen und die Personalentwicklung" entstehen und dadurch "mehr Mitsprache und Mitbestimmung am Arbeitsplatz und ... zum »Wie und Was« der Produktion" (DGB (1995), S. 11f., 28, 41, 54) geschaffen werden.

Aufgrund der somit vorliegenden Aktualität der wesentlichen Ziele von Marx ist zugleich seine Kritik an der fehlenden Realisierung dieser Zielvorstellungen akut. Die Relevanz dieser Kritik äußert sich heute in der wachsenden Unzufriedenheit mit der gegenwärtigen kapitalistischen Gesellschaftsform. Diese Unzufriedenheit geht von einer zunehmenden Zahl von Menschen aus, die die Ohnmacht und Sinnlosigkeit des eigenen Lebens als Übel empfinden und zugleich erkennen, daß das "»Glück durch Konsum«" kein 'Wohl-Sein' verschafft und daher unbefriedigend bleibt.[117] Materieller Überfluß und eine Verödung des Lebens schließen sich daher nicht aus. Was Marx mit den Worten "Bereicherung als Selbstverarmung" (MEW 26.3, S. 255) umschreibt, äußert sich heute in dem Umstand, daß viele Menschen trotz ihres materiellen Reichtums ihr Alltagsleben als freudlos, langweilig, nichtig und trostlos empfinden.[118]

Wenn also in den entwickelten Gesellschaften der Gegenwart die Marxschen Ziele aktuell sind und gleichzeitig die Möglichkeit für deren teilweise Verwirklichung besteht, so stellt sich die Frage, warum diese Realisation noch auf sich warten läßt. Ursächlich verantwortlich für diesen Zustand dürfte in erster Linie die nach wie vor herrschende Sichtweise vom Menschen sein, die die Eigenschaften und Verhaltensweisen der gegenwärtig lebenden, entfremdeten Menschen als anthropologische Konstanten einstuft und nicht erkennt, daß diese Charakteristika vielmehr als das Resultat der vorliegenden Arbeits- und Lebensbedingungen anzusehen sind. Diese Sichtweise führt in einen Teufelskreislauf: Weil der Mensch als von Natur aus faul und nur an mate-

[117] Vgl. dazu Fromm (1993), S. 189.
[118] Vgl. dazu Pohrt (1995), S. 13-30, 47-65.

riellen Belohnungen interessiert angesehen wird, werden Arbeitsorganisationen etabliert, die diesem Menschentypus angemessen sind, also z. B. der Fordismus oder Taylorismus (vgl. Rotz (1994), S. 339-349).[119] Diese Arbeitsbedingungen sind ihrerseits die Ursache für eine Vielzahl von Entfremdungsphänomenen und bringen einen entfremdeten, d. h. unter anderem nur am materiellen Lebensstandard orientierten Menschen hervor, was letztendlich die Schaffung der genannten Organisationsformen der Produktionsprozesse rechtfertigt. Für das Aufbrechen dieses Teufelskreislaufs leistet erneut das Studium Marxscher Texte Hilfe, indem die dargestellte Kausalität umgedreht wird und damit jene Faktoren aufgezeigt werden, die den Menschen zu dem machen, was er gegenwärtig ist. Denen, die ernsthaft an der menschengerechten Gestaltung der gesellschaftlichen Zustände interessiert sind, zeigt das Studium Marxscher Texte viele Maßnahmen, die zur Durchsetzung dieser Idealvorstellungen erforderlich sind.

Zusammenfassend zeigt sich, daß die von Marx beanstandeten Mißstände im materiellen und im immateriellen Bereich des menschlichen Daseins nach wie vor aktuell sind. Gleiches gilt für die geforderten sozio-ökonomischen und kulturellen Veränderungen der kapitalistischen Gesellschaft. Selbst wenn die von Marx prognostizierte anthropologische Katastrophe in Form geistig und körperlich vollkommen deformierter Arbeiter nicht eingetroffen ist, so kann seine humanitär geprägte Kritik an kapitalistisch-marktwirtschaftlichen Gesellschaften keinesfalls als gegenstandslos eingestuft werden.

5.6. Resümee und Ausblick

Die enorme Relevanz der anthropologischen Vorstellungen von Marx für das Verständnis seiner ökonomischen Werke ist im Verlauf der vorliegenden Arbeit so häufig angesprochen worden, daß dieses Thema abschließend äußerst knapp behandelt werden kann. Marx' ökonomisches Hauptwerk, also "Das Kapital", trägt bekanntlich den Untertitel "Kritik der politischen Ökonomie". Damit stellt sich sofort die Frage nach den Maßstäben einer solchen Kritik. Die Antwort auf diese Frage findet sich allerdings nur ansatzweise und unvollständig in den ökonomischen Werken selbst. Statt dessen, so viel dürfte aufgrund der vorangegangenen Ausführungen umißverständlich klar geworden sein, liegt die Lösung dieser Problematik in den frühen Schriften von Marx. So wird das Wesen der Marxschen Kritik an den gesellschaftlichen Zuständen seiner - und letztendlich auch der gegenwärtigen - Epoche nur verständlich, wenn der anthropologische Referenzpunkt dieser Kritik bekannt ist. Außerdem führt das von Marx vertretene ausgewogene Menschenbild zu ebenfalls ausgewogenen Vorstellungen über die von

---

[119] So vertritt Henry Ford beispielsweise folgende These: "Wenn wir arbeiten, müssen wir es ernsthaft tun; genießen wir, dann gleichfalls in vollen Zügen. Es hat keinen Zweck, das eine mit dem anderen zu verquicken", Ford (o. J.), S. 107. Daß bei dieser anthropologischen Prämisse für Arbeitsfreude am Arbeitsplatz und für die dafür erforderlichen Arbeitsbedingungen kein Raum ist, dürfte einsichtig sein.

ihm angestrebte postkapitalistische Gesellschaft. Sie erweist sich auf der Basis des zu verwirklichenden Menschenbildes nicht als eine - wie Marx immer wieder unterstellt wird - Gesellschaft, in der menschliche Anstrengungen unterbleiben und jeder Mensch alle nur denkbaren Fertigkeiten bis zur Perfektion entwickelt. Alle diese Vorstellungen resultieren aus der Unkenntnis der anthropologischen Idealvorstellungen von Marx.

Weiterhin stellen sich seine ökonomischen Studien keinesfalls als Selbstzweck heraus, sondern vielmehr als ein Mittel zur Klärung jener Ursachen, die für die bestehenden Entfremdungsphänomene verantwortlich sind. Dies führt zu einer neuen Lesart der ökonomischen Schriften Marx'. Bei der dabei stattfindenden Interpretation muß sich die Leserschaft stets das übergeordnete Ziel Marx' vergegenwärtigen. Daß eine an der Entfremdungsproblematik orientierte Lesart für das Verständnis der Marxschen Spätwerke außerordentlich hilfreich sein kann, haben ebenfalls die vorangegangenen Erörterungen ergeben. Nur exemplarisch sei hier an die Klärung der Begriffe 'Reich der Freiheit' oder 'Abschaffung der Teilung der Arbeit' erinnert.

Außerdem kann aufgrund dieser Interpretation ein Beitrag zur Kontroverse um die Kontinuität der Marxschen Gedanken geleistet werden. Bereits bei der Frage nach der Kontinuität des Konzepts der Entfremdung im Gesamtwerk von Marx wurde diese Problematik angeschnitten. Die in diesem Kontext von einigen Autoren gesehene Diskontinuität weitet sich schnell auf das gesamte Schaffen Marx' aus. Grob gesprochen besteht gemäß solcher Ansichten ein Bruch zwischen dem philosophischen, im Humanismus verwurzelten Anliegen des jungen Marx' und der nüchternen Gesellschaftsanalyse des späten Marx'.[120] Der Vorwurf des Bruchs zwischen dem jungen und dem alten Marx läßt sich allerdings aufgrund der vorangegangenen Interpretation aus dem Weg räumen. Wenn die bisherige Argumentation richtig ist, dann ist die in den Spätwerken anzutreffende "Wendung zum Primat des Ökonomischen .. nur konsequent", weil in der ökonomischen Sphäre sowohl die Ursachen der Entfremdung als auch der Hebel zur Aufhebung der Entfremdungszustände liegen (vgl. Metzke (1957), S. 22). Die ökonomische Analyse dient Marx dazu, "den verkrüppelten Zustand des Menschen in der Industriegesellschaft kritisch zu durchleuchten" (Fromm (1965a), S. 399). Weil Marx diesen Zustand nicht als eine unabwendbare Gesetzmäßigkeit hinnimmt, versucht er, den Kenntnisstand über die Ursachen der Entfremdung und die Möglichkeiten ihrer Aufhebung zu vergrößern. So gesehen erweisen sich die ökonomischen Werke als die fortgesetzte Analyse jener Phänomene, die Marx in seinen frühen Schriften als Entfremdungszustände identifiziert (vgl. Smith (1994), S. 126f.).[121] Die Hinwendung zur Gesellschaftsanalyse - und speziell zur Ökonomie - stellt des-

[120] Exemplarisch kann hierzu Schmidt erwähnt werden, nach dessen Überzeugung an "die Stelle der abstrakten Rede von der menschlichen Selbstentfremdung ... im »Kapital« materiale Forschung" tritt, so daß "der mittlere und späte Marx der abstrakten und romantisierenden Anthropologie der Pariser Manuskripte voraus ist". Gleichzeitig hält Schmidt allerdings auch fest, "daß das Marxsche Werk nicht in zwei beziehungslose Teile zerfällt", Schmidt (1993), S. 130, 135.

[121] Dies erklärt auch den Umstand, daß Marx in den späteren Schriften nur noch fragmentartig auf die Anthropologie eingeht. Weil Marx die anthropologische Problematik bereits in seinen Frühschriften gelöst hat,

halb "das sehr klare und konsequente Verfolgen des Gedankens der Emanzipation des Menschen" (Metzke (1957), S. 22) dar, so daß ein Bruch im Marxschen Schaffen keinesfalls diagnostiziert werden kann. Auch die im Zeitablauf durchgeführten Modifikationen seiner Aussagen sollten nicht als ein Bruch angesehen werden, sondern als Weiterentwicklung und Ausreifung der frühen Meinungen (vgl. Schaff (1965b), S. 276, 282). Zusammengefaßt kann aufgrund der hier vorgenommenen Interpretation etwas anderes als eine Kontinuität des Marxschen Denkens nicht festgestellt werden.

In seiner Gesellschaftsanalyse geht es Marx um die Frage, warum seine im Humanismus verwurzelten Idealvorstellungen über das menschliche Dasein nicht realisiert sind. Bei der Beantwortung dieser Frage entflieht Marx nicht der anthropologischen Realität, denn in der "Deutschen Ideologie" findet sich folgende Feststellung:

> "Die Voraussetzungen, mit denen wir beginnen, sind keine willkürlichen, keine Dogmen, es sind wirkliche Voraussetzungen, von denen man nur in der Einbildung abstrahieren kann. Es sind die wirklichen Individuen, ihre Aktion und ihre materiellen Lebensbedingungen, sowohl die vorgefundenen wie die durch ihre eigne Aktion erzeugten." (MEW 3, S. 20).

Marx verneint also keineswegs die vorherrschenden negativen Eigenschaften und Verhaltensweisen der Menschen. Deshalb besteht auch kein wesentlicher Unterschied zwischen den Marxschen Vorstellungen über den Menschen und denen der traditionellen Ökonomie - sofern es sich um den wirklich lebenden Menschen einer kapitalistisch organisierten Gesellschaft handelt. Unter den Gegebenheiten der kapitalistischen Produktionsweise in Reinkultur herrscht Einigkeit darüber, daß die Menschen egoistisch, nur an materiellen Dingen interessiert und arbeitsscheu sind. Der entscheidende Unterschied zwischen beiden Ansichten betrifft erst den Status, den diese menschlichen Eigenschaften einnehmen. Während die traditionelle Nationalökonomie die wahrgenommenen Eigenschaften des Menschen als unveränderliche anthropologische Konstanten ansieht, stellt diese Art von Mensch für Marx lediglich ein Durchgangsstadium der Menschheitsgeschichte dar. Er ist davon überzeugt, daß unterschiedliche Gesellschaftsstrukturen unterschiedliche Menschen, d. h. Menschen mit unterschiedlichen Wertvorstellungen, Motivationen und Zielen, hervorbringen. Die unter kapitalistischen Produktionsbedingungen vorgefundenen Eigenschaften und Verhaltensweisen der Menschen sind für Marx deshalb keinesfalls unveränderliche Eigenschaften, sondern nur die Merkmale eines entfremdeten Menschen. Als solche sind sie keine immerwährenden Phänomene des menschlichen Daseins, sondern das Resultat bestimmter gesellschaftlicher - hauptsächlich ökonomischer - Rahmenbedingungen, und somit veränderbar. Wenn Marx deshalb schon in den ÖPM behauptet: "Die einzigen Räder, die der Nationalökonom in Bewegung setzt, sind die *Habsucht* und der

---

kehrt er verständlicherweise in den Spätwerken "nicht zu schon gelösten Fragen" zurück, vgl. Ol'sanskij (1992), S. 189f.

Krieg unter den Habsüchtigen" (ÖPM, S. 131 [MEW 40, S. 511]), dann bringt er damit zum Ausdruck, daß diese Eigenschaften für ihn keine angeborenen, unaufhebbaren Charakteristika der Menschen sind, sondern lediglich das Resultat sozio-ökonomischer Rahmenbedingungen. Ziel von Marx ist es daher, das, was änderbar und änderungsbedürftig ist, auch zu verändern. Alles in allem erweist sich eine intensive Auseinandersetzung mit seinen anthropologischen Idealvorstellungen deshalb als unerläßliche Voraussetzung für das Verständnis seiner Texte.

Dabei sind seine anthropologischen Idealvorstellungen nicht so extrem, wie dies vielfach von der Sekundärliteratur vermittelt wird. Bei der Forderung nach selbstbestimmten, sinnvollen, befriedigenden und fähigkeitsentwickelnden Tätigkeiten beispielsweise vergißt Marx nicht, daß es stets einen Rest von entfremdeten Tätigkeiten geben wird. Auch das Ideal der individuellen Persönlichkeitsentwicklung und der Selbstverwirklichung bezieht sich nur auf die im Individuum vorhandenen Anlagen - nicht aber auf alle menschlichen Fertigkeiten und Fähigkeiten -, so daß das Marxsche Ideal des voll entwickelten Individuums nicht aus alles könnenden postkapitalistischen Supermännern und -frauen besteht. Schließlich gehören zum sozialen Wesen des Menschen nach Ansicht Marx' lediglich die Rücksichtnahme auf die Belange der Mitmenschen sowie die Zügelung des eigeninteressierten Handelns. Altruistisch motivierte Menschen, die sich der Gemeinschaft unterordnen und ihr zuliebe ihre Individualität aufgeben, verlangt Marx hingegen nicht. Die genaue Analyse der Marxschen Anthropologie zeigt, daß diese weniger extrem ist als häufig unterstellt wird.
Gleichzeitig erweisen sich die Gesellschaften des real existierenden Sozialismus als Gesellschaften, die das Marxsche Menschenbild sowie dessen humanistische Ideale weitgehend mißachtet haben. Ob dies aus 'Marx-Unkenntnis', aus bewußter oder unbewußter Verzerrung Marxscher Gedanken oder aus anderen Gründe geschah, soll hier nicht weiter erörtert werden. Wir wollen lediglich anhand eines Werkes aufzeigen, daß die humanistischen Ideale zur Zeit von Marx noch sehr eng mit dem Sozialismus/Kommunismus verknüpft waren und daher im Laufe der Zeit verloren gegangen sein müssen. Das Werk, das wir dafür heranziehen, ist ein Essay von Oscar Wilde aus dem Jahre 1890.[122] In diesem Essay vertritt Wilde zahlreiche Ideen, die denen von Marx außerordentlich nahe stehen.[123] So spricht er beispielsweise von der Zielvorstellung, daß die Menschen imstande sind, "ein Tätigkeitsfeld zu wählen, das ihnen wahrhaft entspricht und ihnen Freude macht", und nennt als Personen, die dieses Ideal erreicht haben, "die Dichter, die Philosophen, die Forscher, die Geistmenschen - mit einem Wort, die wirklichen Menschen, die Menschen, die sich selbst verwirklicht haben" (Wilde (1970), S. 10f.). Ziel des menschli-

[122] Wir verwenden hier die deutsche Übersetzung des Essays "The Soul of Man under Socialism" von Gustav Landauer und Hedwig Lachmann aus dem Jahre 1970.
[123] Dabei ist zu beachten, daß nach Meinung der Wilde-Rezeption keine direkte Verbindungslinie zu Marx bestand. Wilde wurde statt dessen von Denkern wie Walter Pater, John Ruskin, William Morris und Peter Kropotkin beeinflußt, vgl. dazu Lenz (1983), S. 317-321 und Pfister (1986), S. 122-126.

chen Daseins sind deshalb "die volle Entfaltung des Lebens zum höchsten Grad seiner Vollendung", die "Vollkommenheit" und "die volle Entfaltung der Persönlichkeit" (Wilde (1970), S. 10, 24, 27). Dabei geht es stets um "die Differenzierung" (Wilde (1970), S. 64) des Menschen, so daß die menschliche Vervollkommnung nur im Rahmen des Individualismus - also als individualistische Vollkommenheit - denkbar ist.[124] Der gesamte Sinn des Lebens läßt sich als ein aktives Leben im Sinne einer Existenzweise des 'Seins' interpretieren:

> "*Die wahre Vollkommenheit des Menschen liegt nicht in dem, was er hat, sondern in dem, was er ist.* ... Niemand wird sein Leben damit vergeuden, daß er Sachen und Sachwerte anhäuft. Man wird leben." (Wilde (1970), S. 18, 20).

Dieser Konzeption des wahren menschlichen Daseins folgend, ist "Muße, nicht Arbeit[125], .. das Ziel des Menschen" (Wilde (1970), S. 34). Schließlich ist der Mensch nach Wildes Überzeugung "von Natur" gesellig, also z. B. froh, "wenn er das freudige Leben der andern betrachtet" (Wilde (1970), S. 68f.). Daß ein so geartetes Leben für den Menschen grundsätzlich, d. h. unter anderen gesellschaftlichen Rahmenbedingungen, möglich ist, gilt für Wilde als sicher:

> "Mit den Verhältnissen wird aufgeräumt werden, und die Natur des Menschen wird sich ändern. Das einzige, was man von der Natur des Menschen wirklich weiß, ist, daß sie sich ändert." (Wilde (1970), S. 63).

Diese Ausführungen zu Wildes Vorstellungen über die postkapitalistische Gesellschaft - d. h. über den "Sozialismus, Kommunismus, oder wie immer man den Zustand nennen will" (Wilde (1970), S. 10) - deuten darauf hin, daß die Idee des Sozialismus zumindest zum Ende des letzten Jahrhunderts noch jene humanistischen Inhalte enthielt, die Marx propagiert. Warum dieser integrale Bestandteil des Sozialismus im Laufe der Zeit verloren ging, so daß sich z. B. in Rußland "der Einfluß der im eigentlichen Sinn marxistischen Theorie auf das .. revolutionäre Denken .. als minimal erweist"[126], mögen andere herausfinden. Fest steht nur, daß die humanistischen Zielvorstellungen sowohl im praktischen Sozialismus als auch bei der Interpretation der Marxschen Werke weitgehend untergegangen sind und deshalb aus der Versenkung herausgeholt werden müssen.

Damit wird zugleich deutlich, daß die Übel des real existierenden Sozialismus ihre Ursachen nicht in den Prinzipien der Marxschen Theorie haben, sondern in der Mißachtung dieser Prinzipien. So resultieren beispielsweise die im Realsozialismus anzutreffenden Nivellierungs- und Kollektivierungstendenzen, die eine freie Entwicklung der individuellen Persönlichkeit unter-

---

[124] Daher stellt Wilde unmißverständlich fest, daß "*der Sozialismus lediglich darum von Wert*" ist, "*weil er zum Individualismus führt*", Wilde (1970), S. 10.

[125] Wilde sieht in dem Begriff der Arbeit - so wie auch Marx in seinen Frühwerken - nur eine entfremdete Tätigkeit: "Unter Arbeit verstehe ich lediglich irgendeine Betätigung", Wilde (1970), S. 16.

[126] Zamaleev (1992), S. 271, vgl. zur Rezeption der Marxschen Vorstellungen in Rußland statt vieler Zamaleev (1992), S. 270f.

drücken und auf der Überzeugung basieren, daß die Interessen des Kollektivs über denen des Individuums stehen, nicht aus den Vorstellungen von Marx. Weder seine Ansichten über das soziale Wesen des Menschen noch jene über die Entwicklung menschlicher Fähigkeiten und Bedürfnisse sind mit derartigen realsozialistischen Ideen vereinbar. Die Auffassung, daß die Wurzeln des kommunistischen Totalitarismus in der Theorie von Marx zu suchen seien,[127] ist daher schwer nachvollziehbar. Vollkommen unverständlich ist dann das beispielsweise von Gentsch vertretene Urteil, nach dem der real existierende Sozialismus tatsächlich die Umsetzung der Marxschen Gedanken darstellt, so daß Marx die Verantwortung für die Praxis des Realsozialismus trägt.[128] Zumindest Urteile der zweiten Art können nur zustandekommen, wenn dabei die Marxsche Anthropologie außer acht gelassen wird und der eigentliche Sinn der Theorie Marx' - die Aufhebung der Entfremdung - verkannt wird.

Fragen wir schließlich nach den Veränderungen im sozio-ökonomischen und kulturellen Bereich, die für die Verwirklichung der anthropologischen Idealvorstellungen von Marx erforderlich sind, so ist hierbei zwischen zwei Phasen zu trennen. Für die Organisation der "höheren Phase der kommunistischen Gesellschaft" (MEW 19, S. 21) - der von uns vorgeschlagenen Terminologie folgend, also für die postkapitalistische Gesellschaft - wurde diese Frage im 4. Kapitel dieser Arbeit beantwortet. Auch wenn bei den Detailregelungen noch vieles offen ist - und damit ein weites Betätigungsfeld für die Forschung besteht -, so reichen die expliziten und impliziten Ausführungen Marx' aus, um einen Eindruck von der Organisation der postkapitalistsichen Gesellschaft zu vermitteln. Als problematischer stellt sich hingegen die Gestaltung der "ersten Phase der kommunistischen Gesellschaft" (MEW 19, S. 21), also der Übergangsgesellschaft, dar. Hierzu finden sich bei Marx kaum Aussagen. Weil aber die postkapitalistische Gesellschaft gemäß dem materialistischen Vorgehen von Marx nur das Resultat einer Entwicklung sein kann, die ihren Ursprung bereits im Kapitalismus hat, sind bezüglich dieser Problematik konkrete Aussagen notwendig. Abschließend sollen deshalb einige Bemerkungen zu den Mindestanforderungen an die gesellschaftlichen Veränderungen erfolgen.
An erster Stelle sind Umgestaltungen der Arbeitsplätze erforderlich, damit sich dort selbstbestimmte und schöpferische Betätigungen, Kooperation, Selbstverwirklichung usw. entwickeln können. Besonders wichtig ist dabei der Ausbau der aktiven Partizipation an betrieblichen und unternehmerischen Entscheidungen, was ein selbstbestimmtes Handeln der Menschen zuläßt.

---

[127] Vgl. zu solchen Einschätzungen z. B. Nikiforov (1992), S. 36-38, 44 und Cipko (1992), S. 89, 118, 121. Letzterer begründet diese Ansicht unter anderem mit der bei Marx und Engels anzutreffenden Befürwortung gewaltsamer Mittel zur Durchsetzung ihrer Ziele.

[128] Vgl. Gentsch (1992), vor allem S. 10, 159f., 257-259. Gentsch stellt begründend fest, daß der "Realsozialismus ... kein Werk Stalins, sondern des marxistischen Geistes der Dialektik und der 10 Forderungen des »Manifest«" ist, vgl. Gentsch (1992), S. 160. Eine derartige Einschätzung, die weder die humanistisch geprägte Anthropologie Marx' noch seine Ansichten über die Organisation der postkapitalistischen Gesellschaft - hier vor allem jene aus der Behandlung der Pariser Kommune von 1871 - berücksichtigt, muß aufgrund der vorangehenden Analyse abgelehnt werden.

Auch über den Betrieb hinaus ist eine Ausweitung der gesellschaftlichen und politischen Partizipation notwendig,[129] wobei dies eine aktive Mitbestimmungsdemokratie sein muß. Nur durch die Erfahrung mit selbstbestimmten Handlungen kann sich bei den davon betroffenen Personen das Bedürfnis nach mehr Selbstbestimmung und Verantwortungsübernahme entwickeln. Allerdings setzt die Ausübung selbstbestimmter Tätigkeiten inklusive der Verantwortungsübernahme informierte und urteilsfähige Menschen voraus, d. h. Menschen, die objektive Informationen erhalten und zudem in der Lage sind, diese zu verarbeiten. Erforderlich ist daher die Einrichtung und Förderung von Medien, die keine einseitige (Des-)Informationspolitik betreiben,[130] so daß es notwendig wird, ein "*wirksames System zur Verbreitung von objektiven Informationen .. zu etablieren*"[131]. Von besonderer Bedeutung ist auch die allseitige praktische und theoretische Ausbildung aller Menschen, d. h. eine geistige, körperliche und polytechnische Ausbildung, wobei letztere definiert ist als eine Ausbildung, "die die allgemeinen Prinzipien aller Produktionsprozesse vermittelt und gleichzeitig ... einweiht in den praktischen Gebrauch und die Handhabung der elementaren Instrumente aller Arbeitszweige" (MEW 16, S. 195). Erforderlich ist diese Ausbildung zunächst einmal für die allseitige Entwicklung sowie für eine vielseitige und abwechslungsreiche praktische Betätigung des Menschen. Weiterhin ist die Kenntnis der praktischen und theoretischen Grundlagen aller Produktionsprozesse die Voraussetzung dafür, daß jeder Mensch physisch und geistig tätig wird, so daß die wirkliche Teilung der Arbeit eliminiert wird. Darüber hinaus kann der Mensch nur dann die Naturkräfte und die Technik beherrschen, wenn ihm diese nicht mehr als etwas Fremdes und Unbekanntes gegenübertreten. Schließlich sind die genannten Kenntnisse erforderlich für die aktive Teilnahme der Individuen an der Planung, Lenkung und Kontrolle der Produktionsprozesse. Alles in allem ist die allseitige theoretische und praktische Ausbildung aufgrund dieser Zusammenhänge die Voraussetzung dafür, daß die Arbeit zum Lebensbedürfnis wird, denn solange die menschliche Betätigung noch Entfremdungsphänomene beinhaltet - z. B. in Form der Trennung von geistiger und körperlicher Tätigkeit, in Form des mangelnden Verständnisses der Produktionsabläufe oder in Form der fehlenden Abwechslung der Betätigungen - kann kein Bedürfnis nach der Tätigkeitsausübung bestehen.[132] Damit dieses Bedürfnis in der

---

[129] Erforderlich ist somit der Ausbau von Mitbestimmungsrechten, die neben der betrieblichen und unternehmenspolitischen Ebene auch die regionale und die gesamtwirtschaftliche Ebene umschließen, dort z. B. in Form von Bürgerbeteiligungen sowie Volksbefragungen und -entscheiden, vgl. dazu statt vieler Riester (1995), S. 104 und DGB (1995), S. 20-22, 41.

[130] Sofern diese Information von privaten Anbietern nicht verbreitet werden, weil sie mit dem Angebot von Sensationsberichten oder Meinungsmache mehr Profite erwirtschaften, wäre es notwendig, die Verbreitung objektiver Informationen zu subventionieren.

[131] Fromm (1993), S. 185, vgl. dazu umfassender Fromm (1993), S. 173-176, 185-187, ebenso DGB (1995), S. 63.

[132] Vgl. zur Bedeutung der allseitigen Ausbildung bei Marx Krapp (1960), S. 137-158, vgl. dazu ebenfalls DGB (1995), S. 14, 75-84 und Bickenbach/Soltwedel (1996), S. 20f., die weitere notwendige Maßnahmen zur Verbesserung des Verständnisses für die Gesamtzusammenhänge im Unternehmen, die Verbesserung der Problemlösungstechniken usw. nennen. Bahro weist schließlich darauf hin, daß das Bildungs- und Erziehungswesen dadurch auch der Freizeit deren entfremdeten Charakter nimmt, vgl. Bahro (1977), S. 319f., 494-499.

gegenwärtigen Gesellschaft befriedigt werden kann und damit durch die positiven Erfahrungen mit weitgehend entfremdungsfreien Betätigungen das Bedürfnis nach diesen Tätigkeiten wächst, muß möglichst allen Gesellschaftsmitgliedern die Möglichkeit zur Tätigkeitsausübung eingeräumt werden. Auch dies erfordert wiederum eine Reihe von Maßnahmen, z. B. die Errichtung einer sozialen Infrastruktur in Form von Kindergärten oder Ganztagsschulen[133] - um den kindererziehenden Personen die Tätigkeitsaufnahme zu ermöglichen - sowie die Verkürzung der Arbeitszeit, um damit möglichst vielen Menschen den Zugang zum materiellen Produktionsprozeß zu erlauben.

Weiterhin ist an die außerhalb der Erwerbsarbeit stattfindenden Tätigkeiten zu denken. Die Ausweitung der disponiblen Zeit kann nur dann für produktive Tätigkeiten verwendet werden, wenn die Menschen neben der Befähigung zu derartigen Aktivitäten - dies ist Aufgabe der bereits behandelten Aus- und Weiterbildung - auch noch einen Zugang zu jenen Instrumenten besitzen, die für die Tätigkeitsausübungen erforderlich sind. Gorz schlägt in diesem Zusammenhang beispielsweise vor, daß "freie Werkstätten" eingerichtet werden, "in denen die Leute in ihrer Freizeit nach ihren Wünschen etwas herstellen können mit allen möglichen Geräten" (Gorz (1988), S. 159).

Schließlich ist die Generierung der unentfremdeten Bedürfnisse zu beachten. Gerade weil die kapitalistische Industrie ihre Produktion am Profit und nicht an der Nützlichkeit der Waren orientiert und durch die produzierten Waren maßgeblich an der Erzeugung von Bedürfnissen mitwirkt, kann nicht davon ausgegangen werden, daß tatsächlich immer die Gegenstände hergestellt werden, die dem menschlichen 'Wohl-Sein' dienlich sind. Notwendig werden deshalb die Erforschung der Natur menschlicher Bedürfnisse, die Erforschung jener Gegenstände, die diese Bedürfnisse befriedigen,[134] ein Informations- und Erziehungsprozeß, der über die somit herausgefundenen vernünftigen Formen des Konsums informiert, und gegebenenfalls die Subventionierung der Produktion von den Gegenständen, die einen gesunden und vernünftigen Konsum fördern, aber aus Profiterwägungen nicht hergestellt werden.[135] Dabei darf auch nicht die Bedeutung der Ideen bzw. des Bewußtseins der Menschen vergessen werden. Solange weiterhin nur der größtmögliche Konsum als erstrebenswert angesehen und propagiert wird, ist nicht zu erwarten, daß sich die von Marx angestrebten Lebensziele durchsetzen können. Erforderlich ist daher die Vermittlung des humanistischen Leitbildes, die dann unter anderem eine höhere gesellschaftliche Anerkennung für soziale Bemühungen hervorruft oder den Verzicht auf bestimmte Konsumgewohnheiten forcieren kann (vgl. Schmoldt (1995), S. 249f.).

---

[133] Vgl. dazu DGB (1995), S. 54.

[134] Ein Beispiel dafür ist die 'U. S. Food and Drug Administration', die untersucht, welche Nahrungsmittel und Medikamente lebensfördernd und welche lebensschädigend sind, vgl. dazu Fromm (1993), S. 169f.

[135] Vgl. zur Thematik des vernünftigen Konsums Fromm (1993), S. 169-171. Allerdings sind Bevormundungen der Menschen zu vermeiden, weil "jedes Einreden der »wirklichen Interessen« ... schädlich" ist, vgl. DBG (1995), S. 13.

Die hier lediglich skizzenhaft angedeuteten Maßnahmen, die erforderlich sind, um einen Veränderungsprozeß hin zur postkapitalistischen Gesellschaft Marxscher Vorstellungen in Gang zu setzen, zeigen, daß auch bei dieser Fragestellung noch ein erheblicher Forschungsbedarf besteht. Wiederum entpuppt sich die genaue Kenntnis der anthropologischen Ideen Marx' dabei als unverzichtbar. Wer immer sich den humanistischen Zielen Marx' anschließt, muß zugleich bereit sein, die dafür erforderlichen gesellschaftlichen Veränderungen in Angriff zu nehmen. Und obwohl die Transformation der Gesellschaft in eine dem Menschen angemessene Form auch eine kulturelle Frage ist, ist zunächst die Veränderung im sozio-ökonomischen Bereich notwendig, um dann die massive kulturelle Transformation herbeizuführen.

Alles in allem erweist sich das Marxsche Anliegen aufgrund der hier vorgestellten Interpretationen als ein Versuch, die Lebensweise der Menschen gemäß seinen anthropologischen Idealvorstellungen zu revolutionieren. Auf alternative Vorstellungen vom menschlichen Glück und deren sozio-ökonomische Voraussetzungen aufmerksam gemacht zu haben, ist deshalb ein Verdienst Marx'. Über die damit verbundene Kritik an kapitalistischen Gesellschaften sowie über Maßnahmen zur Verbesserung der gesellschaftlichen Zustände muß weiterhin nachgedacht werden, auch und gerade von Ökonomen.

Literaturverzeichnis

Adler, Max, (1964), Natur und Gesellschaft, Wien.

Alchian, Armen A. / Demsetz, Harold, (1972), Production, Information Costs, and Economic Organization, in: The American Economic Review, Vol. 62, S. 777 - 795.

Alcorn, John H. / Gleicher, David, (1987), Workers, Inputs and Exploitation: A Note on Roemer, in: Review of Radical Political Economics, Vol. 19, S. 77 - 82.

Alderfer, Clayton P., (1969), An Empirical Test of a New Theory of Human Needs, in: Organizational Behavior and Human Performance, Vol. 4, S. 142 - 175.

Alexy, Robert, (1986), Theorie der Grundrechte, Frankfurt am Main.

Allport, Gordon W., (1975), Entstehung und Umgestaltung der Motive, in: Die Motivation menschlichen Handelns, hrsg. von H. Thomae, 8. Auflage, Köln/Berlin, S. 488 - 497.

Andel, Norbert, (1984), Zum Konzept der meritorischen Güter, in: Finanzarchiv, N. F., Bd. 42, S. 630 - 648.

Anderson, W. H. Locke / Thompson, Frank W., (1988), Neoclassical Marxism, in: Science and Society, Vol. 52, S. 215 - 228.

Antonidis, Gerrit, (1991), Psychology in Economics and Business, Dordrecht/ Boston/London.

Archibald, G. C., (1992), Three Classical Economists on Trouble, Strife, and the 'Alienation' of Labour, in: Canadian Journal of Economics, Vol. 25, S. 60 - 75.

Arendt, Hannah, (1994), Vita Activa oder Vom tätigen Leben, 8. Auflage, München.

Arnold, N. Scott, (1990), Marx's Radical Critique of Capitalist Society, New York/Oxford.

Avineri, Shlomo, (1968), The Social and Political Thought of Karl Marx, Cambridge.

Badelt, Christoph, (1987), Altruismus, Egoismus und Rationalität, in: Soziologie wirtschaftlichen Handelns, hrsg. von Klaus Heinemann, Opladen, S. 54 - 72.

Bäcker, Gerhard, (1995), Welche Gesellschaft wollen wir?, in: Frank von Auer und Franz Segbers (Hrsg.), Markt und Menschlichkeit, Reinbek, S. 210 - 223.

Baethge, Martin, (1994), Arbeit 2000, in: Gewerkschaftliche Monatshefte, 45. Jahrgang, S. 711 - 725.

Baethge, Martin / Schomburg, Harald / Voskamp, Ulrich, (1983), Jugend und Krise - Krise aktueller Jugendforschung, Frankfurt am Main/New York.

Bahro, Rudolf, (1977), Die Alternative: Zur Kritik des real existierenden Sozialismus, Köln/Frankfurt am Main.

Baloglou, Christos P. / Peukert, Helge, (1992), Zum antiken ökonomischen Denken der Griechen (800 v. u. Z. - 31 n. u. Z.): eine kommentierte Bibliographie, Marburg.

Barkai, Haim, (1977), Growth Patterns of the Kibbutz Economy, Amsterdam/New York/Oxford.

Barkai, Haim, (1987), Kibbutz Efficiency and the Incentive Conundrum, in: Incentives and Economic Systems, hrsg. von Stefan Hedlund, London, S. 228 - 263.

Bebel, August, (1985), Die Frau und der Sozialismus, 5. Auflage, Frankfurt am Main.

Bell, Daniel, (1959), The "Rediscovery" of Alienation, in: The Journal of Philosophy, Vol. 56, S. 933 - 952.

Bell, Daniel, (1965), Die Diskussion über die Entfremdung, in: Leopold Labedz (Hrsg.), Der Revisionismus, deutsch von Erika Langen, Köln/Berlin, S. 295 - 319.

Bender, Bernd / Sparwasser, Reinhard, (1988), Umweltrecht, Heidelberg.

Bergmann, Theodor, (1994a), Arbeiterkontrolle, in: Historisch-Kritisches Wörterbuch des Marxismus, hrsg. von Wolfgang Fritz Haug, Bd. 1, Hamburg/Berlin, Spalte 464 - 468.

Bergmann, Theodor, (1994b), Arbeiterselbstverwaltung, in: Historisch-Kritisches Wörterbuch des Marxismus, hrsg. von Wolfgang Fritz Haug, Bd. 1, Hamburg/Berlin, Spalte 486 - 489.

Bickel, Cornelius, (1990), "Gemeinschaft" als kritischer Begriff bei Tönnies, in: Renaissance der Gemeinschaft?, hrsg. von Carsten Schlüter und Lars Clausen, Berlin, S. 17 - 46.

Bickenbach, Frank / Soltwedel, Rüdiger, (1996), Freiräume schaffen - Motivation stärken - Potentiale fördern: Bausteine partizipativer Führung und Unternehmensorganisation, Kieler Diskussionsbeiträge Nr. 267, Kiel.

Bisky, Lothar, (1994), Wir wollen ein anderes Deutschland, in: Gewerkschaftliche Monatshefte, 45. Jahrgang, S. 600 - 609.

Blauner, Robert, (1964), Alienation and Freedom: The Factory Worker and His Industry, Chicago.

Blum, Reinhard, (1991), Die Zukunft des Homo oeconomicus, in: Bernd Biervert und Martin Held (Hrsg.), Das Menschenbild der ökonomischen Theorie, Frankfurt am Main/New York, S. 111 - 131.

Böse, Ernst, (1958), Das Elend der Verelendungstheorie, in: Gewerkschaftliche Monatshefte, 9. Jahrgang, S. 42 - 45.

Brenner, Robert, (1986), The Social Basis of Economic Development, in: John E. Roemer (Hrsg.), Analytical Marxism, Cambridge, S. 23 - 53.

Brus, Wlodzimierz / Laski, Kazimierz, (1990), Von Marx zum Markt, aus dem Englischen übersetzt von Silvia Zendron, Marburg.

Buhr, Manfred, (1966), Entfremdung - philosophische Anthropologie - Marx-Kritik, in: Deutsche Zeitschrift für Philosophie, 14. Jahrgang, S. 806 - 834.

Burghardt, Anton, (1974), Allgemeine Wirtschaftssoziologie, Pullach.

Buß, Eugen, (1985), Lehrbuch der Wirtschaftssoziologie, Berlin/New York.

Campbell, William F., (1987), The Old Art of Political Economy, in: Todd S. Lowry (Hrsg.), Pre-Classical Economic Thought, Boston/Dordrecht/ Lancaster, S. 31 - 42.

Carling, Alan, (1986), Rational Choice Marxsim, in: New Left Review, No. 160, S. 24 - 62.

Carter, Alan B., (1988), Marx: A Radical Critique, Brighton.

Catephores, George, (1972), Marxian Alienation - a Clarification, in: Oxford Economic Papers, Vol. 24, S. 124 - 136.

Catephores, George, (1987), Alienation, in: The New Palgrave: A Dictionary of Economics, hrsg. von John Eatwell, Murray Milgate und Peter Newman, London/New York/Tokyo, Vol. 1, S. 76 - 78.

Chalk, Alfred F., (1951), Natural Law and the Rise of Economic Individualism in England, in: The Journal of Political Economy, Vol. 59, S. 332 - 347.

Chalk, Alfred F., (1966), Mandeville's Fable of the Bees: A Reappraisal, in: The Southern Economic Journal, Vol. 33, S. 1 - 16.

Cipko, Aleksandr S., (1992), Sind unsere Prinzipien gut?, aus dem Russischen von Dietrich Kegler und Alexander Litschev, in: Alexander Litschev und Dietrich Kegler (Hrsg.), Abschied vom Marxismus, Reinbek, S. 60 - 129.

Clague, Christopher, (1993), Rule Obedience, Organizational Loyalty, and Economic Development, in: Zeitschrift für die gesamte Staatswissenschaft, Band 149, S. 393 - 414.

Collard, David, (1981), Altruism and Economy: A Study in Non-Selfish Economics, Oxford.

Dahl, Edgar, (1991), Im Anfang war der Egoismus, Düsseldof/Wien/New York.

Dahrendorf, Ralf, (1965), Arbeitsteilung: Soziologische Betrachtung, in: Handwörterbuch der Sozialwissenschaften, hrsg. von Erwin v. Beckerath und anderen, 12. Band, Stuttgart/Tübingen/Göttingen, S. 512 - 517.

Dawes, Robyn M. / Thaler, Richard H., (1988), Anomalies: Cooperation, in: The Journal of Economic Perspectives, Vol. 2, No. 3, S. 187 - 197.

Demsetz, Harold, (1967), Toward a Theory of Property Rights, in: The American Economic Review, Papers and Proceeding, Vol. 57, S. 347 - 359.

Devine, James, (1989), Paradigms as Ideologies: Liberal vs. Marxian Economics, in: Review of Social Economy, Vol. XLVII, S. 293 - 312.

Dewey, John, (1950), Human Nature, in: Encyclopaedia of the Social Sciences, hrsg. von E. R. A. Seligman und A. Johnson, Vol. 7, New York, S. 531 - 537.

DGB (Hrsg.), (1995), Stark durch Wandel - Thesen zur Programmdebatte, Düsseldorf.

Dobb, Maurice, (1977), Wert- und Verteilungstheorien seit Adam Smith. Eine nationalökonomische Dogmengeschichte, übersetzt aus dem Englischen von Cora Stephan, Frankfurt am Main.

Dobias, Peter, (1994), Karl Marx und der Realsozialismus, in: Jahrbuch für Sozialwissenschaft, Bd. 45, S. 50 - 67.

Duve, Freimut, (1978), Die Zukunft der Ökonomie, in: Technologie und Poltik 12, S. 3 - 14.

Dworkin, Ronald, (1981), What is Equality? Part 1: Equality of Welfare, in: Philosophy and Public Affairs, Vol. 10, S. 185 - 246.

Eckstein, Walther, (1985), Einleitung des Herausgebers, in: Adam Smith: Theorie der ethischen Gefühle, nach der Auflage letzter Hand übersetzt und mit Einleitung, Anmerkungen und Register herausgegeben von Walther Eckstein, unveränderter Nachdruck der 1. Auflage von 1923, Hamburg, S. XI - LXXI.

Elias, Norbert, (1986), Was ist Soziologie?, 5. Auflage, Weinheim/München.

Ellinger, Theodor / Haupt, Reinhard, (1990), Produktions- und Kostentheorie, 2., neu bearbeitete Auflage, Stuttgart.

Elliott, John E., (1979), Continuity and Change in the Evolution of Marx's Theory of Alienation: from the Manuscripts through the Grundrisse to Capital, in: History of Political Economy, Vol. 11, S. 317 - 362.

Elster, Jon, (1982), Marxism, Functionalism, and Game Theory, in: Theory and Society, Vol. 11, S. 453 - 482.

Elster, Jon, (1985), Making Sense of Marx, Cambridge.

Elster, Jon, (1986), Self-Realisation in Work and Politics: The Marxist Conception of the Good Life, in: Social Philosophy and Policy, Vol. 3, S. 97 - 126, wiederabgedruckt in: Jon Elster und Karl Ove Moene (Hrsg.), Alternatives to Capitalism, Cambridge, 1989, S. 127 - 158, zitiert nach letzterem Wiederabdruck.

Elster, Jon, (1987), Subversion der Rationalität, aus dem Englischen von Benedikt Burkard, Frankfurt am Main/New York.

Elster, Jon, (1989a), Marxism and Individualism, in: Marcelo Dascal und Ora Gruengard (Hrsg.), Knowledge and Politics: Case Studies in the Relationship Between Epistemology and Political Philosophy, Boulder/Colorado, wiederabgedruckt in: John E. Roemer (Hrsg.), Foundations of Analytical Marxism, Vol. 2, Cambridge, 1994, S. 289 - 306, zitiert nach letzterem Wiederabdruck.

Elster, Jon, (1989b), Social Norms and Economic Theory, in: Journal of Economic Perspectives, Vol. 3, S. 99 - 117.

Elster, Jon / Moene, Karl Ove, (1989), Introduction, in: Jon Elster und Karl Ove Moene (Hrsg.), Alternatives to Capitalism, Cambridge, S. 1 - 35.

Emden, Horst, (1983), Der Marxismus und seine Pädagogik, Sankt Augustin.

Endres, Egon / Wehner, Theo, (1993), Es gibt keine Stunde Null bei der Einführung der Gruppenarbeit, in: Gewerkschaftliche Monatshefte, 44. Jahrgang, S. 631 - 644.

Engels, Friedrich, (1843/44), Umrisse zu einer Kritik der Nationalökonomie, in: Marx-Engels-Werke, Bd. 1, 9. Auflage, Berlin, 1974, S. 499 - 524.

Engels, Friedrich, (1845a), Beschreibung der in neuerer Zeit entstandenen und noch bestehenden kommunistischen Ansiedlungen, in: Marx-Engels-Werke, Bd. 2, 12. Auflage, Berlin, 1990, S. 521 - 535.

Engels, Friedrich, (1845b), Die Lage der arbeitenden Klasse in England, in: Marx-Engels-Werke, Bd. 2, 12. Auflage, Berlin, 1990, S. 225 - 508.

Engels, Friedrich, (1845c), Zwei Reden in Elberfeld, in: Marx-Engels-Werke, Bd. 2, 12. Auflage, Berlin, 1990, S. 536 - 557.

Engels, Friedrich, (1847a), Grundsätze des Kommunismus, in: Marx-Engels-Werke, Bd. 4, 2. Auflage, Berlin, 1959, S. 361 - 380.

Engels, Friedrich, (1847b), Die Kommunisten und Karl Heinzen, in: Marx-Engels-Werke, Bd. 4, 2. Auflage, Berlin, 1959, S. 309 - 324.

Engels, Friedrich, (1872/73), Zur Wohnungsfrage, in: Marx-Engels-Werke, Bd. 18, 3. Auflage, Berlin, 1969, S. 209 - 287.

Engels, Friedrich, (1873-83), Dialektik der Natur, in: Marx-Engels-Werke, Bd. 20, Berlin, 1962, S. 305 - 455.

Engels, Friedrich, (1876-78), Herrn Eugen Dührings Umwälzung der Wissenschaft (Anti-Dühring), in: Marx-Engels-Werke, Bd. 20, Berlin, 1962, S. 1 - 303.

Engels, Friedrich, (1880), Die Entwicklung des Sozialismus von der Utopie zur Wissenschaft, in: Marx-Engels-Werke, Bd. 19, 2. Auflage, Berlin, 1969, S. 177 - 228.

Engels, Friedrich, (1882/1891), Ergänzungen und Änderungen im Text des »Anti-Dühring«, die Engels für die Broschüre »Die Entwicklung des Sozialismus von der Utopie zur Wissenschaft« vorgenommen hat, in: Marx-Engels-Werke, Bd. 20, Berlin, 1962, S. 604 - 620.

Engels, Friedrich, (1883), Das Begräbnis von Karl Marx, in: Marx-Engels-Werke, Bd. 19, 2. Auflage, Berlin, 1969, S. 335 - 339.

Engels, Friedrich, (1884), Der Ursprung der Familie, des Privateigentums und des Staats, in: Marx-Engels-Werke, Bd. 21, 3. Auflage, Berlin, 1972, S. 25 - 173.

Engels, Friedrich, (1886), Ludwig Feuerbach und der Ausgang der klassischen deutschen Philosophie, in: Marx-Engels-Werke, Bd. 21, 3. Auflage, Berlin, 1972, S. 259 - 307.

Engels, Friedrich, (1888-90), Briefe von Friedrich Engels vom Januar 1888 bis Dezember 1890, in: Marx-Engels-Werke, Bd. 37, Berlin, 1967.

Engels, Friedrich, (1891), Zur Kritik des sozialdemokratischen Programmentwurfs 1891, in: Marx-Engels-Werke, Bd. 22, Berlin, 1963, S. 225 - 240.Engels, Friedrich, (1892), Vorwort zur deutschen Ausgabe von 1892 der »Lage der arbeitenden Klasse in England«, in: Marx-Engels-Werke, Bd. 2, 12. Auflage, Berlin, 1990, S. 637 - 650.

Engels, Friedrich, (1893), Interview Friedrich Engels' mit dem Korrespondenten der Zeitung »Le Figaro« am 8. Mai 1893, in: Marx-Engels-Werke, Bd. 22, Berlin, 1963, S. 538 - 543.

Engels, Friedrich, (1893-95), Briefe von Friedrich Engels von Januar 1893 bis Juli 1895, in: Marx-Engels-Werke, Bd. 39, Berlin, 1968.

Engels, Friedrich, (1894), Zur Geschichte des Urchristentums, in: Marx-Engels-Werke, Bd. 22, Berlin, 1963, S. 447 - 473.

Euchner, Walter, (1980), Versuch über Mandevilles Bienenfabel, in: Bernard Mandeville, Die Bienenfabel oder Private Laster, öffentliche Vorteile, Frankfurt am Main, S. 7 - 55.

Fandel, Günter, (1994), Produktion I: Produktions- und Kostentheorie, 4. Auflage, Berlin u. a.
Fay, Margaret Alice, (1983), The Influence of Adam Smith on Marx's Theory of Alienation, in: Science and Society, Vol. 47, S. 129 - 151.
Fay, Margaret Alice, (1986), Der Einfluß von Adam Smith auf Karl Marx' Theorie der Entfremdung, hrsg. von Johannes D. Hengstenberg, übersetzt aus dem Englischen von Karl-Heinz Benz u. a., Frankfurt am Main/ New York.
Fetscher, Iring, (1969), Nachwort, in: Karl Marx und Friedrich Engels, Manifest der Kommunistischen Partei, Stuttgart, S. 84 - 95.
Fetscher, Iring (Hrsg.), (1979), Grundbegriffe des Marxismus, 2. Auflage, Hamburg.
Fetscher, Iring, (1983), Wachstumsoptimismus und ökologisches Bewußtsein bei Marx und Engels, Erstdruck japanisch, 23.12.1983, deutsche Erstveröffentlichung in: Iring Fetscher, Überlebensbedingungen der Menschheit, überarbeitete Neuausgabe, 2. Auflage, München, 1985, S. 110 - 137, zitiert nach deutscher Erstveröffentlichung.
Fetscher, Iring, (1984), Der Marxismus, 4. Auflage der einbändigen Ausgabe, München.
Fetscher, Iring, (1985a), Die Zukunft der Arbeit, in: Iring Fetscher, Überlebensbedingungen der Menschheit, überarbeitete Neuausgabe, 2. Auflage, München, 1985, S. 207 - 234.
Fetscher, Iring, (1985b), Ökologisches Problembewußtsein bei Marxisten und in der »Kritischen Theorie«, in: Iring Fetscher, Überlebensbedingungen der Menschheit, überarbeitete Neuausgabe, 2. Auflage, München, 1985, S. 138 - 178.
Fetscher, Iring, (1991a), Emanzipation, in: Dieter Nohlen (Hrsg.), Wörterbuch Staat und Politik, Bonn, S. 105 - 109.
Fetscher, Iring, (1991b), Gleichheit, in: Dieter Nohlen (Hrsg.), Wörterbuch Staat und Politik, Bonn, S. 210 - 213.
Finley, M. I., (1971), Aristoteles und die ökonomische Analyse, in: Jahrbuch für Wirtschaftsgeschichte, Vol. 2, S. 87 - 105.
Fischer, Joschka, (1993), Die Linke nach dem Sozialismus, Hamburg.
Fishman, Aryei, (1983), Judaism and Modernization: The Case of the Religious Kibbutzim, in: Social Forces, Vol. 62, S. 9 - 31.
Fishman, Aryei, (1994), Religious Socialism and Economic Success on the Orthodox Kibbutz, in: Zeitschrift für die gesamte Staatswissenschaft, Band 150, S. 763 - 768.
Fleischer, Helmut, (1980), Sozialismus, Humanismus, Anthropologie, in: Ernst Bloch (Hrsg.), Marxismus und Anthropologie: Festschrift für Leo Kofler, Bochum, S. 47 - 61.
Fleischer, Helmut, (1991), Theoretisches zum Fall Marx, in: Initial, 2. Jahrgang, S. 215 - 223.
Fleischer, Helmut, (1994), Marxismus: Sieg der Ideologie über die Ideologiekritik, in: Helmut Fleischer (Hrsg.), Der Marxismus in seinem Zeitalter, Leipzig, S. 201 - 232.
Foley, Vernard, (1974), The Division of Labor in Plato and Smith, in: History of Political Economy, Vol. 6, S. 220 - 242.
Foley, Vernard, (1975), Smith and the Greeks: A Reply to Professor McNulty's Comments, in: History of Political Economy, Vol. 7, S. 379 - 389.
Ford, Henry, (o. J.), Mein Leben und Werk, 15. Auflage, Leipzig.
Frey, Bruno S., (1992), Tertium Datur: Pricing, Regulating and Intrinsic Motivation, in: Kyklos, Vol. 45, S. 161 - 184.
Frey, Bruno S. / Stroebe, Wolfgang, (1980), Ist das Modell des Homo Oeconomicus »unpsychologisch«?, in: Zeitschrift für die gesamte Staatswissenschaft, Band 136, S. 82 - 97.
Fromm, Erich, (1932), Über Methode und Aufgabe einer analytischen Sozialpsychologie: Bemerkungen über Psychonanlyse und historischen Materialismus, in: Erich Fromm, Analytische Sozialpsychologie und Gesellschaftstheorie, Frankfurt am Main, 1970, S. 9 - 40.

Fromm, Erich, (1941), Die Furcht vor der Freiheit, wiederabgedruckt in: Erich Fromm Gesamtausgabe, hrsg. von Rainer Funk, Bd. 1, Stuttgart, 1980, S. 215 - 392, zitiert nach letzterem Wiederabdruck.

Fromm, Erich, (1947), Psychoanalyse und Ethik: Bausteine zu einer humanistischen Charakterologie, wiederabgedruckt in: Erich Fromm Gesamtausgabe, hrsg. von Rainer Funk, Bd. 2, Stuttgart, 1980, S. 1 - 157, zitiert nach letzterem Wiederabdruck.

Fromm, Erich, (1963), Das Menschenbild bei Marx, deutsche Ausgabe besorgt von R. Müller-Isenburg und C. B. Hyams, Frankfurt.

Fromm, Erich, (1964), Vorwort zu Karl Marx »Selected Writings«, wiederabgedruckt in: Erich Fromm Gesamtausgabe, hrsg. von Rainer Funk, Bd. 5, Stuttgart, 1981, S. 395 - 398, zitiert nach letzterem Wiederabdruck.

Fromm, Erich, (1965a), Die Anwendung der humanistischen Psychoanalyse auf die marxistische Theorie, wiederabgedruckt in: Erich Fromm Gesamtausgabe, hrsg. von Rainer Funk, Bd. 5, Stuttgart, 1981, S. 399 - 411, zitiert nach letzterem Wiederabdruck.

Fromm, Erich, (1965b), Probleme der Marx-Interpretation, wiederabgedruckt in: Erich Fromm Gesamtausgabe, hrsg. von Rainer Funk, Bd. 5, Stuttgart, 1981, S. 413 - 419, zitiert nach letzterem Wiederabdruck.

Fromm, Erich, (1968), Marx' Beitrag zur Wissenschaft vom Menschen, übersetzt von Rolf und Renate Wiggershaus, in Erich Fromm, Analytische Sozialpsychologie und Gesellschaftstheorie, Frankfurt am Main, 1970, S. 145 - 161.

Fromm, Erich, (1971), Die Revolution der Hoffnung. Für eine humanisierte Technik, aus dem Englischen von Klaus Birkenhauer, Stuttgart.

Fromm, Erich, (1981), Jenseits der Illusionen: Die Bedeutung von Marx und Freud, aus dem Amerikanischen neu übersetzt von Liselotte und Ernst Mickel, Hamburg.

Fromm, Erich, (1991), Wege aus einer kranken Gesellschaft. Eine sozialpsychologische Untersuchung, aus dem Amerikanischen von Liselotte und Ernst Mickel, München.

Fromm, Erich, (1993), Haben oder Sein, deutsch von Brigitte Stein, überarbeitet von Rainer Funk, 22. Auflage, München.

Fromm, Erich / Xirau, Ramon, (1968), Einleitung zu Erich Fromm und Ramon Xirau, The Nature of Man, wiederabgedruckt in: Erich Fromm Gesamtausgabe, hrsg. von Rainer Funk, Bd. 9, Stuttgart, 1981, S. 375 - 391, zitiert nach letzterem Wiederabdruck.

Frost, Andreas, (1994), Die Mächtigen, der Müll und die Moneten, in: Georg M. Hafner und Edmund Jacoby (Hrsg.), Neue Skandale der Republik, Reinbek, S. 228 - 236.

Gehrke, Christian / Rühl, Christof, (1988), Verlangsamung des Produktivitätswachstums? Erklärungsansätze und empirische Befunde für die Bundesrepublik Deutschland, Bremen.

Gentsch, Lutz, (1992), Realsozialismus und Karl Marx, Frankfurt am Main u. a.

Geras, Norman, (1983), Marx and Human Nature: Refutation of a Legend, London.

Giddens, Anthony, (1971), Capitalism and Modern Social Theory, Cambridge.

Göhler, Gerhard / Klein, Ansgar, (1991), Politische Theorien des 19. Jahrhunderts, in: Hans-Joachim Lieber (Hrsg.), Politische Theorien von der Antike bis zur Gegenwart, Bonn, S. 259 - 656.

Gollwitzer, Helmut, (1957), Zum Verständnis des Menschen beim jungen Marx, in: Festschrift für Günther Dehn, hrsg. von Wilhelm Schneemelcher, Neukirchen, S. 183 - 203.

Gorz, Andre, (1988), Abschied vom Proletariat: Jenseits des Sozialismus, aus dem Französischen von Heinz Abosch, Frankfurt am Main.

Gorz, Andre, (1991), Und jetzt wohin?, Nördlingen.

Gorz, Andre, (1994), Kritik der ökonomischen Vernunft: Sinnfragen am Ende der Arbeitsgesellschaft, aus dem Französischen von Otto Kallscheuer, Hamburg.

Gouldner, Alvin W., (1980), The Two Marxisms: Contradictions and Anomalies in the Development of Theory, London/Basingstoke.
Graichen, Dieter u. a., (1980), Sozialistische Betriebswirtschaft, 4., wesentlich überarbeitete Auflage, Berlin.

Hagemann, Harald, (1985), Freisetzungs- und Kompensationseffekte neuer Technologien: Zur Gefahr einer technologischen Arbeitslosigkeit, in: Friedrich Buttler, Jürgen Kühl und Bernd Rahmann (Hrsg.), Staat und Beschäftigung: Angebots- und Nachfragepolitik in Theorie und Praxis, Nürnberg, S. 291 - 335.
Hahn, Erich, (1993), Ist der Sozialismus daran gescheitert, daß er den Menschen »umbauen« wollte?, in: Marxistisches Menschenbild - eine Utopie?, hrsg. von der Marx-Engels-Stiftung e. V., Bonn, S. 29 - 47.
Hanesch, Walter u. a., (1994), Armut in Deutschland, Reinbek.
Harberger, Arnold C., (1954), Monopoly and Resource Allocation, in: The American Economic Review, Papers and Proceedings, Vol. 44, S. 77 - 87.
Harris, Marvin, (1989), Kulturanthropologie: Ein Lehrbuch, aus dem Amerikanischen von Sylvia M. Schomburg-Scherff, Frankfurt am Main/New York.
Harstick, Hans-Peter, (1977), Vorwort, Einführung und Einleitung, in: Karl Marx über Formen vorkapitalistischer Produktion, aus dem handschriftlichen Nachlaß hrsg. und eingel. von Hans-Peter Harstick, Frankfurt am Main/New York, S. VII - XLVIII, 1 - 20.
Hartmann, Klaus, (1970), Die Marxsche Theorie, Berlin.
Hartz, Peter, (1995), Zukunftsinvestitionen, in: Frank von Auer und Franz Segbers (Hrsg.), Markt und Menschlichkeit, Reinbek, S. 251 - 262.
Haug, Frigga, (1994), Arbeit, in: Historisch-Kritisches Wörterbuch des Marxismus, hrsg. von Wolfgang Fritz Haug, Bd. 1, Hamburg/Berlin, Spalte 401 - 422.
Haug, Wolfgang Fritz, (1994), Karl Marx oder der Beginn der Ultima Philosophia, in: Helmut Fleischer (Hrsg.), Der Marxismus in seinem Zeitalter, Leipzig, S. 96 - 112.
Hausman, Daniel M. / McPherson, Michael S., (1993), Taking Ethics Seriously: Economics and Contemporary Moral Philosophy, in: Journal of Economic Literature, Vol. 31, S. 671 - 731.
Hayek, Friedrich A. von, (1968), Der Wettbewerb als Entdeckungsverfahren, Kieler Vorträge, Neue Folge 56, Kiel.
Head, John G., (1988), On Merit Wants, in: Finanzarchiv, N. F., Bd. 46, S. 1 - 37.
Hegel, Georg Wilhelm Friedrich, (1970), Phänomenologie des Geistes, Band 3 der G. W. F. Hegel Werke, Frankfurt am Main.
Heidack, Clemens, (1995), Qualifikation und Qualität - Effektivität der kooperativen Selbstqualifikation als geistig-soziale Wertschöpfung, in: Clemens Heidack (Hrsg.), Arbeitsstrukturen im Umbruch, München/Mering, S. 87 - 124.
Heinrich, Michael, (1991), Die Wissenschaft vom Wert, Hamburg.
Heinze, Peter, (1993), Einige Gedanken zum Thema: Marxistisches Menschenbild - eine Utopie?, in: Marxistisches Menschenbild - eine Utopie?, hrsg. von der Marx-Engels-Stiftung e. V., Bonn, S. 171 - 174.
Helman, Amir, (1992), The Israeli Kibbutz as a Socialist Model, in: Zeitschrift für die gesamte Staatswissenschaft, Band 148, S. 168 - 183.
Heller, Agnes, (1980a), Das Ideal der Arbeit vom Blickwinkel des Alltagslebens, in: Ernst Bloch (Hrsg.), Marxismus und Anthropologie: Festschrift für Leo Kofler, Bochum, S. 33 - 45.
Heller, Agnes, (1980b), Theorie der Bedürfnisse bei Marx, 2. unveränderte Auflage, Hamburg.

Henderson, Hazel, (1989), Die Neue Ökonomie, aus dem Amerikanischen von Christopher Baker, München.

Hepp, Gerd, (1989), Wertsynthese - Eine Antwort der politischen Bildung auf den Wertwandel, in: Aus Politik und Zeitgeschichte, B 46/89, S. 15 - 23.

Herberg, Horst, (1994), Preistheorie, 3., überarbeitete und erweiterte Auflage, Stuttgart/Berlin/Köln.

Hetzler, Hans Wilhelm, (1975), Arbeitszufriedenheit, in: Handwörterbuch des Personalwesens, hrsg. von Eduard Gaugler, Stuttgart, Spalte 455 - 459.

Hicks, John R., (1935), Annual Survey of Economic Theory: The Theory of Monopoly, in: Econometrica, Vol. 3, S. 1 -20.

Higgins, Benjamin, (1939), Elements of Indeterminacy in the Theory of Non-Perfect Competition, in: The American Economic Review, Vol. 29, S. 468 - 479.

Hirschman, Albert O., (1987) Leidenschaften und Interessen: Politische Begründungen des Kapitalismus vor seinem Sieg, übersetzt von Sabine Offe, Frankfurt am Main.

Hirschman, Albert O., (1988), Engagement und Enttäuschung, übersetzt von Sabine Offe, Frankfurt am Main.

Höppner, Joachim, (1988), Einleitung, in: Karl Marx, Ökonomisch-philosophische Manuskripte vom Jahre 1844, 4., veränderte Auflage, Leipzig, S. 5 - 82.

Hofmann, Werner, (1971a), Sozialökonomische Studientexte, Band 1: Wert- und Preislehre, 2. Auflage, Berlin.

Hofmann, Werner, (1971b), Sozialökonomische Studientexte, Band 2: Einkommenstheorie, 2. Auflage, Berlin.

Holler, J. Manfred / Illing, Gerhard, (1991), Einführung in die Spieltheorie, Berlin u. a.

Hollis, Martin, (1991), Rationalität und soziales Verstehen, übersetzt von Joachim Schulte, Frankfurt am Main.

Holst, Elke / Schupp, Jürgen (Bearb.), (1994), Ist Teilzeitarbeit der richtige Weg? Arbeitszeitpräferenzen in West- und Ostdeutschland, in: Wochenbericht / Deutsches Institut für Wirtschaftsforschung, 61. Jahrgang, S. 618 - 626.

Holz, Klaus, (1993), Historisierung der Gesellschaftstheorie, Pfaffenweiler.

Honneth, Axel, (1993), Einleitung, in: Axel Honneth (Hrsg.), Kommunitarismus, Frankfurt am Main/New York, S. 7 - 17.

Hoyos, Carl Graf, (1975), Motivation, in: Handwörterbuch des Personalwesens, hrsg. von Eduard Gaugler, Stuttgart, Spalte 1390 - 1404.

Ignatieff, Michael, (1993), Wovon lebt der Mensch, aus dem Englischen von Hans Jörg Friedrich, Nördlingen.

Irrlitz, Gerd, (1994), Einheit und Differenz im Denken von Karl Marx, in: Helmut Fleischer (Hrsg.), Der Marxismus in seinem Zeitalter, Leipzig, S. 113 - 137.

Israel, Joachim, (1985), Der Begriff der Entfremdung: Zur Verdinglichung des Menschen in der bürokratischen Gesellschaft, vollständig überarbeitete Neuausgabe, Reinbek.

Jägers, Thomas, (1993), Positionsgüter, in: Wirtschaftswissenschaftliches Studium, 22. Jahrgang, S. 181 - 184.

Jaide, Walter / Hille, Barbara, (1994), Jugend und Beruf, in: Hans-Joachim Veen u. a., Eine Jugend in Deutschland?, Opladen, S. 49 - 71.

Kaase, Max / Mommsen-Reindl, Margareta, (1991), Partizipation, in: Dieter Nohlen (Hrsg.), Wörterbuch Staat und Politik, Bonn, S. 466 - 476.

Kallscheuer, Otto, (1991), Wird es eine europäische Linke geben?, in: Andre Gorz, Und jetzt wohin?, Nördlingen, S. 175 - 198.

Kalmbach, Peter, (1991a), Unzeitgemäße Betrachtungen: Adam Smith und die Unterscheidung zwischen produktiver und unproduktiver Arbeit, in: Ökonomie und Gesellschaft, Jahrbuch 9: Adam Smiths Beitrag zur Gesellschaftswissenschaft, Frankfurt am Main/New York, S. 138 - 167.

Kalmbach, Peter, (1991b), Die Produktivität ist kein geeigneter Maßstab für die Lohnentwicklung, in: Wirtschaftsdienst, 71. Jahrgang, S. 11 - 14.

Kantor, Karl M., (1992), Zwei Projekte der Weltgeschichte, aus dem Russischen von Dietrich Kegler und Alexander Litschev, in: Alexander Litschev und Dietrich Kegler (Hrsg.), Abschied vom Marxismus, Reinbek, S. 131 - 157.

Katterle, Siegfried, (1991), Methodologischer Individualismus and Beyond, in: Bernd Biervert und Martin Held (Hrsg.), Das Menschenbild der ökonomischen Theorie, Frankfurt am Main/New York, S. 132 - 152.

Kerber, Walter, (1975), Arbeit, in: Handwörterbuch des Personalwesens, hrsg. von Eduard Gaugler, Stuttgart, Spalte 52 - 63.

Kern, Horst, (1974), Die Bedeutung der Arbeitsbedingungen in den Streiks 1973, in: O. Jacobi (Hrsg.), Gewerkschaften und Klassenkampf - Kritisches Jahrbuch 1974, Frankfurt, wiederabgedruckt in: Horst Kern, Kampf um Arbeitsbedingungen, Frankfurt am Main, 1979, S. 121 - 141, zitiert nach letzterem Wiederabdruck.

Kern, Horst, (1975), Der Kampf um die Arbeitsorganisation: Unterschiedliche Wege gewerkschaftlicher Politik, in: O. Jacobi u. a. (Hrsg.), Gewerkschaften und Klassenkampf - Kritisches Jahrbuch 1975, Frankfurt, wiederabgedruckt in: Horst Kern, Kampf um Arbeitsbedingungen, Frankfurt am Main, 1979, S. 167 - 192, zitiert nach letzterem Wiederabdruck.

Kern, Horst, (1976), Elastischere Produktionsorganisation oder humane Arbeitsbedingungen? Konträre Interessen bei der »Humanisierung der Arbeit«, Vortrag auf der IG Metall-Tagung "Krise und Reform in der Industriegesellschaft" im Mai 1976, wiederabgedruckt in: Horst Kern, Kampf um Arbeitsbedingungen, Frankfurt am Main, 1979, S. 193 - 209, zitiert nach letzterem Wiederabdruck.

Kern, Horst, (1978), Grenzen der Arbeitsteilung? Methodische und empirische Gesichtspunkte zum Verhalten der Arbeiter gegenüber der Arbeit, Antrittsvorlesung an der Universität Göttingen, wiederabgedruckt in: Horst Kern, Kampf um Arbeitsbedingungen, Frankfurt am Main, 1979, S. 61 - 75, zitiert nach letzterem Wiederabdruck.

Kern, Horst / Kern, Bärbel, (1975), Krise des Taylorismus?, in: M. Osterland (Hrsg.), Arbeitssituation, Lebenslage und Konfliktpotential, Frankfurt/Köln, wiederabgedruckt in: Horst Kern, Kampf um Arbeitsbedingungen, Frankfurt am Main, 1979, S. 25 - 60, zitiert nach letzterem Wiederabdruck.

Kern, Horst / Schauer, Helmut, (1978), Rationalisierung und Besitzstandssicherung in der Metallindustrie, in: Gewerkschaftliche Monatshefte, wiederabgedruckt in: Horst Kern, Kampf um Arbeitsbedingungen, Frankfurt am Main, 1979, S. 143 - 163, zitiert nach letzterem Wiederabdruck.

Kern, Horst / Schumann, Michael, (1973), Zum politischen Verhaltenspotential der Arbeiterklasse, in: K. Meschkat und O. Negt (Hrsg.), Gesellschaftsstrukturen, Frankfurt, wiederabgedruckt in: Horst Kern, Kampf um Arbeitsbedingungen, Frankfurt am Main, 1979, S. 79 - 106, zitiert nach letzterem Wiederabdruck.

Kern, Horst / Schumann, Michael, (1984), Das Ende der Arbeitsteilung?, München.

Kern, William, (1983), Returning to the Aristotelian Paradigm: Daly and Schumacher, in: History of Political Economy, Vol. 15, S. 501 - 512.

Khan, Nasir, (1992), Development of the Concept and Theory of Alienation in Marx' Writings March 1843 to August 1844, Department of the History of Ideas, University of Oslo, Oslo.

Kilian, Martin, (1996), Marathon durchs Elend, in: Wahnsinn USA - Land der Extreme, Spiegel-Special, Nr. 2, S. 80 - 83.

Kinze, Hans-Heinrich / Knop, Hans / Seifert, Eberhard (Hrsg.), (1983), Sozialistische Volkswirtschaft, Berlin.

Kirchenamt der Evangelischen Kirche / Sekretariat der Deutschen Bischofskonferenz (Hrsg.), (1994), Zur wirtschaftlichen und sozialen Lage in Deutschland, wiederabgedruckt in: Frank von Auer und Franz Segbers (Hrsg.), Markt und Menschlichkeit, Reinbek, 1995, S. 15 - 64, zitiert nach letzterem Wiederabdruck.

Kirchgässner, Gebhard, (1988), Die neue Welt der Ökonomie, in: Analyse und Kritik, 10. Jahrgang, S. 107 - 137.

Kirchgässner, Gebhard, (1991), Homo Oeconomicus, Tübingen.

Kitching, Gavin, (1988), Karl Marx and the Philosophy of Praxis, London/New York.

Klages, Helmut, (1984), Wertorientierungen im Wandel: Rückblick, Gegenwartsanalyse, Prognosen, Frankfurt am Main/New York.

Klages, Helmut, (1985), Empirische Bestandsaufnahme des Wertewandels, in: Bertelsmann Stiftung und Institut für Wirtschafts- und Gesellschaftspolitik, Unternehmensführung vor neuen gesellschaftlichen Herausforderungen, Gütersloh, S. 24 - 39.

Klauder, Wolfgang, (1988), Technischer Fortschritt und Beschäftigung, in: Wirtschaftswissenschaftliches Studium, 17. Jahrgang, S. 113 - 120.

Klauder, Wolfgang, (1990), Auswirkungen der politischen und wirtschaftlichen Entwicklung seit 1989 auf die Arbeitsmarktperspektiven, in: Mitteilungen aus der Arbeitsmarkt- und Berufsforschung, 23. Jahrgang, S. 22 - 33.

Klauder, Wolfgang, (1994), Zukunft der Arbeit, in: Gewerkschaftliche Monatshefte, 45. Jahrgang, S. 764 - 775.

Kliemt, Hartmut, (1985), Moralische Institutionen, Freiburg/München.

Kofler, Leo, (1958), Das Prinzip der Arbeit in der Marxschen und in der Gehlenschen Anthropologie, in: Schmollers Jahrbuch für Gesetzgebung, Verwaltung und Volkswirtschaft, 78. Jahrgang, 1. Halbband, S. 71 - 86.

Kohl, Helmut, (1994), Gemeinsam die Zukunft gestalten, in: Gewerkschaftliche Monatshefte, 45. Jahrgang, S. 553 - 562.

Kolakowski, Leszek, (1977), Die Hauptströmungen des Marxismus, Band 1, übersetzt aus dem Polnischen von Eberhard Kozlowski, München.

Kolakowski, Leszek, (1989), Die Hauptströmungen des Marxismus, Band 3, 3. Auflage, übersetzt aus dem Polnischen von Friedrich Griese, München.

Kondylis, Panajotis, (1994), Marxismus, Kommunismus und die Geschichte des 20. Jahrhunderts, in: Helmut Fleischer (Hrsg.), Der Marxismus in seinem Zeitalter, Leipzig, S. 14 - 36.

Korsch, Karl, (1966), Marxismus und Philosophie, 2. Auflage, Frankfurt am Main.

Krader, Lawrence, (1973), Ethnologie und Anthropologie bei Marx, aus dem Amerikanischen von Hennig Ritter, München.

Krader, Lawrence, (1976), Vorbemerkung und Einleitung, in: Karl Marx: Die ethnologischen Exzerpthefte, hrsg. von Lawrence Krader, übersetzt von Angelika Schweikhart, Frankfurt am Main, S. 7 - 123.

Krapp, Gotthold, (1960), Marx und Engels über die Verbindung des Unterrichts mit produktiver Arbeit und die polytechnische Bildung, 3. Auflage, Berlin.

Krause, Ulrich, (1991), Eigennutz und ethische Gefühle oder Wie wird man ein guter Egoist?, in: Ökonomie und Gesellschaft, Jahrbuch 9: Adam Smiths Beitrag zur Gesellschaftswissenschaft, Frankfurt am Main/New York, S. 45 - 63.

Krech, David / Crutchfield, Richard S., (1976), Grundlagen der Psychologie, Band 1, aus dem Amerikanischen übertragen und bearbeitet von Hans W. Wendt und Otto M. Ewert, 7. Auflage, Weinheim/Basel.

Külp, Bernhard, (1982), Wohlfahrtsökonomik I: Grundlagen, in: Handwörterbuch der Wirtschaftswissenschaften, hrsg. von Willi Albers und anderen, Bd. 9, Stuttgart u. a., S. 469 - 486.

Künzli, Arnold, (1966), Karl Marx: Eine Psychographie, Wien.

Kuhn, Alfred, (1977), Arbeitsleistung, in: Handwörterbuch der Wirtschaftswissenschaften, hrsg. von Willi Albers und anderen, Bd. 1, Stuttgart u. a., S. 260 - 267.

Kuhn, Karl, (1996), Neue Produktionskonzepte, Gruppenarbeit und Arbeitsschutz, in: WSI-Mitteilungen, 49. Jahrgang, S. 105 - 110.

Kusnezow, Wassili, (1988), Zu den philosophischen Auffassungen von Karl Marx und Friedrich Engels über das Wesen und die Arten der Bedürfnisse, in: Marx-Engels-Jahrbuch 11, Berlin, S. 39 - 72.

Kurz, Robert, (1994), Fetisch Arbeit. Der Marxismus und die Logik der Modernisierung, in: Helmut Fleischer (Hrsg.), Der Marxismus in seinem Zeitalter, Leipzig, S. 162 - 184.

Kutsch, Thomas / Wiswede, Günter, (1986), Wirtschaftssoziologie, Stuttgart.

Lafontaine, Oskar, (1988), Die Gesellschaft der Zukunft: Reformpolitik in einer veränderten Welt, Hamburg.

Lafontaine, Oskar, (1990), Weniger Arbeit, mehr Demokratie, in: Oskar Lafontaine, Das Lied vom Teilen, München, S. 9 - 54.

Laibman, David, (1992), Value, Technical Change, and Crisis: Explorations in Marxist Economic Theory, New York/London.

Land, Rainer, (1990), Evolution und Entfremdung. Wirtschaftliche Subsysteme und individuelle Lebenswelten in der gesellschaftlichen Entwicklung, in: Initial, 1. Jahrgang, S. 636 - 647.

Landreth, Harry, (1975), The Economic Thought of Bernard Mandeville, in: History of Political Economy, Vol. 7, S. 193 - 208.

Landshut, Siegfried, (1953), Einleitung, in: Karl Marx, Die Frühschriften, hrsg. von Siegfried Landshut, Stuttgart, S. IX - LX.

Lazonick, William, (1987), Labour Process, in: The New Palgrave: A Dictionary of Economics, hrsg. von John Eatwell, Murray Milgate und Peter Newman, Vol. 3, London/New York/Tokyo, S. 89 - 92.

Lecher, Wolfgang, (1995a), Betriebliche Interessenvertretung und direkte Partizipation, in: WSI-Mitteilungen, 48. Jahrgang, S. 323 - 333.

Lecher, Wolfgang, (1995b), Globalisierung und direkte Partizipation, in: Gewerkschaftliche Monatshefte, 46. Jahrgang, S. 75 - 84.

Leibenstein, Harvey, (1950), Bandwagon, Snob, and Veblen Effects in the Theory of Consumers' Demand, in: The Quarterly Journal of Economics, Vol. 64, S. 183 - 207.

Leibenstein, Harvey, (1966), Allocative Efficiency vs. »X-Efficiency«, in: The American Economic Review, Vol. 56, S. 392 - 415.

Leibenstein, Harvey, (1987), Inside the Firm: The Inefficiencies of Hierarchy, Cambridge/London.

Leipert, Christian, (1978), Alternative Wege künftiger Wirtschaftspolitik, in: Technologie und Politik 12, S. 16 - 55.

Leiss, William, (1978), Die Grenzen der Bedürfnisbefriedigung, in: Technologie und Politik 12, S. 128 - 151.

Leminsky, Gerhard, (1996), Das ungenutzte Reformpotential der Mitbestimmung, in: Gewerkschaftliche Monatshefte, 47. Jahrgang, S. 47 - 53.

Lenin, Wladimir Iljitsch, (1917a), Staat und Revolution, in: Lenin-Werke, Bd. 25, 5. Auflage, Berlin, 1977, S. 393 - 507.

Lenin, Wladimir Iljitsch, (1917b), Wie soll man den Wettbewerb organisieren?, in: Lenin-Werke, Bd. 26, 4. Auflage, Berlin, 1974, S. 402 - 414.

Lenin, Wladimir Iljitsch, (1919), Referat über die Subbotniks auf der Moskauer Stadtkonferenz der KPR (B), 20. Dezember 1919, in: Lenin-Werke, Bd. 30, 5. Auflage, Berlin, 1974, S. 273 - 278.

Lenz, Bernd, (1983), Oscar Wilde: Der Ästhet als sozialer Rebell, in: Manfred Pfister und Bernd Schulte-Middelich (Hrsg.), Die Nineties, München, S. 316 - 341.

Leonhard, Wolfgang, (1994), Die Etablierung des Marxismus-Leninismus in der SBZ/DDR (1945-1955), in: Aus Politik und Zeitgeschichte, B 40/94, S. 3 - 11.

Lepper, Mark R. / Greene, David, (1978), Overjustification Research and Beyond: Toward a Means-Ends Analysis of Intrinsic and Extrinsic Motivation, in: Mark R. Lepper und David Greene (Hrsg.), The Hidden Costs of Reward: New Perspectives on the Psychology of Human Motivation, New Jersey, S. 109 - 148.

Lersch, Philipp, (1964), Aufbau der Person, 9. Auflage, München.

Levine, David, (1988), Needs, Rights, and the Market, Boulder/London.

Lichtman, Richard, (1990), Die Produktion des Unbewußten: Die Integration der Psychoanalyse in die marxistische Theorie, aus dem Amerikanischen von Ilse Utz, Hamburg/Berlin.

Linden, Harry van der, (1984), Marx and Morality: An Impossible Synthesis?, in: Theory and Society, Vol. 13, S. 119 - 135.

Lindgren, Henry Clay, (1974), Einführung in die Sozialpsychologie, aus dem Amerikanischen übersetzt von Martin G. Strempel, 2. Auflage, Weinheim/Basel.

Lobkowicz, Nikolaus, (1968), Entfremdung, in: Sowjetsystem und demokratische Gesellschaft, Bd. 2, hrsg. von C. D. Kernig, Freiburg/Basel/Wien, Spalte 149 - 159.

Lösche, Peter, (1991a), Anarchismus, in: Dieter Nohlen (Hrsg.), Wörterbuch Staat und Politik, Bonn, S. 7 - 11.

Lösche, Peter, (1991b), Räte, in: Dieter Nohlen (Hrsg.), Wörterbuch Staat und Politik, Bonn, S. 563 - 566.

Löw, Konrad (Hrsg.), (1985), Marxismus-Quellenlexikon, Köln.

Lowe, Adolph, (1984), Politische Ökonomik, neu hrsg. von Harald Hagemann, übertr. von H. Wilhelm, Neuausgabe, Königstein/Ts.

Lowe, Adolph, (1990), Hat Freiheit eine Zukunft?, vom Autor durchgesehene und überarbeitete Übersetzung aus dem Englischen von Heike Winter, Marburg.

Lowry, Todd S., (1979), Recent Literature on Ancient Greek Economic Thought, in: Journal of Economic Literature, Vol. 17, S. 65 - 86.

Lowry, Todd S., (1987), The Greek Heritage in Economic Thought, in: Todd S. Lowry (Hrsg.), Pre-Classical Economic Thought, Boston/Dordrecht/ Lancaster, S. 7 - 30.

Luce, R. Duncan / Raiffa, Howard, (1957), Games and Decisions, New York.

Lützel, Heinrich, (1973), Berechnung der gesamtwirtschaftlichen »Arbeitspro-duktivität« mit Hilfe der Daten der Volkswirtschaftlichen Gesamtrechnung, in: Rolf Krengel (Hrsg.), Neuere Methoden der Produktivitätsmessung, Sonderheft zum Allgemeinen Statistischen Archiv, Heft 4, S. 33 - 52.

Lutz, Mark A. / Lux, Kenneth, (1988), Humanistic Economics, New York.

Mackenbach, Werner, (1994a), Arbeiterregierung, Arbeiter- und Bauernregierung, in: Historisch-Kritisches Wörterbuch des Marxismus, hrsg. von Wolfgang Fritz Haug, Bd. 1, Hamburg/Berlin, Spalte 482 - 486.

Mackenbach, Werner, (1994b), Arbeiterstaat, Arbeiter- und Bauernstaat, in: Historisch-Kritisches Wörterbuch des Marxismus, hrsg. von Wolfgang Fritz Haug, Bd. 1, Hamburg/Berlin, Spalte 490 - 495.

Man, Hendrik de, (1927), Der Kampf um die Arbeitsfreude, Jena.

Mandel, Ernest, (1968a), Entstehung und Entwicklung der ökonomischen Lehre von Karl Marx, aus dem Französischen von Gisela Mandel, Frankfurt am Main.

Mandel, Ernest, (1968b), Marxistische Wirtschaftstheorie, aus dem Französischen von Lothar Boepple, Frankfurt am Main.

Mandel, Ernest, (1987), Marx, Karl Heinrich, in: The New Palgrave: A Dictionary of Economics, hrsg. von John Eatwell, Murray Milgate und Peter Newman, Vol. 3, London/New York/Tokyo, S. 367 - 383.

Mandel, Ernest, (1988), Einführung in den Marxismus, aus dem Französischen übersetzt von Willy Boepple, 4. Auflage, Fulda.

Mandeville, Bernard, (1714), The Fable of the Bees: or, Private Vices, Publick Benefits, London, zitiert nach: Bernard Mandeville, Die Bienenfabel oder Private Laster, öffentliche Vorteile, mit einer Einleitung von Walter Euchner, Frankfurt am Main, 1980.

Marglin, Stephen A., (1974), What Do Bosses Do? The Origins and Functions of Hierarchy in Capitalist Production, in: Review of Radical Political Economics, Vol. 6, S. 60 - 112.

Marglin, Stephen A., (1975), What Do Bosses Do? Part II, in: Review of Radical Political Economics, Vol. 7, S. 20 - 37.

Marcuse, Herbert, (1962), Vernunft und Revolution: Hegel und die Entstehung der Gesellschaftstheorie, ins Deutsche übertragen von Alfred Schmidt, Neuwied/Rhein.

Marcuse, Herbert, (1975), Marxismus und Feminismus, aus dem Amerikanischen übersetzt von Walle Bengs und Uli Laukat, in: Herbert Marcuse, Zeit-Messungen, Frankfurt am Main, S. 9 - 20.

Marcuse, Herbert, (1994), Der eindimensionale Mensch, deutsch von Alfred Schmidt, München.

Marx, Karl, (1835), Betrachtungen eines Jünglings bei der Wahl eines Berufes, in: Marx-Engels-Werke, Bd. 40 (Ergänzungsband, erster Teil), Berlin, 1968, S. 591 - 594.

Marx, Karl, (1842a), Die Verhandlungen des 6. rheinischen Landtags: Debatten über Preßfreiheit und Publikation der Landständischen Verhandlungen, in: Marx-Engels-Werke, Bd. 1, 9. Auflage, Berlin, 1974, S. 28 - 77.

Marx, Karl, (1842b), Der leitende Artikel in Nr. 179 der »Kölnischen Zeitung«, in: Marx-Engels-Werke, Bd. 1, 9. Auflage, Berlin, 1974, S. 86 - 104.

Marx, Karl, (1842c), Verhandlungen des 6. rheinischen Landtags: Debatten über das Holzdiebstahlsgesetz, in: Marx-Engels-Werke, Bd. 1, 9. Auflage, Berlin, 1974, S. 109 - 147.

Marx, Karl, (1843a), Rechtfertigung des ΨΨ-Korrespondenten von der Mosel, in: Marx-Engels-Werke, Bd. 1, 9. Auflage, Berlin, 1974, S. 172 - 199.

Marx, Karl, (1843b), Briefe aus den »Deutsch-Französischen Jahrbüchern«, in: Marx-Engels-Werke, Bd. 1, 9. Auflage, Berlin, 1974, S. 337 - 346.

Marx, Karl, (1843c), Zur Judenfrage, in: Marx-Engels-Werke, Bd. 1, 9. Auflage, Berlin, 1974, S. 347 - 377.

Marx, Karl, (1843/44), Zur Kritik der Hegelschen Rechtsphilosophie. Einleitung, in: Marx-Engels-Werke, Bd. 1, 9. Auflage, Berlin, 1974, S. 378 - 391.

Marx, Karl, (1844a), Auszüge aus James Mills Buch "Elements d'economie politique", in: Marx-Engels-Werke, Bd. 40 (Ergänzungsband, erster Teil), Berlin, 1968, S. 443 - 463.

Marx, Karl, (1844b), Ökonomisch-philosophische Manuskripte aus dem Jahre 1844, in: Marx-Engels-Werke, Bd. 40 (Ergänzungsband, erster Teil), Berlin, 1968, S. 465 - 588.

Marx, Karl, (1844c), Ökonomisch-philosophische Manuskripte vom Jahre 1844, in: Karl Marx, Ökonomisch-philosophische Manuskripte, hrsg. von Joachim Höppner, 4., veränderte Auflage, Leipzig, S. 83 - 222.

Marx, Karl, (1844d), Kritische Randglossen zu dem Artikel »Der König von Preußen und die Sozialreform. Von einem Preußen«, in: Marx-Engels-Werke, Bd. 1, 9. Auflage, Berlin, 1974, S. 392 - 409.

Marx, Karl, (1945), Thesen über Feuerbach, in: Marx-Engels-Werke, Bd. 3, 9. Auflage, Berlin, 1990, S. 5 - 7, 533 - 535, 539 - 540.

Marx, Karl, (1847a), Arbeitslohn, in: Marx-Engels-Werke, Bd. 6, 3. Auflage, Berlin, 1968, S. 535 - 556.

Marx, Karl, (1847b), Das Elend der Philosophie, in: Marx-Engels-Werke, Bd. 4, 2. Auflage, Berlin, 1959, S. 63 - 182.

Marx, Karl, (1847c), Erklärung gegen Karl Grün, in: Marx-Engels-Werke, Bd. 4, 2. Auflage, Berlin, 1959, S. 37 - 39.

Marx, Karl, (1847d), Der Kommunismus des »Rheinischen Beobachters«, in: Marx-Engels-Werke, Bd. 4, 2. Auflage, Berlin, 1959, S. 191 - 203.

Marx, Karl, (1847e), Die moralisierende Kritik und die kritisierende Moral, in: Marx-Engels-Werke, Bd. 4, 2. Auflage, Berlin, 1959, S. 331 - 359.

Marx, Karl, (1849), Lohnarbeit und Kapital, in: Marx-Engels-Werke, Bd. 6, 3. Auflage, Berlin, 1968, S. 397 - 423.

Marx, Karl, (1850), Die Klassenkämpfe in Frankreich 1848 bis 1850, in: Marx-Engels-Werke, Bd. 7, 3. Auflage, Berlin, 1969, S. 9 - 107.

Marx, Karl, (1851/52), Der achtzehnte Brumaire des Louis Bonaparte, in: Marx-Engels-Werke, Bd. 8, 2. Auflage, Berlin, 1969, S. 111 - 207.

Marx, Karl, (1853a), Die britische Herrschaft in Indien, in: Marx-Engels-Werke, Bd. 9, Berlin, 1960, S. 127 - 133.

Marx, Karl, (1853b), Die künftigen Ergebnisse der britischen Herrschaft in Indien, in: Marx-Engels-Werke, Bd. 9, Berlin, 1960, S. 220 - 226.

Marx, Karl, (1857a), Die Lage der Fabrikarbeiter, in: Marx-Engels-Werke, Bd. 12, 3. Auflage, Berlin, 1969, S. 183 - 186.

Marx, Karl, (1857b), Einleitung zur Kritik der Politischen Ökonomie, in: Marx-Engels-Werke, Bd. 13, 5. Auflage, Berlin, 1972, S. 615 - 642.

Marx, Karl, (1857/58), Grundrisse der Kritik der politischen Ökonomie, Frankfurt, o. J.

Marx, Karl, (1859), Zur Kritik der Politischen Ökonomie, in: Marx-Engels-Werke, Bd. 13, 5. Auflage, Berlin, 1972, S. 3 - 160.

Marx, Karl, (1862/63a), Theorien über den Mehrwert, Erster Teil, in: Marx-Engels-Werke, Bd. 26.1, Berlin, 1965.

Marx, Karl, (1862/63b), Theorien über den Mehrwert, Zweiter Teil, in: Marx-Engels-Werke, Bd. 26.2, 3. Auflage, Berlin, 1974.

Marx, Karl, (1862/63c), Theorien über den Mehrwert, Dritter Teil, in: Marx-Engels-Werke, Bd. 26.3, Berlin, 1968.

Marx, Karl, (1863/64), Resultate des unmittelbaren Produktionsprozesses, in: Karl Marx, Resultate des unmittelbaren Produktionsprozesses, Berlin, 1988, S. 25 - 177.

Marx, Karl, (1865), Lohn, Preis und Profit, in: Marx-Engels-Werke, Bd. 16, 3. Auflage, Berlin, 1968, S. 101 - 152.

Marx, Karl, (1866), Instruktionen für die Delegierten des Provisorischen Zentralrats zu den einzelnen Fragen, in: Marx-Engels-Werke, Bd. 16, 3. Auflage, Berlin, 1968, S. 190 - 199.

Marx, Karl, (1867), Das Kapital, Erster Band, nach der vierten, von Friedrich Engels durchgesehenen und herausgegebenen Auflage von 1890, in: Marx-Engels-Werke, Bd. 23, 16. Auflage, Berlin, 1986.

Marx, Karl, (1871a), Der Bürgerkrieg in Frankreich, in: Marx-Engels-Werke, Bd. 17, Berlin, 1962, S. 313 - 362.

Marx, Karl, (1871b), Entwürfe zum "Bürgerkrieg in Frankreich", in: Marx-Engels-Werke, Bd. 17, Berlin, 1962, S. 491 - 610.

Marx, Karl, (1875), Kritik des Gothaer Programms, in: Marx-Engels-Werke, Bd. 19, 2. Auflage, Berlin, 1969, S. 11 - 32.

Marx, Karl, (1879/80a), Exzerpte aus M. M. Kovalevskij: Obscinnoe zemlevladenie (Der Gemeindelandbesitz), in: Karl Marx über Formen vorkapitalistischer Produktion, aus dem handschriftlichen Nachlaß hrsg. und eingel. von Hans-Peter Harstick, Frankfurt am Main/New York, 1977, S. 21 - 109.

Marx, Karl, (1879/80b), Randglossen zu Adolph Wagners "Lehrbuch der politischen Ökonomie", in: Marx-Engels-Werke, Bd. 19, 2. Auflage, Berlin, 1969, S. 355 - 383.

Marx, Karl, (1880/81a), Exzerpte aus Lewis H. Morgan: 'Ancient Society', London 1877, in: Karl Marx, Die ethnologischen Exzerpthefte, hrsg. von Lawrence Krader, übersetzt von Angelika Schweikhart, Frankfurt am Main, 1976, S. 124 - 355.

Marx, Karl, (1880/81b), Exzerpte aus Sir Henry Sumner Maine: 'Lectures on the Early History of Institutions', London 1875, in: Karl Marx, Die ethnologischen Exzerpthefte, hrsg. von Lawrence Krader, übersetzt von Angelika Schweikhart, Frankfurt am Main, 1976, S. 422 - 498.

Marx, Karl, (1880/81c), Exzerpte aus Sir John Phear: 'The Aryan Village in India and Ceylon', 1880, in: Karl Marx, Die ethnologischen Exzerpthefte, hrsg. von Lawrence Krader, übersetzt von Angelika Schweikhart, Frankfurt am Main, 1976, S. 361 - 421.

Marx, Karl, (1881), Entwürfe einer Antwort auf den Brief von V. I. Sassulitsch, in: Marx-Engels-Werke, Bd. 19, 2. Auflage, Berlin, 1969, S. 384 - 406.

Marx, Karl, (1882), Exzerpte aus Sir John Lubbock: 'The Origin of Civilisation and the Primitive Condition of Man', London 1870, in: Karl Marx, Die ethnologischen Exzerpthefte, hrsg. von Lawrence Krader, übersetzt von Angelika Schweikhart, Frankfurt am Main, 1976, S. 501 - 519.

Marx, Karl, (1884), Das Kapital, Zweiter Band, nach der zweiten, von Friedrich Engels herausgegebenen Ausgabe von 1893, in: Marx-Engels-Werke, Bd. 24, 11. Auflage, Berlin, 1986.

Marx, Karl, (1894), Das Kapital, Dritter Band, in: Marx-Engels-Werke, Bd. 25, 12. Auflage, Berlin, 1984.

Marx, Karl / Engels, Friedrich, (1842-51), Briefe von Marx und Engels an dritte Personen von Februar 1842 bis Dezember 1851, in: Marx-Engels-Werke, Bd. 27, 2., durchgesehene und verbesserte Auflage, Berlin, 1965, S. 393 - 598.

Marx, Karl / Engels, Friedrich, (1844), Die heilige Familie oder Kritik der kritischen Kritik, in: Marx-Engels-Werke, Bd. 2, 12. Auflage, Berlin, 1990, S. 1 - 223.

Marx, Karl / Engels, Friedrich, (1845/46), Die deutsche Ideologie, in: Marx-Engels-Werke, Bd. 3, 9. Auflage, Berlin, 1990, S. 9 - 530.

Marx, Karl / Engels, Friedrich, (1848), Manifest der Kommunistischen Partei, in: Marx-Engels-Werke, Bd. 4, 2. Auflage, Berlin, 1959, S. 459 - 493.

Marx, Karl / Engels, Friedrich, (1868-70a), Briefwechsel zwischen Marx und Engels von Januar 1868 bis Mitte Juli 1870, in: Marx-Engels-Werke, Bd. 32, Berlin, 1965, S. 3 - 527.

Marx, Karl / Engels, Friedrich, (1868-70b), Briefe von Marx und Engels an dritte Personen von Januar 1868 bis Juli 1870, in: Marx-Engels-Werke, Bd. 32, Berlin, 1965, S. 529 - 688.

Maslow, Abraham Harold, (1943), A Theory of Human Motivation, in: Psychological Review, Vol. 50, S. 370 - 396.

Maslow, Abraham Harold, (1978), Motivation und Persönlichkeit, übersetzt von Paul Kruntorad, 2. erweiterte Auflage, Olten/Freiburg.

Matthies, Hildegard u. a., (1994), Arbeit 2000: Anforderungen an eine Neugestaltung der Arbeitswelt, Reinbek.

Maurer, Andrea, (1994), Moderne Arbeitsutopien, Opladen.

Mayer, Thomas F., (1989), In Defense of Analytical Marxism, in: Science and Society, Vol. 53, S. 416 - 441.

McClelland, David C., (1961), The Achieving Society, Princeton u. a..

McClelland, David C., (1985), Human Motivation, Glenview u. a.

McGraw, Kenneth O., (1978), The Detrimental Effects of Reward on Performance: A Literature Review and a Prediction Model, in: Mark R. Lepper und David Greene (Hrsg.), The Hidden Costs of Reward: New Perspectives on the Psychology of Human Motivation, New Jersey, S. 33 - 60.

McNulty, Paul J., (1975), A Note on the Division of Labor in Plato and Smith, in: History of Political Economy, Vol. 7, S. 372 - 378.

Meek, Ronald L., (1973) Ökonomie und Ideologie, aus dem Englischen von Joska Fischer und Jürgen Ritsert, Frankfurt am Main.

Meillassoux, Claude, (1994), Anthropologie, in: Historisch-Kritisches Wörterbuch des Marxismus, hrsg. von Wolfgang Fritz Haug, Bd. 1, Hamburg/Berlin, Spalte 309 - 320.

Meszaros, Istvan, (1970), Marx's Theory of Alienation, second edition, London.

Metscher, Thomas, (1991), Individualität und Privatheit bei Marx, in: Marxistische Blätter, 29. Jahrgang, Heft 6, S. 33 - 35.

Metzke, Erwin, (1957), Mensch und Geschichte im ursprünglichen Ansatz des Marx'schen Denkens, in: Marxismusstudien, 2. Folge, hrsg. von Iring Fetscher, Tübingen, S. 1 -25.

Meyer-Bachem, Sabine, (1994), Aids in Blutkonserven, in: Georg M. Hafner und Edmund Jacoby (Hrsg.), Neue Skandale der Republik, Reinbek, S. 303 - 314.

Miegel, Meinhard, (1985), Die Arbeitsmotivation von Führungskräften der deutschen Wirtschaft, in: Bertelsmann Stiftung und Institut für Wirtschafts- und Gesellschaftspolitik, Unternehmensführung vor neuen gesellschaftlichen Herausforderungen, Gütersloh, S. 87 - 119.

Mises, Ludwig von, (1961), Markt, in: Handwörterbuch der Sozialwissenschaften, 7. Band, hrsg. von Erwin v. Beckerath und anderen, Stuttgart/Tübingen/Göttingen, S. 131 - 136.

Mishan, E. J., (1978), Wachstum oder Antiwachstum?, in: Technologie und Politik 12, S. 56 - 86.

Müller, Friedrich, (1970), Entfremdung. Zur anthropologischen Begründung der Staatstheorie bei Rousseau, Hegel, Marx, Berlin.

Müller, Severin, (1994), Phänomenologie und philosophische Theorie der Arbeit, Bd. 2: Rationalität - Welt - Vernunft, Freiburg/München.

Müller, Stefan / Lohmann, Florian, (1994), Arbeitsklima am wichtigsten für Arbeitsplatz, in: Wirtschaftswissenschaftliches Studium, 23. Jahrgang, S. 533f.

Müller-Herlitz, Ursula, (1972), Karl Marx: Wesen und Existenz des Menschen, München.

Müller-Jentsch, Walther / Sperling, Hans Joachim, (1996), Reorganisation der Arbeit als Herausforderung für Betriebsräte und Gewerkschaften, in: Gewerkschaftliche Monatshefte, 47. Jahrgang, S. 41 - 47.

Musgrave, Richard A., (1987), Merit Goods, in: The New Palgrave: A Dictionary of Economics, hrsg. von John Eatwell, Murray Milgate und Peter Newman, Vol. 3, London/New York/Tokyo, S. 452f.

Musgrave, Richard A. / Musgrave, Peggy / Kullmer, Lore, (1994), Die öffentlichen Finanzen in Theorie und Praxis, Band 1, 6., aktualisierte Auflage, Tübingen.

Napoleoni, Claudio, (1974), Ricardo und Marx, hrsg. von Cristina Pennavaja, aus dem Italienischen übersetzt von Sophie G. Alf, Frankfurt am Main.

Natter, Ehrenfried / Riedlsperger, Alois, (1988), Einführung: Wirksam beteiligen statt lautlos ausgrenzen, in: Ehrenfried Natter und Alois Riedlsperger (Hrsg.), Die Zweidrittelgesellschaft: Spalten, splittern - oder solidarisieren?, Wien/Zürich, S. 7 - 21.

Negt, Oskar, (1987), Lebendige Arbeit, enteignete Arbeit: Politische und kulturelle Dimensionen des Kampfes um die Arbeitszeit, 3. Auflage, Frankfurt am Main/New York.

Negt, Oskar, (1989), Die Herausforderung der Gewerkschaften: Plädoyers für die Erweiterung ihres politischen und kulturellen Mandats, Frankfurt am Main/New York.

Neubauer, Walter, (1995), Bedingungen der Arbeitsmotivation: Forschungstrends und Befunde, in: Clemens Heidack (Hrsg.), Arbeitsstrukturen im Umbruch, München/Mering, S. 73 - 86.

Nikiforov, Aleksandr L., (1992), Wird der Marxismus die Perestrojka überleben?, aus dem Russischen von Dietrich Kegler und Alexander Litschev, in: Alexander Litschev und Dietrich Kegler (Hrsg.), Abschied vom Marxismus, Reinbek, S. 31 - 48.

Nippel, Wilfried, (1991), Politische Theorien der griechisch-römischen Antike, in: Hans-Joachim Lieber (Hrsg.), Politische Theorien von der Antike bis zur Gegenwart, Bonn, S. 17 - 46.

North, Douglass C. / Thomas, Robert Paul, (1973), The Rise of the Western World, Cambridge.

Oberndörfer, Dieter / Jäger, Wolfgang, (1974), Marx - Lenin - Mao: Revolution und neue Gesellschaft, Stuttgart u. a.

Offe, Claus, (1994), Vollbeschäftigung? Zur Kritik einer falsch gestellten Frage, in: Gewerkschaftliche Monatshefte, 45. Jahrgang, S. 796 - 806.

Ollman, Bertell, (1971), Alienation: Marx's Conception of Man in Capitalist Society, Cambridge.

Ol'sanskij, Dmitrij V., (1992), Die Sozialpsychologie der »Schräubchen«, aus dem Russischen von Dietrich Kegler und Alexander Litschev, in: Alexander Litschev und Dietrich Kegler (Hrsg.), Abschied vom Marxismus, Reinbek, S. 175 - 198.

Opaschowski, Horst W., (1985), Folgen des Wertewandels: Lebensorientierungen zwischen Arbeitsethos und Mußeidee, in: Bertelsmann Stiftung und Institut für Wirtschafts- und Gesellschaftspolitik, Unternehmensführung vor neuen gesellschaftlichen Herausforderungen, Gütersloh, S. 42 - 64.

Opaschowski, Horst W., (1995), Das Multimedia-Zeitalter läßt auf sich warten. Akzeptanz-Probleme der neuen Informationstechnologien, in: Die Informationsgesellschaft, BMWi-Report, Bonn, S. 46f.

Osterkamp, Ute, (1993), Hat der Marxismus die Natur des Menschen verkannt oder: Sind die Menschen für den Sozialismus nicht geschaffen?, in: Marxistisches Menschenbild - eine Utopie?, hrsg. von der Marx-Engels-Stiftung e. V., Bonn, S. 7 - 27.

Papandreou, Andreas G., (1952), Some Basic Problems in the Theory of the Firm, in: Bernard F. Haley (Hrsg.), A Survey of Contemporary Economics, Vol. II, Homewood, S. 183 - 219.

Pareto, Vilfredo, (1955), Allgemeine Soziologie, ausgewählt, eingeleitet und übersetzt von Carl Brinkmann, Tübingen.

Pareto, Vilfredo, (1975), Ausgewählte Schriften, herausgegeben und eingeleitet von Carlo Mongardini, Frankfurt am Main.

Parijs, Philippe van, (1982), Functionalist Marxism Rehabilitated. A Comment on Elster, in: Theory and Society, Vol. 11, S. 497 - 511.

Parijs, Philippe van, (1989), In Defence of Abundance, in: Canadian Journal of Philosophy, Supplementary Volume 15, wiederabgedruckt in: John E. Roemer (Hrsg.), Foundations of Analytical Marxism, Vol. 2, Cambridge, 1994, S. 241 - 269, zitiert nach letzterem Wiederabdruck.

Pasinetti, Luigi L., (1981) Structural Change and Economic Growth, Cambridge.

Pejovich, Steve, (1982), Karl Marx, Property Rights School and the Process of Social Change, in: Kyklos, Vol. 35, S. 383 - 397.

Pencavel, John / Craig, Ben, (1994), The Empirical Performance of Orthodox Models of the Firm: Conventional Firms and Worker Cooperatives, in: Journal of Political Economy, Vol. 102, S. 718 - 744.

Peters, Hans-Rudolf, (1980), Politische Ökonomie des Marxismus, Göttingen.

Peters, Thomas J. / Waterman, Robert H., (1982), In Search of Excellence, New York.

Petty, William, (1662), A Treatise of Taxes and Contributions, London, hier zitiert nach: William Petty, Schriften zur politischen Ökonomie und Statistik, übersetzt und mit einem Nachwort herausgegeben von Willy Görlich, Berlin, 1986.

Pfister, Manfred, (1986), Oscar Wilde: »The Picture of Dorian Gray«, München.

Piper, Nikolaus, (1992), Moral schlägt Profit, in: Die Zeit, 47. Jahrgang, S. 31.

Plamenatz, John, (1975), Karl Marx's Philosophy of Man, Oxford.

Polanyi, Karl, (1978a), The Great Transformation, übersetzt von Heinrich Jelinek, Frankfurt am Main.

Polanyi, Karl, (1978b), Kritik des ökonomistischen Menschenbildes, in: Technologie und Politik 12, S. 109 - 127.

Polanyi, Karl, (1979), Ökonomie und Gesellschaft, übersetzt von Heinrich Jelinek, Frankfurt am Main.

Popitz, Heinrich, (1967), Der entfremdete Mensch: Zeitkritik und Geschichtsphilosophie des jungen Marx, Darmstadt.

Pohrt, Wolfgang, (1995), Theorie des Gebrauchswerts, Berlin.

Priddat, Birger P., (1992), Zur Ökonomie der Gemeinschaftsbedürfnisse: Neuere Versuche einer ethischen Begründung der Theorie meritorischer Güter, in: Zeitschrift für die Wirtschafts- und Sozialwissenschaften, Vol. 112, S. 239 - 259.

Przeworski, Adam, (1980), Material Interests, Class Compromise, and the Transition to Socialism, in: Politics and Society, Vol. 10, wiederabgedruckt in: John E. Roemer (Hrsg.), Analytical Marxism, Cambridge, 1986, S. 162 - 188, zitiert nach lezterem Wiederabdruck.

Przeworski, Adam, (1990), Warum hungern Kinder, obwohl wir alle ernähren könnten? Irrationalität des Kapitalismus - Unmöglichkeit des Sozialismus, in: Prokla, Heft 78, 20. Jahrgang, S. 138 - 171.

Ramm, Thilo, (1957), Die künftige Gesellschaftsordnung nach der Theorie von Marx und Engels, in: Marxismusstudien, 2. Folge, hrsg. von Iring Fetscher, Tübingen, S. 77 - 119.
Reese-Schäfer, Walter, (1994), Was ist Kommunitarismus, Frankfurt am Main/ New York.
Reich, Hermann, (1991), Eigennutz und Kapitalismus, Berlin.
Reich, Wilhelm, (1935), Der Einbruch der Sexualmoral, 2. ergänzte Auflage, Kopenhagen.
Reiß, Winfried, (1990), Mikroökonomische Theorie, München/Wien.
Riester, Walter, (1995), Vorrang für Arbeit, in: Frank von Auer und Franz Segbers (Hrsg.), Markt und Menschlichkeit, Reinbek, S. 94 - 104.
Roberts, Paul Craig / Stephenson, Matthew A., (1970), A Note on Marxian Alienation, in: Oxford Economic Papers, Vol. 22, S. 438 - 442.
Robinson, Joan, (1965), Doktrinen der Wirtschaftswissenschaft, aus dem Englischen übertragen von Albert Jeck, München.
Robinson, Joan, (1987), Grundprobleme der Marxschen Ökonomie, 2., erweiterte Auflage, aus dem Englischen übersetzt von Stefan Wirlandner, Marburg.
Röhrich, Wilfried, (1980), Marx und die materialistische Staatstheorie, Darmstadt.
Röhrich, Wilfried, (1989), Denker der Politik, Opladen.
Roemer, John E., (1982a), A General Theory of Exploitation and Class, Cambridge/London.
Roemer, John E., (1982b), New Directions in the Marxian Theory of Exploitation and Class, in: Politics and Society, Vol. 11, wiederabgedruckt in: John E. Roemer (Hrsg.), Analytical Marxism, Cambridge, 1986, S. 81 - 113, zitiert nach letzterem Wiederabdruck.
Roemer, John E., (1986a), Should Marxists be interested in Exploitation?, in: John E. Roemer (Hrsg.), Analytical Marxism, Cambridge, S. 260 - 282.
Roemer, John E., (1986b), Value, Exploitation and Class, London/Paris/New York.
Roemer, John E., (1988), Free to Lose: An Introduction to Marxist Economic Philosopy, London.
Roemheld, Bernard, (1995), Flexible Arbeitszeiten, in: Wirtschaftswissenschafliches Studium, 24. Jahrgang, S. 641f.
Rosdolsky, Roman, (1969), Zur Entstehungsgeschichte des Marxschen 'Kapital', 2. überarbeitete Auflage, Frankfurt am Main.
Rosenberg, Nathan, (1965), Adam Smith on the Division of Labour: Two Views or One?, in: Economica, Vol. 32, S. 127 - 139.
Rosenstiel, Lutz von, (1985), Die Motivierung der Mitarbeiter als Führungsaufgabe in Wirtschaft und Verwaltung, in: Bertelsmann Stiftung und Institut für Wirtschafts- und Gesellschaftspolitik, Unternehmensführung vor neuen gesellschaftlichen Herausforderungen, Gütersloh, S. 123 - 142.
Rosenstiel, Lutz von, (1996), Wertkonflikt in Organisationen, in: Grundlagen der Weiterbildung, 7. Jahrgang, S. 71 - 76.
Rothschild, Kurt W., (1973), Macht: Die Lücke in der Preistheorie, in: H. K. Schneider und C. Watrin (Hrsg.), Macht und ökonomisches Gesetz, Schriften des Vereins für Socialpolitik, Neue Folge, Band 74/II, S. 1097 - 1111.
Rotz, Rudolf von, (1994), Arbeit: Individuelle Bedürfnisse und organisatorische Effizienz, Bern u. a.
Rüttinger, Bruno / Rosenstiel, Lutz von / Molt, Walter, (1974), Motivation des wirtschaftlichen Verhaltens, Suttgart/Berlin/Köln/Mainz.

Sahlins, Marshall, (1978), Ökonomie der Fülle - Die Subsistenzwirtschaft der Jäger und Sammler, in: Technologie und Politik 12, S. 154 - 204.
Schäfer, Claus, (1994), "Dumm und töricht" sind nur die Argumente gegen Arbeitszeitverkürzung, in: Gewerkschaftliche Monatshefte, 45. Jahrgang, S. 103 - 118.

Schaff, Adam, (1965a), Marxismus und das menschliche Individuum, aus dem Polnischen übersetzt von Erna Reifer, Wien/Frankfurt/Zürich.

Schaff, Adam, (1965b), Studien über den jungen Marx und ihre peinlichen Details, in: Leopold Labedz (Hrsg.), Der Revisionismus, deutsch von Erika Langen, Köln/Berlin, S. 273 - 294.

Schaff, Adam, (1977), Entfremdung als soziales Phänomen, aus dem Polnischen übersetzt von Edda Werfel und Hilde Nürenberger, Wien.

Schaff, Adam, (1980), Zum Problem der Selbstentfremdung, in: Ernst Bloch (Hrsg.), Marxismus und Anthropologie: Festschrift für Leo Kofler, Bochum, S. 63 - 79.

Schanze, Erich, (1992), The Israeli Kibbutz as a Socialist Model, in: Zeitschrift für die gesamte Staatswissenschaft, Band 148, S. 190 - 194.

Scharping, Rudolf, (1994), Es wird Zeit für eine neue Regierung, in: Gewerkschaftliche Monatshefte, 45. Jahrgang, S. 562 - 559.

Schefold, Bertram, (1989), Platon und Aristoteles, in: Joachim Starbatty (Hrsg.), Klassiker des ökonomischen Denkens, Bd. 1, München, S. 19 - 55.

Schmidt, Alfred, (1993), Der Begriff der Natur in der Lehre von Marx, 4. überarbeitete und verbesserte Auflage, Hamburg.

Schmidt, Klaus-Dieter / Gundlach, Erich, (1988), Investitionen, Produktivität und Beschäftigung, Kieler Studien 218, Tübingen.

Schmiede, Rudi, (1973), Grundprobleme der Marx'schen Akkumulations- und Krisentheorie, Frankfurt am Main.

Schmoldt, Hubertus, (1995), Die Wiederbelebung des Sozialen, in: Frank von Auer und Franz Segbers (Hrsg.), Markt und Menschlichkeit, Reinbek, S. 244 - 250.

Schneider, Roland, (1994), Diskussion zu dem Referat von Martin Baethge »Arbeit 2000 - Wie Erwerbsarbeit Spaß macht«, in: Gewerkschaftliche Monatshefte, 45. Jahrgang, S. 726 - 733.

Scholz, Christian, (1989), Personalmanagement, München.

Scholz, Christian, (1995), Als Parkplatz nicht geeignet, in: Uni-Magazin, 19. Jahrgang, Heft 5, S. 28 - 31.

Schoppe, Siegfried, u. a., (1995), Moderne Theorie der Unternehmung, München/Wien.

Schröder, Richard, (1992), Biblische Ökonomie, in: Die Zeit, 47. Jahrgang, Nr. 16, S. 6.

Schulte, Dieter, (1994), Arbeitsgesellschaft am Ende? Herausforderungen aus der Sicht des DGB, in: Gewerkschaftliche Monatshefte, 45. Jahrgang, S. 757 - 763.

Schumann, Jochen, (1992), Grundzüge der mikroökonomischen Theorie, 6., überarbeitete und erweiterte Auflage, Berlin u a.

Schumann, Michael u. a., (1994), Trendreport Rationalisierung: Automobilindustrie, Werkzeugmaschinenbau, chemische Industrie, Berlin.

Schumpeter, Joseph A., (1961), Konjunkturzyklen, 1. Band, Göttingen.

Schusser, Walter H., (1995), Mitarbeiter - Unternehmer im Unternehmen, in: Clemens Heidack (Hrsg.), Arbeitstsrukturen im Umbruch, München/Mering, S. 125 - 131.

Schwan, Alexander, (1991). Politische Theorien des Rationalismus und der Aufklärung, in: Hans-Joachim Lieber (Hrsg.), Politische Theorien von der Antike bis zur Gegenwart, Bonn, 1991, S. 157 - 257.

Scitovszky, Tibor de, (1943), A Note on Profit Maximisation and its Implications, in: The Review of Economic Studies, Vol. 11, S. 57 - 60.

Secord, Paul F. / Backman, Carl W., (1980), Sozialpsychologie, 3. Auflage, ins Deutsche übertragen von A. Eher, U. Rennert, K. Siegfried, Frankfurt am Main.

Seeman, Melvin, (1959), On the Meaning of Alienation, in: American Sociological Review, Vol. 24, S. 783 - 791.

Sen, Amartya, (1975), Employment, Technology and Development, Oxford.
Seve, Lucien, (1977), Marxismus und Theorie der Persönlichkeit, übersetzt von Joachim Wilke, 3. Auflage mit dem Nachwort zur 3. französischen Auflage, Frankfurt am Main.
Simon, Lawrence H., (1994), Introduction, in: Karl Marx, Selected Writings, hrsg. von Lawrence H. Simon, Indianapolis/Cambridge, S. ix - xxxv.
Sinn, Hans-Werner, (1991), Paradoxa in der Volkswirtschaftslehre, in: Jahrbuch für Sozialwissenschaft, Band 42, S. 263 - 277.
Skinner, Andrew S., (1992), Adam Smith: Ethics and Self-Love, in: Peter Jones und Andrew S. Skinner (Hrsg.), Adam Smith Reviewed, Edinburgh, S. 142 - 167.
Smith, Adam, (1759), The Theory of Moral Sentiments, in: D. D. Raphael und A. L. Macfie (Hrsg.), The Glasgow Edition of the Works and Correspondence of Adam Smith, Bd. 1, Oxford, 1976.
Smith, Adam, (1766), Lectures on Jurisprudence, Report dated 1766, in: R. L. Meek, D. D. Raphael und P. G. Stein (Hrsg.), The Glasgow Edition of the Works and Correspondence of Adam Smith, Bd. 5, Oxford, 1978, S. 395 - 558.
Smith, Adam, (1776), An Inquiry into the Nature and Causes of the Wealth of Nations, in: R. H. Campbell, A. S. Skinner und W. B. Todd (Hrsg.), The Glasgow Edition of the Works and Correspondence of Adam Smith, Bd. 2, Oxford, 1976.
Smith, Murray E. G., (1994), Alienation, Exploitation and Abstract Labor: A Humanist Defense of Marx's Theory of Value, in: Review of Radical Political Economics, Vol. 26, S. 110 - 133.
Solov'ev, Erich J., (1992), Die Illusion des proletarischen Messianismus, aus dem Russischen von Dietrich Kegler und Alexander Litschev, in: Alexander Litschev und Dietrich Kegler (Hrsg.), Abschied vom Marxismus, Reinbek, S. 48 - 59.
Sombart, Werner, (1928), Der moderne Kapitalismus, Bd. 1, erster Halbband, München/Leipzig.
Sowell, Thomas, (1985), Marxism: Philosophy and Economics, London.
Specht, Karl Gustav, (1965), Gemeinschaft, in: Handwörterbuch der Sozialwissenschaften, 4. Band, hrsg. von Erwin v. Beckerath und anderen, Stuttgart/Tübingen/Göttingen, S. 329 - 331.
Spengler, Joseph J., (1955), Aristotle on Economic Imputation and Related Matters, in: The Southern Economic Journal, Vol. 21, S. 371 - 389.
Steinitz, Klaus, (1968), Marx und Probleme der Rationalität der sozialistischen Produktion, in: Kritik der politischen Ökonomie heute: 100 Jahre 'Kapital', hrsg. von Walter Euchner und Alfred Schmidt, Frankfurt am Main, S. 334 - 343.
Stelz, Herbert, (1994), Die schwarze Serie in Hoechst, in: Georg M. Hafner und Edmund Jacoby (Hrsg.), Neue Skandale der Republik, Reinbek, S. 247 - 258.
Strasser, Johano, (1990), Sozialismus 2000 oder: Die Kunst des Möglichen, in: Die Neue Gesellschaft/Frankfurter Hefte, 37. Jahrgang, S. 528 - 536.
Strawe, Christoph, (1987), Die Entfremdung der Arbeit, in: Bausteine, 11. Jahrgang, S. 21 - 34.
Streminger, Gerhard, (1989), Adam Smith, Reinbek.
Strümpel, Burkhard, (1985), Arbeitsmotivation im sozialen Wandel, in: Bertelsmann Stiftung und Institut für Wirtschafts- und Gesellschaftspolitik, Unternehmensführung vor neuen gesellschaftlichen Herausforderungen, Gütersloh, S. 65 - 81.
Sturn, Richard, (1991a), Natürliche Freiheit und soziale Kontingenz - Individualismus und Kollektivismus der Smithschen Handlungstheorie, in: Adam Smith (1723-1790) - Ein Werk und seine Wirkungsgeschichte, hrsg. von Heinz D. Kurz, 2. Auflage, Marburg, S. 91 - 115.

Sturn, Richard, (1991b), Soziales Handeln und ökonomischer Tausch - die stoischen Wurzeln Adam Smiths, in: Der andere Adam Smith, hrsg. von Arnold Meyer-Faje und Peter Ulrich, Bern/Stuttgart, S. 99 - 122.

Sweezy, Paul M., (1959), Theorie der kapitalistischen Entwicklung, aus dem Amerikanischen von Gertrud Rittig-Baumhaus, Köln.

Terray, Emmanuel, (1974), Zur politischen Ökonomie der »primitiven« Gesellschaften, aus dem Französischen von Eva Szabo, Frankfurt am Main.

Then, Werner, (1994), Die Evolution in der Arbeitswelt, Bonn/Fribourg/Ostrava.

Thier, Erich, (1957), Das Menschenbild des jungen Marx, Göttingen.

Tiemann, Günter, (1991), Reziprozität und Redistribution: Der Mensch zwischen sozialer Bindung und individueller Entfaltung in nicht-industrialisierten Gesellschaften, in: Bernd Biervert und Martin Held (Hrsg.), Das Menschenbild der ökonomischen Theorie, Frankfurt am Main/New York, S. 173 - 191.

Titmuss, Richard M., (1970), The Gift Relationship: From Human Blood to Social Policy, London.

Tomberg, Friedrich, (1969), Der Begriff der Entfremdung in den »Grundrissen« von Karl Marx, in: Das Argument 52, 11. Jahrgang, S. 187 - 223.

Trapp, Manfred, (1987), Adam Smith - politische Philosophie und politische Ökonomie, Göttingen.

Trautwein-Kalms, Gudrun, (1994), Diskussion zu dem Referat von Martin Baethge »Arbeit 2000 - Wie Erwerbsarbeit Spaß macht«, in: Gewerkschaftliche Monatshefte, 45. Jahrgang, S. 726 - 733.

Treptow, Elmar, (1978), Die Entfremdungstheorie bei Karl Marx (unter besonderer Berücksichtigung des Spätwerks), München.

Varian, Hal R., (1991), Grundzüge der Mikroökonomik, aus dem Amerikanischen von Reiner Buchegger, 2., überarbeitete und erweiterte Auflage, München/ Wien.

Vaughn, Karen I., (1988), The Limits of Homo Economicus in Public Choice and in Political Philosophy, in: Analyse und Kritik, 10. Jahrgang, S. 161 - 180.

Vester, Michael u. a., (1993), Soziale Milieus im gesellschaftlichen Strukturwandel, Köln.

Vivelo, Frank Robert, (1981), Handbuch der Kulturanthropologie: Eine grundlegende Einführung, hrsg. und mit einer Einleitung von Justin Stagl, aus dem Amerikanischen von Erika Stagl, Stuttgart.

Volmer, Ludger, (1994), Wege aus der wirtschaftlichen, ökologischen und sozialen Krise, in: Gewerkschaftliche Monatshefte, 45. Jahrgang, S. 590 - 599.

Vranicki, Predrag, (1968), Zum Thema der Befreiung des Menschen, in: Kritik der politischen Ökonomie heute: 100 Jahre 'Kapital', hrsg. von Walter Euchner und Alfred Schmidt, Frankfurt am Main, S. 93 - 110.

Waigel, Theodor, (1994), Sicherung des erarbeiteten Wohlstandes, in: Gewerkschaftliche Monatshefte, 45. Jahrgang, S. 580 - 590.

Wallraff, Günter, (1989), Wallraff war da, Göttingen.

Walzer, Michael, (1993), Die kommunitaristische Kritik am Liberalismus, übersetzt von Hanne Herkommer, in: Axel Honneth (Hrsg.), Kommunitarismus, Frankfurt am Main/New York, S. 157 - 180.

Wayand, Gerhard, (1991), Marx und Engels zu archaischen Gesellschaften: im Lichte der neueren Theorie-Diskussionen, Koblenz.

Weber, Max, (1905), Die protestantische Ethik und der Geist des Kapitalismus, zitiert nach: Max Weber, Die protestantische Ethik, eine Aufsatzsammlung, hrsg, von Johannes Winckelmann, Tübingen, 1965, S. 27 - 277.

Weber, Max, (1976), Wirtschaft und Gesellschaft, 1. Halbband, 5., revidierte Auflage, Tübingen.

Weck-Hannemann, Hannelore / Pommerehne, Werner W., (1989), Einkommensteuerhinterziehung in der Schweiz: Eine empirische Analyse, in: Schweizerische Zeitschrift für Volkswirtschaft und Statistik, 125. Jahrgang, S. 515 - 556.

Weise, Peter, u. a. (1993), Neue Mikroökonomie, 3. Auflage, Heidelberg.

Weizsäcker, Carl Christian von, (1971), Notes on Endogenous Change of Tastes, in: Journal of Economic Theory, Vol. 3, S. 345 - 372.

Weling, Fredy, (1995), Geht uns die Arbeit aus? Die Informationstechnologie verändert Arbeitsstrukturen, in: Die Informationsgesellschaft, BMWi-Report, Bonn, S. 40f.

Werhane, Patricia H., (1991), Adam Smith and His Legacy for Modern Capitalism, New York/Oxford.

West, Edwin G., (1964), Adam Smith's Two Views on the Division of Labour, in: Economica, Vol. 31, S. 23 - 32.

West, Edwin G., (1969), The Political Economy of Alienation: Karl Marx and Adam Smith, in: Oxford Economic Papers, Vol. 21, S. 1 - 23.

West, Edwin G., (1975a), Adam Smith and Alienation: Wealth Increases, Men decay?, in: Essays on Adam Smith, hrsg. von Andrew S. Skinner und Thomas Wilson, Oxford, S. 540 - 552.

West, Edwin G., (1975b), Adam Smith and Alienation: A Rejoinder, in: Oxford Economic Papers, Vol. 27, S. 295 - 301.

Whyte, William F. u. a., (1958), Lohn und Leistung, deutsche Ausgabe besorgt und eingeleitet von Friedrich Fürstenberg, Köln/Opladen.

Wilde, Oscar, (1970), Der Sozialismus und die Seele des Menschen, deutsch von Gustav Landauer und Hedwig Lachmann, Zürich.

Wilms, Günter, (1993), Menschenbild und humanistisches Bildungsideal, in: Marxistisches Menschenbild - eine Utopie?, hrsg. von der Marx-Engels-Stiftung e. V., Bonn, S. 137 - 144.

Woll, Artur, (1980), Marktordnung, in: Handwörterbuch der Wirtschaftswissenschaft, hrsg. von Willi Albers und anderen, Bd. 5, Stuttgart u. a., S. 127 - 139.

Woll, Artur, (1984), Wirtschaftspolitik, München.

Woll, Helmut, (1994), Menschenbilder in der Ökonomie, München/Wien.

Wollseiffen, Siegfried, (1976), Herrschaft und Entfremdung, Dissertation zur Erlangung des Doktorgrades des Fachbereichs Philosophie der Christian-Albrechts-Universität zu Kiel, Kiel.

Wood, Allen, (1981), Marx and Equality, in: Issues in Marxist Philosophy, Vol. 4, wiederabgedruckt in: John E. Roemer (Hrsg.), Analytical Marxism, Cambridge, 1986, S. 283 - 303, zitiert nach letzterem Wiederabdruck.

Wood, Allen, (1995), Alienation, in: The Oxford Companion to Philosophy, hrsg. von Ted Honderich, Oxford/New York, S. 21f.

Worland, Stephen T., (1984), Aristotle and the Neoclassical Tradition: The Shifting Ground of Complementarity, in: History of Political Economy, Vol. 16, S. 107 - 134.

Wright, Erik Olin, (1982), The Status of the Political in the Concept of Class Structure, in: Politics and Society, Vol. 11, S. 321 - 341.

Wright, Erik Olin, (1984), A General Framework for the Analysis of Class Structure, in: Politics and Society, Vol. 13, S. 383 - 423.

Wright, Erik Olin, (1985), Classes, London.

Zahlmann, Christel, (1994), Vorwort, in: Christel Zahlmann (Hrsg.), Kommunitarismus in der Diskussion, Nördlingen, S. 7 - 15.

Zamaleev, Aleksandr F., (1992), Marxismus und Russische Philosophie, aus dem Russischen von Dietrich Kegler und Alexander Litschev, in: Alexander Litschev und Dietrich Kegler (Hrsg.), Abschied vom Marxismus, Reinbek, S. 270 - 275.

Zeuner, Bodo, (1995), Muße für alle als gewerkschaftliche Utopie, in: Gewerkschaftliche Monatshefte, 46. Jahrgang, S. 406 - 413.

Zimbardo, Philip G., (1983), Psychologie, 4., neubearbeitete Auflage, bearbeitet und herausgegeben von W. F. Angermeier, J. C. Brengelmann, Th. J. Thiekötter, Berlin u. a.

Zimmer, Gerhard, (1994), Arbeitserziehung, in: Historisch-Kritisches Wörterbuch des Marxismus, hrsg. von Wolfgang Fritz Haug, Bd. 1, Hamburg/Berlin, Spalte 502 - 512.

Zintl, Reinhard, (1986), Ökonomisches Rationalitätskonzept und normorientiertes Verhalten, in: Jahrbuch für Neue Politische Ökonomie, Band 5, S. 227 - 239.

Zintl, Reinhard, (1989), Der Homo Oeconomicus: Ausnahmeerscheinung in jeder Situation oder Jedermann in Ausnahmesituationen?, in: Analyse und Kritik, 11. Jahrgang, S. 52 - 69.

Zoll, Rainer, (1989), Neuer Individualismus und Alltagssolidarität, in: Hans Leo Krämer und Claus Leggewie (Hrsg.), Wege ins Reich der Freiheit, Nördlingen, 1989, S. 174 - 187.

Zwickel, Klaus, (1995), Ist der Computer der Arbeitnehmer der Zukunft? Herausforderungen für die Berufswelt von morgen, in: Die Informationsgesellschaft, BMWi-Report, Bonn, S. 6f.

Printed by
CPI books GmbH, Leck

FSC
www.fsc.org
MIX
Papier | Fördert
gute Waldnutzung
FSC® C083411

Kolibri 360 GmbH
Ferdinand-Jühlke-Straße 7
99095 Erfurt, Deutschland
produktsicherheit@kolibri360.de